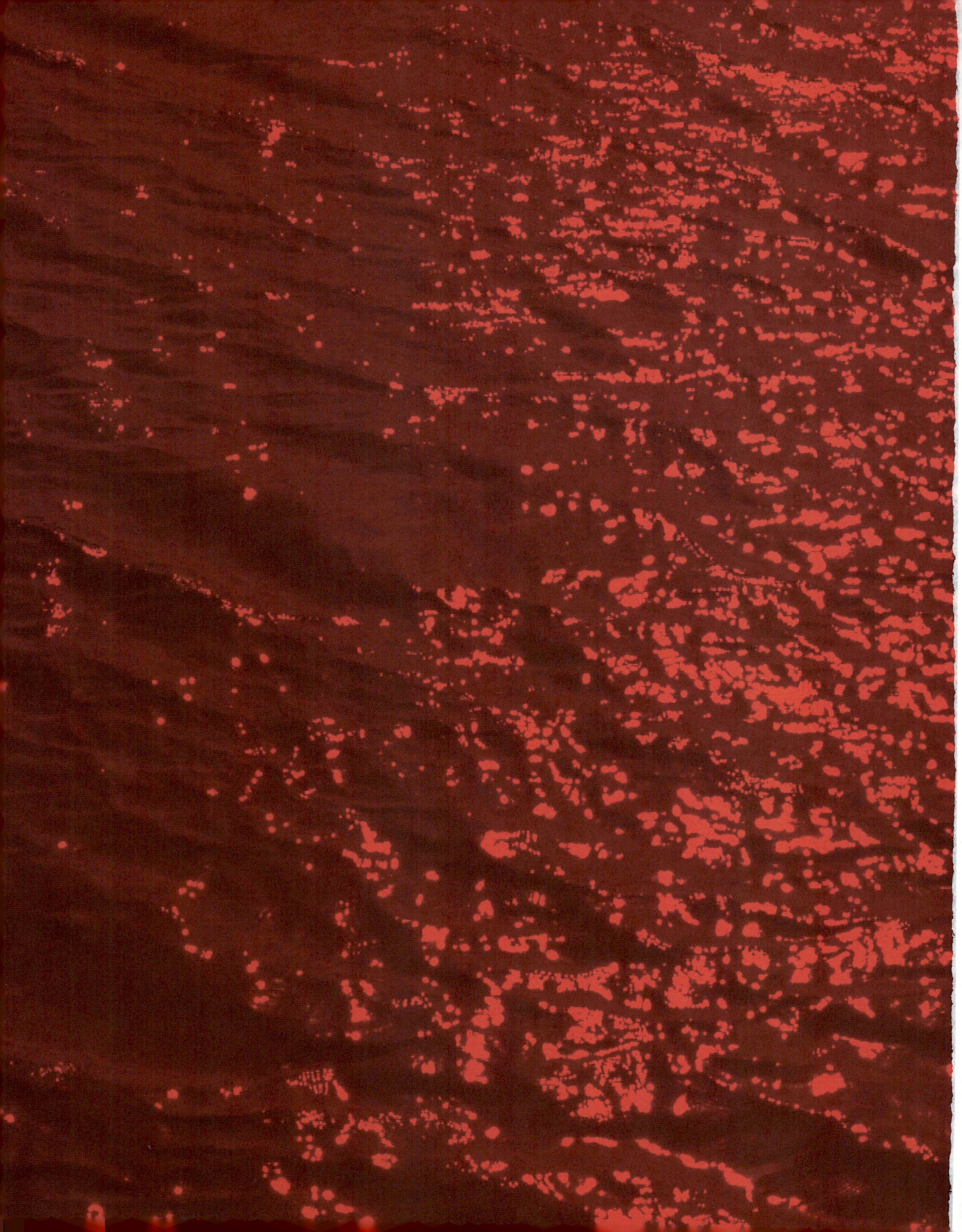

Aufbruch in die Neuzeit

Die Ausstellung steht unter der Schirmherrschaft der Ministerin für Arbeit, Soziales und Stadtentwicklung, Kultur und Sport des Landes Nordrhein-Westfalen, Ilse Brusis.

Weserrenaissance-Museum Schloß Brake, Lemgo

Die Weser. Einfluss in Europa

Aufbruch in die Neuzeit

Herausgegeben von José Kastler und Vera Lüpkes

Redaktion: Ursula Demand und Birgitta Falk

Verlag Jörg Mitzkat, Holzminden

„Die Weser. EinFluss in Europa"
Eine länderübergreifende Ausstellung über 1200 Jahre Geschichte und Kultur des Weserraumes

Ausstellungsorte
Museum Hameln · Kunstkreisgebäude am Rathausplatz: „Leuchtendes Mittelalter", 17. 06.–10. 09. 2000
Weserrenaissance-Museum Schloß Brake, Lemgo: „Aufbruch in die Neuzeit", 17. 06.–03. 10. 2000
Westfälisches Industriemuseum Glashütte Gernheim, Petershagen: „Weserglas für Übersee", 18. 06.–10. 09. 2000
Deutsches Tabak- und Zigarrenmuseum Bünde: „Von Baltimore nach Bünde", 18. 06.–10. 09. 2000

Gesamtleitung des Projektes
Weserrenaissance-Museum Schloß Brake, Lemgo
Konzeption der Ausstellung „Aufbruch in die Neuzeit"
Thomas Fusenig, José Kastler
Organisation und wissenschaftliches Ausstellungssekretariat
Birgitta Falk
Ausstellungsvorbereitung
Helga Bergers, Marion Berning, Wilfried Brand, Eckehard Deichsel, Geoffrey Delker, Ursula Demand, Birgitta Falk, José Kastler, Helmut Nikolay, Gisela Rabald, Heiko Runksmeier, Petra Wendt
Ausstellungsarchitektur
Ute Brose-Säck
Begleitprogramm und Öffentlichkeitsarbeit
José Kastler, Maria Kastler

Das Begleitbuch besteht aus drei Bänden:
Band 1 „Leuchtendes Mittelalter"
Band 2 „Aufbruch in die Neuzeit"
Band 3 „Von Baltimore nach Bünde"

Die Deutsche Bibliothek – CIP-Einheitsaufnahme
Die Weser. EinFluss in Europa: [eine länderübergreifende Ausstellung über 1200 Jahre Geschichte und Kultur des Weserraumes; Ausstellungsorte: Museum Hameln, Kunstkreisgebäude am Rathaus „Leuchtendes Mittelalter", 17. 06.–10. 09. 2000 ... Deutsches Tabak- und Zigarrenmuseum Bünde „Von Baltimore nach Bünde", 18. 06.–10. 10. 2000]
Holzminden: Mitzkat
ISBN 3-931656-30-6

Bd. 2 „Aufbruch in die Neuzeit"/Weserrenaissance-Museum Schloß Brake, Lemgo.
Hrsg. von José Kastler und Vera Lüpkes. – 2000
ISBN 3-931656-32-2

Gestaltung
Patricia Ludwig, Herford
Lithographie
Leinebergland-Druck, Alfeld, Verlag Jörg Mitzkat, Holzminden
Gesamtherstellung
Druckerei Lönneker, Stadtoldendorf
Verlag Jörg Mitzkat, Holzminden
Printed in Germany

Abbildungen auf dem Umschlag:
Der Farnesische Stier von Adriaen de Vries, Gotha, Schloßmuseum (Kat. 82), Detail
Gleichnis vom armen Mann und dem reichen Lazarus von Hans Vredeman de Vries, Weserrenaissance-Museum Schloß Brake (Kat. 75), Ausschnitt

Inhalt

Trennen und verbinden: Nicht nur dieser scheinbare Gegensatz spiegelt das Faszinosum großer Flüsse wider. Adern gleich transportieren sie Ideen und Güter in die entferntesten Gebiete. Kaum ein Sinnbild eignet sich besser als der Fluß, um die Verbindung von Ländern und Regionen aufzuzeigen.

Die Weser ist geographisch ein norddeutscher Fluß, kulturell gesehen jedoch ein europäischer Verkehrsweg, „ein Fluß in Europa". Nicht nur die Weserrenaissance oder die bis Nordamerika exportierte Weserkeramik zeigen die Wechselwirkung zwischen aufgenommenen und gegebenen Impulsen.

Das Symbol des verbindenden Wasserstromes aufgreifend, haben sich vier Museen der Länder Niedersachsen und Nordrhein-Westfalen zusammengeschlossen, um die bewegte Geschichte und die vielfältigen kulturellen Einflüsse der Weserregion vorzustellen.

Das gar nicht so ferne Mittelalter, präsentiert im Museum Hameln, zeigt die zentrale Bedeutung des Weserraumes für die Ausbildung des hochmittelalterlichen Reichs, aber auch, welchen Einfluß Klöster wie Corvey oder Bursfelde auf die Christianisierung des nördlichen Europas und seine Kultur hatten. Die Ausstellung im Weserrenaissance-Museum Schloß Brake ist jener Blütezeit gewidmet, in der wirtschaftlicher Aufschwung und weltoffenes Denken eine namengebende Kultur hervorbrachten. Zwei gerade erst in der Weser bei Nienburg geborgene Schiffe sind nicht nur spektakuläre Exponate, sondern sie weisen auf die Quelle des materiellen und geistigen Reichtums.

Die Glashütte in Gernheim und das Tabakmuseum in Bünde zeigen an Hand ausgewählter Güter, wie auch die Neuzeit geprägt wurde vom Fluß der Waren und günstigen Verkehrswegen.

Die Geschichte einer Region dezentral aufzubereiten, ist ein zukunftsweisendes Konzept, zeigt es doch keine virtuellen Realitäten, sondern lenkt die Schritte des Besuchers an die ursprünglichen Schauplätze der Geschichte, damit die ausgestellten Originale ihm den Fluß der Zeiten und Ideen nahebringen. Möge den Ausstellungen viel Erfolg beschieden sein.

Ilse Brusis
Ministerin für Arbeit, Soziales und Stadtentwicklung,
Kultur und Sport des Landes Nordrhein-Westfalen

Thomas Oppermann
Minister für Wissenschaft und Kultur
des Landes Niedersachsen

In einer spektakulären Aktion fand im letzten Sommer ein schwieriges und anspruchsvolles archäologisches Projekt des Weserrenaissance-Museums sein erfolgreiches Ende: die Bergung zweier Schiffe – beladen mit Sandstein aus Obernkirchen – aus der Weser.

Der einmalige Fund eröffnet neue Perspektiven für die Geschichte der Renaissance in Nord- und Westdeutschland. Standen in der älteren Forschung noch die Bestandsaufnahme und eine regionale Definition des Phänomens der „Weserrenaissance" im Vordergrund, treten nun in der zweiten Phase des dem Museum angegliederten Forschungsprojektes Fragen nach der europäischen Verflechtung des Weserraums in der Frühen Neuzeit hervor. Der Schiffsfund ist nur eines von vielen Zeugnissen für die europaweiten Beziehungen des Wesergebietes in der Frühen Neuzeit.

Die Forschung konzentriert sich hier auf Fragen nach dem Export und Import von Waren, nach den europa- und teilweise sogar weltweiten Handelsbeziehungen, nach Händlern und Spediteuren, nach wirtschaftlichen und sozialen, vor allem jedoch nach künstlerischen und kulturellen Beziehungen. Erste Überlegungen zu einzelnen Aspekten wurden im Rahmen eines mit dem historischen Institut der Universität Bielefeld veranstalteten Symposions im Januar 1999 vorgestellt und kontrovers diskutiert – ein weiteres beachtenswertes Beispiel der ertragreichen Symbiose von Museum und Forschungsprojekt in Schloß Brake. Obschon viele der aufgeworfenen Fragestellungen weiterentwickelt wurden, steckt die Forschungsarbeit noch in ihren Anfängen.

Als erstes Ergebnis, sozusagen „Weserrenaissance revisited", präsentieren wir die von diesem Buch begleitete Ausstellung. „Die Weser. EinFluss in Europa" spürt der wirtschaftlichen, sozialen und kulturellen Bedeutung des Flusses nach und zwar für das 16. und frühe 17. Jahrhundert. Die Ausstellung in Schloß Brake ist wesentlicher Bestandteil eines ambitionierten, länderübergreifenden Ausstellungsprojektes, das nur Dank des Zusammenwirkens vieler Kräfte gelingen konnte.

Am Anfang stand Helmut Holländer, der damalige Vorsteher des Landesverbandes Lippe, dessen Idee einer Ausstellung über die Weser im Jahre 2000 der Projektleiter José Kastler aufnahm und dank der wissenschaftlichen Recherchen von Thomas Fusenig und des engagierten Einsatzes von Birgitta Falk erfolgreich umsetzen konnte. Mit ins Boot holte José Kastler die Kollegen Norbert Humburg vom Museum Hameln, Thomas Parent vom Westfälischen Industriemuseum Dortmund sowie Christoph Mörstedt und Manfred Stranghöner vom Kreisheimatverein Herford. Ferner galt es, die vier Ausstellungsstandorte um zwölf in situ erhaltene historische Stätten entlang der Weser zu erweitern.
Dies sind der Weserstein in Hann. Münden, „Am Pegelturm" und das Rathaus in Bad Karlshafen, das ehemalige Amtshaus in Forst, die Fähre mit dem klassizistischen Fährhaus in Polle, der Hafen in Vlotho, das Badehaus I in Bad Oeynhausen, die Obernkirchener Sandsteinbrüche mit dem dortigen Museum, die Defensionskaserne und die Schiffmühle in Minden sowie das Museum in Nienburg.

Den zahlreichen Leihgebern aus dem In- und Ausland danke ich für die gute Zusammenarbeit und ihre großzügige Bereitschaft, dem Weserrenaissance-Museum ihre Leihgaben für eine doch recht lange Ausstellungsdauer zur Verfügung zu stellen. Die wissenschaftliche Unterstützung vieler Fachkollegen – namentlich des Wissenschaftlichen Beirats des Weserrenaissance-Museums und der Historiker der Universität Bielefeld – hat sehr zum Gelingen des Projektes beigetragen. Ohne die Mitfinanzierung durch das Ministerium für Arbeit, Soziales und Stadtentwicklung, Kultur und Sport und das Ministerium für Schule und Weiterbildung, Wissenschaft und Forschung des Landes Nordrhein-Westfalen sowie beachtliche Sachmittelspenden der Firmen Zumtobel Staff, Lemgo, und Lenze, Hameln, wäre die Ausstellung nicht zu realisieren gewesen. Allen Verantwortlichen sei herzlich gedankt.

Die Ausstellung ist als Projekt der Expo-Initiative OstWestfalenLippe ausgezeichnet und macht die historische Dimension des Mottos der EXPO 2000 erfahrbar: Mensch – Natur – Technik. Sie bringt uns den Schiffer auf seinem technisch ausgefeilten Lastschiff nahe, der, die gefährlichen Strömungen der Weser meisternd, mit Naturstein den Fluß hinab fuhr oder mit Seefischen, Bremer Waren oder Kunstwerken durch Menschenkraft hinaufgezogen wurde.

Das Ausstellungsprojekt möge Anlaß für Viele sein, den Weg nach Schloß Brake zu finden und zu begreifen, welch wichtige wirtschaftliche und kulturelle Rolle der Weserraum einst spielte. Den Wissenschaftlern sollte über die Dauer der Ausstellung hinaus die Möglichkeit gegeben werden, sich mit den noch weitgehend unerforschten internationalen Beziehungen des Weserraums bzw. Nordwestdeutschlands auseinanderzusetzen, um dessen Geschichte nicht nur besser kennenzulernen, sondern – wie in dieser Ausstellung – ins öffentliche Bewußtsein zu rücken.

Dr. Vera Lüpkes,
Direktorin des Weserrenaissance-Museums Schloß Brake

„Die Weeser
hat den Namen Visurgis, Visurgens, denn sie ist offt,
zum Schaden derer nahe daran wohnenden,
aufgeschwollen ...“

Die Weser und die europäische Renaissance · Aufbruch in die Neuzeit

José Kastler

Wer heute das Weserbergland kennenlernt, nimmt zunächst seine landschaftlichen Reize wahr. Ähnlich erging es dem Dichter Franz Dingelstedt, einem der literarischen Entdecker der Weser-Romantik. Für ihn floß die Weser 1838 *„mitten durch schöne, wenn auch nicht große Bergformen, an freundlichen, freilich nicht reichen Dörfern vorüber, ohne Dampfschiffe und ohne Dreimaster, aber oft befrachtet mit einem bunt bewimpelten Kahne, worauf fröhliche Menschen sitzen und über das blaue Wasser in die blauen Berge hinausschauen oder hinaussingen"*[1]. Der Sommerfrischler des 19. Jahrhunderts empfand den Fluß als pittoresk. In Dingelstedts Text zeigt sich eine Entwicklung, welche die Entfremdung von der Natur bereits voraussetzt. Das nicht mehr Selbstverständliche wird erst in seinem Entschwinden wahrgenommen und durch seinen Verlust verklärt.

Die in den Jahrhunderten davor verbreitete Einstellung zum Fluß charakterisierte noch 1749 Anton Schlichthaber in seiner *Mindener Kirchengeschichte*: *„Die Weeser hat den Namen Visurgis, Visurgens, denn sie ist offt, zum Schaden derer nahe daran wohnenden, aufgeschwollen"*[2]. Dieser Erklärung folgt eine lange Liste der katastrophalen Hochwasser des Flusses, die bis ins hohe Mittelalter zurückreicht. Die lateinische Bezeichnung *Visurgis* leitet sich etymologisch vom lateinischen *vis* (Kraft) und *surgere* (aufsteigen) ab. Flüsse erklärte man sich in der Frühen Neuzeit als lebendige, handelnde Subjekte, personifiziert durch Flußgötter. Ausgehend von einer anthropomorphen Sicht der Natur, bildeten die Wasserläufe die Adern der Welt, während die Berge das knöcherne Skelett darstellten.[3] Athanasius Kircher (1602–1680), einer der einflußreichsten kosmologischen Theoretiker des 17. Jahrhunderts, stellte in seinem Werk *Mundus Subterraneus* eine Theorie der Existenz von Flüssen auf, die auch von seinen Zeitgenossen Descartes, Kepler und Palissy anerkannt wurde.[4] Kircher nahm an, daß die Gewalt der Winde das Wasser der Ozeane hinab in Kanäle unter der Erdoberfläche presse. Diese Kanäle führten seiner Auffassung nach zu großen Reservoirs unter der Erde, von wo aus das Wasser wieder an die Oberfläche gelange. So sei ein riesiges Wasser-Reservoir unter den Alpen die Quelle aller europäischen Flüsse und Seen. Athanasius Kircher wurde in Geysa bei Fulda geboren und trat 1618 als Novize in das Jesuiten-Kollegium von Paderborn ein. Er dürfte die Weser gekannt haben.

Die Naturgewalt des Flusses blieb in ihrer Unberechenbarkeit bis ins 20. Jahrhundert eine ständige Bedrohung und Herausforderung für die an seinen Ufern lebenden Menschen. Die Geschichte des Flußlaufes seit der frühen Neuzeit ist zugleich die Geschichte seiner Veränderung, seiner Domestizierung und Dienstbarmachung. Die erste bedeutende Regulierung der Oberweser bei Hameln durch eine Wehranlage nahm man bereits 1556 vor.[5] 1584 plante Herzog Julius von Braunschweig-Wolfenbüttel, Weser und Elbe durch die Kanalisierung von Bode und Oker zu verbinden (vgl. Kat. 10). Herzog Friedrich Ulrich von Braunschweig-Lüneburg empfahl 1621 wegen des langwierigen Streites zwischen dem oldenburgischen Grafen Anton Günther und der Hansestadt Bremen den Bau eines Kanals von Dreye durch die Grafschaft Delmenhorst, um das Bremer Hoheitsgebiet im Westen zu umgehen.

Heute unterlägen solche massiven Eingriffe in die Natur einem Rechtfertigungszwang. In der Beurteilung des 16. Jahrhunderts jedoch verband sich biblische Heilsgeschichte mit technischer Innovation. Mechanische Künste wie Flußkorrekturen sollten dem Menschen helfen, sich mit seinem von Gott entfremdeten Zustand auszusöhnen, um den Bruch des Sündenfalls wieder zu heilen. Sie sollten dem Menschen als Krone der Schöpfung ermöglichen, seine ihm zugedachte beherrschende Funktion im Plan Gottes zu erfüllen. Überspitzt formuliert bot darüber hinaus die Technik ein neues Heil, das viele der Güter des verlorenen Paradieses ersetzte und sogar noch überbot.[6] Wenn es einer theologischen Rechtfertigung der Nutzung von Wasserläufen bedurfte, so war sie hier zu finden.

1 Dingelstedt 1838, Einführung, S. 13.
2 Schlichthaber 1749, Teil 1, S. 9. Schon Tacitus erwähnt den Namen *Visurgis*, und zwar im Zusammenhang mit Germanicus, der mit seinen Legionen einen Fluß durchwatete, den er für die Weser hielt (vgl. Tacitus, Annalen, S. 69).
3 Vgl. Perrig 1980, S. 58 ff.
4 Athanasius Kircher: Mundus subterraneus. 2 Bde. Amsterdam 1665/1678.
5 Nattermann 1937, zit. nach Grohs 1987, S. 238.
6 Vgl. Stöcklein 1969, S. 45 ff.

Personifikation der Weser und anderer Flüsse aus dem Deichatlas des Johann Conrad Musculus, 1625/26 (Oldenburg, Niedersächsisches Staatsarchiv)

HARA FL:
LETE FL:
AWE FL:
PARTICULAR Abriß Der
Oldenburgischen Wasserteych mit
denen Anno 1625 Daran Durch
gewalt des Wassers geschehe-
nen Schaden
Jo Con. Musculo
fe.
VISURGIS FL:
HUNTA FL:
NUS
GERMA-
NI-
CUS.

Die Weser ist die wichtigste natürliche Schiffahrtsstraße zwischen Elbe und Rhein und der einzige der großen deutschen Flüsse, der nur durch deutsches Gebiet fließt. Mit einer Länge von 354 Kilometern[7] durchströmt sie die heutigen Bundesländer Thüringen, Hessen, Nordrhein-Westfalen, Niedersachsen und Bremen. An der Porta Westfalica bei Minden tritt der Flußlauf aus dem Weserbergland heraus und erreicht die niederdeutsche Tiefebene. Ab Bremen, im Bereich der Unterweser, steht er unter dem Einfluß der Gezeiten und ist auch für Seeschiffe befahrbar. Entgegen der allgemein verbreiteten Auffassung entsteht die Weser nicht durch den berühmten „Kuß" von Werra und Fulda bei Hann. Münden, sondern ihr Ursprung ist die Werra. Im Rahmen dieser Ausstellung wird die Weser nicht als einzelner Wasserweg betrachtet, sondern das gesamte Flußsystem „Weser", wie es sich in der Frühen Neuzeit darstellte: Werra, Fulda und Weser mit den wichtigsten Nebenflüssen wie Werre und Aller/Oker/Leine.

Der Nutzen eines Flusses für den Menschen – abgesehen von der eiweißhaltigen Nahrung, die er bot – lag vor allem darin, daß er schiffbar war oder gemacht werden konnte. Flüsse eignen sich besonders für den Transport schwerer, zerbrechlicher und sperriger Lasten, z. B. Getreide, Keramik und Glas sowie Baumaterialien (Holz, Steine und Kalk). Bereits für den Kathedralbau des Mittelalters waren selbst kleine Flüsse genutzt worden. Die Wasserwege behielten gegenüber dem Landtransport bis ins 19. Jahrhundert den Vorteil der geringeren Frachtkosten.[8] Menschen hingegen reisten eher zu Pferde oder mit Wagen, wie die Reisebeschreibungen der Frühen Neuzeit belegen, da man selbst flußabwärts auf dem Wasser meistens langsamer vorankam als auf der Straße.[9]

Vertreibung der deutschen Truppen aus Antwerpen 1577, Kupferstich aus den Geschichtsblättern des Franz Hogenberg

7 Mit Quell- und Nebenflüssen hat die Weser heute eine Länge von 732 Kilometern, mit Wehr-, Alt- und Nebenarmen eine Länge von 810 Kilometern. Vgl. Eckoldt 1998, S. 134 ff.

8 Bei der Wieden, H. 1961, S. 98.

9 Vgl. Schwarzwälder 1987, S. 68, 340.

Die Bedeutung der Weser für Wirtschaft und Handel in der Frühen Neuzeit wurde bisher als eher marginal angesehen. So schreibt Albert K. Hömberg: *„Der Einfluß der Weserachse auf das Hinterland zu beiden Seiten des Flusses blieb gering"*.[10] Heinrich Rüthing zufolge war die Warenfrequenz auf der Weser nicht so intensiv, *„daß sie die gesamte Wirtschaftsstruktur des Weserraumes entscheidend und unverwechselbar hätte prägen können"*.[11] Die Ausstellung will überprüfen, ob diese Einschätzungen angesichts des heutigen Forschungsstandes noch haltbar sind. In welchem Maße waren die angrenzenden Territorien auf die Weser als Handelsweg ausgerichtet? Verhalf der Wasserlauf diesen Territorien zu wirtschaftlicher Prosperität? Definiert die Weser seit der Frühen Neuzeit das Wesergebiet als eine Export- und Importregion? Folgte auf eine derartige wirtschaftliche Basis in der Frühen Neuzeit auch eine kulturelle Prosperität?

Geologisch gesehen zeigt sich die Prägung der Weser-Region nicht allein durch die Nord-Süd-Ausrichtung der Verkehrswege, sondern ebenso durch die West-Ost-Ausrichtung der fruchtbaren und dichter besiedelten Lößböden von Osnabrück bis Braunschweig und weiter bis nach Magdeburg.[12]
Die Wasserstraße Weser verband die Territorien an der Nordsee über die Handelsplätze weiter im Süden mit dem Angebot mediterraner Kulturgüter. Von besonderer Bedeutung als Handelsplatz war die Messe in Frankfurt a. M. Der Fluß bot aber auch einen Anschluß an den wichtigen West-Ost-Handel, an die Niederlande und an Flandern. Neben den Wasserwegen müssen auch die Landverbindungen in eine Definition des Weserraums einbezogen werden. Die Nord-Süd-Achse über Land durch das Tal der Leine war die wichtige Verbindung einerseits nach Mittel- und Südwestdeutschland und andererseits zur Ostsee. Die Bedeutung der Strecke zeigten zahlreiche anliegende Gewerbeorte, wie z. B. die Bierbrauerstadt Einbeck.[13] Das Gebiet am Flußsystem Weser läßt sich im 16. und 17. Jahrhundert noch nicht politisch, aber bereits wirtschaftsgeschichtlich definieren. Wie wenig die Herrschaftsbereiche an der Weser politisch geeint waren, findet darin seinen Ausdruck, daß das Flußgebiet erst im späten 18. Jahrhundert als Ganzes auf einer eigenen Karte erscheint. Zuvor gab es nur Karten der einzelnen Territorien, oder der Fluß wurde nur am Rande mit dargestellt. Auch wenn sich der Weserraum bereits im 16. Jahrhundert wirtschaftlich definieren läßt, so war er in seiner ökonomischen Struktur sowie in seiner räumlichen Gestalt ständigen Wandlungen unterworfen. Neben Handelszentren (Bremen, Minden) entwickelten sich Produktionsregionen für die Exportgüter Getreide (im Bereich der Aller und oberhalb Hamelns), Waid (in Thüringen und auf dem Eichsfeld) und Waldglas (im Vogler und im Hils). Eine weniger zur Weser hin orientierte Produktionsregion war das Waldecker Land, wo Eisenprodukte hergestellt wurden. Ein Rohstoff wie Sandstein wurde in den Bückebergen und im Solling abgebaut. Obwohl bekanntes Exportgut aus dem Weserraum, hatte der Obernkirchener Sandstein nur einen geringen Anteil am Frachtaufkommen auf der Weser.

Der wachsenden verkehrsgeographischen und infrastrukturellen Bedeutung der Flußschiffahrt stand bereits um 1600 die Versandung der Unterweser für den Seehafen Bremen entgegen. Hier zeigt sich, wie sehr die europäischen und überseeischen Verbindungen mit den regionalen Bedingungen und Möglichkeiten verflochten waren.[14] Gemeinsames Handeln für die Schiffahrt auf der Weser wäre dringend nötig gewesen, stieg doch das Transportaufkommen für eigene Produkte und Transitwaren im Laufe des 16. Jahrhunderts beträchtlich. Übereinkünfte im Interesse aller Beteiligten gab es jedoch nicht.[15]
Die unterschiedlichen Privat-, Standes- und Gruppeninteressen in den Territorien erschwerten den Ausbau des Flusses als Schiffahrtsweg und verhinderten eine Gesamtunterhaltung für den durchgehenden Verkehr. Die Schiffergilden in Münden (ab 1592) und in Vlotho (spätestens ab 1665)[16] bündelten erstmals gemeinsame Bedürfnisse ihres Berufsstandes und waren auch für die Pflege der Fahrrinne zuständig.[17]

10 Hömberg 1968, S. 62, zit. nach Rüthing 1987, S. 88.

11 Rüthing 1987, S. 89. Somit ist die Stellungnahme von Heinz Stoob zu relativieren, daß die Weser *„kein wirkliches Rückgrat für die Erschließung und Entfaltung zu bieten vermocht"* habe und *„ein enges Einzugsgebiet, vorwiegend bescheidene Bodenqualitäten, eine begrenzte Siedlungsdichte und keine nennenswerten Bodenschätze, wenn man von den örtlichen Kohle- und Sandsteinvorkommen am Nordrande der Weserkette absieht"*. Stoob 1970, S. X.

12 Hauptmeyer 2000.

13 Heinz Stoob urteilt über die Bedeutung der Weser, allerdings ohne nach Warengattungen zu differenzieren: *„Eine wirklich durchgehende Nord-Süd-Verbindung erster Ordnung hat sie [die Weser] nie bedeutet, an einer solchen fehlte es vielmehr im Weserlande stets empfindlich; der von Münden aus bequem zu erreichende Leinegraben hat sie an sich gezogen."* Stoob 1970, S. X.

14 Durch die Unpassierbarkeit der Unterweser drohte Bremen langsam aber sicher den Anschluß an den Seehandel zu verlieren. Die Korrektion der Unterweser 1887 schaffte grundlegend Abhilfe.

15 Schon im 11. Jahrhundert betrieben Bremer Kaufleute regen Handel bis zur Werra und Fulda.

16 Die Schiffergilde wurde 1565 wiedergegründet, hatte jedoch in einem bisher unbekannten Zeitraum schon vorher bestanden. Vgl. Kat. 37.

17 Im 18. Jahrhundert entwickelten sich Ansätze zu einer größere Flußstrecken erfassenden Verwaltung. Erst mit der Wasserschiffahrtsakte von 1823 ging die Zuständigkeit für die Unterhaltung der Fahrrinne an die Anrainerstaaten über. Durch den Zollverein wurde eine einheitliche Flußverwaltung eingerichtet.

Blick auf Antwerpen, Südliche Niederlande um 1600, Koninklijk Museum voor Schone Kunsten Antwerpen

Im 16. Jahrhundert dehnte sich die Welt der Europäer aus, bisherige Relationen verloren an Bedeutung. Es gab einen qualitativen Sprung in der internationalen Handelsschiffahrt. Jetzt war ein globaler Handel von Brasilien bis nach Japan möglich, der durch verbesserte Schiffe und die Entdeckung weiterer neuer Länder im folgenden Jahrhundert noch intensiviert wurde. Der transatlantische Handelsverkehr ließ die Seehäfen und ihr Hinterland an Bedeutung gewinnen. Gegenüber dem Mittelalter änderten sich die Wirtschaftsräume in Europa. Eine weiträumige Arbeitsteilung zwischen den Regionen prägte sich aus. Damit setzte die neue Welthandelsmacht der Niederlande ein internationales Wirtschaftssystem durch, in das der gesamte norddeutsche Raum einbezogen wurde. Der wichtigste Hafen Nordwesteuropas Mitte des 16. Jahrhunderts war Antwerpen. Die reiche Stadt an der Schelde verband den Überseehandel der Portugiesen mit dem Kontinentalhandel der Achse England-Deutschland. Ausgelöst durch den niederländischen Aufstand gegen die spanische Herrschaft verlor Antwerpen nach 1568 allerdings an Bedeutung.[18] Als Amsterdam sich um 1600 zunehmend zum Handelszentrum entwickelte, geschah dies bereits auf der Grundlage internationaler Kontakte mit der damals bekannten Welt.

Nach Fernand Braudel und Immanuel Wallerstein sind Wirtschaftsräume hierarchisch gegliedert in Zentrum, Halbperipherie, Peripherie und Außenwelt.[19] Wenngleich die Weserregion geographisch zentral in Europa liegt, hatte sie in der Frühen Neuzeit wirtschaftlich gesehen eher eine Randlage. Nach Carl-Hans Hauptmeyer gehörte Nordwestdeutschland zur Halbperipherie, war wirtschaftliches Hinterland der Niederlande.[20] In den Territorien an der Weser gab es billige Arbeitskräfte sowie Rohstoffe, Fertig- und Halbfertigprodukte. Durch ihre Lage am Fluß begünstigt, konnten sich die Städte entlang der Weser zu marktorientierten Handelsplätzen entwickeln, und dieser Handel wurde zu einer wichtigen Einnahmequelle.

18 Uytven 1994, S. 7.
19 Vgl. Braudel 1986.
20 Vgl. Hauptmeyer 2000.

Titelblatt aus:
Leonhart Fronsperger,
Kriegs-Ordnung und Regiment / samt derselbigen Befehl ...
Frankfurt a. M. 1654

Für alle Weserstädte bildete die Hansestadt Bremen die wirtschaftliche Drehscheibe für die niederländischen Generalstaaten.[21] Sehr förderlich war in diesem Zusammenhang, daß Bremen neben Emden die einzige deutsche Hafenstadt war, die calvinistisch geprägt war.[22] Das politisch neutrale Bremen lieferte jedoch im Spanisch-Niederländischen Krieg Waffen und Lebensmittel an beide Seiten, also auch an das katholische Spanien.[23] 1623 plante Spanien eine Blockade der Weser. Man hielt es für möglich, einige Weserstädte zu erobern, um die Niederländer vom Handel mit Zentraleuropa abzuschneiden.[24] Dieser Plan wurde jedoch nicht realisiert. Wie wichtig die Weser als Transportroute war, zeigt sich auch darin, daß es während des Dreißigjährigen Krieges mehrfach zu Blockaden der Wesermündung kam. Die Niederländer blockierten in den Jahren 1623 bis 1630 die Weser, die Dänen in den Jahren 1623 und 1637. Beide Parteien befürchteten während des Dreißigjährigen Krieges, daß die Truppen Tillys über Bremen versorgt werden könnten.[25]

Fast ein Jahrhundert lang blieben die Territorien an der Weser von allen größeren Kriegseinwirkungen verschont. Sie waren die Nutznießer der Intensivierung der Landwirtschaft und des Sinkens der Löhne durch ein rasches Bevölkerungswachstum bei gleichzeitigem Steigen der Getreidepreise. Wichtigstes Massengut wurde Getreide, das über die Weser in den überregionalen Handel gelangte. Städte wie Antwerpen oder Amsterdam waren von diesen Getreideimporten abhängig. Dort wurde es nur zum Teil selbst verbraucht, das Meiste wurde weiterverkauft. Von den steigenden Getreidepreisen und dem agrarischen Konzentrationsprozeß konnten an der Weser allerdings nur diejenigen profitieren, die über den Eigenbedarf hinaus anbauten, im allgemeinen die Grundherren oder die am Handel beteiligten Städte.

Mit der Einbeziehung der Wirtschaft des Weserraums in die Weltwirtschaft, in deren Mittelpunkt sich Europa sah, ging ein sozialer und kultureller Wandel einher. Er veränderte das Verhältnis von Grundherr

21 Erst gegen Ende des 18. Jahrhunderts ging der Handel Bremens mit den Niederlanden erheblich zurück. Mit der Entstehung der Vereinigten Staaten von Amerika wurde der transatlantische Handel bedeutender. Vgl. Scheper 1971, S. 18 f.

22 Kellenbenz 1969. Ernst Pitz konstatiert allerdings einen Rückstand der deutschen Hansestädte gegenüber britischen und niederländischen Städten, der auf den fehlenden Rückhalt durch eine vereinte Nation (wie in England) und auf das Fehlen eines besonders extensiven Exportgewerbes (wie in den Niederlanden) zurückzuführen sei. Vgl. Pitz 1984, S. 39.

23 Baasch 1932, S. 538 ff.

24 Israel 1982, S. 144. Diesen Hinweis verdanke ich Herrn Dirk Korinth, Bielefeld. Den Rhein hatten die Spanier 1566 im Verlauf des Spanisch-Niederländischen Krieges für den Güterexport in die Generalstaaten gesperrt. Das begünstigte den Export über die Weser in die Niederlande erheblich.

25 Vgl. Staatsarchiv Bremen, Sign. R. 10.c.1. und R. 10.c.2.

und Bauer, Land und Stadt, Handel und Gewerbe und ließ die Flußschiffahrt expandieren. Die Abhängigkeit der bäuerlichen Bevölkerung vom Grundherrn wuchs, der Adel proftierte von der Agrarkonjunktur. Die Städte verloren zwar an politischer Selbständigkeit, gewannen aber durch den Handel an wirtschaftlicher Bedeutung. Unter anderem wurde die Intensivierung der Landwirtschaft durch die Gewinne ermöglicht, die der niedere Adel auf den europäischen Kriegsschauplätzen erzielte. Ein typisches Phänomen der Zeit ist, daß Adelige sich von einem Kriegsherrn bestallen ließen, um Hauptleute und Landsknechtstruppen anzuwerben. Diese hielten sie für ihre Kriegsherren bereit und führten sie im Falle eines Einsatzes meist persönlich. Vor den jeweiligen Einsätzen wurden enorme Einkünfte ausgehandelt. Ein Adliger wie Georg von Holle [26] kämpfte, obwohl Protestant, u. a. auch auf kaiserlich- katholischer Seite im Schmalkaldischen Krieg (1545–1551) und in den Niederlanden (1552–1555). Später stand er im Dienste Kaiser Philipps II. in den Niederlanden 1557 bis 1559 und im Siebenjährigen Nordischen Krieg ab 1563 auf dänischer Seite. Er engagierte sich schließlich ab 1565 auch politisch für Wilhelm von Nassau-Oranien.

Neben solchen „militärischen Unternehmern“[27] aus dem niederen Adel gab es Landesherren, die ihre Territorien als „Wirtschaftsunternehmen“ zu organisieren begannen. Im Weserraum sind besonders Landgraf Wilhelm IV. von Hessen und Herzog Julius von Braunschweig-Wolfenbüttel zu nennen, die möglichen Verbesserungen der Binnenschiffahrt sehr aufgeschlossen gegenüberstanden. Als Beispiel für einen landesherrlichen Unternehmer ist auch Fürst Ernst von Holstein-Schaumburg anzusehen. Seine erfolgreichen ökonomischen Aktivitäten und seine Finanz- und Kreditpolitik gingen Hand in Hand mit dem Ausbau seines Herrschaftsbereiches zu einem frühen zentralistischen Territorialstaat.[28]

Auch wenn die Flußschiffahrt, wie bei Fürst Ernst direkt nachweisbar, eine entscheidende wirtschaftliche Grundlage zur Kulturförderung bildete, folgte der Kulturtransfer den Handelswegen zu Wasser und zu Lande. Er orientierte sich dabei jedoch nicht nur – was durch die Wirtschaftswege nahelag – an den Niederlanden und Flandern, sondern auch an den Kulturzentren in Süddeutschland, Prag und Venedig. Kulturell waren die Territorien an der Weser Durchgangsgebiete und auch Schmelztiegel, die von den Verflechtungen und geistigen Impulsen der europäischen Nachbarn und von der Dynamik des internationalen Austausches profitierten.

An den Universitäten in den Niederlanden, um nur ein Beispiel zu nennen, war der Anteil der deutschen Studenten bemerkenswert hoch.[29] Die von den Landesherren finanzierten Studienaufenthalte von Hofkünstlern, Hofkomponisten und Hofgärtnern, z. B. in Venedig, Rom und Florenz, die Kavaliersreisen der Adeligen nach Frankreich und Italien, diplomatische Missionen im Auftrage des Kaisers, aber auch die Kriegszüge der „militärischen Unternehmer“ bis nach Mantua oder St. Quentin erweiterten den Horizont und brachten kulturelle Anregungen in die Weserterritorien. Dem Selbstverständnis der gebildeten Fürsten nach waren die eigenen Höfe Zentren künstlerischer und wissenschaftlicher Innovation. Die Einnahmen der Fürsten deckten nicht immer die Kosten ihrer Repräsentationsaufwendungen. Aufträge und Bestellungen gingen an Künstler von internationalem Rang. Hans Vredeman de Vries aus Leeuwarden arbeitete als Architekt, Baumeister, Maler, Architekturtheoretiker und Stecher in Frankfurt a. M., Hamburg, Bremen, Danzig, Prag und u. a. auch vier Jahre zusammen mit seinem Sohn Paul am Hof Herzog Julius' in Wolfenbüttel.

Der in Augsburg und Venedig lebende Hans Rottenhammer (1564–1625) übernahm als Maler für Fürst Ernst von Holstein-Schaumburg in Bückeburg nicht nur selbst einige Aufträge, er verwendete sich auch für seine Künstlerkollegen. So vermittelte er Aufträge für das Mausoleum des Fürsten am Chorscheitel der St. Martini-Kirche in Stadthagen an den kaiserlichen Kammerbildhauer Adrian de Vries und an den Dresdener Hofarchitekten Giovanni Maria Nosseni (1546–1620).

Produkte wie Waldglas und Keramik von den Ufern der Weser und Werra machten den Weserraum als Exportregion bekannt. Der Obernkirchener Sandstein aus den Bückebergen, bis heute ein bevorzugter Werkstoff für repräsentative Fassaden und bauplastischen Schmuck, wurde häufig allerdings nur als Rohmaterial und Halbfertigprodukt im grobbehauenen Zustand verschifft. Als Beispiel für die Weiterverarbeitung an Ort und Stelle seien drei Reliefs aus Obernkirchener Sandstein im Rijksmuseum Amsterdam genannt. Sie stammen von einer repräsentativen Amsterdamer Hausfassade von ca. 1649 und sind Willem de Keyser (1603–nach 1678) zugeschrieben.

26 Vgl. Angermann 1965 und Angermann 1970. Vgl. auch Kat. 69

27 Vgl. Redlich 1958 und Redlich 1964. Irmintraut Richarz charakterisiert die Söldnerführer als *„Adelskapitalisten“*. Richarz 1971, S. 27. Angerman vergleicht sie mit den italienischen Condottieri. Angermann 1970, S. 207.

28 Vgl. Bei der Wieden, H. 1961 und 1994.

29 An der ältesten Universität der Niederlande in Leiden studierten zwischen 1575 und 1750 immerhin 11.000 Deutsche. Siehe dazu Lademacher 1993, S. 323. Zu den Beziehungen von Leiden zu der calvinistischen Hochschule in Herborn vgl. Menk 1981, S. 295 ff.

Reliefs aus Obernkirchener Sandstein aus einer Hausfassade in Amsterdam, um 1649, Willem de Keyser (ca. 1603–1678) zugeschrieben, heute im Rijksmuseum Amsterdam, Dauerleihgabe der Stadt Amsterdam

Eher ein Sonderfall dürfte dagegen die Verschiffung einer ganzen Rathausfassade aus Obernkirchener Sandstein 1597 von Bremen nach Leiden gewesen sein (Kat 48). Den Kontakt stellte damals der aus Antwerpen stammende Kaufmann und Diplomat Daniel van der Meulen her. Er lebte von 1585 bis 1591 in Bremen, bevor er nach Leiden zog, wo er u. a. die Verhandlungen zwischen dem Bremer Bauunternehmer und der Stadt Leiden führte. Daniel van der Meulen arbeitete häufig mit seinem in Bremen ansässigen Bruder Andries zusammen. Dieser kaufte im Auftrag Graf Simons VI. zur Lippe des öfteren Gemälde, die für die Galerie Kaiser Rudolfs II. in Prag bestimmt waren (vgl. Kat. 79). Die Kunstwerke wurden gewöhnlich per Schiff die Weser hinauf bis zum lippischen Hafen Erder bei Varenholz befördert und von dort aus nach Prag gebracht.[30]

Kunst wurde in der zweiten Hälfte des 16. Jahrhunderts europaweit gehandelt und sprach eine Sprache, die von jenen verstanden wurde, die religiöse und antike Themen sowie die beliebten Embleme zu entschlüsseln wußten. In der Kunst wurde eine länderübergreifende Bildsprache verwendet, die regionale Eigenheiten einander anglich. Besonders die Druckgraphik wurde wegen ihrer leichten Verfügbarkeit zum wichtigsten Medium der Verbreitung innovativer künstlerischer Vorstellungen, die an keiner Landesgrenze halt machten. Hier sei kurz auf die Geschichte des Begriffs „Weserrenaissance" eingegangen. Bis heute trotz ihrer wirtschaftlichen, künstlerischen und wissenschaftlichen Verflechtungen wird die Renaissancekultur entlang der Weser als autonome Geschichtslandschaft begriffen, in sich geschlossen und mit historisch übergreifenden Konstanten.[31] Jürgen Soenke versuchte noch 1974 eine kritische *„Abgrenzung des geographischen Gebietes"* durch eine Theorie der *„Weserrenaissance als stilistische Sonderentwicklung"*[32] mit Kern- und Randbereichen, ganz im Sinne der geschichtlichen Kulturraumforschung. Soenke steht damit in einer Tradition, die bereits Richard Klapheck 1912 in Unterscheidung zu einer „Lippe-Renaissance" begann,[33] und die durch Max Sonnen 1918/1923 Verbreitung fand.[34] Victor Curt Habicht suchte 1930 die niedersächsische Kunst in Schulen mit *„bodenständiger Formenbewegung"*[35] einzuteilen. Er folgte Max Sonnen in der Charakterisierung der „Weserrenaissance". Deren *„irgendwie spukhafte und leicht unheimliche Phantastik"*, wie sie sich im Fassadenschmuck äußere,[36] bettete er in den Zusammenhang der „Weserkunst" des oberen Weserraumes, die eine *„Vorliebe für das Bizarre, Eckige, Knorrige und Schrankenlose"* habe.[37]

Die Kulturraumforschung, fußend auf den anthropogeographischen Studien Friedrich Ratzels (1844–1904), umschrieb anhand der räumlichen Verbreitung kultureller Phänomene Kreise landschaftsgebundener Kultur mit Hilfe stilistischer Ähnlichkeiten. Für Soenke wurzelte die Renaissancearchitektur in der Landschaft und war für ihn *„eben eine Volkskunst"*.[38] Eine solche kulturgeographische Betrachtungsweise, das Denken in regionalen Kulturkreisen, entstand vor dem Hintergrund der politischen Ereignisse des 19. Jahrhunderts. In Deutschland als einem dezentralisierten Konglomerat von Landesterritorien ohne kulturelle Mitte mußte die Region in ihrer kulturellen Besonderheit als wahrer Ort nationaler Identität erscheinen.

Die ethnisch charakterisierende Kulturgeographie zeigte sich zunächst in den Arbeiten des Literaturhistorikers August Sauer (1855–1926), bald auch bei Kunsthistorikern wie Wilhelm Pinder, Kurt Gerstenberg und August Grisebach.[39] Die Annahme, daß die Kultur einer Region das Produkt der jeweiligen urwüchsigen Naturbedingungen sei, läßt darauf schließen, daß die Milieutheorie von Hippolyte Taine (1828–1893) rezipiert wurde. Eigenständige regionale Stilvarianten und Sonderleistungen setzen dabei eine organisch-einheitliche Grundhaltung voraus, die bis in die *„Stammeswurzeln"* reichen kann. So wurde als wesenseigene Formensprache und bildnerischer Dialekt verstanden, was allein künstlerischer Ausdruck des geistigen Umfeldes war.[40] Zweifellos lernten die lokalen Baumeister voneinander. Im Vordergrund steht aber die Erkenntnis, daß die Bauten dieser Region durch die Entlehnungen aus einem internationalen Formenrepertoire geprägt sind.

Wenn der Begriff der Weserrenaissance eng mit der Heimatschutzbewegung der 1920er Jahre zusammenhängt, wie Birgitta Ringbeck anhand der Arbeit des Architekten und Bauhistorikers Max Sonnen aus Paderborn belegt,[41] stellt sich die Frage, ob sich die politischen Entwicklungen späterer Jahre nicht auch auf die Renaissanceforschung im Weserraum auswirkten. In der Zeit des Kalten Krieges machte die Geographie der „Weserrenaissance" an der DDR-Grenze halt. Das *Novum Juleum* der Universität Helmstedt und die Wolfenbütteler Bauten markierten die östliche Grenze der Forschung. Dabei wurde übersehen, daß bereits die 1911 von der Historischen Kommission Niedersachsens beschlossene Publikation *Renaissanceschlösser Niedersachsens*[42] größere Zusammenhänge erfaßte, so beispielsweise die Schloßanlage Leitzkau des Hilmar von Münchhausen südöstlich von Magdeburg und ca. sechs Kilometer östlich

30 Falkmann 1887, S. 139 und Nordrheinwestfälisches Staatsarchiv Detmold, Best. L 44, 3/2 1596–1601, Schreiben vom 18.2.1598 (Vgl. Kat. XXX)

31 So behauptet Eichler, der Weserraum sei *„im geschichtlichen Bewußtsein als Einheit verankert"*. Eichler, 1966, S. 323.

32 Kreft/Soenke 1986, S. 9.

33 Kerckerinck zur Borg/Klapheck 1912, S. XVII.

34 Sonnen 1918.

35 Habicht 1930, S. 12.

36 Habicht 1930, S. 15.

37 Weise, 1900, S. 24, zit. nach Habicht 1930, S. 14.

38 Kreft/Soenke 1986, S. 43. Die Frage, inwieweit *„eine in Westfalen hervorgebrachte Schöpfung als Zeugnis westfälischer Art gelten kann, und umgekehrt, wie weit eine darin erkannte Sonderheit den Raum westfälischer Art zu umgrenzen erlaubt"*, stellten sich auch Aubin u. a. 1958, Bd. 4, S. XV.

39 Halbertsma 1985, S. 195–207.

40 Zur Forschung zur geographischen Einordnung des Weserraums (Die kulturelle Einordnung orientiert sich an der älteren Literatur): siehe:
Bei der Wieden, B. 1998.
Zur politischen Legitimation der Abgrenzung Westfalens zu einem Niedersachsen-Regionalismus, siehe Reeken 1996.

41 Ringbeck 1989, S. 4.

42 Neukirch 1914/1939.

der Elbe gelegen. Dieses Schloß wurde erst 1989, kurz vor der Wiedervereinigung, erneut vom Westen zur Kenntnis genommen.[43] Ein anderes Beispiel ist das ehemals zum Herzogtum Braunschweig-Wolfenbüttel gehörende Schloß Hessen mit seinen um 1600 berühmten Renaissance-Gärten, das nur ca. 25 Kilometer südöstlich von Wolfenbüttel fast vergessen in der einstigen Sperrzone der DDR (heute Sachsen-Anhalt) liegt.[44] Mittlerweile ist es verfallen.

Mit der gesellschaftspolitischen Perspektive wandeln sich auch die kulturhistorischen Fragestellungen. In Zeiten zusammenwachsender Märkte und kulturpolitisch begünstigt durch den Europa-Gedanken, wird versucht, *„Mitteleuropa als kulturelle Einheit zu verstehen und damit zu einem neuen Begriff von europäischer Kultur beizutragen"*.[45] Darüber hinaus blieb die Renaissancekultur auch nicht auf Europa beschränkt, sondern bezog ebenso jüdische und arabische Elemente mit ein.[46] Sie breitete sich in Folge der globalen Kolonialisierung durch Eroberer, Missionare und Kauffahrer ebenso aus wie durch Künstler, die vereinzelt bis nach Asien gelangten.[47] Gerade die Renaissancekultur bietet sich für diesen grenzüberschreitenden Selbstfindungsprozeß an, da ihre kulturellen Vorgänge kaum an ethnische, regionale oder „nationale" Grenzen gebunden waren. Die Kenntnis des wechselseitigen Kulturtransfers im europäischen Geschichtsprozeß ermöglicht uns heute einen umfassenden Blick auf das frühneuzeitliche Europa und bildet damit eine wichtige Identitätsklammer für den Europagedanken.[48]

Angesichts dieses übergreifenden Verständnisses für die Frühe Neuzeit sollte deutlich werden, daß die Renaissance an der Weser nicht als Sondererscheinung herauszupräparieren und aus regionalistischem Blickwinkel zu verstehen ist. Vielmehr weist sie in ihren Bezügen weit über jedes kleinräumige Gebundensein hinaus. Erst im breiteren Rahmen des internationalen Beziehungsgeflechtes ihrer Epoche wird diese Kultur verständlich.

Es geht hier nicht darum, die Kunstwerke regionaler Meister, die sich internationale Standards zum Maßstab nahmen, aufzuwerten. Doch in einer Zeit, in der sich der Kunstbegriff vom Wertungsbegriff auch zum Funktionsbegriff wandelt, in dem die Bedingtheit ästhetischer Bedürfnisse einbezogen ist, können wir die gesellschaftlichen Zusammenhänge eher erklärend als wertend begreifen. Differenzierter bestimmen läßt sich auch die regionale Kunstproduktion, wenn wir versuchen, sie vom Selbstverständnis ihrer Zeit her verstehen. Möge diese Ausstellung zu einer grenzüberschreitenden Forschung Impulse geben und exemplarisch Zusammenhänge deutlich werden lassen.

43 Thierse 1991.
44 Vgl. Kiesler 1996.
45 Kaufmann 1998, S. 15. Siehe auch Burke 1992, S. 13 ff. Burke 1990.
46 Burke 1998, S. 163 ff.
47 Burke 1998, S. 141 f.
48 Zur Vorbereitung für ein vereintes Europa zählt das Verbundprojekt *Charlemagne – The Making of Europe*, das mit Ausstellungen in Paderborn (1999), Barcelona, Brescia, Split und York ein europäisches Erbe verdeutlichen soll.

Personifikation der Weser und ihrer Nebenflüsse, Kupferstich aus Monumenta Paderbornensia ex Historia Romana, Francica, Saxonica ..., Frankfurt 1713 (Ausschnitt)

Der Fluß

Der Fluß als Naturgewalt

Der Fluß und die Politik

Der Fluß als Naturgewalt

Dirk Korinth

Mit einer Länge von 480 Kilometern ist die Weser deutlich kürzer als der Rhein (1.320 km), die Elbe (1.144 km) und die Oder (898 km). Dies gilt selbst unter Einberechnung der Werra (293 km), die eigentlich ihr Oberlauf ist. Ihr „Eigenleben" verdankt die Werra der Tatsache, daß die Grenze zwischen dem nieder- und oberdeutschen Sprachraum ziemlich genau bei Münden, also am Zusammenfluß von Werra und Fulda (bzw. an der Fuldamündung), verläuft und den Fluß quert.[1] Lautverschiebungen im Oberdeutschen – an der Werra – ließen aus der ursprünglich als *Wisera* bezeichneten Weser zwei Flüsse werden: den zunächst als *Wirra*, später als *Werra* bezeichneten Oberlauf der Weser und die Weser selbst.

Auch das Einzugsgebiet der Weser ist mit 46.000 Quadratkilometer unter den großen Flüssen Mitteleuropas vergleichsweise klein.[2] Ihre Wasserführung ist daher noch kurz vor Bremen, beim Pegel von Intschede, (323 m^3/s) eher mit den größeren Nebenflüssen (Mosel, Inn) oder den Oberläufen der größeren Flüsse (Elbe bei Dresden, Donau bei Ingolstadt) vergleichbar. Der Unterschied zwischen Hoch- und Niedrigwasser erscheint auf den ersten Blick enorm. Das Normalhochwasser ist bei Münden etwa hundertmal und bei Intschede immer noch sechzigmal stärker als das Normalniedrigwasser. Doch befindet sich die Weser bei näherem Hinsehen im Vergleich in einer mittleren Position. Andere Flüsse weisen bei vergleichbaren Mittelwerten höhere Schwankungen auf. So liegt dieser Wert für die Elbe bei Dresden und die Mosel bei Cochem bei 200, während die z. T. aus den Alpen gespeisten Flüsse Inn und Donau mit Schwankungswerten von 37 bzw. 33 deutlich besser liegen.[3]

Es ist fraglich, ob diese Werte auch auf das 16. und 17. Jahrhundert übertragbar sind, vor allem im Hinblick auf die Hochwasserereignisse. Einen Anhaltspunkt bieten die Höchstmarken der Wasserstände in Münden (1342) und Minden (1682) – allerdings mit der Einschränkung, daß sich der Fluß seitdem nicht zuletzt durch Regulierungsmaßnahmen des 19. und 20. Jahrhunderts etwas tiefer eingegraben hat.[4] Der Wasserhaushalt eines Flusses hängt u. a. vom Abflußverhalten des Bodens in seinem Einzugsgebiet und dieses wiederum von der Vegetation bzw. der Bodennutzung ab. Waldboden nimmt, wenn er nicht gefroren ist, auch starken Niederschlag vollständig auf. Das Wasser fließt nicht über die Oberfläche ab, und es entsteht keine Bodenerosion. Im Vergleich zum 16. Jahrhundert schneidet unsere Zeit weniger schlecht ab als vielfach vermutet, da der Anteil des Waldes an der Gesamtfläche in Deutschland heute ungefähr so hoch wie um 1600 und sogar deutlich höher als im Hochmittelalter ist.[5] Eder- und Diemeltalsperre puffern den Beitrag dieser beiden Nebenflüsse der Weser wirkungsvoll ab. Die leichten Regulierungsmaßnahmen an der Oberweser[6] sorgen für einen schnelleren Abfluß, der den Mittel- und Unterweseranliegern bei Hochwasser allerdings eher zum Nachteil gereicht.

Der Zusammenhang zwischen Bodennutzung und Abflußverhalten legt nahe, daß menschliche Einwirkungen auch in Zeiten, als es noch keine direkten Strombauten und Flußregulierungen gab, einen erheblichen Einfluß auf die Bewegungen des Wassers eines Flusses hatten. Wenn das 16. und frühe 17. Jahrhundert trotz einer „normalen" Häufigkeit von extrem starken Regenfällen[7] an der Weser als eine Zeit ohne große Überschwemmungskatastrophen angesehen werden kann, dann auch deshalb, weil der Fluß in dieser Epoche ein neues Gleichgewicht fand. Das ökologische Desaster hatte in der ersten Hälfte des 14. Jahrhunderts stattgefunden. Die Rodungen des Spätmittelalters – um 1300 war der mit Wald bedeckte Flächenanteil in Deutschland nur noch halb so groß wie heute[8] – waren möglicherweise die Ursache für die Zunahme starker Regenfälle vor allem im zweiten und vierten Jahrzehnt des 14. Jahrhunderts.

„Die Wasserflüsse geben unnd nemen / Darumb muß man dem Allmechtigen gewaltigen Gott seinen allein Gerechten und gute willen // den Wesserstromen ihren Gang // unnd der Sonnen ihren schein lassen und gönnen."

1 Löbe 1969, S. 35 f.
2 Vgl. den Rhein mit 190.000 km^2 (ohne die Maas), die Elbe mit 149.000 km^2, die Oder mit 66.000 km^2.
3 Liedtke/Marcinek 1995, S. 132–136 u. 142 f.
4 Löbe, K. 1969, S. 400; Hochwasserstein in Minden an der Weserpromenade; Bremer 1959, S. 18 f.
5 Bork u. a. 1998, S. 161.
6 Albrecht/Kirchhoff 1987, S. 302.
7 Bork u. a. 1998, S. 253.
8 Bork u. a. 1998, S. 161.

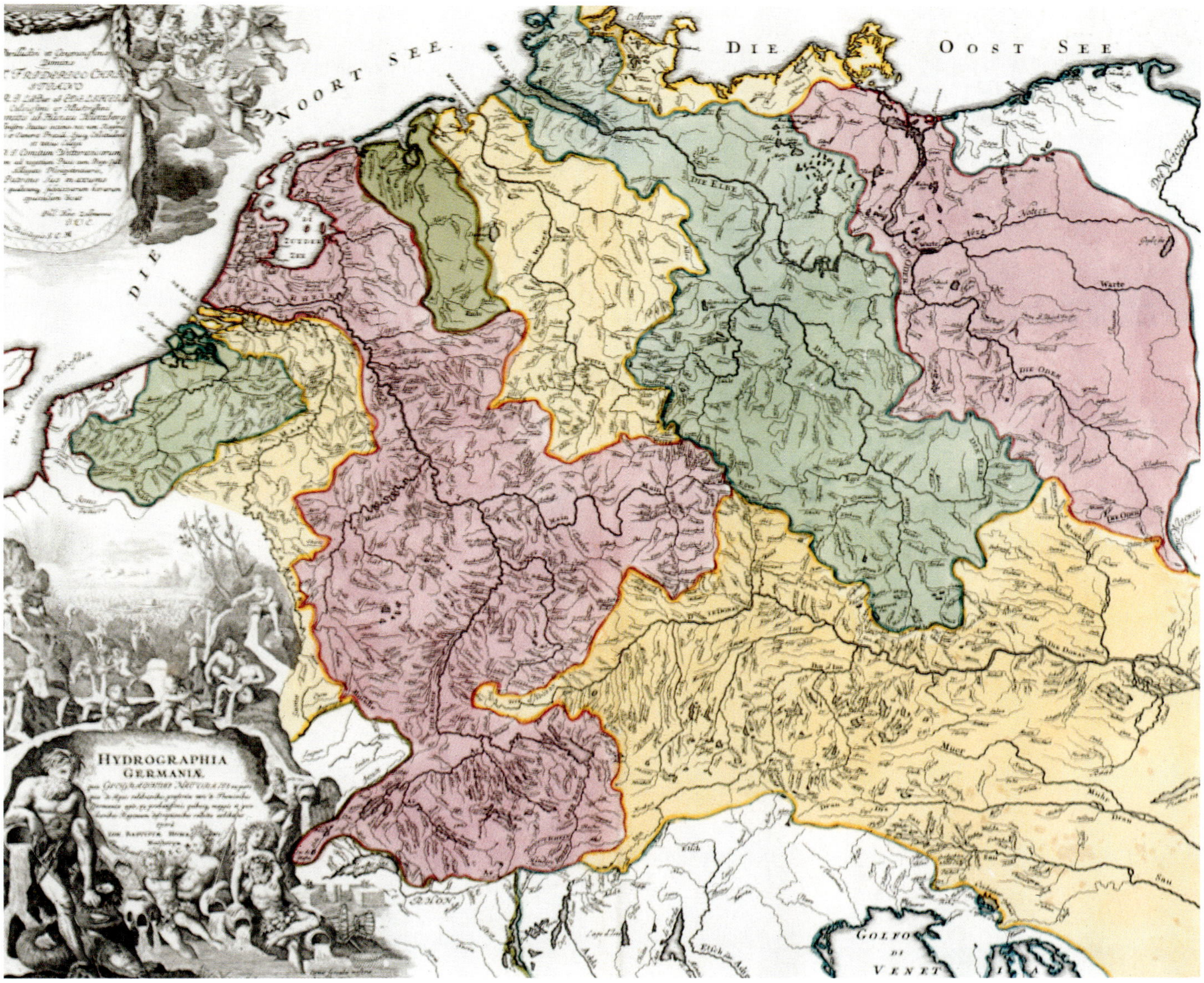

Die *Hydrographia Germaniae* von Philipp Heinrich Zollmann aus dem Jahre 1712 ist die älteste Karte der Gewässer und Flußgebiete Deutschlands, Schiffahrtsmuseum Bremerhaven

Die Flut im Juli 1342 war wohl die größte Naturkatastrophe Deutschlands in historischer Zeit.[9] In Münden sollen zahlreiche Häuser eingestürzt und in Bodenwerder allein 72 Menschen ertrunken sein. Bei Hameln teilte sich der Fluß in mehrere Arme,[10] in Minden stand der Domplatz unter Wasser, und selbst die Stadt Lemgo blieb von den Fluten nicht verschont.[11] Weitaus schlimmer waren jedoch die langfristigen Folgen. Fruchtbarer Boden wurde in enormen Mengen von den ungeschützten Berghängen gespült. Nach neueren Schätzungen dürfte allein 1342 dreimal so viel Boden abgetragen worden sein wie insgesamt im 19. und 20. Jahrhundert.[12] Viele Ackerflächen mußten aufgegeben werden und sind zum großen Teil seitdem nie wieder genutzt worden. Nur ein geringer Teil des fortgespülten Materials gelangte ins Meer, der meiste Lehm setzte sich in den Flußauen ab.[13] Spätestens um die Mitte des 14. Jahrhunderts hatte die menschliche Einwirkung die Flußlandschaft irreversibel verändert.

Die durch Überschwemmungen und Mißernten hervorgerufenen Hungersnöte und schließlich die Pestepidemie 1349/50 führten zu einem starken Rückgang der Bevölkerungszahlen. Mit der Verringerung der Bevölkerung ging eine massive Ausdehnung der Waldflächen einher, was langfristig das ökologische Gleichgewicht stabilisierte. Kurzfristig erschwerte der Bevölkerungsrückgang jedoch Gegen- und Schutzmaßnahmen. Bei Hameln konnten weder die Teilung des Flusses im Jahr 1342 noch sein Einbruch in das Bett der Emmer anläßlich eines weiteren Hochwassers 1374 verhindert werden. Erst im 16. Jahrhundert wurden sie rückgängig gemacht.[14] Noch deutlicher wird dies im Mündungsbereich der Weser, in dem allerdings nicht der Fluß, sondern das Meer die Hauptarbeit leistete. Durch Sturmfluten in den Jahren 1334 und 1362 entstanden der Jadebusen und zwei neue Mündungsarme der Weser, durch die das zwischen Weser und Jade gelegene Land Butjadingen zur Insel wurde, was es bis zum 16. Jahrhundert blieb.[15]

Im 16. Jahrhundert stieg die Bevölkerungszahl wieder. Wie an anderen Abschnitten der Nordseeküste gewann man auch im Wesermündungsbereich Land zurück. Butjadingen wurde wieder mit dem Festland verbunden. Im sich südlich daran anschließenden Stadland gewann man allein etwa 8.000 Hektar[16] zurück – trotz einer erneuten, verheerenden Sturmflut im Jahr 1570.[17] Wenn die Hamelner mit finanzieller Unterstützung ihres Landesherrn 1555 einen ihre Stadt langfristig bedrohenden Flußarm abdämmten und diesen in ein neues Bett zwangen,[18] dann ist dies wohl im Zusammenhang mit dem allgemeinen Bevölkerungs- und Wirtschaftswachstum der Zeit zu betrachten. Zwei andere Versuche, den Flußlauf zu ändern, schlugen langfristig fehl: Bei der Belagerung Bremens 1547 gedachte Herzog Erich II. von Braunschweig-Calenberg, die Weser in die Ochtum umzuleiten, um die Stadt von der Weserseite her angreifen zu können, doch erwies sich das Bett der Ochtum als zu hoch gelegen.[19] In den 1580er Jahren führte man die Weser bei Oldendorf an die Stadt heran, was 1616 jedoch wieder rückgängig gemacht wurde.[20]

Maßnahmen für einem systematischen Hochwasserschutz traf man an der Ober- und Mittelweser generell nicht. Lediglich unterhalb von Hoya baute man quasi in Verlängerung des Küstenschutzes wegen des tiefliegenden Umlandes bereits im Mittelalter und dann wieder im 16. und 17. Jahrhundert Deiche.[21] Abgesehen davon, daß eine Eindeichung des gesamten Flusses sehr kostspielig gewesen wäre, gab es dafür zumindest an der Mittelweser keinen Bedarf. Der Ackerbau blieb auf die höhergelegenen Geestflächen beschränkt. Hingegen nutzte man die den Überschwemmungen ausgesetzte Flußaue nur als Viehweide,[22] nachdem infolge der massiven Auelehmbildung im Spätmittelalter wie auch der Rodung der ursprüngliche Auwald einer Wiesenvegetation gewichen war.[23] Auch an der Oberweser dominierten wohl die Viehweiden. Klagen über Schäden durch Hochwässer im 17. Jahrhundert ist zu entnehmen, daß der Ackerbau dort näher an das Flußufer heranreichte[24] – wohl eine Folge der höheren Bevölkerungsdichte.

Katastrophale Überschwemmungen sind für die Zeit zwischen 1480 und 1643 nicht überliefert.[25] Möglicherweise ist dies kein Zufall. Vielleicht spielte die erwähnte Ausweitung der Wälder im Spätmittelalter gerade im Weserbergland, das besonders von den Wüstungen betroffen war,[26] ebenso eine Rolle wie das globale Klima. Die erste Hälfte des 16. Jahrhunderts gilt als eine Zeit mit relativ warmem und vor allem im Sommer trockenem Klima, als eine Erholungsphase zwischen der Abkühlung des Spätmittelalters und der (eigentlichen) „kleinen Eiszeit" zwischen etwa 1550 und dem beginnenden 19. Jahrhundert.[27] Vielleicht sind ein Mandat Kaiser Maximilians I. aus dem Jahr 1502 zur Beseitigung der den Handel auf der Weser störenden Wehre[28] und mehr noch der 1509 geschlossene und 1536 erneuerte braunschweigisch-hessische Vertrag über die Schiffbarmachung der Weser[29] Indizien dafür, daß in jener Epoche eher eine zu niedrige Wasserführung Probleme bereitete. Aus späteren Zeiten sind solche Abkommen nicht überliefert. Wenn auch die Unterschiede zwischen der ersten Hälfte des 16. Jahrhunderts und den Perioden

9 Bork u. a. 1998, S. 226–251.
10 Löbe, K. 1969, S. 400.
11 Bei der Wieden, B. 1998, S. 6 f.
12 Bork u. a. 1998, S. 197.
13 Bork u. a. 1998, S. 199 f.; Löbe, K. 1969, S. 26 f.
14 Spanuth/Feige 1963, S. 31; Löbe, K. 1969 S. 32 f. u. 400.
15 Löbe, K. 1969, S. 34.
16 Saalfeld 1998, S. 642.
17 Lamb 1982, S. 181.
18 Wie Anm. 12.
19 Schwarzwälder 1975, S. 227.
20 HStA Hannover, Cal. Br. 1, Nr. 1644; vgl. Kat. 10.
21 Löbe, K. 1969, S. 405–407.
22 Heimann 1987, S. 277 f.
23 Albrecht/Kirchhoff 1987, S. 299 f.
24 StA Bückeburg, L1, Nr. 5773; StA Detmold, L 25, Nr. 45, Bl. 10–15).
25 Bork u. a. 1998, S. 251; Löbe, K. 1969, S. 400.
26 Kerschbaumer 1992, S. 65.
27 Lamb 1982, S. 76 f.
28 StA Wolfenbüttel, 2 Alt, Nr. 10347.
29 Rothe/Rüthing 1989, S. 62.

davor und danach gering gewesen sein dürften – die mittlere Temperatur schwankte nur im Bereich von 0,5° C – ist es eine allgemeine Regel, daß sich bei einer einigermaßen „normalen" statistischen Verteilung schon bei geringen Veränderungen der Mittelwerte die Häufigkeit von Extremereignissen sehr stark erhöhen oder verringern kann. Außerdem könnte ein nur mit großer Verzögerung steigender Grundwasserspiegel bis in die zweite Hälfte des 16. Jahrhunderts schützend gewirkt haben, doch sind diese Zusammenhänge bislang kaum erforscht.

Blieben die großen Katastrophen im 16. und frühen 17. Jahrhundert anscheinend aus, so bereitete der Fluß schon in „normalen" Zeiten erhebliche Probleme. Unabhängig von den in Annalen erwähnten oder durch Hochwassermarken verzeichneten Überflutungen gab es weitere Hochwasser, die Äcker überschwemmten und auf Dauer verlorengehen ließen, sofern Ablagerungen aus Sand, Kies und Geröll das Land für den Ackerbau untauglich machten. Aus diesem Grund baten Bauern bei Großenwieden 1595 und 1602 den Grafen von Schaumburg um Ersatzland.[30] Dies weist auf den umfangreichen Transport von Geröll auf dem Grund des Flusses hin, der von den Schwebstoffen aus der Erosion des Lößbodens vor allem von freigelegten Hanglagen zu unterscheiden ist. Die auch heute noch von der Weser schließlich als Sand in die Nordsee gespülte Menge an ‚Geschiebe' wird auf etwa drei Millionen Tonnen pro Jahr geschätzt.[31] Nur ein sehr geringer Teil dieses Materials setzte sich wie um 1600 bei Großenwieden an den Ufern ab. Dieses verursachte hauptsächlich im Flußlauf selbst Probleme, vor allem für die Schiffahrt. Am bekanntesten dürfte in dieser Hinsicht die Versandung der Unterweser sein, durch die Bremen für Seeschiffe immer schwieriger zu erreichen war. Die Versandung war schon im 16. Jahrhundert so stark, daß 1586 bremische Schiffer den Bau eines Schutz- und Winterhafens unterhalb der Stadt vorschlugen. Dieser 1619 fertiggestellte Hafen von Vegesack war der erste künstlich angelegte Seehafen Deutschlands.[32] Die Versandung schritt jedoch weiter fort und führte dazu, daß Bremen im 18. Jahrhundert nur noch über Leichterschiffe Seehandel betreiben konnte und schließlich 1825 bis 1830 Bremerhavens gebaut wurde.[33]

30 StA Bückeburg, L1, Nr. 5773.
31 Rook 1987, S. 337.
32 Schwarzwälder 1975, Bd. 1, S. 300; Löbe, K. 1969, S. 54.
33 Löbe, K. 1969, S. 54–57.

Inschrift zur Erinnerung an das große Hochwasser von 1643 an einem Strebepfeiler in der Nikolaikirche zu Bodenwerder

WASSERS NOTH

Sand und Kies lagerten sich größtenteils im Unterlauf der Weser ab. 1611 allerdings war zwischen Schaumburg und dem Fürstbistum Minden ein Streit über ein bei Möllenbeck auf dem südlichen Ufer angeschwemmtes Stück Land entstanden. Minden erhob darauf mit der Begründung Anspruch, es sei von der Strömung vom nördlichen – Mindener – Ufer vor Eisbergen dorthin verlagert worden. Zum Beweis dafür, daß das „ius alluvionis" auf der Weser in Schaumburg dem Grafen zustünde, führte die Bückeburger Kanzlei zehn Fälle der vergangenen achtzig Jahre an, in denen der Graf eine Anschwemmung an der Weser verpachtet — wörtlich *„ausgetan"* — hatte.[34] Eine Zeichnung aus dem Jahr 1631, die die Situation bei Veltheim aufzeigt, läßt sogar drei Inseln bzw. vier nebeneinander liegende Arme erkennen, wobei die beiden mittleren Inseln durch die Teilung einer großen Insel innerhalb weniger Wochen oder Monate entstanden sind (Kat. 7). Wasserbauten am nördlichen Ufer - das dem Mindener Territorium zugehörig war – hatten die Strömung verändert. Da in den Berichten des lippischen Amtmanns von Varenholz von einer unbewachsenen Sandinsel die Rede ist, war wohl auch diese jüngeren Datums.[35]

Die Kehrseite der Anschwemmungen waren Landverluste durch Seitenerosion und der Durchbruch neuer Flußarme bei Hochwassern, die wiederum wegen der Vergrößerung des Stromquerschnitts die Bildung von Inseln begünstigten. All dies spielte in dem Streit zwischen Lippe und dem Fürstbistum Minden in den Jahren 1630 bis 1632 eine Rolle. Ein Hochwasser in den Vorjahren hatte nach lippischer Darstellung zu Landverlusten am südlichen Ufer und zur Bildung eines neuen Flußarms geführt. Die Mindener Seite bestritt dies und behauptete ihrerseits, 1.000 Morgen Land nicht zuletzt wegen lippischer Wasserbauten verloren zu haben, die den Fluß gegen ihr Ufer gedrängt hätten. Sie fühlte sich demzufolge zu Gegenmaßnahmen berechtigt. Wenn sich beide Seiten nach einer Ortsbesichtigung noch nicht einmal darüber einigen konnten, auf welchem Arm vor dem Beginn der Mindener Bauarbeiten die Schiffe verkehrt hatten,[36] liegt dies vielleicht nicht nur an der Sturheit der Beteiligten. Möglicherweise ist darin auch ein Hinweis zu sehen, wie schnell sich die Flußlandschaft ändern konnte – und wie flexibel die Schiffahrt darauf reagieren mußte. Welche rechtlichen Implikationen die Veränderung des Flußlaufs haben konnten, zeigt im übrigen ein Streit zwischen Minden und Ravensberg, der in einen Prozeß vor dem Reichskammergericht in Speyer mündete.[37]

Die Bildung von Inseln und Seitenarmen war die an der Oberweser gängige Flußlaufveränderung. An der Mittelweser und ansatzweise auch in den größeren Talauen wie etwa bei Hameln dagegen bildete der Fluß z. T. heute noch sichtbare Schleifen. Der Grund hierfür ist noch nicht ganz geklärt.[38] Hat sich erst einmal eine Schleife gebildet, führt die stärkere Strömung des Wassers am äußeren Ufer zu verstärkter Seitenerosion, am inneren dagegen zu Ablagerungen. Aus diesem Grund tendieren Mäander zu einer seitlichen Ausweitung und schließlich zu einem Durchbruch, durch den die Schleife zu einem Altwasserarm degeneriert. Im Verlauf der Mittelweserkanalisierung im 20. Jahrhundert sind mehrere künstliche Durchstiche zur Verkürzung des Schiffahrtsweges vorgenommen worden; für das 16. und 17. Jahrhundert sind solche Maßnahmen nicht bekannt. Die früheste Maßnahme ergriff man um 1750, als bei Rehme – also noch an der Oberweser – an einer besonders engen Stelle mit dem Durchstich einer Schleife wohl der Natur nur etwas „nachgeholfen" wurde.[39]

WASSERSNOTH

Die Gefahr des Landverlusts durch Seitenerosion und die Bildung neuer Flußarme bot bereits im 16. und 17. Jahrhundert im Gegensatz zur Hochwassergefahr zu baulichen Gegenmaßnahmen Anlaß. In dem erwähnten Streit zwischen Lippe und Minden war der Bau von Schlachten zur Ablenkung der Strömung auf beiden Seiten das Problem. Die lippische Seite schlug mehrmals vor, alle Flußarme bis auf den mittleren zu schließen, doch ging die Mindener nur zögernd darauf ein. Auch bei einem Streit zwischen dem braunschweigischen Dorf Wehrbergen und einem schaumburgischen Adeligen 1587 warf man sich gegenseitig vor, angeschwemmtes Land mit Schlachten gesichert und damit die Strömung gegen die jeweils andere Seite gedrängt zu haben.[40] Wieviel Mühe man auf den Bau einer Schlacht verwendete, zeigt ein Kostenvoranschlag aus dem Jahr 1639: Der Schutz einer Weide auf einer Strecke von 756 Fuß kostete demzufolge 1.519 Taler – ohne die Zäune *„umb der Kuhe willen damit die nicht können dabei kommen"*. Ein Fuhrwagen wurde mit einem Taler pro Tag berechnet, wie auch ein Schiff. Für das Schlagen eines Pfahls rechnete man sieben Groschen (1 Taler = 36 Groschen). 800 Pfähle und mehrere hundert Wagenladungen Steine und *„bracken"* sollten verbaut werden.[41] 1648 veranschlagte der Amtmann von Varenholz den Arbeitsaufwand für eine Uferbefestigung auf 300 Wagenfuhren und 360 Manntage – ohne die Bedienung der Ramme, für die er mit Geld zu entlohnende *„bestendige Kerls"* und nicht die wenig motivierten dienstpflichtigen Bauern vorsah.[42]

Überschwemmung in Niedersachsen, Kupferstich aus Memorabilia Facta Belli ac Pacis ... Christoph Weigel, Nürnberg 1722 (Ausschnitt)

34 StA Bückeburg, L 1, Nr. 1702.
35 StA Detmold, L 25, Nr. 50, Bl. 261 f., 349.
36 StA Detmold, Bl. 192–197.
37 Vgl. Kat. 6.
38 Goudie 1995, S. 318.
39 Bremer 1959, S. 33.
40 StA Bückeburg, L 1, Nr. 4488.
41 StA Bückeburg, L 1, Nr. 10315.
42 StA Detmold, L 25, Nr. 45.

Eine besondere Bedrohung aller Wasserbauten ist Hochwasser in Verbindung mit Eisgang. Nicht so sehr der Aufprall der Eisschollen, sondern vielmehr der sogenannte Eisstau, bei dem sich Schollen verkeilen und übereinander schieben, bildet dabei eine Gefahr – vor allem an Brückenpfeilern. Noch 1947 verlor Bremen durch Eisstau sämtliche Brücken.[43] Im 16. und 17. Jahrhundert kam es nicht selten vor, daß Brücken durch Eisgang zerstört wurden. In Hameln geschah dies 1552, 1599, 1635 und 1691, in Bremen 1655, in Rinteln und Höxter 1658.[44] 1576 bat der Graf von Schaumburg den Kaiser um die Gewährung eines Brückenzolls für die Stadt Oldendorf, da die dortige Brücke durch Eisgang zerstört worden war. 1602 erbaten die Oldendorfer bei ihrem Landesherrn Holz für den Wiederaufbau der Brücke.[45] 1582 und 1600 weigerte sich die Stadt Minden, Schiffe für die Reparatur der Schiffsbrücke in Petershagen zu stellen, wurde aber bereits 1605 erneut darum gebeten.[46] Die meisten Brücken über die Weser – so auch die in Bremen[47] – waren Holzkonstruktionen, die einem Eisstau kein Eigengewicht entgegensetzen, aber auch relativ leicht wieder instandgesetzt werden konnten. Die steinerne Brücke in Minden hingegen hielt offenbar stand, wurde jedoch von einer ganz anderen Seite bedroht: 1607 sah sich der Rat genötigt, ein Tempolimit für die darüberfahrenden Fuhrwagen zu erlassen, da die Brücke durch die Vibrationen Schaden zu nehmen drohte.[48]

Für die Schiffahrt war Eisgang oder die völlige Vereisung des Flusses natürlich auch ohne Hochwasser ein Problem. Schiffe konnten mitten auf dem Fluß vom Eis völlig eingeschlossen werden wie 1554 ein Schiff aus Höxter im Amt Hausberge. Das lag so fest, daß ein Uferbewohner es zu Fuß erreichen konnte und sich am darauf befindlichen Branntwein zu Tode trank.[49] 1599 ließ sich ein Mindener Schiffer vom Stolzenauer Amtmann schriftlich bestätigen, daß sein Schiff *„in der ersten loßgegangenen Eißfartt ... in stucke zerstoßen"* worden war, um für das gerettete Gut Zollfreiheit bis Münden gewährt zu bekommen.[50] Derselbe Schiffer geriet zwei Jahre später in Streit mit einem Kollegen, wegen dessen Verspätung er nicht rechtzeitig von Minden habe abfahren können und die Fahrt wegen Eisgang hinter Hoya habe abbrechen müssen.[51] Der Winter 1607/08 gilt als einer der kältesten überhaupt in Europa.[52] Vermutlich deswegen weist das Zollregister von Varenholz zwischen dem 16. Dezember 1607 und dem 16. Februar 1608 keine Schiffspassage aus.[53] Eisschollen und sogar eine geschlossene Eisdecke auf der Weser waren in den ersten Jahrzehnten der „kleinen Eiszeit" ganz im Gegensatz zu heute kein seltener Anblick. Vereisung und Eisgang waren nicht die einzigen Gefahren für die Weserschiffer. Havarien waren an der Tagesordnung: Im Varenholzer Zollregister von 1650/51 sind fünf Zollbefreiungen bzw. -ermäßigungen wegen Schiffbruch vermerkt. Einer der fünf betroffenen Schiffer war mit seinem Schiff einige Monate vor dem Zeitpunkt des Eintrags sogar *„gantz in den grundt gangen"* – sonst fehlt das *„gantz"*. Ihm gewährte man im Gegensatz zu den anderen eine vollständige Zollbefreiung; er hatte also offenbar einen Totalschaden erlitten. Nur in zwei Fällen sind Orte angegeben (Dreyhe und Gieselwerder), doch dürften sich diese Angaben auf die dem Unfallort nächstgelegenen Zollstellen beziehen, an denen die Schäden bestätigt worden sind. Schwere Verletzungen oder sogar Todesfälle scheint es hingegen seltener gegeben zu haben.

Einige Hindernisse wie etwa die „Liebenauer Steine", Findlinge im Flußbett, oder gefährliche Stellen wie die „Vlothoer Gosse", ein Durchbruch des Flusses durch Keupergestein, haben eine gewisse Berühmtheit erlangt.[54] Diese stellt das „Hamelner Loch", ein künstliches Schiffahrtshindernis, allerdings in den Schatten. Es handelte sich um einen engen und daher von einer starken Strömung durchflossenen Durchlaß im Hamelner Wehr,[55] das seit dem Mittelalter den Fluß zum Antrieb einer Mühle und für den Fischfang aufstaute. Es war der einzige Bau dieser Art bis zum 20. Jahrhundert, wenn man von den vielen Fischwehren absieht, die im Winter abgebaut wurden.

Den Problemen der Schiffahrt sollte jedoch nicht zu große Bedeutung beigemessen werden. Den Rintelner Zollisten zufolge benötigten die Weserschiffer im 16. Jahrhundert im Juni durchschnittlich dreißig und im Oktober 45 Tage, um von Münden nach Bremen und wieder zurück zu gelangen. Dies schloß die Liegezeiten ein. Die jahreszeitliche Schwankung resultierte aus der unterschiedlichen Tageslänge.[56] Diese Geschwindigkeiten können sich durchaus mit Werten mit den Verhältnissen auf Rhône und Loire messen.[57] Es spricht nichts dagegen, die Weser in der frühen Neuzeit *„zu den besten Wasserstraßen Mitteleuropas"* zu zählen. Generell kann man sagen, daß der Fluß seinen Anwohnern trotz aller „Naturgewalt" mehr Nutzen als Schaden gebracht hat, zumindest solange sie sich seinen Gegebenheiten anpaßten.

43 Löbe, K. 1969, S. 401.
44 Spanuth/Feige 1963, S. 6 f. u. 86 f.; Löbe, K. 1969, S. 400.
45 StA Bückeburg, L 1, Nr. 3617.
46 KommunalA Minden, B112 (alt).
47 Löbe, K. 1969, S. 338 f.
48 KommunalA Minden, B 756.
49 KommunalA Minden, B 668; StA Detmold, L 25, Nr. 37.
50 KommunalA Minden, B 614.
51 KommunalA Minden, B 271 (alt).
52 Lamb 1982, S. 223 u. 230.
53 StA Detmold, L 92 A, Titel 133, Nr. 37 a, Kt. III.
54 Löbe, K. 1969, S. 18 u. 23.
55 Spanuth/Feige 1963, S. 87.
56 Rüthing 1987, S. 87.
57 Braudel 1986, Bd. 2, S. 389.

1

Chronica. Vnd historische Beschreibung/

Des Lebens/ der Hendel vnd Thaten / Des ... andern ... teutschen Röm: Key: Lodowici Pij. Vnd wie derselbe ... Corbei ... gestiftet ... Sampt angehengter beschreibung in die dreissig Adelicher geschlechter desselben Stiffts Lehenleute/ Auß allerhand ... Chronicken / alten verzeichnissen / Brieffen ... Vhrkünden ... beschrieben.
Hildesheim: Hantzsch 1604

Buchdruck
Lippische Landesbibliothek Detmold, Sign. 2 an: G 1031.x4°

1604 erschien in Hildesheim die *Chronica. Vnd historische Beschreibung* des niedersächsischen Chronisten Johannes Letzner (1531 – 1611) als zweite, erweiterte Fassung der bereits 1590 in Hamburg unter dem Titel *Corbeische Chronica* veröffentlichten Ausgabe. Anlaß für die Niederschrift der Chronik war einerseits das Lehensverhältnis, in dem Letzner als Pfarrherr von Lüthorst zum Stift Corvey stand, andererseits sein Interesse als Chronist an der Geschichte des Klosters. Die *Chronica* spiegelt – unbewußt und unreflektiert – die ambivalente und widersprüchliche Einstellung der Zeitgenossen Letzners zur Weser, die das kleine Herrschaftsgebiet der Reichsabtei Corvey durchfloß.

Im 20. Kapitel, Blatt 66v, zeigt Letzner entsprechend der Überschrift den *„Nutz der Wasserstrom"* für Bauern und Fischer auf: *„Ob nun wol der Weserstrom // diesem Stifft und Closter manchmal hart zugesetzt // und in den grossen Wasserfluten offt grossen schaden und unradt anrichtet unnd bringt // so kompt auch dagegen offtmals dadurch groß nutz und frucht. Dann die Wasserflut helt die Ecker, Wiesen, Gärten, Auwen und Enger in steter unnd guter geilung und gedeihlicher fruchtbarkeit. So geben auch die Wesser zur Küchen und auch zu Tische // herliche gute unnd gesunde Fische // Lachs, Lampeden, Neunaugen, Ael, Hecht, Barben, Grimpen, Grundeling unnd andere dergleichen. Summa // Die Wasserflüsse geben unnd nemen/ Darumb muß man dem Allmechtigen gewaltigen Gott seinen allein Gerechten und gute willen // den Wesserstromen ihren Gang // unnd der Sonnen ihren schein lassen und gönnen."* Die Weser bringt hier den Menschen, die an ihren Ufern siedeln, nicht nur Wohltaten, sondern bedroht und schädigt sie durch *„große Wasserfluten"*. Allerdings überwiegen *„groß nutz und frucht"*, nämlich die Bewässerung und Düngung der im Hochwasserbereich liegenden Acker-, Wiesen- und Gartenflächen und der Fischreichtum.

Fatalistisch, vor den Kräften der Natur resignierend, läßt Letzner den Absatz enden: Man solle der *„Weser ihren Gang ... lassen und gönnen"*, da sie, wie die Sonne, menschlichem Wirken entzogen sei. Daß die Städter diese Sichtweise um 1600 für antiquiert hielten – auch im kleinen, unbedeutenden Corvey – zeigt Letzner im 67. Kapitel, Blatt 244 v–245 r, in dem er *„Von der Stadt Huxer"* berichtet.

Dort spielt die Wasserstraße für den Handel eine bedeutende Rolle, wie der Chronist – so, als stünde er auf dem Höxterschen Marktplatz – schildert: *„Und ist dieselbige Stadt an einem sehr wolgelegenen orte // und an dem gantz wonsamen und fruchtbaren Wesserstrom // in dem Kaiserlichen freien Stifft Corbei gelegen. ... (Hat) auch von wegen des Weserstroms und der Schiffahrt von Bremen // auff Munden // viel handtierung ein und auß wanderung."* (244 v–245 r).

Die Weser nennt Letzner *„gantz wonsam"*, was heißen soll, daß es Wohlstand verspricht, an ihren Ufern zu siedeln. Das Adjektiv *„fruchtbar"* umschreibt nun nicht mehr ein Geschenk der Natur, sondern den Mehrwert des Kaufmanns. Als schiffbarer Fluß verbindet die Weser weit voneinander entfernte Städte (*„von Bremen auf Munden"*), ermöglicht blühenden Handel der Städte untereinander („viel handtierung") und läßt die Menschen mobiler werden (*„viel ... ein und auß wanderung"*).

Hier steht einer traditionellen, ländlichen und bäuerlichen Einstellung eine moderne, städtische gegenüber, steht dem Respekt und der Akzeptanz der Natur des Flusses seine Dienstbarmachung für Handel und Schiffahrt gegenüber. Diese Ambivalenz trug nicht nur der einzelne in sich, sondern sie einte und trennte an der Weser Menschengruppen und Institutionen, Stadt und Land und führte zu handfesten Konflikten.

Georg Heil

Literatur: Klinge 1952.

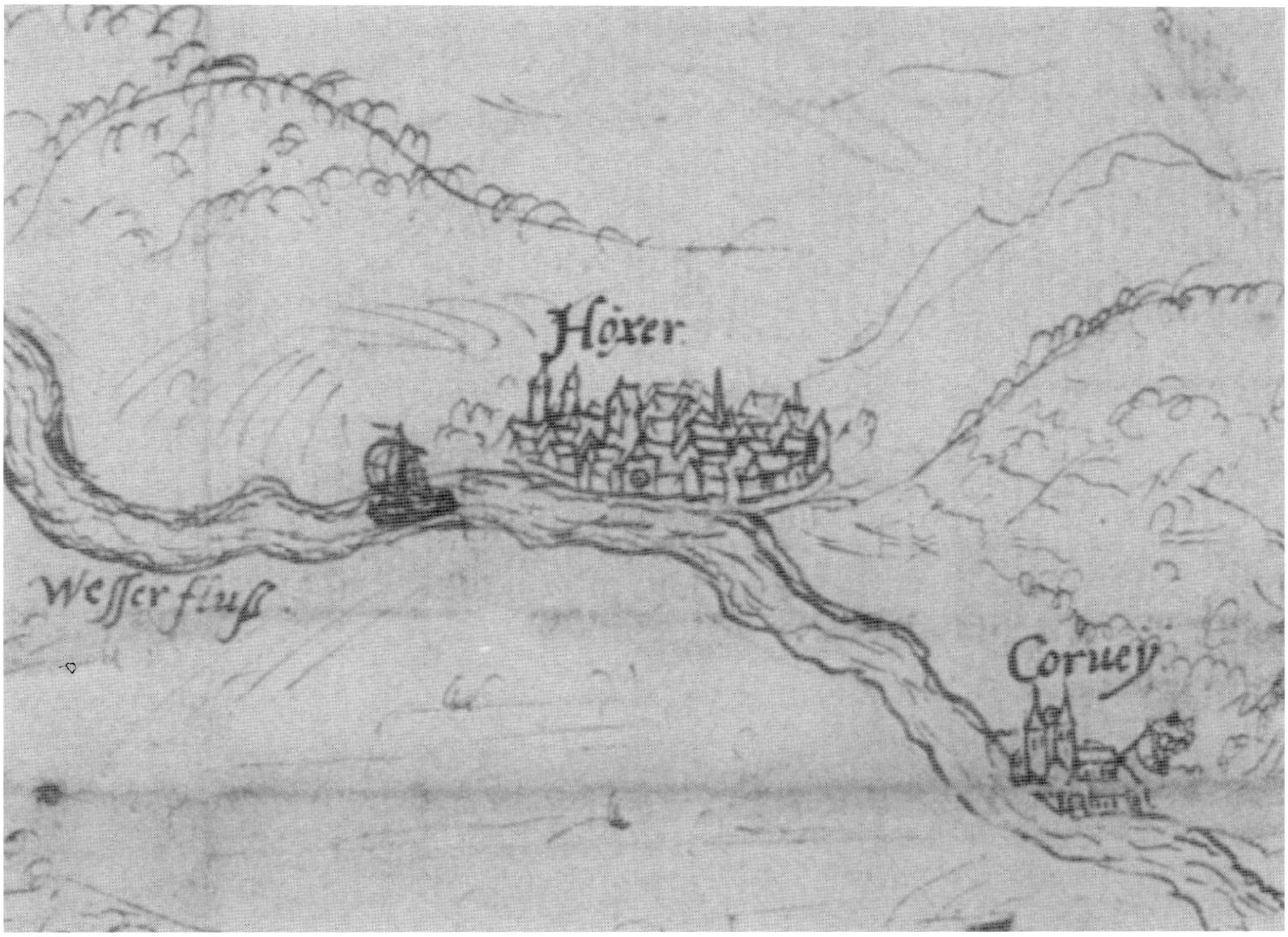

Ansicht von Höxter, Ausschnitt aus einer Karte zum Grenzverlauf zwischen Höxter und Polle (vgl. Kat. 13)

2

Relatio Historica

in Sachen Hessen contra Braunschweig. Die freye Schiffahrth auff der Fulda, Werra und Weser betreffend

Tinte auf Papier
Titelblatt und 27 beschriebene Blätter
Gesamthochschul-Bibliothek Kassel, Landesbibliothek und Murhardsche Bibliothek der Stadt Kassel,
Sign. 4° Ms. Hass. 255

Dem Aufschwung der Weserschiffahrt seit dem 16. Jahrhundert standen viele Hindernisse entgegen. Es waren nicht nur die naturgegebenen Behinderungen (das unregulierte Flußbett mit seinen Untiefen, den Eisgang im Frühjahr, das Niedrigwasser im Sommer, die mangelnde Qualität der Treidelpfade), die den Schiffern zu schaffen machten, sondern auch die divergierenden Interessen der Anrainerstaaten, die den freien Handelsverkehr auf der Weser und ihren Zuflüssen beeinträchtigten. Zwischen Münden und Bremen durchfloß oder berührte die Weser im 16. Jahrhundert rund ein Dutzend Territorien mit 22 Zollstellen und einigen Stapelplätzen. Politisch besonders schwierig und konfliktreich blieben über Jahrhunderte hinweg die Verhältnisse im Ursprungsgebiet der Weser. Werra und Fulda durchflossen vornehmlich hessisches Gebiet, bevor sie sich bei Münden auf dem Territorium der Herzöge von Braunschweig-Calenberg zur Weser vereinten. Die Politik der braunschweigischen Herzöge und ihrer Stadt Münden zielte in der Frühen Neuzeit darauf ab, aufgrund dieses glücklichen Umstands den Mündenern die Vorherrschaft auf allen drei Flüssen zu sichern. Für die Schiffer aus der Landgrafschaft Hessen bedeutete das den Ausschluß vom lukrativen Weserhandel, aber auch von den Zubringerdiensten auf ihren Flüssen Werra und Fulda.

Gegen Ende des 17. Jahrhunderts machte sich ein namentlich nicht bekannter hessischer Autor daran, die Geschichte dieser Diskriminierung seines Landes zu schreiben: *Relatio Historica in Sachen Hessen contra Braunschweig. Die freye Schiffahrth auf der Fulda, Werra und Weser betreffend.*

Der Verfasser der Relatio beginnt seine Darstellung der langwierigen Auseinandersetzungen zwischen dem Herzogtum Braunschweig und der Landgrafschaft Hessen um die Schiffahrtsrechte auf Weser, Werra und Fulda mit dem Jahr 1506. Damals kam es zu einer Vereinbarung zwischen Herzog Erich I. von Braunschweig-Calenberg und Landgraf Wilhelm II., die zu einer Magna Charta der freien Schiffahrt auf diesen Flüssen hätte werden können. *„Es haben beyde hochfürstliche Häusser Braunschweig und Hessen dero vormahls regierende Herren, Hertzog Erich der älter zu Braunschweig und Landgraff Wilhelm der mittler zu Heßen beyde Christmilder gedächtnus Krafft eines anno 1506 zwischen ihrer beyderseits geschloßenen Unions-Vertrags sich dahin vereinbahret, daß die unter beyder fürsten hohen Obrigkeit geseßenen Kauffleuthe und unterthanen in eines jeden fürsten zu Braunschweig undt Hessen Landen und Gebiethen gegen gewöhnlichen Zoll, Zieß und wegegeldt zu fahren, zu fließen undt nach aller nothurfft zu handelln undt zu wandern haben sollten."*

Den Fürsten scheint es mit ihrer Absicht, die freie Schiffahrt zu fördern, ernst gewesen zu sein. Im Jahr 1509 trafen sich Gesandte beider Seiten in Höxter, um die praktischen Probleme des Handelsverkehrs auf der Oberweser zu regeln. Sie beschlossen, den *„Weserstrohm von aller gewalthat zur Schiffarth Sicherheit und aufnahm myt gleichem Zuthun [zu] befreyen"*, und, *„weilen der Weserstrohm damals zur Schiffarth nach notturft nicht zugerichtet geweßen, ... zu Beförderung gemeinen nutzens frey und Schiffreich"* zu machen. Außerdem wurden Vereinbarungen über die Zölle und die Furten getroffen. Was in der Folgezeit konkret geschah, um die Weser *„schiffreich"* zu machen, berichtet die Relatio nicht; doch scheinen die Landesherren weiterhin am Prinzip der Freiheit der Schiffahrt festgehalten zu haben. 1536 einigten sich Herzog Erich I. und Landgraf Philipp, *„daß außerhalb der darin zwischen beyden fürsten verglichener fischerey die Schiffarth undt Waßerstrohm der Fulda sonst frey undt offen bleiben solle, wie von alters."*

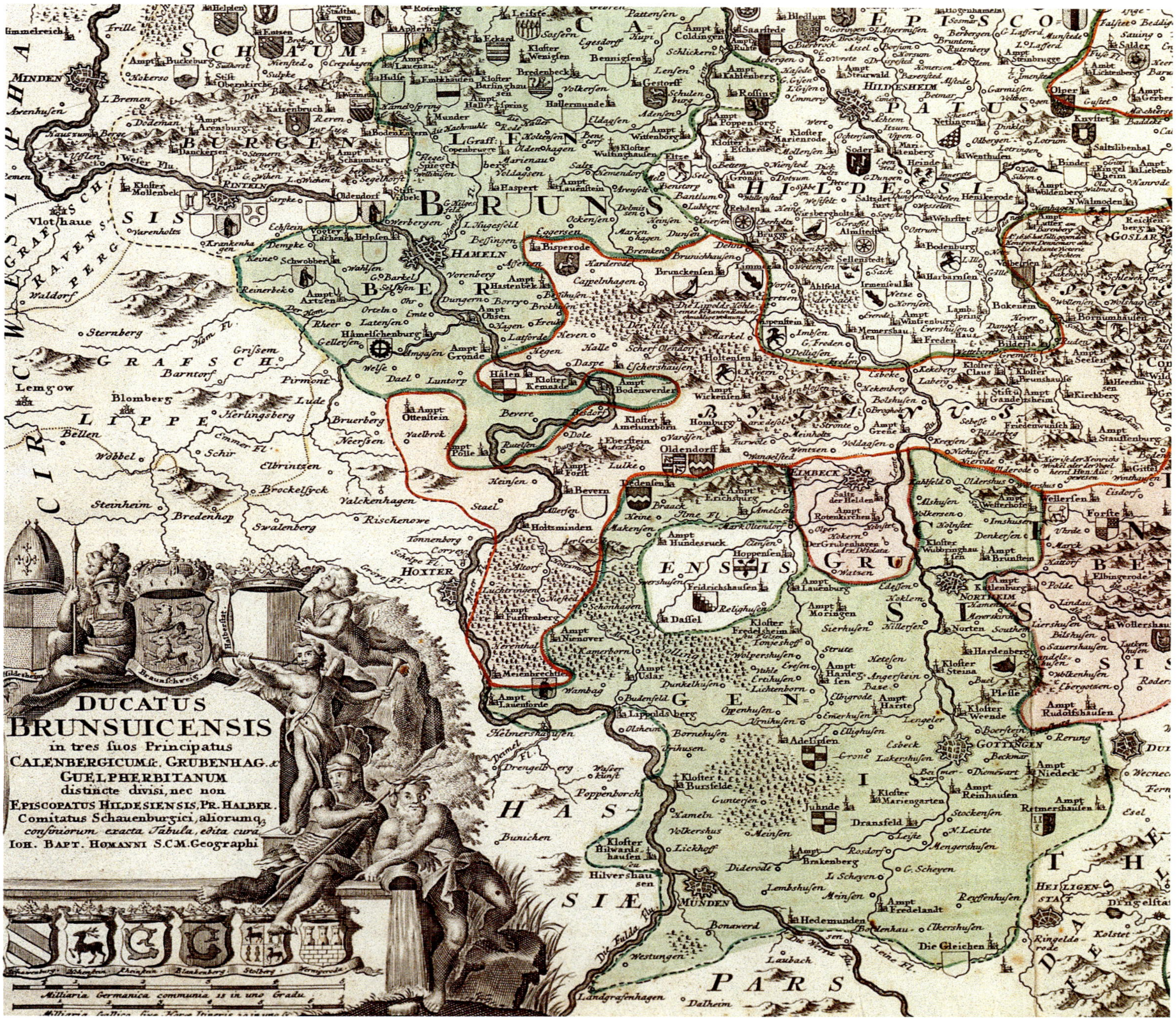

Karte des Herzogtums Braunschweig, Kupferstich, Johannes Homann, um 1710, Ausschnitt

Auf die für sein Land so günstigen Verträge von 1506 und 1536 hat sich der hessische Verfasser der Relatio in der weiteren Darstellung der Schiffahrtsrechte auf der Weser, Werra und Fulda immer wieder berufen; denn was in diesen Verträgen vereinbart worden war, ist in den folgenden Jahrhunderten nicht realisiert, ja von einer Seite systematisch verhindert worden. Treibende Kraft war offensichtlich die im Herzogtum Braunschweig gelegene Stadt Münden. Sie hatte als eine der ersten deutschen Kommunen 1247 von Herzog Otto dem Kind das Stapelrecht verliehen bekommen, das sie als Hebel benutzte, die Schiffahrt nicht nur auf der Weser, sondern auch auf Werra und Fulda zu dominieren. Hessische Schiffer durften nicht über Münden hinaus flußabwärts fahren, und der Weitertransport der weseraufwärts verfrachteten Waren auf Werra und Fulda sollte Mündener Schiffern vorbehalten bleiben. Seit den sechziger Jahren des 16. Jahrhunderts eskalierten die Spannungen, und es kam zum Konflikt. Die Mündener achteten je länger desto stärker darauf, daß Waren hessischer Schiffer an ihren Schlagden umgeladen und zum Verkauf angeboten wurden; das galt selbst für solche Güter, die über die Werra aus Hessen kamen und über die Fulda nach Kassel geführt werden sollten. 1572 wollte Landgraf Wilhelm IV. Dielen vom hessischen Schmalkalden an der Werra in seine Residenzstadt Kassel transportieren lassen. Sollte dieser Transport allein auf dem Wasserweg abgewickelt werden, mußten seine Schiffe das braunschweigische Münden passieren. Dort wurden die Dielen beschlagnahmt. Die Forderung der Mündener war klar: Der Weitertransport der Dielen auf der Fulda nach Kassel ist Sache der Schiffer ihrer Stadt! Hessen rief gegen diese Provokation das Reichskammergericht in Speyer an. Die Verhandlungen zogen sich – wie üblich – unendlich lange hin. Über die wichtigsten Phasen dieses Streites berichtet die Relatio ausführlich. Im Jahr 1674, zu dem der Verfasser der *Relatio* seine letzten Einträge macht, schwebte der Prozeß am Reichskammergericht immer noch.

Die in der *Relatio* dokumentierte Behinderung der freien Schiffahrt auf Weser, Werra und Fulda führte schließlich dazu, daß Landgraf Karl seit Ende des 17. Jahrhunderts seine Pläne ins Werk zu setzen begann, auf hessischem Territorium einen Kanal zu bauen, der seine Residenz Kassel mit der von ihm gegründeten Stadt Karlshafen an der Mündung der Diemel in die Weser verbinden sollte. Auf diese Weise hätte er das für die hessische Wirtschaft so hinderliche Problem des Stapelplatzes Münden *„umschiffen"* können. Doch – wie bekannt – scheiterte das große Vorhaben. Die Mündener blieben bis zum Erlaß der Weserschiffahrtsakte von 1823 im Besitz ihrer Vorrechte.

Heinrich Rüthing

Literatur: Brunner 1891.

Relatio Historica
in Sachen
Hessen
contra
Braunschweig.
Die Freye Schiffarth auf der
Fulda, Werra und Weser betreffend.

Kat. 2, Titelblatt der Akte

Handzeichnung des Weserlaufes
von Holzminden bis nördlich von Hameln mit einigen Bächen und Bergen, des Amts Nienover, besonders seiner Gewässer, 1588
In: Berichte des braunschweigischen Bergrates und Oberverwalters Dr. Erasmus Reinhold sowie von ihm und dem pfalzgräflichen Bergmeister Hans Fischer verfaßte Denkschrift über Flößbarmachung der Flüsse im Harz, der Nette (Altenau) bis Wolfenbüttel, im Solling bei Holzminden und im Amt Nienover, Bd. 1 (1587).

Tinte auf Papier
71 x 21 cm
Niedersächsisches Staatsarchiv Wolfenbüttel, Sign. 2 Alt 10379, fol. 63

Die Zeichnung zeigt den Verlauf der Weser von Holzminden bis nördlich von Hameln, von Mittag (Süden) bis Mitternacht (Norden). Eingezeichnet sind die an der Weser liegenden Städte und Ortschaften sowie der Gebirgszug Vogler. Der Verlauf des Flusses ist eher grob skizziert, die Weserschleife bei Bodenwerder wird nicht gezeigt. Ebenso fehlt weitgehend die Darstellung des Hinterlandes sowie der Landwege. Eingetragen wurden verschiedene Bewertungen der landschaftlichen Gegebenheiten, die sich auf ihren möglichen ökonomischen Nutzen beziehen.

Am östlichen Weserufer finden sich nördlich des Vogler und beim Ort Osen Hinweise auf gute Plätze für den Weinanbau. Auch wenn der Weinanbau im fürstlichen Auftrag kein wirtschaftlich bedeutsamer ökonomischer Faktor war, diente er doch dem Prestigegewinn. So kümmerte sich Herzog Julius von Braunschweig-Wolfenbüttel persönlich um den Anbau des Weines in seinem Territorium. Er korres-pondierte 1588, in dem Jahr, in dem die Karte gezeichnet wurde, mit Herzog Ludwig von Württemberg über die Sendung von 20.000 Weinstöcken sowie über die Bereitstellung eines Weingärtners und dessen Knecht.[1] Um den Weinanbau ging es auch, als Herzog Julius für die französischen Glaubensflüchtlinge, die sich in der Pfalz aufhielten, 1588/89 Kolonien im Fürstentum Wolfenbüttel gründen lassen wollte.[2]

Ferner könnte die Zeichnung mit der Schiffahrt – einem weiteren ökonomischen Aspekt – in Zusammenhang stehen. Schon seit der Mitte des 15. Jahrhunderts existierten künstlich angelegte Kanäle mit Kammern- oder Kastenschleusen. Die Möglichkeit allerdings, Wasserstraßen in bis dahin nicht gekannter Größe ausbauen zu können, war mit dem Machtzuwachs der Territorialfürsten in der ersten Hälfte des 16. Jahrhunderts möglich geworden. So versuchte man, gute Voraussetzungen für den Warentransport zu schaffen und den überregionalen Handel zu fördern. Herzog Julius, der seit 1568 regierte, betrieb als fürstlicher Unternehmer u. a. im Harz erfolgreich Bergwerke und Hüttenbetriebe und handelte überregional mit Blei und Vitriol. Er erwirtschaftete hohe Überschüsse, die er für seine aufwendige Bautätigkeit im Herzogtum einsetzte.

Im letzten Drittel des 16. Jahrhunderts verfolgte Herzog Julius von Braunschweig-Wolfenbüttel ein Jahrzehnt lang den groß dimensionierten Plan eines verzweigten Fluß- und Kanalsystems, um die Oker weitgehend schiffbar zu machen. Neben dem Ausbau der Oker im Ober- und Mittellauf und ihrer Nebenflüsse zum Transport von geflößtem Nutzholz, von Steinen und Kalk forcierte er ein Kanalprojekt durch die sumpfige Niederung im Harzvorland, durch den Großen Bruch. Das setzte voraus, daß außer der Oker auch die Bode schiffbar war. Die Oker gehört, vom Harz kommend, zum Stromgebiet der Weser und mündet in die Aller. Von hier sollte über die Weser die Schiffahrt bis zur Verkehrsdrehscheibe Bremen möglich werden. Der Plan, die Flußsysteme von Elbe und Weser mit einem geplanten Oker-Elbe-Kanal als Zugang zum Hafen von Hamburg zu verbinden, mußte aufgrund der schwierigen hydrologischen Verhältnisse aufgegeben werden.

Der Herzog lernte während seiner Studienreise durch die Niederlande (1550–1552), insbesondere an der katholischen Universität Leuven, Wasserbaumaßnahmen der Generalstaaten kennen. Mit Ruprecht Labri (seit 1546) und Willem de Raet aus 's-Hertogenbosch, der von 1547 bis 1576 beratend für den Wasserbau tätig war, holte Herzog Julius fachkundige Baumeister und Ingenieure an seinen Hof.

Die schiffbaren Kanäle in der teilweise realisierten Idealstadtanlage Heinrichstadt vor Wolfenbüttel schuf 1587 wahrscheinlich der als herzoglicher Bauverwalter beschäftigte Hans Vredeman de Vries aus Leeuwarden (1527–1604), Maler, Architekt, Architekturtheoretiker, Ingenieur und Schüler des niederländischen Baumeisters, Bildhauers und Ornamentzeichners Cornelis Floris.

Von Ende 1586 bis zum 7. Juli 1589 arbeitete Hans Vredeman de Vries für Herzog Julius von Braunschweig-Wolfenbüttel. Obwohl de Vries keinen festen Vertrag erhielt, war Herzog Julius einer seiner wichtigsten Auftraggeber. Nach dem Tode des Herzogs blieb er noch bis Anfang 1590 vermutlich in Braunschweig. Vielfältig war das Tätigkeitsfeld, das der Bauverwalter in den knapp drei Jahren seines

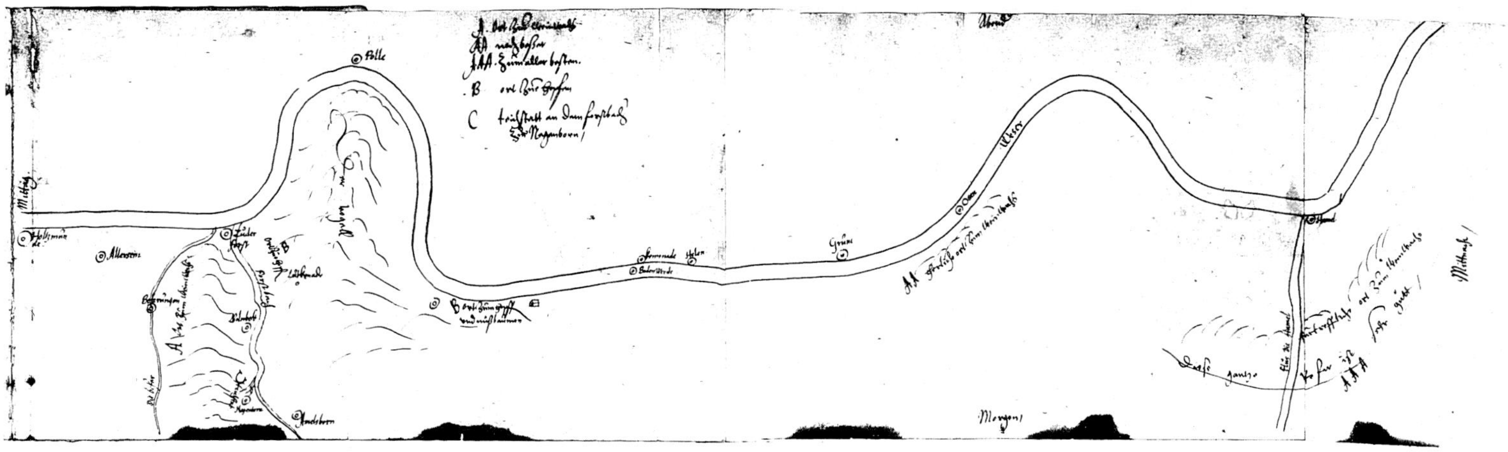

Kat. 3

Wirkens für den herzoglichen Auftraggeber zu bearbeiten hatte: Risse von Schlössern und Nutzbauten – u. a. in Rehberg und Syke –, Baumaßnahmen am Wolfenbütteler Lustgarten, Untersuchungen von Bauten an der Weser in Ohsen, Lauenförde, Polle und Ottenstein 1589),[3] einen Aufriß des „Kaisertores" in Wolfenbüttel (1589, Germanisches Nationalmuseum Nürnberg), aber auch Modelle einer Sänfte, von Stühlen, Entwürfe eines Wagens sowie von Stauschleusen für den Flußbetrieb. Dafür lieferte der Niederländer 1587 zwei Darstellungen, in denen er die Flößerei von Langholz mit der Anlage einer technisch einfachen Stauschleuse verband, deren Wasser mit Mühlen auf einen Nebenarm umgeleitet werden konnte. Diese beiden Zeichnungen (verso und recto) auf einem Blatt datieren vom Dezember 1587[4] und sind möglicherweise in der Aufzählung von Tätigkeiten vom 3. November 1587 als *„abriß eines großen waßergußes"* erwähnt.[5]

Anfang März 1589 begab sich Hans Vredeman de Vries mit dem herzoglichen Bauverwalter Paul Francke zu Regulierungsmaßnahmen an die Weser: *„... den 1(?) Marty Ao. 89 Haben I.f.g. genediglich beuolhen zu verzeichnen, was Johan de Fresen, Paul Francke ... semst und sonders angezeigt werde, das sie dahin gedenckt werden, wie sie zu Stoltzenaw besichtigt hetten, das die Weser gefast wurde, daz sie nit eine andern Gang genommen hette, auch das sie an dem Werder kheinen Schaden nicht thun möchte ...".*[6] Die hier abgebildete Zeichnung aus demselben Jahr könnte mit diesen wasserbautechnischen Maßnahmen des Herzog Julius in engem Zusammenhang stehen.

José Kastler

1 Pape 1995, S. 92 f.
2 Pape 1995, S. 93.
3 Thöne 1963, S. 232.
4 StA Wolfenbüttel, Q 8. Siehe dazu: Thöne 1960, S. 47 f., Tafel II u. III, Thöne 1963, S. 233, Abb. 54, Kat. Lemgo 1989, S. 129, Nr. 173, Spies 1992, S. 129 f., 160, Abb. 16.
5 Thöne 1960, S. 52.
6 Notiz im Gedenkbuch von Herzog Julis (Thöne 1960, S. 55, nach: StA Wolfenbüttel, Q 8 a Bl. 105).

Schaumburgisch-Sternbergische Grenzkarte
um 1540

Öl auf Leinwand
43 x 123 cm
Hessisches Staatsarchiv Marburg, Sign. Karten, P II Nr. 4313

Der Grund für die Entstehung der Schaumburgisch-Sternbergischen Grenzkarte waren Unklarheiten im Grenzverlauf zwischen der Grafschaft Schaumburg (unten) und dem lippischen Amt Sternberg (oben). Der Besitz dieses Amtes wie auch die genaue Grenzziehung führten seit dem Spätmittelalter wiederholt zum Konflikt zwischen den benachbarten Territorialherren.

Auslöser dieses Streites war die Verpfändung des einstmals schaumburgischen Amtes Sternberg an Lippe im Jahr 1391. Als die Schaumburger ihren Besitz im 16. Jahrhundert wieder auslösen wollten, verweigerten die lippischen Edelherren die Herausgabe – ein langwieriger Rechtsstreit war die Folge.

Verstärkt bemühte sich Graf Otto IV. von Holstein Schaumburg (1544–1576) um den Rückerwerb. Schließlich kam es 1585 im Vertrag von Möllenbeck zu einer Einigung, derzufolge die sternbergischen Pfandschaften noch drei Generationen bei Lippe verbleiben sollten. Allerdings starb das Haus Schaumburg innerhalb dieser Frist, nämlich 1640, aus. Sternberg blieb lippisch.

Die Karte, die bis vor wenigen Jahren als dem 17. Jahrhundert zugehörig galt, geht nach neueren Untersuchungen auf die 1540er Jahre zurück. Sicher ist die Datierung nach 1510, dem Jahr, in dem der dargestellte Grenzverlauf festgelegt wurde. Dafür spricht auch die Ansicht des Klosters Möllenbeck, das den Bauzustand aus der Zeit nach etwa 1510 erkennen läßt. Die Darstellung der im Dreißigjährigen Krieg zerstörten Rintelner Weserbrücke belegt eine Entstehung vor 1623. Den wichtigsten Anhaltspunkt gibt das Fehlen des nachweislich um 1548 neuerrichteten Kirchturmes von Exten bei Rinteln. Angesichts der insgesamt sehr genauen und detailreichen Ausführung der Karte, liegt es nahe, eine Entstehung vor dem Baubeginn des Kirchturmes anzunehmen. Das bestätigen auch der Schrifttyp und Stil der Ortsnamen.

Der große dokumentarische Wert der Karte erschließt sich aus ihrer relativ frühen Entstehung und der ungewöhnlich sorgfältigen Ausführung. In plastischen Vignetten zeigt sie die ältesten bekannten Ansichten von Rinteln, Möllenbeck und Varenholz. Am Beispiel des bis heute weitgehend unverändert erhaltenen Klosters Möllenbeck wird besonders deutlich, daß sich die Arbeit auf genaue Ortskunde stützte.

Die große Aussagekraft der Karte liegt nicht zuletzt in ihrer Farbigkeit. Realistisch gibt sie die Dacheindeckungen der dargestellten Bauten wieder. So heben sich auf der Rinteln-Vignette die rotbraunen Sollingschieferdächer der Kirche und der herrschaftlichen Gebäude unverkennbar gegen die Ziegelbedachungen der Bürgerbauten ab. Auf den Dörfern wiederum dominiert das Graubraun der Strohdächer. Auch die Gestalt der Waldgebiete, die Wegeführung und die Darstellung der bei Rinteln in die Weser fließenden Exter sind authentisch. Deutlich zu erkennen ist der in einen hölzernen Palisadenzaun gefaßte Tiergarten der Schaumburger Grafen bei Rott. Und schließlich zeigt die Karte auch ein Weserschiff mit Mast und gehißtem Rahsegel. Es handelt sich dabei um eine der ältesten farbigen Abbildungen eines solchen Schiffes überhaupt.

Stefan Meyer

Literatur: Fauth 1994.

Kat. 4

5

Karte des Harzvorlandes mit Oker-Elbe-Kanalprojekt
aus dem „Instrumentenbuch II"
1584

aquarellierte Federzeichnung auf Papier
149 x 43 cm
Landesarchiv Magdeburg, Landeshauptarchiv, Sign. 1575, Rep. Cop. Nr. 803b

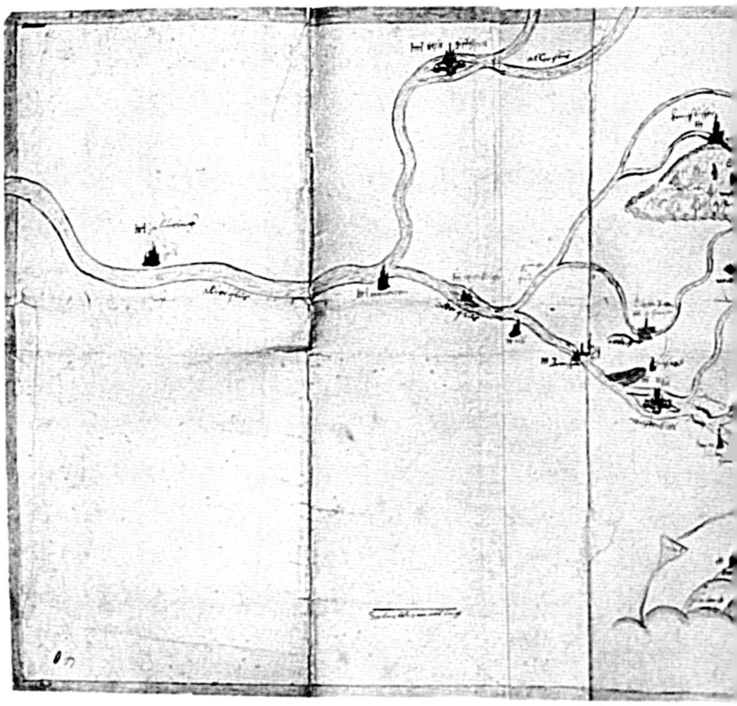

„Dieser abriß bedeutet die zukunftige Schiffahrt Wie Von dem Ockerfluß in die Elbe auff die Stade Magdeburg Und ferner mit Gottlicher hulffe dem Churfurstlichen Sechsischen Bergkwergk zum besten mit bley oder andern Waren Umb gelde zu hantieren Und zu schiffen sein muge."

Ein herausragendes Beispiel für die Kanal- und Wasserbauvorhaben, die in der Frühen Neuzeit im Flußgebiet der Weser erwogen wurden, ist der Plan, eine schiffbare Verbindung zwischen den Flußsystemen der Weser und der Elbe herzustellen. Diese Idee wurde von Herzog Julius von Braunschweig-Lüneburg (1528–1589) seit den 1570er Jahren entwickelt und vorangetrieben. Bereits im Mittelalter, vermehrt aber im 16. Jahrhundert wurden im Heiligen Römischen Reich vielfältige Anstrengungen unternommen, um die natürlichen Wasserwege auszubauen (Kat. 2 und 4) oder Kanäle anzulegen.[1] Der große Aufwand, mit dem solche Vorhaben betrieben wurden, zeigt, wie vorteilhaft der Warentransport auf Flüssen gegenüber dem Landtransport war. In Norddeutschland war der 1398 fertig gestellte Stecknitz-Kanal, der Lübeck mit der Elbe verband, ein großes Vorbild. Die Schiffe fuhren von Lübeck die Stecknitz hinauf, die durch Schleusen schiffbar gemacht worden war. Die Wasserscheide wurde durch weitere Schleusen und einen 11,5 Kilometer langen Kanal, der bis zu fünf Meter tief einschnitt, überwunden. Die ebenfalls mit Schleusen versehene Delvenau führte dann bis Lauenburg an die Elbe hinunter. Eine andere Verbindung der Elbe mit der Ostsee stellte der Herzog von Mecklenburg im 16. Jahrhundert her. 1572 hatte der Herzog nach großen Schwierigkeiten ein Teilstück der Wasserstraße in Benutzung nehmen können, die von Dömitz an der Elbe bis Wismar an der Ostsee führen sollte. 1594 war auch das letzte Teilstück vollendet, so daß ein mit Salz beladenes Schiff tatsächlich von Lüneburg nach Wismar gelangte.[2]

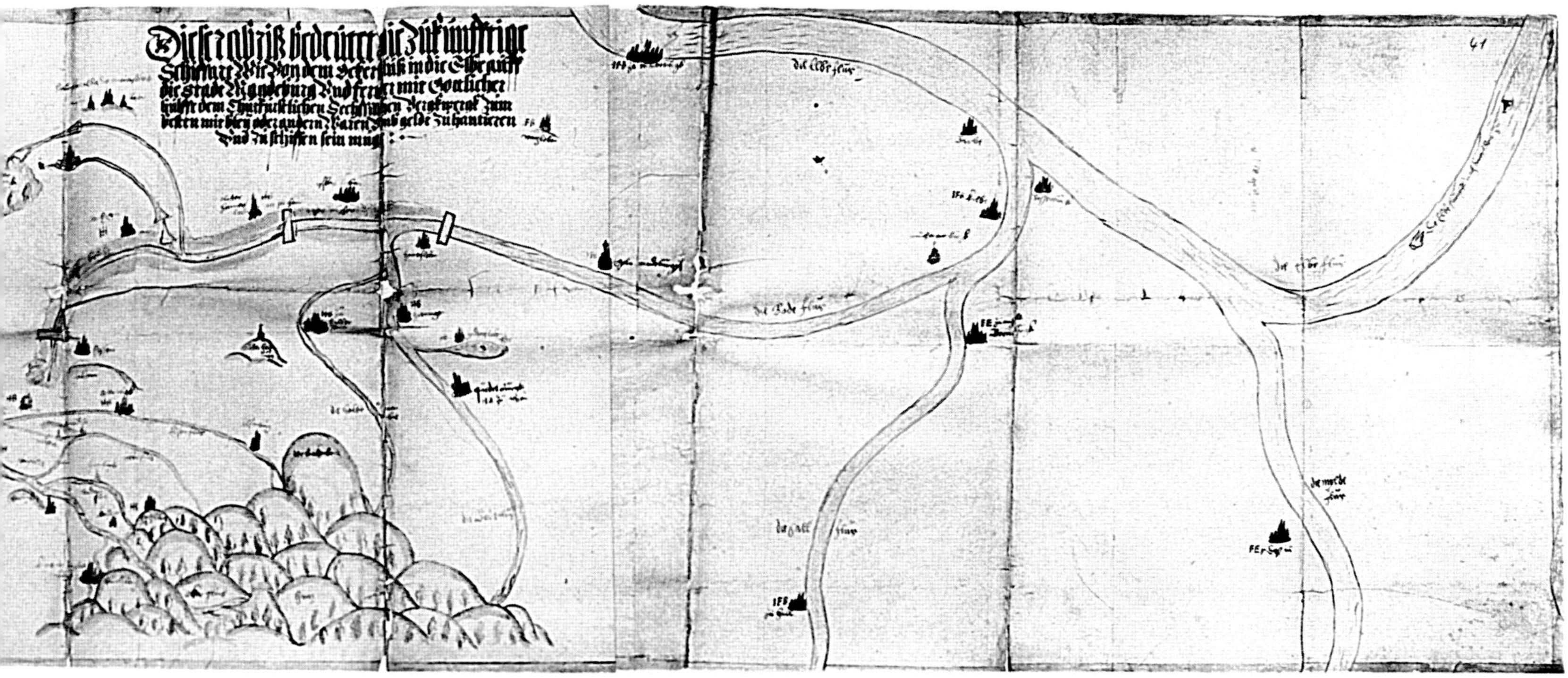

Kat. 5

5 Karte des Harzvorlandes mit Oker-Elbe-Kanalprojekt

In Gesprächen mit Hamburger Kaufleuten, die sich für Metall und Holz aus dem Harz interessierten, hatte Herzog Julius bereits 1573 erwähnt, daß er über die Elbe mit Hamburg Verbindung aufnehmen wollte. Am 9. Juli 1575 erteilte der Herzog seinem aus den Niederlanden stammenden Baumeister Willem de Raet den Auftrag, *„in aller Styll und geheim onnermodlich"* zu erkunden, ob der Bau eines Kanals möglich wäre, der die Oker mit der Elbe verbinden sollte.[3] De Raet war bis 1574 als Festungsbaumeister in Antwerpen tätig gewesen. Er verließ den Dienst des Herzogs aber bereits Ende des Jahres 1576 wieder, um in den Dienst der Stadt Lucca zu treten, wo er 1583 starb.[4] Im Jahre 1584 legte der herzogliche Baufachmann Ruprecht Lobri das bis zur Ausführungsreife vorangetriebene Projekt in einer großen Karte nieder.

An der Ernsthaftigkeit des Vorhabens läßt bereits die Persönlichkeit des Herzogs keinen Zweifel. Julius war als jüngster Sohn Heinrichs d. J. nicht als Regent erzogen worden, sondern erhielt eine Ausbildung, die ihn auf seine Laufbahn als kirchlicher Würdenträger vorbereiten sollte. Unter anderem studierte er zwischen 1549 und 1552 an den Universitäten Bourges und Leuven. Nachdem seine beiden älteren Brüder in der Schlacht von Sievershausen 1553 umgekommen waren, kehrte er nach Wolfenbüttel zurück. Er war ein ungewöhnlich unkriegerischer Prinz, der systematisch zu arbeiten verstand. Aufgrund seines protestantischen Bekenntnisses kam es zu Konflikten mit dem katholischen Vater. Julius flüchtete 1558 zu seinem Schwager Markgraf Johann von Brandenburg nach Küstrin, wo er etwa ein Jahr blieb. Am Küstriner Hof lernte er die straffe landesherrliche Verwaltung und Bewirtschaftung eines Territoriums kennen, die er nach seiner Regierungsübernahme 1568 (ebenso wie die Reformation) in seinem Herzogtum tatkräftig und zielgerichtet einführte. Er förderte besonders das Bergbau- und Hüttenwesen im Harz und versuchte, Produktionsverfahren zu verbessern. Neben der Suche nach neuen Absatzmärkten für die Erzeugnisse seines Landes bemühte er sich zugleich um die Verbesserung von Land- und Wasserstraßen.[5] Zur Verbesserung der Infrastruktur des Herzogtums kann auch die Gründung der Universität in Helmstedt 1576 gezählt werden, an der Geistliche und Beamte für das Herzogtum ausgebildet werden sollten. Der Herzog warb darüber hinaus im Ausland, vor allem in den Niederlanden, Spezialisten an, die ihre besonderen Kenntnisse in das Herzogtum mitbrachten.

Der Fundort der Karte mit dem Oker-Elbe-Kanalbauprojekt weist zusätzlich auf die ernsthafte Absicht des Herzogs hin. Die Karte ist im zweiten Band der herzoglichen Instrumentenbücher enthalten. Die beiden Instrumentenbücher bestehen aus Notizen sowie technischen und dokumentarischen Zeichnungen. Sie standen mit Bauvorhaben in Verbindung, die dem Herzog so wichtig waren, daß er ihnen eine besonders sorgfältige Vorbereitung zukommen ließ. Das erste Instrumentenbuch (Niedersächsisches Staatsarchiv Wolfenbüttel), 1573 entstanden, enthält 47 Zeichnungen, die vor allem technische Geräte in Steinbrüchen darstellen (Hebezeug, Steinbearbeitung, Kalkherstellung und Wasserbau). Ein Teil der Werkzeuge hatte der Herzog selbst erdacht. Die übrigen hatte er in Frankreich, in den Niederlanden und in anderen Ländern Europas in Funktion gesehen. Sie sollten eingesetzt werden, um die Arbeitskraft seiner Untertanen besser zu nutzen. Das zweite Instrumentenbuch im Landeshauptarchiv Magdeburg wurde bereits zwei Jahre zuvor begonnen und noch bis 1576 immer wieder ergänzt. Es enthält 23 Zeichnungen und Pläne, die dem Ausbau der Flößerei, d. h. dem Transport von Holz als wichtigem Baumaterial, und der Binnenschiffahrt dienen sollten. In diesem Band finden sich ebenfalls einige herzogliche Erfindungen, so Geräte zum Antrieb von Binnenschiffen sowie Zeichnungen zur Vertiefung von Fahrrinnen. 1584 wurde dem Band die Karte des Kanalbauprojektes beigefügt. Möglicherweise ist der zweite Band der Instrumentenbücher nach Magdeburg gelangt, weil dort Partner für das Kanalprojekt gesucht wurden.

Die in etwa genordete Karte stellt mit hoher geographischer Genauigkeit den Verlauf der im Harz entspringenden Flüsse Oker und Bode sowie ihrer zahlreichen Nebenflüsse dar. Eine Meile entspricht auf der Karte fünf Zentimetern. Im nördlichen Harzvorland sollte zwischen den beiden Flüssen eine schiffbare Verbindung hergestellt werden. Die Oker mündet in die Aller, die wiederum bei Verden in die Weser fließt. Die Bode fließt in die Saale, die später in die Elbe mündet. Durch die Verbindung wäre es möglich gewesen, Waren von der Oker bzw. Aller bis auf die Elbe zu verschiffen und so eine durchgehende Binnenschiffsverbindung zwischen Elbe und Weser zu schaffen. Der Kanal sollte durch das sogenannte Große Bruch, ein Moorgebiet, verlaufen, das etwa zwei Kilometer breit und 46 Kilometer lang in west-östlicher Richtung zwischen Börßum und Oschersleben liegt. Das Vorhaben lag durchaus in den technischen Möglichkeiten der Zeit, und auch die politischen Rahmenbedingungen waren günstig. Die auf der Karte vermerkten Territorialherren (HW für Herzog Wilhelm von Braunschweig-Lüneburg, HI für Herzog Julius, HIG für

Heinrich Julius von Braunschweig-Wolfenbüttel und IFB für Joachim Friedrich von Brandenburg) standen sämtlich in gutem Einvernehmen mit Herzog Julius.

Die heute verblaßte Karte mit der zum Teil schwierig zu entziffernden Beschriftung war ursprünglich zur eindrucksvollen Präsentation des Vorhabens gedacht, das der Herzog möglichen Gutachtern und wohl auch Investoren unterbreiten wollte. Der aus den Niederlanden stammende Ruprecht Lobri schrieb auf Anweisung des Herzogs am 6. Juli 1583 an den Amsterdamer Kaufmann Hans Sprenckhuisen und legte dem Brief eine Karte des Kanalvorhabens sowie das ältere Gutachten De Raets bei: *„tzoe Nutz und Vordrung onses Vaterlandt, die Nederlanden, und tzoe Behoeff allen Kophandtler und allen, die Lust und Liebe tzoe dusser Schipvart haben"*.[6] Wie international der Herzog in dieser Angelegenheit plante, zeigt auch der Versuch, weitere ausländische Fachleute anzuwerben. So war der Schiffer Johann Gauerts in den 1580er Jahren von dem Antwerpener Künstler Hans Vredeman de Vries angeworben worden, der seit Ende 1586 in Wolfenbüttel tätig war (vgl. Kat. 3). Er sollte *„eine Schiffahrt auf den kleinen Wassern in derselben Fürstthumb"* einrichten.[7] Damit wollte man erreichen, daß Schiffe die Weser und die Elbe befahren konnten, um Blei, Messing und andere Waren nach Bremen und Hamburg zu bringen. Da geeignete Schiffe in Wolfenbüttel nicht vorhanden waren, erbot sich Gauerts in einem Brief an Herzog Julius, während des Winters, in dem er für die eigenen Arbeiten nicht viel unternehmen könne, nach Mechelen zu reisen und dort Schiffsbauer anzuwerben.

Es gab wohl verschiedene Gründe dafür, daß der Plan nicht zur Ausführung kam. Vermutlich war es vor allem die Unsicherheit, ob sich die Investitionen in den Kanalbau würden begrenzen lassen, die den nüchternen Herzog Julius zur Aufgabe des Projektes brachten. Landgraf Wilhelm von Hessen, selbst ein herausragender Ökonom und an technischen Fragen interessiert, warnte seinen Nachbarn vor den zu erwartenden Schwierigkeiten: *„Was das betrifft, das E. L. verhoffen, die Ocker und Elbe zusammen zu pringen, und solchs mitt 45000 Thalern, ob wir woll solchs und alles, was E. L. zu Ehren und Nutzen gereichen magk, E. L. herzlich gerne gönnen, so ist doch ein altt Sprickwort, das heist Itemm fodere [„Ebenso zu graben"], welches off solche unngleiche Baw erdacht, darumb mögen E. L. sich woll[8] versehen, das sie nicht off ein Eyß geführtt, und das Gold und noch dreymall so viel darzu darüber verlieren und doch nichts ausrichten…"*.

Thomas Fusenig

Literatur: Spies 1992.

1 Als Überblickswerk vgl. Eckold 1998 (mit weiterer Literatur).
2 Spies 1992, S. 125.
3 Müller 1968, S. 88–90, Zitat S. 88.
4 Müller 1988, S. 55 (mit weiterer Literatur).
5 Vgl. allgemein Kraschewski 1978.
6 Müller 1968, S. 90.
7 Müller 1968, S. 90.
8 Spies 1968, S. 90.

Arbeitsboot zur Verkleinerung von Geröll und zur Vertiefung von Flußbetten, aquarellierte Zeichnung aus dem Instrumentenbuch II

6

Akten eines Prozesses vor dem Reichskammergericht Speyer, darin zwei Karten der Weser zwischen Vlotho und der Mündung der Werre

Karte 1: Ansicht dieses Weserabschnittes von Westen
Arnold Mercator (1537–1587)
1581

Federzeichnung
34,2 x 83,7 cm

Karte 2: Ansicht dieses Weserabschnittes von Osten
Johann Jacob Kremer (ca. 1562–ca. 1595)
1583

Federzeichnung
32,5 x 82 cm
Nordrhein-Westfälisches Staatsarchiv Münster, Akte Sign. Reichskammergericht M, Nr. 1137;
Kartensammlung A, Nr. 19916 (Karte 1) und Nr. 19917 (Karte 2)

Am 19. Juni 1581 erließ das Reichskammergericht zu Speyer auf Antrag des Stiftes Minden ein *Mandatum poenata sine clausula* (unbedingter Strafbefehl) gegen Herzog Wilhelm V. von Jülich, Kleve und Berg. Ihm wurde untersagt, weiterhin durch seine Bediensteten im Amt Vlotho (Grafschaft Ravensberg) Uferbauten errichten zu lassen, die die Schiffahrt behinderten. Offensichtlich handelte es sich um einen sog. Mandatsprozeß. Bei dieser Prozeßsonderform gebot das angerufene Gericht auf Gesuch des Klägers dem Beklagten schon vor dem Urteil in einem Mandat ein bestimmtes Verhalten bezüglich des Streitobjektes.

Der Vorwurf: Der Drost zu Vlotho habe *„... in dem freien waßerstrom etlich viel ungepürliche übergroße schlechte dammen und Pfalung ... angeschlagen und noch teglich schlagen läßeth"*. Wegen dieser von Vlotho errichteten Uferbefestigungen oder „Schlachten", immerhin 35, wandte sich die Stadt Minden an das Reichskammergericht in Speyer. Die Mindener monierten laut *mandatum*, daß die Vlothoer Uferbefestigungen nicht nur die Schiffahrt, sondern auch die Fischer und die Mindener Fähre bei dem Dorf Vössen behinderten. Zudem erhöhten sie die Hochwassergefahr für das Mindener Ufer sowie die Gefahr der Bildung eines neuen Weserarmes und das Risiko von Bodenabschwemmungen auf der Mindener Seite.

Als Rechtsgrundlage für das *mandatum* wurde *„deß hyligen Reichsordnung parte 2 tit. 23"* angeführt, die *„in solchen fellen und Handlungh ... (die) von rechts od gewonheit wegen verboten"* seien, greife. Unter Androhung einer Strafe von zehn Mark *„löffigen geld"* verlangte das mandatum, daß Vlotho *„in vierzehn tagen ... die viel gemachte schlechte und eindemmungen in den freien weßerfluß wiederumb abgeschaffet, die zugeschlagene Überfart raumet, und alles in vorigen standt bringet ..."*. Dies geschah nicht, da Herzog Wilhelm und seine Räte, besonders der Amtmann in Vlotho, die Sachlage anders beurteilten. Das letzte Schreiben der Prozeßakte ist auf 1597 datiert. Eine Gerichtsentscheidung war bis dahin noch nicht gefallen und ist wohl auch nie gefallen.

Eminent interessant ist, daß die streitenden Parteien ihre Standpunkte visualisierten, um damit ihrer Auffassung „Objektivität" zu verleihen. Beide Städte stellten der schriftlichen Auseinandersetzung zur Bekräftigung ihrer Argumentation Landkarten an die Seite, die den Sachverhalt jeweils aus anderem Blickwinkel schildern. Beredtes Beispiel für die unterschiedlichen Darstellungen ist der auf beiden Karten eingezeichnete Stein im Flußbett, der nach Vlothoer Verständnis einst am Westufer lag: *„Der Stein mit C notirt hatt vor wenig Jaren uf dieser seit der Weser an der armen Leutten Lenderey weit gnug glegen, alß das noch leutt leben, so uff dem Stein, wann sie ihre Acker gepflüget unnd besamet, das morgen brott geßen"*. Nach Angaben der Mindener befand er sich jedoch ursprünglich am Mindener Ufer.

Die ältere, auf den 19. Juli 1581 datierte Karte (Karte 1) ließ die Vlothoer Seite von dem Kartographen Arnoldus Mercator anfertigen, Kosmograph am Hofe Herzog Wilhelms und Verfertiger verschiedener Grenz- und Prozeßakten. Mercator fügte seiner Karte eine Legende bei, die – mit *„Declaratio"* überschrieben – heute Bestandteil der Akte ist. Sie stellt den umstrittenen Weserabschnitt aus der Sicht Vlothos dar und läßt die Schlachtbauten auf Mindener Territorium erkennen. Sie haben am gegenüberliegenden Vlothoer Ufer zu Bodenabschwemmungen und der Bildung eines neuen Weserarmes geführt. Außerdem sei der landwirtschaftlich genutzte, auf der Höhe des Vlothoer Amtshauses in der Weser gelegene Mittelwerder durch den Schlachtbau beschädigt worden. Die erforderlichen Gegenmaßnahmen – umfangreiche Schlachtbauten und ein Deichbau – sind ebenfalls abgebildet.

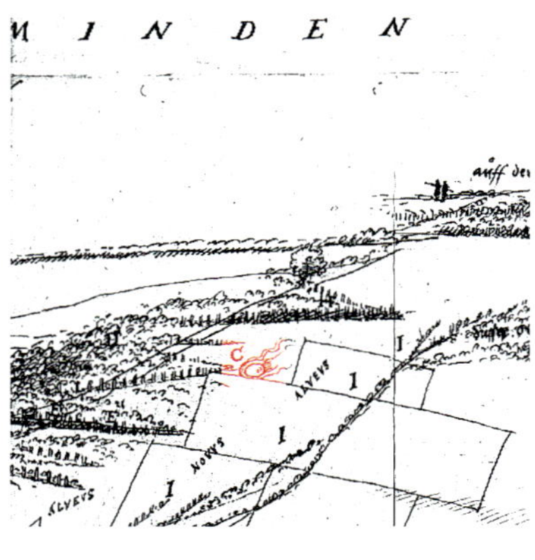

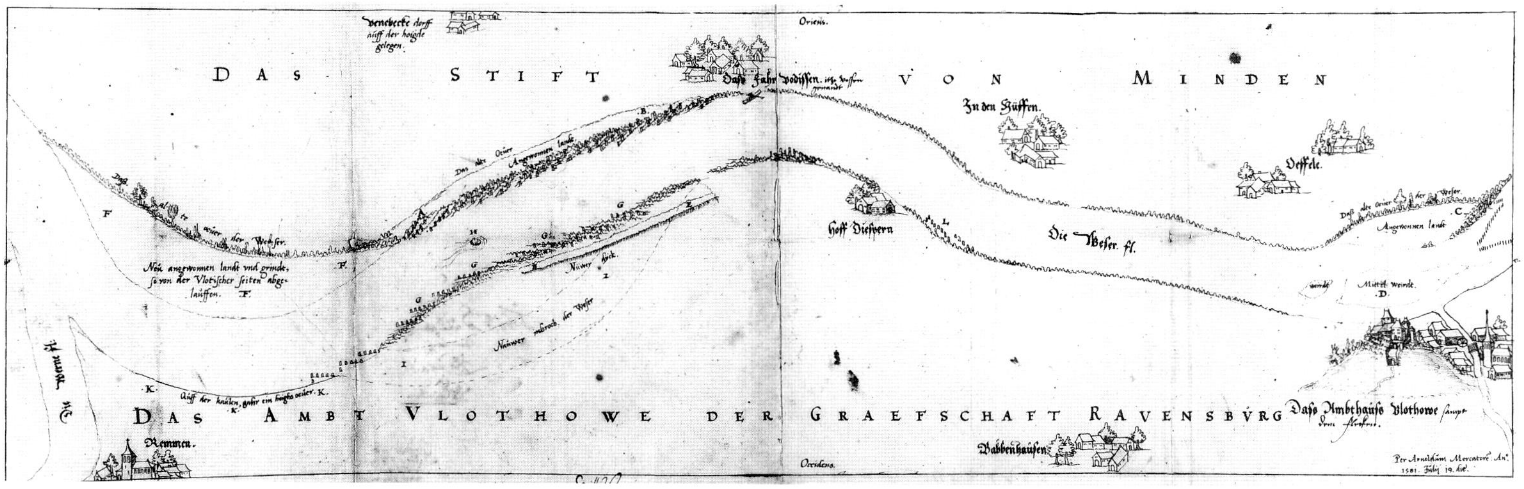

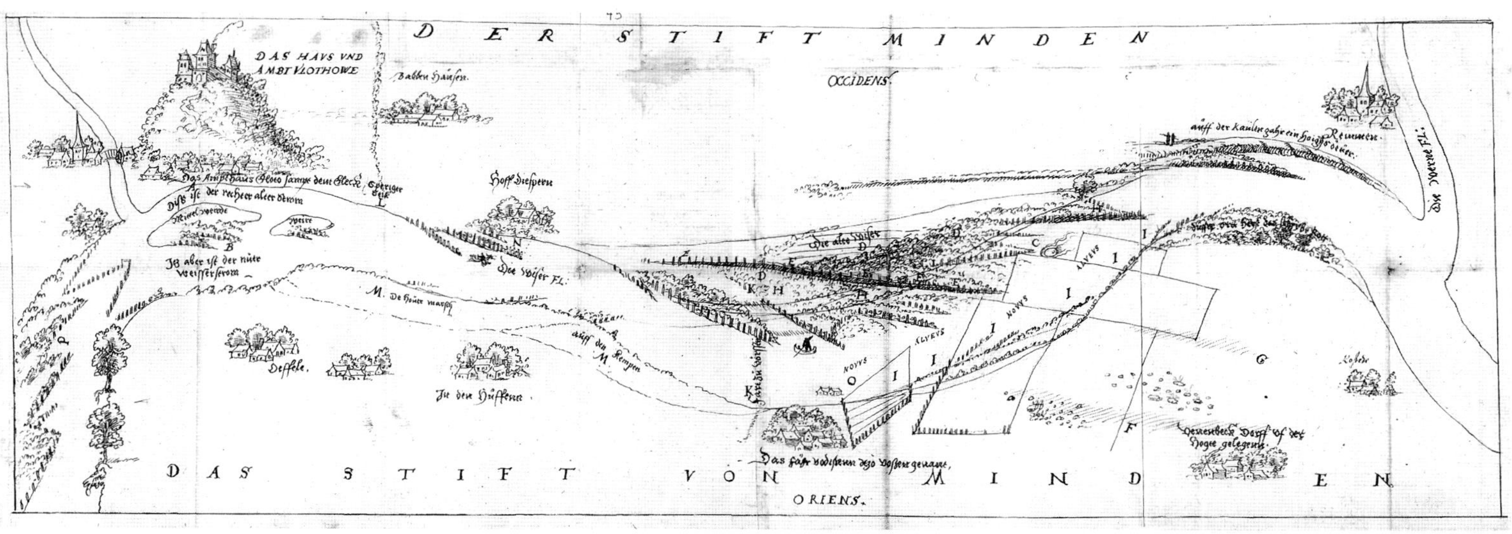

Kat. 6, Karten von 1581 (oben) und 1583 (unten)

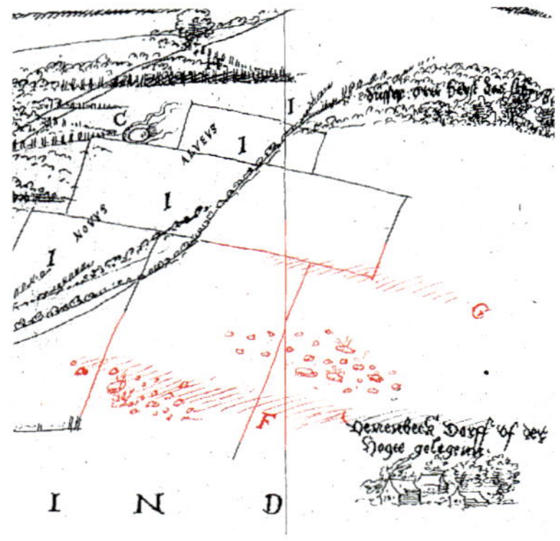

Die Gegendarstellung des Stiftes Minden ist zwei Jahre jünger als die Vlothoer Mercator-Karte. Sie ist auf den 5. September 1583 datiert. Die ihr beigefügte *Declaratio Tabulae*, ebenfalls Bestandteil der Akte, hat Johann Jacob Kremer (ca. 1562–ca. 1595) unterzeichnet, der somit als Verfertiger der Karte gelten darf. Er ist wahrscheinlich mit Johann Mercator (Kremer = lat. Mercator) identisch, einem Sohn Arnold Mercators, des Zeichners der Gegenseite.

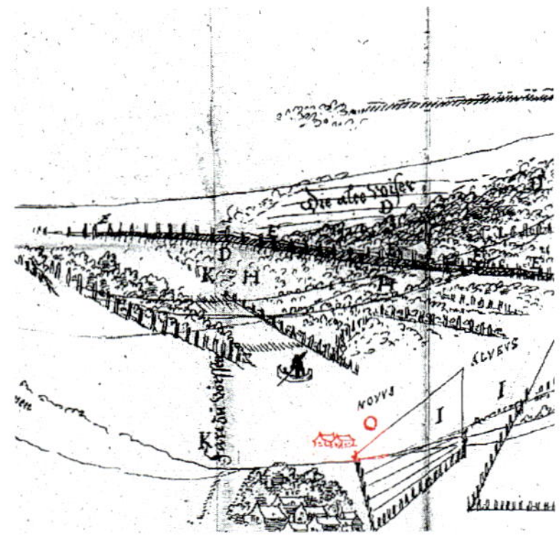

Was die Karten abbilden, sei im folgenden an der detaillierten Kremer-Karte von 1581 (Karte 2) erläutert: Auf dem Teil der Karte unterhalb oder östlich der Weser (*„Oriens"*) ist das Mindener Territorium zu sehen. Von links nach rechts sind die Siedlungen Uffeln, Vössen, Vennebeck und Costedt eingezeichnet. Uffeln besteht aus drei deutlich voneinander getrennten Siedlungen, von denen zwei gekennzeichnet sind: *„Oeffele"* und *„In den Hüffenn"*. Vössen (*„Das Fähr Vodißenn itzo Voßenn genant"*) ist die größte der Siedlungen. Links oberhalb des Dorfes ist die *„Fare zu Vörssen"* eingezeichnet. Zur Furt oder Fahrt vermerkt die *Declaratio*: *„Die Fahrt zu Voedissen sind Leute zu Herrendienste mit ihren Pferden gezogen, haben auch Zins und Zehend Korn dadurch geführt, auch alle benachbarte dadurch geritten und gefahren."* Bei Vennebeck (*„Venenbeck Dorpf of der Hogte gelegenn"*) bezeichnen die Buchstaben *„G"* und *„F"* langgestreckte Mulden in der Flußniederung, die die Weser mit Kies, Sand und Steinen angefüllt hat. Laut Declaratio wurde die hier befindliche Ackerflur der Siedlungen Vössen, Holtrup, Vennebeck und Costedt geschädigt. Die Mindener befürchteten, daß bei weiteren Schlachtbauten auf Vlothoer Seite die Weser ihr Bett ganz auf das Mindener Territorium verlagern und an die 2000 Morgen wertvollen Ackerlandes vernichten würde. Oberhalb von Vössen ist dies, wie die Karte zeigt, bereits eingetreten. Bei *„O"* sind zwei Häuser in das Strombett eingezeichnet, zu denen die *Declaratio* vermerkt: *„... so weiset doch an diesem ortt Litera O anders aus, do zwey Heuser für wenig iaren gestanden, so die weßer abgetrieben, unndt auch noch weiter eingebrochen hat, unnd noch täglichs einbricht."* Die kleinste Siedlung ist Costedt (*„Coestedt"*). Eigentlich dürfte sie auf der Karte nicht eingezeichnet sein, da sie weiter stromabwärts liegt. Flurnamen finden sich nur wenige: Bei Uffeln sind bei *„M"* die *„Houer marsch"* und rechts davon *„auff den Kempen"* eingezeichnet. Die *„Houer marsch"* dient als Weideland, „auff den Kempen" als Ackerland. Beide Flurstücke seien durch die Vlothoer Baumaßnahmen gefährdet.

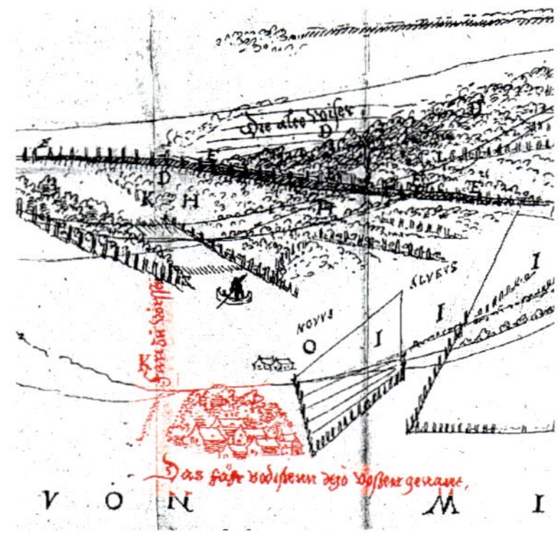

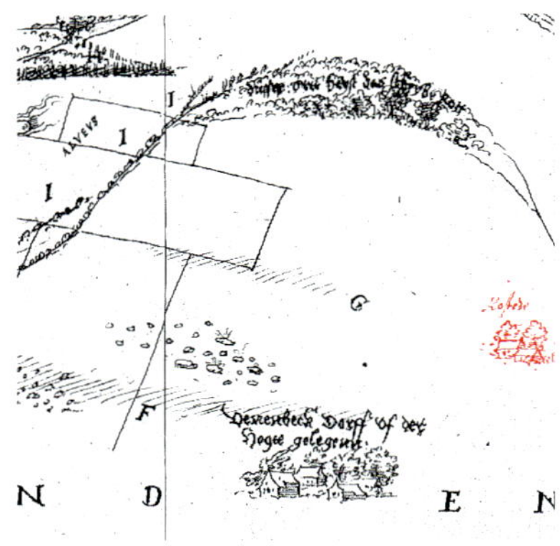

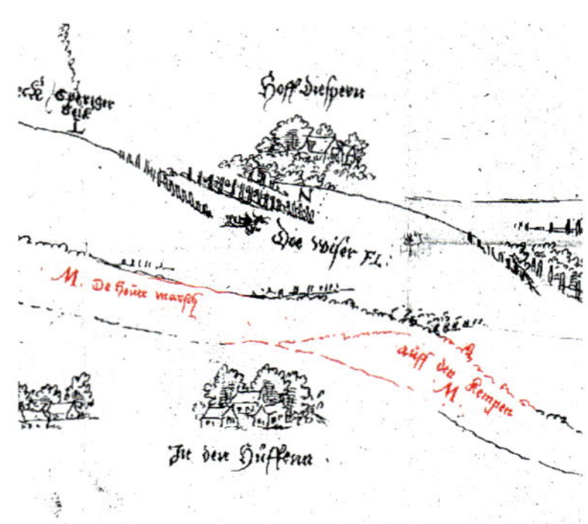

Das Vlother bzw. Ravensberger Territorium umfaßt den oberhalb der Weser gelegenen oder westlichen Teil der Karte (*„Occidens"*). Von links nach rechts sind Vlotho mit dem Amtshausberg und der Burg, Babbenhausen, Gut Deesberg (*„Hoff Diespern"*) und am rechten Bildrand Rehme (*„Remmen"*) an der Werremündung abgebildet. Bei Vlotho ist der Forellenbach zu sehen, an dem eine Wassermühle und eine Brücke liegen. Bei der Darstellung Vlothos hat der Kartograph den gesamten oberen Bereich fälschlicherweise auf das rechte Ufer des Forellenbaches verlegt. Interessant ist, daß auch die Karte von 1583 diesen Fehler enthält. Dies ist ein deutlicher Hinweis, daß die Karte von 1581 als Vorlage für sie diente. Oberhalb Vlothos liegt auf dem Amtshausberg die Burg (*„Haus und Ambt Vlothowe"*). Neben der Einmündung des Forellenbaches in die Weser ist nahe am Ufer ein Gutshof zu sehen, davor in der Weser ein Fischwehr. Vor dem Flecken liegen in der Weser zwei Inseln (*„Mittelweirdt"* und *„Weirt"*). Rechter Hand vom Amtshausberg, im rechten Winkel zur Weser, verläuft der Sperlsiek (*„Speriger Seik"*), der die Grenze zwischen dem Stift Minden und der Grafschaft Ravensberg markiert. Die Siedlung Babbenhausen ist falsch eingezeichnet, ihre korrekte Lage wäre rechter Hand vom Gut Deesberg.

Stromaufwärts am linken Bildrand sind bei *„P"*, am sog. Langen Land, Uferbaumaßnahmen zu erkennen. Sie zeigen die Bemühungen der Vlothoer, den Druck der Weser zurück auf die Mindener Seite zu leiten. Der linke Weserarm auf Höhe Vlothos sollte offensichtlich verlanden. Die Mindener hingegen betrachteten diesen Weserarm als den *„rechte(n) alte(n) Strom"*. Der rechte Weserarm (*„Itz aber der nüer Weisserstrom"*) fließt in einem neuen Bett – nach Mindener Meinung eine Folge der Uferbaumaßnahmen auf Vothoer Seite. Neben einer kleineren Schlacht auf Höhe des Gutes Deesberg sind umfangreiche Uferbaumaßnahmen zwischen dem Gut und Rehme zu sehen. Die Weser hat sich hier wegen der Baumaßnahmen ein neues Bett gesucht und dabei große Ackerflächen von der Mindener Seite (die mit *„I"* gekennzeichneten Flächen) weggeschwemmt. Das ursprüngliche Bett der Weser (*„Die alte Wiser"*) ist mit dem Buchstaben *„D"* gekennzeichnet.

Beide Parteien argumentieren aus der Sicht der Bauern, d. h. der Landbewohner. Der Fluß bedrohte durch seine Gewalt die Äcker und Wiesen an den Ufern. Außer den Bauern wurde auch der Landesherr geschädigt, da bei Verlusten an Acker- und Wiesenflächen die Abgaben der Bauern sanken. Ferner ist eine territoriale Sicht zu konstatieren. Der sich wandelnde Flußlauf führt zu Grenzverschiebungen, vergrößert oder verkleinert also das Territorium.

Der hier beschriebene Konflikt war typisch für die häufigen Streitigkeiten um die Schlachtbauten an der Weser. Die Auswirkungen auf die Schiffahrt, die unter den Uferbaumaßnahmen litt, erschienen beiden Parteien eher nebensächlich. Erwähnt werden lediglich der Linienzug, der durch die Schlachtbaumaßnahmen gestört wurde. Sie veränderten den Stromstrich, was Landabtragungen und Flußbettausfächerungen zur Folge hatte. Eine der sicherlich häufiger vorkommenden Schiffshavarien in diesem Abschnitt wird in einem Schreiben der Mindener vom 26. Juni 1589 genannt: *„Undten im meyerbruch an die sieben Morgen landtes darauf über 40 Eichenbaum gestanden, abgebrochen, welche baume ins wasser gefallen. Dehem nach etliche undern wasser liegen darauf ver[?] Jahre zwey Schiff voll Korns gestoßen und zur nicht werdenn, ein Schiff hat den Hernn abten zue Corvey zugehört, darinnen ein mensch gewesen, der in die Weser gefallen und ein stück wegs hinunder gefloßen ..."*. Kremer berichtet in der zugehörigen *Declaratio* über den Untergang dieses Corveyer Kornschiffes: *„Nit allein ein schiff gelauffen, unndt in grundt gangen, sonder auch ein ander Schiff durch deß Waßers gewalt daran getrieben [Schlacht], das ab inpulsu gubernaculi d Schiffer aus dem schiff geworffen unndt versoffen"*.

Auf Kremers Karte ist der Frachtkahn auf Höhe des Gutes Deesberg zu sehen. Bei genauem Hinsehen glaubt man, am hochgezogenem Heck Helmholz und Ruder zu erkennen. Im Boot sitzt eine Person. Wie in der Prozeßakte beschrieben, fällt jemand aus dem Schiff kopfüber in die Weser. Eine weitere Darstellung auf dieser Karte zeigt ein Schiff mit hochgezogenem Bug und Heck. Im offenen Schiffsrumpf steht ein Mensch und stößt einen Staken in den Grund. Eine zweite Person, von der nur der Kopf zu sehen ist, sitzt im Boot. Bei dem Boot handelt es sich um eine Fähre, die auch auf der Mercatorkarte zu sehen ist.

Georg Heil

Literatur: Köbler 1990, S. 176; Nordsiek, H. 1998, S. 39–42.

7

Weserinseln bei Erder

um 1630

Federzeichnungen, koloriert
jeweils ca. 10 x 15 cm
Nordrhein-Westfälisches Staatsarchiv Detmold, Sign. L 25, nr. 50, fol. 347, 348, 349

Wiederholt führte der Bau von Schlachten zwischen den Anrainern der Weser zu Konflikten, die mitunter auch militärisch ausgetragen wurden. Am Anfang der Auseinandersetzungen stand vielfach das Ausufern des Flusses und die Bildung neuer Flußarme. Ein Beispiel dafür liefert eine umfangreiche Akte, aus der die drei kolorierten Federzeichnungen stammen, auf denen zwei Weserinseln nahe dem lippischen Dorf Erder zu sehen sind. Dort hatten sich drei Weserarme gebildet, die die Anrainer – am rechten Ufer und auf der Karte oberhalb der Weser das Stift Minden, am linken, auf der Karte unterhalb der Weser, die Grafschaft Lippe – jeweils durch den Schlachtenbau trockenzulegen und zu verlanden versuchten. Die Mindener hätten auf diese Weise eine Weserinsel, die im Besitz eines Bauern aus Erder war, ihrem Territorium einverleibt.

Die Schlachten drückten das Wasser jeweils gegen das gegenüberliegende Ufer, was dort weitere Landabschwemmungen verursachte. Um dies zu verhindern, zerstörten die Konfliktparteien jeweils die gegnerischen Schlachtbauten. Die Mindener Partei warf schließlich eine Erdschanze auf, die ständig besetzt und mit Kanonen bestückt war. In der Folge wurde scharf geschossen. Es war Aufgabe der Schanzenbesatzung, die eigene Schlacht vor den Lippern zu schützen und den Aufbau der erneut abgebrochenen lippischen Schlacht zu verhindern. Unter diesem Konflikt hatte auch die Weserschiffahrt zu leiden, da die Schiffe beim Passieren dieses Flußabschnittes in das gefährlich schmale Fahrwasser zwischen den beiden Inseln gedrängt wurden. Territoriale Integrität und die Interessen der bäuerlichen Uferanlieger waren in diesem Konflikt bedeutendere und damit schützenswertere Güter als eine ungehinderte Schiffahrt.

Die Buchstaben auf Blatt 347 kennzeichnen den alten Fluß (A), den neuen Fluß (B), die Mindener Schanze (C), die Mindener Schlacht (D), die lippische Schlacht (E), die Insel des Bauern aus Erder (F), eine zu Lippe gehörende Insel (G) und die Durchfahrt zwischen den Inseln (H).

Georg Heil

Literatur: Heil 1983, S. 17.

8

Entwurf für einen Kostenvoranschlag zum Bau einer Weserschlacht
25. Mai 1639

Tinte auf Papier
9 Seiten
Niedersächsisches Staatsarchiv Bückeburg, Sign. L 1, Nr. 10315.

Schlachten dienten an der Weser im weitesten Sinne dem Uferschutz. Sie sollten durch Hochwasser verursachte Ufereinbrüche und Flußausfächerungen sowie die damit verbundenen Abschwemmungen von Acker- und Wiesenflächen verhindern, aufhalten oder rückgängig machen. Aus diesem Grunde baute man Schlachten häufig im Bereich der Prallhänge und der durch Einbrüche gefährdeten Uferabschnitte, oder an den Stellen, an denen die Weser ausfächerte und Inseln bildete.

Die Schlachtbauten konnten sehr arbeits-, material- und kostenintensiv sein. Deshalb wurde die Landbevölkerung entlang der Weser im Rahmen der bäuerlichen Hand- und Spanndienste für diese Arbeiten herangezogen. In vielen Territorien waren die privaten Uferanlieger verpflichtet, ihren Uferanteil auf eigene Kosten durch geeignete Schlachtbauten zu befestigen.

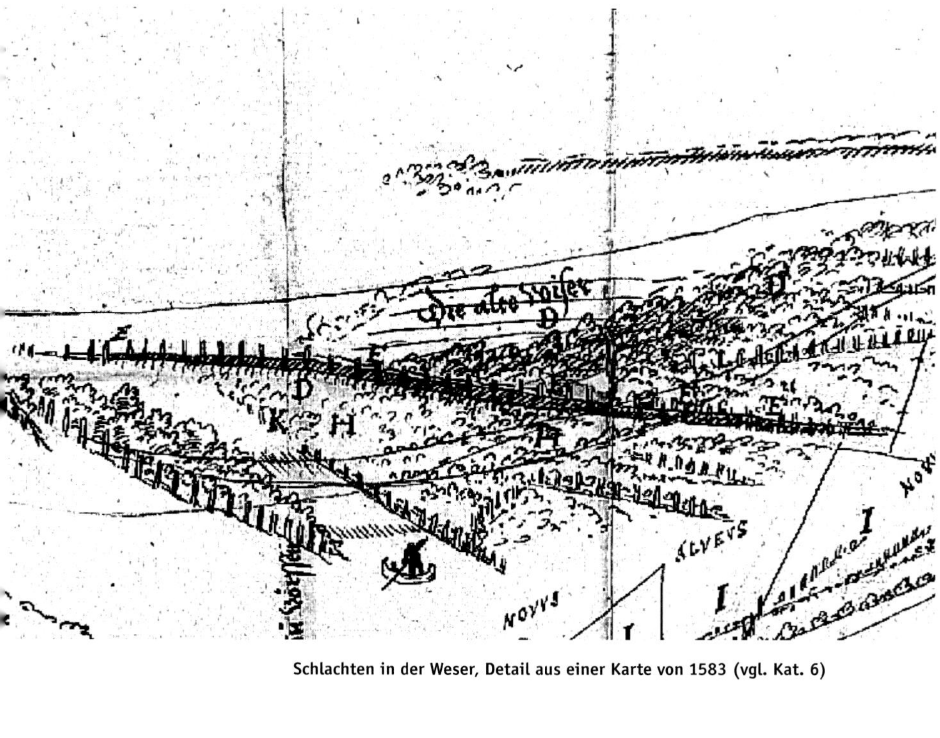

Schlachten in der Weser, Detail aus einer Karte von 1583 (vgl. Kat. 6)

Den Aufwand, den die Schlachtbauten erforderten, dokumentiert die Quelle aus dem Jahre 1639. Dieser *„Uberschlagh"* führt detailliert auf, *„was das schlagen und beßern ... wirt kosten, und wie viel Steine, Ruthen, bracken, päle ungefehr dazu gesuchet werden mußen"*. Bearbeitet werden sollte ein Uferabschnitt von 756 Fuß (ca. 220 Meter) Länge in der Grafschaft Schaumburg. Einige Abschnitte (*„Hacke„*) sollten ausgebessert, andere – offensichtlich Einbrüche (*„Wiep"*) – zugefüllt und befestigt werden. Die fertigen Schlachten zäunte man ein, um sie vor weidenden Kühen zu schützen. Verbaut werden sollten mindestens 610 Pfähle, die in bis zu vier Reihen (*„Riege"*) tief in den Flußgrund eingeschlagen wurden. Als Flechtmaterial zwischen den Pfählen waren *„Bracken"*, dünne biegsame Äste, vorgesehen. Der Kostenvoranschlag geht von 716 Fuder aus. Die Bracken sollten mit einem Schiff an ihren Bestimmungsort transportiert werden; die Pfähle durch 111 Wagenfuhren, die die Bauern als *„Herrendienst"* ableisten sollten. Ferner war geplant, zusätzlich 50 Fuder Steine zu verbauen. Die notwendigen Arbeitsgeräte – zwei Schiffe, Rammblöcke und ein Rammseil zum Einschlagen der Pfähle – mußten eigens für diesen Zweck hergestellt werden. Darüber hinaus sollte ein Schmied eine *„Trile"* (eine Art Flaschenzug) zum Hinaufziehen der Pfähle schmieden. Zum Schmieren der Rammblöcke war Tran anzuschaffen, zu ihrer Konservierung Teer. Neben den Transportdiensten sollten die Bauern auch beim Einschlagen der Pfähle Herrendienste leisten. Je Pfahl wurde ein Herrendienst gerechnet. Gebraucht wurden weiterhin Tagelöhner zum sog. *„Schaiffen"*, dem Spitzen der Pfähle, zum *„Regieren"* der Pfähle, zur Pflege der *„Trile"*, für Rammarbeiten, zum Abzäunen der befestigten Abschnitte und zur Führung der Schiffe. Außerdem sollte jeder Bauabschnitt von einem *„Meister"* geleitet und beaufsichtigt werden.

Georg Heil

Literatur: unpubliziert.

9

[De Re aedificatoria] Libri De re aedificatoria decem.

Opus integrum et absolutum: diligenterque recogn. Leonis Baptistae Alberti Florentini viri clarissimi, Parrhisiis [Paris]: [Drucker] Remboldt & Hornken, 1512

Buchdruck
Universitätsbibliothek Hannover und Technische Informationsbibliothek, Sign. Haupt 2

Leon Battista Alberti (1404–1472) war einer der bedeutendsten Humanisten seiner Zeit. Er stammte aus einer angesehenen florentinischen Familie, die jedoch aus ihrer Heimatstadt verwiesen war, wurde in Genua geboren, wuchs in Venedig und Padua auf und studierte Kirchenrecht in Bologna. Er wurde 1432 Sekretär an der päpstlichen Kanzlei in Rom, eine Stellung, die er bis 1464 innehatte. Zwischendurch hielt er sich längere Zeit an anderen Orten Italiens auf, aber Rom und den literarischen sowie künstlerischen Zeugnissen der Antike verdankte er seine umfassende Bildung. Über die Dichtung, die schönen Künste, die Architektur und über Ingenieurswissenschaften hat er nicht nur bahnbrechende Schriften verfaßt, er war auf all diesen Gebieten auch selbst tätig.

Im Zentrum seines Interesses standen die antike Baukunst und die Lehren, die daraus für die Architektur seiner Zeit zu ziehen waren. Seit der Mitte des Jahrhunderts wurde Alberti von angesehenen Auftraggebern mit großen Bauaufgaben betraut: Die Malatesta beauftragten ihn mit der Modernisierung von S. Francesco in Rimini, der reiche Kaufmann Giovanni Ruccelai mit seinem Palazzo in Florenz, die Gonzaga in Mantua mit den Entwürfen für S. Sebastiano und S. Andrea. Alle diese Bauten lassen durch ihre Proportionen und den Gebrauch der klassischen Säulenordnungen das Vorbild der antiken Baukunst erkennen, sind aber zugleich originale Schöpfungen, von denen entscheidende Impulse auf die Architektur der Frührenaissance ausgingen.

Die theoretische Grundlage der Tätigkeit Albertis waren die *„Zehn Bücher über die Architektur"* des augusteischen Architekten und Ingenieurs Vitruvius, die einzige antike Quelle über die Architektur, welche der beginnenden Neuzeit zur Verfügung stand und die folglich eine unabsehbare Wirkung auf das Architekturverständnis im ganzen Abendland ausüben sollte. Vitruvs Text war umständlich und teilweise unklar, die Baumeister konnten ihn sich kaum zunutze machen. Folglich beschloß Alberti, einen verbesserten, für die Bedürfnisse der Neuzeit aufbereiteten Vitruv zu schreiben. Seine „Zehn Bücher über die Architektur" entstanden über einen längeren Zeitraum hinweg, dessen Verlauf umstritten ist. Fest steht eigentlich nur, daß Alberti 1452 seinem Freund und Gönner Papst Nikolaus V. ein Exemplar seines Manuskriptes vorlegte. Es gibt Grund zu der Annahme, daß es sich dabei nur um die ersten fünf „Bücher" handelte, während der Rest sukzessive neben der praktischen Tätigkeit des Verfassers niedergeschrieben wurde. Als Alberti 1472 starb, kursierten lediglich verschiedene Abschriften, gedruckt wurde das Werk erst posthum 1485.

De re aedificatoria ist lateinisch geschrieben, wohl um sich damit als neuer Vitruv zu etablieren. Der Humanist hat den Stoff allerdings neu gegliedert: Bei Vitruv werden die drei Grundbegriffe aller Architektur – *firmitas, utilitas, venustas* (Festigkeit, Zweckmäßigkeit, Schönheit) – eher beiläufig erwähnt, Alberti machte sie zum Gliederungsprinzip seines Buches. Demnach handeln die Teile IV von *firmitas* und *utilitas*, die Teile VI–IX von *venustas*, während der Teil X von diesem Gliederungsprinzip ausgenommen blieb. Er handelt vom Wasser als Voraussetzung allen Lebens, von seinen wohltuenden und schädlichen Wirkungen, vom Auffinden von Quellen, vom Bau von Dämmen an Flüssen und am Meer, vom Reinigen von Flußbetten und städtischer Müllentsorgung. Hier mischen sich zeitgenössische Erfahrungen mit dem Studium der sehr fortgeschrittenen Wasserbautechnik der alten Römer. Außerdem hat Alberti Vitruv als Quelle benutzt, da dieser ebenfalls hydrologische Fragen erörtert. Als weitere Quelle diente die Schrift des Sextus Frontinius (40–103 n. Chr.). *De aquis urbis Romae*, die im 15. Jahrhundert bekannt war. Nördlich der Alpen erschien Albertis Buch zuerst 1511 in Straßburg, dann folgte 1512 die vorliegende, ebenfalls lateinische Ausgabe in Paris, in der die zehn „Bücher" zum ersten Mal in Kapitel mit Rubriken unterteilt wurden, eine Lesehilfe, die von allen folgenden Herausgebern und Übersetzern beibehalten wurde.

Die Frage, ob insbesondere Albertis Teil X über die Hydrologie im 16. Jahrhundert auf Deutschland und speziell auf den Bereich der „Weserrenaissance" eine Wirkung ausgeübt hat, ist sicher nicht leicht zu beantworten. Die Wahrscheinlichkeit ist eher gering, da Albertis Schrift erst 1912 ins Deutsche übertragen wurde. Hingegen gab es schon seit 1548 den Vitruvius Teutsch des Walter Rivius, womit der römische Architekturtheoretiker deutschen Lesern, Baumeistern und Auftraggebern verfügbar wurde. Dessen Wirkungsgeschichte bleibt aber ebenfalls noch näher zu erforschen.

Erik Forssman

Literatur: Alberti/Theuer 1912; Grayson 1960; Alberti/Orlandi 1966; Rodenwaldt 1968; Gadol 1969; Vitruvius/Forssman 1973; Kat. Mantua 1994.

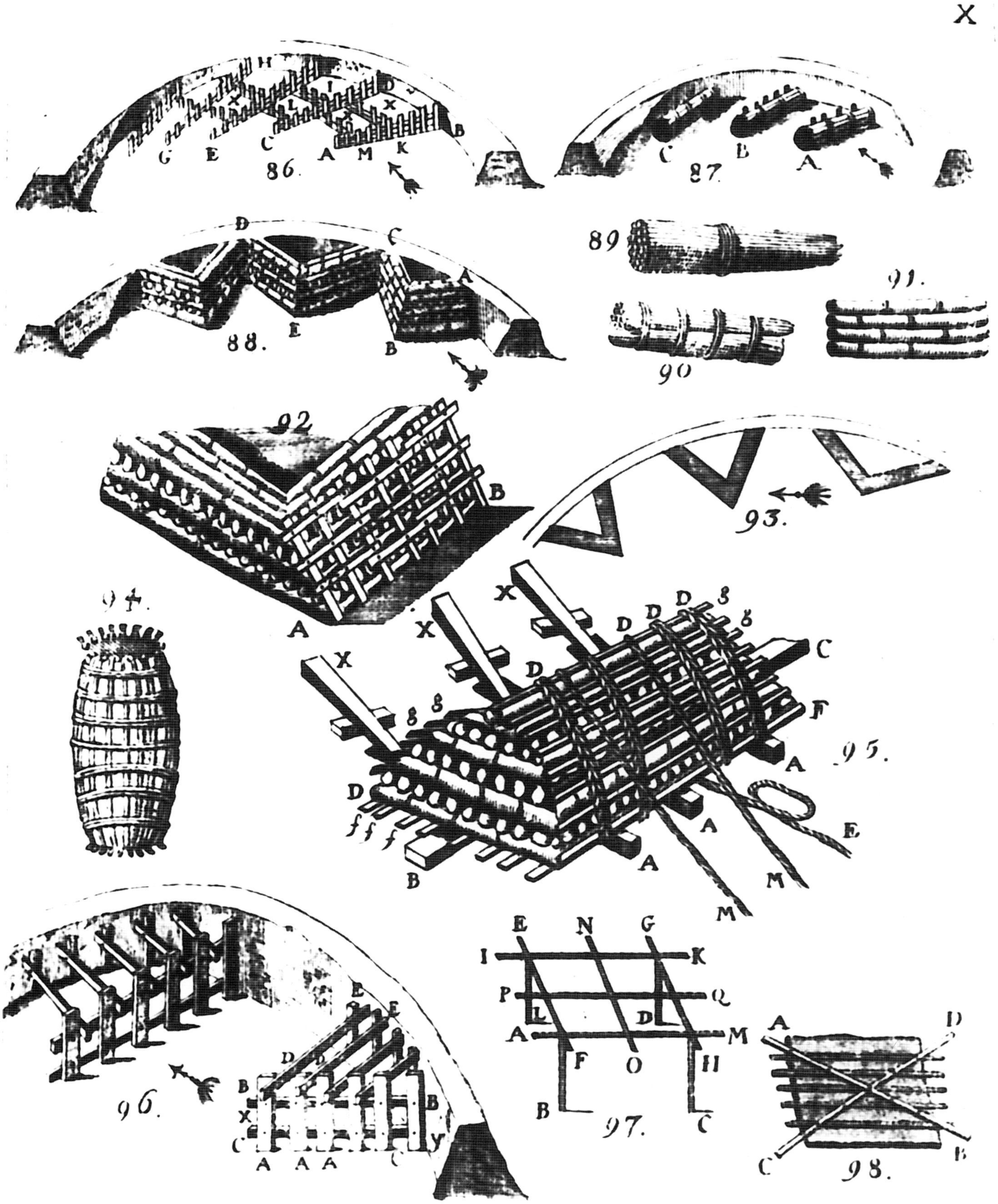

Technische Zeichnungen zu Uferbefestigungen, aus: G. A. Alberti,
Istruzioni pratiche per l'ingegnero civile, o sia perito agrimensore, o perito d'acque, Venedig 1761, Tafel X.

Schriftwechsel zur Verlegung eines Weserarmes bei Hess. Oldendorf
1616

Tinte auf Papier
Niedersächsisches Hauptstaatsarchiv Hannover, Sign. Cal., Brief 1, Nr. 1644 Bd. II u. III

1616 ließ der Schaumburger Drost Jobst von Mengersen mit Billigung des Grafen Ernst von Holstein-Schaumburg die Weser von der Stadt Oldendorf weg in ein neues Bett leiten, das eigentlich das alte war. Damit ließ Jobst rückgängig machen, was sein Vater als Drost etwa dreißig Jahre zuvor veranlaßt hatte, nämlich den Lauf der Weser näher an die Stadt zu führen.

Mit dem 1616 wiederhergestellten Flußlauf ergaben sich erhebliche Probleme für die auf der Weser fahrenden Schiffer. Nachdem einer ihrer Schiffsknechte an besagter Stelle umgekommen war, richteten die Mündener Schiffer ein Schreiben an den Rat ihrer Stadt, die zum Herzogtum Braunschweig-Wolfenbüttel gehörte, und baten, dieses an Fürst und Regierung in Wolfenbüttel weiterzuleiten. Darin beklagten sie sich über die Gefahren der *„Newen farth"*. Die besagte Stelle könne nur passiert werden, wenn das Frachtgut auf Wagen geladen würde; selbst dies garantiere keine sichere Passage.

Diese Klage war der Auftakt zu einem längeren Schriftwechsel: Der Rat gab die Schrift zunächst an Kanzler und Räte in Wolfenbüttel weiter. Von dort gelangte sie über den Oberhofmeister an den schaumburgischen Drost und - mit der Anweisung, sich der Sache anzunehmen - an Drost und Großvogt von Calenberg. Letzterer verfaßte einige Wochen später einen Bericht über seine Besichtigung des Ortes. Die Schlacht, mit der der bisherige Flußlauf abgeschnitten werden sollte, hatte er noch im Bau vorgefunden. Sein Urteil fiel in diesem Bericht überwiegend negativ aus: Zwar räumte er ein, daß der neue Flußlauf nach einiger Zeit durchaus wieder tief und breit genug für beladene Schiffe sein werde, doch sei die Schiffahrt zunächst massiv behindert. Er selbst habe ein unbeladenes Schiff gesehen, das den Flußabschnitt nur habe passieren können, weil die drei Besatzungsmitglieder es mit einer „Leine" gegen die starke Strömung gezogen hätten. Er bemängelte, daß die Pfähle der Schlacht aus Buchen- und nicht aus Eichenholz bestünden, weshalb sie leicht verrotteten und dem nächsten Eisgang zum Opfer fallen würden. Das Ergebnis sei, daß der Fluß sich in zwei Arme aufteilen werde, die beide nicht tief genug für die Schiffahrt seien. Schließlich schlug er weitere Untersuchungen, Messungen und eine Befahrung des Flußabschnitts vor.

Dieser Bericht wurde Graf Ernst von Holstein-Schaumburg zugestellt, der sich gegen die Vorwürfe entschieden verwahrte. In seiner Replik an Herzog Friedrich Ulrich erklärte Graf Ernst, daß durch die aktuellen Baumaßnahmen lediglich die vor dreißig Jahren erfolgte Verlegung des Flußlaufs rückgängig gemacht werde, die sich als langfristig nicht haltbar erwiesen habe. Trotz aller Bemühungen habe sich der Fluß sein altes Bett gesucht. Es habe die Gefahr einer Teilung in zwei Arme bestanden, durch die *„der Strom an dem ortt dem Schiffenden Man zu mercklichen Nachteil und gefahr die tieffe verlieren unndt als zu schiffardt untuchtig werden mochte"*. Graf Ernst habe die Schiffahrt nicht behindern wollen, sondern Maßnahmen gerade *„zu beforderung des gemeinen gebrauchs dieses Flußes und publica navigationis"* angeordnet. Der Graf war inbesondere aufgebracht, weil die Besichtigung des Ortes durch den Großvogt von Calenberg ohne sein Wissen erfolgt war. Er bat Herzog Friedrich Ulrich, den Großvogt zurechtzuweisen, *„damitt er des ungewonlichen inquirirens in frembden Herrschaften unbekandter weise hinfuro mußig gehe"*. Da der Großvogt den Fluß in seinem Bericht als *„S. Frs. Gn. [gemeint war Herzog Friedrich Ulrich] vorhochgedacht freye[n] Weserstrom"* bezeichnet hatte, wurde ganz im Stil der Zeit aus einer Sach- eine Hoheitsfrage. Graf Ernst – sonst ein durchaus praktisch denkender Mensch – sah sich genötigt, auf mehreren Seiten diesen Anschlag auf seine Souveränität abzuwehren.

Die braunschweigischen Räte ließen die Antwort des Grafen den Bürgermeistern und Stadträten von Münden und Hameln zukommen. Die Mündener bekräftigten ihre Klage unter Aufnahme der Vorbehalte des Großvogts und meinten darüber hinaus, auch den Hoheitsanspruch ihres Landesherrn unterstützen zu müssen. Die Hamelner begnügten sich mit der Wiedergabe der Aussagen von fünf Schiffern, die den neuen Flußlauf allesamt mehr oder weniger problematisch fanden, vor allem bei Hochwasser.

Damit findet der Vorgang in den Akten sein Ende. Tatsächlich dürfte weiter nichts geschehen sein, hatte doch das große Braunschweig-Wolfenbüttel einen schwachen, das kleine Schaumburg einen um so energischeren Landesherren: Der Flußlauf wurde gegen alle Proteste dauerhaft verlegt und die Natur scheint Graf Ernst Recht gegeben zu haben: Noch heute fließt die Weser in einigem Abstand an Oldendorf vorbei. Infolge der Verlegung des Laufs war im übrigen die Weserzollstätte von Oldendorf kurz vor dem Protest der Mündener Schiffer in das einige Kilometer flußabwärts gelegene Rumbeck verlegt worden.

Die Oldendorfer selbst waren mit der Verlegung recht bald unzufrieden. Schon im folgenden Jahr beschwerten sie sich bei Graf Ernst über die Auswirkungen der Umleitung[1] und 1623 gestattete ihnen Graf Jobst Hermann, Nachfolger Graf Ernsts, die (Wieder-) Öffnung ihres Weserarms *„zu erfrischung des Wassers"*, wobei jedoch darauf geachtet werden sollte, *„daß fur allen Dingen es der Schiffart unschedlich sey"*.[2] Dieser Punkt bereitete offensichtlich Probleme, denn ein Jahr später sah sich Oldendorf genötigt, die Stände um Unterstützung für sein Vorhaben zu bitten. Herzog Friedrich Ulrich von Braunschweig-Wolfenbüttel, den man wohl vorsorglich benachrichtigt hatte, hatte noch im Vorjahr seine Zustimmung gegeben – allerdings war er dem Irrtum erlegen, daß die Wiederherstellung des Zustandes von vor 1616 angestrebt würde. Graf Jobst Hermann, von einer Teilung des Flusses in zwei Arme ausgehend, verschärfte seine Bedingungen: Die Oldendorfer sollten unter Androhung von Strafe dafür Sorge tragen, daß nach der *„aufreumung der alten Weser"* die Schiffahrt auch bei Niedrigwasser nicht zum Erliegen kommen würde. Daran dürfte das Vorhaben gescheitert sein – wenigstens hören wir weiter nichts davon.

Dirk Korinth

Literatur: unpubliziert.

1 StA Bückeburg, L 1, Nr. 3595.
2 StA Bückeburg, L 1, Nr. 3618.

Ansicht von Oldendorf, aus M. Merian: Topographia Westfaliae ... 1647, Ausschnitt

11

Poststrecke, die 1629 zwischen Buxtehude und Dortmund eingerichtet werden sollte

vor 1629

Tinte auf Papier
31,5 x 40,4 cm
Regensburg, Fürst Thurn und Taxis Zentralarchiv, Sign. FZA Postakten 1233, fol. 18

In die Zeit zwischen 1500 und 1800 fällt in Europa eine ganze Reihe von Entwicklungen, welche die fortbestehende alteuropäische Lebensordnung stellenweise aufbrachen und revolutionierten. Einer dieser modernisierenden Prozesse vollzog sich auf dem Gebiet der Nachrichtenübermittlung mit der Einführung des Postwesens.

Im deutschsprachigen Raum Mitteleuropas wurde dessen Entwicklung Ende des 15. Jahrhunderts durch die Familie Tasso (Tassis) ausgelöst.[1] Auf Wunsch des späteren Kaisers Maximilian I. (1459–1519) brachte sie das Relaissystem, eine aus der Antike stammende Technik zur Nachrichtenübermittlung, die im Spätmittelalter auch in Italien und Frankreich angewendet worden war,[2] in den Raum nördlich der Alpen. Relais waren feste, aufeinanderfolgende Stationen auf einer vorgegebenen Route, an denen in Form einer Stafette die Pferde und – falls erforderlich – auch die Reiter gewechselt wurden.[3] Anfangs nur den herrschaftlichen Kommunikationsbedürfnissen der Habsburger verpflichtet, avancierte dieses spezifische Staffelsystem später in Verbindung mit einer öffentlichen Zugänglichkeit zum Postwesen. Dessen Stärke war seine Schnelligkeit, denn die Einrichtung einer Kette von Relaisstationen ermöglichte eine ununterbrochene Beförderung der Nachrichten bei Tag und bei Nacht. Im Vergleich zum Mittelalter soll die Verkehrsgeschwindigkeit dadurch von etwa 25 auf 166 Kilometer am Tag gesteigert worden sein.[4] Nicht zuletzt diese Übermittlungsgeschwindigkeit ließ den Postbetrieb der Familie Tasso zu einem erfolgreichen Konkurrenten des überkommenen vielgestaltigen Botensystems werden.[5]

In der frühen Neuzeit war die Post noch kein Massenkommunikationsmittel, auch wenn mit Sicherheit davon ausgegangen werden kann, daß sich im Zuge des allgemeinen Ausbaus des Postnetzes und einer fortschreitenden Alphabetisierung ihr Nutzerkreis allmählich vergrößerte. Man nimmt vielmehr an, daß das Postwesen noch bis zum Ausgang des 17. Jahrhunderts fast ausschließlich von den politisch, wirtschaftlich und kulturell führenden Gesellschaftsschichten genutzt wurde.[6] Dessenungeachtet erweiterte sich der Dienstleistungsumfang der Post im Laufe der Zeit. Neben den reinen Nachrichtentransfer traten das Angebot eines Reisedienstes mit Pferdewechsel und ein regelmäßiger Postkutschendienst, der auch den Versand von Kleingütern ermöglichte.[7]

Im Jahre 1629, also während des Dreißigjährigen Krieges, unterschieden sich die Postverhältnisse im Heiligen Römischen Reich deutscher Nation noch grundlegend von den vergleichsweise geordneteren Verhältnissen des 18. Jahrhunderts. Abgesehen von dem Sonderfall der österreichischen Hofpost gab es noch keine landesherrlichen Posten, obwohl die Reichsstände bereits über erste Erfahrungen mit einer stafettenmäßigen Beförderung von Nachrichten verfügten.[8] Die Familie von Taxis hatte erst 15 Jahre zuvor erreicht, das Reichspostwesen als erbliches Lehen vom Kaiser zu erhalten, was später auch auf die weibliche Erbfolge ausgedehnt wurde.[9] Daraufhin erfolgte bis zum Jahre 1625 ein Ausbau der Reichspost, der zum ersten Mal auch den Weserraum einbezog. Nachdem bereits im Jahre 1609 ein erster Versuch, in Hamburg ein kaiserliches Postamt einzurichten, gescheitert war, gelang es dem taxisschen Postmeister Johann von den Birghden (1582–1654) im Zuge der Einrichtung neuer Postkurse in Mittel- und Norddeutschland, einen Kurs von Köln nach Hamburg ins Leben zu rufen.[10] Im Jahre 1616 passierte die erste kaiserliche Reitpost diese Route mit den Stationen Köln, Detmold, Hausberge, Döhren, Nienburg, Hamburg, für die sie anfänglich etwa vier bis fünf Tage benötigte.[11] Mit dieser Strecke erschöpften sich die Ausbaupläne der Reichspost jedoch noch nicht. Reichsgeneralpostmeister Leonhard (II.) von Taxis (1594–1628) plante später unter der Ägide der kaiserlichen Militärmacht, seinen Postbetrieb auf alle bedeutenden Reichsterritorien auszudehnen.[12]

1629 war daran jedoch nicht mehr zu denken. Leonhard war ein Jahr zuvor unerwartet in Prag gestorben. Das kaiserliche Restitutionsedikt von 1629 führte zum Eingreifen Schwedens auf protestantischer Seite und damit zu einer grundlegenden Veränderung der militärischen Lage im Reich.[13] In dieser Situation unterbreitete ein gewisser Herr di Ponzone[14] der Witwe Leonhards, die in Vormundschaft für ihren minderjährigen Sohn das Reichspostwesen verwaltete, den Vorschlag Johann Vogelers aus Minden, einen Postkurs zwischen Buxtehude und Dortmund anzulegen.[15] Vogeler, der schon vor 1621 bei der Familie von Taxis um eine Verlegung der Postroute Köln-Hamburg über Minden und Osnabrück nachgesucht hatte, sah nach dem Tod des Reichsgeneralpostmeisters offenbar eine günstige Gelegenheit, um nun selbst Einfluß auf die Kommunikationsstruktur im Weserraum zu nehmen. Besonderes Interesse hatte er dabei an den zu errichtenden Postämtern in den Weserstädten Minden und Bremen, deren Nutzung er ganz für sich gewinnen wollte. Im Gegenzug bot er der Gräfin Alexandrine von Taxis an, den gesamten Postkurs von Dortmund über Münster, Osnabrück, Minden, Bremen nach Buxtehude auf eigene Kosten anzulegen und ihr einen jährlichen, vertragsgemäßen Überschuß zu zahlen. Doch obwohl di Ponzone in seinem Schreiben, dem er das hier gezeigte Karte beifügte, das Vorhaben Vogelers ausdrücklich unterstützte, wurde es nicht realisiert.[16]

Die Skizze zeigt die bestehende taxissche Reitpostverbindung Köln–Hamburg, die von Vogeler projektierte zusätzliche Strecke Dortmund–Buxtehude und die durch Schlangenlinien gekennzeichnete Weser.[17] Die Zahlen an den jeweiligen Streckenabschnitten geben die ungefähre Entfernung zwischen den links und rechts von ihnen liegenden Orten an. Demzufolge lagen die Stationen auf beiden Strecken etwa vier bis höchstens sechs Meilen[18] voneinander entfernt. Beide Postkurse wurden durch eine unvermeidbare Flußquerung in ihrem Lauf behindert, doch auf die Entfernung bezogen versprach „Vogelers Variante" über Werl oder Lünen, Münster, Osnabrück, Minden, Barenberg, Bremen nach Buxtehude die schnellere Nachrichtenübermittlung.

Lutz Höper

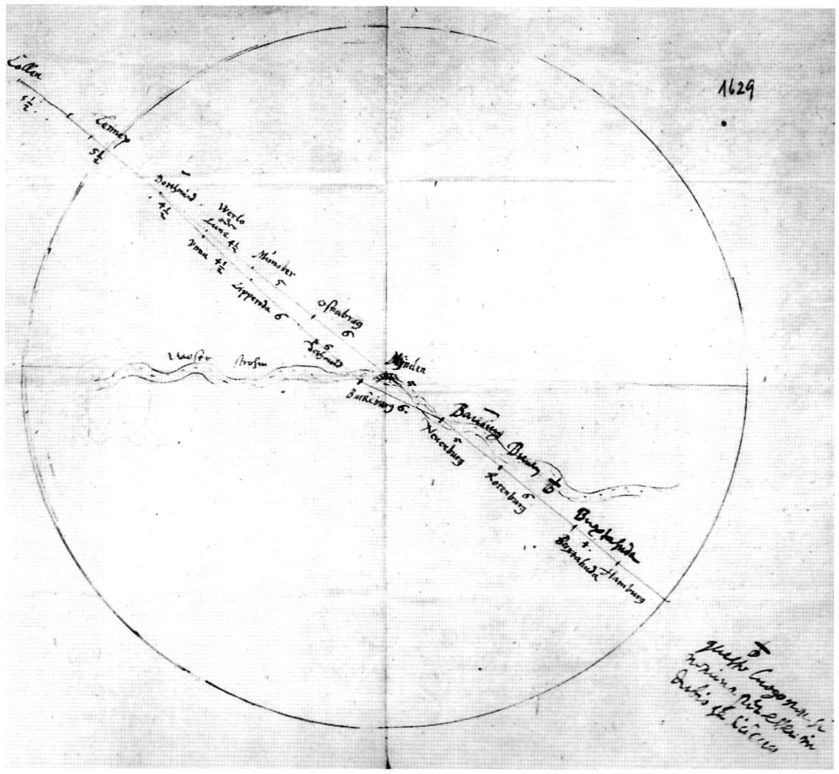

Kat. 11

Literatur: Behringer 1990; Beyrer 1987; Fleitmann 1971; Gerteis 1989; Kellenbenz 1987; Münch 1998; Neumann 1966; Szabó 1983; Werner 1990.

1 Kellenbenz 1987, S. 288; Behringer 1990, S. 24–30.
2 Kellenbenz 1987; Gerteis 1989, S. 57.
3 Kellenbenz 1987, S. 285, 287, 290.
4 Behringer 1990, S. 17.
5 Zu Struktur und Genese des Botenwesens vgl. einführend z. B. Szabó 1983, Sp. 484–487.
6 Münch 1998, S. 415.
7 Vgl. z. B. Beyrer 1987; Werner 1990, S. 22–23; Behringer 1990, S. 7.
8 Behringer 1990, S. 95.
9 Behringer 1990, S. 84.
10 Neumann 1966, S. 85; Behringer 1990, S. 85-86.
11 Neumann 1966, S. 85-86.
12 Behringer 1990, S. 89.
13 Behringer 1990, S. 89.
14 Ponzone soll Fleitmanns Angaben zufolge taxisscher Vertreter in Wien gewesen sein. Fleitmann 1971, S. 147.
15 Schreiben di Ponzones vom 13. Juni 1629.
16 Neumann 1966, S. 90.
17 Vgl. auch Fleitmann 1971, S. 147-148.
18 Üblicherweise wurden solche Entfernungen in Meilen angegeben.

Hamelner Weserbrücke – Modell
München 1993

Epoxidharz, Gips, Holz, Metall
H 40, B 366, T 28 cm (ohne Unterbau); Maßstab 1:50
Museum Hameln

Wann eine erste Brücke in Hameln eine Furt als natürlich begünstigten Weserübergang ersetzt hat, kann nur vermutet werden, doch hat eine solche bereits in fränkischer Zeit bestanden, um die von Paderborn und Hildesheim kommenden Straßen über den Fluß zu führen. 1277 wird sie noch urkundlich erwähnt,[1] allerdings ist in Urkunden von 1296[2] und 1301[3] nur noch von einer Furt (*„vadum trans Wiseram; in vado Wesere"*) die Rede. 1314 besteht wieder eine Brücke (*„flumen et fundum Wisere cum insula et ponte juxta opidum predictum a superiori loco vulgariter dicto slacht"*).[4] Die Bedeutung des Brückenschlages für den Fernverkehr und die Anbindung der Stadt an den Fernhandel wird nachdrücklich 1431 betont, als König Sigismund erfährt, *„das die brugge zu Hameln uber die Weser bawfellig sey"* und er deshalb Rat und Bürgern befiehlt, *„das ir dem gemeinen nucz zu furdrung und den landen und euch zu eren und zu fromen und ouch den pilgeren, kouffluten und allen wandernluten zu gute die vorgenante brugge by euch zu Hameln nach aller notdorfft bawet, bessert und in guten wesen unczubrochen buwelich haldet als ir die bissher uff dise zeit wol gehalden habt ..."*.[5] Es scheint, daß nicht zuletzt aufgrund dieser Ermahnung die bisherige Holzbrücke durch eine solche mit steinernen Pfeilern ersetzt worden ist, die weniger durch Hochwasser und Eisgang in ihrer Substanz gefährdet war.

Die erste Hamelner Weserbrücke querte den Fluß an der östlichen Spitze des Werders. Diese Situation ist auf den ersten Stadtansichten so geschildert und hat sich bis heute nicht geändert. Der Kupferstich Caspar Merians[6] zeigt die Brücke in voller Länge und schildert anschaulich die strategisch wichtige Sicherung durch Stadttor, Zugbrücken und befestigten Brückenkopf auf der linken Weserseite. Nach dieser Vorlage ist das Brückenmodell gefertigt.[7]

Mit Hilfe des Katasteramtes und nach Plänen des Bauaufsichtsamtes der Stadt Hameln (Bezugspunkte: Turm der Marktkirche, Vierungsturm des Münsters und Giebelspitze des Hochzeitshauses) wurde der ursprüngliche Brückenverlauf festgestellt. Auf dieser Basis erfolgte die Berechnung der Gesamtlänge. Diese rechnerisch ermittelten Größen finden ihre Bestätigung vor dem Hintergrund der Annahme, daß die für den Bau der Brücke verwendeten Baumstämme maximal zwanzig Meter lang waren.[8] Ausgehend von dieser Stammlänge stimmen die rechnerischen Ergebnisse mit der Anzahl der Joche und damit auch mit der vom Katasteramt errechneten Gesamtlänge überein.

Die Rekonstruktion der Joche richtete sich ebenso nach zeichnerischen Details der Merianschen Ansicht wie nach dem Flußbettuntergrund und der Strömungsgeschwindigkeit der Weser. Der Fahrbahnbelag aus Querhölzern und die einfache Brüstung aus Längs- und Querhölzern zur seitlichen Sicherung konnten aufgrund der Merianschen Vorlage und anhand zeitgenössischer Literatur nachempfunden werden.

Norbert Humburg und Victor Meissner

Literatur: unpubliziert.

1 Urkundenbuch der Stadt Hameln I, Nr. 84, S. 57.
2 Urkundenbuch der Stadt Hameln I, Nr. 122, S. 81–82.
3 Urkundenbuch der Stadt Hameln I, Nr. 137, S. 88.
4 Urkundenbuch der Stadt Hameln I, Nr. 173, S. 119–120.
5 Urkundenbuch der Stadt Hameln II, Nr. 170, S. 111.
6 Kupferstich aus Merian 1654, Abb. nach S. 98.
7 Rekonstruktion des Modells: Viktor Meissner, Hameln; Beratung: Katasteramt Hameln und Deutsches Museum, München; Detailrekonstruktionen: Eberhard Neidlein, München; Beratung: Deutsches Museum, München.
8 Lt. Auskunft des Deutschen Museums, München.

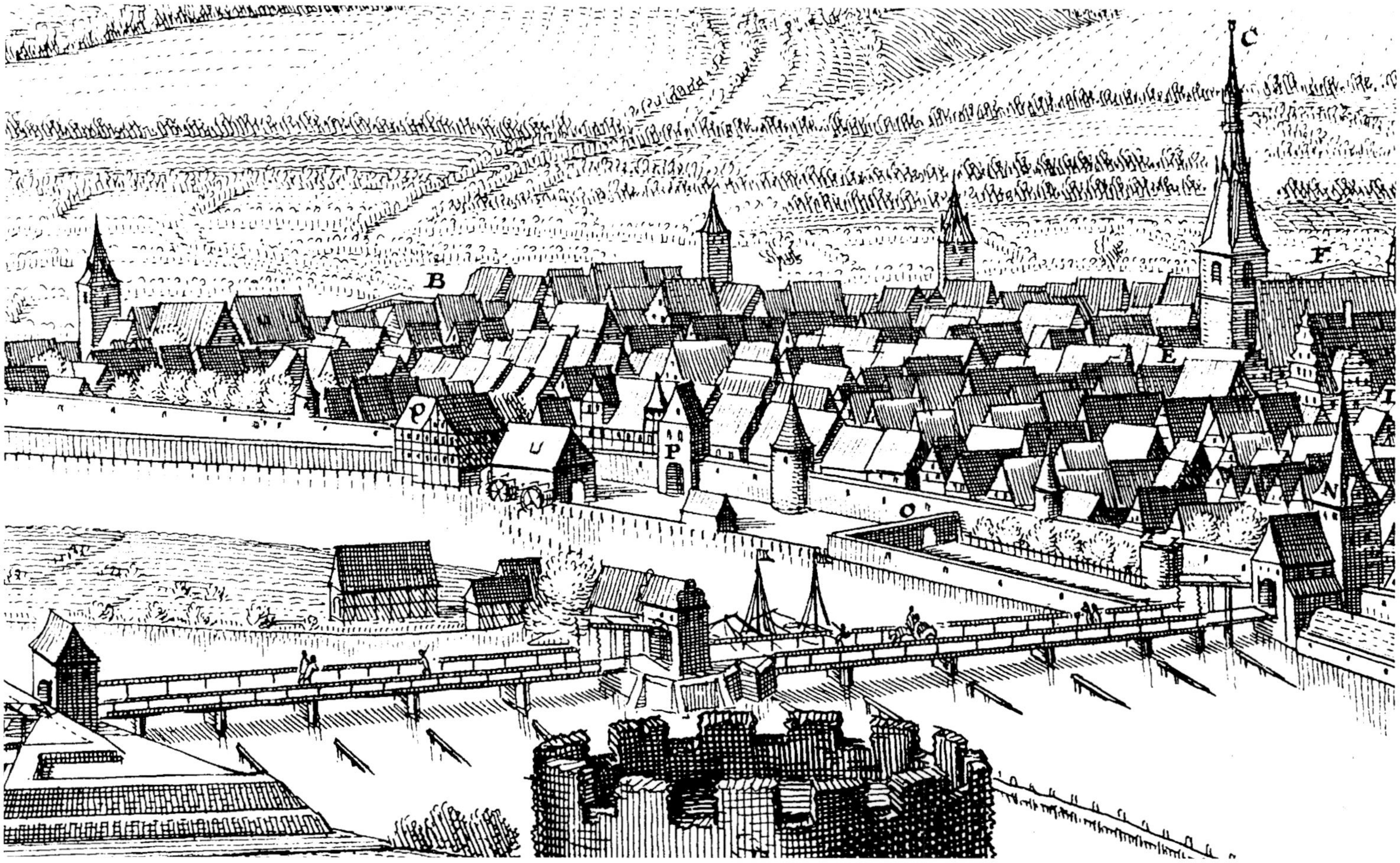

Die Brücke von Hameln, aus M. Merian: *Topographia ... Braunschweig vnd Lüneburg,* 1654, Ausschnitt

Der Fluß und die Politik

Dirk Korinth

Möglichkeiten und Grenzen landesherrlicher Einflußnahme

1509 vereinbarten Landgraf Wilhelm II. von Hessen und Herzog Erich d. Ä. von Braunschweig-Calenberg, die Weser *„zu Beförderung gemeinen nutzens frey und schifreich machen [zu] wollen"*. Dies erforderte angesichts ihres Zustandes offenbar konkrete Regulierungsmaßnahmen, bezeichneten die beiden Fürsten den Fluß doch als *„zur Schiffarth nach notthurft"* nicht zugerichtet (vgl. Kat. 2). Ob solche Maßnahmen tatsächlich ergriffen wurden, ist nicht bekannt. Immerhin wurde der Vertrag 1536 erneuert. Langfristig hatte die Idee einer hessisch-braunschweigischen Kooperation zugunsten der Weser als Verkehrsweg geringe Chancen. In der zweiten Hälfte des 16. Jahrhunderts setzte ein Jahrhunderte währender Streit um die Mündener Stapel- und Schiffahrtsprivilegien mit all seinen Begleiterscheinungen ein: Arrest von Waren und Schiffen, Zollerhöhungen, Sperrungen des Flusses und ein niemals endender Reichskammergerichtsprozeß. Ob die Landesherren tatsächlich die wirtschaftliche Wohlfahrt ihrer Territorien im Auge hatten,[1] oder ob es hauptsächlich um die landesherrliche Hoheit und Jurisdiktion an der zumeist noch umstrittenen Grenze des Territoriums ging, wird sich nur schwer klären lassen. Allerdings zeigt das nördliche Gegenstück zum hessisch-braunschweigischen Streit, nämlich der Konflikt zwischen den Städten Bremen und Minden, daß die Landesherren bei solchen Auseinandersetzungen keineswegs immer die treibende Kraft waren.[2]

1584 unternahm die Stadt Bremen einen Vorstoß, den Transport von englischen Tuchen und von Rheinwein, der wegen des niederländischen Krieges und der Kölner Wirren unsicher geworden war, vom Fuhrwerk auf die Weser umzulenken.[3] Eine Delegation unterbreitete dem Bremer Erzbischof als dem nominellen Landesherrn den Vorschlag, das Abzapfen von Wein an den Zollstellen durch einen moderaten Geldzoll zu ersetzen und den in der Summe ungewollt abschreckenden Weserzoll auf „Laken" zu senken. Der Erzbischof ließ sich von den Argumenten der Bremer überzeugen, die ihm höhere Zolleinnahmen, niedrigere Preise und eine höhere Qualität des Weins in Aussicht stellten. Er übermittelte den Vorschlag dem Landgrafen von Hessen und Herzog Heinrich Julius in Lüneburg. Letzteren bat er, den Vorschlag an seine welfischen Vettern und an den Grafen von Schaumburg weiterzuleiten. Wenn sich auch die Angelegenheit durch den Tod Herzog Erichs II. von Calenberg verzögerte und ein Gesandter des Erzbischofs erst im folgenden Jahr mit einer hinhaltenden Antwort von Herzog Julius aus Wolfenbüttel zurückkehrte, scheint der Vorstoß zumindest teilweise zum Erfolg geführt zu haben, finden sich doch in den Weserzolllisten aus den späten 1580er und den 1590er Jahren Einträge von regulär verzolltem Rheinwein. Das Beispiel zeigt, daß die territoriale Zersplitterung des Weserraums nicht alle Initiativen zugunsten des Handels auf dem Fluß verhinderte.

Im Jahr 1600 befuhr Landgraf Moritz von Hessen (1572–1627) zusammen mit Herzog Christoph von Braunschweig-Lüneburg die Fulda bis Hersfeld und zurück nach Kassel und unternahm im folgenden Jahr sogar eine Fahrt nach Bremen. Von 1602 an ließ der Landgraf die Fulda durch Aufräumung, Uferbefestigung und die Anlage von Wehren schiffbar machen, während er bei der Werra am Widerstand der Uferanlieger scheiterte.[4] Für weiterführende Maßnahmen wäre jedoch eine Zusammenarbeit nicht mit dem Lüneburger Welfenherzog, sondern dem Wolfenbütteler vonnöten gewesen. Die Stadt Münden am Zusammenfluß von Fulda und Werra, die zu Braunschweig-Wolfenbüttel gehörte, versperrte den hessischen Schiffern weiterhin den Zugang zur Weser. Zugleich lag das größte Schiffahrtshindernis der Weser, das Hamelner Wehr mit seinem gefährlichen Durchlaß, im Hoheitsbereich dieses Fürsten.

Das „Hamelner Loch" mußte gerade für die Mündener ein großes Ärgernis sein, die einen großen Teil der Schiffer auf der Weser stellten. Da sie, wie die Hamelner, Untertanen des Wolfenbütteler Herzogs waren, bot sich hier eine landesherrliche Lösung des Problems an. In der Tat schlugen Kaufleute und Schiffer Mündens, die bereits zuvor oft wegen *„deß geferlichen undt hochschädlichen Lochs"* protestiert

1 Rothe/Rüthing 1989, S. 62.
2 Behr 1987, S. 53–58.
3 HStA Hannover Celle Br. 63, Nr. 8.
4 Löbe, K. 1969, S. 48–49.

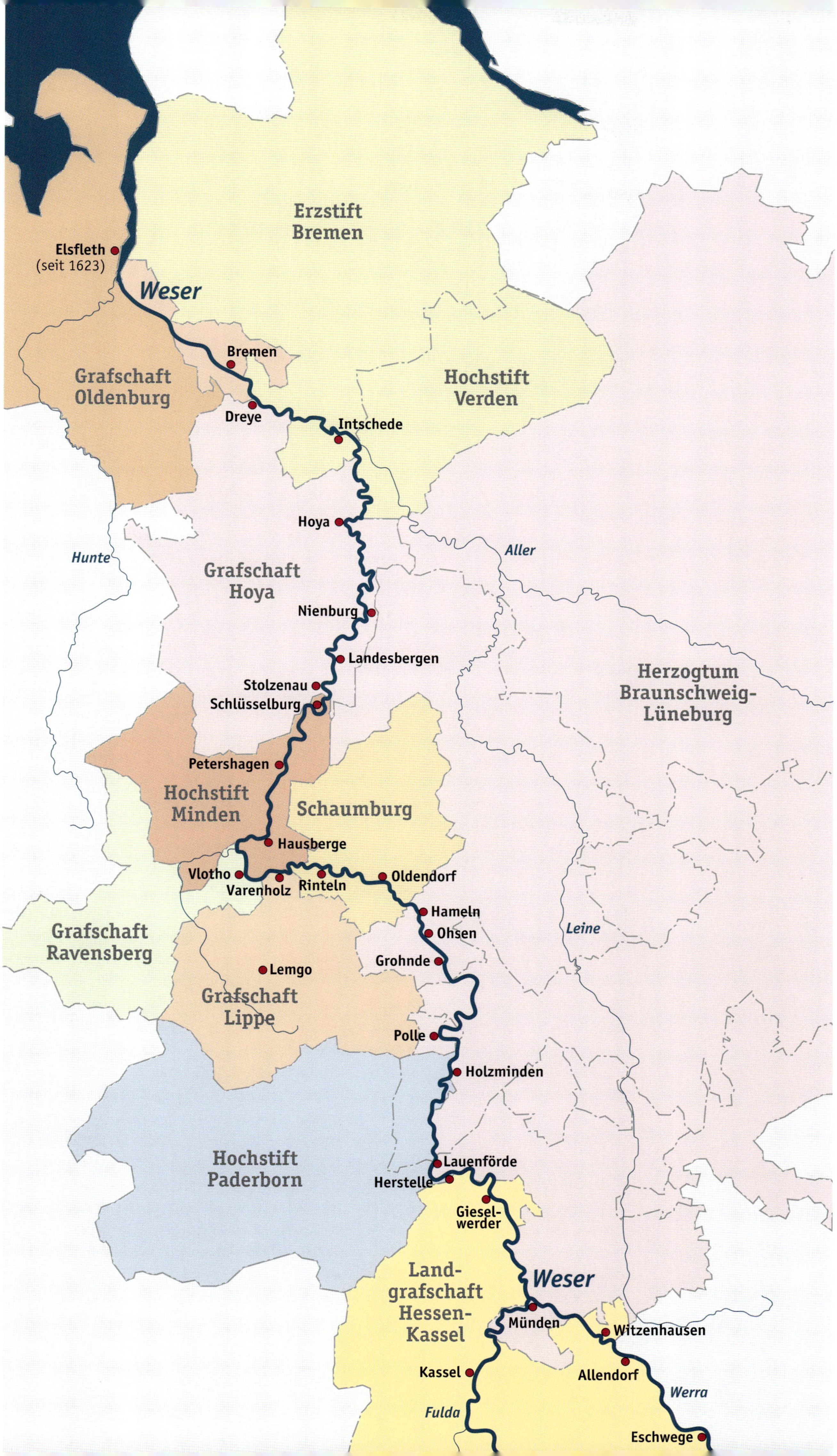

Territorien und Zollstellen an der Weser um 1600

hatten, 1611 Kanzler und Räten in Wolfenbüttel vor, wie *„zu Rettungh uf und abfahrenden Leibs undt Guts eine fugsame Schleuse gelegt werden konte"*. Es habe nämlich *„diserhalb ein erfarner Meister sich angebot, und diserwegen an uns geschriben"*. Der besagte Meister hatte den Mündenern aus Wolfenbüttel berichtet, daß der Kanzler einem Schleusenbau nicht abgeneigt sei und der örtliche Oberamtmann die Gefährlichkeit des Lochs bestätigt habe.[5] Allerdings kam es im 17. Jahrhundert nicht zum Bau einer Schleuse in Hameln. Dieser Plan wurde erst im 18. Jahrhundert, im Jahre 1734, verwirklicht.[6]

Die welfischen Herzöge

Im Vergleich mit modernen Verhältnissen waren die Auswirkungen landesherrlichen Planens und Handelns sowohl auf den Fluß selbst als auch auf die Menschen an und auf ihm in der Frühen Neuzeit gering. Dies gilt auch in umgekehrter Richtung: Die Weser hat nachweislich selten eine Rolle im politischen Kalkül der Territorialherren gespielt. Ganz unsichtbar war die landesherrliche Obrigkeit jedoch nicht. Ufer wurden befestigt und an einigen Stellen sogar der Flußlauf geändert, Fischwehre angelegt, Brücken gebaut, Zoll erhoben, Schiffe angehalten, Waren beschlagnahmt, Fürsten- und Amtsgut verschifft, die Anliegen der Schiffahrt und Handel treibenden Untertanen bzw. Bürger vor anderen Obrigkeiten vertreten. In der Regel waren es, sieht man vom Sonderfall Bremen ab, die Amtsleute, die Beamten in den „Häusern" entlang der Weser, die dies im Namen der Landesherrschaft ausführten und bisweilen von sich aus veranlaßten. Die fürstlichen Kanzleien wurden nur in seltenen Fällen über eine formale Anfrage hinaus einbezogen. Dies änderte sich lediglich, wenn ein Betroffener eine Petition an die Regierung oder den Landesherrn richtete oder Rechte und territoriales Gebiet bedroht schienen. Es ist in diesem Zusammenhang also durchaus gerechtfertigt, die Rolle und die Entwicklung der einzelnen Territorien im Weserraum darzustellen.

Das größte und potentiell mächtigste Territorium war das Herzogtum Braunschweig, das von seinen Anfängen im 12. Jahrhundert bis zu seinem Ende 1866 bzw. 1918 von der Dynastie der Welfen regiert wurde.[7] Ursprünglich im östlichen Niedersachsen um Braunschweig und Lüneburg gelegen, hatte es sich schon früh vor allem mit dem Erwerb Mündens 1247 und Hamelns 1260 an der Weser festgesetzt. Der welfische Herzog Otto das Kind verlieh Münden noch im gleichen Jahr das Stapelrecht, aus dem sich im Lauf der Jahrhunderte schließlich eine Trennung von Weser-, Werra- und Fuldaschiffahrt entwickelte. In Münden mußte spätestens im 16. Jahrhundert nicht nur angehalten und die Ware feilgeboten, sondern zumindest dem Anspruch nach auch auf Mündener Schiffe umgeladen werden.[8]

Bereits im 15. Jahrhundert befand sich die Weser zwischen Münden und Hameln auf einem oder beiden Ufern beinahe vollständig unter braunschweigischer Kontrolle. Die Verteilung der Zollstellen in diesem Abschnitt zeigt dies deutlich.[9] Sieben braunschweigischen Zollstellen (um 1600 in Münden, Lauenförde, Holzminden, Polle, Grohnde, Ohsen und Hameln) standen eine hessische (Gieselwerder) und eine paderbornische (Herstelle) gegenüber. Das Herzogtum Braunschweig bildete jedoch im 16. und 17. Jahrhundert mit Ausnahme eines einzigen Jahres (1634) niemals eine Einheit, da im welfischen Haus nicht die Primogenitur (das Recht des männlichen Erstgeborenen auf die alleinige Erbfolge) galt. Um 1500 zerfiel das Herzogtum daher in vier Teilfürstentümer: Lüneburg, Wolfenbüttel, Calenberg-Göttingen und Grubenhagen. Zwei der Teilterritorien reichten an die Weser. Calenberg-Göttingen mit seinen Residenzen in Calenberg und Münden erstreckte sich beinahe von der Aller bis unterhalb von Münden ungefähr zwischen Weser und Leine. Es wurde aber vom südlichen Teil des Fürstentums Wolfenbüttel, der vom Harz bis an die Weser reichte und dessen westlichster Teil der sogenannte Weserdistrikt um Holzminden bildete, in zwei beinahe gleichgroße Hälften geteilt, eben Calenberg und Göttingen. Während der besagte Weserdistrikt von Wolfenbüttel aus nur als ein ferner Ausläufer des Territoriums gelten konnte, umfaßte Calenberg – die Sonderidentität des Fürstentums Göttingen löste sich im 16. Jahrhundert auf – mit Münden, Hameln und Bodenwerder drei bedeutende Weserstädte. Die Landesherren hätten daher im besonderen Maße am Geschehen an und auf dem Fluß interessiert sein müssen. Das Fürstentum litt im 16. Jahrhundert jedoch darunter, daß seine Landesherren ehrgeizige Ziele verfolgen, die dem Wohlergehen des Landes eher abträglich waren. Herzog Erich I. (1491–1540), der mit dem Haus Habsburg und dem katholischen Glauben eng verbunden war, befand sich häufig außer Landes und starb, einen minderjährigen Erben hinterlassend, bezeichnenderweise im Elsaß. Die Regentschaft seiner Witwe wurde durch die Ansprüche der Wolfenbütteler Linie belastet, die durch den Sieg in der Schlacht bei Sievershausen 1553 eine Art Mitregierung durchsetzen konnte. Herzog Erich II., der von 1540/46 bis 1584 regierte, war wie sein Vater katholisch und habsburgisch gesinnt und geriet darüber in Opposition

5 HStA Hannover, Cal. Br. 8, Nr. 1313.

6 Spanuth/Feige1963, S. 91–92. Vgl. den Artikel von Georg Heil, S. 100–105.

7 Zur Geschichte der welfischen Territorien im engeren Sinne und zur Ereignisgeschichte im niedersächsischen Bereich: Boetticher 1998, S. 35–39, 45–49, 60–98 und 104–111; weitere Angaben in Köbler 1999.

8 Pezold 1998, S. 62–64.

9 Nach zwei Auflistungen aus den Jahren 1584 (HStA Hannover, Celle Br. 63, Nr. 8) und 1613 (StA Hannover, Cal. Br. 8, Nr. 1313).

10 Albrink 1992.

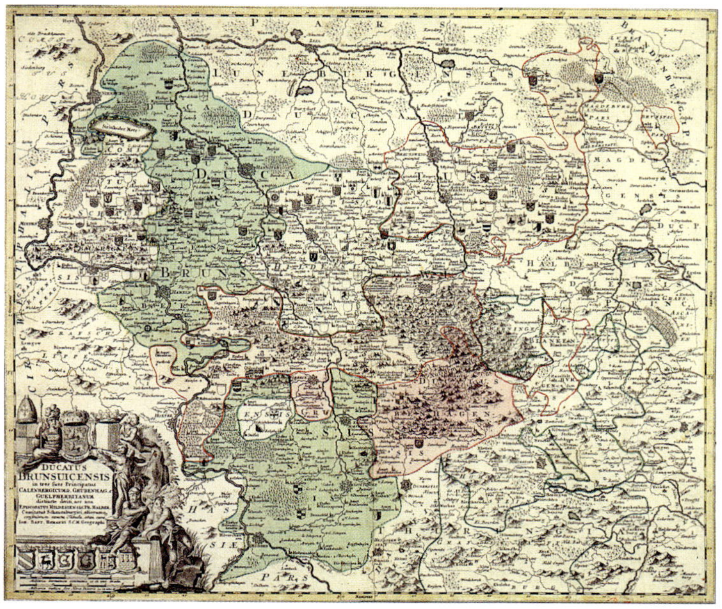

Karte des Herzogtums Braunschweig, Kupferstich, Johannes Homann, um 1710

Holzschnitt aus Johannes Honter: *„Rvdimentorum cosmographicorum ... Tiguri 1552"*, Ausschnitt

zu den Ständen seines überwiegend protestantischen Landes. Er hielt sich ebenfalls jahrelang im Ausland auf, erwarb Besitzungen in den Niederlanden und Frankreich und hinterließ in seinem Fürstentum im wesentlichen drei nur zum Teil fertiggestellte neu- bzw. umgebaute Schlösser und einen beachtlichen Schuldenberg.[10] Nach seinem Tod im Jahre 1584 in Padua fiel Calenberg, weil es keinen legitimen Erben gab, an Wolfenbüttel.

In der ersten Hälfte des 16. Jahrhunderts hatte die Aufspaltung des Welfenhauses mehrmals verheerende Folgen für den ganzen Weserraum. Dies zeigte sich erstmalig in der sogenannten Hildesheimer Stiftsfehde. Ursprünglich eine Auseinandersetzung zwischen Bischof und Stiftsadel, dehnte sich diese 1519 durch die Einmischung Herzog Erichs von Calenberg d. Ä. und des ebenfalls welfischen Bischofs von Minden auf der Seite des Stiftsadels und des Lüneburger Herzogs auf der des Bischofs zu einem Regionalkrieg aus. Die Auseinandersetzung wurde mit dem Eintritt Heinrichs des Jüngeren von Wolfenbüttel (1514–1586) und der Grafen von Schaumburg und Diepholz in diesen Konflikt sowie der finanziellen Unterstützung der Kriegsparteien durch Habsburg bzw. Frankreich weiter angefacht. Auch Minden und Calenberg wurden dabei schwer in Mitleidenschaft gezogen. Entschieden wurde der Konflikt durch die Wahl des Habsburgers Karl V. zum römischen Kaiser. Die fast schon geschlagenen Herzöge von Calenberg und Wolfenbüttel führten den Krieg gegen den nun isolierten Hildesheimer Bischof weiter, der sich dem kaiserlichen Schiedsspruch nicht hatte beugen wollen, und verkleinerten sein Territorium auf das sogenannte „kleine Stift", das er zudem noch verlassen mußte.

In den 1540er Jahren gesellte sich zum politischen Gegensatz innerhalb des Welfenhauses ein konfessioneller. Ein protestantischer Herzog in Lüneburg stand dem katholischen und kaisertreuen Heinrich dem Jüngeren in Wolfenbüttel gegenüber. Hingegen suchte in Calenberg die protestantische Regentin Neutralität, während ihr Sohn schon bald im Hinblick auf die katholische Konfession und die Kaisertreue seinem Vater nacheiferte. Zunächst wurde Heinrich der Jüngere 1542 aus Wolfenbüttel vertrieben, doch gewann er sein Territorium nach dem Sieg des Kaisers gegen den Schmalkaldischen Bund evangelischer Fürsten und Städte 1547 zurück. Gerade im Weserraum erlitten die Kaiserlichen jedoch ihre schwerste Niederlage. Nach widerstandsloser Einnahme von Lippe und Minden und anderen Territorien scheiterte 1547 eine mehrmonatige Belagerung Bremens. Die kaiserlichen Truppen wurden von einem Entsatzheer

Karte der Landgrafschaft Hessen, kolorierter Kupferstich von Abraham Ortelius nach Johannes Dryander, 1579

des Schmalkaldischen Bundes bei Drakenburg vernichtend geschlagen. Heinrich der Jüngere rächte sich im übrigen noch 1553 mit einem verheerenden Plünderungsfeldzug durch die Stifte Minden, Osnabrück und Münster an deren Bischof Franz von Waldeck, der sich dem Schmalkaldischen Bund gewogen gezeigt hatte. Auch Lippe und Paderborn wurden bei dieser Gelegenheit in Mitleiden-schaft gezogen. Franz von Waldeck verzichtete daraufhin auf Minden, das damit wieder unter welfischen Einfluß geriet.[11] Noch im gleichen Jahr beendete die Schlacht von Sievershausen die Phase des in die großen Konflikte der Zeit eingebetteten welfischen Familienzwistes. Wieder standen verfeindete Vettern – Erich II. von Calenberg bzw. seine Mutter und Heinrich der Jüngere – als Mitglieder von Fürstenkoalitionen einander gegenüber, wodurch die Schlacht, in der unter anderem Kurfürst Moritz von Sachsen tödlich verwundet wurde, überregionale Bedeutung erhielt.

Neben den äußeren Gründen – allgemeuner Frieden im Reich, ausgelöst durch die Deklaration des Augsburger Religionsfriedens von 1555 – sind interne Umstände für die lange friedliche Zeitspanne im Weserraum nach 1553 verantwortlich: Mit dem Tod Erichs II. 1584 setzte sich nicht nur die lutherische Konfession im Haus der Welfen endgültig durch, sondern es starb auch der letzte „Renaissancemensch" unter den Welfenherzögen. Zudem vereinheitlichte der Erbfall Calenbergs 1584 und des kleinen Grubenhagen 1596 an die Wolfenbütteler Linie die Landkarte erheblich. Damit war der Frieden für den gesamten Weserraum gewährleistet, da nur die Welfenherzöge das Potential hatten, ihn von innen in Unruhe zu versetzen. Die beherrschende Stellung der welfischen Dynastie wuchs im 16. Jahrhundert sogar noch. 1582 bzw. 1585 gewann sie die Moorgrafschaften[12] Hoya und Diepholz. Mit dem Erwerb von Hoya wurde auch Braunschweig-Lüneburg zum Weseranrainer, obwohl ein Teil der Grafschaft an die Wolfenbütteler Linie fiel. Hoya war nach Calenberg das Territorium mit den meisten Weserzollstellen in Stolzenau, Landesbergen,

Nienburg, Hoya und Dreye/Schlieme. Schließlich gerieten die dem Herzogtum Braunschweig benachbarten geistlichen Territorien zunehmend unter welfischen Einfluß. Mitglieder des Hauses besetzten als Administratoren Bischofssitze oder ließen sich zu Koadjutoren, d. h. zu Nachfolgern amtierender Bischöfe wählen. Einen letzten Höhepunkt erreichte dieser Einfluß 1599, als Christian von Braunschweig-Lüneburg das Stift Minden übernahm, während Halberstadt bereits seit 1589 vom regierenden Herzog in Wolfenbüttel verwaltet wurde. Als 1611 Christian auch Herzog in Lüneburg wurde (bis 1633), schien dem Stift Minden beschieden zu sein, ein Teil von dessen Fürstentum zu werden.

Trotz der politisch-militärischen Beständigkeit waren in den welfischen Territorien die Voraussetzungen für eine planvolle Wirtschaftspolitik im engeren Sinne nicht günstig. Die sinnvolle Reform des Steuer- und Zollwesens, der Ausbau der Straßen und Wasserwege, die Förderung von Bergbau und Forstwirtschaft, die Regelung bzw. Beaufsichtigung des Münzwesens und der Aufbau von Institutionen in Verwaltung und Rechtssprechung waren unter den Bedingungen des 16. Jahrhunderts in großem Umfang an die Person eines fähigen und tatkräftigen Landesherrn gebunden. Die Politik des Wolfenbütteler Herzogs Julius, der von 1568 bis 1589 regierte, ist hierfür ein positives Beispiel.[13] Wenn sich während seiner Regierung auch die Abgabenlast für seine Untertanen erhöht haben dürfte, haben seine Maßnahmen unzweifelhaft die Haushaltslage seines Fürstentums nachdrücklich verbessert und die Wirtschaft insgesamt gefördert. Für die Weser als Verkehrsweg hätte der Herzog, der mit der Einführung einer Schiffahrt auf der Oker sein wohl durch einen Aufenthalt in den Niederlanden gewecktes Interesse an den Wasserwegen bewies (vgl. Kat. 5), selbst bei besten Absichten nicht viel ausrichten können, da er die finanzielle Sanierung Calenbergs erst fünf Jahre vor seinem Tod übernahm. Immerhin darf man annehmen, daß er in der oben erwähnten Frage der Weinverzollung dem Bremer Vorschlag zustimmte, zumal er dem Zollwesen in seinem angestammten Territorium ein ausführliches Interesse entgegenbrachte.[14]

Herzog Julius blieb jedoch ein Einzelfall. Sein in Wahrung der Familientradition zum Kaiser hin orientierter Sohn und Nachfolger Heinrich Julius, der von 1589 bis 1613 regierte, hielt sich über Jahre am Hof Rudolfs II. in Prag auf und hinterließ hohe Schulden. Der nächste in der Reihe, Herzog Friedrich Ulrich, Regent von 1613 bis 1634, kann als ein schwacher Landesherr gelten. Nicht zufällig wurde während seiner seit 1616 ohnehin nur noch nominellen Regierung Wolfenbüttel 1620/21 zum Epizentrum des als Kipper- und Wipperzeit bekannten monetären Bebens in Deutschland. 1605/06 und 1614/15 belasteten zudem militärische Auseinandersetzungen mit der Stadt Braunschweig Handel und Haushalt des Doppelfürstentums.[15] Von beiden Herzögen waren Initiativen zur Förderung der Weserschiffahrt, zum Beispiel im Hinblick auf das Hamelner Loch, nicht zu erwarten. Im Fürstentum Lüneburg verminderten die Abspaltungen der Linien Harburg und Dannenberg, die Geisteskrankheit Herzog Wilhelms (Regierungszeit 1559–1592) von 1577 an und die komplizierte Erbfolgeregelung für dessen sieben Söhne erheblich die Möglichkeiten einer konsequenten Wirtschaftsförderung. Mehr als ein vorsichtiges Verwalten war in einer von Statthaltern und Räten geführten Regierung nicht denkbar.

Die hessischen Landgrafen

Der zweite Machtfaktor im Weserraum vor dem Dreißigjährigen Krieg war die Landgrafschaft Hessen, im ungeteilten Zustand bis 1567 war sie sogar das mächtigste Territorium. Durch seine Ausdehnung nach Süden ragte es viel weiter aus dem Weserraum heraus als das welfische Herzogtum Braunschweig. Dieses Potential wurde weitgehend durch die Führungsposition Landgraf Philipps (Regierungszeit 1518–1567) innerhalb des Schmalkaldischen Bundes gegen Kaiser Karl V. neutralisiert, die ihm Niederlage und fünfjährige Gefangenschaft (1547–1552) einbrachte.[16] Bis zu diesem Desaster hatten es Landgraf Philipp bzw. seine Mutter jedoch verstanden, seinen Einfluß und Erbansprüche auch direkt entlang der Weser durch Lehnsverträge mit Lippe (Erneuerung 1517), Schaumburg (1518) und – unter Ausnutzung der Hildesheimer Stiftsfehde – Hoya und Diepholz (1521 bzw. 1525) zu vergrößern. Während der erste dieser Verträge die Reformation in Lippe zur Folge hatte, erbrachten die drei anderen langfristig Landgewinn. Beim Aussterben der Hoyaer und Diepholzer Grafen gingen einige Ämter 1582 bzw. 1585 in hessischen Besitz über, womit allerdings kein Zugang zur Mittelweser gewonnen wurde. Daß die zunächst 1525 zu Lehen genommenen, am Fluß gelegenen Ämter Nienburg und Drakenburg zusammen mit Liebenburg zwei Jahre später gegen die binnenländischen Ämter Uchte und Freudenberg getauscht wurden, zeigt den geringen Stellenwert des Flusses im damaligem Kalkül Landgraf Philipps. Erst mit der Aufteilung der Grafschaft Schaumburg 1647 gewann Hessen mit dem südlichen Teil der Grafschaft einen zweiten Zugang zur Weser.[17]

HASSIAE DESCRIP-
TIO, IOAN-
NE DRYAN-
DRO AVC-
TORE.

11 Kohl, W. 1983 a, S. 492.
12 Kohl, W. 1983 a, S. 510.
13 Kraschewski 1978.
14 Rothe 1992, S. 175.
15 Heuvel 1998, S. 149 f.
16 Demandt 1972, S. 232–235.
17 Boetticher 1998, S. 39–43.

Die Weser mußte nach 1567 in zweifacher Hinsicht für die Landgrafen in Kassel an Bedeutung gewinnen. Zum einen waren die südlichen Teile des Territoriums durch die Erbteilung beim Tode des Landgrafen Philipp an drei Nebenlinien abgetrennt worden, so daß der Zugang zu Rhein und Main vermindert bzw. verloren war. Dies rückte den Schwerpunkt des verbliebenen Territoriums nach Norden. Zum anderen schwächten die Ereignisse in den Niederlanden den Rhein als Wasserstraße und auch die Landwege nach Antwerpen zugunsten der Route über Weser und Nordsee nach Amsterdam – Tatsachen, denen sich Landgraf Moritz, der von 1592 bis 1627 in Hessen-Kassel regierte und der ebenso wie Julius von Braunschweig-Wolfenbüttel ein Bewunderer der Niederlande war, offenbar bewußt war. Der konfessionelle Konflikt mit den lutherischen Ständen durch Moritz' Hinwendung zum Calvinismus und der dynastische Konflikt mit seinem Vetter in Hessen-Darmstadt lähmte seine Politik schon lange vor seiner Abdankung 1627 im Rahmen der Ereignisse des Dreißigjährigen Krieges.[18] Zu diesen Schwierigkeiten kam hinzu, daß Münden die hessische Schiffahrt während des ganzen späten 16. und 17. Jahrhunderts praktisch abriegelte, so daß noch um 1700 ein hessischer Landgraf mittels der Schiffbarmachung der Diemel und der Gründung Karlshafens an ihrer Mündung in die Weser, die braunschweigische Stadt zu umgehen versuchte.[19]

Die kleineren Territorien

Den kleinen, nach damaliger Definition allesamt westfälischen Territorien sei an dieser Stelle nur ein Überblick gewidmet.[20] Paderborn war mit seinem kurzen Uferstreifen zwischen Herstelle und Beverungen aus geographischer Sicht kein bedeutendes Weserterritorium, obwohl sich in Herstelle eine Zollstelle befand. Beide gelangten vor allem im ersten Viertel des 17. Jahrhunderts durch die Verschiffung von Eisen und Waffen aus Waldeck, das man auch noch zu den Territorien im Weserraum zählen kann, zu einer gewissen Bedeutung. Als ein Stift mit wechselnden Landesherren ohne dynastische Absichten war es jedoch schon im 16. Jahrhundert mehr Objekt als Subjekt der Politik. Das kleine Gebiet der reichsunmittelbaren Abtei Corvey zog sich zwar über eine beachtliche Strecke entlang des Flusses, zum Teil sogar auf beiden Ufern, doch stand es unter braunschweigisch-hessischer Schutzherrschaft. Die in ihm liegende, recht bedeutende Weserstadt Höxter blieb auf diese Weise weitgehend selbständig. Corvey erhob nicht einmal einen Weserzoll. Dies gilt natürlich auch für die nicht unmittelbar an der Weser, aber nicht weit von ihren Ufern entfernt liegenden Zwerggrafschaften Pyrmont und Spiegelberg sowie die Reichsabtei und -stadt Herford (als letztere 1631 vom Reichskammergericht bestätigt).

Die Grafschaften Schaumburg und Lippe beweisen, daß vor dem Dreißigjährigen Krieg unter dem Dach des alten Reiches auch kleinere Territorien eine Basis für weitreichende Ambitionen ihrer Landesherren bieten konnten. Während Graf Ernst von Holstein und Schaumburg, der von 1601 bis 1622 regierte, dank einer energischen Steuer- und Wirtschaftspolitik umfangreiche Darlehen selbst an den Kaiser vergeben und sich die Erhebung in den Fürstenstand verdienen konnte,[21] äußerte sich dies bei Graf Simon VI. zur Lippe, der von 1563/79 bis 1613 seinem Land vorstand, in einer engen Beziehung zu Kaiser Rudolf II. und dem Amt des westfälischen Kreisobersten.[22] Beide Grafen leisteten sich zudem eine beachtliche Bautätigkeit. In der Grafschaft Schaumburg lagen mit Rinteln eine einigermaßen bedeutende Weserstadt und zwei Zollstellen (Rinteln und Großenwieden/Oldendorf/Rumbeck). Ihre Wirtschaft war nicht zuletzt durch die Ausfuhr von Sandstein und Steinkohle per Schiff eng mit dem Fluß verbunden. Lippe dagegen besaß in Varenholz zwar eine Zollstelle, doch bis zur zweiten Hälfte des 17. Jahrhunderts keinen Hafen und keine Schiffer, als infolge einer Verlegung des Flußlaufs das Dorf Erder beide Funktionen übernahm.[23] Durch die große Handelsstadt Lemgo war das Land jedoch ökonomisch fest in den Weserraum integriert. Vom späteren Abstieg zur rückständigen Heimat von Wanderarbeitern war Lippe vor dem Dreißigjährigen Krieg noch weit entfernt.

Die Grafschaft Ravensberg war seit dem 14. Jahrhundert die östliche Exklave des Herzogtums Jülich-Kleve-Berg, dessen Schwerpunkt in jeder Hinsicht am Rhein angesiedelt war. Nach dem Erlöschen des Hauses Kleve wurde Ravensberg zum Zankapfel zwischen den erbberechtigten Häusern Pfalz-Neuburg und Brandenburg bzw. deren jeweiligen Verbündeten. Zwar ist das ravensbergische Weserufer nur kurz, es reichte jedoch für eine Zollstelle in Vlotho. Der Ort gewann während der frühen Neuzeit als Hafen ständig an Bedeutung, und seine Schiffer beherrschten im späten 17. und im 18. Jahrhundert zusammen mit den Schiffern aus Münden den Fluß.[24] Das Fürstbistum Minden schließlich hatte an diesem Fluß drei Zollstellen (Hausberge, Petershagen und Schlüsselburg) und mit der namengebenden Stadt ein Handels-

18 Demandt 1972, S. 247–252.
19 Löbe, K. 1969, S. 50–53.
20 Zu den westfälischen Territorien: Kohl, W. 1983 a; Köbler 1999; Atlas Westfalen I, Karte 2.
21 Bei der Wieden, H. 1994, S. 77–81.
22 Kittel 1957, S. 100–102.
23 Heil 1983.
24 Heil 1985.

und Schiffahrtszentrum mit einer beachtlichen Autonomie zu bieten[25] – bis sie während und nach dem Dreißigjährigen Krieg beides verlor.

An der Unterweser schließlich bildeten die Grafschaft Oldenburg, das recht unbedeutende Stift Verden sowie das Erzstift und die Stadt Bremen eine eigene Gruppe. Während sich Oldenburg in der ersten Hälfte des 16. Jahrhunderts gegen Ostfriesland und Münster durchsetzte und durch den Erwerb der Bauernrepubliken Butjadingen und Stadland Weseranrainer wurde, bestimmte in der Folgezeit der Konflikt mit der Stadt Bremen zunehmend die Politik der Grafen, der in der Erhebung des Weserzolls von Elsfleth ab 1624 kulminierte. Vor allem durch den Viehhandel war die Grafschaft wirtschaftlich auch mit dem Oberweserraum verbunden, während die dynastischen Beziehungen in eine andere Richtung wiesen.[26] Das Stift Verden erstreckte sich zwar bis an die Weser, doch lagen die einzige bedeutende Stadt und die Wasserzollstellen an der Aller. Im recht großen Erzstift Bremen waren die Landesherren, als Erzbischöfe bzw. Administratoren gegenüber ihren weltlichen Standesgenossen ohnehin im allgemeinen benachteiligt, durch die starke Stellung seiner Stände so gut wie handlungsunfähig[27] – vielleicht nicht zum Schaden der Einwohner. Die Präsenz des Stifts am Fluß beschränkte sich auf eine Zollstelle oberhalb Bremens (Wetenkamp/Schlieme). Der Stadt Bremen schließlich gelang es, sich mitsamt ihrem kleinen Territorium aus dem Erzstift herauszulösen, was bereits de facto durch kaiserliche Privilegien im Jahre 1541, doch erst mit der Erhebung zur Reichsstadt 1646 endgültig bestätigt wurde, auch wenn dieser Status noch lange und mit erheblichen Konsequenzen angefochten wurde.[28]

Einflußnahme äußerer Mächte und Auswirkungen des Dreißigjährigen Krieges

Eine wesentliche Entwicklung der politischen Geschichte des 17. Jahrhunderts im Weserraum war die zunehmende Gegenwart fremder Mächte, verbunden mit einem entsprechenden Verlust an Bedeutung und Handlungsspielraum der Territorien. Dies kündigte sich schon mit der Wahl des Wittelsbachers Ernst von Bayern zum Bischof von Hildesheim 1573 an, der später auch Erzbischof von Köln sowie Bischof von Lüttich und Münster wurde. Sein Neffe Ferdinand, ein Bruder Herzog Maximilians von Bayern, beerbte ihn gewissermaßen 1612 in all diesen Ämtern und wurde 1618 auch Bischof von Paderborn,[29] wo die Gegenreformation bereits durchgeführt worden war.[30] Auf der anderen Seite stand Hessen-Kassel, das unter seinem calvinistischen Landgrafen 1608 der protestantischen Union beitrat.[31] Die Einführung des Calvinismus durch Graf Simon VI. in Lippe seit 1606 gegen den Widerstand vor allem der Stadt Lemgo[32] und schließlich die Besetzung Ravensbergs durch niederländische Truppen im Jahre 1615, um nach offizieller Sprachregelung die Ansprüche Brandenburgs zu sichern,[33] waren weitere Zeichen dafür, daß die Verhärtung der politisch-konfessionellen Gegensätze im Reich auch den oberen Weserraum ergriff.

Der Oberweserraum wurde im Dreißigjährigen Krieg stark in Mitleidenschaft gezogen – erwähnt seien die Blutbäder von Münden (1626)[34] und Höxter (1634)[35]. Im Gegensatz dazu waren der Mittelweserraum und besonders Minden zwar weniger von Kampfhandlungen betroffen, doch erlitten sie durch Einquartierungen und Kontributionen hohe finanzielle und wirtschaftliche Verluste. Nur die Stadt Bremen als Handelsplatz und sicherer Hafen im wörtlichen wie übertragenen Sinne [36] sowie die Grafschaft Oldenburg als Pferdelieferantin[37] konnten vom Krieg profitieren.

Herzog Georg von Braunschweig-Lüneburg bzw. Calenberg[38] (alleinregierend 1636–1641 in Calenberg) und der hessische Landgraf Wilhelm V., der von 1627 bis 1637 regierte, bzw. dessen Witwe Amalie (Regentin 1637–1650),[39] betrieben eine mehr oder weniger aktive und folgerichtige Politik, deren Ziele schon bald voneinander abwichen und sogar konkurrierten. Beide konnten aber nicht verhindern, daß auch im Weserraum die auswärtigen Mächte Niederlande, Dänemark und Schweden auf der protestantischen und der Kaiser, die Liga bzw. Bayern und Spanien auf der katholischen Seite den Gang der Ereignisse bestimmten. Selbst die Chance der Vereinigung aller welfischen Fürstentümer 1634 wurde durch eine erneute Erbteilung 1635 bzw. 1636 vertan.[40] Die Seiten mehrfach wechselnd oder eine fragwürdige, passive Neutralitätspolitik betreibend, für eine aktive Politik nach sächsischem Beispiel nicht gewichtig genug, mußten sich die Welfen zu den Verlierern des Krieges zählen. Bereits 1642/43 erfolgte die Restitution des „großen Stifts" Hildesheim[41] und im Westfälischen Frieden von 1648[42] konnte nur eine alternierende Anwartschaft auf den Osnabrücker Bischofsstuhl durchgesetzt werden. Es gelang aber nicht, territoriale Gewinne zu erzielen. Der Gewinn einiger schaumburgischer Ämter war keine Folge des Krieges, sondern des Aussterbens der dortigen Grafen.

25 Rogge 1992, S. 27–35.
26 Boetticher 1998, S. 56–60.
27 Boetticher 1998, S. 104–106.
28 Schwarzwälder 1975, Bd. 1, S. 220–221 und 344–347.
29 Boetticher 1998, S. 113–115.
30 Kohl, W. 1983 a, S. 514–519.
31 Demandt 1972, S. 248.
32 Kittel 1957, S. 102–104.
33 Kohl, W. 1983 a, S. 526.
34 Pezold 1998, S. 64.
35 Rothert 1950, Bd. 2, S. 166.
36 Schwarzwälder, Bd. 1, 1975, S. 296–297 und 322–324.
37 Saalfeld 1998, S. 181.
38 Heuvel 1998, S. 127–130.
39 Demandt 1975, S. 254–261.
40 Heuvel 1998, S. 150–152.
41 Heuvel 1998, S. 130 und 159–160.
42 Zu den Ergebnissen des Friedens in Niedersachsen und Westfalen: Heuvel 1998, S. 131; Wolf, M. 1983, S. 563–567.

Weit folgenschwerer war jedoch der Übergang der beinahe rein evangelischen Stifte in die Hände auswärtiger Mächte: Bremen und Verden wurden schwedisch, während Minden als Teil der Entschädigung für das eigentlich gewünschte Vorpommern an Brandenburg ging. Dadurch gingen den Welfen nicht nur ihre „Sekundogenituren", d. h. die Versorgungsmöglichkeiten der männlichen Nachkommenschaft, und Expansionsmöglichkeiten verloren, sondern sie wurden nun fast völlig von überlegenen Mächten umringt: Schweden, Dänemark (in Holstein) und Brandenburg (in Minden, auch Halberstadt und später noch Magdeburg). Die katholische Seite verlor dagegen lediglich ihre ohnehin nur noch auf dem Papier bestehenden Ansprüche auf die evangelischen Stifte, behauptete sich aber im restituierten Stift Hildesheim sowie in Paderborn und Corvey. Letzteres bedeutete eine Niederlage auch für die hessischen Ambitionen, die abgesehen von einer finanziellen Entschädigung mit dem Erwerb des kleinen Gebiets der Abtei Hersfeld an der oberen Fulda und der aus lehnsrechtlichen Gründen ohnehin zufallenden Teilgrafschaft Schaumburg kaum zufriedengestellt wurden.

43 Wolf, M. 1983, S. 579.

44 Schoenebeck 1992, insb. S. 56.

45 Schwarzwälder, Bd. 1, 1975, S. 350–391.

46 Behr 1987, S. 52.

47 Behr 1987, S. 57–58; StA Bückeburg, L1, Nr. 1928/1.

Verlierer waren auch die Städte, deren Autonomie, soweit noch vorhanden, bereits im Krieg weitgehend untergegangen war. Während sich das ausgelaugte Minden im Gegensatz zu Herford[43] widerstandslos dem brandenburgischen Regiment unterordnete und wie Hameln und Rinteln Garnisons- und Festungsstadt wurde,[44] behauptete sich Bremen unter territorialen Verlusten, finanziellen Opfern und rechtlichen Zugeständnissen gegen schwedische Ansprüche[45] und erhielt sich seinen bis in die Gegenwart hineinwirkenden Sonderstatus.

Westfalen mit der Diözese Bremen, aus Gerhard Mercator: *Germaniae tabulae geographicae*, Duisburg 1585

Die Rolle des Reiches

Trotz der fortschreitenden inneren Festigung der Territorien wirkten im 16. und frühen 17. Jahrhundert auch das Reich und seine Institutionen in den Weserraum hinein. Dem Kaiser gelang dies vor allem im Zusammenhang mit den erwähnten kriegerischen Auseinandersetzungen. Nicht zufällig erhielt Minden sein gegen Bremen gerichtetes Schiffahrtsprivileg vom 4. Januar 1552[46] wenige Jahre nach dem Schmalkaldischen Krieg, aber wenige Monate vor der Fürstenerhebung und der legendären Flucht Kaiser Karls V. nach Innsbruck. Da das 1541 gewährte Stapelrecht Bremens im Widerspruch zu diesem Privileg 1554 mit allen anderen Rechten an Bremen restituiert wurde, war ein Jahrhunderte dauernder Rechtsstreit die Folge. Die Bestätigung der bisher nur beanspruchten bzw. de facto ausgeübten Stapelrechte von Minden und Hameln 1627 und 1628[47] – im Fall Hamelns gegen den Einspruch nicht nur von benachbarten Städten und Territorien, sondern auch des Landesherrn – stand als Entschädigung für die Einquartierung von Ligatruppen in einem direkten Zusammenhang mit dem Dreißigjährigen Krieg.

An eigentlichen Reichsinstitutionen sind neben dem schwerfälligen Reichskammergericht noch die Reichskreise zu nennen, deren Verfassung und Aufgaben sich im 16. Jahrhundert herausbildeten.[48] Im Weserraum waren der niedersächsische und der niederrheinisch-westfälische Kreis bestimmend – nur Hessen gehörte keinem von beiden, sondern dem oberrheinischen Kreis an. Die Weser bildete dabei mit drei Ausnahmen die Grenze, soweit es die Grenzen der Territorien zuließen.[49] Die Ausnahmen waren das Stift Verden sowie die Grafschaften Schaumburg und Spiegelberg, die, obwohl ganz oder zum größten Teil rechts der Weser gelegen, zu Westfalen gezählt wurden. Die Hauptaufgabe der Kreise war die Wahrung des Landfriedens. Beide Kreise an der Weser handelten in dieser Hinsicht allerdings nicht sehr glücklich. Der direkt betroffene niederrheinisch-westfälische wie auch die zu Hilfe gerufenen benachbarten Kreise versagten besonders augenfällig, als 1598 ein großes spanisches Heer aus den Niederlanden wegen ausstehender Besoldung plündernd bis nach Ostwestfalen zog. Die Schutzarmee der Kreise wurde zu spät zusammengestellt, erlitt bei ihrer einzigen militärischen Aktion eine Niederlage und lief – ebenfalls mangelhaft besoldet – rasch auseinander.[50] Während der niederrheinisch-westfälische Kreis durch konfessionelle Gegensätze und den jülich-klevischen Erbfolgestreit schon am Ende des 16. Jahrhunderts handlungsunfähig war, waren die Voraussetzungen im konfessionell fast homogenen niedersächsischen Kreis günstiger. Trotzdem mißlang auch hier die Nagelprobe, als es seinen Mitgliedern in den 1620er Jahren nicht gelang, zwischen Dänemark auf der einen sowie Liga und Kaiser auf der anderen Seite eine konsequente Neutralitätspolitik durchzuhalten.[51]

48 Dotzauer 1989, S. 13–26.

49 Atlas Westfalen, Bd. 2, Karte 2.

50 Rothert 1950, Bd. 2, S. 102–104; Gittel 1996, S. 119–128.

51 Gittel 1996, S. 136–159.

52 Berghaus 1983, S. 816–818; Schneider 1998, S. 580–599.

Europakarte, kolorierter Kupferstich von Abraham Ortelius, Antwerpen 1570

Als einigermaßen funktionstüchtig erwiesen sich die Kreise zeitweilig bei der Regelung des Münzwesens.[52] Gemäß der Augsburger Reichsmünzordnung von 1559 sollten dazu Münzprobationstage und eine Einschränkung der Zahl der Münzstätten dienen. Während die Durchsetzung des Reichstalers als Leitmünze durchweg gelang, blieb bei den Kleinmünzen das allgemeine Chaos bestehen. Schon um 1590 begann eine neue Phase der Münzverschlechterung vor allem im niedersächsischen Kreis, wo die erst 1568 aufgestellte Kreismünzordnung bereits 1589 wieder aufgegeben wurde und die Entwicklung bis in die Kipper- und Wipperzeit um 1620 besonders unerfreulich verlief. Die Welfenherzöge, im 16. Jahrhundert noch im Gegensatz zu den Städten eher auf der Seite des guten Geldes zu finden, waren nun maßgeblich an der Münzverschlechterung beteiligt. Aber auch kleinere Territorien wie Schaumburg, Lippe und Corvey gaben minderwertige Münzen aus. Wie in allen anderen im heutigen Sinne staatlichen Handlungsfeldern waren auch im Geldwesen die Auswirkungen der territorialen Politik auf Wirtschaft und Gesellschaft sehr zwiespältig.

Corvey contra Polle

Karte zum Grenzverlauf zwischen Höxter und Polle
Johannes Krabbe (1553?–1616)
1587

dat. 1587
Zeichnung auf Papier
43 x 123 cm
Niedersächsisches Hauptstaatsarchiv Hannover, Inv. 12b Polle 7pm

Die Karte zeigt das an der Mittelweser gelegene Gebiet zwischen Höxter und Polle. Neben der Darstellung des Flußverlaufs samt Fähren und kleiner Schiffe mit Segeln sind Orte wie Höxter und Holzminden, Heinsen und Polle als perspektivische Stadtansichten eingezeichnet. Dem Waldgebiet zwischen der Weser am Kartenunterrand und dem Köterberg am oberen Rand ist besondere Beachtung geschenkt. Dieser Bezirk war zwischen 1572 und 1583 Objekt einer Auseinandersetzung zwischen dem Reichsstift Corvey und dem braunschweigischen Amt Polle. Man konnte sich über den genauen Grenzverlauf nicht einigen. Schließlich wurde zur Klärung der Meinungsverschiedenheiten das Reichskammergericht hinzugezogen. Bevor es jedoch zu einer gerichtlichen Entscheidung kommen konnte, gab der Corveyer Abt Reinhart von Burholtz 1583 den Prozeß aus finanziellen Nöten auf und bewegte seinen Gegner Herzog Julius von Braunschweig dazu, den Konflikt friedlich beizulegen. Das umstrittene Waldgebiet zwischen Weser und Köterberg wurde schließlich im gegenseitigen Einverständnis aufgeteilt.

Im Spätherbst 1586 beauftragte man verschiedene Landmesser, das Gebiet zu erfassen und die unterschiedlichen Grenzansprüche kartographisch festzuhalten. Auf Seiten des Corveyer Stiftes übernahm diese Aufgabe der hessische Landmesser Joist Moers, über dessen sonstige Beziehung zum Kloster nichts bekannt ist. Moers hatte im Dienste des hessischen Landgrafen bereits zahlreiche Karten angefertigt. Herzog Julius von Braunschweig-Lüneburg hingegen beauftragte seinen Höfling Johannes Krabbe, die hier gezeigte Grenzkarte anzufertigen. Krabbe erstellte die Karte in Zusammenarbeit mit Johannes Tile und Tile Müller. Diese drei an der Herstellung der Karte beteiligten Personen bürgen in der oberen linken Ecke oberhalb des Maßstabes mit ihren Namen und dem Datum vom 6. Dezember 1587 für die Richtigkeit der Angaben.

Krabbe war recht vielseitig. Neben seinem Hauptinteresse, der Astrologie, verdiente er seinen Lebensunterhalt als Goldschmied, Instrumentenbauer, Büchsenmacher, Feuerwerker, Kupferschmied, Mathematiker, Kalendermacher und schließlich als Landmesser. Er stammte aus einer Schifferfamilie in Münden, wo er die weithin bekannte Lateinschule besuchte, auf der viele Beamte der welfischen Höfe in Münden und Wolfenbüttel ausgebildet wurden. Krabbe diente drei Herzögen, vor allem Julius von Braunschweig-Lüneburg, für den er im Amte eines Leib- und Kammerdieners als Landmesser und Kartenzeichner tätig war. Nach Julius' Tod war er weiterhin am Hofe angestellt, widmete sich jedoch ausschließlich seinen astrologischen und mathematischen Neigungen.

1588 wurde aufgrund der kartographischen Vorarbeiten im Beisein fürstlicher Räte beider Parteien innerhalb von zwei Tagen die Grenze zwischen Weser und Köterberg mit 132 Grenzsteinen und über 100 weiteren Grenzmarken wie Gräben, Hügeln und Malbäumen gekennzeichnet. Dieser Abschnitt bildet noch heute die Grenze zwischen Niedersachsen und Nordrhein-Westfalen.

Herzog Julius war eine der herausragenden Herrscherpersönlichkeiten in Norddeutschland. Unter anderem war er darauf bedacht, die wirtschaftliche Bedeutung seines Territoriums, das eines der wichtigsten Weseranrainer war, zu vergrößern. Julius war sich der großen Bedeutung der Binnenschiffahrt für die Zukunft des Weserraumes bewußt, was auch die innovative Idee beweist, die Flußsysteme von Weser und Elbe durch einen Kanal miteinander zu verbinden (vgl. Kat. 5).

Vor dem Hintergrund der wirtschaftlichen Maßnahmen des Herzogs läßt sich erklären, warum das auf der Karte von Johannes Krabbe skizzierte Waldstück für Herzog Julius und das Kloster Corvey so interessant war. Die Aufmerksamkeit galt der Nähe zum Fluß, die den Wert dieses Gebietes um einiges steigerte. Der Fluß bot die Möglichkeit, das Holz preiswert zu transportieren und größere Distanzen zu überbrücken. Herzog Julius wandte große Mühe auf, um die Flößbarkeit der Harzflüsse zu erhöhen. Holz gehörte aber auch neben Getreide zu den wichtigsten Gütern, die auf der Weser transportiert wurden. Es war zur Herstellung weiterer Güter wie Glas, Kalk, und Tonwaren unabdingbar, die ebenfalls exportiert wurden. Außerdem garantierte die große Holznachfrage in Städten wie Minden und Bremen den fürstlichen Waldbesitzern an der Weser eine mögliche Einnahmequelle. Bremen bezog aus dem Weserraum Getreide, Holz, Steine, Glas- und Keramik. Diese Waren brauchte man nicht nur für den Eigenbedarf, sondern verschiffte sie auch in die Niederlande, nach Dänemark, Hamburg und in den Ostseeraum. Besonders in der Mitte des 16. Jahrhunderts und zu Beginn des Dreißigjährigen Krieges gewann die Weser als Transportweg stark an Bedeutung. Die Zahl der Fahrten, der Umfang und die Vielfalt des Frachtguts wuchsen beträchtlich an, und auch der Anteil an Schiffern aus entfernteren Gebieten nahm immer mehr zu. Der Abt des Klosters Corvey und Herzog Julius von Braunschweig-Lüneburg werden sich wenigstens in einem Punkt einig gewesen sein: daß es sich bei dem Streitobjekt um ein rentables Stück Land handelte.

Marina Hinkens

Literatur: Brethauer 1974.

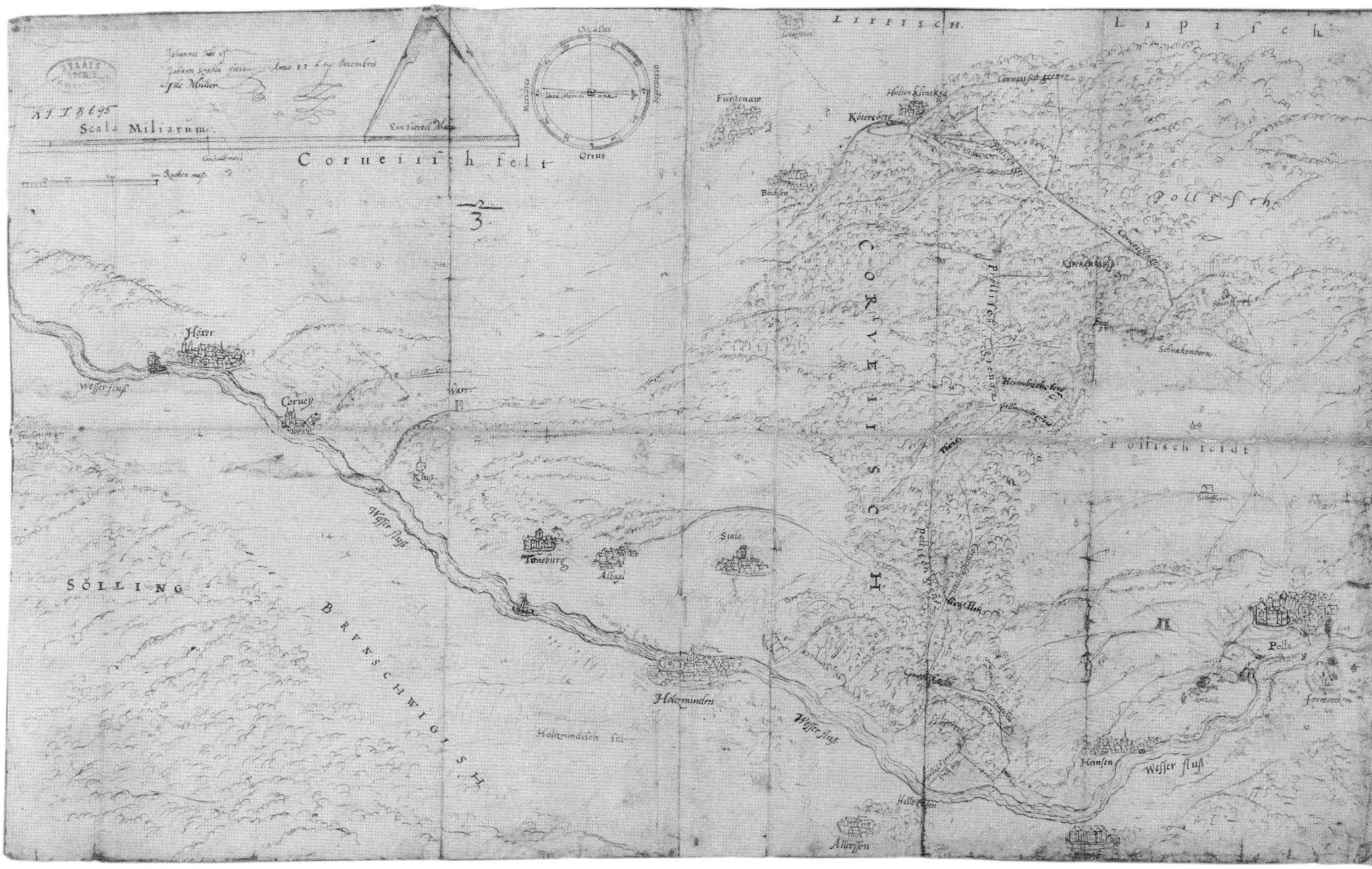
Scala Miliarum
Höxer
Corvey
Wesser fluss
SÖLLING
BRUNSCHWIGISCH
Toneburg
Stale
Holtzminden
Fürstenaw
CORVEIISCH
Lipisch
Pollsch
Pollisch feldt
Hainsen
Polle
Orius

Kat. 13

Kaiser Ferdinand II. verleiht Graf Anton Günther von Oldenburg und Delmenhorst, Herrn zu Jever und Kniphausen, das Recht auf Weserzoll

Regensburg
1624

Druck, notariell beglaubigt durch aufgedrücktes Siegel und Unterschrift
15 x 20 cm
Niedersächsisches Staatsarchiv Oldenburg,
Sign. Bestand 20 Urk. Landessachen 1623 Aug. 18, Bestand 20 – 39 A 3 Nr. 2

Mit der Verleihung des Rechts auf einen Zoll am 31. März 1623, den jeder zu entrichten habe, der sich längs des oldenburgischen Territoriums *„deß Weserstrombs auf= oder abwarts ... durch Schiffarth gebrauchet"*, erreichte Graf Anton Günther von Oldenburg ein Ziel, das schon seine Vorgänger angestrebt hatten. Betroffen von dieser Neuerung war vor allem die Stadt Bremen, denn ihr Seehandel war auf die Unterweser angewiesen. In den Jahrhunderten zuvor hatte die Stadt die Ufer am Unterlauf des Flusses, alles in allem, von Burgen und Zollstationen territorialer Machthaber freihalten können. Doch nachdem die Grafen von Oldenburg in der ersten Hälfte des 16. Jahrhunderts ihre Landesherrschaft am gesamten linken Weserufer unterhalb Bremens hatten ausbauen können, strebten sie verstärkt nach Zollrechten am Fluß. Graf Anton Günther (1603–1667) machte den Gewinn des Weserzolls zu einem zentralen Anliegen seiner Politik. Er begründete seinen Anspruch auf den Zoll vor allem – freilich in krass überzogener Weise – mit den hohen Kosten, die er für den *„des Reiches Grund und Boden"* schützenden Deichbau sowie für die Sicherung der Weserschiffahrt und ihres Fahrwassers durch Leuchtfeuer und vielfältige Markierungen aufzuwenden habe. Trotz aller Einsprachen Bremens konnte er schließlich die Kurfürsten des Reiches und den Kaiser von seiner Sache überzeugen. Das kaiserliche Diplom von 1623 erlaubte dem Grafen und seinen Nachfolgern, *„in ihrem Territorio und Jurißdiction, an welchem Ort es ihnen gefällig und bequem sein möchte"*, eine Zollstation zu etablieren. Sie wurde 1624 in Elsfleth eingerichtet, nahe der Mündung der Hunte in die Weser. Die Stadt Bremen weigerte sich zunächst, den Zoll anzuerkennen, und eröffnete einen regelrechten „Zollkrieg" gegen Oldenburg. Sie konnte indes nicht verhindern, daß die Belehnung der Oldenburger Grafen mit dem Weserzoll 1648 in das Vertragswerk des Westfälischen Friedens aufgenommen und damit reichsrechtlich und völkerrechtlich garantiert wurde. Doch erst 1653 – nachdem die ihre Möglichkeiten offenbar überschätzende Stadt am Ende wegen wiederholten *„landbrüchigen Ungehorsams"* in die Reichsacht erklärt worden war - gab sie ihren Widerstand gegen den Zoll auf. Oldenburg – von 1667 bis 1773 in Personalunion mit dem Königreich Dänemark verbunden, seit 1773 eigenständiges Herzogtum - verdiente fortan gut an der Schiffahrt auf der Unterweser. Der Weserzoll wurde zu einer *„Goldquelle"*; die Einkünfte aus ihm machten rund ein Fünftel der oldenburgischen Staatseinnahmen aus. Die Elsflether Zollerhebung trug freilich auch dazu bei, tiefe bremische Vorbehalte gegen Oldenburg wachzuhalten. 1803, im Zuge der Neuordnung Deutschlands durch den Reichsdeputationshauptschluß, mußte Oldenburg auf seinen Weserzoll verzichten; als Ausgleich für den Verlust wurde ihm das heutige „Südoldenburg" (Vechta, Cloppenburg) mit Wildeshausen angegliedert. Zum letzten Male konnte das Herzogtum 1820 Einnahmen aus dem Weserzoll verbuchen.

Heinrich Schmidt

Literatur: Richter 1967; Müller 1982.

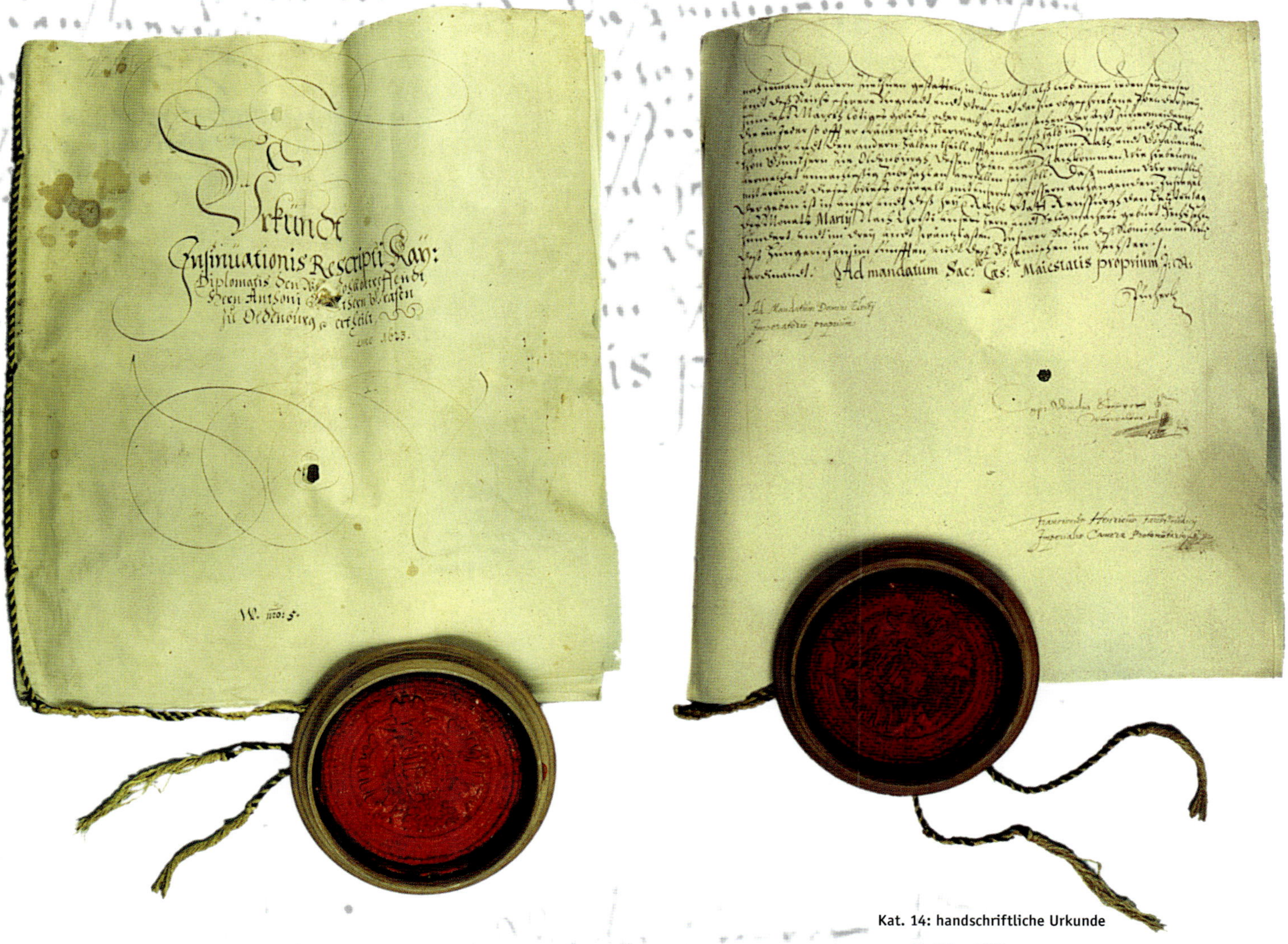

Kat. 14: handschriftliche Urkunde vom 31. März 1623

Kaiser Ferdinand II. bestätigt Graf Anton Günther von Oldenburg und Delmenhorst, Herrn zu Jever und Kniphausen, eine „Zoll-Rolle“ mit Warenliste und Zollangaben

Wien

1623

Tinte auf Pergament
notariell beglaubigte Kopie
Niedersächsisches Staatsarchiv Oldenburg, Sign. Bestand 20 Urk. Landessachen 1623 Aug. 17

Im Zusammenhang mit der Verleihung eines Weserzolls an Graf Anton Günther (1603–1667) von Oldenburg am 31. März 1623 bestätigte Kaiser Ferdinand II. einige Monate später, nämlich am 17. August desselben Jahres, eine offensichtlich vom Oldenburger Grafen eingereichte, vom Kurfürstenkollegium bewilligte „Zollrolle“. Der Begriff „Rolle“ läßt sich hier mit Aufstellung, Verzeichnis übersetzen. Die Rolle enthält eine Liste von Waren, wie sie zu jener Zeit, nach oldenburgischer Beobachtung, auf der Weser transportiert wurden – vor allem von und nach Bremen, zu einem weit geringeren Teil auch aus und in kleinere Unterweserhäfen. Auch werden die oldenburgischen Zollforderungen für jeweils angegebene Mengen der aufgelisteten Güter vermerkt. In Bremen kritisierte man die verlangten Zölle als völlig überhöht, *„höchst unmäßiglich"*. Sie waren in der Tat vergleichsweise hoch. Dabei belastete Oldenburg die verschiedenen Waren durchaus unterschiedlich. So wurde für Massengüter wie Getreide sehr viel weniger Zoll gefordert als etwa für Pech oder Teer, Feigen oder Rosinen. Die Warenliste führt Güter in 129 Einzelposten auf, ohne besonders ins Detail zu gehen; sie strebt offenbar auch keine Vollständigkeit an. Tatsächlich erlaubte das Weserzoll-Privileg dem Oldenburger Grafen, alle auf dem Fluß an seinem Territorium vorbei transportierten Waren, *„sie haben Namen, wie sie wollen"*, mit Zoll zu belegen. Register der Elsflether Zollstation aus den Jahren um 1660 informieren genauer über das zu verzollende Transportgut und auch über Herkunfts- und Bestimmungshäfen der Schiffe. Auch das unvollständige Warenverzeichnis der Zollrolle von 1623 vermittelt einen Eindruck von der Warenvielfalt, die damals stromauf und stromab auf der Unterweser transportiert wurde. Massengüter wie Getreide, das von Bremen vor allem in die Niederlande befördert wurde, Holz aus Norwegen, mehr noch aus den deutschen Mittelgebirgen, ebenfalls weitgehend für die Niederlande (Schiffsbau), aber auch für die deutschen Nordseemarschen bestimmt, Bier aus bremischer und anderer hansestädtischer Produktion, Fisch aus norwegischen und isländischen Gewässern, Butter und Käse aus Holland und aus der oldenburgischen Wesermarsch, zum Weiterverkauf in Bremen. Daneben gab es vielerlei „Kramgut", Gewürze aus Übersee, die von holländischen Schiffen gebracht wurden, Wein aus Frankreich, Spanien, dem Rheinland, Metalle, Steine, Chemikalien und anderes mehr. Die späteren Zollregister lassen die überragende Bedeutung Bremens für den Warenumschlag an der Unterweser und die dominierende Rolle der Holländer im Warentransport erkennen. 1658 wurde Elsfleth von 3.485 Schiffen passiert, mit der größten Verkehrsdichte in den Sommermonaten (Juli: 17 pro Tag); die Mehrzahl segelte von Bremen aus stromabwärts, viele von ihnen hatten holländische Zielhäfen. Die Situation dürfte vor 1623 grundsätzlich ähnlich gewesen sein: lebhafter Warenverkehr auf der Unterweser - für den Oldenburger Grafen eine tägliche Verlockung zur Teilhabe am Gedeihen Bremens. Die Verleihung des Weserzolls 1623 ermöglichte sie ihm.

Heinrich Schmidt

Literatur: Richter 1967, S. 30-35, 70-86.

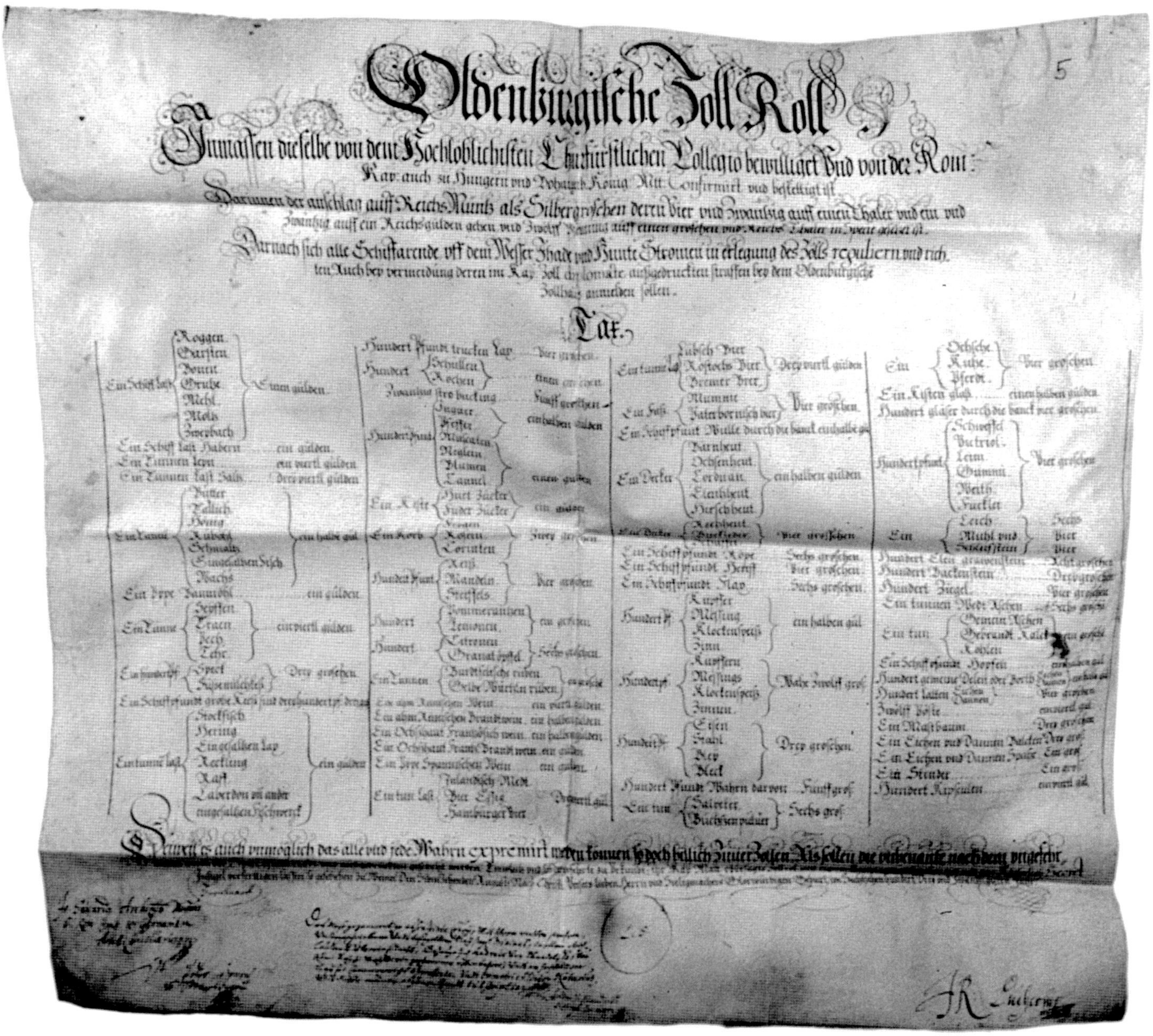

Oldenburgische Zoll Roll

Inmassen dieselbe von dem Hochlöblichsten Churfürstlichen Collegio bewilliget Und von der Röm: Kay: auch zu Hungern und Böheimb König Mtt. Confirmirt und bestettigt ist.

Darinnen der außschlag auff Reichs Müntz als Silbergroschen deren vier und zwantzig auff einen Thaler und ein und zwantzig auff ein Reichsgulden gehen und Zwölff Pfenning auff einen groschen und Reichs Thaler in Specie gesetzet ist.

Darnach sich alle Schiffarende vff dem Wesser Jhade und Hunte Strömen in erlegung des Zolls reguliern und richten Auch bey vermeidung deren im Kay. Zoll ... außgedruckten straffen bey dem Oldenburgische Zollhaus anmelden sollen.

Tax.

Ein Schiff last: Roggen, Garsten, Bonen, Grutze, Mehl, Molt, Zwerbach – einen gulden.
Ein Schiff last Habern – ein gulden.
Ein Tunnen Lein – ein viertl gulden
Ein Tunnen last Saltz – drey viertl gulden
Ein Tunne: Butter, Tallich, Honig, Rubolj, Schmaltz, Eingesaltzen Fisch, Wachs – ein halben gul.
Ein Pype Baumöhl – ein gulden.
Ein Tunne: Seiffen, Tran, Pech, Tehr – ein viertl gulden
Ein hundert ℔: Speck, [illegible] – Drey groschen.
Ein Schiffpfundt grobe [illegible] – [illegible]
Ein tunne last: Stockfisch, Hering, Eingesaltzen Lax, Bückling, Rast, Laberdon und ander eingesaltzen Fischwerck – ein gulden.

Hundert Pfundt trucken Lax – vier groschen.
Hundert: Schullen, Rochen – einen groschen.
Zwantzig stro buckling – Funff [illegible]
Hundert Pfundt: Sucker, Pfeffer, Muskaten, Neglein, Blumen, Kannel – einen gulden
Ein Kiste: Hut Zucker, Puder Zucker – ein gulden
Ein Korb: Feigen, Rosein, Corinten – Zwey groschen
Hundert Pfundt: Reiß, Mandeln, Stockfisch – Vier groschen
Hundert: Pommeranzen, Lemonen – ein groschen.
Hundert: Citronen, Granat äpffel – Sechs groschen.
Ein Tunnen: Burdtfelsche ruben, Gelbe Wurtzen ruben – ein groschen
Ein ahm Rainischen Wein – ein viertl gulden.
Ein ahm Rainischen Brandtwein – ein halben gulden.
Ein Oxhoft Frantzösisch wein – ein halben gulden
Ein Oxhoft Frantz. Brandtwein – ein gulden
Ein Pype Spanischen Wein – ein gulden.
Ein tun last: Zelandisch [illegible], Bier Esse, Hamburger bier – Drey viertl gul.

Ein tunne: Lübsch Bier, Rostocks Bier, Bremer Bier – Drey viertl gulden
Ein Faß: Mumme, Zaterbornisch bier – Vier groschen.
Ein Schiffpfundt Wulle durch die bauck einhalbe gul.
Ein Decker: Barnhaut, Ochsenheut, Corduan, Elenthhaut, Hirschhaut – ein halben gulden.
Ein Decker: Kalbheut, Buckleder, Schaffe – Vier groschen
Ein Schiffpfundt Hope – Sechs groschen.
Ein Schiffpfundt Hanff – Vier groschen.
Ein Schiffpfundt Flax – Sechs groschen.
Hundert ℔: Kupffer, Messing, Klockenspeiß, Zinn – ein halben gul.
Hundert ℔: Kupffern, Messings, Klockenspeiß, Zinnen – Wahr zwolff gros.
Hundert ℔: Eisen, Stahl, Bley, Blech – Drey groschen.
Hundert Pfundt Wahren darvon – Funff gros.
Ein tun: Salpeter, Büchsenpulver – Sechs gros.

Ein: Ochsche, Kuhe, Pferdt – Vier groschen
Ein Kisten glaß – einen halben gulden.
Hundert gläser durch die bauck vier groschen.
Hundert pfundt: Schwefel, Victriol, Leim, Gummi, Weith, [illegible] – Vier groschen
Ein: Leich, Muhl und, Schleiffstein – Sechs, Vier, Vier
Hundert Elen [illegible] – Acht groschen
Hundert Backenstein – Drey groschen
Hundert Ziegel – Vier groschen
Ein tunnen Wedt Aschen – Sechs groschen
Ein tun: Gemain Aschen, Gebrandt Kalck, Kohlen – ein groschen
Ein Schiffpfundt Hopfen – ein halben gul.
Hundert gemeine Delen oder Borth (Eichen, Dannen) – ein halb gul.
Hundert latten (Eichen, Dannen) – Vier groschen
Zwölff Pöste – ein viertl gul.
Ein Mastbaum – Drey groschen.
Ein Eichen und Dannen Balcken – Drey gros.
Ein Eichen und Dannen Sparre – Ein gros.
Ein Steuder – Ein gros.
Hundert [illegible] – ein viertl gul.

Weilen es auch unmöglich das alle und jede Wahren exprimirt werden können, so doch billich zu verzollen, Als sollen die ohnbenante nach dem [illegible] ...

Kat. 15

Karte der Unterweser und des Jadebusens
nach 1615

kolorierte Zeichnung
46 x 74 cm
Niedersächsisches Staatsarchiv Oldenburg, Sign. Bestand 298 Z Nr. 408

72

DER FLUSS

Die geostete, vermutlich im Auftrag Graf Anton Günthers (1603–1667) von Oldenburg entstandene Karte stellt die Gebiete der Grafschaft Oldenburg nördlich der am rechten Bildrand eingezeichneten unteren Hunte dar. Sie erstrecken sich links der Unterweser bis Butjadingen, das am offenen Meer liegt, umziehen den Jadebusen und erreichen über *„neu eingedammtes Land"* das Jeverland. Orte sind selten, Landschaften gar nicht mit Namen bezeichnet. Doch ist rechts unten die Residenzstadt Oldenburg und am linken Bildrand ein Teil der Insel Wangerooge zu erkennen. Die Wangerooger Kirche ist mit zwei Türmen dargestellt; tatsächlich ist nur der eine, 1595 eingestürzte Turm der Inselkirche um 1600 – und zwar mit zwei Spitzen – wiederhergestellt worden. Der Kartenzeichner legte, sicher auftragsgemäß, besonderen Wert auf die Darstellung der Deiche beiderseits der Hunte, am oldenburgischen Weserufer und an der noch vielfältig eingebuchteten Seeküste. Graf Anton Günther bemühte sich seit 1612 intensiv um die Zustimmung von Kaiser und Kurfürsten zu einem oldenburgischen Weserzoll. Er begründete sein Bestreben offiziell vor allem mit den hohen Kosten, die der Schutz des Landes – *„des Reiches Grund und Boden"* – gegen das wütende Meer und die Sicherung der Schiffahrt durch Markierung des Fahrwassers auf der Weser und die Unterhaltung des Wangerooger Turms als Seezeichen verursachten (vgl. die aus einem der Türme heraushängende Stange mit Laterne). Das Kartenbild führt die Situation gemäß der oldenburgischen Argumentation vor Augen: die stürmisch gegen das Land anwogende *„wütende See"*, der Wind, der die Schiffe an die Küste treibt, die kostspielige, gewundene Linie der schirmenden Deiche, die schützenden Vorkehrungen (Pfahlwerk) vor dem Weserufer. Das blaue, geschlungene Band binnenwärts ist wohl als Spur eines vom Jadebusen her bis über Rastede hinaus reichenden Wassereinbruchs zu deuten, ist sie doch Hinweis auf die vom Meer her drohende Gefahr. Andererseits markiert das *„neu eingedammte Land"* westlich des Jadebusens den erfolgreichen Landgewinn durch Eindeichung. Der ihn bewirkende, die Grafschaft Oldenburg unmittelbar mit dem Jeverland verbindende *„Ellenser Damm"* war 1615 fertiggestellt. Entsprechend muß unsere Karte danach gezeichnet worden sein, offen-sichtlich im Zusammenhang der Bemühungen Graf Anton Günthers um den 1623 erlangten Weserzoll. Elsfleth, wo 1624 die Zollstation eingerichtet wurde, liegt links der Huntemündung in die Weser, wo der Huntedeich in den Weserdeich übergeht.

Heinrich Schmidt

Literatur: Sello 1928, S. 130–131; Richter 1967; Eckhardt 1985, S. 2; Leerhoff 1985, Nr. 23, S. 62–63.

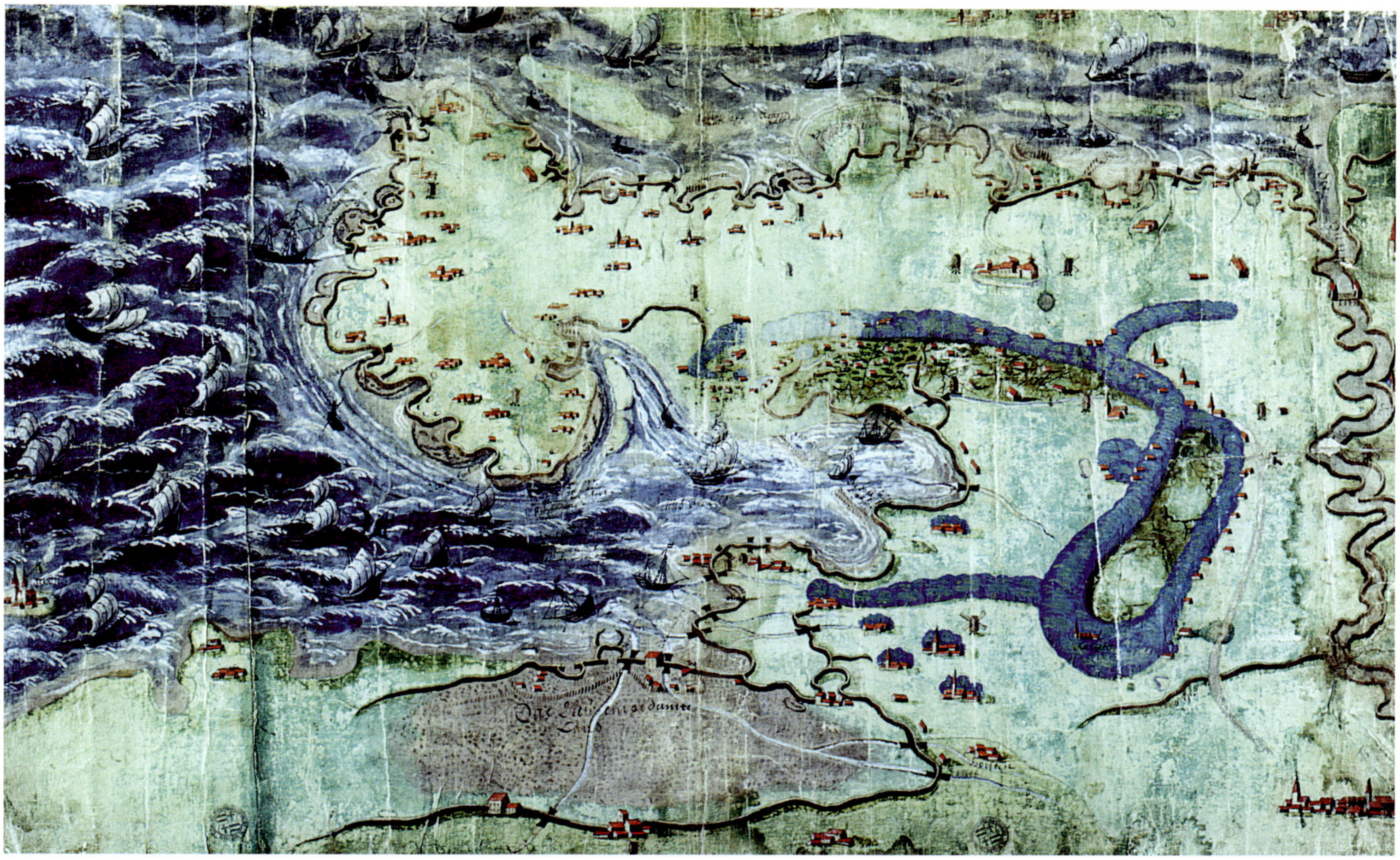

Kat. 16

17

De Insulis Tractatus

Ex Ictis et Jurisconsultis, Politics, Historicis, et Philologis collectus. ... in quo Plurimae cognatae quaestiones de Mari, fluminib[us], ... Johannes Gryphiander Frankfurt a. M.: Kopffius (V) (Peter Kopf), 1624

Buchdruck
Staatsbibliothek zu Berlin – Preußischer Kulturbesitz, Sign. Ge 4200 <a>

Der Autor dieses Buches, Johannes Gryphiander (eigentlich: Griepenkerl, 1580–1652), kehrte nach seinen Universitätsjahren[1] in seine Heimatstadt Oldenburg zurück, um seinem Landesherrn und Förderer, Graf Anton Günther, als Rat und Richter zu dienen. Der vielseitig gebildete Gryphiander – unter anderem auch Verfasser eines Dramas zum Ruhme seines heimatlichen Grafenhauses – war 1614 in Jena zum Dr. jur. promoviert worden. In seinem Buch *De Insulis* bezeichnet er sich als „ICtus"[2], also als Rechtsgelehrter. Das Buch, eine Art Nachschlagewerk, breitet in lateinischer Sprache eine Vielfalt von geographischen, landeskundlichen, historischen und juristischen Informationen über Inseln und ihre unterschiedlichen Erscheinungsformen aus. Dabei widmet der Autor seine besondere Aufmerksamkeit den Rechtsverhältnissen, die sich auf Lage, Besitz, Nutzung und Veränderung von Inseln beziehen. Das Material entnahm er Schriften von Rechtsgelehrten, Staatskundlern, Geschichtsschreibern, Literaten und Dichtern von der Antike bis in seine eigene Zeit, *„Ex ICtis, Politicis, Historicis et Philologis"*, wie es auf dem Titelblatt heißt. Sein Interesse blieb nicht auf die Inseln beschränkt, sondern Gryphiander behandelt laut Titelblatt auch Probleme wie strittige Fragen *„über das Meer, über Flüsse, Seen, Küsten, Häfen, Wassergräben, Deiche, Schiffahrt ... undsoweiter"*. Von Flüssen ist häufiger die Rede; entsprechend berührt er gelegentlich auch die Weser und ihre Inseln, ohne sich jedoch ausführlicher auf die zur Entstehungszeit des Buches aktuellen Konflikte seines Grafen mit der Stadt Bremen um die Jurisdiktionsrechte auf dem Fluß und den Weserzoll einzulassen. Ihm geht es eher um juristisches und sonstiges Grundlagenwissen *„über Inseln"*. Doch will er gerade auch mit dessen Sammlung seinem Vaterlande und seinem Landesherrn nützlich sein. So widmet er das Werk dem Grafen Anton Günther, der *„über viele Inseln gebietet"* und *„dessen Land unentwegt vom Meer und von Flüssen gepeitscht, angegriffen, verändert, hier gemehrt, dort gemindert wird"* – eine Formulierung, in der Argumente anklingen, mit denen der Graf damals seinen Anspruch auf einen Weserzoll begründete. Daß es in *De Insulis* auch um Flüsse geht, demonstriert schon das Titelblatt: Oberhalb bzw. unterhalb der Bilder des Meergottes Neptun und des Windgottes Aeolus verkörpern weibliche Gestalten mit Füllhörnern den Rhein (*„Rhenus"*), die Donau (*„Danubius"*), die Elbe (*„Albis"*) und die Weser (*„Visurgis"*) sowie den Segen, der von diesen Strömen ausgeht. Sieht und wertet man die Anordnung dieser Allegorien heraldisch, dann hat der Rhein (heraldisch oben rechts) den vornehmsten, die Weser (heraldisch unten links) den bescheidensten Platz. Das Bild zwischen *„Albis"* und *„Visurgis"* zeigt den *„Koloss von Rhodos"* – hier wohl als Symbol für die Insel Rhodos verstanden.

Heinrich Schmidt

Literatur: Friedl 1992, S. 260–261.

1 Er war als Student in Helmstedt, als Dozent in Wittenberg, Jena und Altdorf. Seit 1612 hatte er eine Professor für Geschichte und Poesie in Jena.

2 Zusammengezogen aus *„Iuris consultus"*.

Kat. 17, Titelblatt

18

Einstellungsvertrag (Entwurf?) des Zöllners Johan Musing

9. Januar 1571

Tinte auf Papier
vier Seiten
Niedersächsisches Staatsarchiv Bückeburg, Sign. L 1, Inv. 6435

Am 9. Januar 1571 wurde von der schaumburgischen Verwaltung ein Vertrag entworfen. Unterzeichner dieses Schriftstückes, das mit Randbemerkungen versehenen ist und mit der Formel *„Actum & signatum zum Stadhagen"* schließt, ist Johan Musing, ein neu eingestellter Zöllner. Der Vertrag legte fest, wie Musing sowohl den Wasser- als auch den Landzoll in Rinteln einnehmen und verbuchen sollte. Über den eigentlichen Vorgang der Zollerhebung erfahren wir darin bedauerlicherweise nichts. Ferner ist ungeklärt, ob der Zöllner die Ladung der Schiffe inspizieren oder sich nur mit der Vorlage eines Frachtbriefes begnügen sollte. Die weiteren Schritte sind dagegen recht genau festgelegt: Das Geld gelangte zunächst in zwei *„Zollenblocke"* im Hof des Rintelner Klosters, einen für den Wasser- und einen für den Landzoll. Zu den Rechnungslegungsterminen Michaelis (29. September) und Ostern sollte der Amtmann von Schaumburg in Gegenwart des Drostes die Blöcke öffnen, das Geld zählen und registrieren, der Zöllner dagegen *„seine register berechnen"*.

Wie diese Register zu führen waren, wurde ebenfalls festgelegt: *„Der Zolner sol klerlich Zu register schreiben die waer, und wie fiel der ist, und den namen des kauffmans, dar von ehr zollen nimbt, und wie fiel der ist, und wie fiel ehr emfehet, darin der tagh. Und jeder war soll er in seine register an ein bescheiden orth setzen"*. Aufgrund dieses Prinzips tauchte ein Schiffer mehrfach im Register auf, wenn er verschiedene Waren geladen hatte. Das Register wurde nicht direkt erstellt, sondern die Eintragungen wurden erst auf kleinen Zetteln notiert und anschließend übertragen. Da einige dieser Zettel erhalten sind, kann nachgewiesen werden, daß bei der Übertragung auch Fehler vorkamen.[1]

In den 1580er Jahren gab Musing, der bis 1588 als Zöllner fungierte, das Prinzip auf und trug alle Waren unter dem Namen des Kaufmanns oder Schiffers ein, wie es z. B. die Zöllner von Varenholz (Grafschaft Lippe) und Petershagen (Bistum Minden) schon lange hielten. Schließlich waren die Ein- und Ausladungen in Rinteln separat einzutragen. Zwei Bestimmungen zur Zollbefreiung hatte Musing zu beachten: *„Wes von fursten, Graven, Christlichen und Edelleute guith ankumpft, das ein jeden selbe zusteht, soll auff Ihre glaubwirdige Zollbriefffrei gelassen werden"*, wobei die Zollbriefe dem Amtmann zu übergeben waren. War das Gut aus Adelsbesitz schon von Kaufleuten erworben worden, sollten diese Zoll entrichten,. Auch bei Vorlage eines Zollbriefs des fürstlichen oder adeligen Verkäufers sollte Zoll erhoben werden. Die bis dahin generell vom Zoll befreiten Lemgoer mußten dagegen fortan ein Attest des Rates vorweisen, daß ihr Gut *„alda in Ihrer Stadt pleiben, und gebrauchet werden soll"*, also nicht für den Zwischenhandel bestimmt war.

Weitere Aufgaben Musings bestanden darin, den Betrieb der Mühle sowie das Abwiegen der Fische durch die örtlichen Fischer zu überwachen. Was nicht im Vertrag fixiert ist, jedoch anhand einiger im Bückeburger Archiv erhaltener Anweisungen deutlich wird, ist, daß der Zöllner bei den Schiffern auch für den Bedarf des Bückeburger Hofes einzukaufen hatte. Zwischen März und Juni 1586 ergingen acht solcher Anweisungen der Kanzlei, denen zufolge er Haushaltsgerät wie Töpfe (4x), Gläser (3x) und Fische, nämlich Neunaugen (1x), beschaffen sollte.[2]

Die Besoldung Johan Musings ist ein Beispiel für die im 16. Jahrhundert fortschreitende Rationalisierung der fürstlichen „Verwaltungen". Statt wie bisher ein Morgen Land, ein *„kamp, licht by dem torn tho halten khoienn ungeferlich dre koe omme weiden"* und der *„tollen vor dem holtwercke, unnd glase unnd erden potte, und vonn dem avethe [?]"*, wie aus einem dem Vertrag beiliegenden Papier hervorgeht, sollte Musing ein Gehalt in Höhe von zehn Talern im Jahr erhalten, *„darmitt der zolner ausserhalb argwon und verdacht pleiben muge"*. Dazu kamen – wie bisher – zwei Paar Schuhe und eine Garnitur Kleidung pro Jahr sowie Unterkunft und Verpflegung.

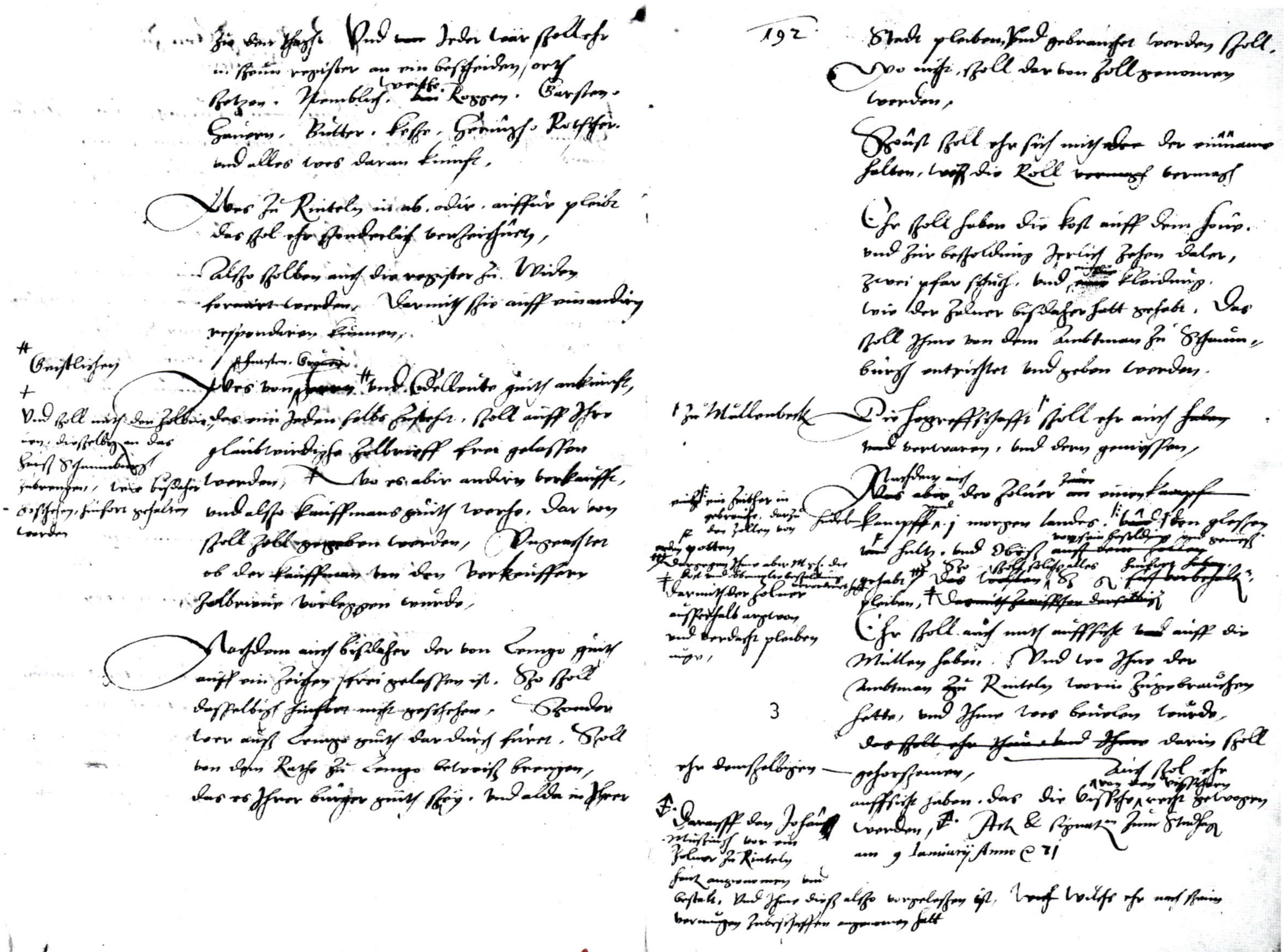

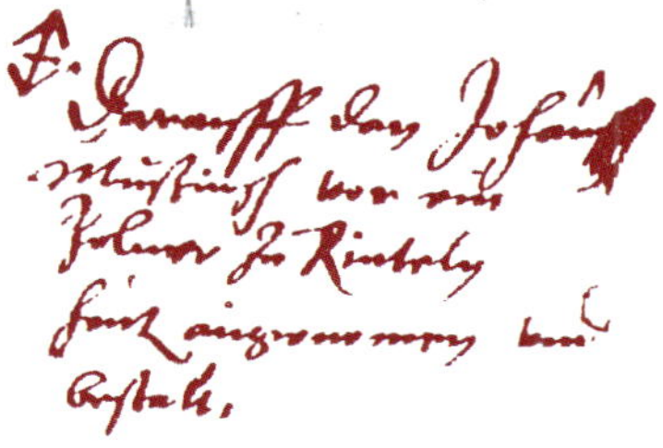

Kat. 18, 2v. und 3 r.

18 Einstellungsvertrag (Entwurf?) des Zöllners Johan Musing

Zehn Taler waren in den 1570er Jahren nicht viel Geld. Sie entsprachen etwa dem Wert von 700 Kilogramm Getreide. Bei einem Jahresverbrauch von 200–250 Kilogramm pro Person reichte das Gehalt nicht aus, um eine Familie zu ernähren. Ein braunschweigischer Amtmann konnte hingegen 1577 ein Jahresgehalt von 200 Talern beanspruchen.[3] Im Vergleich dazu ist die Besoldung und damit die Stellung des Zöllners in der „Verwaltungshierarchie" ungleich niedriger, was auch die Bemerkung zeigt, daß er lediglich Anspruch auf Kleidung *„glich denn voethknechten"* hatte.

Musings Gehalt war nicht unüblich: Der Petershagener Zöllner nennt in seinem Register von 1565/66[4] ebenfalls zehn Taler als den ihm jährlich zustehenden Betrag, den er jedoch geschickt zu erhöhen verstand: Da das Rechnungsjahr fünf Wochen länger war als ein Kalenderjahr, setzte er sein Gehalt eigenmächtig auf $12^1/_2$ Taler fest – ob jemand das Mißverhältnis bemerkte, erfahren wir nicht. Im Hinblick auf die Qualität und die sorgfältige Führung der Register erfüllte der Petershagener Zöllner seine Aufgabe anscheinend exakter als Musing. Dagegen ist der Erhaltungszustand der wenigen noch vorliegenden Petershagener und der schön anzuschauenden Varenholzer Listen besser, wofür Musing jedoch nicht verantwortlich zu machen ist.

Dirk Korinth

Literatur: unveröffentlicht.

1 Rüthing 1987, S. 89 f., Anm. 7.
2 StA Bückeburg, L1, Nr. 6408.
3 Albrink 1992, S. 151.
4 StA Minden, KDK Minden, Nr. 2607.

Auszüge aus Registern der Weserzollstellen Großenwieden und Rinteln
Jahre 1548, 1577, 1587 (Großenwieden)
1601/2, 1618 (Rinteln)

Niedersächsisches Staatsarchiv Bückeburg,
Sign. L 1, Nr. 6358, 6364, 6373, 6411, 6417

Um 1600 wurde an der Weser an 22 Stellen Zoll erhoben. Das ursprünglich dem König zustehende Recht der Zollerhebung war im Mittelalter an die lokalen Gewalten, zumeist an Grafen und Bischöfe, übergegangen und war im 16. Jahrhundert fest in der Hand der Landesherren. Neue Zölle und auch Änderungen bestehender Zölle bedurften jedoch weiterhin der Zustimmung des Kaisers und nun auch der Kurfürsten. Da letztere sich selten veranlaßt sahen, die Einnahmen eines Landesherrn zu erhöhen, der nicht Kurfürst war, war dies ein wirksamer Schutz gegen Zollerhöhungen.[1] Auf der Weser blieben die Zollsätze, soweit sie überliefert sind, bis zum Dreißigjährigen Krieg im wesentlichen konstant. Da alle bekannten Weserzölle Mengen- und nicht Wertzölle waren, hatte dies im 16. Jahrhundert, in einer Zeit steigender Preise, zur Folge, daß sie real sanken. Die allgemeine Intensivierung des Handels und insbesondere der Zuwachs der auf der Weser verschifften Gütermengen sorgten trotzdem für zumindest nominal steigende Zolleinnahmen der Landesherren.

Wann im Weserraum mit der Erstellung von Zollregistern begonnen wurde, ist unbekannt. Die Tatsache, daß sich für die Rheinschiffahrt bereits im 15. Jahrhundert Register nachweisen lassen, bedeutet nicht zwangsläufig, daß diese im gleichen Zeitraum auch an der Weser geführt wurden. Die älteste derzeit bekannte Weserzolliste entstand 1548 in der schaumburgischen Zollstelle Großenwieden. Die erhaltenen lippischen Listen (Zollstelle Varenholz) beginnen mit dem Jahr 1565. Der erste Jahrgang weist Merkmale auf, die vermuten lassen, daß es sich um den ersten Band einer Reihe handelt – vielleicht aber auch nur um den ersten eines bestimmten Zollschreibers. Von anderen Zollstellen liegen nur wenige (Gieselwerder, Lauenförde, Holzminden, Grohnde, Hameln, Hausberge, Petershagen) oder keine Register aus der Zeit vor 1650 vor.

Die Weserzollregister sind bedeutende wirtschaftsgeschichtliche Quellen, die erst zum Teil ausgewertet sind[2]. Dies gilt vor allem im Verhältnis zu den Landzollregistern, die sich in geringerer Zahl erhalten haben. Einzige Ausnahme sind die im allgemeinen weit weniger ausführlichen Rintelner Register[3], in denen Land- und Wasserzoll zusammen verwaltet wurden. Zudem war ein Landweg selten ohne Alternative, so daß die Register einer Landzollstelle immer nur eine begrenzte Aussagekraft haben können.

Die Weserzollisten wurden im allgemeinen recht sorgfältig geführt. Immer eingetragen wurden das Datum, der Name des Zollpflichtigen und der gezahlte Zollbetrag. Bei vielen der eingetragenen Namen ist aus anderen Quellen bekannt, daß es sich um Schiffer handelt. Einige der Zollpflichtigen waren Kaufleute. Waren der Schiffer und der Eigentümer der geladenen Waren nicht identisch, ist ungeklärt, wessen Name in das Register aufgenommen wurde. Unterschiedliche Frachtverträge legten fest, ob der Schiffer nur Spediteur oder zudem Kommissionär war und den Eintrag erhielt. Sofern der Kaufmann mitreiste, was bei größeren Partien durchaus wahrscheinlich war, wurde sein Name verzeichnet. Zu Beginn des 17. Jahrhunderts hatte sich allerdings durchgesetzt, nur noch die Schiffer einzutragen, da man im Fall einer Unterschlagung ihrer hätte leichter habhaft werden können.[4] Von besonderer Bedeutung war die Frage der Eigentümerschaft, wenn die allgemeine Zollfreiheit für Fürsten, Adlige, Geistliche und Stadträte in Anspruch genommen wurde. Gelegentlich wurden allerdings entsprechende Zertifikate nicht anerkannt, weil sich die Waren nicht mehr oder noch nicht im Eigentum eines privilegierten Verkäufers bzw. Käufers, sondern eines Händlers befanden.

Mit wenigen Ausnahmen sind in den Registern auch die verzollten Waren angegeben. Die Eintragungen von Tal- und Bergladungen unterscheiden sich dabei nicht nur durch die Güter: Während die Schiffe auf der Talfahrt meist nur ein Handelsgut (Getreide, Holz, Steine, Eisen) bzw. nur wenige Waren mitführten, befand sich auf den flußaufwärts fahrenden Schiffen ein ganzes Sortiment „Bremer Waren", von Butter und Käse bis hin zu verschiedenen Fischsorten.

Nicht immer wurde das Bremer Gut so säuberlich aufgeschlüsselt wie in den abgebildeten schaumburgischen Listen. Der Zöllner im lippischen Varenholz etwa begnügte sich um 1600 grundsätzlich mit dem Kürzel „B. g.".[5] Das zollfreie Gut ist in den älteren Listen und in denen aus der Zeit des Dreißigjährigen Krieges mehr oder weniger genau registriert, in denen des frühen 17. Jahrhunderts dagegen nicht. Die weniger exakte Buchführung erklärt sich im Zusammenhang mit der Konjunktur: Da in den Jahren zwischen 1590 und 1620 besonders viele Schiffe die Zollstellen passierten, beschränkten sich die Zöllner in den Registern auf die notwendigen Einträge.

Die älteste Liste von 1548, die jenen aus den 1550er Jahren ähnelt, läßt im Vergleich zu den späteren Unterschiede im Schriftbild, bei Zahlen und der Datierung erkennen. Der Übergang vom gedrungenen Stil mit stärkeren Linien zu dem eher geschwungenen mit feinerer Strichstärke der späteren Jahrgänge ist allgemein in den Akten zu beobachten und nicht nur auf den persönlichen Stil der Zöllner zurückzuführen. Die Fortführung dieser Entwicklung bedingte im 18. Jahrhundert Schriftbilder mit auffälligen Ober- und Unterlängen. Auch die Einführung der arabischen Zahlen ist ein allgemeines Phänomen der Zeit. In den Zollregistern des 16. Jahrhunderts ist häufig noch ein Nebeneinander arabischer und römischer Zahlen, bisweilen gar ein Rückschritt zu beobachten: In Petershagen z. B. wurden 1565/66 Datum und Mengenangaben in arabischen, die Zolleinnahmen jedoch in römischen Zahlen registriert, hingegen 1580/81 auch die Mengenangaben (wieder) in römischen.[6] Schnell und konsequent wurde dagegen die Datierung umgestellt, nämlich vom mittelalterlichen (z. B. *„feria secunda post Reminiscere"* im dritten Eintrag der 1548er Liste) auf das moderne System – im protestantischen Weserraum noch lange Zeit nach dem Julianischen Kalender. Die niederdeutsche Sprache hielt sich in den Warenbezeichnungen (z. B. *„wethe vathe"* für Waidfässer) noch geraume Zeit. Dennoch kennzeichnen diese Neuerungen der Schriftführung – ähnlich wie jene der Architektur – um 1550 das Ende des Mittelalters.

Dirk Korinth

Literatur: unpubliziert.

1 Rothe 1992, S. 181.
2 Rüthing 1987; Rothe/Rüthing 1989; Möller 1992; vgl. auch Dirk Korinth in diesem Katalog, S. 150–155
3 Rothe 1992, S. 176.
4 StA Bückeburg. 9156.
5 StA Detmold, A, Titel 133, Nr. 34 a, Kt. III.
6 StA Minden, KDK Minden, Nr. 2607–08.

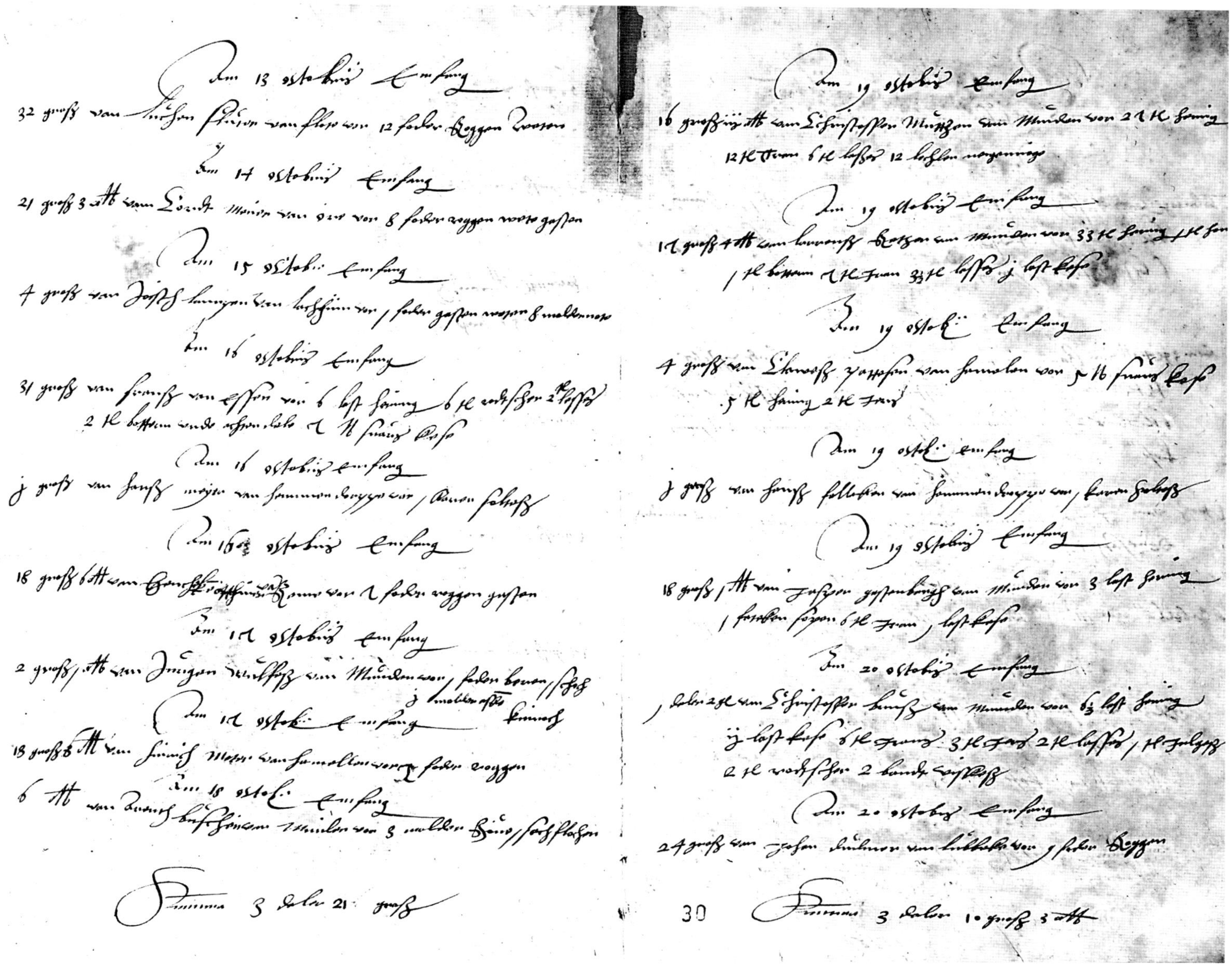

Kat. 19, Auszug aus dem Zollregister von Großenwieden: Zolleinnahmen zwischen dem 13. und 20. Oktober 1577

Hessische Chronica

anfenglich beschrieben durch Wilhelm Dilich / itzo aber auffs new übersehen / corrigiret und verbesert / auch mit vielen Historien vermehret, Franckfurt am Mayn: Unckel, 1617
(erste Ausgabe: Kassel 1605)

Buchdruck, Kupferstiche
Lippische Landesbibliothek Detmold, Sign. G 918.8°

Landeschroniken wurden in der Frühen Neuzeit zu einem wichtigen Instrument der Ausübung territorialstaatlicher Herrschaft. Sie dienten dazu, den Herrschaftsanspruch über ein bestimmtes Gebiet, über Dörfer, Städte, Straßen, Flüsse und anderes aus der Geschichte abzuleiten. Je älter die Ansprüche einer Dynastie nachgewiesen werden konnten, um so leichter ließ sich vor dem Reichskammergericht oder anderen zur Klärung strittiger Gebietsansprüche dienenden Instanzen ein Anspruch begründen. Während unter dem mittelalterlichen Fehderecht Auseinandersetzungen um Gebietsansprüche überwiegend blutig verlaufen waren, führten die Herausbildung des frühmodernen Staatswesens im 16. Jahrhundert und die darauf reagierenden Reichsreformen zu einem Verbot der Fehde und zum Ausbau der Reichsgerichtsbarkeit. Bei den sich oft über Jahrzehnte hinziehenden Prozessen mußten sachliche Gründe geltend gemacht werden; zu den stichhaltigsten zählte ein möglichst alter Besitz. Dazu bedurfte es evidenter Beweismittel wie historischer Karten und Urkunden. Auch Landeschroniken, wie die des Wilhelm Dilich, gehörten dazu und sind daher ebenfalls Ausdruck einer Juristifizierung der Gesellschaft.

Mit der Abfassung der *Hessischen Chronica* beauftragte Landgraf Moritz von Hessen (1572–1632) den versierten Kartographen und Geometer Wilhelm Dilich. Das in zwei Teilen gedruckte und durch zahlreiche, von Dilich gestochene Ansichten hessischer Städte illustrierte Werk führte gleich nach seinem Erscheinen zu nachbarschaftlichen Dissonanzen, da Dilich auch benachbarte Zwergfürstentümer zu Hessen gezählt hatte. Die betroffenen, im sogenannten Wetterauer Grafenverein alliierten Grafen von Nassau, Hanau, Solms und Isenburg beauftragten daraufhin den kurpfälzischen Rat und Historiker Marquard Freher mit einer pseudonymen Gegenschrift. Ein anderes und noch brisanteres Konfliktfeld bot die an der Weser gelegene Stadt Münden, über die es in der Chronik heißt: *„Die Werra aber entspringt im Thüringer Wald in Francken, wie auch die Fulda. Dieselben kommen zusammen unter der stadt Münden, daselbst die Hertzoge zu Braunschweig jetzo ein fürstliche residentz haben, welche stadt sonstet zu der Hessischen graffschaft an der Werra von alters gehörig und Hessisch gewesen, und jahrs 1263 an Hertzog Albert den grossen zu Braunschweig, als er Hertzog Heinrich zu Brabandt, dem Kindt zu Hessen, gegen Thüringen beygestanden, kommen, und verlieren beyde den nahmen, unnd werden genennet die Weser, so ihren endtlichen ausfluss und endtschafft an Sachsen im Meer hat."* (fol. 21 r) In der zweiten Hälfte des 16. Jahrhunderts entspann sich zwischen Kassel und Wolfenbüttel ein Streit über das mittelalterliche Stapelrecht der Stadt Münden. Dieses betraf die Schiffahrt insofern, als daß die vorbeifahrenden Schiffe entladen werden und die Waren mehrere Tage den Bürgern zu von der Stadt festgelegten Preisen zum Kauf angeboten werden mußten. Hatten die Fürsten in Kassel und Wolfenbüttel 1509 noch gemeinsam die Schiffbarmachung der Weser verabredet, so war Münden in einhundert Jahren zu einem wichtigen Hafen und Umschlagplatz geworden, an dem nicht nur thürigisches Waid und Waldecker Eisengußgeschütze verladen wurden, sondern auch alle hessischen Exportprodukte, die über Bremen dem internationalen Markt in Antwerpen, Amsterdam und London zugeführt wurden. Seit 1560 auftretende Streitigkeiten über das Stapelrecht der Stadt Münden weiteten sich 1578 zu einem Prozeß aus, den der hessische Landgraf Wilhelm IV. vor dem Reichskammergericht in Speyer führte. Nach dem Tod des Herzogs Erich II. von Braunschweig fiel Münden 1584 an den Herzog Julius von Braunschweig-Wolfenbüttel. Zwischen dessen Nachfolger Herzog Heinrich-Julius und dem Landgrafen Moritz entspann sich ein Streit über das Mündener Stapelrecht, in den sich vermittelnd Kurfürst Friedrich V. von der Pfalz einschaltete, da sich der Konflikt zwischen den beiden protestantischen Fürsten nachteilig auf die Allianz der protestantischen Reichsfürsten auszuwirken drohte. Abgeordnete aus Kassel und Wolfenbüttel trafen sich 1616 in Göttingen, um einen Kompromiß auszuhandeln, der Hessen einige ökonomische Vorteile verschaffte. Der Streit um Münden ist vor allem vor dem Hintergrund der aufblühenden internationalen Wirtschaftstätigkeit zu sehen. Nur wer über einen schnellen Zugang zum Meer verfügte, vermochte seine Waren im 16. Jahrhundert konkurrenzfähig via Bremen nach Antwerpen und Amsterdam zu bringen. Das auch für Landtransporte relevante Stapelrecht hatte im Mittelalter die wirtschaftliche Entwicklung der Städte stark begünstigt. Im Zeitalter des internationalen Handels wurde es zum unzeitgemäßen Hindernis des Warenaustausches,

Kat. 20, Kupferstich aus der *Hessischen Chronica*

an dem die Städte um so mehr festhielten, als sie vom Welthandel ökonomisch überrollt wurden. Fürstentümer wie Braunschweig-Wolfenbüttel und Hessen erkannten hingegen die neuen ökonomischen Bedingungen und bauten die Produktion systematisch und exportorientiert aus. Zugleich traten sie bei der Nutzung der Weser als Konkurrenten auf, was der Streit um Münden deutlich werden läßt. Wenn es in der Hessischen Chronica heißt, Münden sei *„sonstet zu der Hessischen graffschaft an der Werra von alters gehörig und Hessisch gewesen"*, so verbirgt diese Formulierung eine argumentative Option auf den hessischen Gebietsanspruch über Münden. Vom internationalen Handel profitierte im Weserraum aufgrund seiner günstigen Lage vor allem das calvinistische Bremen, dessen ökonomische Vormachtstellung an der Weser durch eine enge Allianz mit dem calvinistischen Kasseler Hof der Landgrafen Wilhelm IV. und Moritz begünstigt wurde.

Heiner Borggrefe

Literatur: Caesar 1877; Kochendörffer 1885; Niemeyer 1961; Frederici 1961; Brunner 1891; Schleier 1994.

21

Chronicon comitatus Lippiae,

Das ist: Eigentliche und Außführliche Beschreibunge Aller Antiquiteten und Historien der Uhralten Graffschafft Lipp, ... mit fleiß zusammen colligirt und beschrieben Durch Johannem Pideritum, Pastorn der Stadt Blumberg. Rinteln an der Weeser. Druckts Peter Lucius, dero Universitet Buchdrucker, M.DC.XXVII (1627)

Buchdruck
Lippische Landesbibliothek Detmold, Sign. F 100

In dem in zeittypischer Weise sehr umfangreich und detailliert formulierten Titel seiner „Lippischen Chronik" stellt der Blomberger Pastor Johann Piderit dem Leser das Programm seines Werkes vor, das als ein charakteristisches Produkt der barocken Polyhistoren-Gelehrsamkeit gelten kann.

Im ersten, 147 Seiten umfassenden Teil der Chronik beschreibt er die Geschichte der Herrscher und der Bevölkerung des lippischen Gebiets seit der Zeit der Sintflut bis um Christi Geburt. Der zweite Teil (mit eigenem Titelblatt) führt die lippische Geschichte auf 520 Seiten bis zum Tode Graf Simons VI. im Jahre 1613, also unmittelbar bis in die Gegenwart des Verfassers. Buchschmuck und Beigaben entsprechen dem Geschmack der Zeit: Das Titelblatt ist von einem aufwendigen Rahmen eingefaßt, im Text finden sich Kartuschen, Vignetten und ausgeschmückte Initialen. Ferner sind lateinische und griechische Gedichte beigegeben, die dem Autor und seinem Werk vorwiegend von Berufskollegen gewidmet wurden.

Erich Kittel hat Anlage und Aufmachung des Werkes als Ausdruck des Selbstbewußtseins seiner Zeit charakterisiert. Insbesondere die mit großem Aufwand hergeleitete Abkunft des Hauses Lippe *„von den uhralten Gräfflichen Edlen Geschlechtern der Sachsen"*[1] spielt dabei eine wichtige Rolle. Aber gerade in diesem Teil ist Piderits Darstellung *„ohne historischen Wert"*; die älteste seriöse, weil *„auf kritischer Urkundenbenutzung beruhende Darstellung der lippischen Geschichte"* von Christian Ulrich Grupen[2] ist erst fast anderthalb Jahrhunderte später erschienen.[3]

Zur selben Zeit (1768) verfaßte der lippische Archivrat Knoch eine ausführliche und differenzierte Kritik,[4] die ausdrücklich den Mangel an Archivarbeit durch Piderit monierte. Er erwähnte auch, daß Piderit *„gleich anfangs wenig Dank verdient"* habe und zehn Jahre nach dem Erscheinen seines Werkes eine Revocation veröffentlichen mußte. Knoch gibt diese Revocation, die ihm *„in glaubhafter Abschrift zu Handen gekommen"*, wieder (sie findet sich auch in dem Exemplar StA Detmold als notariell beglaubigte Abschrift). In ihr hatte Piderit einzelne Punkte seiner Darstellung richtiggestellt und sich darüber hinaus wortreich für die Fehler entschuldigt. Zugleich kündigte er eine ausführliche Verbesserung der *„aus Unwissenheit der Geschichte committirter errorum"* an. Knoch konnte nur lakonisch feststellen, daß dies nicht geschehen sei. Er hob jedoch hervor, daß Piderit die Vorgänge, die er selbst als Zeitzeuge erlebte sowie dasjenige, *„was er aus verschiedenen ächten Quellen geschöpfet hat"*, korrekt wiedergegeben habe. Dennoch stellte er abschließend fest: *„[...] den Verfasser [der Chronik] als einen glaubhaften Geschichtsschreiber zum Beweise anzuführen, wird man wol nunmehro einigen Anstand finden."*[5]

Mit dieser Kritik hat Knoch die gesamte spätere Rezeption der Piderit-Chronik geprägt. In seinen *Beiträgen zur Geschichte des Fürstenthums Lippe aus archivalischen Quellen* bezeichnete Falkmann Piderit 1847 zwar als den *„vollständigste[n] oder vielmehr [...] einzige[n] Geschichtschreiber unseres Landes"*;[6] in einer Bemerkung in den zusammen mit Otto Preuß herausgegebenen *Lippischen Regesten* wirft er ihm aber im Anschluß an Knoch vor, selbst für die *„ihm nahe liegenden Zeiten nicht zuverlässig"* zu sein.[7] Auch Dreves[8] und Butterweck[9] haben später diese Bewertung übernommen.

Hermann Niebuhr

Literatur: Zedler 1741; Sp. 75; Jöcher 1751, Sp. 1556; Grupen 1761; Knoch 1768; Rotermund 1819, Bd. 6, Sp. 151; Falkmann 1847, S. 3–5; Preuß/Falkmann 1860, Bd. 1, S. 20–21; Dreves 1881, S. 250; Butterweck 1926, S. 329–330; Kittel 1978.

1 Piderit 1627, S. 217.
2 Grupen 1768
3 Kittel 1978, S. 167.
4 Knoch 1768, Sp. 457–464.
5 Knoch 1768, Sp. 464.
6 Falkmann 1847, S. 3.
7 Preuß/Falkmann 1860, S. 20–21.
8 Dreves 1881, S. 250.
9 Butterweck 1926, S. 329–330.

Chronicon

In Welchem der Hochgebornen Vhralten Graffen Zü Holstein Schaümbürgk Sternberg vnd Gehmann ankünfft vnd wie sie die Graffeschafften bekommen wie lange sie die aüch das Herzogthümb Schlesswich Innengehabt vnd besessen vnd itzo die Graveschafften noch inhaben Aüch Nahmen herkommen genealogia oder Schlosser Stedte Flecken vnd Bergwerck aüs bewerten vnd glaübwirdigen Scribenten Briefflichen Vrkünden vnd von alters hero Züsammgezogenen bericht gründt vnd deütlich beschrieben
Cyriakus Spangenberg
Stadthagen, 1614

Buchdruck
Universitätsbibliothek und Technische Informationsbibliothek Hannover, Sign. 4 Haupt 1094

Ernst Graf zu Holstein-Schaumburg (1569, 1601–1622), seit 1619 Fürst des Reiches, hat offenbar schon bald nach seinem Regierungsantritt Cyriakus Spangenberg (1528–1604), einen der bedeutendsten deutschen Historiker des 16. Jahrhunderts, damit betraut, die Geschichte seines Hauses zu schreiben. Das Werk sollte dem Ruhm des Geschlechts und damit des Grafen dienen. Eine besondere politische Absicht scheint mit ihm nicht verbunden gewesen zu sein.

Spangenberg hatte sich als orthodoxer Lutheraner in seinem Pfarramt in der Grafschaft Mansfeld nicht halten können. Er fand aber Unterstützung durch Landgraf Wilhelm IV. von Hessen und durch Mansfelder Grafen. Das Schreiben von Chroniken diente ihm, da er ohne Pfarre war, zum Broterwerb. Ernst mag Spangenberg selbst am Hof in Kassel kennengelernt haben. Den Auftrag für die Chronik vermittelte Graf Ernst von Mansfeld, ein Vetter Ernsts. Der Mansfelder, Domherr in Straßburg, gab Spangenberg zudem die Möglichkeit, hier die letzten Jahre seines Lebens zu verbringen. Ernst ließ in den Klöstern und Stiften der Grafschaften Holstein und Schaumburg nach historischem Material für die Chronik suchen. Er bemühte sich in Hamburg und Lübeck um die Texte von Epitaphien. Spangenberg hatte in seinem Verwandten Johann Letzner (1531–1613), Pastor in Iber (heute Einbeck), einen in der niedersächsischen Adelsgeschichte erfahrenen Gewährsmann. Dieser veröffentlichte 1611 in Wolfenbüttel einen Stammbaum der Schaumburger. Spangenberg schloß sein Werk schon Ende 1602 ab. Graf Ernst erhielt es aber erst im Oktober 1603.

In Schaumburg war man von diesem Alterswerk enttäuscht. Die Darstellung war weit entfernt von der *Mansfeldischen Chronica*, die Spangenbergs Ruhm begründet hatte. Die chronikalische Überlieferung war zwar verarbeitet, aber es fehlte die Landeskunde und vor allem fiel das 16. Jahrhundert ab. Einzelne Kapitel bestanden nur aus dem Namen des Grafen oder der Gräfin, die behandelt werden sollten. Spangenberg hat Schaumburg nicht bereist und nur mit den Büchern gearbeitet, die ihm in Straßburg erreichbar waren. Graf Ernst zahlte wegen der Mängel Spangenbergs Sohn Ludwig statt der vereinbarten zweihundert Goldgulden nur hundert Taler aus. Das Manuskript blieb zehn Jahre unbeachtet liegen. Dann setzte sich offenbar Eberhard von Weyhe, der 1602 bis 1615 schaumburgischer Kanzler war, für das Werk ein. Es wurde von ihm, aber auch dem Grafen und dem Kanzler Anton von Wietersheim, überarbeitet und vor allem ergänzt. Dabei fällt wiederum eine gewisse Unvollständigkeit für die Gegenwart auf. 1613 erfolgte der Druck.

Graf Ernst verschenkte die Chronik nach ihrem Erscheinen in großem Umfang an Standesgenossen und Personen von Stand. Er bemühte sich auch um deren Vertrieb, besonders über den kaiserlichen Postmeister in Frankfurt am Main. Sie kostete $1^1/_2$ – 2 Reichstaler. – Das Werk ist nicht bebildert. In Kupfer gestochen sind Titelblatt und Frontispiz. Sie zeigen in symbolischen Figuren das Regierungsprogramm des friedliebenden, gerechten, großmütigen und weisen Herrschers, der sich aber auch seiner Zeitlichkeit bewußt ist.

Die Weser wird in der Chronik bei der Beschreibung der Grafschaft Schaumburg erwähnt. In ihrem Lauf von Hameln nach Minden berührt sie die beiden schaumburgischen Städte (Hessisch) Oldendorf und Rinteln, wo Zoll erhoben wird. Sie wird als schiffreich bezeichnet. Über die Schiffahrt auf der Weser wird nichts berichtet. Das sollte vermutlich bei einer Beschreibung der Städte erfolgen, die im Buch zwar angekündigt, aber nicht ausgeführt wurde. Erwähnt wird aber, daß die Weser bei anhaltendem Regen oder plötzlichem Tauwetter Hochwasser führt und viel Schaden anrichtet. Kommt Eisgang hinzu, werden die Brücken zerstört, so 1513 und 1519. 1536 richtete Hochwasser in der Weserbörde zwischen Oldendorf, Hemeringen, Haverbeck, Lachem und Fischbeck großen Schaden an. Viel Vieh und auch Menschen ertranken. Es wird aber auch der Nutzen gesehen, den die Bevölkerung wie die Obrigkeit von dem Fluß haben: *„Dann die grossen Wasserströme bringen vnd nehmen / darumb muß man in solchem fall eins gegen das ander rechnen."*

Helge Bei der Wieden

Literatur: Bei der Wieden, H. 1961, S. 42–44;
Kat. Bückeburg 1969, S. 23; Bei der Wieden, B. 1993, S. 65;
Bei der Wieden, H. 1994, S. 43; Feicke 1995, S. 34–40.

23

Abriß eines pfiffers so sich vf ein Zeit an[n]o 1284 zue Hamblen an der Weser erzaigt vnd befunden hatt In Braunschwig

1592

aus der Handschrift: „Reisebeschreibungen des Freiherrn Augustin von Mörsperg und Befford. Die ander Raiß in disem drittem Buech, in Anno 1590 verricht"
aquarellierte Zeichnung
Sondershausen, Schloßmuseum, Inv. Hs. 1

In seiner 1603 vollendeten Chronik berichtet der elsässische Malteser-Ordensritter Augustin von Mörsperg, daß er im Jahre 1592 Hameln besuchte. Er gibt die aus dem Mittelalter stammende Hamelner Rattenfängersage wieder und erklärt, die Geschichte sei an vielen Orten der Stadt in Glasfenstern dargestellt. Eine solche Darstellung ließ er abmalen und fügte sie in seine Chronik ein: *„Dise geschicht ist an gar vil ortten jn der Statt Rathauß Kirchen, biß jn den wirtsheusern nit allein abgemalt sondern jn vil glaßfenstern gar artlich gemacht vnd hab hieneben wie jchs gesehen jn glaßfenstern abmalen lassen."*

Möglicherweise beschreibt der Obrist Caspar Widtmarckter, der den Erbprinzen Otto von Hessen-Kassel auf einer Reise begleitete, 19 Jahre später dasselbe Glasbild wie von Mörsperg. Er notierte 1611 zu einem Fenster im Gasthof Weißes Ross in Hameln: *„Das nachtlager zu Hammell im Weißen Roß gehalten, alda zu sehen ist der außgang Ihrer Kinder, welches geschehen im Jahr 1234, und seindt Ihrer gewesen 132 die Jo[hannis] et Pauli, welche durch einen Piper von allerley farben bekleidet auß dem Osterthor gepfeiffet und unter dem berge Calvariae untergegangen und verlohren [...]"*.

Das Aquarell in der Mörspergschen Chronik zeigt den Pfeifer in auffälligem Gewand links im Vordergrund, sodann in einem Boot auf der Weser sitzend und die Ratten anlockend, schließlich als Anführer des Kinderauszuges. Das Bild der Stadt ist eine schematische Darstellung ohne topographische Genauigkeit, was auch auf die Landschaftsformen zutrifft. Der mons calvariae im Hintergrund rechts ist dramatisch überhöht; der Galgen am Berg als Zitat des Hochgerichts bezieht sich auf die tatsächliche damalige Situation.

Die erwähnten Bildquellen sind heute verschollen, einschließlich eines Fensterbildes in der Marktkirche, das 1660 ausgebaut und durch ein anderes ersetzt wurde. Da die bei von Mörsperg genannten Fenster nicht mehr existieren, kann nicht geklärt werden, ob Figuren wie der Angler am westfälischen Weserufer oder der Gehilfe des Rattenfängers im Boot nach Vorlagen eingefügt wurden oder freie Erfindungen sind. Die markante Baumgruppe, der Hirsch und der Storch sind nach Dobbertin als mißverstandene Wappenfiguren zu deuten.

Bemerkenswert ist die Angabe Augustin von Mörspergs, er habe allerhand Abenteuer von Hameln gehört und die Reise – übrigens auf der Weser – unternommen, um sich an Ort und Stelle umzusehen und umzuhören: *„Zu Minden vff ein schiff gesessen vnd auf der Weser gefaren biß gen Hamblen jn Westfhalen an Braunschweig, dohin ich dan vorhabens whar, so man Rechnet zu Wasser 12. Meil, in drythalb dagen verricht; vff der Weser durchzogen oder furuber Namlich: Hamblen eyn feyne Statt dem Hertzogen von Braunschweig zuestendig an der Weser, dieweil ich dann allerhant abenthür von diesem ortt gehort ich selber es sehen und horen wollt [...]"*. Dies ist ein sehr früher Beleg für den Ruhm des Rattenfängers und den nach wie vor einträglichen Rattenfänger-Tourismus.

Norbert Humburg

Literatur: Kat. Hameln 1965, Nr. 92; Dobbertin 1970, S. 46-47, Nr. 35, Abbildung 17; Schwarzwälder 1970, S. 463.

Kat. 23

De origine antiquitate, et celebritate, urbis Mindae,
ad ripam Visurgis in veteri Saxonia sitae, brevis declaratio:
Johannes Boceri, Rostock, Stephan Myliander 1563

Buchdruck
Göttingen, Niedersächsische Staats- und Universitätsbibliothek, Sign. 8° Hist. Westf. 3594

Johannes Bocerus (1524 Hausberge bei Minden–1565 Rostock) veröffentlichte 1563 ein in Latein abgefaßtes Lobgedicht auf die Stadt Minden.[1] Die einleitenden Zeilen des Gedichtes weisen auf die Verbundenheit des Autors mit Minden: *„Hier verbrachte ich fröhlich die ersten Jahre des Lebens, oft spielte ich dort am bekannten Strome, der Weser, oder streckte die müden Glieder am grasigen Ufer, ...“*.[2]

Das Gedicht rühmt Minden als blühende Handelsstadt, deren Bedeutung als Umschlagplatz auf dem Zusammentreffen verschiedener Handelsstraßen über Land und der Weser fußt. In den Versen 274–285 stellt Bocerus zunächst die exponierte Lage Mindens an der Wasserstraße heraus und prophezeit ihren Händlern Reichtum und Ruhm ähnlich den Bremer Bürgern. Wohlwissend, daß sein Anliegen utopisch ist, wünscht der Autor, Minden läge wie Bremen am Meer und profitierte vom Seehandel.

„Hanc pater ex udo surgentem fonte Visurgis / Vidit, et exultans vitreas ad Naiades inquit: / Quam prope conspicitis nostras accrescere ripas / Urbs erit haec ingens, et si non omnia Proteus, / (Qui vates Pelagi, cunctis et maximus undis) / Falsa canit, nostros olim geminabit honores, / Civibus et claris, varijs elataque; donis / Nomen, opesque; feret: non ulla parte sorori / Inferior Bremae, modo si vicinior undis / Oceani, plenis intraret navibus aequor. / Hactenus: et fluidas sua condidit ora sub undas.“

„Diese sah entstehn der Vater Weser aus feuchter / Tiefe, und freudig sprach er zu seinen glänzenden Nymphen: / Was ihr seht, wie es nahe an unsere Ufer heranrückt, / wird zur mächtigen Stadt, und wenn dies alles nicht Proteus, / der der sicherste Deuter in Meer und allen Gewässern, / falsch singt, wird sie dereinst uns Ruhm und Ehre verdoppeln, / wird durch tüchtige Bürger, erhaben durch mancherlei Gaben, / ruhmvoll werden und reich, in keiner Weise geringer / als die Schwester Bremen, läg sie nur näher den Wogen / freien Meeres, beführe die See mit befrachteten Schiffen. / Sprach's und verbarg sein Haupt auf's neu in / den plätschernden Wellen.“

Diese Verse sind von besonderem Interesse, zielt Bocerus doch auf die in jener Zeit aktuelle Rivalität zwischen den Städten Minden und Bremen ab.[3] Hintergrund der Auseinandersetzung war der Wunsch Mindens, eine Bremen vergleichbare Stellung geltend machen zu können. Im Kern drehte sich die Auseinandersetzung um die ungehinderte Schiffahrt auf der Weser. 1541 hatte Bremen von Karl V. ein Privileg erhalten, das aus Bremen kommenden Schiffern die uneingeschränkte Schiffahrt auf der Weser garantierte und Bremen zugleich das Stapelrecht sicherte.[4] Die übrigen Schiffer, so auch die Mindener, durften mit ihrer Fracht Bremen nicht passieren. 1552 erhielt Minden ebenfalls ein kaiserliches Privileg, das den dort ansässigen Schiffern freie Fahrt auf der gesamten Weser garantierte und darüber hinaus für Mindener Schiffe den Bremer Stapel- und Umladezwang außer Kraft setzte. Der Zugang zum Meer blieb den Mindenern allerdings weiterhin verschlossen, denn Bremen erwirkte im Gegenzug 1554 ein kaiserliches *Restitutionsedikt*. Dieses widerrief die Einschränkungen des Bremer Privilegs aus dem Jahr 1541, die durch das Mindener Privileg 1552 außer Kraft gesetzt worden waren. Trotz aller Gegenwehr konnte sich Minden gegen Bremen nicht durchsetzen. Der Streit wurde erst 1823 beigelegt.

Blieb den Mindener Schiffern der Zugang zum Meer versperrt, so entfalteten sich in Minden rege Handelsaktivitäten, die in den Versen 298–309 thematisiert sind:

„At mihi non uno pulcerrima nomine Minda / Perpetuum salve: quod si tibi denegat undas / Jupiter aequoreas, plenis neque; carbasa ventis, / In mare navifragum portu deducit ab alto: / Mercibus ipsa tamen mutatis sedula gaudes, / Et varias miraris opes, quas Vestphala tellus, / Geldria vel dives, gremio vel Julia fudit. / Et Saxo frequens, altis te montibus Hessus, / Vel dono Cereris, Bacchi vel munere, plenis / Navibus exhilarant, celebri quas amne Visurgis, / Defert in patrios leni cum murmure portus, / Et iucunda tuis commercia praestat alumnis.“

„Heil dir, Minden, auf alle Zeiten, du schönste der Städte, / nicht nur in einem Betracht, und wenn dir Jupiter weigert, / offene See zu befahren, und nicht die schwellenden Segel / aus einem tiefen Hafen in Ozeans Weite hinausführt, /freut dich fleißige Stadt dennoch das Tauschen der Waren, / staunst ob der Vielfalt der Güter, die dir westfälische Lande, / Jülich auch oder Geldern aus reichem Schoße geschüttet. / Oft erfreut dich der Sachse, aus hohen Bergen der Hesse / durch der Ceres Geschenk oder durch die Gaben des Bacchus / in beladenen Schiffen; belebt ist das Wasser der Weser, / trägt sie mit leisem Plätschern in deine Häfen und bietet / deinen fleißigen Bürgern die angenehmsten Geschäfte.“

Bocerus erwähnt ausdrücklich den Handel über den Landweg mit dem angrenzenden Westfalen, den Grafschaften Jülich und Geldern und den Handel über die Weser mit niedersächsischen und hessischen Territorien. Schiffe bringen die Handelsgüter, nämlich *„Ceres Geschenk“* (Getreide) und die *„Gaben des Bacchus“* (Wein), in die Stadt.

Georg Heil

DE ORIGINE
ANTIQVITATE, ET
CELEBRITATE, VRBIS MINDÆ,
ad ripam Visurgis in ueteri
Saxonia sitæ, breuis de-
claratio:

IOHANNIS BOCERI.

ROSTOCHII
EXCVDEBAT STEPHANVS
MYLIANDER.
1567.

Kat. 24, Titelblatt

Literatur: Bocerus/Nordsiek 1998, dort auch dt. Übersetzung.

1 Zur Vita: Nordsiek, H. 1998, S. 108–130. Dort auch eine Bibliographie. In Minden hatte er von seinem neunten bis zu seinem 17. Lebensjahr die Lateinschule besucht.
2 Vers 41–43.
Übersetzung nach Nordsiek, vgl. Bocerus/Nordsiek, H. 1998.
3 Zum Schiffahrtsstreit vgl. Nordsiek, H. 1998, S. 45–47; Krieg 1935.
4 Zum Stapelrecht vgl. Behr 1987.

Urbis bremae et praefecturarum quas habet, typus et chronicon ...

Kassel 1604

Wilhelm Dilich (1571/72–1650)

Buchdruck auf Papier, koloriert, Radierungen
Staats- und Universitätsbibliothek Bremen, Sign. R bre 892/613 5 d

Gegen Ende September 1602 erhielten Bürgermeister und Rat der Stadt Bremen ein kleines Buch mit dem Titel *Urbis Bremae typus et chronicon*, der Stadt Bremen Abbild und Chronik, in zwei Exemplaren[1], begleitet von einem Schreiben des Autors, der als *„Wilhelmus Dilichius, in aula Casselana Geographus et Historicus"* unterzeichnete.[2] In seinem Schreiben erinnert Dilich an sechs Jahre zurückliegende Gespräche in Bremen. Ihm sei bei der Anfertigung von Chroniken der See- und Hansestädte Unterstützung zugesagt worden. Er habe zunächst wenige Exemplare hergestellt, damit der Rat den Text prüfen und bei Bedarf korrigieren könne. Außerdem bittet er um Auskünfte, die er selbst in seinen Text einarbeiten möchte – dies zeigt, daß er nicht gerade gründlich mit seinem Gegenstand vertraut war. Das Büchlein war mit gedruckten Stadtansichten und Karten versehen.

Geboren in einem kleinen Ort in der Nähe von Wabern/Hessen, nannte sich Wilhelm Scheffer, wie schon sein Vater, nach seinem Geburtsort latinisiert Dilichius. Nach dem Besuch der Gelehrtenschule in Kassel studierte Dilich ab 1589 in Wittenberg und Marburg, ab 1592, der Regierungsübernahme des jungen Landgrafen Moritz (1572–1632), fand er sich an dessen Hof in Kassel. In den Jahren 1594 bis 1597 führten ihn Studienreisen, die er im Auftrag des Landgrafen unternahm, u. a. auch nach Bremen; seine erste Ansicht des Marktplatzes ist auf 1596 datiert. Zwischen der Stadt Bremen und der Landgrafschaft Hessen bestanden seit längerem freundschaftliche Beziehungen, die sich aus der gemeinsamen Orientierung am protestantischen Glauben reformierter Richtung ergaben und die zu häufigen Kontakten und einer engen Zusammenarbeit zwischen den Räten der Kasseler Regierung und dem Bremer Rat führten. Dilich hatte bereits bis 1600 einige illustrierte Bücher bei dem Verleger Wessel in Kassel, der übrigens aus Bremen stammte, in Druck gegeben.

Für Text und Aufbau seines Chronikvorschlags hatte sich Dilich an den gelehrten Druckwerken seiner Zeit orientiert. Er besaß eine reichhaltige Büchersammlung, die anläßlich seines Konkurses 1622 inventarisiert wurde[3]. Dort zeigt sich, daß ein Sammelschwerpunkt auf der Regional- und Landesgeschichte lag, wobei neben Sachsen, Hessen und Thüringen auch Norddeutschland vertreten ist. Dilich besaß zu diesen Gebieten die gesamte bis 1620 erschienene Literatur einschließlich der durch das humanistische Gelehrteninteresse veranlaßten Quelleneditionen. Aus diesen Handbüchern hatte Dilich seinen lateinischen Chroniktext kompiliert. Der begutachtende Ratsherr in Bremen bemerkte dies sofort und notierte am Rand des Chronikdrucks die Belegstellen.

Gelehrte Werke um 1600 enthielten außer einem Titelkupfer selten Illustrationen. Diese blieben den Publikationen des populären Genre vorbehalten, die vorzugsweise in der Volkssprache erschienen und in der Technik des Holzschnittes bebildert waren. Dilichs Illustrationen waren in erster Linie durch sein zeichnerisches Interesse veranlaßt. Hinzu kam seine mathematisch-technische Ausbildung und Tätigkeit, denn er war im Auftrag des Landgrafen in der Vermessung der Landgrafschaft und in dem schon damals wichtigsten Anwendungsbereich der naturwissenschaftlich-technischen Kenntnisse, der Militärtechnik, tätig. Neben eigenen Zeichnungen und kartographischen Aufnahmen griff er auch auf bereits veröffentlichte Karten anderer Autoren zurück. Die Druckplatten zur Bremer Chronik hat er in Radiertechnik selbst hergestellt.

Der Rat nutzte die ihm von Dilich gebotene Gelegenheit, den Chroniktext zu beeinflussen, indem er ihn 1602 bat, seinen Druck noch nicht zu verbreiten, sondern auf der Basis eines dem Verfasser zuzusendenden Manuskripts eine neue Chronik zu verfassen. Gleichzeitig bat man ihn, *„... Euch inkünftigen bei niemandem bloß geben wollten, daß Euch der Bericht von uns, sondern nur von Partikular-Personen inkommen"*. Davon wurde jedoch niemand getäuscht, da bei einer derartigen Publikation der bewidmeten herrschaftlichen Instanz regelmäßig von den Autoren das Recht, den Text zu begutachten und ggf. einzugreifen, zugestanden wurde – nur unter dieser Bedingung wurden Autoren die herrschaftlichen Archive zugänglich gemacht. Zumindest die landesherrschaftliche Zustimmung zum Text konnte der Leser somit voraussetzen.

Ansicht Bremens vom gegenüberliegenden Ufer, Radierung aus: Kat. 25

Eine genauere Analyse des tatsächlich 1603 bis 1605 gedruckten Textes[4] und die überlieferte Korrespondenz zeigen jedoch, daß im Fall der Dilichschen Chronik die Mitwirkung des Rates über diese übliche Praxis hinausging. Die erbetene Übersendung des Chroniktextes erfolgte erst 1603, da der Text von einem der amtierenden Bürgermeister, Dr. Heinrich Krefting (1562–1613), selbst zusammengestellt wurde. Er nutzte dabei für die geographischen Abschnitte ein Manuskript[5] des Theologen und Professors am Bremer Gymnasium, Illustre Johann Esich (1557–1602). Der chronikalisch aufgebaute Haupttext wurde von Krefting anhand seiner damals bereits konzipierten Abhandlung *Discursus de Republica Bremensis*[6] verfaßt, wie die Übereinstimmung markanter Textpassagen erweist. Es handelte sich somit um die offiziöse Darstellung der bremischen Geschichte anhand der von Krefting in extenso ausgewerteten Urkundenüberlieferung. Das Schwergewicht lag dabei auf dem Nachweis der Stellung als reichsfreie Stadt außerhalb des Erzbistums und der Betonung der Herrschaftsrechte des Rates in der Stadt und in den Gebieten, die sie als ihr Territorium beanspruchte. Die Titeländerung in *Urbis Bremae et praefecturarum quas habet typus et chronicon* macht diesen Anspruch auf Kosten der Eleganz der Titelformulierung deutlich.

Neben eigenen Zeichnungen und bereits im Druck bekannten Karten liegen den Illustrationen Dilichs auch ihm vom Rat überlassene, auf Vermessungen beruhende Zeichnungen des bremischen Landgebiets, der Ämter Blumenthal und Bederkesa und des Weserverlaufs von Bremen bis zur Mündung in die Nordsee zugrunde. Die gedruckte Weserkarte, in der Chronik erstmalig veröffentlicht und bis ins 18. Jahrhundert hinein mehrmals als selbständige Karte nachgedruckt, zeigt die Orientierung an den wenig älteren niederländischen Seekarten: Die Tonnen der Fahrwassermarkierung in der Weser sind eingezeichnet, ebenso die küstennahen Sände in der Nordsee. Andere Karten geben die Verwaltungsgliederung im Bremischen Landgebiet und die Grenzen der beanspruchten Ämter wieder.

Dilichs Stilistik bei der Konzipierung der Stadtansichten ist von der Ästhetik der zeitgenössischen Landschaftszeichung geprägt – sie stimmt in ihrer genrehaften Betonung der Details und Staffagen nicht mit dem anspruchsvollen Anliegen der Veröffentlichung überein. So fehlt eine Detailabbildung der eindrucksvollen Weserfront der Stadt mit dem innerstädtischen Hafen, der Schlachte, ganz. Die Ansicht der Stadt von der Neustädter Seite aus gestaltet sich zwar recht malerisch, doch wird der Blick des Betrachters durch den Vordergrund und seiner Dekoration – alte Bäume, Spaziergänger, Tümpel, Wege und Windmühlen – von der Stadtfassade abgelenkt.

An dieser Art der Wiedergabe hat der Rat anscheinend keinen Anstoß genommen, wenn auch die Produktion des Buchs mit einem Zerwürfnis endete. Nachdem durch den späten Eingang des Manuskripts 1603 Dilichs Zeitplan in Unordnung geraten war und der Rat mehrmals Korrekturen von Mängeln gefordert hatte, dauerte es bis 1605 und bedurfte mehrerer massiver Interventionen des Rates, bis die Drucke tatsächlich in Bremen eingingen.

Bettina Schleier

Literatur: Richter/Krollmann 1907; Schleier 1995.

1 Es sind zwei Exemplare erhalten: StA Bremen, 2-P.1, Nr. 235; das andere befindet sich in der Staats- und Universitätsbibliothek Bremen, R bre 892/613.

2 StA Bremen, 2-P.1. Nr. 235 enthält die Korrespondenz des Bremer Rates mit Dilich. Weiterführend Schleier 1995.

3 StA Marburg, 17 d Dilich 1: Einstellung und Verwendung des Wilhelm Scheffer Dilich als Landvermesser, Kartenstecher und Militärschriftsteller in die Dienste des Landgrafen Moritz von Hessen-Kassel.

4 Die Chronik ist im StA Bremen, 2-P.1. Nr. 237 und 238, in mehreren Exemplaren erhalten, weitere Stücke besitzt die Staats- und Universitätsbibliothek unter der Signaturgruppe R bre 892/613, darunter mit der Nummer 5 d ein koloriertes Exemplar. Dort befindet sich auch ein Probedruck zu einer deutschsprachigen Ausgabe des geographischen Teils der Chronik (R bre 892/614).

5 StA Bremen, 2-P.1. Nr. 5, Nr. 6, Nr. 7.

6 In einer größeren Anzahl von Exemplaren erhalten, StA Bremen, 2-P.1, Nr. 8–Nr. 18.

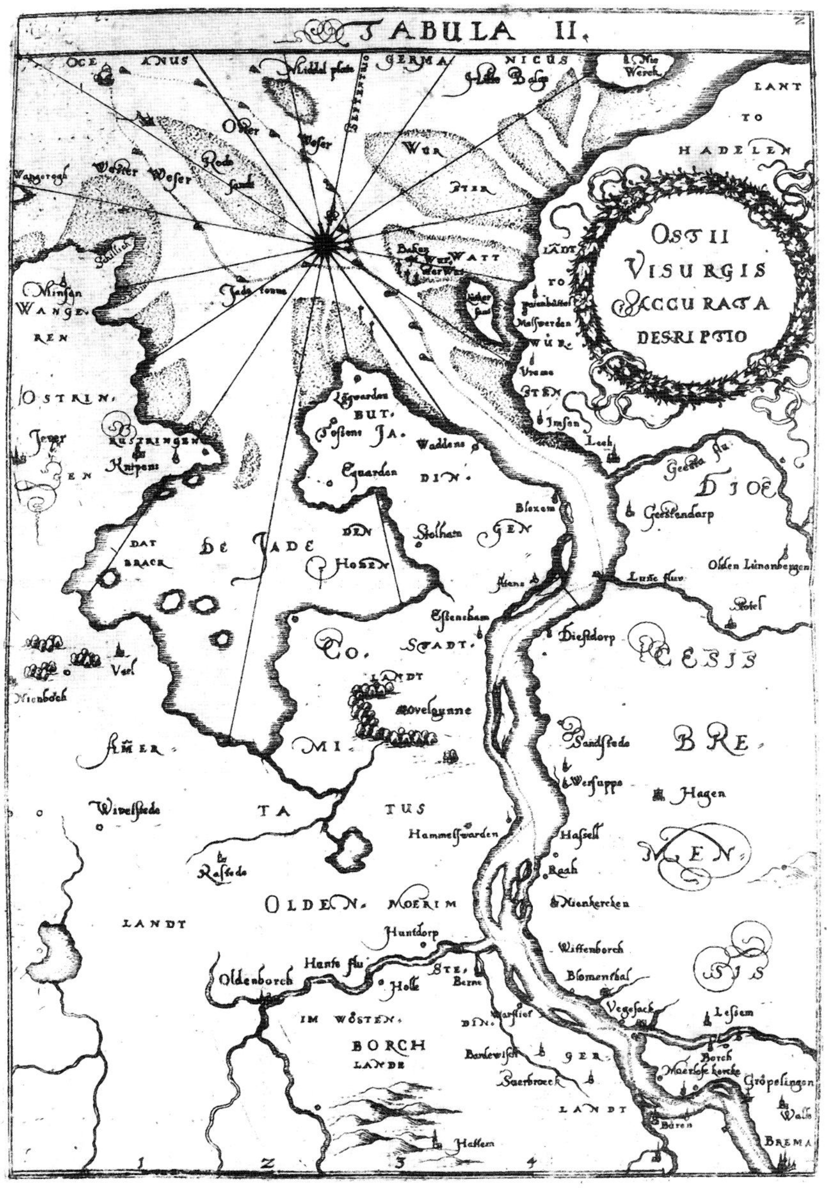

Karte der Weser von Bremen bis zur Mündung in die Nordsee, Radierung aus: Kat. 25

Das Schiff

Schiffe auf der Weser

Häfen und Schlachten

Güter auf dem Fluß

Menschen auf und am Fluß

Reisende auf der Weser

Schiffe auf der Weser in der Frühen Neuzeit

Dirk Korinth

Lastschiff auf der Weser bei Nienburg, Kupferstich (Ausschnitt) aus M. Merian: ***Topographia ... Braunschweig vnd Lüneburg*****, 1654**

Einführung

Für eine Untersuchung der Weserschiffe in der Frühen Neuzeit muß vor allem auf schriftliche Quellen zurückgegriffen werden, da sich aus der Zeit vor dem 18. Jahrhundert keine Schiffe der Weser erhalten haben. Als Quellen kommen vor allem die in verschiedenen Archiven erhaltenen Zollregister des Weserraumes in Betracht, die über Zahl, Herkunft, Spezialisierung und andere Merkmale der Schiffer Aufschluß geben (vgl. Kat. 19). Darüber hinaus bieten sie im Hinblick auf die Wirtschaftsgeschichte interessante Informationen über die transportierten Waren.[1] Technikhistorische Fragen können anhand der Zollregister jedoch nur unter vielen Vorbehalten beantwortet werden. Zwar lassen sich über die Ladefähigkeit der Schiffe und die Fahrtzeiten Aussagen treffen, jedoch nicht über Konstruktion, Lebensdauer, Antrieb oder Besatzung. Hier müßte die Archäologie hinzugezogen werden, um das Bild zu vervollständigen.

Vieles deutet darauf hin, daß sich die Flußschiffahrt der Frühen Neuzeit in vielerlei Hinsicht zwar nicht so rasant wie seit Beginn des Maschinenzeitalters, aber doch merklich entwickelte. Die Weserschiffahrt des 18. und frühen 19. Jahrhunderts war eine andere als die des 16. und 17. Jahrhunderts. Aufgrund der bisher nur spärlichen Forschungen für das 16. und das 17. Jahrhundert kann hier nur ein vorläufiger Überblick gegeben werden.

Zur Größe der Schiffe

Anhand der Weserzollregister läßt sich die durchschnittliche Ladekapazität der Weserschiffe in der Frühen Neuzeit berechnen. Dabei ist festzustellen, daß die Schiffe im Durchschnitt größer wurden, vor allem im Laufe des 17. Jahrhunderts. Die langfristige wirtschaftliche Konjunktur im 16. und frühen 17. Jahrhundert scheint sich hingegen nicht bzw. eher negativ auf die Schiffslänge ausgewirkt zu haben. Die Größe der Schiffe stieg überraschenderweise vor allem im krisengeplagten 17. Jahrhundert an, wie Berechnungen auf der Grundlage der lippischen Zollregister belegen. Zwischen Michaelis 1565 (29. September) und Michaelis 1568 trug der Zöllner der Zollstelle zu Varenholz insgesamt knapp 2.000 Personen, die Weserzoll zu zahlen hatten, in sein Register ein.[2] In der Regel handelte es sich um Schiffer, in einigen Fällen allerdings nachweislich um Kaufleute, in anderen wahrscheinlich um mitreisende Kleinhändler. Pro Eintrag wurden in diesen drei Jahren durchschnittlich 29,7 Groschen Zoll entrichtet. Da der Weserzoll ein Mengenzoll war, dessen Tarif im wesentlichen nach zwei Warengruppen differenziert wurde und im 16. und 17. Jahrhundert bis auf geringfügige Ausnahmen unverändert blieb, können die Zolleinnahmen als eine Art Volumenindex des Weserhandels betrachtet werden. 1607/10 verbuchte man das Doppelte der Einnahmen aus den Jahren 1565/68.[3] Da sich jedoch auch die Zahl der Schiffspassagen verdoppelte, blieb die Einnahme pro Zollpflichtigem mit 30,2 Groschen praktisch konstant.

Betrachtet man allein die Bergtransporte, also das „Bremer Gut“, deutet sich zunächst eine leichte Steigerung an: Ein Schiff um 1607/10 hatte mit 5,8 Last Frachtgut (eine Last entsprach ungefähr zwei Tonnen) durchschnittlich ungefähr zwanzig Prozent mehr geladen als ein durchschnittlich beladenes,

1 Rüthing 1987; Rothe/Rüthing 1989; vgl. auch den Aufsatz „Güter auf dem Fluß“, S. 150–155.
2 StA Detmold, L 92 A, Titel 133, Nr. 34 a, Kt. I.
3 StA Detmold, L 92 A, Titel 133, Nr. 34 a, Kt. III.

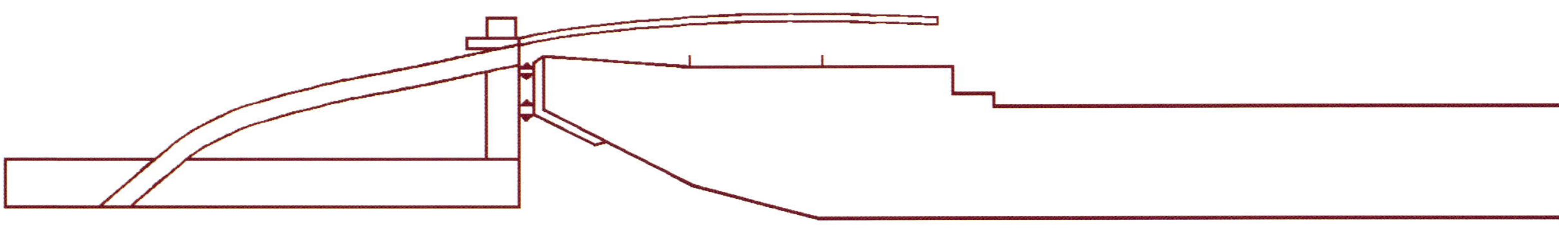

flußaufwärts fahrendes Schiff der Jahre 1565/68, dessen Fracht mit 4,8 Last zu Buche schlug. Die Auslastung der Schiffe war bei den Bergtransporten im Herbst am größten, wenn der frisch eingesalzene Nordseehering ins Binnenland verschifft wurde. Im jeweils vierten Quartal betrug die Durchschnittsladung in den genannten Dreijahreszeiträumen sieben Last pro Schiff bei der Bergfahrt. Der Höchstwert von 8,1 Last wurde 1567 und damit im früheren der beiden Bemessungszeiträume erreicht.[4] Den Zollregistern zufolge zog also die steigende Konjunktur der Schiffahrt auf der Weser in der zweiten Hälfte des 16. und auch noch zu Beginn des 17. Jahrhunderts nicht den Bau größerer Schiffe nach sich. Das gestiegene Transportvolumen wurde mit entsprechend mehr Fahrten bewältigt.

Gegensätzlich dazu verlief die Entwicklung im 17. Jahrhundert. Nach 1650 erreichten die Zolleinnahmen in Varenholz nicht mehr das Niveau der Jahre vor dem Dreißigjährigen Krieg. 1693/96 verbuchte man nicht einmal mehr vierzig Prozent des 1607/10 eingenommenen Betrags.[5] Den niedrigeren Einnahmen stand eine im Verhältnis auch geringere Anzahl an Personeneinträgen und damit an Passagen gegenüber, nämlich nur 870. Mit 51,7 Groschen wurden pro Ladung ungefähr 70% mehr Zoll gezahlt als 1607/10. Nur ein kleiner Teil dieser Summe ist auf Zollerhöhungen zurückzuführen. „Bremer Gut" wurde in beiden Zeiträumen gleich verzollt: Mit 10,8 Last war die durchschnittliche Bergladung im ausgehenden 17. Jahrhundert um fast 90 Prozent gegenüber dem Beginn des Jahrhunderts gestiegen. Im Herbst war sie mit 12,5 Last sogar nahezu doppelt so groß. Der Höchstwert betrug 16 Last im Jahr 1693 gegenüber 7,3 Last im Jahre 1608. Dieser Sachverhalt läßt sich schon früher feststellen. Im Herbst 1670 hatte man mit 12,7 Last einen ähnlichen Wert erreicht und auch für die 1650er Jahre lassen die Einträge der Getreidetransporte im Vergleich zu den Mustern der Zeit vor 1610 auf deutlich größere Schiffe schließen.[6] Wenn also im Verlauf des 17. Jahrhunderts die durchschnittliche Größe der Schiffe erheblich stieg, so geschah dies größtenteils wohl um oder vor 1650.

Ganz ähnlich scheint sich die Seeschiffahrt in Nordeuropa im 17. und 18. Jahrhundert entwickelt zu haben.[7] Von den 1590er Jahren bis um 1620 stieg die Tonnage der den dänischen Öresund passierenden, niederländischen Schiffe um 32 Prozent, wobei sie vor allem durch die Einführung des Schiffstyps der „Fleute" pro Schiff um 36 Prozent zunahm. Bis um 1650 dagegen stagnierte die Gesamttonnage gegenüber der Zeit um 1620 (+ drei Prozent), wobei jedoch die durchschnittliche Tonnage des einzelnen Schiffes um 61 Prozent wuchs. In der Folgezeit trat ein Stillstand der Größenentwicklung der Schiffe ein. Bis Ende des 18. Jahrhunderts behielt man die durchschnittliche Größe der Handelsschiffe aus der Mitte des 17. Jahrhunderts bei, obwohl der Handelsverkehr durch den Öresund im 18. Jahrhundert wieder stark zunahm.[8]

Zur Situation der Schiffahrt auf dem Mittelmeer und auf dem Atlantik im 15. und 16. Jahrhundert schreibt Fernand Braudel, *„daß es sicherlich Zeiten gibt, in denen das große Frachtschiff alle Transporte an sich reißt; es sind dies die Epochen, in denen ein rechtmäßiges oder faktisches Monopol vorherrscht [...] Doch irgendwann zerbricht die Geschlossenheit derartiger Monopole aus diesem oder jenem Grund, und ein ganzes Heer mittlerer oder kleinerer Schiffe stürzt sich auf die Beute. Allem Anschein nach findet diese Revanche der kleinen Schiffe fast immer im Zusammenhang mit einer allgemeinen Handelsexpansion statt. Sind weit und breit nur große Frachtschiffe zu sehen, steht es gewöhnlich schlecht um die Konjunktur."*[9] Ersetzt man den Begriff Monopol durch Schiffergilde(n), so läßt sich diese Regel auch für einen Fluß wie die Weser geltend machen. Im 17. Jahrhunderts nämlich bildeten die 1665 gegründete Vlothoer Schiffergilde[10] (vgl. Kat. 57) und die Mündener Schiffergilde, deren 1614 festgesetzte Statuten 1653 erweitert und bestätigt worden waren,[11] ein Duopol, das wegen der geographischen Distanz zwischen den beiden Orten bis zum 19. Jahrhundert stabil bleib. Die Ordnung der Mündener Gilde sah vor, daß niemand mehr als ein Schiff und einen Bock besitzen und auch *„die Maschopey [der Verbund] mit mehren als mit einem Schiff oder Bock unter den Gildebrüdern gäntzlich abgeschaffet"* sein sollte. Die Ausweitung der Tätigkeit einzelner Schiffer war somit auf die Möglichkeit der Vergrößerung der Fahrzeuge beschränkt.

4 Die 1608 in der Grafschaft Schaumburg verfügbaren sieben Schiffe hatten mit Ausnahme eines kleineren Schiffes (4 Last) eine Ladekapazität von acht bis zehn Last, was einen Durchschnittswert von 8,3 Last ergibt; vgl. dazu StA Bückeburg, L 1, Nr. 6663.

5 StA Detmold, L 92 A, Titel 133, Nr. 34 a, Kt. VIII.

6 StA Detmold, L 92 A, Titel 133, Nr. 34 a., Kt. V und VI.

7 Die Flußschiffahrt ist in dieser Hinsicht noch kaum erforscht.

8 Jeannin 1964, S. 75–78.

9 Braudel 1990/98, Bd. 1, S. 431–432.

10 Heil 1985.

11 HStA Hannover, Cal., Br. 8, Nr. 1316.

Zeichnung von einem sogenannten Weser-Bocke, Ansicht von der Seite, 1820 (Ausschnitt), Niedersächsisches Hauptstaatsarchiv Hannover, Sign. Hann. 95, Nr. 2248.

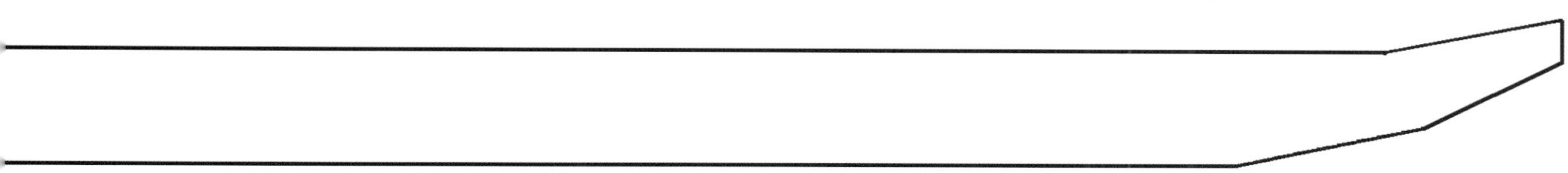

Schiffstypen und ihre Entwicklung

Den Weserzollisten können verschiedene Bezeichnungen von Schiffen entnommen werden, die sich möglicherweise auf unterschiedliche Typen beziehen. Während der Zöllner zu Varenholz 1565 bedauerlicherweise schon nach einer Woche darauf verzichtete, Zahl und Typ der Fahrzeuge pro Zoll entrichtender Person zu registrieren, hielt sein Kollege in Petershagen diese Praxis ein ganzes Jahr durch.[12] Von den dort über 900 eingetragenen Schiffern bzw. Frachteigentümern hatten nur knapp sieben Prozent ihre Waren explizit in einem „Bock", fünf Prozent in zwei „Schiffen" und zwei Prozent in einem „Schiff" und einem „Bock" verstaut. Einige wenige - deren Zahl hier zu vernachlässigen ist – luden die Fracht auf zwei Böcke, auf mehr als zwei Fahrzeuge oder in „Baumschiffe". Die übrigen 85 Prozent der Einträge erwähnen leider nur in seltenen Fällen explizit ein Schiff – vor allem wenn zollfreies Gut separat mit der Einleitung *„noch in demselben schiffe ..."* aufgeführt wird. Es läßt sich aber erschließen, daß es sich tatsächlich immer nur um ein Schiff handelt. Während die größtmögliche Getreideladung eines Schiffes 18 Fuder betrug, faßten die Böcke nur die Hälfte. Dieses Verhältnis bestätigen die Zolltarife. Bei Holz, Kalk, Steinen und Steinkohle waren Schiff und Bock sowohl in Petershagen als auch in Varenholz eine Maßeinheit. Ein Bock wurde in den 1560er Jahren lediglich mit der Hälfte eines Schiffszolls belegt, den ein Schiff bezahlen mußte.

Im ersten Jahrzehnt des 17. Jahrhunderts wurde der Bock zum vorherrschenden Transportfahrzeug für Steine und Kalk. Standen 1604/05 bereits 28 Bock- 16 Schiffsladungen gegenüber, waren es 1609/10 47 $^1/_2$ gegenüber sechs. Interessant ist, daß der Zoll für einen Bock nun üblicherweise 2/3 des Schiffszolls entsprach, einige Böcke wurden sogar höher verzollt. 1614 schließlich hatte der Bock das Schiff als Stein- und Kalktransportmittel bis auf eine Ausnahme verdrängt. Außerdem bewertete man den Bock nun in den meisten Fällen wie einige Jahre zuvor noch das Schiff. Bei Holztransporten dagegen hatte man den Bock schon 1609 unvermittelt – wohl aufgrund einer Verordnung – so hoch wie das Schiff verzollt; dort behielt das Schiff allerdings noch die Oberhand als Schiffstyp (1609/10 waren es 139 Schiffe gegenüber 24 Böcken).[13]

Um die Mitte des 17. Jahrhunderts hatte der Bock das Schiff als Transportmittel für Steine und auch für Holz verdrängt. Darüber hinaus sind im Register von 1650/51 ausnahmsweise bei jedem Eintrag Zahl und Typ der Fahrzeuge angegeben: Demnach hatte der Bock auch für den Transport von Getreide und „Bremer Gut" (Käse, Fisch und Butter) mittlerweile eine starke Stellung inne. Die größte Getreideladung eines Bocks waren 24 Fuder – eine Frachtmenge, die im ersten Jahrzehnt des Jahrhunderts kaum ein Schiffer hatte laden können (von denen die mit den größten Ladungen vermutlich mit mehr als einem Fahrzeug unterwegs gewesen waren). 1609/10 etwa wurden nur auf sieben Namen 24 Fuder Getreide oder mehr eingetragen. Mit dieser Tragfähigkeit lagen sie allerdings noch immer hinter den damals größten Schiffen, die 32 Fuder faßten. Die Zollisten aus späteren Jahren können diese Entwicklung allerdings nicht bestätigen, da sie keine vergleichbaren Angaben enthalten. Die vollständige Verdrängung des Schiffes im engeren Sinn durch den Bock bis zum 18. Jahrhundert darf als logische Konsequenz jener Entwicklung, die ihren Ausgang in der ersten Hälfte des 17. Jahrhunderts nahm, angenommen werden, sofern nicht einfach ein Bedeutungswandel der Begriffe stattfand. Gründe für diese Annahme lassen sich aus den vorliegenden Quellen jedoch nicht ableiten.

Zur Frage, wie Schiffe unterwegs waren

Daß die Schiffe (im weiteren Sinn) um die Mitte des 17. Jahrhunderts miteinander verbunden waren, läßt einerseits die Zolliste von 1650/51 vermuten, die wiederholt zwei oder mehr Schiffe (im engeren Sinn) oder Böcke unter dem Namen eines Schiffers aufführt. Einem Bericht zweier Dorfschiffer, die 1649 die Oberweser bei Höxter mit zwei Schiffern aus Münden aneinander gerieten, ist zu entnehmen, daß die Mündener *„mit großen Schiffen, darin die Siegell aufgezogenn, nebst etlichen daran gehenckten bocken ..."* fuhren.[14] Laut Bericht war der Bock noch immer Nebenfahrzeug. Die von Kaufleuten entworfene Bremer Schiffsordnung von 1651 verbot das Anhängen von beladenen Fahrzeugen. Ein Schiffer sollte *„nicht mehr, alß ein Schiff oder einen Bock führen, und bei demselben einen geringen ledigen lichten Bock gebrauchen, sonsten aber kein ander Schiff oder Bock hinten anhangen."*[15]

12 StA Minden, KDK Minden, Nr. 2607.

13 Die größere Konzeption des Bocks widerspricht nicht obiger Behauptung, daß es einen Zusammenhang zwischen Konjunktur und Schiffsgröße gibt. Bei Gütern mit sehr geringem Wert wie einigen Baumaterialien waren die Kosten vorrangiges Kriterium; die Vorteile der kleinen Schiffe, wie Flexibilität und Schnelligkeit, wirkten sich hier kaum aus.

14 StadtA Minden, Fürstabtei Corvey/Akten, Nr. 319, Bl. 221–224.

15 StadtA Minden, B 112 (alt).

Transportkosten

Einige Quellen erlauben eine grobe „betriebswirtschaftliche" Charakterisierung der Schiffahrt auf der Weser um 1600. Der Wert eines Schiffes war relativ gering. 1608 waren laut einem Memorial aus der schaumburgischen Kanzlei hundert Taler aufzubringen, um ein recht großes Schiff für den Transport von Steinkohle bauen zu lassen.[16] 1623 hatten zwei Mindener Bürger ein „Bockschiff" für sechzig Taler an einen Vlothoer Schiffer verkauft.[17] Da ein Fuder Getreide zwanzig bis dreißig Taler kostete und ein durchschnittlich großes Schiff zehn bis15 Fuder fassen konnte, konnte der Wert einer Ladung den Wert des Fahrzeugs um ein Vielfaches übersteigen.

Auch die Frachtraten waren im Vergleich zum Wert der Schiffe hoch. 1582 kostete der Transport von fünfzig Wage Eisen (ca. sechzig Zentner) flußabwärts von Höxter nach Bremen einen Hütteneigner fünf Taler. Für die kürzere Strecke auf dem Landweg von Adorf nach Höxter (ca. achtzig bis neunzig Kilometer) mußte er übrigens das Doppelte bezahlen.[18] Ein Schiff konnte etwa dreihundert Wage Ladung aufnehmen. 1600 hatten zwei Hamelner Kaufleute Schiffer ihrer Heimatstadt *„fur unndt umb drey thaler [pro Last Getreide] biß nach Bremen verdinget"*.[19] Im erwähnten Schaumburger Memorial von 1608 wird der Transport einer Last Steinkohle von Schaumburg (Rinteln?) auf dem Fluß nach Bremen mit vier Talern angesetzt. In einer Kostenaufstellung des Jahres 1640 sind für den Transport von 32$^{1}/_{2}$ Fudern Bückeburger Steinen – also etwa zwei Schiffsladungen – bis an die Weser 59 Taler und 15 Groschen berechnet worden, für den Transport nach Bremen sind 69 Taler und zwölf Groschen angegeben. Für den Weitertransport nach Hamburg ist der gleiche Betrag notiert.[20]

Somit reichten einem Schiffer rein rechnerisch betrachtet ein bis zwei Fahrten von der Länge der Strecke von Rinteln nach Bremen – die Rückfahrt jeweils eingerechnet –, um die Anschaffungskosten des Fahrzeuges zu amortisieren. Das Gros der Kosten eines Schiffers entfiel auf die Bezahlung des Personals. Das Schaumburger Memorial führt als notwendige Besatzung einen Steuermann und fünf oder sechs Knechte an, wobei ein Knecht für eine Bremenfahrt drei bis vier, im Winter fünf Taler erhielt. Die Bremer Schiffsordnung von 1651 forderte als Besatzung neben einem *„dem trunck nicht ergebenen Steurman"* sechs bis acht Knechte für ein Schiff und vier oder fünf für einen Bock. Damit war die Produktivität der Weserschiffahrt in der frühen Neuzeit aus heutiger Sicht ausgesprochen gering. Im Vergleich zum Landtransport jener Zeit war sie jedoch um ein Vielfaches höher.

16 StA Bückeburg, L 1, Nr. 6663.
17 StadtA Minden, B 633.
18 Schäfer 1977, S. 89–90.
19 StadtA Minden, B 657.
20 StA Bückeburg, L 1, Nr. 6904.

Zeichnung eines Weserbockes, 1858, Nordrhein-Westfälisches Staatsarchiv Detmold, Sign. L 109, Brake 329, Jahr 1858

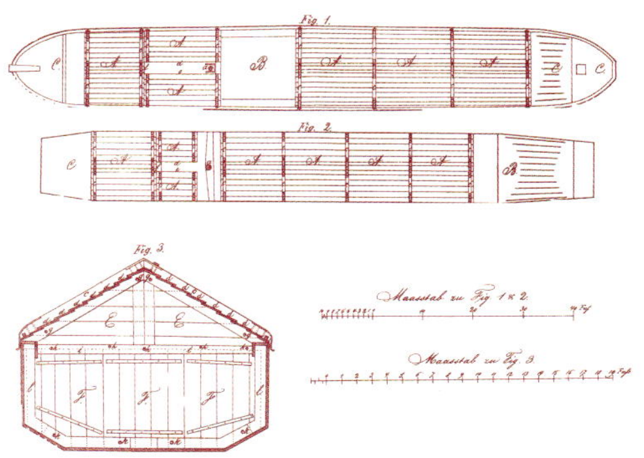

Schiffe auf der Weser im 18. Jahrhundert

Georg Heil

Anton Wilhelm Strack: Ansicht von der Stadt und Festung Hameln von der Schiffsschleuse ab, aquarellierte Zeichnung, um 1790 (Ausschnitt)

„Die Schiffahrt auf der Weser ist ein fruchtbarer Nahrungszweig für die westphälischen Provinzen. Es werden die wichtigsten Artikel des Aufwands und der Lebensnothwendigkeiten für die meisten Provinzen Westphalens über Bremen auf der Weser zu uns gebracht; z. B. Französische, Spanische und Portugiesische Weine; Oel, Thran, Lichter, Kaffee, Thee, Leinsaat und die meisten Materialwaren, welche aus Rusland, Pohlen, Preussen, Holland, Asien und Amerika herbeygeschiffet werden. Hiezu kommt noch, daß viele westphälische Provinzen einen Holzmangel haben, dem aus andern benachbarten an der Weser belegenen Provinzen abgeholfen wird, daß ferner alle Fabrikenwaaren der benachbarten Provinzen z. B. eiserne Oefen, Töpfe und Glasgut, hölzerne Geräthschaften und Salz vermittelst der Weserschiffahrt wechselseitig mitgetheilet werden ...".[1]

Im August und September 1999 ließ das Weserrenaissance-Museum Schloß Brake zwei Lastkähne aus der Weser bei Rohrsen (Landkreis Nienburg) bergen, die zur Zeit in einer gläsernen Halle im Braker Schloßareal konserviert werden. Die dendrochronologische Untersuchung der Schiffshölzer erlaubt, das Baudatum der Lastkähne auf die Jahre zwischen 1750 und 1760 einzugrenzen.[2] Damit stellen sie die ältesten Schiffe dar, die bisher in der Weser gefunden wurden. Die folgenden Ausführungen beschränken sich deshalb zwar im wesentlichen auf das 18. Jahrhundert, viele der hier erstmals vorgestellten Fakten bieten jedoch Erklärungen in Hinblick auf die Schiffahrt des 16. und 17. Jahrhunderts.

Die gesunkenen Lastkähne waren auf ihrer letzten Fahrt mit etwa 51 Tonnen[3] Obernkirchener Sandstein[4] auf der Talfahrt. Der Sandstein war in Kohlenstädt oder Rinteln[5] mit dem Ziel Bremen oder einem Hafen an der Unterweser an Bord genommen worden. Fundort und Fundsituation der bei Rohrsen gefundenen Schiffe lassen vermuten, daß sie aufgrund eines Steuerfehlers auf ein Unterwasserhindernis aufliefen. Von den Lastkähnen haben sich die Segmente erhalten, die von den Steinladungen auf dem Wesergrund festgehalten worden sind. Dementsprechend fehlen Bug und Heck, die nicht mit Steinen beladen waren. Für die Modelle, die in dieser Ausstellung gezeigt werden, mußten Bug und Heck deshalb rekonstruiert werden. Als Rekonstruktionshilfen dienten zeitgenössische Abbildungen von Weserschiffen sowie Zeichnungen von Weserlastkähnen aus dem Jahre 1820[6] und 1858.

Über die Ursachen, die zum Untergang der Weserlastkähne geführt haben, ist nichts bekannt.[7] Eine Sichtung der Quellen zu Schiffshavarien auf der Weser zwischen 1563 und 1871 machte deutlich, daß es ganz unterschiedliche Ursachen für Havarien gab: im Fahrwasser befindliche, natürliche Hindernisse wie die „Liebenauer Steine" und die „Vlothoer Gosse", Stürme und Windböen, gefährliche Strömungen im Uferbereich, Hochwasser und Eisfahrt, Fehler beim Linienzug, Kollisionen mit anderen Kähnen. Zu Havarien kam es auch häufig im Hafen bei Lösch- und Ladearbeiten, außerdem an Schlachtbauten

Die in der Weser bei Rohrsen gefundenen Lastkähne während der Bergung, August 1999

1 Weddigen 1787, S. 348.

2 Das beim Bau der Weserkähne verwendete Eichenholz wurde frisch verarbeitet, so daß Fälldatum und Baudatum zeitlich zusammenfallen. Zur Verwendung frischen Eichenholzes: StA Detmold, L 25 Varenholz, Nr. 131: Schiffer Korf aus Erder bittet darum, ihm zwei Eichen für den Weiterbau seines Schiffes zu verkaufen. Ohne Datum, 2. Hälfte 18. Jahrhundert.

3 Das entspricht 45 (Bremer Schiffs-) Last. Die Last war im 18. Jahrhundert an der Weser das gängige Gewichtsmaß für Schiffslasten. Eine (Bremer Schiffs-) Last entsprach nach Verdehalven 1968 2.000 Kilogramm.

4 Zu Obernkirchener Sandsteintransporten vgl. Poestges 1980. Weddigen vermerkte 1787 zu den Obernkirchener Sandsteinbrüchen: *„Die Steinbrüche auf dem Bückeberge geben ein majestätisches Ansehen. Der Berg, woraus der Stein gebrochen wird, ist so groß, daß nach Jahrhunderten noch ein reicher Vorrath von Steinen daselbst wird zu finden seyn. In diesen Steinbrüchen werden grobsandigte sehr harte Felsensteine, die Lagenweise liegen, in überaus großen Stücken gebrochen, und in die Nähe und Ferne versendet."* Weddigen 1787, S. 280.

5 Es ist nicht sicher, wo in der zweiten Hälfte des 18. Jahrhunderts der Steinladeplatz für Obernkirchener Sandstein lag. In Frage kommen Rinteln und Kohlenstädt. 1728 wird Obernkirchener Sandstein in Rinteln verladen (StadtA Minden, KZs 17). 1734 wird die Steinwippe von Kohlenstädt nach Rinteln verlegt (StadtA Rinteln Rep 1, r 3314). 1827 soll der Steinladeplatz von Kohlenstädt nach Rinteln verlegt werden . StadtA Rinteln Rep 1, r 3338.

6 HStA Hannover, Hann. 95, Nr. 2248. Der größere der bei Rohrsen gefundenen Lastkähne hat ähnliche Abmessungen wie der 1820 gezeichnete Kahn, dessen Abmessungen lauten: Länge 118 Fuß (34,57 m), Bodenbreite innen Schiffsmitte 10 Fuß (2,93) bzw. 7 Fuß (2,05 m) *„zwischen den Stümpfen"*. Breite Höhe Dollbord Schiffsmitte 14,5 Fuß (4,25 m), Höhe Bordwand Schiffsmitte fünf Fuß (1,47 m). Der Kahn hatte bei voller Ladung einen Tiefgang von vier Fuß (1,17 m) und leer von 16 Zoll (0,39 m). Das Ruderblatt hatte eine Länge von 23 Fuß (6,74 m). Bei der Umrechnung wurden der *calenberger (hann.)* Fuß von 0,293 Meter und der hann. Zoll von 2,434 cm zu Grunde gelegt worden. Nach: Verdenhalven 1968.

7 StA Detmold, L 109 Brake 329. Der abgebildete Lastkahn weist eine Länge von 31,85 Meter und eine Breite (Höhe Dollbord Schiffsmitte) von 4,15 Meter auf.

entlang der Ufer und durch unter Wasser liegende Fischwehre und Reste von Schlachtbauten. Ein havarieträchtiges künstliches Schiffahrtshindernis war bis zum Bau der Kammerschleuse im Jahr 1734 das „Hamelner Loch".[8] Bisweilen forderten die Havarien auch Todesopfer. Zwischen 1679 und 1800 lassen sich im Sterberegister der Vlothoer Gemeinde St. Stephan 86 tödlich verunglückte Vlothoer Schiffer nachweisen.[9]

Zu Beginn des 18. Jahrhunderts benutzten die Schiffer aus dem Oberweserraum Lastkähne von unterschiedlicher Tragfähigkeit und unterschiedlichen Abmessungen. Die Tragfähigkeit bewegte sich zwischen vier und vierzig Last.[10] Die Abmessungen der Lastkähne sind, mit Ausnahme der Breite, nicht überliefert, da für die Schiffer nur die Schiffsbreite, gemessen am Schiffsinnenboden, relevant war. Sie bildete die Berechnungsgrundlage für viele Abgaben der Weserschiffahrt. Die größte Breite wird vor 1734 mit zehn Fuß (2,93 Meter) angegeben. Das Gros der Lastkähne war jedoch kleiner und hat nur über fünf bis neun Fuß (1,47 bis 2,64 Meter) Breite verfügt.[11] Sie waren merklich größer als die im 16. und 17. Jahrhundert verwendeten Lastkähne.[12] Die auf der Oberweser mögliche Nutzzeit betrug sechs bis maximal zwölf Jahre.[13] Nutzzeit und Abmessungen waren durch die enormen Belastungen, denen die Kähne ausgesetzt waren, begrenzt. Besonderer Beanspruchung waren sie beim Überqueren des „Hamelner Lochs" oder „Wasserfalls" ausgesetzt, einer bei Hameln durch die Weser gezogenen Schlacht, die eine Fallhöhe des Wassers von acht Fuß (2,34 Meter) verursachte.[14] Auf der Oberweser kam es wegen der geringen Fahrwassertiefe häufig zu Grundberührungen, was die Lastkähne schnell altern ließ. Nach Inbetriebnahme der Hamelner Kammerschleuse im September 1734[15] verlängerte sich durch den Wegfall des „Hamelner Lochs" nach Aussage zeitgenössischer Quellen die Nutzzeit der Lastkähne auf etwa 15 Jahre,[16] was sich bis weit in das 19. Jahrhundert hinein nicht mehr wesentlich änderte.[17]

Bei Annahme einer Nutzzeit von maximal 15 Jahren müssen die bei Rohrsen gefundenen Lastkähne zwischen 1750 und 1775 untergegangen sein. Beide Lastkähne weisen starke Gebrauchs- und Reparaturspuren auf, weshalb zu vermuten ist, daß sie eine beträchtliche Anzahl von Jahren im Einsatz waren.[18] Da während des Siebenjährigen Krieges (1756–1763) Transporte von Obernkirchener Sandstein mit hoher Wahrscheinlichkeit auszuschließen sind[19] – alle verfügbaren Weserlastkähne sind für militärische Transporte eingesetzt worden – läßt sich der Untergang zeitlich auf die Jahre 1763 bis 1775 eingrenzen.

Nach Ablauf der Nutzzeit auf der Oberweser wurden die Lastkähne nicht abgewrackt, sondern weiterverkauft. Die Abnehmer waren auf der Unterweser bis nach Bremen und auf der Aller verkehrende Schiffer. Diese konnten sie, so berichten es die Vlothoer Schiffer im Jahre 1732, *„unter dem Hamelner Loche und auf der Weser und nach Celle annoch wohl fünff biß 6 Jahr gebrauchen ..."*[20] 1786 erklärte ein Mindener „Schiffsinspektor" den Umstand, daß mehr Schiffe zu Tal als zu Berg fuhren, damit, daß *„abgängige Schiffe verkauft werden, die die Weser nicht wieder herauf, sondern auf der Aller nach Hannover und Zelle fahren."*[21]

Abmessungen und Tragfähigkeit der Lastkähne nahmen nach dem Bau der Hamelner Schleuse nur geringfügig zu. Im Jahre 1787 lag die durchschnittliche Tragfähigkeit bei maximal sechzig Last; aber, so ein preußischer Beamter, *„allein wegen ihres ungleichen Strom Bettes und der vielen Untiefen ist sie [die Tragfähigkeit von 60 Last] die wenigste Zeit für solche Schiffe ... fahrbar"*.[22] Die im Raum Münden gebauten und genutzten Lastkähne verfügten 1787 über eine Tragfähigkeit von zehn bis vierzig Last. Ihre Breite lag zwischen dreieinhalb und neun Fuß (1,03 bis 2,64 Meter), ihre Länge zwischen 65 und 120 Fuß (19,05 bis 35,16 Meter).[23] Daß die Tragfähigkeit der Lastkähne im 18. Jahrhundert nach dem Bau der Hamelner Schleuse nicht stiegen, beweist die Beobachtung, daß die größte Tragfähigkeit eines Lastkahns im Jahre 1846 siebzig Last nicht überschritt. Die meisten Lastkähne nahmen jedoch unter fünfzig Last auf.[24] Die Abmessungen der Kähne orientierten sich im 18. Jahrhundert aber nicht allein an den Fahrwasserverhältnissen: 1724 wurde in Münden die Länge der von den Mündener Schiffern genutzten Lastkähne auf neunzig Fuß (26,37 Meter) und die Breite auf vier bis acht Fuß (1,17 bis 2,34 Meter) beschränkt. Dies geschah auf Drängen der städtischen Kaufleute. Sie führten die vielen Schiffshavarien, die für sie mit beträchtlichen Geschäftsverlusten verbunden waren, auf zu groß dimensionierte Lastkähne zurück.[25]

Der Bau der Lastkähne erfolgte durch Schiffer[26] und Schiffbauer. Mündener Schiffer ließen 1781 ihre „größeren Schiffe" durch Schiffbauer in Münden und Umgebung bauen.[27] 1781 betrieben in Münden und der Vorstadt Blume sieben Bürger „professionellen Schiffbau", mit einer Produktionsrate von zwei bis drei Schiffen pro Jahr.[28] Das Gros der Lastkähne wurde im 18. Jahrhundert aber offensichtlich von dörflichen Schiffbauern zwischen Münden und Hameln gebaut,[29] weil hier ausreichend Bauholz aus den umliegenden Wäldern zur Verfügung stand. Im Dorf Brevörde sollen um 1796 jährlich sieben Kähne ge-

8 Für das „Hamelner Loch" lassen sich zwischen ca. 1645 und 1734 mindestens 18 Havarien belegen. Die Schiffe sind entweder zerbrochen, oder stießen *„beim Herunterfallen ... an die Stadtmauer oder forn [d. h. mit dem Bug] auff das Wasser und die Wellen"*. Vor dem Überqueren des „Hamelner Lochs" wurde auf der Talfahrt das Ruder abgebaut, anschließend standen die Kähne „in Gottes Gewalt". StA Münster, KDK Minden 1730, Besprechung mit Vlothoer Schiffern v. 18.2.1732. In Münden bestand wegen des „Hamelner Lochs" die Bestimmung, daß *„nur gute und starke Schiffe ... zur Bremer Fahrt genommen werden."* Bei ihrer Ankunft und Abfahrt sind die Kähne deshalb *„jedesmal von den Gildemeistern und dem beeidigten Schiffbauer in Augenschein"* genommen worden. Willigerod 1817, S. 267.

9 Die Sterberegister wurden im Archiv des Evang. Kirchenkreises Vlotho in Bad Oeynhausen eingesehen.

10 StadtA Vlotho, Nr. 20, Protokoll von 1680 und StA Münster, KDK Minden 1728, Protokoll von 1696.

11 StA Münster, KDK Minden 1730, Schreiben von 1730.

12 StA Münster, KDK Minden 1728, Schreiben v. 20.04.1697.

13 StA Münster, KDK Minden 1729, Protokoll von 1710 und KDK Minden 1730, Schreiben von 1732.

Ein auseinandergebrochenes Schiff am Hamelner Loch, Ausschnitt aus: A. W. Strack: *Ansicht von der Stadt und Festung Hameln von der Schiffsschleuse ab*, um 1790

14 StA Münster, KDK Minden 1729, Protokoll von 1710 und StA Bremen, 2–R. 9. h. 1.

15 StA Bremen, 2–R. 9. h. 1.

16 StA Münster, KDK Minden 1730, Schreiben v. April 1735.

17 StA Detmold, L 77 A, Fach 223 Nr. 6770.

18 1831 wurden folgende Reparaturarbeiten für einen Weserlastkahn angesetzt: a) Jährliche Reparatur, bestehend in Kalfatern der Fugen, Aufschlagen von Schüreisen usw. oberhalb des Wassers, Teeren.
b) Alle fünf Jahre eine Hauptreparatur, bei dem das Schiff aus dem Wasser genommen werden muß. Bei der zweiten Hauptreparatur muß angefaultes Holz durch neues ersetzt werden.

baut worden sein.[30] 1805 befand sich in Uffeln gegenüber von Vlotho eine Schiffswerft, die von einem „Schiffbaumeister" betrieben wurde.[31]

Der Weserschiffer durfte nur Eigentümer von maximal zwei Lastkähnen sein. Die Regelung hatten die Schiffergilden zu Münden und Vlotho eingeführt.[32] An diese von der Obrigkeit überwachte Vorgabe waren auch alle anderen Weserschiffer gebunden. Benötigte ein Schiffer für einen Transport mehr als zwei Lastkähne, mußte er diese bei einem Kollegen mieten.[33] In der Regel fuhren die Weserschiffer ihre Lastkähne auf der Bergfahrt im Verband.

Die bei Rohrsen gehobenen Lastkähne besaßen beide einen Mast, der mehrere Funktionen erfüllte: Beim Linienzug wurde die Zuglinie (Zugleine) an ihm festgebunden.[34] Bei günstigem Wind befestigte die Besatzung zur Beschleunigung und Erleichterung des Linienzuges am Mast ein einfaches Segel.[35] Bei Lösch- und Ladearbeiten diente der Mast als Kranbaum für einen kleinen Lastkran.[36] Die Position des Mastes im vorderen Drittel des Lastkahns zeigt, daß seine Hauptfunktion darin bestand, der Befestigung der Zuglinie zu dienen. Auf der Talfahrt war der Mast hingegen in der Regel nicht aufgesteckt, sondern *„umgeklappt"*.[37] Die Schiffer ersparten sich so das jeweilige Umlegen des Mastes beim Passieren von Brücken. Bei den Rohrsener Lastkähnen hat sich jeweils der Mastschuh erhalten.

Die unterschiedlichen Bezeichnungen, die für die Weserlastkähne überliefert sind, verweisen auf die Funktion der Schiffe und sind nicht als Schiffstypenbezeichnungen im Sinne unterschiedlicher Konstruktionsmerkmale zu verstehen. Von der Bauweise her waren sie also alle ähnlich. Bezeichnungen wie Bock, Hinterhang, Bullen, Schiff, Lichtebock, Lichtebullen, großer Bock, kleiner und großer Achterhang u. a. beziehen sich stets auf den gleichen Schiffstyp, den „Bock". Er war im 18. Jahrhundert der einzige auf der Weser gebräuchliche Lastkahntyp. Unterschiede finden sich nur hinsichtlich der Abmessungen. Ein Wörterbuch aus dem Jahre 1720 beschreibt die Konstruktion knapp aber treffend: Der Bock sei ein *„langes, schmales und plattes Fahrzeug"*.[38] Diese Beschreibung bedarf lediglich der Präzisierung, daß der Bock hinten und vorne *„platt"* gebaut war und einen planen Boden besaß. Der fehlende Kiel machte es unmöglich, den Bock zu segeln.

Unter der „Hebung", d. h. dem Deck, am Heck besaßen die größeren Weserlastkähne eine Kajüte[39]. Dort befanden sich *„Schiffs-Betten und Decken"* und *„Küchengeräthe"*. An Bord wurde auch gekocht. 1762 verbrannten dem Schiffer Bierbaum aus Erder offensichtlich bei dieser Gelegen-heit beide Schiffe an der Mindener Schlacht.[40] Auf der „Hebung" hatte der Steuermann seinen Arbeits-platz und bediente mit dem Helmholz das lange Ruderblatt. Im Bug befand sich ebenfalls ein Deck. Auf diesem stand während der Fahrt ein Besatzungsmitglied und unterstützte mit Hilfe eines Schurbaumes die schwere Arbeit des Steuermannes. Unter dem Deck befand sich ein kleiner Raum, der zur Aufbewahrung von Schiffsausrüstungsgegenständen wie Tauen, Seilen, Stangen, Kornschaufeln u. a. diente. Um empfindliche Transportgüter vor schlechtem Wetter zu schützen, konnten hölzerne Verdecke aufgesetzt werden. Bei den Rohrsener Lastkähnen haben sich keine Hinweise auf solche Verdecke finden lassen. Bei einer Steinladung waren sie auch nicht erforderlich.

Auf der Talfahrt ließen die Schiffer die Lastkähne mit der Strömung treiben,[41] auf der Bergfahrt wurden sie von Menschen oder Pferden gezogen. Im 18. Jahrhundert überwog der Menschenlinienzug, weil es den Uferanliegerstaaten nicht gelang, den Pferdelinienzug durchzusetzen.[42] Vor dem Siebenjährigen Krieg konnte Preußen in seinem Weseranteil durch Anwendung militärischer Gewalt für einige Jahre den Pferdelinienzug gegen den Willen der Bevölkerung durchsetzen. Weite Teile der Bevölkerung wehrten sich vehement gegen die Einführung des Pferdelinienzuges, da der Menschenlinienzug für die unterbäuerliche Schicht[43] in vielen Weserdörfern eine bedeutende Einkommensquelle darstellte. Neben Männern beteiligten sich auch Frauen und Kinder am Linienzug. Nach dem Krieg wurde wegen Pferdemangels der Menschenlinienzug wieder allgemein üblich. Obrigkeit, Schiffer und Kaufleute favorisierten den Pferdelinienzug, weil er schneller und kostengünstiger als der Menschenlinienzug war. Ein Linienpferd leistete, so die damalige Faustformel, die Arbeit von sechs Linienziehern. In der zweiten Hälfte des 18. Jahrhunderts waren zwischen 35 und 90 Linienzieher notwendig, um einen Schiffsverband im Raum Minden/ Vlotho zu ziehen. Die Tagesleistung lag bei etwa zehn Kilometern, also etwa einem Kilometer in der Stunde. 1796 heißt es, beim Menschenzug sei ein Schiffsverband *„wohl ganze Tage auf einer Stelle, von der Weite eines Flintenschuß"*. Für die Strecke von dreißig Meilen benötige ein Schiffsverband sechs bis acht Wochen.[44] Die Schiffer bevorzugten den Pferdelinienzug, da die Linienzieher beim Menschenlinienzug bei günstigen Gelegenheiten Teile der Ladung zu stehlen versuchten, oder höhere Löhne erpreßten, wenn viele Kähne gleichzeitig auf der Bergfahrt waren und somit viele Linienzieher gebraucht wurden.

c) Zwischen dem fünften und neunten Gebrauchsjahr Erneuerung der aus Fichtenholz bestehenden Schiffsteile wie Verdecke und Bekleidungen. Stadtarchiv Vlotho unverzeichnet.

19 Vgl. StA Bremen, 2-R. 9. aa., Transportpatent v. 16.05.1761.

20 StA Münster, KDK Minden 1730.

21 StA Münster, KDK Minden V, 52, Bd. 4, Schreiben v. 04.08.1786.

22 StA Münster, KDK Minden 63, Bericht v. 27.01.1787.

23 Handlungs-Zeitung oder Wöchentliche Nachrichten von Handel, Manufakturwesen und Oekonomie. Gotha, 24.02.1787, S. 57–58.

24 StA Detmold, M 1 I D 2056.

25 HStA Hannover, Hann. 74 Münden, K 523, Vertrag vom 07. 02. 1724.

26 Weddigen 1787, Heft IX, S. 348.

27 HStA Hannover, 74 Münden, K 533.

28 Albrink 1990, Anmerkungen 159 und 161.

29 Vgl. Löbe, K. 1969, S. 349 und Fischer 1936, S. 51–52 und Patje 1796, S. 459.

30 Patje 1796, S. 364.

31 StA Münster, KDK Minden, V 70.

32 StA Münster, Grafschaft Ravensberg Urkunden 312 a, Gildebrief v. 1669 und Stadtarchiv Münden Ältere Reg. B 1677, Gildebrief v. 1653.

33 StA Münster, KDK Minden 1715, Schreiben v. Aug. 1784.

34 Zedler 1732–1754, Bd. 19, Sp. 1989.

35 StA Hannover, Hann. 74 Hameln, Nr. 3282, Bericht v. Dezember 1740.

36 StA Münster, KDK Minden 1623, Schreiben v. 03. 06. 1720.

37 StA Münster, KDK Minden 1623, Schreiben v. 03. 06. 1720.

38 Zit. nach Kluge 1973, S. 109.

39 HStA Hannover, Hann. 95, Nr. 2248, Bericht v. 10.11.1820.

40 StA Detmold, L 92, T 1, Tit. 80 Nr. 13.

41 In Quellen des 18. Jahrhunderts findet sich hierfür hin und wieder der bildhafte Ausdruck *„mit seinen Schiffen fließen"*.

42 Die folgenden Ausführungen zum Linienzug nach Heil 1987. Menschen, die auf dem Lande lebten, aber keine Bauern waren, sondern von Tagelohnarbeiten, Garnspinnen, Weben und anderen gewerblichen Tätigkeiten lebten.

43 StA Münster, KDK Minden 1730, Schreiben v. 28. 12. 1796.
1 (Preußen-) Meile = 7532,485 Meter;
30 Meilen = 226 Kilometer.

44 StadtA Vlotho, Nr. 20, Protokoll v. 1680 und StA Vlotho, Nr. 17, Urkunde v. 27.11.1680. Auf einer Konferenz in Stadthagen im Mai 1680 einigten sich Brandenburg und Braunschweig-Lüneburg, daß die Mündener Schiffer einen Verband von drei Kähnen fahren durften, alle anderen Schiffer, besonders die Vlothoer, einen Verband von zwei Schiffen. Beim Festfahren in Folge von Niedrigwasser war das Anmieten eines Leichterkahns gestattet. Für die Bevorzugung der Mündener Schiffer verzichtete Braunschweig-Lüneburg auf das Ladevorrecht der Mündener Schiffer in Münden.

Beim Linienzug wurde die Zugleine über eine Umlenkung geführt, die am Mast befestigt war, so daß die Zugkräfte besonders auf den Mast einwirkten. Festgelegt war die Zugleine am Heck des Schiffes in der Nähe des Steuermannes. Die Schiffsbesatzung mußte beim Linienzug konzentriert arbeiten, weil die Zugleine häufig, je nachdem wie weit das Fahrwasser vom Ufer entfernt war, verkürzt oder verlängert werden mußte. Beim Pferdelinienzug ging an Land ein sogenannter „Linienrepper" mit, der überwachte, daß die Zuglinie nicht an Hindernissen, beispielsweise an Büschen, hängenblieb. Mit einer langen Holzgabel hob er die Linie über die Hindernisse. Er öffnete auch die Durchlässe in den Zäunen, die den Linienpfad versperrten. Ihn begleiteten ein „Achtsmann", der entstandene Schäden an Linienpfad, Uferbefestigung und Pflanzen wie Bäumen und Büschen notierte, sowie mehrere Pferdetreiber.

Anton Wilhelm Strack: Ansicht von der Stadt und Festung Hameln von der Schiffsschleuse ab, aquarellierte Zeichnung, um 1790

Anton Wilhelm Strack: *Die Porta Westfalica und Hausberge nach Süden*, kolorierte Umrißradierung, Aquatinta, 1786, Ausschnitt

Ein „Taxator" wurde herbeigeholt, wenn der „Achtsmann" einen Schaden festgestellt hatte. Der Taxator setzte die Schadenssumme fest und kassierte sie an Ort und Stelle. Besondere Verantwortung lastete beim Linienzug auf dem Steuermann. Durch den Zug an der Zuglinie konnte der Kahn am Ufer auflaufen, wenn der Steuermann nicht durch Gegensteuern entgegenwirkte. Bei starker Gegenströmung mußte mit größter Sorgfalt gesteuert werden, denn wenn das Vorschiff zu weit vom Ufer abdrehte, konnte es an der Seite von der Strömung getroffen werden; in diesem Fall drehte es mit dem Bug vom Ufer ab. Stand der Kahn quer im Strom, nahm er schnell über das Dollbord Wasser auf und sank. Weder Gegensteuern noch die Kraft der Linienzieher oder der Linienpferde konnten ihn dann halten. Menschen und Pferde, die nicht von der Zuglinie befreit werden konnten, wurden in die Weser gerissen. Als letzte Rettung blieb dann nur das schnelle Durchtrennen der Zuglinie.

In der Regel fuhren auf der Bergfahrt mehrere Lastkähne aneinandergehängt im Verband. Die Mündener Schiffer durften im 18. Jahrhundert im Verband mit drei Kähnen fahren, alle anderen Weserschiffer nur mit maximal zwei Kähnen.[45] Bei Verstößen gegen diese Bestimmung erhoben Beamte des Amtes Vlotho für Brandenburg/Preußen und Beamte des Amtes Münden für Braunschweig-Lüneburg Geldstrafen. Ein Mündener Schiffsverband bestand im 18. Jahrhundert aus *„Bock, Hinterhang und Bullen mit zwei Dielenschiffen"*.[46] Das „Dielenschiff" war ein kleines Beiboot, das als ein *„langes schmales Schiff, (das) oft nur aus drei großen Planken oder Dielen zusammengesetzt"* ist, beschrieben wird.[47] Es diente dazu, die Zuglinie beim Linienzug an Land zu bringen und den Anker einzuholen. Bock und Hinterhang trugen die Transportgüter, der Bullen diente zum ‹bersetzen von Linienziehern und Linienpferden, wenn der Linienpfad die Uferseite wechselte (der sog. *„Überfall"*), und dem Leichtern der beiden großen Lastkähne bei einsetzendem Niedrigwasser oder beim Auffahren auf ein Hindernis.

Der Schiffsverband der anderen Weserschiffer umfaßte im 18. Jahrhundert zwei Böcke, im Idealfall einen großen und einen kleinen Bock. Der kleine Bock trug die Bezeichnung Hinterhang, weil er bei der

Bergfahrt hinter den großen Bock gehängt wurde. Zwei Dielenschiffe vervollständigten den Verband. Bock und Hinterhang trugen die Transportgüter. Dem ‹bersetzen von Linienziehern und Linienpferden dienten neben ihren anderen Aufgaben die Dielenschiffe. Mußten während der Fahrt bei plötzlich eintretendem Niedrigwasser die beiden großen Böcke geleichtert werden, durfte der Schiffer zusätzlich einen Leichterbock oder Leichterbullen anmieten.

Die bei Rohrsen gefundenen Weserkähne bildeten auf der Bergfahrt einen Schiffsverband, ähnlich wie ihn der Maler Anton Wilhelm Strack 1795 darstellte. Die Bezeichnung *„Mast"* für die Schiffsverbände auf der Weser ist offensichtlich erst in der zweiten Hälfte des 18. Jahrhunderts aufgekommen. Der früheste Beleg für die Verwendung datiert auf das Jahr 1778.[48] Der Mindener Wasserbaurat Nauk mutmaßte 1821, daß alle Schiffe eines Verbandes *„unter der Benennung eine Mast verstanden werden"*, weil sie *„strohm auf an einer Mast gezogen"* würden.[49] Für die Mündener Schiffsverbände ist für das Jahr 1787 der Begriff „volles Fahrzeug" belegt.[50] Auf der Talfahrt sind die Lastkähne einzeln gefahren. Die Fundsituation der bei Rohrsen gefundenen Lastkähne legt aber die Vermutung nahe, daß sie auf der Talfahrt seitlich aneinandergekoppelt gefahren sind. Für das 18. Jahrhundert sind derartige Schiffsverbände auf der Weser bisher unbekannt. Der früheste Beleg stammt aus dem Jahr 1893: *„Mehr als 2 Fahrzeuge dürfen nicht nebeneinander gekuppelt werden, und dann auch nur bei guten Wasserständen."*[51]

Ein Mündener Schiffsverband benötigte eine Besatzung von neun bis elf Mann.[52] In einer Vlothoer Quelle wird 1831 die Besatzungsgröße mit maximal zwölf Mann angegeben.[53] Bei gutem Wasserstand waren auf der Talfahrt weniger Besatzungsmitglieder nötig als auf der Bergfahrt. Die Besatzung bestand um 1760 aus dem Steuermann und *„erfahrenen Schiffm[ä]nnern, welche[n] die Führung eines Schiffes anvertraut werden" könne, und „Haveknechte[n] oder Schiffm[ä]nner[n] zweyter Gattung"* sowie *„Arbeiter[n], [die] die Schiffahrt nicht verstehe[n], und als gemeine Tagelöhner anzusehen"* seien.[54] Ferner war ein Schiffsjunge an Bord. Ständige Besatzungsmitglieder waren nur der Steuermann und der Schiffsjunge. Die übrige Besatzung wurde erst vor der Abfahrt angeheuert. Der Beruf des Steuermanns in der frühneuzeitlichen Weserschiffahrt war offensichtlich mit hohen körperlichen Anstrengungen verbunden. Daher konnte er keineswegs ein Leben lang ausgeübt werden. In einer Quelle von 1815 heißt es: *„So lange ihre Kräfte zureichten, das Geschäft eines Steuermannes zu verrichten, hatten sie Lebensunterhalt, aber wenn diese Kräfte fortgeschwunden waren, mußten sie, um ein kärgliches Brod zu behalten, bei der*

Schiffahrt eine dem Steuermann untergeordnete Stelle übernehmen."[55] Um 1770 wurde auf der Bergfahrt zwischen Ostern und August täglich von Sonnenaufgang bis Sonnenuntergang gefahren. In der Mittags-zeit war es üblich, nach dem Mittagessen eine Stunde zu schlafen. In der kälteren Jahreszeit zwischen September und Ostern wurde auch nach Sonnenuntergang gefahren, wenn der Mond ausreichend Licht spendete. In der Mittagszeit war lediglich eine Essenspause üblich.[56]

Die Eigentümer der Lastkähne, die *„Schiffsherren"*, übten in der Regel das Schiffergewerbe selbst aus. Dieses war im 18. Jahrhundert auf der Oberweser ein Handwerk, die Reederei war nicht gebräuchlich. Bereits Zollregister aus dem 16. Jahrhundert zeigen, daß häufig Teile der Schiffsfrachten Eigentum der Schiffseigner waren. Die Schiffseigner waren also auch als Händler tätig. Dies war im 18. Jahrhundert nicht anders. Eine Quelle aus dem Jahre 1796[57] bezeichnet dieses Handeln als notwendig: Die Schiffer müßten einen Teil ihrer Ladung selbst erwerben, um nicht so lange im Hafen liegen zu müssen, bis zumindest so viel Ladung zusammengekommen sei, daß die Frachtgelder wenigstens die Reisekosten und die Unterhaltskosten für die Kähne deckten. Auch nähmen die Schiffer häufig Güter in Kommission und hafteten für deren sichere Unterbringung und Bezahlung, um an ausreichend Ladung zu kommen. Den dörflichen Schiffern wurde die Handelstätigkeit wegen ihrer Hörigkeit häufig erschwert. 1761 bat der Schiffer Bierbaum aus Erder Graf Simon August, ihn mit folgender Begründung aus der Hörigkeit zu entlassen:

[Ich] muß den nöthigen Unterhalt für Weib und 3 Kinder durch Schiffahrt und sonstigen Handel und Wandel außer Landes suchen. Da man aber bey solchen Gelegenheiten von mir alß einem Eigenbehörigen immer den Guthsherrlichen Consens haben will, solchen aber allzeit zu extrahiren mir ohnmöglich fällt und dadurch manchen ehrlichen Vortheil nachsehen muß, und also zu nichts in der Welt kommen kann. Alß unterwinde mich Euer Hochgräfliche Gnaden hiedurch in unterthänigster Devotion anzugehen und fußfälligst zu bitten, Hochderoselben gnädigst geruhen wollen, mich und die Meinigen des Eigenthums, für eine etwan gnädigst zu determinirende Summa Geldes zu erlaßen, mithin mich und die meinigen in Freyheit zu setzen."[58]

45 StA Bremen, 2–R. 9. h. 1.

46 Kluge 1973, S. 184. Die kleinen Beischiffe wurden auch „Moorschiffe" genannt.

47 StA Münster, KDK Minden 1714, Schreiben v. 1778.

48 Nauk 1821, S. 340.

49 Handlungs-Zeitung oder Wöchentliche Nachrichten von Handel, Manufakturwesen und Oekonomie. Gotha 24.02.1787, S. 58.

50 Handlungs-Zeitung oder Wöchentliche Nachrichten von Handel, Manufakturwesen und Oekonomie. Gotha 24.02.1787, S. 58.

51 Führer auf den deutschen Schiffahrtstraßen 1893, S.35.

52 StA Detmold, L 92, T 1, Tit. 80, Nr. 13.

53 StadtA Vlotho, unverzeichnet.

54 StA Bremen, 2–R. 9. aa., Transportpatent v. 16.05.1761.

55 Memoire der Deputierten des Bremer und oberländischen Handelsstandes. Bremen 1815.

56 Kommunalarchiv Minden, Stadt Minden, C, Nr. 1037.

57 StA Münster, KDK Minden 1730, Schreiben v. 28.01.1796.

58 StA Detmold, L 92, T 1, Tit. 80, Nr. 13, Schreiben v. 30.09.1761. Schiffer Bierbaum besaß neben zwei Kähnen in Erder eine „kleine Kottstette" mit einem Garten und zehn Himten Land. StA Detmold, L 92, T 1, Tit. 80 Nr. 13, Schreiben v. 04.01.1762.

Weserfloß – Modell
nach 1945

Holz, Stroh, Eisen
L 89 cm (mit Ruder 102,5 cm), B 18 cm, H 11
Minden, Wasser- und Schiffahrtsamt, Inv. Modellkartei Nr. 30

106

DAS SCHIFF

Das Modell des Weserfloßes fertigte Floßmeister Karl Meyer (1903 Gimte–1996 Hann. Münden), der 1934 sein Floßführer-Patent für die Weser erhalten hatte. Die Grundmaße entsprechen im Längen-Breiten-Verhältnis in etwa einem Maßstab von 1 : 50. Sie sind auf ein Weserfloß oberhalb der Allermündung zu übertragen, dessen Abmessungen laut Polizeiverordnung Weser Hann. Münden–Bremen eine maximale Breite von acht Metern und eine maximale Länge von 57,5 Metern aufweisen durften. Nach Aussagen eines ehemaligen Floßführers betrug die Länge für ein solches Weserfloß nach dem Zweiten Weltkrieg jedoch in der Regel nur 42 bis 46 Meter. Der Maßstab 1:50 ist allerdings nicht auf die einzelnen Floßteile, Stammstärken, Floßruder, Floßhütte, Anker oder besonders Kochtopf, übertragbar. Das Modell ist ein typisches Laienmodell, das nur den grundsätzlichen Eindruck eines Oberweserfloßes vermitteln soll.

Flöße waren in der Vergangenheit die herausragende Möglichkeit, Holz aus den waldreichen in die waldarmen Gebiete zu transportieren, um den immensen Bedarf der Städte an Feuer- und Bauholz sicherzustellen. Da bis ins 19. Jahrhundert weder ein ausreichendes Straßennetz vorhanden war noch der Ausbau der Straßen den Erfordernissen der Holz-Schwerguttransporte entsprach, blieb allein der Wasserweg, um das Holz über längere Strecken hinweg aus den Wäldern zu den Abnehmern zu bringen.

Flößerei auf der Weser um 1900

Wie nahezu alle Flüsse und Bäche dienten auch die Weser und ihre Nebenflüsse dem Floßholztransport. Aus dem Werra- und Fuldaraum, aus dem Bram- und Reinhardswald sowie dem Solling wurde Eichen- und vor allem Nadelholz per Floß in die Städte und Dörfer entlang der Weser transportiert. Einen großen Bedarf an Schiffsbauholz und an Rammpfählen für den Bau von Hafen- und Kaianlagen hatten besonders die Städte an der norddeutschen Küste, allen voran Bremen, aber auch Oldenburg, ferner seit dem 19. Jahrhundert Bremerhaven und nach dem Bau des Mittellandkanals an der Ems Haaren, Papenburg und Emden.

Der immense Holzbedarf der Hafenstädte und der im Binnenland gelegenen Orte führte vielfach zu konkurrierenden Interessen. Vor diesem Hintergrund versuchten Städte wie Münden, Hameln, Minden oder Bremen, durch die Ausübung des Stapelrechts die Versorgung der eigenen Bürger mit dem begehrten Rohstoff Holz abzusichern.

Die Flöße brachten nicht nur Holz. Als Ladung, als sogenannte Oblast, wurden Waren mitgeführt: Eisenbarren, Werkzeuge und Mühlsteine, Mineralwasser, Gebrauchskeramik, Fayencen und sogar das empfindliche Fürstenberger Porzellan. Diese beliebten Handelsgüter wurden entweder in den Anrainerorten entlang der Weser verkauft oder über die Häfen an der Küste dem Fernhandel zugeführt.

Gefahren und gesteuert wurden die Weserflöße von einer zwei- bis dreiköpfigen Floßbesatzung. Zur Steuerung mit dem ca. 14 Meter langen Ruder gehörten Körperkraft und Übung. Die Erfahrung wurde oft über Generationen vermittelt. Ganze Dörfer waren auf das Flößen spezialisiert, wie z. B. Gimte für die Weser, Wernshausen für die Werra oder Elvershausen für die Leine.

Urkundlich nachweisbar ist die Weserflößerei seit dem 13. Jahrhundert. Erst im Juli 1964 schwamm nach Jahrhunderten intensiv betriebener Flößerei das letzte kommerzielle Weserfloß über Oberweser, Mittellandkanal und Ems nach Papenburg.

Hans-Walter Keweloh

Literatur: Delfs 1952; Keweloh 1985; Borger-Keweloh/Keweloh 1991.

Kat. 26

Prachtschiff des Landgrafen Moritz von Hessen – Modell
Hamburg, 1997

H 42 cm, L 51 cm, B 15,5 cm
Lemgo, Weserrenaissance-Museum Schloß Brake, Inv. S 82/97

Schauszenarien mit Schiffen waren ein fester Bestandteil der höfischen Festkultur der Renaissance. Nach antiken Vorbildern setzten Renaissancefürsten ganze Plätze und Innenhöfe unter Wasser, um Seegefechte und mythologische Wasserschlachten möglichst realistisch darzustellen. Solche Spektakel waren unter anderem Bestandteil der Feierlichkeiten, die der Kasseler Landgraf Moritz der Gelehrte 1596 aus Anlaß der Taufe seiner Tochter Elisabeth inszenieren ließ. Darüber hinaus besaß Moritz ein prachtvoll gestaltetes Schiff, mit dem er repräsentative Lustfahrten auf der Fulda unternehmen konnte. Vorbild für das Kasseler Schiff war zweifellos der Bucintoro, das Prachtschiff des Dogen von Venedig, das erst unter Napoleon demontiert wurde. Alljährlich am Himmelfahrtstag fuhr der Doge mit dem Schiff hinaus, um die Vermählung der Stadt mit dem Meer zu feiern, indem er einen Ring als Votivgabe ins Wasser warf. Am Hofe Moritz des Gelehrten gab es offensichtlich eine große Vorliebe für solche maritimen Vergnügungen nach venezianischem Vorbild. So stellte der Landgraf in einer Handzeichnung seinen Sekretär Johann Eckel in einer venezianischen Gondel dar. Gondeln nach venezianischer Art finden sich auch in Illustrationen der fürstlichen Kindtaufe von 1596.

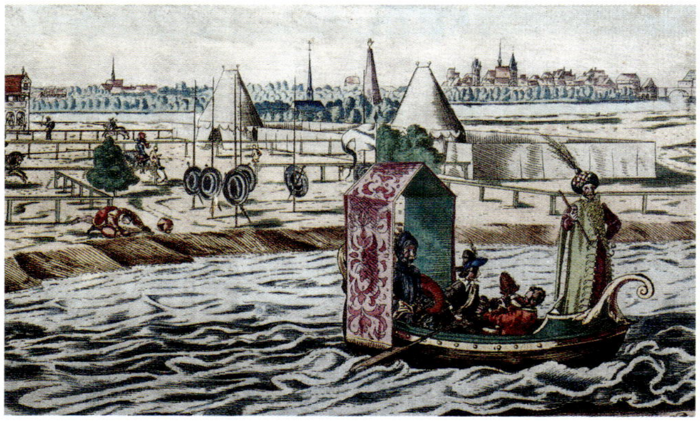

Überfahrt zur Insel des irdischen Glücks, aus Wilhelm Dilich, *Historische Beschreibung der Fürstlichen Kindtauff Fräwlein Elisabethen zu Hessen ... Welche im August deß 1596. Jahrs zu Cassel gehalten worden ...* Kassel 1598

Der Bucintoro war Vorbild auch an anderen Höfen in Zentraleuropa. In München unterhielt Kurfürst Ferdinand Maria von Bayern ein ähnliches, 1663/64 gebautes Schiff, dessen archivalisch belegte Bezeichnung Bucentaur auf das venezianische Vorbild hinweist. Der Kasseler Bucintoro wurde zum Vorbild für andere Höfe. So ließ sich Kurfürst Friedrich IV. von der Pfalz um 1600 ein Lustschiff nach Kasseler Vorbild bauen. Es ist überliefert in einer Handschrift des Kurpfälzers Marcus zum Lamm.[1] Ein ähnliches Prachtschiff besaß Herzog Heinrich Julius von Braunschweig-Lüneburg. Das Aufgreifen solcher Formen höfischer oder staatlicher Repräsentation belegt die internationale Ausrichtung der Hofkultur im Weserraum. Ähnlich wie im Falle der Rezeption neuer Bauornamentik übernahm man auch Formen und Inhalte aus anderen Bereichen der europäischen Kultur.

Die Fulda war bis um 1600 kein durchgängig schiffbarer Fluß, und insbesondere in den Sommermonaten lag ihr Wasserstand zu niedrig. Nachdem Moritz die Fulda von Kassel bis Hersfeld durch die Vertiefung der Fahrrinne hatte schiffbar machen lassen, veranstaltete er eine große Schaufahrt: *„Anno 1600, den 3. Juni, richtete Herr Landgraf Moritz zum ersten Mal diese Schiffahrt an. In Hersfeld traten sie in ein großes Schiff samt Herrn Joachim, Abt und Fürst zu Hersfeld, und noch mit zwei großen Schiffen, worin deren Bediente saßen, schifften herunter bis hierher nach Rotenburg und weiter nach Cassel"*, heißt es in der sogenannten Rotenburger Chronik des Friedrich Lucae. Der Ausbau der Fulda führte dazu, daß die aus Bremen kommenden Waren des internationalen Fernhandels jetzt bis Rotenburg und Hersfeld auf dem Wasserweg transportiert werden konnten: *„Anno 1601, den 24. September, arrivierten hier zu Rotenburg zum ersten Mal drei Schiffe mit Bremer Waren beladen von Cassel. Nachdem die Interessenten in Rotenburg ihre Portion abgenommen hatten, gingen sie gen Hersfeld."* Man mag daran erkennen, wie verzweigt das Transportsystem der Weser war und wie weit es über angrenzende Flüsse den Seehandel mit dem Binnenland verband.

Heiner Borggrefe

Literatur: Plet 1837; Simonsfeld 1890; Gerlach 1957, S. 41; Schlick 1963; Urban 1980; Kat. Heidelberg 1991, D7; Kurz 1993; Hepp 1993 a, S. 221–222; Rotenburger Chronik, Bd. 1, Nachdruck Kassel 1996, S. 156–161; Kat. Lemgo 1997, Kat. 178.

1 Kolorierte Handzeichnung, 12,5 x 18 cm, aus: Marcus zum Lamm, Thesaurus picturarum, Darmstadt, Hessische Landes- und Hochschulbibliothek Inv. Hs. 1971 (V 151 r).

Prachtschiff des Landgrafen Moritz von Hessen, kolorierte Handzeichnung aus: Marcus zum Lamm, *Thesaurus picturarum*, 1601

Landschaft mit Merkur und Psyche

Simon Novellanus (tätig 1560/90 in Köln)
nach Pieter Brueghel d. Ä. (1564–1638?)
nach 1553

Bildunterschrift: ARTE ET INGENIO STAT SINE MORTE DECUS. / Pulcher Atlantiades Psychen ad Sydera tollens, / Ingenio scandi Sydera docet. / Ingenio liquidum possim condescendere Caelum, / Si mundi curas fata leuare velint. / Petrus Breugel fec: Romae A:° 1553. / Excud: Houf: cum prae: Caes:
Radierung
27,3 x 34,2 cm
Rijksmuseum Amsterdam, Inv. RP-P-1890-A-15898

110

Eingebettet zwischen einem Schloß auf einem steilen Felskopf und einer sanft ansteigenden Felsformation erschließt ein Fluß die Tiefe der weiträumigen, vornehmlich agrarisch geprägten Landschaft, die dem Typus der in der niederländischen Kunst des 16. Jahrhunderts verbreiteten imaginären Weltlandschaft verpflichtet ist. Im Widerspruch dazu steht das Motiv der beiden Künstler, die im Vordergrund des Blattes auf einer Anhöhe hocken. Sie wiederholen – zeichnend über ihre Skizzenbücher gebeugt – die Blickrichtung des Betrachters und machen die Landschaft, auf die sie blicken, zugleich zum Landschaftsporträt. Gegenstand ihrer Aufmerksamkeit sind offensichtlich die pittoresken, sich im Fluß spiegelnden Felsen des gegenüberliegenden Ufers, die als Steinbruch genutzt werden. Nicht weniger interessant scheint das „Treiben" auf dem Fluß: Während ein Floß und ein Kahn von der Strömung des Flusses dem Betrachter entgegengetrieben werden, ist am rechten Flußufer, unmittelbar vor den Steinbrüchen, die traditionelle Form des Treidelns (Linienzug) zu erkennen, bei der ein von einer Person geführtes Gespann aus Zugtieren einen Kahn flußaufwärts zieht.[1] Der im Bereich des Vorderschiffes angebrachte Mast dient nicht als Segel-, sondern als Zugmast. Durch den hohen Befestigungspunkt wird ein Kollidieren des Zugseils mit der Uferbepflanzung vermieden. Realisiert man allerdings, daß gerade dieser Fall schon wenig später eintreten wird – zumindest legen das die Bäume an der Uferböschung auf Höhe des Floßes nahe – so könnte man meinen, daß der eingangs konstatierte artifizielle Charakter der Landschaft einmal mehr deutlich wird. Tatsächlich mußten solche Hindernisse an Flußufern damals beim Treideln überwunden werden. Gerade diese authentische Wiedergabe des Treidelns attestiert dem Blatt in kultur- und technikhistorischer Hinsicht einen hohen dokumentarischen Wert.

Der Fluß, der stets Naturform, oftmals aber auch Sinnbild der Zeit oder Symbol des Lebens und seiner wechselnden Bedingungen und seit Beginn der Landschaftsmalerei intelligent integriertes künstlerisches Mittel zur Erzeugung größter tiefenräumlicher Illusion ist, scheint hier somit auch in seiner Funktion als wichtiger Transportweg zwischen weit entfernten Handelsplätzen vorgestellt zu werden. Ob die Hinzufügung zumindest Merkurs als Gott des Handels der generellen wirtschaftlichen Bedeutung von Wasserstraßen Rechnung tragen soll, ist allerdings fraglich, ist es doch ebenso vorstellbar, daß er zusammen mit Psyche erst auf Wunsch des Kunstagenten und Hofmalers Kaiser Rudolfs II. (1576–1612), Joris Hoefnagel (1542–1600), in die Landschaftskomposition integriert worden ist. Letzterer war nämlich der Herausgeber des vorliegenden Blattes, das vermutlich von dem deutschen Zeichner, Radierer und Kupferstecher Simon Novellanus (um 1535–1595) nach einer 1553 entstandenen Zeichnung Pieter Brueghels d. Ä. (1525/30–1569) radiert wurde, in der die mythologischen Gestalten noch nicht die rechte obere Ecke des Blattes füllten. Brueghels Zeichnung selbst jedenfalls – und hier insbesondere das Motiv der Landschaftszeichner in der Landschaft – mag schließlich als autobiographischer Reflex gelesen werden, berichtet doch der niederländische Maler und Kunsthistoriograph Carel van Mander (1548–1606) in seinem Schilder-Boeck von 1604, Brueghel habe, *„als er in den Alpen war, all die Berge und Felsen verschluckt und als Malbretter wieder ausgespien, so nahe vermochte er in dieser und anderer Beziehung der Natur zu kommen"*.

Andreas Gormans

Literatur: Hollstein, D/F, Bd. 3, S. 254; Mielke 1979, S. 69–70; Müller Hofstede 1979, S. 117–118; Holländer 1982; Steingräber 1985, S. 147–153; Gibson 1989, S. 63–64, Fig. 5.6; Mander/Floerke 1604/1991, S. 152–157; Kat. Brüssel 1995, Nr. 42, S. 116; Busch 1997, S. 13–32, 111–119.

1 Vgl. dazu den Beitrag von Georg Heil *Schiffe auf der Weser im 18. Jahrhundert*, bes. S. 103, 104.

ARTI ET INGENIO STAT SINE MORTE DECVS.
Pulcher Atlantiades Psychen ad Sydera tollens,
Ingenio scandi Sydera posse docet.
Ingenio liquidum possim consendere Cælum,
Si mundi curas fata leuare velint.
Petrus Breugel fec: Romæ A°: 1553.
Excud: Houf: cum pra: Cæs:

Kat. 28

Teller
Hans Feupell
Witzenhausen, 1612

Irdenware, bemalt und glasiert
Dm 27 cm
Staatliche Museen Kassel, Inv. 1979/169

112
DAS SCHIFF

Die Innenseite des Tellers wurde nach dem Engobieren zunächst mit dem Malhorn in zwei Motivzonen unterteilt. Dazu wurde der Übergang zwischen Wandung und Rand bzw. Fahne mit drei bzw. vier gemalten Kreisen gegeneinander abgegrenzt.

Der Spiegel zeigt die Darstellung eines einmastigen Schiffes mit einem stakenden Mann im Bug und einem stakenden Jungen im Heck. Der Mann hat leicht gewellte, kinnlange Haare und trägt eine renaissancezeitliche Tracht mit Halskrause, Wams und knielanger, gemusterter Hose. Den Staken führt er mit der rechten Hand. Der Junge trägt ebenfalls eine Halskrause, allerdings ist seine Tracht schlicht und unverziert. Er hält den Staken mit beiden Händen. Bei dem Schiff könnte es sich um ein kleineres Lastschiff (Weserbock) handeln. Es ist mit einem Mast ausgerüstet, konnte also bei der Fahrt fluflabwärts gesegelt werden. Die Schiffswand ist durch ein rautenförmiges Muster dargestellt, das auch für andere Fundstücke, z. B. Kleidung, verwendet wurde. Es handelt sich also nicht um eine naturalistische Darstellung der hölzernen Schiffswand. Das Motiv im Spiegel ist in Sgraffitotechnik ausgeführt, d. h. zunächst wurden die Figuren und das Schiff mit dem Malhorn gemalt und anschlieflend ihre Konturlinien in den roten Untergrund eingekratzt. Auf diese Weise konnten die Details herausgearbeitet und betont werden. Das Gewässer ist durch einen schwachwelligen, breiteren Malhornstrich angedeutet. Rechts und links des Mastes findet sich die Jahreszahl 1612. Das Spiegelmotiv reicht an mehreren Stellen über die gemalten Kreise hinaus. Die andere Motivzone ist mit einem Ornamentband bemalt. Es besteht aus einem Spiralmotiv, das im oberen Bereich des Tellers vier Mal nebeneinandergesetzt wurde. Dieser Teil des Ornamentbandes ist vom unteren durch jeweils drei dünne Farbstriche getrennt. Im unteren Bereich des Ornamentbandes wiederholt sich das Spiralmotiv zehn Mal. Auf der Außenseite des Randes sind alternierend senkrecht bzw. schräg verlaufende Strichgruppen und Längsstriche gemalt.

Der Teller wurde aus der Abwurfgrube des Töpfers Hans Feupell in Witzenhausen an der Werra geborgen. Nachweislich befand sich die Werkstatt Hans Feupells ab 1599 vor der Stadtmauer an der Werrabrücke. Unter den Fehlbränden der Werraware, die in mehreren Orten an der Werra, aber auch durch abgeworbene Töpfer im niederländischen Enkhuizen produziert wurde, kommen Schiffsdarstellungen im Gegensatz zu anderen Motiven äußerst selten vor. Aus dem Werkstattfund im niederländischen Enkhuizen ist das Motiv eines Kriegsschiffes im Spiegel einer kleinen Schüssel bekannt. Die Darstellung auf dem Witzenhausener Teller dürfte den Binnenschiffsverkehr auf der Weser und ihren schiffbaren Zu- und Nebenflüssen zeigen. Der Fluß war der wichtigste Transportweg für den Keramikhandel. Auf ihm wurden die keramischen Erzeugnisse des Oberwesergebietes nach Bremen vertrieben. Von dort gelangte die Werraware des 16. und 17. Jahrhunderts als Handelsgut in die skandinavischen Länder, nach England und bis Nordamerika. In den Niederlanden hielten die Kaufleute diese Ware als „Hessische“ und „Braunschweiger Keramik“ feil.

Der Witzenhausener Teller war, da er ein Einzelstück ist, vielleicht eine mißlungene Arbeit für einen Binnenschiffer der Weser.

Uta Halle

Literatur: Stephan 1979, Abb. 25;
Bruijn 1992, S. 233 u. 132, Abb. 73.

Kat. 29

Häfen und Schlachten

Ulrich Weidinger

Bremen

Unter der Überschrift *Die Slacht gehört thor Stadt* findet sich im Ratsdenkelbuch der Stadt Bremen zum Jahr 1557 der lapidare Satz: *„Dat man de Slacht hinforder holden und achten wolde alse bynnen unser stadt."*[1] Die Slacht oder Schlachte hat allen lautlichen Übereinstimmungen zum Trotz nichts mit dem städtischen Schlachtergewerbe zu tun, sondern ist in Bremen wie im gesamten Weserraum die gängige, seit altersher gebräuchliche Bezeichnung für die städtische Hafenanlage. Die Semantik des Wortes bezieht sich auf das Einschlagen oder Einrammen von Pfählen und Pflöcken in den Ufergrund, eine Tätigkeit, die man im niederdeutschen Sprachraum gemeinhin als „slachten" bezeichnete. Da derartige Uferpfahlwerke vorzugsweise – zunächst als einfache Uferbefestigungen, später dann als Fundament komplexer Kaianlagen – im Bereich von Schiffsanlegestellen benötigt und angelegt wurden, wurden diese vielerorts namengebend für den als Hafen genutzten Uferabschnitt. Daher findet sich das Wort Schlachte in seinen verschiedenen, lokal ausgeprägten Varianten (z. B. Slacht, Slagde, Slagte) in vielen traditionellen Hafenstädten entlang der Weser als Synonym für Hafenanlage und hat dort zum Teil bis auf den heutigen Tag im Stadtplan seine Spuren hinterlassen.

„Dat man de Slacht hinforder holden und achten wolde alse bynnen unser stadt" – in diesem Beschluß der Wittheit, d. h. der Gesamtheit des städtischen Rates, verdichtet sich die Hafensituation der Stadt Bremen an der Schwelle vom Mittelalter zur frühen Neuzeit gleichsam in einem Brennspiegel.
Die Schlachte, Bremens Flußhafen entlang des altstädtischen Weserufers, war, so jedenfalls legt der Wittheitbeschluß von 1557 nahe, Mitte des 16. Jahrhunderts zumindest aus rechtlicher Sicht noch nicht Teil des eigentlichen Stadtgebiets. Diese seltsam anmutende Tatsache geht unmittelbar auf die Anfänge des Hafenbetriebs an der Schlachte zurück, die sich in die erste Hälfte des 13. Jahrhunderts datieren lassen. Der Schlachtehafen befand sich ursprünglich außerhalb der um 1200 errichteten Stadtmauer, die damals in Höhe des heutigen Straßenzuges Tiefer – Martinistraße – Langenstraße verlief.[2] 300 Jahre später hatte sich die Situation jedoch grundlegend geändert. Die städtische Bebauung hatte sich im Laufe des Spätmittelalters immer weiter in die – durch Aufplanierung des Geländes bewohnbar gemachte – Flußniederung vorgeschoben und das Weserufer nahezu erreicht. Im gleichen Zeitraum war die Stadtmauer im Bereich der Schlachte zusehends verfallen. Stadt und Hafen waren also mehr oder weniger zusammengewachsen. Der Wittheitsbeschluß, der vorsah, den Schlachtehafen künftig in das städtische Territorium einzubeziehen, vollzog 1557 auf rechtlicher Ebene nach, was die Stadtentwicklung vorweggenommen hatte.

Der Wittheitsbeschluß zielte aber keineswegs nur auf eine Anpassung der rechtlichen Verhältnisse an die reale Stadtentwicklung ab, sondern war vielmehr Auftakt der grundlegenden Erneuerung des Bremer Uferhafens an der Schlachte in den 1560er oder 1570er Jahren. Die alte, noch aus mittelalterlicher Zeit stammende, hölzerne Hafenanlage wurde vollständig durch ein modernes Uferbollwerk in Steinbauweise ersetzt. Da die Neugestaltung 1557 sicherlich schon in Planung war, kam dem Wittheitsbeschluß auch die Funktion zu, die rechtliche Grundlage und die administrativen Voraussetzungen für die umfassende Hafenmodernisierung zu schaffen.[3] In seiner gleichermaßen rückwärtsgewandten wie zukunftsbezogenen Intention markiert der Beschluß die Schnittstelle zwischen der mittelalterlichen Hafenepoche und der kurz nach Mitte des 16. Jahrhunderts ins Werk gesetzten frühneuzeitlichen Hafenkonzeption.

1 Staatsarchiv Bremen, 2 – P. m. 6. a. (10.12.1557).
2 Zu den Anfängen des Bremer Schlachtehafens vgl. Weidinger 1997, S. 214–230; Weidinger 1998, S. 36–41.
3 Weidinger 1997, S. 340.
4 Vgl. zum Folgenden auch Weidinger 1997, S. 258–261 und S. 338–341; Weidinger 1998, S. 43–44.
5 Eckhardt 1931, S. 303.

Bildlichen Ausdruck finden diese Vorgänge in den beiden ältesten überlieferten Stadtansichten Bremens, einem Holzschnitt von Martin Weigel, der um 1550/60 datiert wird, sowie einem vermutlich 1588/89 angefertigten Kupferstich von Franz Hogenberg aus dessen gemeinsam mit Georg Braun herausgegebenem sechsbändigem Städteatlas *Civitates Orbis Terrarum*. Trotz aller symbol- und formelhaften Verkürzung und einer eindeutig an künstlerischen Prämissen ausgerichteten Darstellungsform, unverkennbar vor allem in der Stadtansicht Weigels, treten die tiefgreifenden Veränderungen im Hafenbereich mit ihren Konsequenzen deutlich sichtbar in Erscheinung. Dies ist nicht zuletzt deshalb von besonderer Bedeutung, weil die beiden Stadtdarstellungen Weigels und Hogenbergs die einzige Quelle für die grundlegende Neugestaltung der Bremer Hafenstrukturen an der Schwelle zur frühen Neuzeit sind.[4]

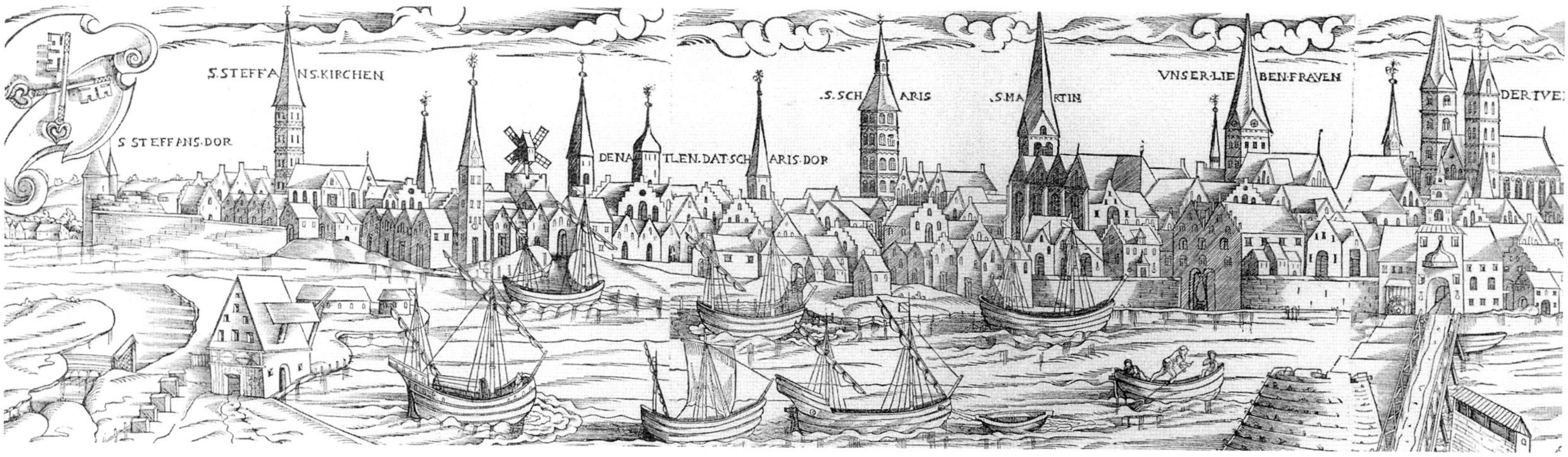

Ansicht von Bremen,
Holzschnitt von Martin Weigel, um 1550/60

Wenden wir uns zunächst der Vedute Weigels zu. Vor einer äußerst diffusen und regellosen Häuserphalanx breitet sich das Hafengelände aus. Zwar erscheint das unebene und zerklüftete Ufer, das zudem an zwei Stellen durch tief einschneidende Einbuchtungen unterbrochen wird, auf den ersten Blick für einen geordneten Güterumschlag und Hafenbetrieb wenig geeignet, doch ist die hölzerne Kaianlage entlang des Ufersaumes auf den zweiten Blick deutlich zu erkennen. Diese bestand allem Anschein nach aus einer Pfahl-Planken-Konstruktion, wie sie für mittelalterliche Hafenanlagen typisch war. An dieser niedrigen Kaianlage haben einige abgetakelte Zweimaster festgemacht. Mehrere große, gleichfalls abgetakelte Lastschiffe liegen in der Mitte des Stroms auf Reede, wo sie offensichtlich mit Hilfe kleinerer Leichterschiffe beladen und entladen wurden – ein Hinweis darauf, daß sie ihrer Größe und ihres Tiefgangs wegen die hölzerne Uferkaje nicht benutzen konnten. Schließlich hält auch die städtische Bebauung im großen und ganzen noch einen respektablen Abstand zum Hafenbereich und zeichnet sich zudem durch eine recht unregelmäßige, uneinheitliche Bauweise aus. Zweifellos liegen Weigels Holzschnitt im wesentlichen noch die aus mittelalterlicher Zeit stammenden Hafenverhältnisse zugrunde, die den Anforderungen des damaligen Schiffs- und Hafenverkehrs – die auf Reede liegenden Schiffe beweisen es – schon lange nicht mehr entsprachen. Hält man sich an Weigels Bildkomposition, dann verfügte Bremens Hafen selbst Mitte des 16. Jahrhunderts noch nicht über technisches Umschlaggerät (Kräne, Wippen, Winden). Jedoch ist Weigel in dieser Hinsicht wenig Glauben zu schenken, enthält doch schon das 1489 in Form einer „Kundigen Rolle" kodifizierte Stadtrecht Bremens diverse Bestimmungen, die das Vorhandensein zumindest einer Wippe, d. h. eines Hebelkrans mit kipp- und schwenkbarem Querbalken, voraussetzen.[5]

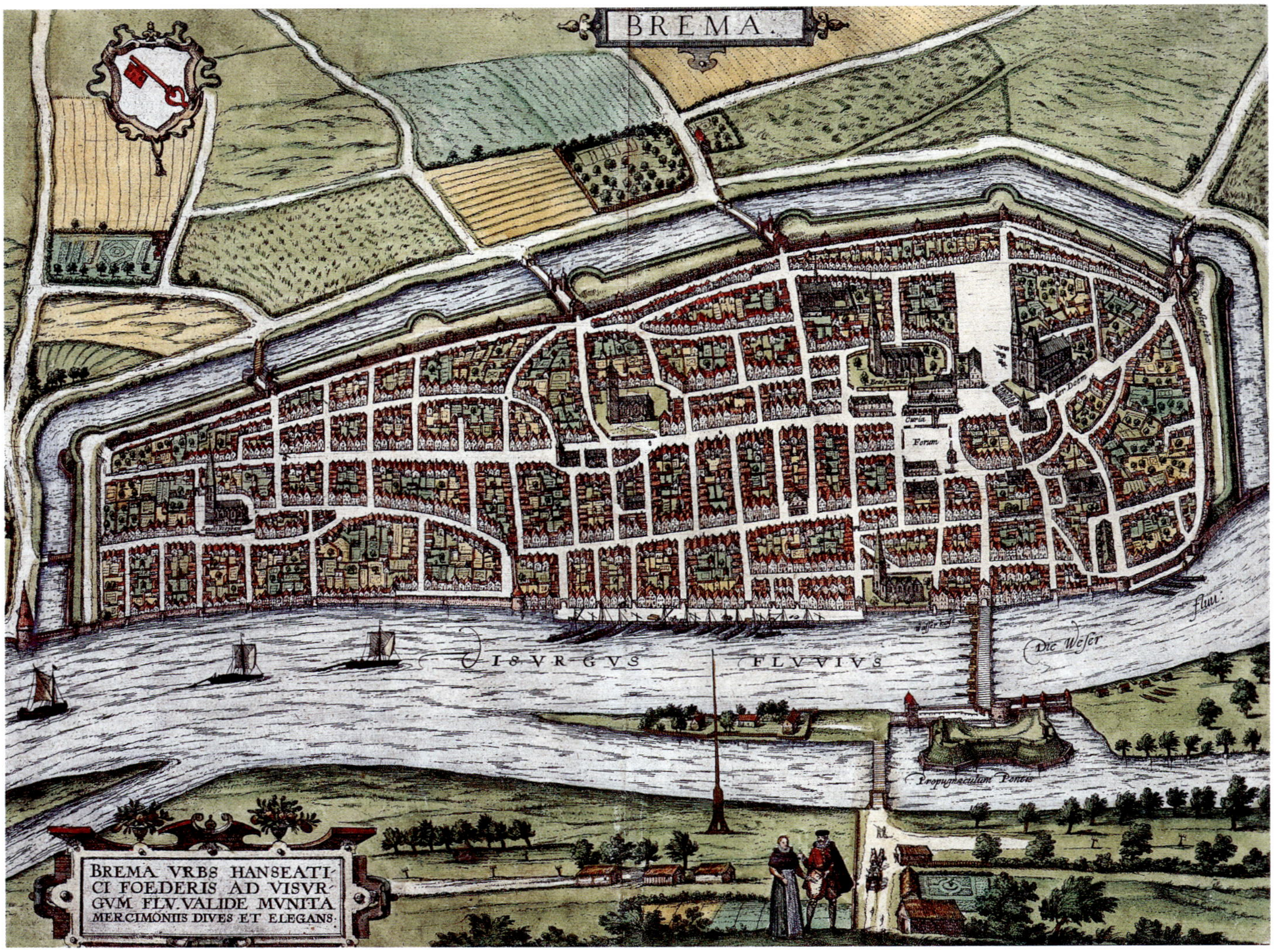

Der Bremer Hafen, Ausschnitt aus dem Vogelschauplan von Bremen, kolorierter Kupferstich aus: Braun/Hogenberg: *Civitates Orbis Terrarum*, 1588/89

Eine nur drei oder vier Jahrzehnte später entstandene Vogelschauansicht Hogenbergs zeigt ein völlig anderes Bild. Die Schlachte ist gegenüber dem Hafenprospekt auf Weigels Holzschnitt kaum wiederzuerkennen. Das liegt sicherlich nur zum Teil an der wesentlich realistischeren Darstellungsweise, vielmehr besitzen der Hafen und das hafennahe Umfeld nunmehr eine andere Qualität. Vor dem Hintergrund der imposanten Stadtkulisse erhebt sich jetzt ein ansehnliches, in massiver Steinbauweise errichtetes Uferbollwerk aus den Fluten, das zudem, um allen Schiffen ein problemloses Anlegen zu ermöglichen, ein ganzes Stück in tieferes Wasser vorgeschoben ist. Tatsächlich sind die im tieferen Fahrwasser auf Reede liegenden Schiffe bei Hogenberg verschwunden, alle Fahrzeuge liegen dicht gedrängt, aber in Reih und Glied nebeneinander an der Hafenkaje. Auch die für den Güterumschlag benötigte Kajenfläche erstrahlt in neuem Glanz, das Wirtschaftsufer ist – entgegen den unförmigen Erdhügeln bei Weigel – nunmehr zu einer begradigten, offensichtlich mit Steinpflaster versehenen Arbeitsfläche geglättet.
Die Schlachte ist, um es mit den Worten einer zwei Generationen später lebenden Person auszudrücken, ein *„Thamm in der alten Statt hoch aufgeführet, und gleich den gassen gepflastert.“* [6]
Auch die bei Weigel noch vermißten Hebezeuge sind jetzt vorhanden, fünf Wippen für den Güterumschlag säumen die Hafenkante. Wenig später, vermutlich kurz nach 1600, sollte auch noch ein tretradbetriebener Schwerlastkran hinzukommen. Besonders auffällig sind die Veränderungen im rückwärtigen Hafenbereich

Die städtische Bebauung ist nun unmittelbar an den Hafen herangerückt. Eine geschlossene, uferparallele Zeile zumeist giebelständiger Häuser grenzt den Hafen gegen die Stadt ab. Diese Zeile wird durch einige parallel geführte, rechtwinklig auf das Hafenufer stoßende Straßen – die sog. Schlachtpforten – unterbrochen, die der verkehrsmäßigen Erschließung des Hafens dienten. Stadt und Hafen bilden eine in sich geschlossene, auch städtebaulich aufeinander bezogene Einheit.

Eine weitere wichtige Neuentwicklung im Hafenbereich läßt sich Hogenbergs Kupferstich entnehmen. Die Schlachte ist jetzt nicht mehr der einzige Uferhafen an der Weser. Flußaufwärts, oberhalb der Weserbrücke, befindet sich noch eine zweite, wenn auch wesentlich kleinere Kaianlage. Es handelt sich um die sog. Kleine Schlachte, die lediglich durch einen schmalen Mauerdurchlaß, die sog. Holzpforte, zu erreichen war. Die drei Schiffe, die auf Hogenbergs Plan an der Kaje der Kleinen Schlachte festgemacht haben, besitzen alle keinen Segelmast – ein Hinweis darauf, daß es sich vermutlich um Binnenschiffe handelt. Tatsächlich wurden in diesem kleinen Hafen vor der Holzpforte in den folgenden drei Jahrhunderten ausschließlich binnenwärtige Güter umgeschlagen.

Die grundlegende Neugestaltung und Modernisierung der bremischen Hafenanlagen kurz nach Mitte des 16. Jahrhunderts, wie sie durch den bildlichen Vergleich der beiden Hafenprospekte bei Weigel und Hogenberg faßbar wird, fiel in eine Zeit außerordentlichen wirtschaftlichen Aufschwungs und prosperierenden Handels. Vor allem der über Bremen laufende Export binnenländischen Getreides florierte in bisher ungekanntem Ausmaß und erzielte exorbitante Wachstumsraten. Kam man um 1550 noch mit drei Kornmessern aus – Getreide wurde damals nicht gewogen, sondern in geeichten Meßbehältern nach Scheffel, Himten, Viertel und Spint gemessen (vgl. Kat. 41) –, benötigte man dafür fünfzig Jahre später bereits zehn Kornmesser.[7] Der Güterumschlag an der Schlachte stieg in jenen Jahren also sprunghaft an, und diese rasche Zunahme der Hafenaktivitäten war mit der veralteten, in vielerlei Hinsicht provisorischen Hafenanlage aus mittelalterlicher Zeit kaum noch zu bewältigen. Hinzu kommt, daß im Laufe des 16. Jahrhunderts die großen unbeweglichen Rahsegler, die im späten Mittelalter die Hauptlast des seewärtigen Güterverkehrs getragen hatten, immer mehr von kleineren Schiffen mit vergleichsweise niedrigem Tiefgang verdrängt wurden, und diese neuen wendigen Schiffstypen – Bojer, Boot, Schmack, Hucker, Schnigge – in der Regel ohne Hilfe durch Leichterschiffe bis unmittelbar an die Hafenkajen der zumeist vergleichsweise tief im Binnenland angesiedelten Seehäfen heranfahren konnten.[8] Die damit verbundenen Vorzüge eines schnellen Güterumschlags im Hafen ließen sich nur dann voll ausnutzen, wenn eine leistungsfähige, mit dem entsprechenden Umschlaggerät (Tretradkran, Wippen) ausgestattete Hafenanlage vorhanden war. Die Modernisierung der Hafenanlagen, durch den Wittheitsbeschluß 1557 in die Wege geleitet, war für Bremen somit schlechthin eine Frage der ökonomischen Überlebensfähigkeit.

Dennoch wies auch die unter modernen hafenbautechnischen Gesichtspunkten neugestaltete Hafenanlage Bremens noch ein entscheidendes Manko auf: den mangelhaften fortifikatorischen Schutz. Die beiden Schlachten befanden sich von Anfang an außerhalb des städtischen Mauerrings; darüber hinaus war dieser auf seinem südlichen, parallel zum Weserufer verlaufenden Abschnitt im Laufe der Jahrhunderte nahezu vollständig verfallen oder abgetragen worden. Die Weser bildete daher die ungeschützte Flanke der Stadt, und davon waren die hier gelegenen Häfen – das wirtschaftliche Herzstück der Handelsstadt Bremen – besonders betroffen. Nicht von ungefähr versuchte Herzog Erich von Braunschweig-Calenberg diese Schwachstelle im Verteidigungsgürtel der Stadt auszunutzen, als er während des Schmalkaldischen Kriegs im Frühjahr 1547 mit seinem kaiserlichen Heer wochenlang das gegenüberliegende Weserufer besetzte, um die Stadt von dort sturmreif zu schießen. Die Schlachte, unmittelbar im Schußfeld des Gegners gelegen, wurde zum Kriegsschauplatz, an dem die Bremer zur Verteidigung eine Schanze aufwarfen.[9] Vielleicht sind die seltsam anmutenden Erdhügel auf Weigels Hafenprospekt die Hinterlassenschaft dieses Schanzenbaus. Aufgrund der Erfahrung ließ die Stadt kurz nach Ausbruch des Dreißigjährigen Krieges auf Anraten der holländischen Festungsbauer Johan van Rijswijk (gest. 1612) und Johan van Valckenburgh (1575–1625) auch das bislang noch weitgehend unbesiedelte linke Weserufer in das städtische Befestigungssystem einbeziehen. Damit wurde nicht nur Platz geschaffen für die Anlage eines neuen Stadtteils, der Bremer Neustadt. Entscheidend war, daß der Verteidigungsring der Stadt nunmehr lückenlos geschlossen und auch die bislang ungeschützte Südflanke entlang des Weserufers fortifikatorisch gesichert war.[10] Hauptnutznießer der zwischen 1623 und 1627 errichteten bastionären Festung waren die beiden Hafenanlagen, die nun in die Befestigung einbezogen waren.[11] In jener Zeit galt Bremen als eine der modernsten und sichersten Festungen Deutschlands.

6 Saur 1658, S. 210.
7 Weidinger 1997, S. 415–419; Witzendorff 1955, S. 132.
8 Hagedorn 1914, S. 78–102; Höver 1934, S. 51–56.
9 Zu den Vorgängen während des Schmalkaldischen Krieges vgl. Schwarzwälder 1989, S. 226–227.
10 Zur Anlage der Bremer Neustadt vgl. Lührs 1973, S. 7–50; Schwarzwälder 1989, S. 322–324.
11 Weidinger 1997, S. 349–354.

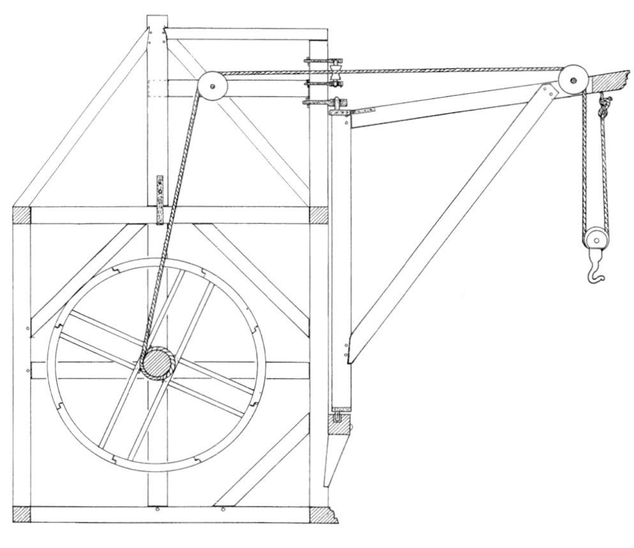

Ein Kraan da nur der Schnabel beweglich, wie solcher zu Bremen befindlich. **aus** ***Theatrum Machinarium Oder Schau=Platz der Heb=Zeuge ....*** **Leipzig 1725, Tafel XXXII**

Münden

Als einziger größerer Seehafen war Bremen für die Weserschiffahrt das Tor zur Welt, der Blick der Stadt war daher naturgemäß auf die See gerichtet. Daneben hatte Bremen durchaus auch ein Interesse an der weseraufwärts gerichteten Flußschiffahrt, wie die Anlage des Binnenschiffhafens vor der Holzpforte zeigt. Gerade in der zweiten Hälfte des 16. und zu Beginn des 17. Jahrhunderts strebte Bremen an, die binnenländische Getreideausfuhr, von der die Existenz des Exporthafens Bremen maßgeblich abhing, zu monopolisieren. Zumindest im Hinblick auf die Aller, den wichtigsten Nebenfluß der Weser, an der Celle damals den Endpunkt der Schiffahrt markierte, gelang dies auch: 1618 sicherte sich Bremen in einem Vertrag mit Herzog Christian von Braunschweig-Lüneburg (gest. 1633) das Recht des Getreideeinkaufs oberhalb Celles, was die Aufhebung des Celler Stapelrechtes auf Korn zur Folge hatte.[12] Seither organisierten die Bremer Cellefahrer die Flußschiffahrt auf der Aller weitgehend auf eigene Rechnung. Ein Schiffahrtsmonopol wie auf der Aller ließ sich indes auf der Weser nicht durchsetzen. Zwar waren die Bremer Flußschiffer auch hier durchaus präsent und nahmen eine wichtige Position im Handelsverkehr auf der mittleren und oberen Weser ein – die Rintelner Zolliste verzeichnet für die Zeit von 1571 bis 1574 41 Bremer Schiffer, die insgesamt 208mal in Rinteln anlegten[13] –, doch mußten die Bremer sich auf der Weser wohl oder übel mit den Schiffern der binnenländischen Weserstädte und deren althergebrachten Rechten und Interessen an der Flußschiffahrt arrangieren. Größter Konkurrent war hier die Stadt (Hannoversch) Münden, der Bremen entgegengesetzte Pol der Weserschiffahrt.

Mündens herausragende Bedeutung für die Schiffahrt und den Handelsverkehr auf der Weser beruht auf seiner exponierten, wirtschaftsgeographisch günstigen Lage am Zusammenfluß der Weserquellflüsse Werra und Fulda, was die Stadt zum natürlichen Ausgangspunkt der Weserschiffahrt werden ließ. Große Bedeutung für die Ausbildung eines Mündener Schiffergewerbes wird im allgemeinen dem der Stadt 1247 durch den braunschweigischen Herzog Otto das Kind (1235–1252) verliehenen Stapelrecht beigemessen. Es erzwang die Feilhaltung aller die Stadt erreichenden Warentransporte und schränkte damit den freien Handel zugunsten der einheimischen Mündener Kaufleute ein.[14] Begünstigt wurde dieser Stapelzwang durch eine Felsbarre in der Werra, die schon bei gewöhnlichem Wasserstand ein Leichtern der Frachtschiffe erforderlich machte und somit einen natürlichen Umladezwang entstehen ließ.[15]

Faßbar wird der Mündener Schifferstand erstmals in den Statuten der Stadt aus dem Jahre 1449. Das hier u. a. ausgesprochene generelle Verbot, Mündener Schiffe an Auswärtige im Umkreis von 16 Meilen – in größerer Entfernung war eine Frist von einem Jahr zu beachten, die dann im 16. Jahrhundert auf vier Jahre ausgedehnt wurde – zu verkaufen, und das Verbot von Fahrgemeinschaften mit fremden Schiffern zielte unverkennbar darauf ab, die auswärtige Konkurrenz zurückzudrängen. Dies läßt erkennen, daß die Stadt für die Schiffahrt im Bereich der oberen Weser sowie auf Werra und Fulda die Vorherrschaft beanspruchte – ein Anspruch, der dann im Verlauf des 16. Jahrhunderts immer unverhohlener erhoben wurde.[16] Auch die internen Verhältnisse des Mündener Schifferstandes sind in den Statuten von 1449 geregelt. So durfte jeder Schiffer höchstens zwei Schiffe besitzen und mußte sich der Krämerei und Hökerei enthalten.[17] Diese Bestimmungen lassen sich als Indiz dafür werten, daß das Mündener Schiffergewerbe damals schon über eine solide traditionelle Basis verfügte und auch bereits zu ansehnlicher Größe herangewachsen war. Für das 16. und frühe 17. Jahrhundert liegen dazu erstmals konkrete Zahlen vor, die einen kontinuierlichen Anstieg belegen: Gab es 1554 insgesamt 35 Mündener Weserschiffer, so erhöhte sich deren Zahl bis 1574 auf 54 und bis 1616 gar auf 74. Dabei handelt es sich zum überwiegenden Teil um Berufsschiffer, die nicht nur die Talfahrt, sondern auch die wesentlich schwieriger zu bewältigende Bergfahrt betrieben.[18] Erst im Jahre 1640 kam es dann auch offiziell zum institutionellen Zusammenschluß der Mündener Flußschiffer in einer regulären Schiffergilde.[19]

Ähnlich wie in Bremen wurden auch in Münden die Hafenverhältnisse in der zweiten Hälfte des 16. Jahrhunderts vollkommen neugestaltet und erhielten ihre für die frühe Neuzeit typische Ausformung. Münden unterstrich auf diese Weise seine herausragende Stellung in der Weserschiffahrt und brachte als das Tor nach Süden seine Ebenbürtigkeit gegenüber Bremen, dem nördlichen Tor zur Welt, zum Ausdruck. In einem Punkt war man Bremen sogar voraus: Münden verfügte nicht nur über zwei, sondern sogar über drei Schlachten. Nach dem jeweiligen Endpunkt der Flußschiffahrt auf Weser, Fulda und Werra bezeichnete man diese als Bremer, Kasseler und Wanfrieder Schlacht. Die Wanfrieder Schlacht erstreckte sich unterhalb der 1329 erstmals als Steinbau erwähnten Werrabrücke entlang des Werraufers bis zum Mündungsdreieck. Die Kasseler und die Bremer Schlacht lagen an einem Flußarm der Fulda, dem sog. Mühlenarm.

12 StA Bremen 2 – R. 9. c. (17.04.1618). Vgl. auch Witzendorff 1955, S. 132–133.

13 Rüthing 1987, S. 85.

14 Vgl. allgemein zum Stapelrecht Behr 1987.

15 Graefe 1978, S. 139–147; Pezold 1998, S. 53–71.

16 Pezold 1998, S. 57 und S. 61-63; Wegner 1913, S. 119.

17 Krämer bzw. Höker waren städtische Kleinhändler, die ausschließlich den Detailhandel, bei dem die Waren an den Endverbraucher abgegeben wurden, betreiben durften. Das Pendant dazu bildeten die Groß- oder Fernhandelskaufleute, die den Engroshandel betrieben, bei dem die Waren entweder zur Weiterverarbeitung oder an den Einzelhandel weiterverkauft werden.

18 Rothe/Rüthing 1989, S. 48; Rüthing 1987, S. 80–82.

19 Ellmers 1985, S. 251.

Der Hafen von Münden, Ausschnitt aus der Ansicht von Münden in: M. Merian, *Topographia ... Braunschweig vnd Lüneburg*, 1654

Werra

Getrennt voneinander waren sie nur durch die an dieser Stelle auf das Flußufer stoßende Mühlenstraße. Durch die Anlage eines Wehres – das heutige Mühlenwehr – hatte man in diesem zum Hafen ausgebauten Fuldaarm auf künstliche Weise einen ähnlichen Umladezwang geschaffen, wie er an der Werra durch die dortige Felsbarre von Natur aus gegeben war.[20]

Im Jahre 1582 wurden die schon seit langem bestehenden Schiffsanlegestellen an Fulda und Werra zu modernen, leistungsfähigen Hafenanlagen ausgebaut. Längs der Werra und des sog. Mühlenarms der Fulda errichtete man damals eine der Kaianlage an der Bremer Schlachte vergleichbare Ufermauer, die den Schiffen sichere und bequeme Liegeplätze bot. Gleichzeitig wurde der Platz zwischen der Stadtmauer und den beiden Flußufern – die Arbeitsfläche der Kaianlage – mit einem Steinpflaster versehen.[21]
Zur Hafeninfrastruktur gehörte auch das sog. Lager- oder Solderhaus auf der Bremer Schlacht, ein öffentliches Speichergebäude, in dem Kaufmannswaren gegen eine bestimmte Gebühr zwischengelagert werden konnten. Durch solche Speicherhäuser, wie sie in jeder größeren Handelsstadt bestanden, wurde gewährleistet, daß die fälligen Steuern auch wirklich entrichtet wurden. Auf Merians Stadtansicht von 1654 ist es als unmittelbar vor die Stadtmauer gesetzter großer, langgestreckter Bau mit hohem Satteldach und mit einer zum Hafen ausgerichteten Traufseite gut zu erkennen. Bezeichnet wird es dort als Schlachthaus.[22] Räumlich in die Hafenanlagen integriert, jedoch ohne eigentlicher Bestandteil des Hafens zu sein, waren ferner zwei Wassermühlen: die Lohmühle (*„lomolen"*) in unmittelbarer Nähe des Werrahohls – der Engpaß bei der erwähnten Felsbarre – sowie die sog. Grau- oder Werdermühle (*„werdermolen"*), welche die Bremer Schlacht gegen die Kasseler Schlacht abgrenzte.[23]

Zeitgleich mit der Errichtung der neuen Hafenanlage wurde 1582 ein Schlachtgeld eingeführt, das die Schiffer nunmehr für die Entlastung beim Güterumschlag zu entrichten hatten und das die hohen Kosten des Hafenbaus decken sollte. Für zwei der wichtigsten Durchgangsgüter, das Salz aus der Soodener Saline bei Allensdorf an der Werra und das Blaufärbemittel Waid aus dem Erfurter Raum,[24] für das die Mündener Schiffer seit 1592 sogar das Transportmonopol besaßen,[25] betrug die Höhe des Schlachtgeldes damals drei Groschen (Salz) bzw. einen Groschen (Waid) pro Faß.[26] Zugleich wurden alle Schiffer verpflichtet, ihre Fahrzeuge künftig ausschließlich an der für sie vorgesehenen Schlachte zu laden und zu löschen. Da die Transitwaren wegen des Mündener Stapelrechts eine zeitlang zum Verkauf feilgeboten werden mußten, war auch der zeitsparende Umschlag von Bord zu Bord zwischen Werra-, Fulda- und Weserschiffen nicht möglich. Vielmehr mußten beispielsweise die aus dem Hinterland der Werra ausgeführten Waren zunächst an der Wanfrieder Schlacht ausgeladen werden, von wo sie mit Karren zum Verkauf auf den städtischen Markt befördert wurden, um dann nach Ende der Feilhaltungsfrist zur weiteren Verschiffung an die Bremer Schlacht transportiert zu werden. Der umfangreiche Zubringerverkehr zwischen den verschiedenen Schlachten und dem Markt ließ sich schon bald nur noch mit einem professionell arbeitenden Transportgewerbe bewältigen, das sich aus den in Bruderschaften und Gilden zusammengeschlossenen Fuhrleuten, Karrenschiebern und Sackträgern zusammensetzte.[27]

20 Beuermann 1951, S. 2528.
21 Wegner 1913, S. 122.
22 Merian 1654, S. 157.
23 Beuermann 1951, S. 40–41.
24 Majer 1979, S. 255–236. Vgl. Kat. 44.
25 Rothe/Rüthing 1989, S. 48.
26 Wegner 1913, S. 102–103 und S. 122.
27 Löbe, K. 1969, S. 204, 257, 334–335.
Zur Topographie des Mündener Marktes vgl. auch Beuermann 1951, S. 36.

Hafenanlage mit Kran und Waren in Ballen und Fässern, Kupferstich *Misbruik van het proces* von Hendrick Goltzius

Ähnlich wie für Bremen sind auch die Mündener Hafenverhältnisse Ende des 16. Jahrhunderts auf einem Kupferstich Franz Hogenbergs aus dem sechsbändigen Städtebuch *Civitates Orbis Terrarum* gut wiedergegeben (vgl. Kat. 30). Auf der 1584, also gerade zwei Jahre nach Fertigstellung der neuen Hafenanlagen entstandenen Stadtansicht ragen die Ufermauern im Norden (Wanfrieder Schlacht) und Westen (Bremer und Kasseler Schlacht) hoch aus dem Wasser empor, auf der Kaianlage selbst lagern mehrere Fässer. Auch die beiden Wassermühlen sind gut zu erkennen, die Grau- oder Werdermühle zwischen Bremer und Kasseler Schlacht unmittelbar gegenüber Mühlentor und Mühlenstraße, die zugleich die kürzeste Verbindung zwischen Markt und Bremer Schlacht darstellt, sowie die Lohmühle in Verlängerung der durch die Stadtmauer zum Werraufer führenden Lohstraße. Die Lohmühle befindet sich allerdings noch ein gutes Stück oberhalb der Wanfrieder Schlacht, weil diese hier – im Unterschied zu der späteren Stadtansicht von Matthäus Merian von 1654 – nur bis kurz hinter den zum Werraufer führenden Straßenzug Kiesau reicht, der diese Anlegestelle für die Werraschiffahrt verkehrsmäßig erschloß. An jeder der drei Schlachten liegen einige mastlose Flußkähne, während die größeren, mit Masten ausgestatteten Weserböcke zum Teil im Mündungsbereich von Fulda und Werra vor der Nordspitze des Tanzwerder ankern.[28]

Zur Hafeninfrastruktur im weiteren Sinn gehörten auch die Werftplätze, auf denen die Schiffe gebaut und repariert wurden. Diese befanden sich jahrhundertelang im Bereich der am rechten Werraufer gelegenen Vorstadt Blume, schräg gegenüber der Wanfrieder Schlacht. Der Standort ist typisch, siedelten sich Schiffbauer doch fast immer auf dem jeweils dem Hafen gegenüberliegenden Ufer an.[29] Hier wurden aus dem Eichenholz der umliegenden Forsten die für die Mündener Flußschiffahrt typischen kiellosen Kastenschiffe gebaut.[30] Diese Schiffe trieben auf der Talfahrt mit der Strömung, auf der Bergfahrt wurden sie mit Pferde- oder Menschenkraft getreidelt. Eine Ausnahme bildete allerdings die Werraschiffahrt. Dort wurden die Kähne flußaufwärts gestakt, weil es an der Werra keinen Leinpfad gab. Ein 1978 in Witzenhausen an der Werra ausgegrabener Teller aus glasierter Irdenware aus dem Jahre 1612 hält diese eigentümliche Verkehrssituation fest. So ist im Spiegel des Tellers ein einmastiges Schiff dargestellt, das durch zwei stakende Schiffer an Bug und Heck (vgl. Kat. 29) fortbewegt wird.[31]

Bremen als Tor zur Welt und Münden als Tor nach Süden bildeten zwei entgegengesetzte Pole der Weserschiffahrt und stellten als solche zugleich deren dominierende Kraftzentren dar. Die übrigen Häfen entlang des Stromes standen diesen beiden Polen an Bedeutung weit nach; ihre Behandlung kann deshalb auch entsprechend kürzer ausfallen.

28 Vgl. auch Kat. Lemgo 1989, S. 64.
29 In Bremen war dies die Insel Teerhof gegenüber der Schlachte. Weidinger 1997, S. 305–314 und S. 453–464.
30 Beuermann 1951, S. 68; zu den Schiffbauern vgl. Albrink 1990, S. 74–83.
31 Ellmers 1979, S. 185–187; Kat. Lemgo 1989, S. 65.

Höxter

Höxter etwa, das ca. 50 Kilometer unterhalb Mündens am linken Weserufer gegenüber dem zum Weserbergland gehörenden Solling liegt, stand stets im Schatten des übermächtigen Münden und erlangte als Hafenstandort nie eigenständige überregionale Bedeutung. Es steht allerdings außer Frage, daß auch von Höxter aus Weserschiffahrt betrieben wurde. So lebte beispielsweise Anfang des 16. Jahrhunderts eine Gruppe von Bremenfahrern in der Stadt, zu der Hinrik Wulffes zählte, der beachtlichen Wohlstand errang.[32] Mitte des 16. Jahrhunderts übten knapp zwanzig höxtersche Bürger das Schiffergewerbe aus, doch reduzierte sich ihre Zahl bis in das beginnende 17. Jahrhundert auf etwa zehn Schiffer. Diese Konzentration ging vermutlich mit einer gewissen Professionalisierung einher.[33] Doch können auch diese vereinzelten Belege für Schiffahrtsaktivitäten nicht darüber hinwegtäuschen, daß das Wirtschaftsleben der Stadt insgesamt nicht vom Fernhandel geprägt, sondern eher gewerblich-handwerklich ausgerichtet war. Bezeichnenderweise besaß Höxter weder Zoll- noch Stapelrechte.[34]

Wichtiger für die wirtschaftliche Entwicklung der Stadt als die nord-südliche Wasserstraße war ohnehin die bereits seit dem frühen Mittelalter in Gestalt des sog. Hellwegs bestehende ost-westliche Verkehrsachse, die bei Höxter auf die Weser traf und den westfälischen Raum (Münster, Paderborn) mit dem Leinetal und Braunschweig verband. Dieser Weserübergang war für Höxter von existentieller Bedeutung, da die 1115 erstmals erwähnte, nach 1249 teilweise in Stein errichtete Weserbrücke lange Zeit der einzige Überweg zwischen Münden im Süden und Bodenwerder im Norden war. Die Weserbrücke verschaffte der Stadt Höxter somit eine privilegierte Stellung im Ost-West-Verkehr, die erst endete, als die Brücke 1673 nach mehreren Zerstörungen nicht wieder aufgebaut wurde und der den Fluß querende Verkehr in der Folgezeit die Holzmindener Weserbrücke benutzte.[35]

Die untergeordnete Rolle der Schiffahrt in Höxter fand in der Stadttopographie und in dem nur rudimentär ausgebildeten Hafenbetrieb ihren unmittelbaren Niederschlag. Wie andernorts gab es am höxterschen Flußufer vor der Stadtmauer im Bereich der Weserbrücke die erforderlichen Schiffslandeplätze. Der Umstand, daß der älteste Markt in Höxter zwischen Weserbrücke und Rathaus und damit in unmittelbarer Nähe des Ufers lag,[36] läßt darauf schließen, daß der Hafen in Höxter ursprünglich in der für das Früh- und Hochmittelalter typischen Form eines Ufermarktes angelegt war, bei dem Hafen- und Marktbetrieb räumlich und organisatorisch eine Einheit bildeten.[37] Im Unterschied zu Münden und Bremen wurde die in einen Weserbogen eingebettete Anlegestelle in Höxter in der frühen Neuzeit dann aber nicht zu einer leistungsfähigen, das Stadtbild auch optisch beherrschenden Hafenanlage ausgebaut. Bezeichnenderweise findet sich in Höxter auch kein Straßenzug mit der typischen, auf die einstige Hafenanlage verweisenden Bezeichnung „Schlachte“. Und die beiden Durchlässe in der weserseitigen Stadtmauer oberhalb und unterhalb des Brückentores wurden in Höxter sinnigerweise Fischpforten genannt.[38] Dies zeigt, daß die Stadtbewohner der wirtschaftlichen Nutzung des Flusses durch die städtische Fischergilde offensichtlich größere Bedeutung beimaßen als jener durch die Flußschiffer. Belebtester Straßenzug Höxters war die einen Strang des Hellwegs bildende Westerbachstraße (Westerbeke), die vom Petritor über den Neuen Markt unmittelbar zum Brücktor führte, was noch einmal unterstreicht, daß für die wirtschaftliche Bedeutung Höxters die Weserbrücke wichtiger war als der Fluß selbst.[39]

Holzminden

Die topographische Lage Holzmindens, nur knapp zehn Kilometer unterhalb Höxters am rechten Flußufer *„an einem gesunden und bequemen Ort hart an der Weser“*[40] gelegen, gleicht in mancher Hinsicht derjenigen Höxters. Auch bei Holzminden verengt sich das Flußbett der Weser beträchtlich, so daß seit jeher günstige Voraussetzungen für eine Flußüberquerung bestanden. Tatsächlich entstand hier schon in frühester Zeit eine Fährverbindung zum linken Weserufer, auf die die Obere Straße – vergleichbar der Westerbachstraße in Höxter – direkt zulief.[41] Ein Brückenbau erfolgte in Holzminden erst vergleichsweise spät –ein erster Holzbau datiert in das Jahr 1620 – und unter dem erbitterten Widerstand Höxters, das seine privilegierte Stellung als Weserübergangsort dadurch gefährdet sah.[42] In der Tat vermochte die Holzmindener Weserbrücke nach dem Wegfall der Weserbrücke von Höxter seit 1673 den ost-westlichen Durchgangsverkehr an sich zu ziehen. Für die Weserschiffahrt war Holzminden, das über lange Zeit den Charakter einer Ackerbürgerstadt hatte, in erster Linie als eine der zahlreichen Zollstätten an der Weser von Bedeutung. Die Tatsache, daß die Holzmindener Bürger kaum Schiffahrt betrieben, spiegeln auch die Zollisten jener Zeit, in denen die Erwähnung von Holzmindener Schiffern eine Ausnahme bleibt.[43]

32 Rüthing 1986, S. 230–232 und S. 236–237.
33 Rothe/Rüthing 1989, S. 51; Löbe, K. 1969, S. 199; Wegner 1913, S. 122.
34 Rüthing 1986, S. 216–218.
35 Zu Hellweg und Weserbrücke vgl. Löbe, K. 1969, S. 297–298; Krüger 1931, S. 820; Rüthing 1986, S. 49–51.
36 Rüthing 1986, S. 43–44.
37 Zur Hafenform des Ufermarktes vgl. Weidinger 1997, S. 68–82.
38 Rüthing 1986, S. 43, 45.
39 Rüthing 1986, S. 42, 43 und 218.
40 Merian 1654, S. 121.
41 Krüger 1931, S. 10; Wittkop 1975, S. 80–82.
42 Löbe, K. 1969, S. 339–340.
43 Rothe/Rüthing 1989, S. 52.

Hameln

Auch Hameln war lange Zeit keine typische Schifferstadt. Zwischen Höxter und Minden an einer leicht zu passierenden Stelle der Weser gelegen, verdankt es wie viele der Weserstädte seinen wirtschaftlichen Aufstieg seiner Brückenkopffunktion und der Bündelung des den Strom querenden Ost-Westverkehrs: In Hameln, wo analog dem südlichen Strang bei Höxter ein nördlicher Zweig des Hellwegs über die Weser führte, entstand schon bald nach 1000 die erste Weserbrücke, die zugleich eine der ältesten Flußbrücken Norddeutschlands ist. Nach mehreren Hochwasserkatastrophen wurde sie zwischen 1380 und 1390 durch eine Steinbrücke, die „Lange Brücke", ersetzt.[44]

Im Gegensatz dazu waren die Voraussetzungen für Schiffahrt und ausgedehnten Handelsverkehr auf der Weser bei Hameln zunächst nicht allzu günstig. Das Strombett war hier einst in mehrere Arme gespalten. Überdies behinderten Klippen und Stromschnellen den Schiffsverkehr in beträchtlichem Maße.[45] Trotz vereinzelter Ansätze – schon um 1200 ist von einem hauptsächlich die Weserschiffahrt betreffenden Zollstreit zwischen Hameln und Minden die Rede[46] –ging die Ausbildung eines berufsmäßigen Schifferstandes nur äußerst zögerlich vonstatten. Noch Mitte des 16. Jahrhunderts (1554) sind in den schaumburgischen Zollisten lediglich fünf Hamelner Schiffer mit insgesamt 22 Schiffspassagen registriert, die sich zudem überwiegend auf die Talfahrt beschränkten.[47] Der Bedeutung des ost-westlichen Landverkehrs entsprechend wurde der Gütertransport in Hameln eindeutig von den Fuhrleuten dominiert, so etwa von den Flandernfahrern, die mit ihren Pferdefuhrwerken bis an die Kanalküste fuhren. Gleichwohl wollten sie bei der Ausschmückung ihres Gildehauses am Markt nicht auf mediterrane bzw. überseeische Schiffssymbolik verzichten.[48] Erst um die Wende vom 16. zum 17. Jahrhundert erlebte das professionelle Schiffergewerbe in Hameln einen sprunghaften Aufschwung. 1616 passierten die zwanzig Hamelner Weserschiffer die schaumburgische Zollstelle in Rumbeck insgesamt 170mal. Diesen rasanten Aufstieg verdankte Hameln vor allem der Verschiffung des Getreides aus dem mittleren Weserraum. Daneben avancierte die Stadt zum Hauptumschlagplatz für Keramik an der Weser.[49]

Auch Hameln hatte seine Schlacht, doch trat dieses Wasserbauwerk hier nicht als eine den Schiffs- und Handelsverkehr fördernde Einrichtung in Erscheinung, sondern stellte vielmehr jahrhundertelang ein ausgesprochen lästiges Hindernis für die Schiffahrt dar. Bei der 1314 erstmals urkundlich erwähnten, vielleicht jedoch schon Anfang des 11. Jahrhunderts gebauten Hamelner Schlacht[50] handelte es sich um ein quer zum Flußbett mittels Pfahleinschlag und Steinsetzung errichtetes Stauwerk. Der Zweck der Anlage bestand ursprünglich wohl darin, das Weserwasser für den Betrieb mehrerer ortsfester Wassermühlen aufzustauen. Nach dem Ausbau Hamelns zur Festungsstadt nach dem Ende des Dreißigjährigen Krieges benötigte man das Stauwasser dann jedoch vornehmlich dazu, den Befestigungsgräben der Verteidigungsanlage ausreichend Wasser zuzuführen.[51] Das das Fahrwasser sperrende Wehr stellte den Schiffsverkehr zwangsläufig vor große Probleme.[52] Wenngleich es am stadtseitigen Ufer nahe der Pfortmühle für die Schiffahrt einen 6,30 Meter breiten Durchlaß in Form einer hölzernen Gleitbahn gab, so war diese sog. Fiehre wegen der erheblichen Stauhöhe von etwa 1,85 Meter und des dadurch verursachten reißenden Gefälles nur mit Mühe und nicht ohne Gefahr passierbar. Immer wieder nahmen Schiffe an diesem künstlich errichteten Engpaß Schaden.[53]

Obwohl dieses auch als „Hamelner Loch" bekannte Stauwehr ursprünglich nicht für den Hafenbetrieb, sondern für den Mühlenbetrieb und die Stadtbefestigung angelegt worden war, wurden die Gegebenheiten des Hamelner Hafens doch maßgeblich durch das Vorhandensein der Schlacht bestimmt. Um neben dem Schiff nicht auch noch die kostbare Ladung aufs Spiel zu setzen, entlud man die Schiffe vor der Fahrt durch die Fiehre und belud sie wieder nach erfolgter Passage. Für die Bergfahrt erzwang Hameln diese Fahrtunterbrechung, indem es in den städtischen Statuten einerseits den Einsatz von Pferde- und Ochsenkraft untersagte und andererseits verfügte, daß maximal 20 Mann ein Schiff durch die Fiehre ziehen durften. Eine Winde gab es erst ab 1634. Die erzwungene Fahrtunterbrechung bedingte somit auch ohne die Verleihung eines offiziellen Stapelrechtes einen Stapelzwang, der den Hamelner Bürgern Gelegenheit zum Warenkauf bot.[54] Damit lag in Hameln eine dem Mündener Hafen vergleichbare Situation vor. Natürlicher Schiffsanlege- und Umladeplatz war das Ober- und Unterwasser vor und hinter dem Hohl in unmittelbarer Nähe der städtischen Pfortmühle. Wenngleich die Schiffer nicht aus freien Stücken umluden, mußten sie an die Stadt Hameln dafür eine als Niederlagegeld bezeichnete Kajegebühr entrichten.[55] Dieses für Hameln recht lukrative, der Weserschiffahrt jedoch hinderliche Geschäft wurde erst durch den Bau einer Schiffsschleuse unterbunden, die der Landesherr, Kurfürst Georg II. von Hannover, auf Betreiben der Mündener und Bremer Schiffer und gegen den Widerstand der Stadt Hameln 1732 bis 1734 erbauen ließ.

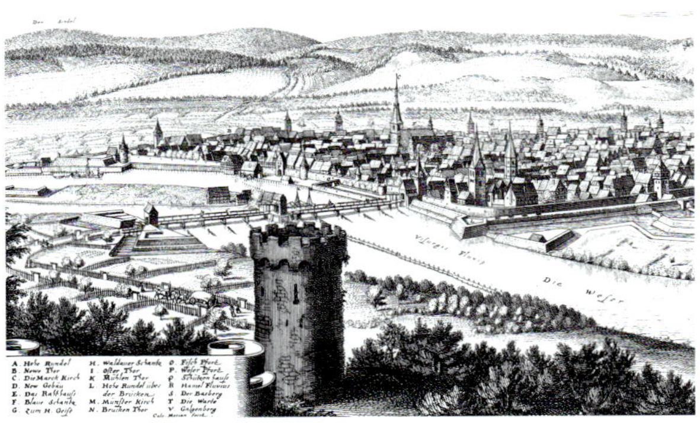

Ansicht von Hameln aus M. Merian: *Topographia ... Braunschweig und Lüneburg*, 1654 (Ausschnitt)

44 Löbe, K. 1969, S. 302, 307–308, 338, 340–341.
45 Meinardus 1887/1977, S. II; Wegner 1913, S. 125–126.
46 Meinardus 1887/1977, Nr. 8, S. 56.
47 Rothe/Rüthing 1989, S. 53.
48 Ellmers 1996, S. 230–232.
49 Rothe/Rüthing 1989, S. 53–54.
50 Meinardus 1887/1977, Nr. 173, S. 119–120; Reitzenstein 1861, S. 164.
51 Meinardus 1887/1977, S. II; Löbe, K. 1969, S. 41, 98; Wegner 1913, S. 126.
52 Meinardus 1887/1977, Nr. 672, S. 472: *„Des gelik hebt se sclacht geslagen up der herstrate des rikes up der Wesere, des wy unde unser land groten scaden hebt van visscheryge und an nut der schepe"* (1385).
53 Löbe, K. 1969, S. 99; Wegner 1913, S. 126.
54 Löbe, K. 1969, S. 99, 259.
55 Löbe, K. 1969, S. 274.

Rinteln

Zwischen Hameln und Minden liegen am linken Flußufer nur wenig oberhalb der Porta Westfalica die Kleinstädte Rinteln und Vlotho. Trotz ihrer räumlichen Nachbarschaft spielte die Schiffahrt in beiden Orten eine unterschiedliche Rolle. In Rinteln bildete sich im Untersuchungszeitraum nur ansatzweise ein eigenständiger Schifferstand aus: Nach Ausweis der schaumburgischen Zollrollen gab es 1554 fünf, 1573, 1616 und 1639 sogar nur jeweils einen Rintelner Berufsschiffer[56]; das erklärt, warum es unter den Zünften der Stadt keine Schiffergilde gab. Das Gros der Einwohnerschaft bestand damals aus Ackerbürgern, Handwerkern und Krämern.[57] Nach einem Verzeichnis von 1584 war Rinteln neben 21 anderen Stationen in erster Linie als Zollstation bedeutend. Die Auswertung der seit dem 16. Jahrhundert überlieferten Zollisten dieser der Grafschaft Schaumburg zugehörigen Zollstätte gewährt weitgehend Einblicke in die wirtschafts- und handelsgeschichtlichen Aspekte der frühneuzeitlichen Weserschiffahrt.[58] Dabei zeigt sich, daß die Weser im 16. und 17. Jahrhundert hauptsächlich Durchgangsstraße oder Anfahrtsweg für nicht aus der engeren Weserregion stammende Handelswaren war – auf der Bergfahrt Fisch, Butter, Käse, Teer, auf der Talfahrt Waid, Glas, Eisen(-produkte) und Textilien. Heimische Frachtgüter waren vor allem das aus dem weiteren Hamelner Raum kommende Getreide sowie das verflößte und verschiffte Holz des Weserberglandes.[59]

Der nur mäßig entwickelte Rintelner Schiffahrtsbetrieb kam mit einer entsprechend bescheidenen Hafeninfrastruktur aus. Der Rintelner Hafen befand sich nach Merians Stadtansicht von 1647 auf dem der Stadt gegenüberliegenden rechten Ufer nur wenig unterhalb der Brücke. Vermutlich wählte man die der Stadt abgewandte Seite, weil die bis unmittelbar an das Wasser reichende Festungsanlage der Stadt dem Schiffsverkehr kaum Lande- und Umschlagmöglichkeiten geboten hätte. Auf Merians Stich sind drei einmastige Frachtkähne zu sehen, die mit dem Bug voraus am nahezu unbefestigten Ufer liegen. Das breite, damals anscheinend noch nicht gepflasterte Ufergelände diente als Umschlag- und Lagerplatz, an dem eine Vielzahl abgestellter Fässer und Ballen auf ihre Verladung bzw. auf ihren Abtransport wartet. Hebezeuge scheint es nicht gegeben zu haben. Pferdefuhrwerke übernahmen den Zubringerverkehr vom Hafen in die Stadt, anschaulich dargestellt durch ein mit Fässern beladenes Gespann.[60]

56 Rothe/Rüthing 1989, S. 56.
57 Stünkel 1952, S. 10, 12.
58 Vgl. den Beitrag *Waren auf dem Fluß* von Dirk Korinth, S. 150–155.
59 Rüthing 1987, S. 76–77; Wegner 1913, S. 128–129.
60 Merian 1647/1961, S. 58.

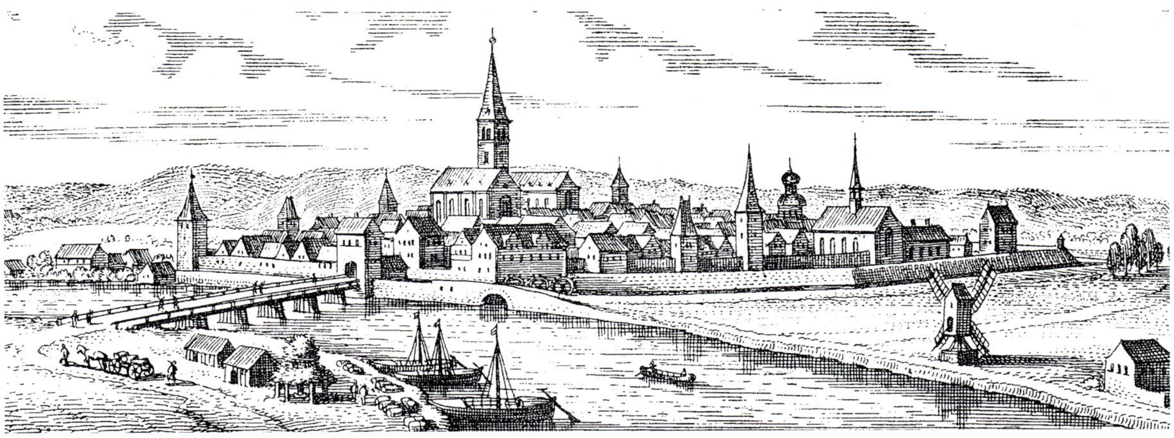

Ansicht von Rinteln aus M. Merian: *Topographia Westfaliae* ... 1647

Vlotho

Wie Rinteln war auch Vlotho Weserzollstätte,[61] doch waren die Beziehungen zur Weserschiffahrt hier wesentlich umfangreicher und intensiver. Allerdings entwickelte sich Vlotho um die Wende vom 16. zum 17. Jahrhundert erst vergleichsweise spät zum belebten Schiffer- und Hafenort.[62] Die schaumburgischen Zollisten verzeichnen 1554 lediglich vier Personen, die in Vlotho das Schiffergewerbe ausübten; knapp zwanzig Jahre später, 1573, waren es sechs Personen. In der Folgezeit stieg ihre Zahl dann sprunghaft an, wurden doch 1616 an der schaumburgischen Zollstelle Rumbeck immerhin 23 Vlothoer Schiffer mit drei bis vier Passagen pro Jahr registriert. Wie in Hameln war auch Vlothos Aufstieg zur Schifferstadt in erster Linie eine Folge des sich rasch ausweitenden Kornexports, wobei die Vlothoer Schiffer weseraufwärts zum Teil bis nach Münden fuhren, um Getreide aus den dortigen Anbaugebieten zu laden. Ein Großteil der Getreideladungen wurde nach Bremen verschifft. Darüber hinaus entwickelte sich Vlotho selbst zum Getreideumschlagplatz, weil man von dort die Flachsanbaugebiete der Grafschaft Ravensberg mit Korn versorgte. Vlotho wuchs damit immer mehr in die Rolle eines Weserhafens für Ostwestfalen hinein.[63]

Hafenkran in Vlotho, gebaut um 1790, Aufnahme um 1890

Trotz des großen wirtschaftlichen Erfolgs, der Vlotho im 17. Jahrhundert zu einem der wichtigsten Umschlag- und Hafenplätze an der Weser werden ließ, hatten die bescheidenen Verhältnisse der Vlothoer Hafenanlage noch lange Zeit Bestand. Da Vlotho Zollstelle war und seit jeher auch einen Fährübergang hatte, gab es zwar eine Anlegestelle für den Schiffsverkehr, doch baute man diesen Anlandeplatz, der vermutlich auch Güterumschlagplatz war, zunächst nicht durch Pfahleinschlag zur Schlachte aus. Vielmehr wurden in herkömmlicher Weise aufgrund der Lage und natürlichen Beschaffenheit besonders geeignete Uferstellen als Schiffslände genutzt; vor allem der Mühlenstein oberhalb des Fährhofes und das Flurstück „Auf der Kuhlen" unterhalb Vlothos an der Rehmer Straße dienten den Schiffern als natürliche Anlandeplätze.[64] Diese provisorischen, geradezu „archaischen" Hafenstrukturen hatten bis ins 18. Jahrhundert Bestand. Erst 1720 wurde am Ufer des Fährhofes ein befestigtes Bollwerk, die „alte Schlachte", errichtet, an der zwei große Weserkähne gleichzeitig anlegen konnten. Doch bestand auch diese Kaianlage noch aus einer Pfahl-Planken-Konstruktion,[65] wie sie vor allem für die mittelalterliche Hafenbauweise üblich war.[66] Deutlich zeigt sich hier die Rückständigkeit Vlothos gegenüber den führenden Weserhäfen Bremen und Münden, die schon eineinhalb Jahrhunderte zuvor die Kajen in massiver Steinbauweise errichtet hatten. Anhand der Straßenbezeichnungen Fährstraße, Zollweg, Am Zollhaus und Hafenstraße läßt sich die Topographie des einstigen Fähr-, Zoll- und Hafenbetriebs noch heute anschaulich nachvollziehen.

Der Aufschwung Vlothos zur bedeutenden Schiffer- und Hafenstadt schlug sich in der Wiedergründung der örtlichen Vlothoer Schiffergilde im Jahre 1665 nieder.[67] Damals traten 47 Vlothoer Schiffer der neuen Gilde bei. Die Schiffergilde, eine standesgemäße Interessenvertretung der örtlichen Berufsschiffer, hatte sich zum Ziel gesetzt, die Konkurrenz ihrer Mitglieder durch interne verbindliche Absprachen auszuschalten. Ihrer sozialen Verpflichtung gegenüber ihren Mitgliedern kam sie etwa in Form einer Armen- und Sterbekasse nach. Finanziert wurden diese Aufgaben aus der „Schiffsbüchse" genannten Gildekasse, die sich aus Schiffahrtsabgaben, „auch als Mastgeld bezeichnet", Aufnahmegebühren und Strafgeldern speiste.[68] Schon bald nach der Gründung der Vlothoer Schiffergilde kam es zu einer Auseinandersetzung mit der älteren Mündener Schiffergilde über das jeweilige Einzugsgebiet. Der Streit wurde schließlich dahingehend beigelegt, daß die Mündener Gilde für den Flußabschnitt oberhalb Hamelns, die Vlothoer Gilde hingegen für die Strecke von Hameln bis Bremen zuständig war. Die Eintreibung der Mastgelder erfolgte in gleicher Weise.[69] Ein Verkehrshindernis auf dem Vlothoer Streckenabschnitt, das so manches Schiff zu Schaden kommen ließ und daher der Vlothoer Schiffergilde ein Dorn im Auge war, war die Flußbarre der sog. „Liebenauer Steine", deren Beseitigung bis ins 19. Jahrhundert auf sich warten ließ.[70] Seit der zweiten Hälfte des 17. Jahrhunderts war die Zahl der Vlothoer Berufsschiffer rückläufig; 1680 und 1705 gab es in Vlotho nur noch dreißig, 1724 nur noch 24 Schiffer.[71]

61 Wegner 1913, S. 129.
62 Zur Frage der Anfänge der von Vlotho ausgehenden Schiffahrt vgl. Heil 1985, S. 25–27.
63 Rothe/Rüthing 1989, S. 56; Löbe, K. 1969, S. 315.
64 Heil 1985, S. 26, 43.
65 Weidinger 1997, S. 252–256.
66 Heil 1985, S. 43–45.
67 Hierzu befindet sich ein Artikel von Georg Heil in Vorbereitung.
68 Grossmann 1947, S. 37–39; Heil 1985, S. 31–33.
69 Grossmann 1947, S. 38; Heil 1985, S. 3337; Löbe, K. 1969, S. 218; Wegner 1913, S. 125.
70 Löbe, K. 1969, S. 219.
71 Grossmann 1947, S. 39; Löbe, K. 1969, S. 368.

Minden

Da Nienburg vornehmlich Festungsstadt war und Hoya im wesentlichen auf seine Funktion als Zollstätte beschränkt blieb, war der letzte größere Weserhafen vor Bremen Minden. Bei Minden, das nördlich der Westfälischen Pforte am linken Flußufer liegt, tritt die Weser in die norddeutsche Tiefebene ein. Für die wirtschaftliche Entwicklung der Stadt war die Lage an einer den Strom kreuzenden ost-westlichen Verkehrs- und Handelsstraße von entscheidender Bedeutung: Von Westen aus dem Ravensberger Land kommend, überquerte hier an einem günstigen Flußübergang ein weiterer Strang des Hellwegs die Weser und führte nach Osten in das Leinetal Richtung Hannover.[72] Nachdem wahrscheinlich noch im 11. Jahrhundert der alte Fährübergang durch eine erste einfache Holzbrücke ersetzt worden war, gab es seit 1463 eine Steinbrücke für den west-östlichen Durchgangsverkehr.[73] Durch diese Lage begünstigt, entwickelte sich Minden zum Vorposten Westfalens und des Niederrheins nach Osten, wovon dann vor allem der seit dem 12. Jahrhundert einflußreiche Mindener Tuchhandel profitierte.[74]

Im Unterschied zu anderen, von der Lage her vergleichbaren Orten schaltete sich Minden von Anfang an aktiv in die Schiffahrt auf der Weser ein und vermochte so auch die nord-südlich verlaufende Wasserverkehrsstraße in vollem Umfang für sich zu nutzen. Ein früher Beleg dafür ist der schon an anderer Stelle erwähnte Zollstreit zwischen Minden und Hameln aus der Zeit um 1200.[75] Auch in der Hanse, vor allem in deren Frühzeit, spielte Minden eine Rolle. Der Aktionsradius der Mindener Kaufleute reichte von Flandern im Westen über Glasgow im Norden bis hin nach Riga, Smolensk und Nowgorod im Osten, wo die Händler Fernhandelsware erwarben, die sie über „Sand und See" – also auch zu Schiff – beförderten.[76] Dem wirtschaftlichen Aufstieg Mindens kam sicherlich zugute, daß es der Stadt – ähnlich Bremen und Münden – schon im späten Mittelalter gelang, einen Stapelzwang auf bestimmte Waren, insbesondere auf Getreide, Bau- und Floßholz, durchzusetzen. Begünstigt wurde dieser Feilhaltungszwang durch die Funktion des Brückenkopfes, die nicht selten ein Umladen vom Schiff auf das Fuhrwerk zur Folge hatte. Zur Durchsetzung des Stapelzwangs sperrte man den Fluß bisweilen mit einem Baum oder einer Kette. Auch wenn Bremen das Mindener Stapelrecht erbittert bekämpfte, so hatte dieses doch, nicht zuletzt aufgrund mehrfacher kaiserlicher Bestätigungen, Bestand.[77]

Im 16. Jahrhundert profitierte Minden – ähnlich wie Vlotho und Hameln – von der allgemeinen Konjunktur des Kornhandels an der mittleren und oberen Weser. Die Stadt entwickelte sich in jener Zeit zu einem der zentralen Sammelplätze für Getreide, mehr als zwei Drittel der Mindener Talfahrten dienten damals dem Transport dieser Ware.[78] Um 1550 waren etwa dreißig Mindener Bürger im Schiffahrtsgewerbe tätig, allerdings war nur ein Drittel von ihnen häufiger als zwei Mal – im Durchschnitt ca. vier Mal – pro Jahr unterwegs. Dagegen belief sich die Zahl der Mindener Weserschiffer 1616 nur noch auf zwanzig, doch betrieben diese das Geschäft jetzt mehrheitlich professionell und unternahmen durchschnittlich sechs bis sieben Fahrten im Jahr.[79] Der zahlenmäßige Rückgang der Mindener Schiffer ist sicherlich im Zusammenhang mit dem gleichzeitigen Aufstieg Hamelns und Vlothos zur Schiffer- und Hafenstadt zu sehen. Der Mindener Hafen büßte im 17. Jahrhundert auf Kosten dieser „Newcomer" der Weserschiffahrt an Bedeutung und Attraktivität ein.

Auf einem Stich Wenzel Hollars von 1650[80] ist der Mindener Hafen detailliert dargestellt (S. 192). Das Hafengelände erstreckte sich über eine schmale lange Halbinsel, die dem Ufer im Bereich zwischen der Weserbrücke und den ersten Häusern der sog. Fischerstadt vorgelagert ist. Die Fischerstadt, einst als Vorstadt außerhalb der mittelalterlichen Stadtmauer gelegen, ist auf dem Stich bereits in die frühneuzeitliche Befestigungsanlage[81] einbezogen. Die Bezeichnung „Schlachte auf der Fischerstadt" geht auf den nahe der Fischerstadt gelegenen Ausladeplatz der zur Kaianlage und zum Umschlagplatz für den Schiffsverkehr ausgebauten Halbinsel zurück. Am oberen Ende der Kaje hat ein einmastiges, größeres Schiff festgemacht. Vier Häuser im oberen Bereich der Halbinsel sind aufgrund ihrer exponierten Lage vermutlich ebenfalls mit dem Hafenbetrieb in Verbindung zu bringen. Technische Einrichtungen für den Güterumschlag waren offensichtlich noch nicht vorhanden. Hebezeuge wurden auf der Mindener Schlachte wahrscheinlich erst zu Beginn des 18. Jahrhunderts installiert. Ein Kran ist definitiv erst seit 1725 belegt.[82] Von der Kaianlage führen drei breite Schiffstreppen ins Wasser, über die die Fahrzeuge bei niedrigem Wasserstand gut zu erreichen waren und auch mit Hilfe von Trägern be- und entladen werden konnten. Die noch vorhandene mittelalterliche Stadtmauer grenzte die 380 Quadratmeter umfassende Hafenanlage gegen die Altstadt ab. Der Hauptzugang zum Hafen erfolgte durch das in die Fischerstadt führende Fischertor.

72 Löbe, K. 1969, S. 194, 297, 304.
73 Löbe, K. 1969, S. 338.
74 Löbe, K. 1969, S. 304, 323.
75 Meinardus 1887/1977, Nr. 8, S. 56; Wegner 1913, S. 124–125.
76 Löbe, K. 1969, S. 195, 313, 315.
77 Zum Mindener Stapelzwang vgl. Behr 1987, S. 53; Löbe, K. 1969, S. 259–260, 275; Wegner 1913, S. 131.
78 Rothe/Rüthing 1989, S. 57; Rüthing 1987, S. 84.
79 Rothe/Rüthing 1989, S. 57.
80 Vgl. dazu auch Bachmann 1987, S. 355.
81 Gemäß dem Lübbecker Rezeß, einem Vertrag mit Bremen von 1573, durfte die Stadt jederzeit befestigt werden. Vgl. Bachmann 1987, S. 355; Behr 1983, S. 144.
82 Bachmann 1987, S. 357.

Eine Besonderheit Mindens stellen ferner die unmittelbar vor der Hafenanlage im Fahrwasser der Weser verankerten Schiffsmühlen dar. Auf Hollars Stich sind jeweils sechs in zwei Reihen angeordnete Mühlen zu erkennen. In der zweiten Hälfte des 16. Jahrhunderts hat es sogar vierzehn solcher Schiffsmühlen gegeben, darunter die städtische Walkmühle.[83] Da die unmittelbar vor der Schlachte gelegenen Schiffsmühlen den Schiffs- und Hafenverkehr massiv behinderten, kam es wiederholt zu Klagen, u. a. auch der Vlothoer Schiffergilde.[84] Insbesondere der untere Bereich der Schlachte dürfte zumindest für größere Fahrzeuge wegen der Schiffsmühlen kaum noch benutzbar gewesen sein. Sie machten dann, wie bei Hollar zu sehen, notgedrungen vor der Weserbrücke fest, warteten auf das Freiwerden eines Liegeplatzes oder luden ihre Waren auf kleinere Leichterkähne um.[85]

Neben dem Haupthafen auf der Halbinsel standen den Schiffern entlang der Festungsmauer vor der Fischerstadt weitere Liegeplätze zur Verfügung. Das zumindest lassen einige mastlose Kähne auf Hollars Stich vermuten, die die Mauer als Kaje nutzen.[86] Ferner gab es im Mündungsbereich der Bastau, des Stadtgrabens, in der sog. Tränke, ein befestigtes Hafenbecken, das den Schiffen als Winterhafen diente oder bei Hochwasser Schutz gewährte.[87] Die Nähe des Mindener Hafens zur Stadt schätzte man auch in der Folgezeit, garantierte das bis an den Hafen reichende städtische Straßennetz den Fuhrwerken doch jederzeit in sämtliche Richtungen eine ungehinderte An- und Abfahrt.[88] Das Recht der Instandhaltung der Schlachte und der zu ihr führenden Fahrrinne stand der Stadt Minden zu – ein Recht, das sich durchaus als lästige Pflicht erweisen konnte, so etwa als die brandenburg-preußische Regierung 1753 den Magistrat aufforderte, die in desolatem Zustand befindliche Schlacht instand zu setzen.[89]

Unter den Hafenstädten an der oberen und mittleren Weser war Minden die einzige, die sich nicht allein auf die Flußschiffahrt konzentrierte, sondern den Anspruch erhob, zumindest in beschränktem Umfang eigenständig Seeschiffahrt zu betreiben. Schon im Spätmittelalter unterhielten Mindener Kaufleute Handelskontakte zu Flandern, England, Spanien, Portugal und den nordischen Ländern. Auch wenn ein Großteil dieser Fernhandelsunternehmungen sicherlich über den Seehafen Bremen abgewickelt wurde, so versuchten die Mindener doch wiederholt, die eigenen Schiffe an Bremen vorbeifahren zu lassen. So lassen sich beispielsweise direkte Mindener Schiffahrtsbeziehungen nach Friesland und Holland nachweisen, bei denen das Umladen der Fracht auf Bremer Seeschiffe unterblieb.[90] Verständlicherweise waren die Mindener Bestrebungen der Stadt Bremen ein Dorn im Auge, beanspruchte diese doch das Monopol für den Seehandel von und zur Weser und reklamierte deshalb den Hoheitsanspruch auf den gesamten unteren Flußlauf bis zur Mündung für sich. Die unterschiedlichen Interessen führten zu erbitterten Auseinandersetzungen zwischen den beiden Hansestädten. Minden sah sich wiederholt veranlaßt, Klagen über die Behinderung der freien Weserschiffahrt durch den rigorosen Lösch- und Umladezwang in Bremen zu führen, so etwa 1498, 1506, 1507, 1511.[91] Der Streit zwischen den Städten eskalierte im 16. Jahrhundert, als beide ihre Interessen und ihr bisheriges Vorgehen durch teils einander widersprechende kaiserliche Privilegien bestätigt sahen: Bremen wurden 1541 durch ein Privileg Kaiser Karls V. neben dem Stapelrecht auf bestimmte Handelsgüter (Getreide, Mehl, Wein, Bier) u. a. auch die Hoheitsgewalt und Gerichtsbarkeit über die untere Weser zugesprochen. Wenig später, 1552, verbriefte derselbe Kaiser dann auch Minden das Privileg der freien Schiffahrt auf der Weser, indem er der Stadt das Recht zugestand, die Weser zwischen Minden und Bremen und darüber hinaus bis zur See ungehindert zu befahren. Der Konflikt spitzte sich 1616 mit der sog. Weddeordnung, die den Stapelzwang in Bremen verschärfte und fremden Schiffen die freie Passage ausdrücklich untersagte, weiter zu. Der Streit zwischen beiden Städten, der schließlich vor dem Reichskammergericht ausgetragen wurde, dauerte etwa 200 Jahre. Er endete 1769 mit einem Vergleich, bei dem die Parteien die jeweiligen Stapel- und Schiffahrtsprivilegien gegenseitig anerkannten.[92] Bis zu jener Zeit gelang es den Mindener Kaufleuten nur in Ausnahmefällen, ihren Anspruch auf eigenständige Seeschiffahrt geltend zu machen, so etwa, als im 18. Jahrhundert ein Schiff von Norwegen direkt bis nach Minden heraufgekommen war.[93] Doch war der eigenständige Seehandel Mindens auf Dauer eine Fiktion, die immer weniger der Realität entsprach. Die tatsächlichen Verhältnisse leisteten nicht zuletzt wegen der schiffahrtsbedingten Trennung zwischen Binnen- und Seeschiffahrt dem Monopol Bremens auf den seewärtigen Handelsverkehr nachhaltig Vorschub.

83 Behr 1983, S. 143–144, 148.
84 Behr 1983, S. 151.
85 Bachmann 1987, S. 360.
86 Bachmann 1987, S. 355.
87 Bachmann 1987, S. 355–356.
88 Bachmann 1987, S. 360–361.
89 Bachmann 1987, S. 355; Behr 1983, S. 148.
90 Löbe, K. 1969, S. 195, 237, 312; Wegner 1913, S. 130.
91 Behr 1987, S. 52.
92 Zum Schiffahrtsstreit zwischen Bremen und Minden vgl. Behr 1987, S. 53–64; Krieg 1935, S. 66–88.
93 Löbe, K. 1969, S. 237.
94 StA Bremen 2 – P. 13-1 (14.07.1618).
95 Zum Vegesacker Hafen vgl. Halenbeck 1874/1976, S. 61–85; Weidinger 1997, S. 346–349.

Jürgen Landwehr, Ansicht der Stadt Bremen, 1602
Focke-Museum/Bremer Landesmuseum
für Kunst- und Kulturgeschichte

Schluß

Bremen war und blieb für die Weserschiffahrt das Tor zum internationalen Seeverkehr und damit zur – vorerst europäischen – Welt. Auch wenn Bremen durch die Jahrhunderte Interesse an der binnenwärtigen Flußschiffahrt bekundete und unter Beweis stellte, so hatte die Seeschiffahrt mit ihren internationalen Handelsverbindungen hier doch stets Vorrang. Blick, Bewußtsein und Mentalität der Stadt und ihrer Bewohner waren primär auf die See ausgerichtet. Darin unterschied sich Bremen grundlegend von allen anderen Weserhäfen. Die Bedeutung Bremens als Seehafen manifestierte sich Anfang des 17. Jahrhunderts in einem weiteren großen Hafenprojekt: Am 14. Juli 1618 beauftragte der Rat der Stadt die holländischen Hafenbauspezialisten Wilken Unkes van Vernessen und Dirik Jansen, ca. 15 Kilometer flußabwärts von Bremen bei dem kleinen Ort Vegesack im Mündungstrichter des Wesernebenflusses Aue ein ungefähr 150 Meter langes, 75 Meter breites und $3^{1}/_{2}$ Meter tiefes Hafenbecken anzulegen.[94] Dieser neue Vegesacker Hafen, der in den Jahren zwischen 1619 und 1622 fertiggestellt wurde, hatte vor allen Dingen zwei Funktionen zu erfüllen: Zum einen sollte er Bremens (See-)Handelsflotte als Winter- und Schutzhafen dienen, zum anderen sollte er für den für große Seeschiffe nicht mehr erreichbaren Hafen an der Schlachte die Rolle eines Vorhafens übernehmen, der mittels zwischengeschalteter Leichterfahrzeuge die Verbindung nach Bremen aufrecht erhielt.[95] Mit diesem Hafenbau demonstrierte Bremen, daß es trotz zunehmender Versandung der Unterweser gewillt war, seine traditionelle Rolle als einer der großen Seehäfen an der südlichen Nordseeküste auch weiterhin wahrzunehmen. Mit dem Vegesacker Hafenbau war nach der Neugestaltung der Großen und Kleinen Schlachte sowie der in etwa zeitgleich erfolgten fortifikatorischen Sicherung des Schlachtehafens durch die Anlage der Neustadt die Gestaltung der frühneuzeitlichen Hafenverhältnisse abgeschlossen.

Munden

Franz Hogenberg (vermutlich vor 1540–1590)

1588

Kupferstich, koloriert
29,5 x 48,5 cm
Lemgo, Weserrenaissance-Museum Schloß Brake, Inv. S 3/86

128

DAS SCHIFF

Der Maler, Kupferstecher und Verleger Franz Hogenberg stammte aus einer Mechelner Künstlerfamilie. Er arbeitete in England und Antwerpen, von wo er wegen religiöser Verfolgungen 1570 nach Köln floh. Dort lieferte er u. a. zahlreiche Kupferstiche zu dem gemeinsam mit Georg Braun herausgegebenen, sechsbändigen Werk *Civitates orbis terrarum*, das erst nach Hogenbergs Tod 1618 vollendet wurde. Der Stich von Münden stammt aus dem vierten, 1588 erschienenen Band.

Die Ansicht zeigt Münden von einem erhöhten Standort am nördlichen Weserufer aus einer Perspektive, für die sich 1654, rund 60 Jahre später, auch Caspar Merian entschied (vgl. Abb. S. 119). Beide Stiche legen dem Betrachter den Zusammenfluß von Werra und Fulda zur Weser gleichsam zu Füßen. Auf den jenseitigen Ufern erhebt sich die vom Mauerring eng umschlossene Stadt. Den Vordergrund beleben eine Gruppe von drei Personen in vornehmer Renaissancetracht und ein schlichter gekleideter Reiter. Die Rollwerkkartusche vorne rechts enthält die Inschrift: *„Mundensis, ad Visurgum flu: Saxoniae Urbis, genuina delineatio"* (Naturgetreue Zeichnung Mündens, der sächsischen Stadt am Weserfluß).

Der Hogenbergsche Stich weist eine Reihe von Details auf, die mit den bisherigen historischen und archäologischen Kenntnissen nur schwer in Einklang zu bringen sind. Dies veranschaulicht auch der Vergleich des Blattes mit der von Merian gestochenen, die historischen Gegebenheiten sehr genau schildernde Ansicht Mündens. Merian läßt den Betrachter lediglich im Unklaren darüber, wie in seiner Darstellung ein Frachtwagen vom nördlichen Werraufer auf die Brücke gelangen konnte. Hogenberg fertigte den Stich offenbar nicht aus eigener Anschauung, sondern bediente sich einer älteren Zeichnung als Vorlage. Dies läßt sich aus der Darstellung verschiedener baulicher Einzelheiten erschließen.

Die trockene Verbindung der Werrainsel, des heutigen sogenannten Doktorwerders, mit der aus der Mitte des 13. Jahrhunderts stammenden Brücke wurde erst am Ende des 18. Jahrhunderts hergestellt. Hogenberg hat sie auf eine Schwemmlandzunge an der Brücke reduziert. Der historische Treppengiebel vor der Kirche ist Teil des alten gotischen Rathauses, das erst später, zwischen 1603 und 1618, durch den prächtigen „Weserrenaissancebau" Georg Crossmanns ersetzt wurde. Mit dem Schloßbau hingegen präsentiert Hogenberg dem Betrachter die bauliche Situation aus der Zeit vor dem Brand von 1560. Der Renaissanceneubau entstand in den Jahren 1562 bis 1584. Allerdings fehlen hier die drei großen Spitzbogenfenster der Anfang des 16. Jahrhunderts entstandenen gotischen Schloßkapelle. Außerdem zeigt Hogenberg die Schlagden, die 1580/82 befestigt wurden, noch größtenteils als seichte Uferlandeplätze und auch der Turm der St. Blasiuskirche ist noch nicht vorhanden. Er wurde erst 1584 vollendet. Besonders aufgrund der dargestellten baulichen Situation des Schlosses kann vermutet werden, daß zumindest eine der Vorlagen für Hogenbergs Stich aus der Zeit vor 1560 stammte.

Den massiven Steinbau im Hintergrund rechts von der St. Blasiuskirche mag man als den ebenfalls zu Anfang des 16. Jahrhunderts entstandenen Neubau des Oberen Tores auffassen. Die am entfernten Rande der Stadt rechts neben dem Schloß die Bürgerhäuser überragenden Gebäude, vor allem die Turmbauten, sind hingegen historisch oder archäologisch bisher nicht belegt. Der Hintergrund zeigt – in künstlerischer Freiheit gestaltet – die nordwestlichen Ausläufer des Kaufunger Waldes mit dem Galgenberg und der Straße entlang der Fulda nach Kassel vor dem Aufstieg zur Lutterberger Höhe. Am Himmel ist links das Wappen der welfischen Herzöge zu sehen – freilich fehlerhaft in der Zeichnung wie auch in der Kolorierung. Der leere Wappenschild sollte wahrscheinlich das Wappen der Stadt aufnehmen. Die Existenz des Stadtwappens, wie Merian es zeigt, ist indessen erst seit dem Anfang des 17. Jahrhunderts nachgewiesen.

Johann Dietrich von Pezold

Literatur: Braun/Hogenberg (1590), Bd. 4, S. 38;
Merian 1654, vor S. 158; Thieme/Becker, Bd. 17, S. 306/307;
Fiedler 1983, S. 2, 12

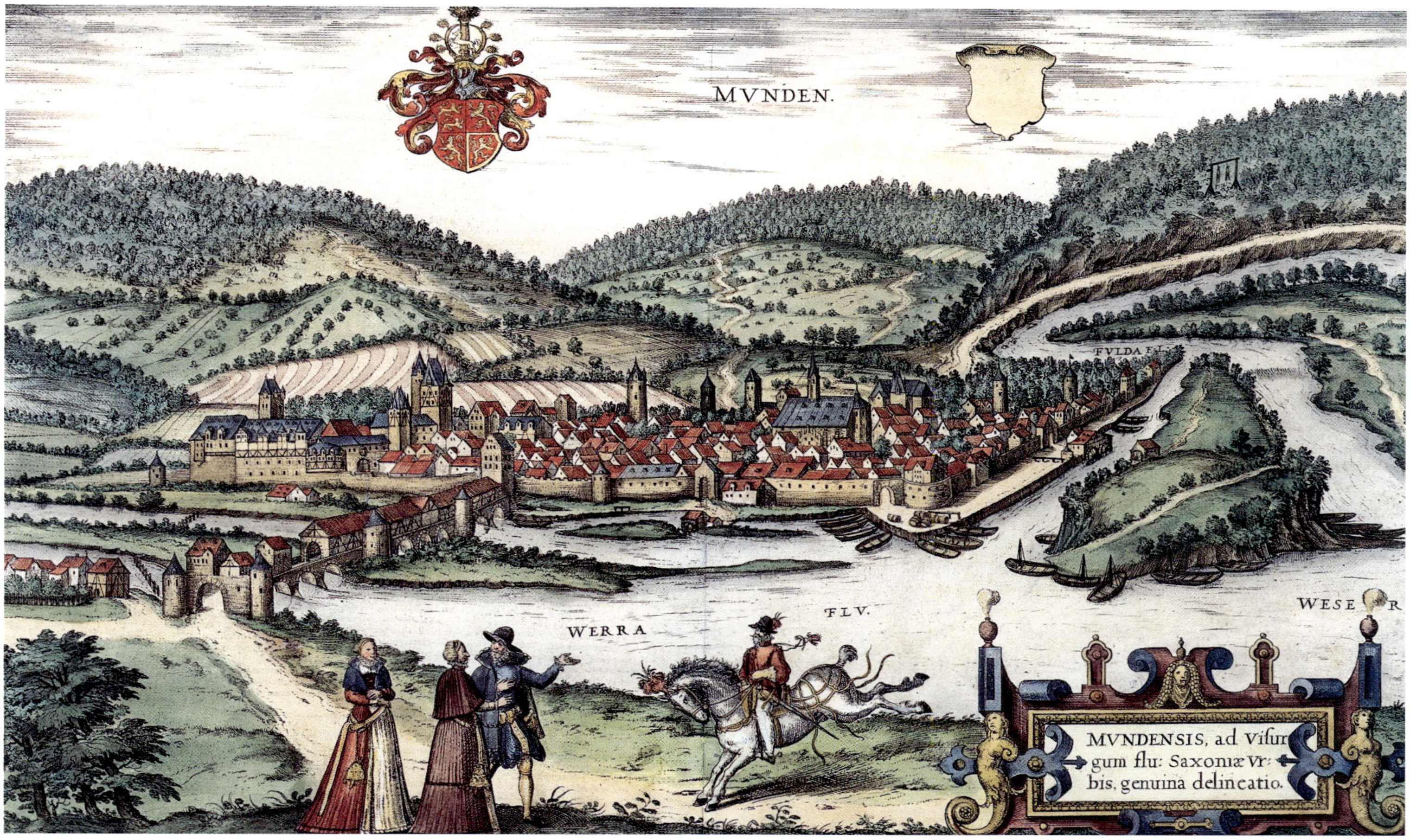
MVNDEN.
FVLDA FL.
WERRA
FLV.
WESER
MVNDENSIS, ad Visurgum flu: Saxoniæ Vrbis, genuina delineatio.

Kat. 30

Blick auf Höxter von Süden

Pieter Jan van Liender (1727–1779)
1753

bez. oben: de Stadt Hoxter nevent d abdy Corvey aan de Weser d 2 July 1753
Bleistiftzeichnung auf Papier
12,4 x 27,5 cm
Privatbesitz

Das Blatt ist eine vor der Natur entstandene Skizze für eine im Rijksprentenkabinett Amsterdam befindliche Vedute Höxters. Vom Treidelpfad vor dem Stummrige Tor blickt der Betrachter über skizzierte Büsche und den Wall auf den östlichen Teil der Stadt und die Weser. Der lediglich angedeutete Räuschenberg und der Solling sind im Hintergrund zu sehen.

Das Panorama beschreibt Höxter am Vorabend des Siebenjährigen Krieges: Im Zentrum der Komposition steht die Kilianikirche, links von ihr ist der Turm des Rathauses dargestellt. Die übrige Bebauung ist nur skizzenhaft angedeutet. Unterhalb des erhaltenen westlichen Brücktores ist einer der beiden Schiffsanleger erkennbar. Über den Dachreiter des ehemaligen Minoritenklosters im Nordosten der Stadt und die Ruine der 1673 von französischen Truppen zerstörten Weserbrücke, von der noch drei Joche erhalten sind, gleitet der Blick zur lediglich schemenhaft skizzierten Reichsabtei Corvey.

Der Dreißigjährige Krieg hatte erhebliche Auswirkungen auf die Silhouette der Stadt Höxter. Dies gilt besonders für die Brücke und die nach 1152 errichtete und in der Folgezeit nur geringfügig veränderte, auf Lienders Skizze ruinöse Stadtmauer. Das Stummrige Tor erhielt nach 1674 einen barocken Turmhelm. Der davor gelegene Zwinger wurde abgebrochen. Dieses Schicksal ereilte auch den befestigten östlichen Brückenkopf, der nach der Zerstörung der Brücke aufgegeben wurde. Reste des östlichen Tores sind noch als Ruine erkennbar.

Die Beziehung Höxters zur Weser war und ist zwiespältig: Der Fluß war sicherlich nicht die alles beherrschende Lebensader der Stadt. Er war zugleich Grenze und Verbindung zur Außenwelt. Seine Bedeutung für die lokale Identität, Handel und Gewerbe veränderte sich im Laufe der Geschichte. Im Mittelalter und in der frühen Neuzeit war Höxter wichtiger Knotenpunkt für den Land- und Schiffsverkehr. So kreuzte eine wichtige Ost-West-Verbindung, der Westfälische Hellweg, nahe der erstmals 822 im Zusammenhang mit der Gründung der Reichsabtei Corvey schriftlich überlieferten Villa Huxeri, den Strom. Spätestens 1115 gab es hier die älteste überlieferte Brücke. Zudem war diese Stelle ein bedeutender Fernhandelsplatz, der Corvey 833 privilegiert worden war. Im Vergleich zum Fernverkehr und -handel zu Lande hatte die Weser als Transportweg nur eine geringe Bedeutung. Auch der Warenumschlag vom Landhandel auf den Fluß dürfte in Höxter nur ein marginaler Wirtschaftsfaktor gewesen sein, da die Stadt im Gegensatz zu anderen Orten (Hann. Münden, Hameln, Minden, Bremen) keinen Stapel besaß oder für sich beanspruchte. Erst als nach 1250 der Fernhandel zu Land allmählich nachließ und neue Übergänge (z. B. Bodenwerder und Hameln) an Bedeutung gewannen, wandelte sich auch die Rolle der Weser. Um 1600 war Höxter ein wichtiger Umschlagort für in der Region produzierte Agrarprodukte, Baustoffe, wie die nach ihrem Handelsplatz bezeichneten „Höxter-Steine", und Eisenwaren, die aus dem Waldeckschen über Land an die Weser transportiert wurden. In Gegenrichtung band der Fluß Höxter an Bremen und den gesamten Hanseraum an. Träger dieses Handels waren einige wenige spezialisierte Einheimische, z. B. Jost Ziegenhirt (s. Kat.-Nr. 55, 56), und Schiffer aus den Zentren der Weserschiffahrt Bremen und Münden.

Seit der Ausbildung von Territorien im Spätmittelalter bis zur Neuzeit war die Weser die Grenze zu den benachbarten welfischen Gebieten. Der genaue Grenzverlauf war bis ins 18. Jahrhundert strittig. Dies belegt u. a. der Umstand, daß das am Ostufer gelegene Brückfeld zwar zur Höxterschen Feldmark zählte, die Braunschweiger Herzöge hier aber mit wechselndem Erfolg die Jurisdiktion beanspruchten. Zeitweilig erstreckte sich ihr Einfluß bis zur Strommitte, d. h. bis zum dritten Joch der Brücke.

Diese Grenze bedeutete jedoch kein unüberwindliches Hindernis für wirtschaftliche, politische und kulturelle Kontakte. Im Gegenteil: Höxter orientierte sich seit dem Spätmittelalter zunehmend am Vorbild der welfischen Territorien, was durch Münzprägung, die Inanspruchnahme Braunschweiger Erbschutzes gegen den Corveyer Abt oder die Organisation von Stadtämtern nach niedersächsischem Vorbild bestätigt wird.

Holger Rabe

Literatur: Westfalia Picta V, S. 255, Nr. 382.

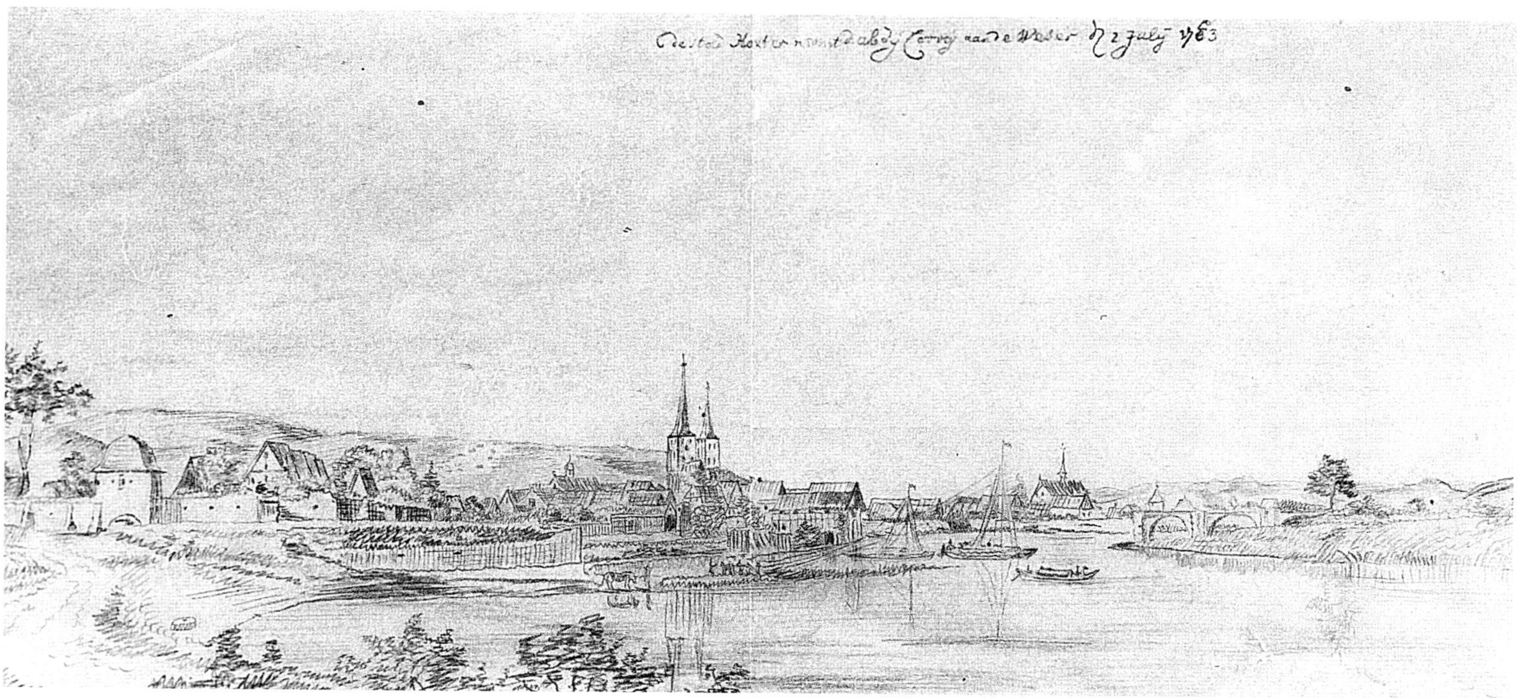

Kat. 31

Holtzmünden an der Weser
aus: M. Merian, Topographia ... Braunschweig vnd Lüneburg, 1654

Kupferstich nach einer Vorlage von Conrad Buno
20,5 x 15,7 cm
Stadtmuseum Holzminden, Inv. 1999/53:5

132

Die Darstellung Holzmindens in Merians *Topographia* ist, wenngleich sicherlich unbeabsichtigt, bezeichnend für die Beziehung der Stadt zur Weser. Nicht die dem Fluß zugewandte Seite wird gezeigt; sondern Felder und Wiesen beherrschen den Vordergrund, während die Weser lediglich in einem Teil des Hintergrundes zu erkennen ist. Vermutlich wählte der Zeichner seinen Standort vorrangig im Hinblick auf die Geländesituation: Die kleine Erhebung südöstlich der Stadt bot die Möglichkeit, aus erhöhter Lage den Ort zu überblicken.

1640 wurde Holzminden, wie ebenfalls die Topographia berichtet, in den Wirren des Dreißigjährigen Krieges mit Ausnahme weniger Gebäude *„jämmerlich in die Asche geleget und der in den Häusern und Scheuren vorhandene reiche Korn=Vorraht nebst allen Mobilien auffgebrannt"*. Auf dem Kupferstich sind allerdings, abgesehen vom fehlenden Dach des Kirchturmes (die „alte" Burg der Eversteiner bestand auch zuvor schon als Ruine), keine Anzeichen von Zerstörung mehr zu sehen. Ob freie Flächen zwischen den Gebäuden Hofbereiche oder aber wüste Stellen waren, ist für den Betrachter nicht erkennbar. Dendrochronologische Untersuchungen an Gebäuden in der Stadt belegen, daß in den Jahrzehnten nach 1640 eine rege Bautätigkeit herrschte – vor allem in der zweiten Hälfte des 17. Jahrhunderts. Zeichnete Conrad Buno also ein zu positives Bild, das nicht ganz der Realität entsprach?

Sicher ist, daß die wirtschaftliche Lage schwierig war. 1651 wurde bei Abnahme der Amtsrechnung bemerkt, daß *„Bauer- und Ackersleute in Holzminden durch erlittenen großen Brandschaden meistenteils ganz herunter gekommen"* waren. Die genannte Personengruppe war für die Wirtschaftskraft der Stadt von großer Bedeutung. Der größte Teil der Bürger betrieb zumindest im Nebenerwerb Landwirtschaft.

Die Weser spielte im Leben der Stadt nur eine untergeordnete Rolle. Mit Blick auf die westlich gelegenen Landstriche war sie zunächst Grenze und Verkehrshindernis. Nachdem der Versuch eines Brückenbaues fehlgeschlagen war, konnte der Fluß weiterhin nur mit der Fähre überquert werden. Der Landesherr nutzte die Situation, um hier Zoll zu erheben. Dies wiederum führte dazu, daß Kauf- und Handelsleute lieber in Lüchtringen auf der Fähre des Abtes zu Corvey übersetzten und Holzminden damit auch dieser Verkehr entging.

Schiffer gab es kaum in Holzminden; ankommende wie abgehende Waren wurden vor allem von den zahlreichen Mündener und Bremer Schiffen transportiert. Überregional bedeutender Güterumschlag fand kaum statt – zu überprüfen wäre, ob im 17. bereits wie im 18. Jahrhundert nicht vor allem der Weiler Thran (an der Öffnung des Lennetales zum Wesertal) den Verkehr in die östlicher gelegenen braunschweigischen Gebiete vermittelte.

Eine wichtige Rolle spielte die Weser beim Absatz der Platten aus Sollingsandstein. Mitte des 17. Jahrhunderts ist bereits der Export nach Dänemark und in die Niederlande belegt. Ein Teil davon wurde in Holzminden verladen. Auch hierbei profitierte die Stadt jedoch kaum direkt von der Verschiffung auf der Weser, sondern allenfalls indirekt durch Steinfuhren aus den Brüchen.

Matthias Seeliger

Literatur: Seeliger 1987/1988.

A. Alte Burg
B. Neu Thor
C. Ober Thor
D. Altorf
E. Weser Fluvius
F. Die Bach
Holtzmünden An der Weser
Wie solches nach dem Brandt siehet

Kat. 32

Bodenwerder

aus: M. Merian, Topographia ... Braunschweig vnd Lüneburg, 1654

Kupferstich
35 x 72 cm
Museum Bodenwerder, Inv. 93/90

134
DAS SCHIFF

Die von Conrad Buno (1613–1671) gezeichnete und von Merian gestochene Ansicht von Bodenwerder zeigt den Blick von Osten, vom Hang des Voglers (Königszinne), auf die Stadt. Aus dieser Perspektive wurde ihre Lage auf einer Weserinsel hervorragend dargestellt. Im rechten Drittel des Druckes findet sich das romanische Kloster Kemnade, ihm gegenüber die Mündung der Lenne. Dieser Einschnitt im Massiv des Oberweserberglandes wird mit ausschlaggebend für die Klostergründung an dieser Stelle im Jahre 964 gewesen sein. Hier führte eine wichtige Handelsroute nach Osten in Richtung Magdeburg.

Die Struktur der 1245 gegründeten Stadt auf der Weserinsel hat sich bis heute sichtbar erhalten. Bodenwerder ist die einzige Stadt an der Weser, die ursprünglich und bis ins 20. Jahrhundert hinein in der Weser lag. Der Weserarm, der den „Werder" vom westlichen Ufer trennte, wurde erst 1948 vollständig verfüllt. Wie am linken Bildrand zu sehen, besaß Bodenwerder im Jahre 1654 keine Brücke, der Transport von Ufer zu Ufer geschah mittels einer Fähre. Wann die bereits 1289 erwähnte Brücke verschwand, ist nicht bekannt, wahrscheinlich ist eine Zerstörung im Dreißigjährigen Krieg (siehe unten, Text aus Merian). Erst 1883 erhielt Bodenwerder wieder eine feste Brücke.

Das herausragende Gebäude links von der 1476 erbauten Kirche ist das 1603/09 von Statius von Münchhausen errichtete Herrenhaus auf seinem Gutshof, den er um 1590 zu Lehen erhalten hatte. Der berühmteste Sproß dieser Familie, Hieronymus Karl Friedrich Freiherr von Münchhausen (1720–1797), trägt bis heute dazu bei, die Stadt weltweit bekannt zu machen.

In Merians Band, dem der Kupferstich entnommen ist, findet sich eine Beschreibung der Stadt Bodenwerder:

„Diese Statt ligt in dem Fürstenthumb Calenberg / in einem sehr lustigen Thale / uff beeden Seiten mit hohem Gebirge umbfangen / un gleichsam in dem Weserstrom / der grösseste theil davon / so Schiffe führet / gehet an der Ostseiten zu / rühr an der Statt vorbey / der ander theil gegen Westen / Sie hat ihren Namen von ihrem Uhrheber Graff Bodo von Homburg.

Gegen Mittag / die Weser uffwarts / hat sie das Fürstliche Braunschweig:Lüneburgische Ampt Polle / gegen Norden die Statt Hameln / wovon Sie zwo Meile gegen Mittag gelegen / Sie hat hiebevor zu der Graffschafft Homburg zur helffte gehöret / und ist mit derselben an das Fürstliche Hauß BraunschweigLüneburg durch Heyraht kommen / umb das Jahr 1445.

Der Raht hat seine gewisse Gerechtigkeiten / die Bürgerschafft ihre Nahrungen und Gilden / nehret sich auch danebenst vornehmen theils der Schifffahrt uff dem Weserstrom / über welchen an selbigem Ort / vor der entstandenen Teutschen Unruhe und Kriegen / eine hö lzerne Brücke gewesen. Und weil umb diese Statt ein zimlicher Ackerbaw / und gut Getreydig erwächset / auch desselben uff dem Strom / zu ihrer Nohtturfft / umb die Billigkeit haben kann / So wird daselbst ein gutes Bier / so man in diesen Landen Breyhan nennet / gebrawet.

Die Gehöltz / daran es gelegen / seynd an Eichen und Büchen fruchtbar / und ist ein sonderliches / daß sich vor wenig Jahren ein solcher langer und gerader Eichbaum gefunden / daß der Raht dieser Statt Eichene Bohlen oder Dielen an einem stücke daraus können schneiden lassen / so 74 Fuß lang gewesen. Insonderheit wachsen daselbst viel Wallnüsse / gibt auch viel Wacholdernholz / darauß gute Kandeln und Trinkgeschirr gemachet werden. So ist der Weserstrom daselbst / sonderlich an allerley Fischen und Krebsen / wol gesegnet / und haben die Einwohnere dahero und aus dem benachbarten Stifft Paderborn / gute Nahrung."

Die archivalische Überlieferung zu Bodenwerder ist lückenhaft. Aufgrund der häufig wechselnden Stadt- und Landesherren finden sich im Stadtarchiv Dokumente erst ab der Mitte des 18. Jahrhunderts. Die älteren städtischen Urkunden, 1936 als Depositum im Hauptstaatsarchiv Hannover niedergelegt, sind durch Hochwasser weitgehend zerstört worden.

Es existieren keine zeitgenössischen Bild- oder Schriftquellen, die eine Überprüfung der Ansicht von Merian ermöglichen würden. Lediglich die bis heute erhaltenen Strukturen der Altstadt auf dem Werder – Straßenführung, Parzellierung, Reste der Umwallung – und

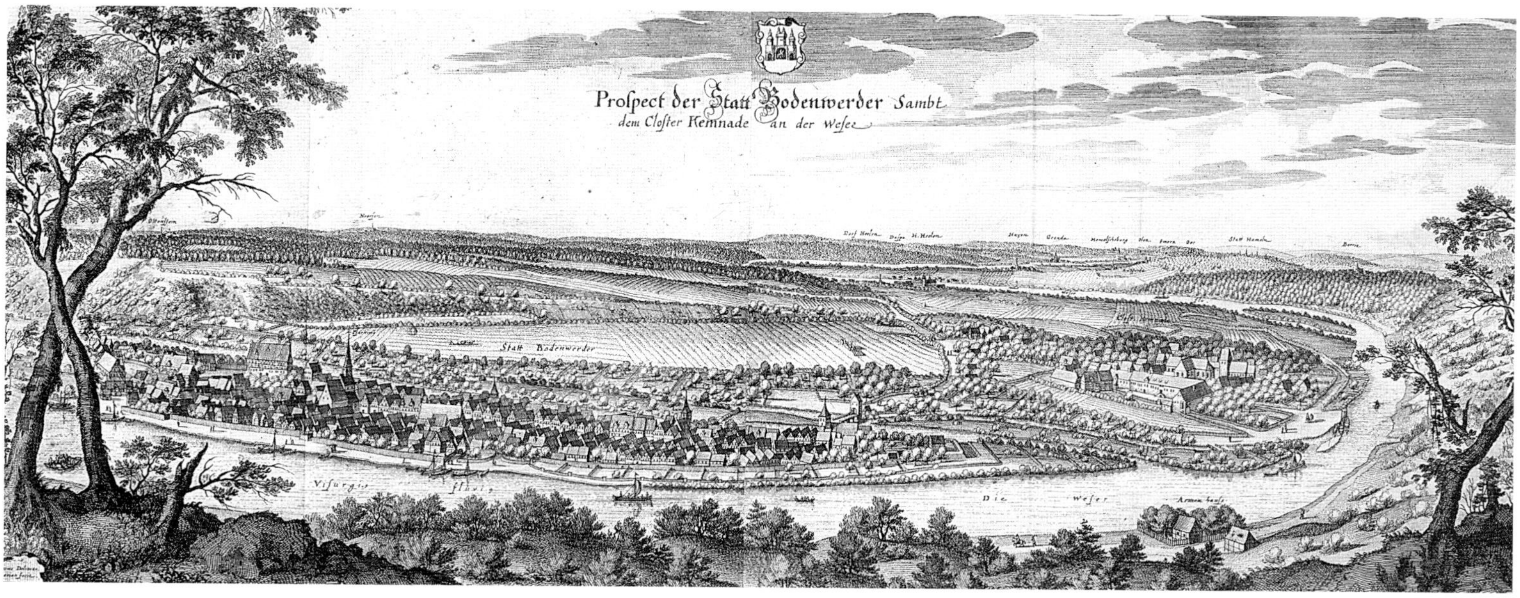

Kat. 33

die erhaltenen Gebäude – Gutshaus von Münchhausen, Stadtkirche und die Klosterkirche Kemnade, die bereits ohne Turm dargestellt ist – weisen Buno als verläßlichen Chronisten aus. Aufgrund der Abbildung auf dem Stich konnte z. B. auch der Umbau eines der ältesten Gebäude der Stadt, die sog. „Schulenburg" (Treppengiebelhaus im linken Bilddrittel), das in den folgenden Jahrhunderten völlig verändert wurde, durch archäologische Grabungen im Grundriß nachgewiesen werden.

Bedingt durch seine Insellage ohne Hinterland, war Bodenwerder keine Ackerbürgerstadt. Neben dem Handwerk war eine der Einnahmequellen der Stadt der Handel über Land und über den Wasserweg (Weser/Lenne) sowie der Schiffsbau. Bis in die Frühe Neuzeit war die sog. „Thran" an der Lennemündung gegenüber dem Kloster Kemnade einer der wichtigsten Warenumschlagplätze der Region, insbesondere für Buntsandstein, Holz und Getreide. Leider existieren für das 13. bis 16. Jahrhundert nur wenige, indirekte Quellen über die Art und besonders den Umfang der in Bodenwerder verhandelten Güter, die einen Vergleich mit anderen Weserstädten zulassen. Die Bodenwerdener transportierten 1616 nur unwesentlich weniger Getreide als die Hamelner.

Nachdem Bodenwerder im Jahre 1635 durch Erbteilung im Braunschweigischen Fürstenhause an das Herzogtum Hannover gefallen war, wurde der Handel durch die Zollschranken der Braunschweigischen Herzöge derartig behindert, daß eine deutliche Verarmung der Stadt festzustellen war. Der einstige Wohlstand läßt sich lediglich anhand der Summen belegen, mit denen der Rat bis 1620 den jeweiligen Stadtherren Privilegien abgekauft hat. Einige Bedeutung erfuhr der Weserhandel in Bodenwerder noch einmal im 18. Jahrhundert durch die Verschiffung von grobem Leinen aus dem Umland.

Die erhaltene Bausubstanz in der Stadt aus dem 16./17. Jahrhundert dokumentiert deren wirtschaftliche Lage in Relation zu anderen Weserstädten. Die Fachwerkhäuser z. B. in der Wegführung zum Flußübergang (Weserstraße 9 und 11) lassen sich zwar als Häuser von Schiffseignern identifizieren. Ihre repräsentativen Fassaden sind jedoch nicht mit denen zeitgleicher Bauten in Münden, Höxter oder Hameln zu vergleichen.

Thekla Gehrmann

Literatur: Rothe/Rüthing 1989.

34

Hamelen

aus: M. Merian, Topographia ... Braunschweig vnd Lüneburg, 1654

Kupferstich
31 x 37 cm (Blatt); 23,4 x 35,3 cm (Platte)
Museum Hameln, Inv. Hb 3,2

Das Blatt ist die erste relativ authentische Ansicht der Stadt Hameln; alle älteren Darstellungen sind weitaus schematischer. Der Kupferstich zeigt die Stadt vom Nordhang des Hamelner Hausberges Klüt.

Dominierende Gebäude sind das Bonifatius-Münster („*M. Münster Kirch*"), die Markt-Kirche St. Nicolai („*C. Die Marck Kirch*") und das sog. Hochzeitshaus („*D. New Gebäu*"), dessen Bezeichnung aus jüngerer Zeit stammt.

Die mittelalterliche Stadtmauer ist mit 14 Türmen abgebildet; ob dies den tatsächlichen Gegebenheiten entsprach, ist zu bezweifeln. Realistisch hingegen sind die Angaben zu Toren und Pforten (Neues Tor, Ostertor, Mühlentor, Brückentor, Fischpforte und Weserpforte), den neuzeitlichen Befestigungsanlagen, der Brücke und den natürlichen Gegebenheiten (Weser, Hamel, Süntel, Basberg, Galgenberg).

Schriftliche Quellen berichten geraume Zeit vor Entstehen des Kupferstiches über das Aussehen der Stadt. Das erste Zeugnis ist die „*Chronik der Hamelner Kirche*" des Johann von Pohle aus dem Jahre 1384; weitere Beschreibungen folgen. Der „*Bericht nach Hofe*", der 1653 geschickt worden war, bezieht sich erstmalig auf eine bildliche Darstellung. Er war als Textergänzung für den Abdruck der Hamelner Stadtansicht in der Merianschen Topographie bestimmt. Im „*Bericht nach Hofe*" wird die mit der Stadt eng verbundene Rattenfängersage (Kat. 23) als Fabel abgetan, um mögliche negative Aspekte hinsichtlich der Stadtbeschreibung zu vermeiden. Nachweislich trug jedoch gerade die Sage dazu bei, das öffentliche Interesse an der Weserstadt zu steigern. In dem zitierten Bericht teilt der Verfasser über seine Stadt mit, sie „*werde unter die vornehmsten des Fürstentumbs gezählt, gestalt sie mit breiten, tiefen Wassergraben, hohen Wällen, wallstreichenden Rondelen, starken und mit vielen Türmen versehenen Mauern und herrlichen Auflenwerken versehen und verzieret ist.*" Tatsächlich ist mit der Beschreibung dieser Anlagen der Beginn einer Entwicklung geschildert, die sich in zahlreichen bildlichen Darstellungen niederschlug: Der Ausbau der städtischen Befestigung, die Hameln zur Landesfestung machen sollte.

Norbert Humburg

Literatur: Bachmann 1965, S. 132–133.

Hamelen
An der Weser
Der Sindel
Visurgis Fluvius
Die Weser
A. Hohe Rundel
B. Newe Thor
C. Die Marck Kirch
D. New Gebäu
E. Das Rahthauss
F. Blaue Schantz
G. Zum H. Geist
H. Waldauer Schantz
I. Oster Thor
K. Mühlen Thor
L. Hohe Rundel über der Brücken
M. Münster Kirch
N. Brucken Thor
O. Fisch Pfort
P. Weser Pfort
Q. Schützen hauss
R. Hamel Fluvius
S. Der Basberg
T. Die Warte
V. Galgenberg

Kat. 34

Ansicht von Rinteln

aus: Daniel Meissner: Thesaurus philo-politicus: Hoc est: Emblemata sive moralia politica,
fig. Aeneis incisa et ad instar albi amicorum exhibitia, veribus quoque Latinis ac rhythmis germanicis conscripta.
Frankfurt a. M.: Kieser, 1624–1628.

Kupferstich
9,5 x 14,3 cm
Museum Rinteln, Inv. Ri-I-2 P

138

DAS SCHIFF

Der Kupferstich zeigt eine Ansicht der Stadt Rinteln vom nordwestlichen Weserufer aus. Die mit Wällen, Mauern und Toren befestigte Stadt ist durch eine Holzbrücke mit dem nördlichen Weserufer verbunden, an dem sich eine Schiffsverladestelle befindet. Eine Anbindung der Stadt an den Handelsweg „Weser" wird durch das Be- und Entladen der Schiffe an der Verladestelle deutlich.

Rinteln wurde 1239 als befestigter Grenzort der Grafschaft Schaumburg gegründet. Die in der Talaue der Weser liegende Stadt wurde bis ins 19. Jahrhundert nicht von überregionalen Landhandelswegen berührt, so daß vornehmlich die Weser als schiffbarer Handelsweg eine Teilnahme am Fernhandel erlaubte. Die Bedeutung eines regional geprägten Güteraustausches kommt überdies mit einem vom Landesherrn verliehenen Messeprivileg von 1392 zum Ausdruck. Das frühneuzeitliche Rinteln war von den wirtschaftlichen und kulturellen Zentren Nord- und Westdeutschlands weit genug entfernt, um aus verschiedenen Richtungen beeinfluß t zu werden. Dabei ging eine deutliche Präferenz dieser Einflüsse von den Städten des Harzvorlandes und den norddeutschen Hanse- und Küstenstädten aus. Die künstlerische und bauliche Gestaltung Rintelner Bürgerhäuser und Adelshöfe zur Zeit der Renaissance war z. B. eng an die Bautradition Nordwestdeutschlands gebunden. Eine Kulturvermittlung über die Weser als Verkehrsader dürfte dabei eine wichtige Rolle gespielt haben.

Die seit dem Mittelalter weitgehend selbstverwaltete Stadt verlor bis zum Ende des 16. Jahrhunderts ihre Eigenständigkeit an eine an Einfluß gewinnende landesherrliche Administration, die mit dem Amtsantritt des Grafen Ernst von Schaumburg 1601 die städtischen Angelegenheiten gezielt unter ihre Kontrolle zu stellen vermochte. Mit der Gründung einer protestantischen Universität 1621 wurde das kulturelle und geistige Leben der Stadt gefördert. Die unter dem Einfluß humanistischer Bildungsideale entstandene Universität nahm ihren Lehrbetrieb mit den vier Fakultäten Theologie, Philosophie, Jura und Medizin auf und genoß eine vom Landesherrn garantierte Sonderstellung in der Stadt. Nach gewissen Anlaufschwierigkeiten durch den Ausbruch des Dreißigjährigen Krieges kam ein geregelter Hochschulbetrieb allerdings erst nach 1648 zustande. Die Rintelner Juristenfakultät erlangte während der zahlreichen Hexenprozesse in der zweiten Hälfte des 17. Jahrhunderts, an denen sie durch ihre berüchtigten Gutachten maßgeblich beteiligt war, traurige Berühmtheit.

Der Kupferstich zeigt eine mit Bürgerhäusern, Adelshöfen und Kirchen bebaute Stadt, von denen noch heute einzelne bauliche Zeugen bis ins frühe 16. Jahrhundert zurückreichen. Die Adelshöfe stehen in engem Zusammenhang mit der vom Landesherrn planmäßig angelegten Stadt zur militärischen Sicherung seiner kleinstaatlichen Territorialgewalt, für die gräfliche Burgmannen und Ministeriale im Grenzbereich der städtischen Siedlungsfläche mit festen, wehrfähigen Häusern angesiedelt wurden. Sie wurden zumeist während der kulturellen Blüte der Renaissance grundlegenden Umbauten unterzogen, die die Dominanz des Adels noch bis ins frühe 17. Jahrhundert zum Ausdruck bringen. Im Gegensatz zur bürgerlichen Bevölkerung hatte der Adel in Rinteln bis zum ausgehenden Mittelalter eine weniger feste Bindung an die Stadt. Er konnte zwischen seinen ländlichen Burgen und den städtischen Wohnsitzen wählen, wobei letztere mit dem Aufkommen der städtisch-bürgerlichen Kultur besonders nach der Mitte des 16. Jahrhunderts an Bedeutung zunahmen. An der allgemeinen Baukonjunktur, die sich in der zweiten Hälfte des 16. Jahrhunderts feststellen läßt, hatte das aufstrebende Bürgertum ebenso Anteil wie der Adel.

Michael Sprenger

Literatur: unpubliziert.

SIS CONSTANS.
Universitet.
RIN-TE-LIA.
WE SER FL.
Si dubitas animo vitæ quæ fata sequaris,
Elige et observa quod melius fuerit.
Ist dir dein gmüht also gespaltn,
Und zweiflest wass dir sey zu haltn.
So sey standthafft, erwehl ein ding,
Zu thun, so wirt dir als gering.

Kat. 35

Das Ambthauß Vlothowe

Detail der Karte der Weser zwischen Vlotho
und der Mündung der Werre aus den Akten eines Prozesses
vor dem Reichskammergericht Speyer
Karte 1: Arnold Mercator (1537–1587)
1581

Federzeichnung
34,2 x 83,7 cm

Das Haus und Ambt Vlothowe

Detail der Karte der Weser zwischen Vlotho
und der Mündung der Werre aus den Akten eines Prozesses
vor dem Reichskammergericht Speyer
Karte 2: Johann Jacob Kremer (ca. 1562–ca. 1595)
1583

Federzeichnung
32,5 x 82 cm
Münster, Nordrhein-Westfälisches Staatsarchiv, Kartensammlung A,
Nr. 19917 (Karte 1), Nr. 19917 (Karte 2)

Bei den beiden schematischen Ansichten Vlothos (vgl. Kat. 6), die auf zwei großen gezeichneten Karten der Weser bei Vlotho dargestellt sind, handelt es sich um die ältesten bekannten Ansichten des Ortes. Mercators Karte aus dem Jahr 1581 (Karte 1) zeigt Vlotho von Südwesten, das von Johann Jacob Kremer gezeichnete Gegenstück von 1583 (Karte 2) präsentiert das *„Haus und Ambt Vlothowe"* von Nordosten.[1] Auf beiden Karten haben die Zeichner Kirche und Mühle jeweils auf das falsche Ufer des Forellenbaches verlegt. Einzelheiten sind erfunden, so z. B. der hohe Turm der ehemaligen Zisterzienserkirche St. Stephani. Auch die Burggebäude sind nicht nur auf den beiden Karten unterschiedlich dargestellt, sondern sind zudem nicht mit der Überlieferung vereinbar. Kremers Karte (Karte 2) zeigt einen Ortsteil Vlothos, der auf der Mercatorkarte nicht abgebildet ist, da er durch den Amtshausberg, auf dem die Burg liegt, verdeckt wird. Dieser Ortsteil war aber um 1580 der wirtschaftlich bedeutendere Teil Vlothos, lebten in ihm doch Menschen, die rege Handelsaktivitäten entfalteten: Kaufleute und Schiffer.

Vlotho, das im Mittelalter Stadtrechte besaß, verlor diese zu einem nicht bekannten Zeitpunkt und wurde in der Folgezeit als „Flecken" – rechtlich zwischen Dorf und Stadt angesiedelt – bezeichnet, wie auf den beiden Karten auch richtig vermerkt ist. Territorialpolitisch lag der Flecken Vlotho im äußersten Nordosten der Grafschaft Ravensberg, die zum Herzogtum Jülich-Kleve-Berg gehörte. 1614/47 fiel das Gebiet im Zuge des Jülich-Kleveschen Erbfolgestreits an Brandenburg. Das auf den Abbildungen so imposant wirkende *„Haus Vlothowe"* war eine der vier Landesburgen der Grafschaft Ravensberg und damit das verwalterische Zentrum des *„Ambt[es] Vlothowe"*. Der oberste Verwaltungsbeamte des Amtes, der Drost, hatte um 1580 seinen Amtssitz nicht mehr auf der Burg, sondern der Bequemlichkeit halber am Fuß des Berges im Flecken Vlotho. Die zweite jülich-klevische staatliche Institution, die landesherrliche Weserzollerhebungsstelle, 1193(!) erstmals erwähnt, findet sich, etwas abseits der Stadt gelegen, in dem Gebäude, das nahe der Mündung des Forellenbaches in die Weser zu sehen ist.

War Vlotho in der ersten Hälfte des 16. Jahrhunderts lediglich ein bedeutungsloser Flecken, so handelt es sich gegen 1580 um ein prosperierendes Gemeinwesen. Seine Prosperität verdankte es der Einbeziehung des Weserraumes in den europäischen Fernhandel und seiner in diesem Kontext verkehrsgeographisch ausgesprochen günstigen Lage: Von allen Handels- und Speditionsplätzen an der Weser besaß Vlotho die günstigste Lage zur Westfälischen Bucht und zur Ravensberger Mulde – zwei Landstriche, die in der zweiten Hälfte des 16. Jahrhunderts in das Blickfeld der Bremer Kaufmannschaft gerieten. Von besonderer Bedeutung war die Fernstraße, die von Vlotho durch die Grafschaft Lippe nach Paderborn führte, wo sie auf den Hellweg stieß. Von dieser Entwicklung profitierten in Vlotho Schiffer und (Speditions-)Kaufleute, die sich in der zweiten Hälfte des 16. und den ersten Jahrzehnten des 17. Jahrhunderts zahlreich in Vlotho angesiedelt haben dürften. Die Schiffer besorgten den An- und Abtransport der Waren auf der Weser, die Kaufleute das Speditionsgeschäft, d. h. den Warenumschlag vom Schiff auf die Achse und den Weitertransport der Waren auf dem Landweg. Umgekehrt schafften sie Waren aus dem Hinterland an die Weser und organisierten deren Transport per Schiff nach Bremen.

Ausschnitte aus zwei Weserkarten von 1581 und 1583

(vgl. Kat. 6)

Gegen Ende des 16. Jahrhunderts entwickelte sich in wenigen Jahrzehnten ein Speditionsplatz. Einige wenige Zahlen mögen dies verdeutlichen: Von August 1565 bis September 1566 passierten zehn Vlothoer Schiffer die Weserzollstelle Petershagen auf der Bergfahrt und acht auf der Talfahrt. Von Ostern 1580 bis Ostern 1581 passierten dagegen 43 Vlothoer Schiffer auf der Bergfahrt und ebenso viele auf der Talfahrt den Zoll Petershagen.[2]

Aber nicht nur die Zahl der Schiffer, der Fahrten und die Warenmenge wuchs, sondern vor allem auch das Warensortiment. Wurden 1565/66 lediglich sechs verschiedene Waren zu Tal gefahren, waren es 1580/81 bereits 13. Auf der Bergfahrt weitete sich das Warensortiment von neun auf 23 aus. Ein Teil der 1580/81 transportierten Waren müssen nicht mehr nur in Vlotho geladen oder gelöscht worden sein. Das spätere Hauptcharakteristikum der Vlothoer Weserschiffer, nämlich in allen Häfen entlang der Weser, ja teilweise auf Fulda, Werra und Aller präsent zu sein, zeichnete sich hier bereits ab. Um 1580 exportierte Vlotho – exportieren hieß: ging in Vlotho an Bord – vor allem Holz aller Art (Brennholz, Bretter, Balken, Tonnenholz, *„hölzerne Schiffsnägel"*) und Eisen, wobei die Herkunft des Eisens rätselhaft bleibt. Vielleicht kam es aus dem Sauerland über Paderborn nach Vlotho. Ein weiteres Exportgut war Leinwand. Sie war wenige Jahrzehnte später wichtigster Exportartikel Vlothos und wurde vor allem im Amt Vlotho und in der Grafschaft Lippe auf dem Lande produziert. Um 1580/81 stand die ländliche Leinenindustrie offensichtlich erst am Beginn ihrer Blüte, denn ein Import von Leinsamen – aus dem man Flachsfasern gewann – läßt sich in den Weserzollregistern jener Zeit noch nicht nachweisen. Die ersten Hinweise auf Leinsamentransporte auf der Weser finden sich 1596 und 1600. Im *Rechnungsbuch des binnenländischen Handels* des Bremer Kaufmannes Harmen Dinckla,[3] ist zu lesen, daß er im März des Jahres 1600 mit dem Vlothoer Schiffer Gercken Hense Leinsamen nach Vlotho transportierte. In den folgenden Jahrhunderten sollte das Leinsamen- und Leinwandgeschäft zu einem bedeutenden Wirtschaftszweig Vlothos heranwachsen. Zu einem weiteren wichtigen Exportprodukt Vlothos entwickelte sich in der zweiten Hälfte des 16. Jahrhunderts Flachsgarn. Es wurde allerdings nicht über die Weser abgefahren, sondern zunächst auf Wagen nach Elberfeld in die dortigen Garnbleichen transportiert. Dies überrascht nicht, denn Elberfeld wie Vlotho gehörten zu Jülich-Kleve-Berg, und die Elberfelder Garnbleicher besaßen seit 1527 das alleinige Privileg, Garn zu bleichen.[4] Von Elberfeld gelangte das Garn nach Flandern und in die Champagne, um in Form hochwertiger Textilien zurückzukommen. Handelsbeziehungen Vlothos nach Elberfeld lassen sich bereits im Jahr 1596 nachweisen, wobei es sich hier um Bremer Waren (Käse, Butter, Stockfisch, Schellfisch, Öl, Tran, englisches Tuch, Leinsamen, Rotscher, Teer) handelte, die, für Elberfelder Kaufleute bestimmt, in Vlotho auf Wagen umgeladen wurden. Ravensberg und die Grafschaft Lippe waren das „Garnland" der Elberfelder Garnaufkäufer. Auf denselben Pferdefuhrwerken wie das Garn werden die Bremer Waren nach Elberfeld gebracht worden sein. Vielleicht dienten die Bremer Waren aber auch als Zahlungsmittel der ländlichen Garnproduzenten.

Einen Hafen, also ein befestigtes Ufer, eventuell mit einer Hebemaschine und Speichern versehen, sollte Vlotho erst im Verlauf des 18. Jahrhunderts erhalten. Im 16. und 17. Jahrhundert legten die Schiffer dort mit ihren Schiffen an, wo es den Beteiligten günstig erschien, und zwar in *„allen Winckeln und hinter ihren Häusern"*, wie es noch 1728 heißt.

Das Gros der Vlothoer war weitgehend von der Schiffahrt und dem Speditionsgeschäft abhängig, da die Siedlung anderen Gewerbetreibenden nur begrenzt Lebensmöglichkeiten bot. Durch die Landwirtschaft konnten sich nur wenige Einwohner ernähren oder ihren Unterhalt aufbessern, da Vlotho wegen seiner Lage, es ist zwischen Weser und Bergen quasi eingeklemmt, nur über sehr wenig landwirtschaftlich nutzbare Flächen verfügt.

Über einen langen Zeitraum, bis in die zweite Hälfte des 17. Jahrhunderts, hielt Vlothos wirtschaftliche Blüte an. Erst dann zeigten sich Schwierigkeiten. Diese zwangen die Vlothoer Schiffer und Kaufleute/Spediteure, Gilden zu gründen, die dafür sorgen sollten, die verbliebenen Verdienstmöglichkeiten gerecht auf alle zu verteilen und so allen die Einkünfte zu sichern. Die Schiffer gründeten 1665 ihre Gilde, die Kaufleute/Spediteure 1670.

Georg Heil

Literatur: Grossmann 1971; Heil 1985; Heil 1987.

1 Zur Entstehungsgeschichte der Karten vgl. Kat. 6.
2 StA Münster, KDK Minden 2607 und 2608
3 StA Bremen 7, 2058-1.
4 Dietz 1957, S. 23–39.

37

Minden

aus: M. Merian, Topographia Westphaliae ... 1647

Kupferstich
32 x 20,5 cm
Lemgo, Weserrenaissance-Museum Schloß Brake, Inv. S 284/87

Von einem leicht erhöhtem Standpunkt im Südosten aus ist am gegenüberliegenden Weserufer die Silhouette der Stadt Minden zu sehen, die von hoch aufragenden Türmen und Dachreitern dominiert wird. Das Stadtfundament innerhalb der mittelalterlichen Befestigungsmauer ist ohne Unterscheidung zwischen Ober- und Unterstadt und entgegen den tatsächlichen Gegebenheiten erhöht. So ragen auch niedrigere Bauten über die Mauer hinaus. Der Blick auf die Stadt ist so gewählt, daß Kirchen, Tore und Türme einander nicht verdecken. Sie bilden eine einheitliche Schaufront entsprechend der damals gültigen Hierarchie darstellungswürdiger Bauten.[1]

Die das Stadtbild prägenden Kirchen sind ins Zentrum gerückt. St. Marien, eigentlich weiter im Norden im Bereich der Oberstadt gelegen, ist in die Nähe der Stadtmauer vorgezogen worden. Daß die repräsentativ in den Mittelpunkt gerückte Marienkirche das Mindener Rathaus verdeckt, nahm man in Kauf. Links der Marienkirche ist die eigentlich im Westen der Stadt befindliche Martinikirche zu sehen. Auf der rechten Seite wurde der Marienkirche der Dom buchstäblich an die Seite gerückt. An die Stadtmauer herangerückt sind ferner die im Norden Mindens gelegene St. Johanniskirche – hier rechts des Domes – und am linken Bildrand St. Simeon, die Kirche im Süden Mindens. Neben mehreren kleinen Türmen der Stadtmauer sind das Wesertor, das Marientor sowie das Königs- und Mühlentor zu erkennen. Lediglich das Fischertor ist nicht sichtbar.

Vorlagen für Merians Ansicht der Stadt Minden finden sich weder unter den Zeichnungen Wenzel Hollars noch in den der „Topographia Germaniae" zeitlich vorausgehenden Städtebüchern, in denen Minden erst relativ spät vertreten ist.[2] Erstmals abgebildet ist die Stadt in Johannes Angelius von Werdenhagens Band über die Hansestädte aus dem Jahr 1641, den Matthaeus Merian d. J. verlegte. Der dort abgebildete Kupferstich ist identisch mit der Ansicht Mindens in Merians *Topographia*.

Die Erklärung dafür, warum Minden bis 1641 in den Städtebüchern nicht abgebildet ist, liefert der Text der *Topographia*: Minden wurde bis dato offenbar mit Münden verwechselt. Das belegt auch der vierte Band des Braun/Hogenbergschen Städtebuches *Civitates orbis terrarum*[3] (1572–1618). Darin ist die Ansicht Mündens mit *„Minden"* betitelt. Da der erläuternde Text den illustrierten Ort am Zusammenfluß von Werra und Fulda lokalisiert, handelt es sich um eine Ansicht Mündens, wenngleich ferner Angaben aus den Chroniken der Stadt Minden referiert werden. Dieser Fehler unterläuft 1616 auch Petrus Bertius in seinen *Commentariorum rerum Germanicarum libri tres*.[4]

Eindrucksvoll unterstreicht die Darstellung der Weser die Stadtansicht. Die flache, den Vordergrund dominierende Flußlandschaft mit den Güter transportierenden Schiffen weist auf die wirtschaftliche Bedeutung der Weser für Minden. Die enge Verknüpfung der Stadt mit der Weser erläutert auch der der Vedute beigefügte Text, der unter Zuhilfenahme der verfügbaren gelehrten Werke des Reiseschriftstellers Zeiller verfaßt wurde. Demnach ist Minden eine *„gar lustige / und sehr veste Statt; welche Lustbarkeit Fisch / und andere gute Gelegenheit / die Weser darreyche. Sie brawe auch ein gutes Bier / so vielen Benachbarten angenehm..."*.[5]

Tatsächlich transportierten die Mindener, gestützt auf ihre Privilegien, vor allem das Mindener Bier.[6] Die Beschränkung der Stapelgüter auf Korn und Holz diente in erster Linie der eigenen Exportproduktion, der Bierbrauerei. Der mehr als zwei Jahrhunderte dauernde Streit um dieses Stapelrecht macht das wirtschaftliche Fundament Mindens als Marktort und Zwischenhandelsplatz sehr deutlich.[7]

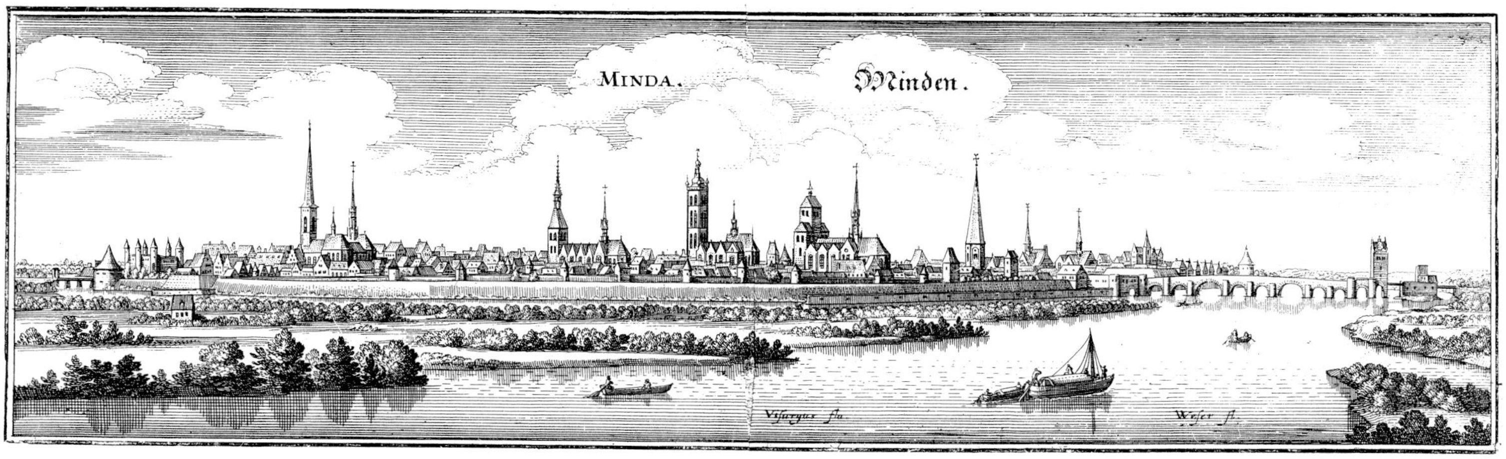

Kat. 37

Am rechten Bildrand ist die lange, befestigte Brücke prominent ins Bild gesetzt. Die topographischen Gegebenheiten begünstigten ebenso wie die Lage Mindens an der Weser und am Kreuzungspunkt zweier wichtiger Handelsstraßen die wirtschaftliche Bedeutung Mindens. So stand dem von Süden durch die Porta Westfalica kommenden Verkehr nur der schmale Durchgang zwischen einem Weserarm im Osten und sumpfigem Gebiet im Westen zur Verfügung. Zudem stieß die von Osnabrück entlang des Wiehengebirges in östlicher Richtung verlaufende Straße bei Minden auf die Weser.[8]

Ein anderer, neben dem Gütertransport und der Fischerei nicht unwesentlicher Wirtschaftsfaktor Mindens, das Schiffsmühlengewerbe, findet sich auf Merians Kupferstich noch nicht dargestellt. Dieses Gewerbe ist erstmals auf der Mitte des 17. Jahrhunderts erschienen Stadtansicht Mindens von Wenzel Hollar zu sehen (vgl. S. 192).

Lore Maria Hübert-Franke

Literatur: Minden 1979; Wüthrich 1996.

1 Schmitt/Luckhardt 1982, S. 26.
2 Einzelne Ansichten von Minden, wie die 1539 datierte aquarellierte Federzeichnung von unbekannter Hand (Prozeßakten des StA Marburg) oder der Ausblick auf Minden im Hintergrund des Huddaeus-Bildnis von Ludger tom Ring aus dem Jahre 1568 (Gemäldegalerie der Staatlichen Museen Preußischer Kulturbesitz, Berlin), hatten keinen Einfluß auf Merians Stadtprospekt. Vgl. Schroeder, 1965, S. 157–158, 1965 a, S. 166.
3 Bl. 39.
4 Braun/Hogenberg 1590–1618; Bd. 4, Bl. 39; Schroeder 1965; S. 157
5 Merian 1647/1961, S. 33–34.
6 von Schroeder 1971, S. 12.
7 Ditt 1983, S. 185–188.
8 Kat. Corvey 1966, Bd. 1, S. 194.

Ansicht der Stadt Bremen

nach Johan Landwehr (seit 1658 für den Bremer Rat tätig)
Bremen
1661

Kupferstich
25 x 63 cm (Blattformat)
Focke-Museum/Bremer Landesmuseum für Kunst- und Kulturgeschichte, Inv. 60.032

Der Kupferstich zeigt den Hafen und die Festungsanlage der Stadt Bremen von Süden. Da der Künstler für die Darstellung verschiedene Perspektiven miteinander vereinte, bot sich dem realen, am linken Weserufer stehenden Betrachter dieses Panorama so allerdings nicht. Während für den Vorder- und Mittelgrund die Vogelperspektive gewählt wurde, ist die Stadt frontal zu sehen. Zugleich liegt der Vedute ein Blick zugrunde, der sich dem realen Betrachter nur beim Entlangspazieren an der Weser eröffnen würde. Dieser perspektivische Kunstgriff vermittelt den Eindruck von Weitläufigkeit. Brücken ziehen das Auge des Betrachters ins Bild und laden diesen in Kombination mit der Vogelperspektive zu einer imaginären Reise nach Bremen ein, sei es auf dem Wasser- oder Landweg.

Im Vordergrund ist links eine Reisegruppe zu sehen. In dem von bremischen Gesandten oder anläßlich großer Reisen benutzen Kastenwagen sitzen Männer, die, wie auch die Personen am rechten Bildrand, nach niederländischer Mode breitkrempige Hüte tragen. Von der Kutsche aus wird der Blick des Betrachters durch die vom Kutscher erhobene, auf Bremen weisende Gerte direkt auf die Stadt gelenkt. Die in der Weser gelegene Neustadtbastion im Vordergrund ist durch zwei Tore (38) vom Festland aus begehbar. Die Bastion ist dünn besiedelt und mit einer kleinen Insel verbunden, auf der die Braut- und Zwingeranlage (33) steht. Von dort aus führt die Weserbrücke zum Bürgertor (27) und bildet das eigentliche Verbindungsglied zur Stadt. Gleichzeitig trennt die Brücke die Binnen- von der von Norden kommenden Hochseeschiffahrt.

Jeder Besucher, der, von Süden kommend, die Weserbrücke überquerte, wurde auf die Quelle des Bremer Reichtums, den Hochseehafen, aufmerksam, blickte er doch direkt auf die Schlachte, an die Ende des 16. Jahrhunderts eine Anlegestelle angebaut worden ist. Hier ankern Hochsee- und Binnenschiffe dicht gedrängt an einer hohen Kaimauer, die mit zur Weser herabführenden Treppen versehen ist. Die Waren wurden mit handgetriebenen Wuppen, die sich entlang der Kaimauer befinden, entladen. Von der Stadt aus erreicht man die Schlachte durch Tore, die der vorderen Häuserreihe eingegliedert sind. Die Stadt bildet somit eine imposante Kulisse für den Bremer Hafen. Dieser Hintergrund ist mit Rathaus (20), Neuem Kornhaus (9), Unserliebfrauenkirche (18), St. Martinikirche (19) und St. Ansgariikirche durchaus realistisch dargestellt. Der Turm der St. Ansgariikirche hat heute noch die nach einem Brand von 1647 erneuerte Welsche Haube und bildet in der Stadtsilhouette den höchsten Punkt. Auf die Detailzuverlässigkeit scheint in der Abbildung sehr großer Wert gelegt worden zu sein.

Jedoch sind die Kirchtürme im Gegensatz zur Realität auffällig gestreckt, und auch die Weser ist deutlich breiter in der Darstellung als in natura. Diese „Ungenauigkeiten" sind bewußt ins Bild gesetzt, unterstreichen sie doch die Besonderheit Bremens als einzigem Hochseehafen an der Weser. Hafen und Wasserstraße waren wirtschaftliche Grundlage und Lebensquell der Stadt.

Der florierende Handel ließ auch das Repräsentationsbedürfnis der Stadt wachsen. Davon zeugen die Kulissen der Stadt und die eindrucksvolle Stadtbefestigung. Bremen und die Weser sind somit so ins Bild gesetzt, wie sie sich einerseits Ankömmlingen präsentieren; andererseits unterstreicht die Hafenansicht die Rolle der Weser und des Seehafens für Bremen. Dank seines Hafens wurde Bremen zu einem bedeutenden Güterumschlagplatz. Die Stadt war ökonomischer Hauptsitz des Weserhandels, der sich durch die Verbindung zur Nordsee und somit zum Weltmarkt etablieren konnte. Ein deutliches Indiz für den Rang Bremens als Welthafen ist der am linken Bildrand einfahrende Dreimaster. In der Umgebung dieses hochseetypischen Schiffes liegen Binnenschiffe, um zu verdeutlichen, daß am Ort regionale und internationale Schiffahrt zusammenlaufen.

Diese Position wurde durch politische Maßnahmen geschützt. Die Hafenbefestigung, die man zum Schutz des Weserübergangs 1522 bis 1531 von Jakob Bockes van Vollenhof bauen ließ, ist im Kupferstich besonders hervorgehoben. Der von Bastionen und einem Graben umgebene mächtige Zwingerturm hatte ehemals eine zinnenumwobene Plattform, auf der Kanonen plaziert werden konnten. Diese Befestigungsanlage befand sich einst zwischen dem Hauptarm, auch Große Weser genannt, und dem Nebenarm, der sog. Kleinen Weser. Das Bastionssystem wurde 1623 auf der Neustadtseite erweitert. Die sieben Bastionen mit ihren dazugehörigen Kurtinen im Bildvordergrund sind das Resultat der bis 1627 andauernden Arbeiten. Die Besiedelung der Neustadt war von Anfang an aus wirtschaftlichen Zwecken sowie zur Wallverteidigung vorgesehen. Sie fand jedoch, wie man dem Stich entnehmen kann, nur zögerlich statt. Bremen selbst ist von einer auf das Mittelalter zurückgehenden, gerade verlaufenden Schutzmauer umgeben und grenzt den Hafen in einer klaren Front gegen die Stadt ab. Diese ist in dem 1580 von Franz Hogenberg angefertigten kolorierten Kupferstich (vgl. S. 116) deutlich zu erkennen.

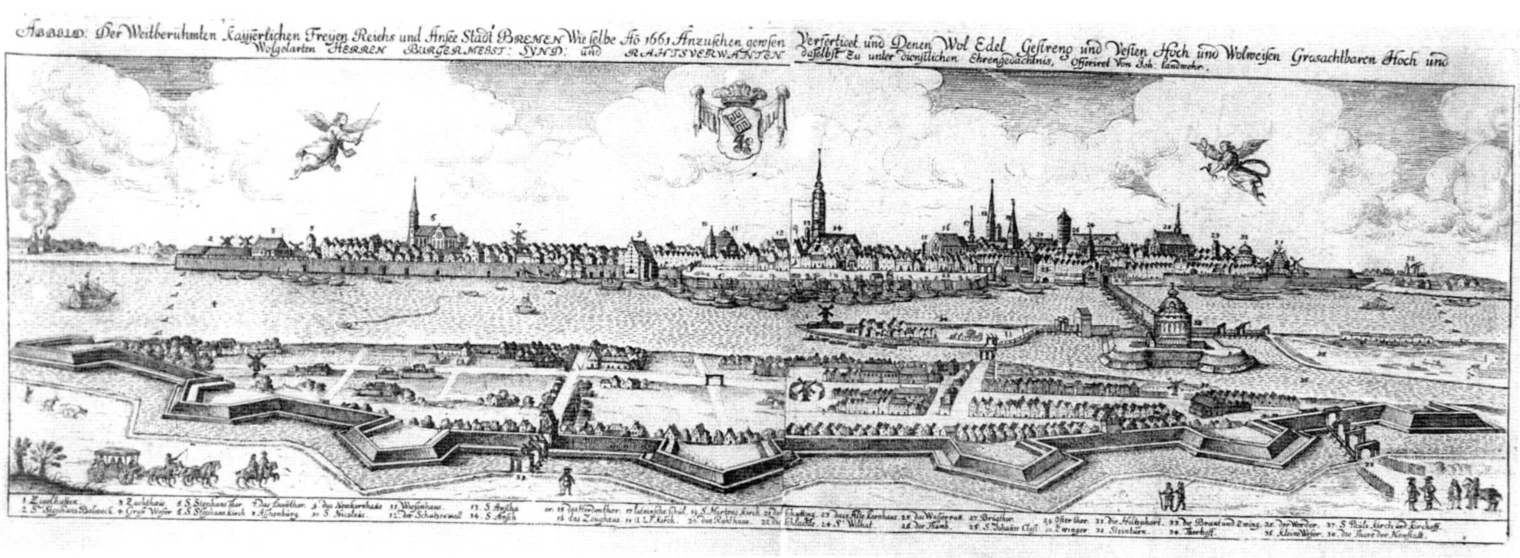

Kat. 38

Der Kupferstich, der sein Vorbild in einer gemalten Stadtansicht Johan Landwehrs (seit 1658 für den Bremer Rat tätig) hat, korrespondiert mit zahlreichen überlieferten Veduten Bremens. Dekorativ plaziert ist auf dem Stich das Bremer Schlüssel-Wappen. Im Gegensatz zu einer figurengerahmten Wappendarstellung Jürgen Landwehrs, Johans Vater, veränderte der Stecher 1661 das Motiv im Zeitgeist der Renaissance grundlegend. Haben wir es bei Jürgen Landwehrs Gemälde mit zwei mittelalterlich anmutenden Engeln zu tun, deren Aufgabe es ist, die Stadtwappen zu präsentieren, so haben die Figuren des Kupferstiches neben der repräsentativen auch eine allegorische Bedeutung. Die geflügelte Figur auf der rechten Seite trägt die Insignien der *Prudentia,* den Spiegel und zwei Schlangen, und verweist auf die Klugheit, die in der Stadt waltete. Mit Schwert und Bibel ausgestattet, steht die linke Figur für *Justitia,* die Gerechtigkeit.

Caroline Horstmeier

Literatur: Schwarzwälder 1985, S. 20, 21, Nr. 42.

Wahrhafftige Contrafractur Der Gräflichen Stadt Oldenburgh

Pieter Bast (um 1570–1605)

1598

aus: Hermann Hamelmann, Oldenburgisch Chronicon, Oldenburg (Warner Berendts Erben) 1599
Kupferstich
28,5 x 36,2 mm (Bildgröße)
Stadtmuseum Oldenburg, Inv. KP 45

148

DAS SCHIFF

Der Kupferstich ist die älteste Darstellung der Hauptstadt der Grafschaft Oldenburg. Er befindet sich im zweiten Buch, das überhaupt in Oldenburg[1] gedruckt wurde, der Hamelmannschen Chronik.

Der Zeichner, Kupferstecher und Kupferstichverleger Pieter Bast entstammt einer Antwerpener Druckerfamilie. Sein überliefertes Werk umfaßt 27 Blätter mit Stadtveduten und -plänen sowie Darstellungen von Kriegsschauplätzen, datierbar zwischen 1595 und 1603. Neben der Ansicht Emdens (1595) sind die hier ausgestellte und eine weitere Ansicht Oldenburgs die einzigen Stiche, die deutsche Städte zeigen.

Mit einer bis zum Beginn der Fotografie kaum wieder erreichten Verläßlichkeit zeigt Bast die Stadt aus der Vogelschau von Osten. Bis 1720/30 basieren alle Ansichten Oldenburgs auf dieser von Bast zugrunde gelegten Perspektive.[2] Das Blatt zeigt die südliche Alt- und die nördliche Neustadt mit dem Grafenschloß im Charakter einer mittelalterlichen Wasserburg und seinem nach Süden geneigten Bergfried. Auch die gotische Lambertikirche, die St. Nikolaus-Kapelle, das gotische Rathaus, der Adelshof Graf-Christopher-Haus und die Hl. Geist-Kirche sowie der die Stadt umgebende Festungsring mit seinen drei Pforten sind zu sehen. Für die Verteidigung wichtig war das verzweigte Fluß-System von Hunte, Husbäke und Haaren, das die Gräfte speiste. Während die Hunte in einer Schleife südlich der Stadt verläuft, fließt die Haaren durch die Stau-Pforte ins Stadtinnere. Der Flußabschnitt der Haaren vor der Stadt ist der Hafen und wird „Stau" genannt. Er ist als solcher 1383 erstmalig urkundlich erwähnt. Oldenburg liegt flußaufwärts am Ende der schiffbaren Strecke der Hunte, dem letzten linksseitigen Nebenfluß der Weser vor dem Meer und war so auf relativ kurzem Wege (ursprünglich ca. 34 Kilometer) mit der Unterweser verbunden. Hier querte die Überlandstraße von Ostfriesland nach Süden und Westen die Hunte. Dennoch war in der Frühen Neuzeit der Anteil Oldenburgs am Handel über die Weser eher gering. Das macht auch der Bast-Stich deutlich, auf dem fünf einmastige Segler und einige Boote am nördlichen Ufer, dem befestigten Anlegeplatz, liegen. Die Hunteschiffahrt diente zur Versorgung der Stadt selbst, weniger dem Export. Außer Bier und Malz wurden in der Stadt kaum Handelsgüter in größeren Mengen erzeugt.[3] Die mäandrierende Hunte mit ihren Untiefen und „Drögten" machte besonders bei Niedrigwasser das Leichtern der Schiffe nötig. Daher wurden vor der Huntemündung an der Westergate bei Elsfleth die Waren von den Seeschiffen auf Kähne umgeladen.

Es gab an der Hunte drei gräfliche Zollstellen: Huntebrück, Donnerschwee und Oldenburg, die bereits 1428 im Lagerbuch des Drostes Jakob von der Specken genannt werden.[4] Im Jahre 1547 ließ sich Graf Anton von Oldenburg die Gerichtsbarkeit auf Hunte und Weser zusichern gegen die Verpflichtung den kaiserlich-katholischen General Jobst van Cröningen bei der Belagerung der protestantischen Hansestadt Bremen zu unterstützen.[5]

Zeitweilig hatte Oldenburgs Handelsschiffahrt auf See einen beachtlichen Stellenwert. Während der Handelsblockaden im spanisch-niederländischen Krieg führte der Warentransport von Groninger und Kölner Kaufleuten auch über Oldenburg. Vorübergehend (1585–1601) hatte die Stadt Anteil am Handel nach Island.[6] Dieser Aufschwung fiel in die Regierungszeit Graf Antons I. von Oldenburg (1529–1573). Über seine dynastischen Verbindungen zum dänischen Königshaus versuchte er mit Erfolg, Handelsrechte in Dänemark, Skandinavien und Island zu erwerben.

Nachweislich seit 1529 – wahrscheinlich aber schon seit dem 15. Jahrhundert – besteht eine Gesellschaft Oldenburger Schiffer mit eigenen Statuten.[7]

José Kastler

Literatur: Hartung 1975; Deuter 1988, S. 9; Kat. Oldenburg 1995, Nr. 11, S. 30; Kohl, D. 1905; Schmidt 1997, S. 185, 195–212; Schulze [1965], S. 60 f.; Limann 1958; Vogel 1995; Kat. Oldenburg 1983, Nr. 33, S. 62 (hier weitere Literatur); AKL, Bd. 7, S. 414.

1 Der zweite Kupferstich war auch für die Hamelmannsche Chronik bestimmt, wurde jedoch durch einen Holzschnitt von Hans Maes ersetzt. Von diesem Stich ist nur ein Exemplar bekannt.
2 Vgl. Kat. Oldenburg 1995, S. 9. Darauf beruhende Stiche (mit den Veränderungen durch historische Gegebenheiten und Übertragungsfehler) sind die Blätter von Matthäus Merian d. J. (Auf ihm basieren Martin Zeiller 1658 und David Fassmann 1720/30), Wenzel Hollar (1657) und Henrich van Lennep (1671).
3 Vgl. Schmidt 1997, H., Bd. 2, S. 195–212.
4 Wegner 1913, S. 154.
5 Wegner 1913, S. 157.
6 Vgl. Kohl, O. 1905.
7 Vgl. Hartung 1975.

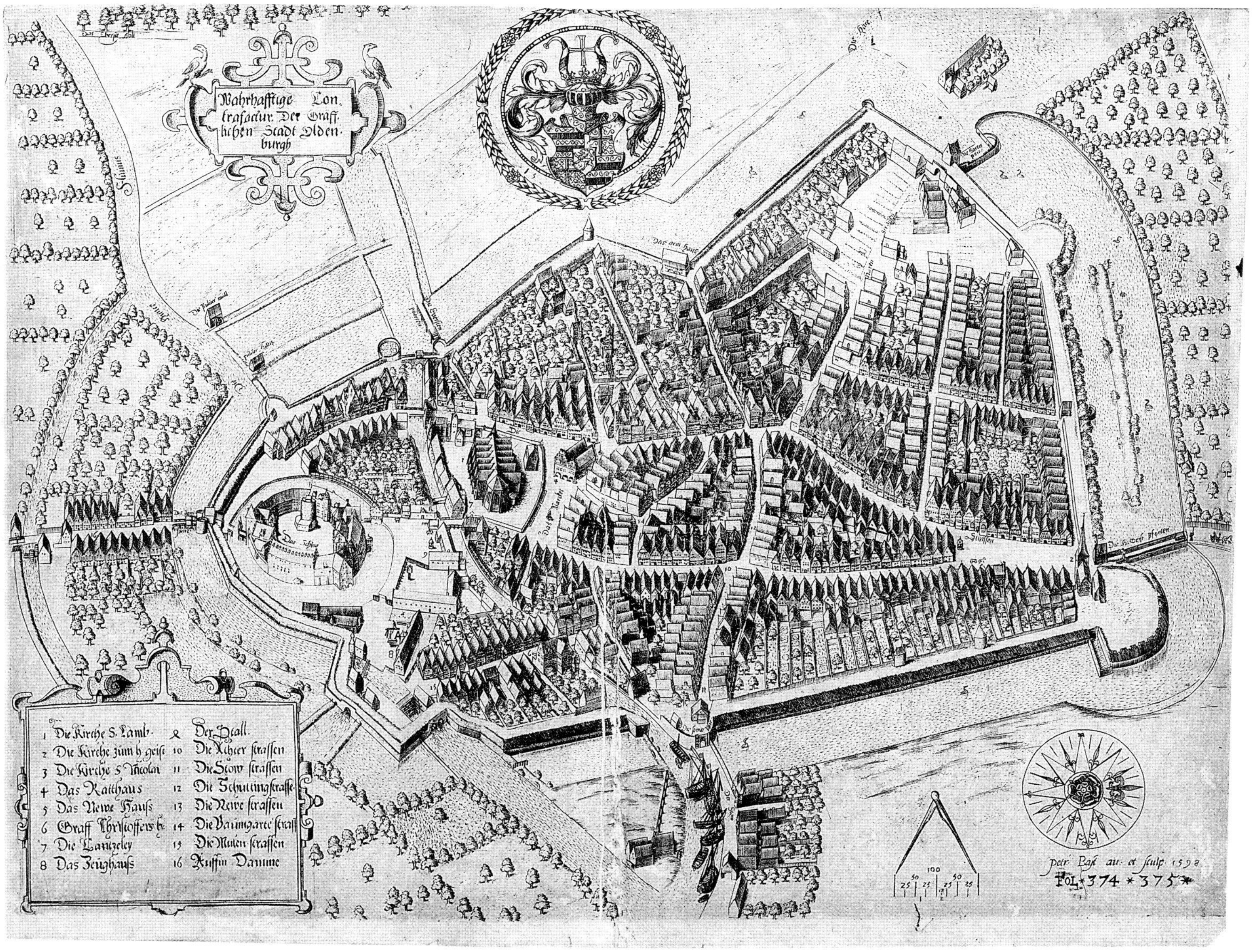
Wahrhafftige Con.
trafactur. Der Gräff.
lichen Stadt Olden.
burgh
1 Die Kirche S. Lamb.
2 Die Kirche zum h. geist
3 Die Kirche S. Nicolai
4 Das Ratthaus
5 Das Newe Hauss
6 Graff Christoffers h.
7 Die Cantzeley
8 Das Zeughauss
9 Der Stall.
10 Die Achter strassen
11 Die Stow strassen
12 Die Schuttingstrasse
13 Die Newe strassen
14 Die Baumgarte strass
15 Die Mulen strassen
16 Kuffin Damme
100
50 50
25 25 25 25
Petr Bast au. et sculp. 1598
FOL. 374 * 375

Kat. 39

Güter auf dem Fluß

Dirk Korinth

Einleitung

Im Jahre 1567 verfaßte der in Antwerpen ansässige Florentiner Ludovico Guicciardini (1521–1589) eine vielbeachtete und mehrfach aufgelegte Beschreibung der Niederlande, die sogleich in mehrere europäische Sprachen übersetzt wurde. Darin maß er Antwerpen, der damals größten und reichsten Stadt Europas, besondere Bedeutung bei. Die Stadt an der Schelde war ein Knotenpunkt des nordeuropäischen Handels und aufgrund des Gewürzstapels auch für den Welthandel sehr bedeutsam.[1] Guicciardini, der die verschiedenen europäischen Handelsgüter auflistete, verzeichnete auch die Waren aus Deutschland, so beispielsweise Kupfer und Silber, Textilfarbstoffe wie Waid, Krapp und Saflor, Wolle aus Hessen, Glas, Eisenwaren – darunter nicht zuletzt Waffen – und Rheinwein.[2] Ein Teil dieser Güter wurde per Schiff auf der Weser nach Bremen und von dort nach Antwerpen transportiert. Im Folgenden sollten die Verflechtungen des nordeuropäischen Fernhandels aus der Perspektive zweier „verträumter" Weserzollorte betrachtet werden.

Das 16. Jahrhundert

In den erhaltenen Registern der lippischen Weserzollstätte Varenholz[3] aus den Jahren um 1567 sind die Handelsgüter der die Zollstelle passierenden Schiffe eingetragen. Von den von Guicciardini angeführten Waren tauchen in diesen Listen lediglich Waid und Wolle auf. In den fünf Jahren zwischen Michaelis (29. September) 1565 und Michaelis 1570 wurden pro Jahr immerhin 960 der schätzungsweise 200 bis 300 Kilogramm wiegenden Fässer registriert, in denen die gestampfte Asche der in Thüringen angebauten Waidpflanze transportiert wurde. Sie waren von Wanfried aus auf der Werra über Münden weserabwärts bis nach Bremen transportiert worden. Mit einigen Zusätzen versehen wurde die Asche dieser Pflanze zur Blaufärbung von Tuchen verwendet (vgl. Kat. 44). Der überwiegende Teil dieser Fässer war für die südlichen Niederlande bestimmt, wo eine hochentwickelte und für den Export produzierende Tuchindustrie ihren Sitz hatte. Ähnliches gilt für die Wolle, doch waren die verschifften Mengen weitaus geringer. Die jährlich registrierten 166 Säcke allein wären einer besonderen Erwähnung durch Guicciardini wohl kaum wert gewesen, auch wenn schon einer dieser Säcke mehrere hundert Kilogramm gewogen haben dürfte und etwa dreißig von ihnen eine ganze Schiffsladung ausmachten. Der größere Teil der in Antwerpen verkauften hessischen Wolle wird hingegen über die Lahn und den Rhein oder auf dem Landweg transportiert worden sein.

Die Zölle auf Waid und Wolle betrugen zwischen 1565 und 1570 in Varenholz lediglich vier bzw. eineinhalb Prozent der gesamten Zolleinnahmen, wobei der Zoll im wesentlichen ein Mengenzoll war. Das bedeutendste auf der Weser transportierte Gut war Getreide. Mit mehr als 3.000 Fudern verzollter Durchfuhr flußabwärts pro Jahr – etwa 4.500–5.000 Tonnen – machte es etwas mehr als die Hälfte der Gesamtzolleinnahmen aus.[4] Mit Ausnahme eines Einbruchs im Erntejahr 1566/67 lagen die Mengen dabei in einem recht engen Bereich zwischen 3.100 und 3.600 Fudern. Über die Anteile der Getreidesorten läßt sich feststellen, daß Roggen am stärksten vertreten war, während Hafer und Malz, ebenso wie das nicht näher spezifizierte Mehl, kaum eine Rolle spielten. Bei einem rechnerischen Pro-Kopf-Verbrauch von 200 Kilogramm Brotgetreide konnten mit dem auf der Weser verschifften Getreide also etwa 20–25.000 Menschen ein Jahr lang ernährt werden.[5] Mag dies auf den ersten Blick und aus heutiger Perspektive gering erscheinen, so ergibt sich für das 16. Jahrhundert ein anderes Bild. Zunächst war die Bevölkerungszahl damals erheblich niedriger, Bremen etwa hatte in diesem Zeitraum nur knapp 20.000 Einwohner. Darüber hinaus ließen allgemein geringe Getreideerträge, vor allem in Krisenzeiten, wegen der auf Preisänderungen wenig reagierenden Nachfrage des Grundnahrungsmittels die Preise überproportional

1 Braudel 1986, S. 152–167.
2 Tagungsband/Symposium: Ludovico Guicciardini, S. 36
3 StA Detmold, L 92 A, Titel 133, Nr. 34 a, Kt. I.
4 Da die in den Quellen genannte Maßeinheit Fuder ein Hohlmaß ist (2.200 Liter), die Getreide aber unterschiedliche Dichten haben, ist eine Umrechnung der wenig genauen Angaben der Zollschreiber in Gewicht nur in sehr groben Umrissen möglich.
5 Abel 1978.
6 Bang 1922.
7 Braudel 1990/98, Bd. 2, S. 336, 361. Ein Quintal entspricht ungefähr einem Zentner.
8 Behr 1987, S. 51–55,
9 StA Minden, KDK Minden, Nr. 2607.
10 Hömberg 1968, S. 109.
11 Löbe, K. 1969, S. 192; Vgl. auch den Beitrag von Ulrich Weidinger, S. 114–127.
12 Mammen 1998, S. 88 f.
13 Rothe/Rüthing 1989, S. 46.
14 Möller 1992, S. 124.
15 StA Minden, KDK Minden, Nr. 2608.
16 StA Bückeburg, L 1, Nr. 6402.
17 Maurer 1995, S. 254–255.

steigen – eine lebhafte, viel beklagte und meist vergeblich bekämpfte Spekulation war die Folge. 5.000 Tonnen waren für den internationalen Getreideexport keinesfalls marginal, wie ein Vergleich zeigt. Zwar betrug der Export des gesamten Ostseeraums durch den Öresund zu jener Zeit etwa das Zwanzigfache dieser Menge[6] und derjenige Siziliens ungefähr das Dreifache[7], doch waren Polen, das Baltikum und Sizilien die Kornkammern Europas.

Allerdings gilt die Warenmischung der Varenholzer Zollisten nicht für den gesamten Weserraum. Das an der lippischen Zollstelle registrierte Getreide hatte zunächst die Stadt Minden zu passieren, deren gelegentlich auch handgreiflich durchgesetztes Stapelrecht[8] auf einen nicht zu vernachlässigenden Bedarf an Getreide schließen läßt. Gerade für das Jahr 1565/66 (Michaelis – Michaelis) läßt ein erhaltenes Register der unterhalb Mindens gelegenen Zollstelle Petershagen[9] eine Einschätzung zu. Dort registrierte man immerhin ein Drittel weniger Getreide als in Varenholz. Vor allem Roggen war zwischen den beiden Zollstellen abgeladen worden, während der Weizen Minden fast ungemindert passiert hatte. Im Juni 1566 passierten einige Schiffe mit wohl aus dem Ostseeraum importierten Roggen an Bord Petershagen sogar flußaufwärts oder legten dort an. Die Mißstände müssen also groß gewesen sein. Insgesamt wurden 1565/66 etwa 2.000 Tonnen Getreide zwischen Varenholz und Petershagen entladen, hauptsächlich wohl in Minden. Ein großer Teil davon dürfte nach Osnabrück gelangt sein. In einem Petershagener Register, das auch den Land- und Brückenzoll umfaßte, werden über 200 mit Getreide – zum Teil ausdrücklich mit Importroggen von Weserschiffen – beladene Wagen erwähnt, die vom rechten Weserufer und aus dem Ort nach Osnabrück unterwegs waren. Osnabrück, das Zentrum des westfälischen Leinengewerbes im 16. Jahrhundert,[10] lag in einer Region, in der der Flachsanbau den Getreideanbau teilweise verdrängt hatte. Weiter flußabwärts schließlich lag mit der Stadt Bremen ein weiterer potentieller Großabnehmer für Getreide aus dem Oberweserraum, dem allerdings auch das über die Aller transportierte Getreide zur Verfügung stand, das vor allem von Celle aus in einer Größenordnung von 2.000 Tonnen pro Jahr verschifft wurde.[11]

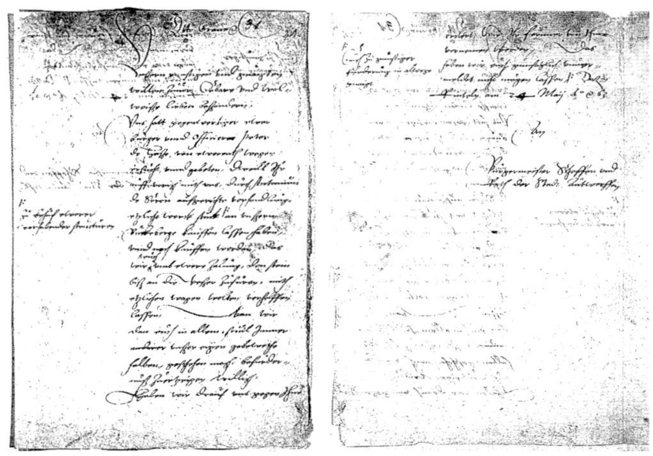

Der Rat und die Schöffen Antwerpens baten Graf Otto von Holstein-Schaumburg, Sandstein aus Obernkirchen für den Bau des Antwerpener Rathauses *„biß an die Weeser"* bringen zu lassen, von wo per Schiff weitertransportiert werden sollte. In dem Brief vom 24. Mai 1563 teilt der Graf mit, daß er der Bitte nachkommt.
Niedersächsisches Staatsarchiv Bückeburg, L1, Nr. 6913

Wieviel Getreide durchschnittlich für den Export übrigblieb, ist wohl nach Zeitraum und Getreidesorte differenziert zu betrachten. Erst für das 17. Jahrhundert lassen die Zollregister Weizen dagegen exportiert.[12] Im 16. Jahrhundert könnte es ähnlich gewesen sein, wobei der Weizenexport die Normal- und der Roggenimport die Krisenjahre gekennzeichnet hätte. An letzteren fehlte es im 16. Jahrhundert nicht. War die Krise von 1566/67 eine verhältnismäßig leichte, hatte die Serie schlechter Ernten zu Beginn des nächsten Jahrzehnts große Auswirkungen. 1573/74 brach der Getreideexport des Oberwesergebiets zusammen. Ein Chronist berichtet, daß zum ersten Mal seit Menschengedenken preußisches Korn bis nach Münden transportiert worden sei.[13] In der Tat verzeichnete 1574 die schaumburgische Weserzollstätte in Rinteln etwa 2.000 Tonnen Getreide auf weseraufwärts fahrenden Schiffen, den größten Teil davon in den Monaten April bis Juni.[14] Auch 1580 war wieder ein Krisenjahr: In Petershagen wurden in jenem Jahr zwischen Anfang April und Mitte Juli fast 3.500 Tonnen flußaufwärts verschifftes Getreide verzeichnet. Es handelte sich fast ausschließlich um Roggen. Siebzig Prozent des Getreides hatten Bremer Schiffe geladen, daneben beförderten Mindener und Vlothoer Schiffe das Korn,[15] das in Minden und Ravensberg sehr begehrt war, ge-langte doch kaum etwas davon nach Rinteln. Im Gegenteil, noch im April hat es dort beträcht-liche Taltransporte gegeben.[16] Diese Beispiele zeigen, daß der Weserraum insgesamt im 16. Jahr-hundert im langfristigen Mittel kein bedeutender Getreideexporteur gewesen sein kann.[17] Guicciardini hatte also guten Grund, Getreide in seiner Aufzählung der aus (West- und Mittel-) Deutschland kommenden Waren nicht zu erwähnen.

Rund 40 Prozent der Varenholzer Zolleinnahmen in den Jahren 1565 bis 1570 sind auf die von Bremen weseraufwärts verschifften Waren zurückzuführen. Da diese oftmals nur summarisch oder lediglich als „Gut" eingetragen wurden, ist eine genaue mengenmäßige Aufschlüsselung dieser Sammelgruppe nicht möglich. Es handelte sich vor allem um Fisch, Käse, Butter, Tran, Teer und Pech, Seife und Honig, daneben etwas Leder, Speck und Talg und gelegentlich auch einmal um Körbe mit Rosinen oder Feigen. Im Durchschnitt wurden davon 1.100 Last, also etwa 2.000 Tonnen in Varenholz verzollt.

An erster Stelle stand der Hering, der vor allem in die Register der Herbstzeit in großen Mengen eingetragen ist. In den 1560er Jahren war die Verlagerung der Heringsfischerei von der Ost- in die Nordsee, die in der älteren Literatur vielfach als eine wesentliche Ursache für den Niedergang der Hanse bezeichnet wird, schon fast abgeschlossen.[18] Der Heringsfang wurde von den Nordniederländern, also vor allem den Holländern und Westfriesen, beherrscht, die mit der Verarbeitung und ersten Einsalzung des Herings schon an Bord der Fangschiffe eine regelrechte Hochseefischerei betrieben und somit die Heringsschwärme von den Shetlandinseln aus entlang der schottischen und englischen Küste abwärts verfolgen konnten. Der größte Teil des Fangs wurde nach dem Umpacken und erneuten Einsalzen exportiert, im 17. Jahrhundert sogar etwa achtzig Prozent, davon zwanzig in die Häfen der deutschen Nordseeküste.[19] Weit hinter dem Hering rangierte der „Rotscher", bei dem es sich um Kabeljau handelte. Dieser wurde schon seit dem Mittelalter als Stockfisch aus Norwegen und Island exportiert, doch seit dem 16. Jahrhundert auch von westeuropäischen Fischern vor Neufundland gefangen[20]. In den Zollregistern wurde der Rotscher grundsätzlich in Tonnen eingetragen. Bei dem „Fisch in Packen" könnte es sich ebenfalls um Stockfisch gehandelt haben, während der „Bücking" der Petershagener Listen eine andere Form des Herings war. Die übrigen Sorten, Neunaugen, Lachse, Schollen und Aale, spielten eine geringere Rolle.

Mengenmäßig mit dem Hering vergleichbar war der weseraufwärts verschiffte Käse, der in den Aufzählungen fast immer und im Gegensatz zum Hering zu jeder Jahreszeit auftaucht. Während in den Varenholzer Listen meist nur von „Käse" die Rede ist, unterschied der Petershagener Zöllner streng zwei Kategorien: *„grove"* und *„sotemilches"* Käse. Butter in Tonnen und Fäßchen wurde in geringeren, aber immer noch beachtlichen Mengen verschifft. Als Herkunftsgebiet für Käse und Butter kommt die gesamte Nordseeküste von Holland bis zur Elbmündung in Betracht; die gelegentlich in den Varenholzer Listen auftretende Bezeichnung *„texkese"* könnte auf die Herkunft des Käses, nämlich von der Insel Texel, verweisen.

Daß der waldreiche und Holz exportierende obere Weserraum Teer und das Veredelungsprodukt Pech importierte, ist auf den ersten Blick verwunderlich – Teer wurde vor der Industrialisierung aus Holz gebrannt. Die Teerbrennerei wurde jedoch, abgesehen von der unterschiedlichen Eignung der Holzarten, in schwer zugänglichen und abgelegenen Waldgebieten praktiziert. Wegen schwieriger Transportbedingungen lohnte sich dort weder der Holzexport noch konnte mangels Rohstoffen und Arbeitskraft die Eisen- oder Glasherstellung dort Fuß fassen. Im 16. Jahrhundert dürfte der „Bremer Teer" im südlichen Ostseeraum – Polen – gebrannt worden sein, der Schwerpunkt der Teergewinnung verlagerte sich im 17. Jahrhundert nach Nordschweden und Finnland.[21] Der in den Zollisten eingetragene Tran und die unter Zugabe von Pottasche daraus gekochte Seife weisen im 16. Jahrhundert noch nicht auf den Walfang hin. Als einzige der „Bremer Waren" erreichte der Honig Bremen nicht über den Seeweg, sondern stammte aus der Lüneburger Heide und vor allem aus dem Mittelwesergebiet. Er wurde über die Aller nach Bremen gebracht und dort zusammen mit anderen Waren auf die Weserschiffe verladen bzw. in Nienburg an Bord genommen.[22]

Böttcherwerkstatt, Miniatur aus einem Krakauer Stadtbuch, Anfang 16. Jahrhundert

Auf die bisher genannten Warengruppen – Getreide, Waid, Wolle und „Bremer Gut" – entfielen in Varenholz zwischen 1565 und 1570 über 95 Prozent der Zolleinnahmen. Dies bedeutet jedoch nicht, daß die Menge der übrigen verschifften Waren unbedeutend war. Diese Gewichtung ist nämlich eine Folge der lippischen Zollsätze. Für ein Holz transportierendes Schiff mußte nur ungefähr ein Zehntel dessen an Zoll gezahlt werden, was für ein mit Getreide beladenes Schiff zu entrichten war. Holz befand sich in vielen Varianten an Bord der Schiffe. Die auffälligste ist das Tonnenholz, der Rohstoff für die Bremer Böttcher. Zwischen 1565 und 1570 wurden in Varenholz pro Jahr über 130.000 solcher Stücke registriert. Die Dielenblöcke waren mit elfeinhalb Stück pro Jahr auf der Höhe von Varenholz zwar noch recht selten anzutreffen, doch stieg ihre Zahl bis Petershagen noch um ein Vielfaches (1565/66 von elfeinhalb auf 43), ganz im Gegensatz zum Tonnenholz. Die Balken und „Polstücke" passierten die Varenholzer Zollstelle meist in Form von Flößen; für den Jahresdurchschnitt von 141 Stück in Varenholz bzw. 36 in Petershagen 1565/70 ist hauptsächlich das Jahr 1567 verantwortlich, als mit 439 Balken und 103 „Polstücken" mehr als sechzig Prozent der Gesamtzahl erreicht wurden, was auf ein großes Bauprojekt flußabwärts zurückzuführen sein könnte. Ferner ist „Holz" in Fudern, also wohl Brennholz, in den Listen aufgeführt sowie weiteres Holz, das unterschiedlich bezeichnet ist.

Ähnlich niedrige Zölle wie auf Holz waren für Steine und Kalk zu entrichten. Hinzu kam, daß bei diesen Baumaterialien die zollfreien Ladungen eine wesentlich größere Rolle spielten als bei allen anderen bisher aufgeführten Waren. Fürsten, Adelige, Stifter, Stadträte und Inhaber von Amtssitzen genossen auf der Weser Zollfreiheit. Sie waren es hauptsächlich, die in der Region repräsentative steinerne Bauten errichten ließen. 1565/66 entfiel jeweils etwa die Hälfte der ungefähr 25 bzw. acht Schiffsladungen Steine und Kalk auf zollfreie Lieferungen. In Petershagen dagegen wurden mit etwa 37 bzw. neun Ladungen zwar nicht viel mehr Lieferungen registriert, doch waren acht Schiffsladungen

Steine und Kalk für Hilmar von Quernheim und zwei für den Bischof von Minden zwischen den beiden Zollstellen gelöscht worden. Daß in Petershagen die zollfreien Lieferungen eine viel geringere Rolle spielten als in Varenholz, lag wohl am Steinbedarf der Stadt Bremen. 1580/81, als umfangreiche Roggenimporte viel freien Schiffsraum für Taltransporte zur Folge hatten, passierten sogar sechzig Stein- und Kalkladungen die Zollstelle, davon nur viereinhalb zollfrei. Der Vergleich der Zollregister zeigt im übrigen, daß zwischen Varenholz und Petershagen der Sandstein aus den Bückebergen den aus dem Oberweserraum (Solling) weitgehend ablöste, d. h. daß der Sollingsandstein als relativ billiges Produkt vor allem der lokalen Verwendung zugeführt wurde und der teure Obernkirchener Sandstein weiter exportiert wurde. Zu erwähnen sind darüber hinaus die nahezu ausschließlich von Mündener Schiffern transportierten Mühlsteine, von denen 1565/70 in Varenholz pro Jahr 85 Stück verzollt und kaum zollfreie eingetragen wurden. Auch Schleif- und Grabsteine oder steinerne „Kumpe" finden sich sporadisch in den Listen. Die schaumburgische Steinkohle gelangte offenbar unterhalb von Varenholz, also nicht in Rinteln, sondern wohl erst in Petershagen auf den Fluß.[23]

Die absolute Menge der Nahrungsmittel und von mehr oder minder bearbeiteten Rohstoffen im Flußtransport ist in den Varenholzer Registern zudem überzeichnet, da die im 16. Jahrhundert bedeutendste Ware auf dem Fluß nur sehr selten eingetragen wurde. Glas wurde nicht im eigentlichen Sinn verzollt, sondern man entnahm den Ladungen einige Stücke – somit verzollte Glas sich selbst, wie man es damals ausdrückte. Dies war auch in Petershagen der Fall, doch wurden die 1565/66 die dortige Zollstelle passierenden 23 Schiffs- und viereinhalb Bockladungen trotzdem registriert – im übrigen fast ausschließlich Ladungen der Mündener Schiffer, was auf Glas hessischer Herkunft deutet.[24] Töpferwaren finden sich auch im Petershagener Register von 1565/66 nur sehr selten. Sie wurden in der Regel auf den sogenannten Baumschiffen transportiert,[25] deren Registrierung der dortige Zöllner offenbar nicht für nötig befand. 1580/81 befanden sich nach Aussage der Varenholzer Register allein auf Schiffen im engeren Sinne und auf Böcken gut 8.000 „erdene Potte". Eisen befand sich zumeist einfach nur als „Eisen" bezeichnet, häufig aber auch in Form eiserner Öfen in den in Varenholz registrierten Ladungen. Durchschnittlich etwa 49 Tonnen pro Jahr zwischen 1565 und 1570. Dem Weserraum noch weit überlegen war das nördliche Bergland, standen den 35 Tonnen verzollten Eisen in Varenholz 1565/66 ungefähr 130 Tonnen in Petershagen gegenüber.

Textilien, die in vorindustrieller Zeit die mit Abstand bedeutendsten Fertigprodukte waren, wurden hauptsächlich über Land transportiert. Immerhin wurden in Varenholz pro Jahr 160 *„laken"* oder *„doecke wandes"* (Leinwand) auf flußabwärts fahrenden Schiffen verzollt, die zumindest 1565/66 fast alle auch in Petershagen registriert wurden und daher wohl für Bremen bestimmt waren. Für die Gegenrichtung sind nur 20 Fahrten registriert, wobei in einigen Fällen ausdrücklich erwähnt ist, daß es sich um englische und Leidener Tuche handelte. Die flußabwärts fahrenden Schiffer, die in Minden-Ravensberg aus- und zuluden, nahmen dort kaum Wolltuche an Bord, dafür jedoch um so größere Mengen an Leinwand. Fand Leinwand in Varenholz 1565–70 selten Eingang in die Zollregister, so verzeichnete man in Petershagen allein 1565/66 rund 60.000 Pfund.

18 Dollinger 1989, S. 316.
19 Unger 1980.
20 Dollinger 1989, S. 316–318, 402.
21 Bang 1922.
22 Rothe/Rüthing 1989, S. 61 (Karte).
23 StA Bückeburg L1 6659, Steinkohlenniederlage bei Petershagen (1596).
24 Zimmermann, L. 1933, S. 330–334 und S. 340–341.
25 Rüthing 1987, S. 87–88.

Sandsteinverladeplatz bei der Rintelner Weserbrücke im 19. Jahrhundert, Kupferstich von Johann Poppel nach einer Zeichnung von Hugo Merz, Stadtarchiv Rinteln

Schließlich sind noch das *„Kramgut"* und die *„droge[n]"* Fässer und Tonnen meist ungenannten Inhalts zu erwähnen. Letztere konnten durchaus interessante Waren enthalten, wie ein ungewöhnlicher Eintrag im Petershagener Register zeigt. Dort ist von elf *„droge[n] vaße[n] mit Buchsen"*, d. h. wahrscheinlich Waffen, an Bord eines Mündener Schiffes die Rede ist. Die Entdeckung der Waffen war wohl für den Zöllner überraschend, so daß er sie vermerkte.

Zwei Güter, die sonst im Europa des 16. Jahrhunderts allerorts auf Wagen und Schiffen anzutreffen waren, tauchen in den Varenholzer Listen aufgrund der Lage der Zollstelle kaum auf: Salz und Bier. Salz hatte der salinenreiche Oberweserraum selbst. Da die dortigen Salinen jeweils in ihrem Territorium privilegiert waren, entfielen Salzimporte. An der mittleren und unteren Weser bezog man das Salz aus Lüneburg oder führte das billigere, über Bremen importierte „Baiensalz„ (Meersalz) aus Westeuropa ein, wenngleich einige zollfreie Transporte den Versuch des hessischen Landgrafen Wilhelm erkennen lassen, Salz aus Allendorf dort einzuführen. Die in Petershagen 1565/66 registrierten rund 200 Tonnen Salz waren zu sechzig Prozent Eigentum von Mindener Bürgern, die in Petershagen Zollfreiheit genossen. Dieses Salz dürfte hauptsächlich in Stadt und Stift sowie in der benachbarten Grafschaft Schaumburg konsumiert worden sein, wo sich übrigens Jahrzehnte später Graf Ernst selbst als Großimporteur von Meersalz betätigte.[26] Im Fall des Biers wirkte sich in Varenholz die Tatsache aus, daß die Zollstelle genau zwischen den Einzugsgebieten der Brauereistädte Minden und Hameln lag. In der Petershagener Liste ist die Versorgung der Orte an der Mittelweser, namentlich Nienburgs, mit Mindener Bier durch eine Vielzahl von Transporten dokumentiert. Nur das Einbecker Bier spielte in Varenholz eine gewisse Rolle, obwohl es als ein Getränk der Oberschicht fast immer zollfrei war. Der Bremer Rat etwa ließ sich regelmäßig einmal im Jahr um die dreißig Fässer über die Weser kommen, und das ist ungewöhnlich, weil Bremen selbst Bier herstellte. Wein wurde auf der Weser noch durch Abzapfen „verzollt", dürfte sich aber nicht in großen Mengen auf den Schiffen befunden haben.

Der Niedergang Antwerpens infolge des niederländischen Aufstands und des Unabhängigkeitskrieges gegen Spanien wirkte sich langfristig nicht negativ auf den Handel auf der Weser aus. Im Gegenteil, der Aufstieg Amsterdams glich diesen Niedergang mehr als aus. Die Kriegshandlungen am Rhein führten zudem zu einer größeren Attraktivität der Weser als Handelsweg, und Zeitgenossen sahen darin den Hauptgrund für den stark steigenden Warenumsatz auf dem Fluß.[27] Grund für diese Entwicklung dürfte hauptsächlich jedoch das allgemeine Bevölkerungswachstum im 16. und frühen 17. Jahrhundert und eine zunehmende ökonomische Verflechtung und Spezialisierung der Regionen in Norddeutschland gewesen sein, zumal im niedersächsischen und ostwestfälischen Raum seit 1553 weitgehend Frieden herrschte.

26 StA Bückeburg L1 6484
27 März 2000, S. 1 f.
28 StA Detmold, L 92 A, Titel 133, Nr. 34 a, Kt. III.

Blick auf das Wesertal,
Ausschnitt aus dem Epitaph des Johann Sobbe,
in der Martinikirche zu Minden, 1610

Das frühe 17. Jahrhundert

Welche Ursachen auch immer die wesentlichen waren, unzweifelhaft ist die Tatsache einer kräftigen Zunahme des Warentransports auf der Weser. Zwischen Michaelis 1604 und Michaelis 1610[28] lagen die Zolleinnahmen in Varenholz und Petershagen mit 1.050 Reichstalern jährlich bei unveränderten Zollsätzen knapp doppelt so hoch wie zwischen 1565 und 1570 (541 Reichstaler). Die verschiedenen Warengruppen entwickelten sich jedoch sehr unterschiedlich. Die Verzollung von Bremer Gut nahm überproportional zu. Sie stieg nämlich um 128 Prozent auf 2.500 Last pro Jahr. Da sich der Zollschreiber des frühen 17. Jahrhunderts bei Einträgen von „Bremer Gut" in die Listen mit dem Kürzel *„B. g."* begnügte, geben die Varenholzer Listen keinen Aufschluß über die Zusammensetzung dieser Warengruppe.
Die schaumburgischen Listen späterer Jahre belegen hingegen, daß sie sich gegenüber 1565/66 nicht wesentlich verändert hatte – das Sortiment war lediglich um Leinsaat erweitert worden. Die Verschiffung von Getreide war im gleichen Zeitraum lediglich um 47 Prozent gestiegen, wodurch die Zolleinnahmen für Getreide geringer ausfielen als jene für Bremer Gut. Mengenmäßig rangierte das Getreide mit 4.500 Fudern bzw. über 6.500 Tonnen weiterhin auf dem ersten Platz. Wie die Phase von 1565 bis 1570 war auch der Zeitraum von 1604 bis 1610 durch eine Reihe guter Jahre und eine leichte Krise gekennzeichnet. Im Juni und Juli 1610 wurden etwa 80 Fuder flußaufwärts transportierten Roggens registriert. Daß im Gegensatz zu 1566 nun auch oberhalb von Minden Importroggen auftauchte, obwohl die 1609/10 verschiffte Getreidemenge etwa derjenigen von 1565/66 entsprach, könnte auf eine gewachsene Spezialisierung des Oberweserraums auf den Anbau von Weizen und Gerste hindeuten. Dafür spricht auch, daß unter den nicht summarisch als „Korn" bezeichneten Getreidesorten der Roggen massiv an Bedeutung verloren hatte, und nun die – für das Brauereigewerbe wichtige – Gerste an erster Stelle stand.

War die Zahl der verzollten Waidfässer um 62 Prozent auf 1.559 Stück jährlich zwischen 1604 und 1610 schwächer gestiegen als die Zolleinnahmen insgesamt, so ist es doch erstaunlich, daß überhaupt eine Zunahme zu verzeichnen ist, wurde bisher doch von einer Verdrängung des Waides durch den Indigo bereits im letzten Drittel des 16. Jahrhunderts ausgegangen.[29] Die Varenholzer Listen belegen jedoch, daß der Waidhandel noch einmal vom spanisch-niederländischen Krieg profitieren konnte. Nach dem Waffenstillstand von 1609, als der Indigo aus Mittelamerika[30] wieder ungehindert Europa erreichen konnte, sank auch die Verzollung von Waid auf der Weser. Schon 1614/15 waren es nur noch 573 Fässer. Bei der Wolle dagegen ist keine eindeutige Tendenz festzustellen. Zwar wurden zwischen 1604 und 1610 mit 106 Säcken pro Jahr weniger verzollt als zwischen 1565 und 1570, doch waren es 1609/10 252 und 1614/15 sogar 303 Säcke. Der Holztransport auf der Weser nahm dagegen eindeutig zu. Dies gilt weniger für das Tonnenholz (153.000 Stück pro Jahr), um so mehr jedoch für Bauholz (192 Balken und 243 „polstucke") und Dielen (92 Blöcke). Ein neues, erst mit der Jahrhundertwende einsetzendes Phänomen waren die Holztransporte von fast ausschließlich Mindener Schiffern, die bis 1609/10 auf 139 Schiffs- und 24 Bockladungen angewachsen waren – es dürfte sich um Brennholz vor allem für die Mindener Brauerei gehandelt haben. In den Varenholzer Listen aus dem frühen 17. Jahrhundert sind zollfreie Waren grundsätzlich nicht vermerkt, weshalb über die Tendenz bei Steinen und Kalk nur soviel gesagt werden kann, daß sich die verzollten Baustein- und Kalkladungen etwa verdoppelten und nun 132 Mühlsteine pro Jahr verzollt wurden. Auch finden sich zwischen 1604 und 1610 in jedem Jahr einige Schiffe und Böcke mit Steinkohle.

Die erstaunlichste Entwicklung vollzog sich jedoch bei den Halbfertigwaren. Die 1604 bis 1610 registrierte Eisenmenge war mit 426 Tonnen pro Jahr neunmal so groß wie 1565/70, und die Verzollung von Leinwand war im selben Zeitraum quasi von null auf 290.000 Pfund gestiegen. Dazu kamen noch etwa 40.000 Pfund Garn. Das Eisen kam hauptsächlich aus Waldeck und dem kurkölnischen Sauerland und wurde dementsprechend überwiegend von Schiffern aus Münden, Höxter und Herstelle befördert. Die Leinwand dagegen dürfte vor allem aus Hessen nach Münden und in andere Oberweserorte transportiert worden sein, wo sie die dort ansässigen Schiffer an Bord nahmen. Wolltuch wurde zwischen 1604 und 1610 dagegen flußabwärts noch weniger als zwischen 1565 und 1570 verschifft (83 Stück) und flußaufwärts offenbar überhaupt nicht mehr. Über Glas und Keramik läßt sich wegen der Zollpraxis in Varenholz keine Aussage treffen.

Ausblick

In den Jahren 1604 bis 1610 hatte der Warentransport auf der Weser vor allem wegen einer Serie guter Getreideernten ein Maximum erreicht, das nach den vorliegenden Quellen wohl im ganzen 17. Jahrhundert zumindest dauerhaft nicht mehr übertroffen wurde. Nach 1610 konnte der weiter steigende Eisen- und Leinenexport den Zusammenbruch des Waidhandels und den Rückgang der Getreideverschiffung mengenmäßig nicht ausgleichen. Mit dem Beginn des Dreißigjährigen Krieges in Norddeutschland 1621 brach der Weserhandel insgesamt ein, wobei sich der Eisenexport noch am längsten hielt. In den Jahren 1615 bis 1625 fand sogar ein regelrechter Geschütz- und Kugelboom statt, der aber nicht auf den Bedarf im deutschen Krieg, sondern auf die Nachfrage der niederländischen Seemacht zurückzuführen war.[31] Die Varenholzer Zolleinnahmen nach dem Krieg zeigen, so weit sie überliefert sind, daß das Niveau der Zeit vor dem Krieg bis zum Ende des 17. Jahrhunderts nicht mehr erreicht wurde. In den Jahren 1692 bis 1696 betrugen die Zolleinnahmen im Durchschnitt trotz einer deutlichen Tariferhöhung bei Leinwand und geringfügigerer Erhöhungen bei anderen Waren mit 428 Talern pro Jahr nur noch vierzig Prozent der Einnahmen aus den Jahren 1604 bis 1610. Und selbst in den Friedensjahren 1680 bis 1684 waren es mit 507 Talern auch nicht viel mehr.[32] Alles deutet darauf hin, daß die Weser als Verkehrsweg in Europa niemals wieder eine solche Bedeutung hatte wie in der Zeit der „Weserrenaissance".

29 So auch bei Rothe/Rüthing 1989, S. 48 und Anm. 31.
30 Israel 1982, S. 296.
31 Korinth 2000.
32 StA Detmold, L 92 A, Titel 133, Nr. 34 a, Kt. VI und VIII.

Alter Amtshof Forst – Modell
1999/2000

Holz
Maßstab 1 : 100
Lemgo, Weserrenaissance Museum, o. Inv.

156

DAS SCHIFF

Das als Billungsches Gut bezeichnete Anwesen in Forst gehörte im zehnten Jahrhundert zur Ausstattung des Klosters Kemnade bei Bodenwerder. In der Folgezeit unterstand der ausgedehnte Besitz in Forst dem Kloster Corvey, das nach 1245 auch die Vogtei innehatte. Die Besitzungen wurden als Lehen unter anderem an das Adelsgeschlecht der Eversteiner weitergegeben. Forst diente dieser Familie wegen seiner Lage zwischen dem Everstein und der ebenfalls eversteinschen Burg Polle vermutlich als Haushaltshof. Als „Kammergut" und Amt ist Forst erstmalig 1561 im Forster Erbregister erwähnt,[1] in dem das Haus Everstein als verfallen, das Amt und Haus Forst an der Weser im Dorfe gleichen Namens dagegen als *„noch ganghafft und im Schwange"* bezeichnet wird. Bis Ende des 16. Jahrhunderts wurde der Amtshof mit großem Landbesitz verbunden, indem die umliegenden Bauerngüter durch den Grundherrn eingezogen und die Einwohner umgesiedelt wurden.

Der alte Amtshof liegt auf einer letzten niedrigen Erdbank am Ufer der Weser. Er besteht heute noch aus einem Westflügel mit den Wohngebäuden und dem rechtwinklig daran anschließenden Nordflügel. Während die Wohngebäude mit ihren massiven Untergeschossen den Hof von Westen her vor Überflutung schützen, übernimmt ein Damm an der ungeschützten Südseite diese Funktion. Ebenfalls durch eine dammartige Erdaufschüttung gesichert ist der Sockel des leichter gebauten Nordflügels, dem das Backhaus und der Kornspeicher angegliedert sind. Der ursprünglich freistehende Kornspeicher mit zwei Fachwerkgeschossen über einem hohen Sockel datiert von 1549. Das nach Westen an den Speicher angebaute Backhaus, dessen oberes Fachwerkgeschoß ebenfalls Getreidespeicher war, wurde 1567 von Georg von Holle errichtet.

Der ehemalige Amtshof Forst an der Weser

Georg von Holle war braunschweigischer Rat und Kriegsoberst, der auf eigene Kosten Truppen anwarb, um sie den Kriegsherren bei Bedarf zur Verfügung zu stellen (vgl. Kat. 69). Seine Einkünfte als Obrist investierte er in die Landwirtschaft. Neben einem Hof in Lübbecke, Besitzungen bei Minden und Tecklenburg sowie verschiedenen Stadthäusern besaß er über viele Jahre einen Stützpunkt an der Weser: zwischen 1556 und 1565 den Pfandbesitz Grohnde und ab 1566 bis zu seinem Tode 1576 den Amtshof Forst.

Bedingt durch das Bevölkerungswachstum konnten die großen Gewerbe- und Handelszentren in Nordwesteuropa ab dem 16. Jahrhundert nicht mehr ausreichend durch das Hinterland mit Nahrungsmitteln versorgt werden. Wenngleich die Niederlande das Zentrum des internationalen Getreidehandels waren, so hatten die fruchtbaren Landstriche an der Weser neben dem Ostseeraum als wichtigster Exportregion für Getreide einen beträchtlichen Anteil am europäischen Getreidehandel. In der Regel wurde das Getreide über die Weser nach Minden und Bremen verschifft. Beide Städte kontrollierten mit ihrem Stapelrecht den Markt. Auf größere Getreideüberschüsse auch in Forst deutet der Bau des Backhauses mit zusätzlichem Getreidespeicher hin, den Georg von Holle gleich nach der Übernahme des Hofes 1567 veranlaßte. Da sich die wiederholt von den Landesherren erlassenen Ausfuhrverbote für Getreide gegen adlige Großproduzenten wie Georg von Holle richteten, kann man davon ausgehen, daß auch er an den Exporten beteiligt war.

Rolf Schönlau

Literatur: Bau- und Kunstdenkmälder Holzminden; Angermann 1966, S. 107; Kunstdenkmale Holzminden; Meyer 1990; Tielhof 1995, S. 231–235.

1 Im Anschluß daran auch bei Merian 1654, S. 82.

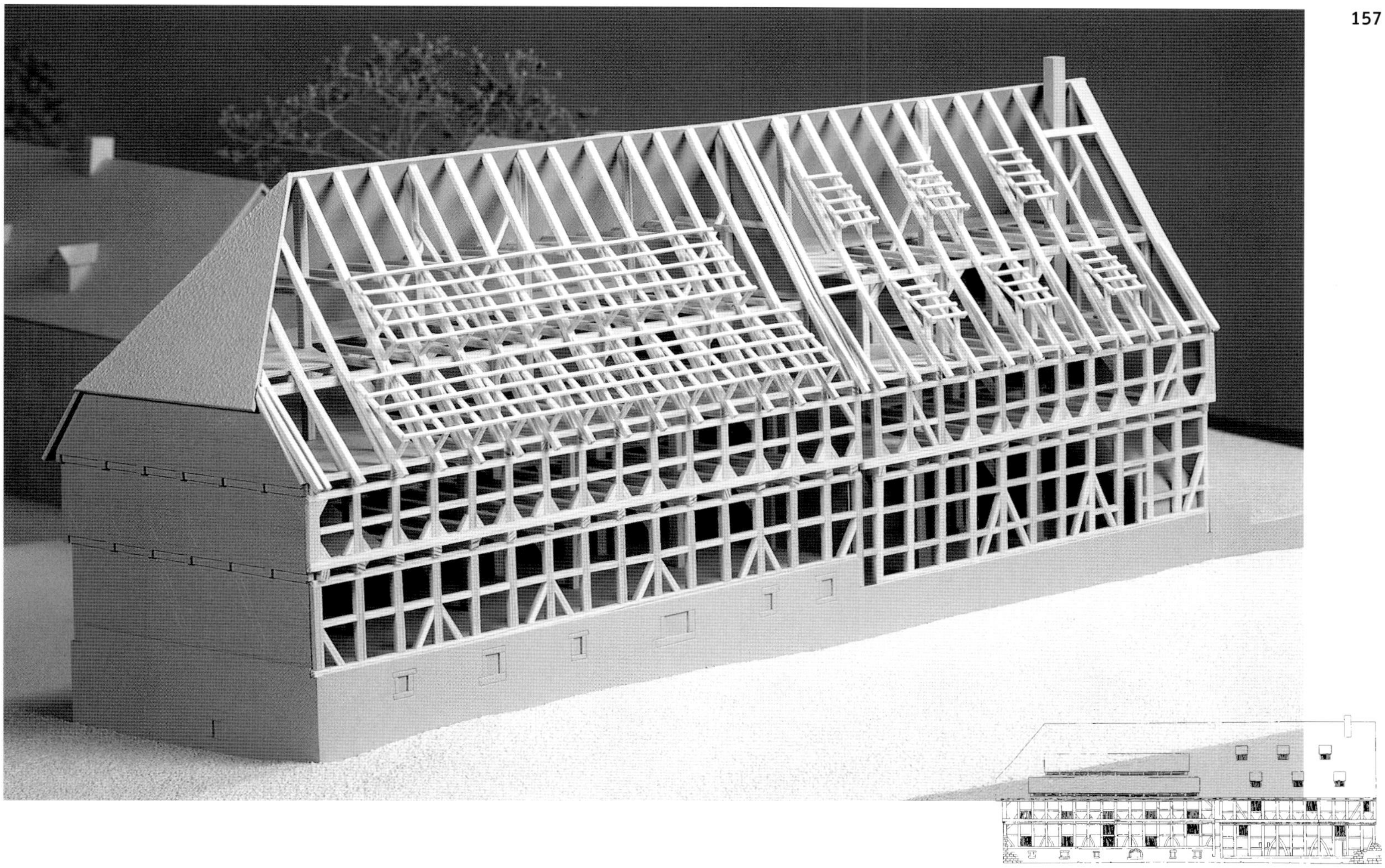

Kat. 40: Modell und Rekonstruktionszeichnung des Forster Getreidespeichers

Teilmaß eines Himten

Minden(?)

1631

Gelbguß, gedreht und graviert
H 4,2 cm, Dm 15,9 mm
Mindener Museum für Geschichte, Landes- und Volkskunde, Inv. 13 B 11

158

Ein Himpen oder Himpten war ein niedersächsisches größeres Getreidemaß, das von Ort zu Ort variierte. Er umfaßte mehrere zylindrische Hohlmaßgefäße.[1]

Das vorliegende Teilmaß eines Mindener Himten ist ein dickwandiges flaches, zylindrisches Gefäß, das 630 Milliliter faßt. Es ist außen wie innen mit über Boden und Wandung verlaufenden, jeweils paarweise angeordneten Drehringen verziert. Zwischen den Drehringen der Außenwandung ist in Majuskeln die Umschrift eingraviert: *„DER-MINDER-KORN-MATTEN-WROGE-AVFP-DEN-MOLLEN-ANNO 1631“*, darunter etwas kleiner und mit spiegelverkehrtem „N“: *„HIMTEN“*. Dieses unter dem Wort *„KORN“* stehende, offenbar erklärende Wort wird von Matthey kommentarlos in die Umschrift eingegliedert und als *„Korn-Himpten“* (sic!) bezeichnet.[2] Wehking hingegen schlägt vor, das Wort *„HIMPTEN“* in die Textzeile zu integrieren, und zwar vor oder hinter *„MATTEN“*.[3] Daß es sich auch um einen späteren Zusatz handeln könnte, erwägen beide nicht, obwohl die kleinere, etwas ungelenk ausgeführte Schrift sowie der Schreibfehler beim „N“ durchaus an diese Möglichkeit denken lassen, zumal es zu keiner Zeit korrekt war, das vorliegende Maß als Himten zu bezeichnen. Im Schriftbild fallen die ligierten Buchstaben „NN“ in *„ANNO“* auf sowie ein eventuell später über dem Wort *„MOLLEN“* angebrachter Punkt, der den Umlaut „ö“ nahelegt. Das Schriftband nimmt seinen Anfang und findet sein Ende in einem kleinen sechszackigen Stern.

Zum Verständnis der Umschrift sei an die Bedeutung des mittelniederdeutschen Wortes Wroge in der Region Minden erinnert. Dieses normalerweise im Sinn von Anklage oder Rüge gebrauchte Wort hat hier die Bedeutung der Prüfung von Gefäßen, Gewichten oder Münzen, meint also einen Eichvorgang.[4]

Das vorliegende Maß ist Teil eines mehrere zylindrische Hohlmaßgefäße umfassenden Satzes, zu dem Bier-, Wein-, Öl- und Branntweinmaße gehören, die z. T. ebenfalls in das Jahr 1631 datiert sind. Als einziges Streichmaß dieser Hohlmaßgefäße war es flach, und es fehlten Griffe oder Henkel. Aus dem Spätmittelalter oder der Frühen Neuzeit stammende Scheffel- oder sonstige Getreidemaße sind in der Regel sehr viel größer und können, wie das Hamburger Kornfaß von 1611, über 50 Liter fassen.[5] Das in der Mindener Gegend vielfach für Getreide (sowie Erbsen und Salz) genutzte Maß des Himten umfaßte einen halben Scheffel und bestand aus zwei Splinten. Das Maß variierte von Ort zu Ort, umfaßte aber in der Frühen Neuzeit 25 Liter.[6] Daneben nimmt sich das vorliegende, etwa den vierzigsten Teil eines Himten umfassende Gefäß bescheiden aus, zumal es durch das geringe Volumen die ohnehin den Maßgefäßen für Korn eigenen Ungenauigkeitsfaktoren (Schütteln, Feuchtigkeit, Unreinheit) weiter vergrößert.

Über den Verfertiger des Mindener Maßes ist nichts bekannt. Eine Marke, die auf die Entstehung des Himpen in Minden deutet, fehlt. Aus der Zunft der Zinngießer (die Gelbgießer bildeten hier keine eigene Zunft) käme als Hersteller am ehesten der 1630 als Bürger aufgenommene Curdt Lutken in Betracht.[7]

Die *„MOLLEN“*, die Mühlen, lassen auf den Gebrauch des Maßes schließen. Es ist als Maß für das zu mahlende Getreide verwendet worden und damit vermutlich für das Getreide, das in der Stadt Minden weiterverarbeitet wurde.

Die Rolle des Getreidehandels für die Prosperität des Weserraums hat Petra Möller differenziert dargelegt.[8] Trotz jahreszeitlicher und erntebedingt jährlich starker Schwankungen lassen ihre Darlegungen auf eine wachsende Bedeutung des Getreidehandel in den Jahrzehnten vor dem Dreißigjährigen Krieg schließen. Mengen und Preise stiegen um ein mehrfaches. Daran änderte auch die Inflation in der Kipper- und Wipperzeit nichts. Der Weserraum avancierte zum Exporteur von Getreide, dem Hauptnahrungsmittel der Zeit. Daran hatte Minden ebenso als Umschlags- und Zollhafen Anteil wie auch als Veredelungsort, weil durch die Bierherstellung, dem bedeutendsten Produktionszweig, die Gerste auch in verarbeiteter Form exportiert wurde.

Martin Beutelspacher

Literatur: unpubliziert.

1 Deutsches Wörterbuch, Bd. 10 (Nachdruck der Erstausg., München 1984), Sp. 1371.
2 Matthey 1922, S. 32.
3 Wehking 1997, S. 160–161.
4 Schiller/Lübben, Bd. 5, S. 782.
5 Kat. Braunschweig 1985, Bd. 2, S. 806–807; Kat. Hamburg 1989, Bd. 2, S. 224–226.
6 Dammeyer 1957, S. 123, Anm. 23.
7 Pieper-Lippe 1980, S. 115.
8 Möller 1992, S. 115–141.

Fünf Holzfässer
18. und 19. Jahrhundert

Holz, Eisen
Westfälisches Freilichtmuseum Detmold, Landesmuseum für Volkskunde

Für den Gütertransport auf dem Wasserweg waren Holzfässer über viele Jahrhunderte hinweg eine universelle und nahezu ideale Verpackungseinheit. In mittelalterlicher Zeit waren sie zudem die bei weitem gebräuchlichste; fast alles wurde in Fässern transportiert,[1] wobei durchaus unterschiedliche Güter in ein und demselben Faß zusammengepackt wurden.[2] Fässer wurden ähnlich eingesetzt wie heutige Container.

Der hauptsächliche Grund dafür liegt in der besonderen Eigenschaft der Holzfässer: Bis zur zweiten Hälfte des 19. Jahrhunderts waren sie dasjenige Verpackungsmaterial, das sich mehr als alle anderen durch Wasserdichtigkeit auszeichnete, ein unschätzbarer Vorzug beim Transport auf Schiffen, deren Ladung aufgrund von Lekkagen immer wieder feucht zu werden drohte.[3] Die in früheren Zeiten übliche Feuchtigkeit im Schiff wirkte sich bei den Fässern sogar vorteilhaft aus, verhinderte sie doch das Trocknen und Schrumpfen des Faßholzes und bewahrte somit die Dichtigkeit des Fasses. So blieben nicht nur die in Fässern verwahrten Güter vor schädigenden Einflüssen der Umgebung geschützt, sondern ebenso die Umgebung vor möglichen Beschädigungen durch die verpackten Waren,[4] wie es zum Beispiel bei Salzen von Bedeutung war. Allerdings hielten Fässer nicht immer dicht, zumal dann nicht, wenn sie neu oder unsachgemäß gearbeitet waren, nicht von Zeit zu Zeit überprüft wurden oder austrockneten.

Hergestellt wurden die Fässer von Küfern (auch Küper, Böttcher, Bodeker u. a. m. genannt), die ihr Handwerk in jeder Stadt betrieben, um die Bevölkerung mit den benötigten Geschirrwaren (geradwandige Waschbottiche, Kübel, Pökelfässer, Eimer usw.) und Vorratsgefäßen (bauchige Vorratsfässer für Nahrungsmittel, Biertonnen, Schnaps- und Weinfässer, Heringstonnen usw.) zu versorgen.[5] Das für die Herstellung der tonnenförmigen, bauchigen, allseits verschlossenen Transportfässer verwendete Material war überwiegend das biegsame, widerstandsfähige Eichenholz, aber auch Buche und Esche wurden verarbeitet. Bis zur Mitte des 19. Jahrhunderts waren die Fässer fast ausschließlich mit Holzreifen gebunden, danach auch mit vernieteten Eisenbändern. Die Holzbänder waren aus entrindeten, einmal gespaltenen Schößlingen vornehmlich der Weide, seltener der Haselnuß gefertigt, wobei die spitzwinklig eingeschnittenen Enden im Reifenschloß miteinander verhakt und untergeschlagen waren. Spanholz von Esche oder Buche wurde ebenfalls als Faßreifen aufgeschlagen. Die geraden Wände von Geschirrfässern mit konischem Querschnitt waren häufig aus Stäben (Dauben) aus heimischen Nadelhölzern zusammengesetzt.[6]

Die Materialien für ein Faß waren also allgemein verfügbar, verhältnismäßig preiswert und nachwachsend, weshalb Fässer allerorten hergestellt werden konnten. Die Kosten für ein Faß waren wesentlich vom Arbeitslohn des Küfers bestimmt, der neben ausgebildetem handwerklichem Geschick und (bis zum 19. Jahrhundert) einigen Schneidwerkzeugen auch über mathematische Kenntnisse verfügen mußte. Im Vergleich zu Kisten, Säcken und Ballen waren Fässer zwar das teurere Verpackungsmittel, doch boten sie zusätzlich zur Wasserdichtigkeit weitere Vorteile: Holzfässer waren robust, stand- und stoßfest und weitgehend unempfindlich gegen Witterungseinflüsse, weshalb man sie nötigenfalls unbedeckt transportieren und zwischenlagern konnte, dies sogar über längere Zeiten, was beim Umschlagen von der Binnen- auf die Seeschiffahrt eintreten konnte, wenn Güter für größere Schiffsladungen zusammengestellt wurden. Die im Binnenland verpackten Waren konnten somit bis zum überseeischen Zielort unbeschadet in den Fässern verbleiben – im Gegensatz zur Packung in Ballen und Säcken auch unbeschadet von jeglichem Ungeziefer. Zudem ließen sich Fässer gut stapeln und konnten, den Bedürfnissen des Handels entsprechend, in unterschiedlichen Größen zur Verfügung gestellt werden, von Gefäßen mit geringem Fassungsvermögen von ein paar Litern bis zu Gebinden von 1.000 Kilogramm und mehr.

Holzfässer hielten viele Jahre, manche gar Jahrzehnte. Sie waren „mehrwegfähig" und – letztlich universell – wiederverwendbar. Zudem waren sie „reparaturfreundlich", denn einzelne gebrochene Dauben bzw. Stäbe oder Bodenbretter wechselte der Küfer binnen kurzem aus.

Fässer waren „umschlagfreundlich",[7] da sie durch Rollen selbst bei erheblichem Eigengewicht von mehreren hundert Kilo verhältnismäßig leicht durch eine einzelne Arbeitskraft bewegt werden konnten – bei Kisten eine Unmöglichkeit. Schiefe Ebenen und selbst Treppen bewältigte man, indem man das Faß über zwei nebeneinander gelegte, fest miteinander verbundene Rundhölzer rollte.[8] Sogar ein großes, schwergewichtiges, liegendes Faß ließ sich mittels Aufschaukeln auf den Faßkopf aufstellen – oder im umgekehrten Fall - auf den Bauch legen, da der Küfer bei einem großen Faß an zwei gegenüberliegenden Seiten der Faßköpfe leichte Senkungen einarbeitete: die dadurch hervorgerufene Wölbung des Faßbodens nach innen setzte dem Innendruck des Fasses mehr Widerstand entgegen und verhinderte, daß sich der Faßboden nach außen wölbte und schlimmstenfalls herausgedrückt wurde.[9]

Allerdings mußten Fässer im Lager vor dem Verschiffen und bei Transporten von mehreren Monaten gelegentlich auf ihre Dichtigkeit überprüft werden. Gegebenenfalls waren die Reifen mit dem Treibholz, das man auf den Reifen setzte, und dem Setzhammer festzuschlagen.[10] Das mußte aber nicht speziell von Küfern, sondern konnte letztlich von jedermann ausgeführt werden.

Im 18. und in der ersten Hälfte des 19. Jahrhunderts wurden Holzfässer zwar bei Transporten noch universell eingesetzt, für Flüssigkeiten (Wein, Branntwein, Essig, Öl, Tran, Bier, Trinkwasser usw.), für Nahrungsmittel in Lake (Heringe, Sauerkraut, Bohnen usw.), für Produkte der Landwirtschaft (Getreide, Erbsen, Mohn, Zwiebeln, Hopfen, Fleisch, Speck, Schmalz, Butter, Talg, Wolle, Rinder- und Pferdehäute usw.) und für alles mögliche andere: Leder- und Pelzwaren, Textilien, Gläser, Metallwaren, Bücher, Zucker und Salz usw.[11] Bereits zum Ende des 18. Jahrhunderts aber hatte das Holzfaß seine Stellung als vorrangiges Verpackungsmittel mehr und mehr verloren. Im Vergleich zu anderen Packungsarten erwiesen sich Fässer als zu kostenaufwendig in der Herstellung und Wartung. Für viele Güter waren Kisten billiger. Zudem ließ sich der Transportraum in Schiffen mit Holzkisten ökonomischer nutzen. Aufgrund der Fortschritte im Schiffsbau waren die Schiffe weniger feucht und gefährdeten die Waren somit nicht.

Die Nachteile der Holzfässer, ihre relativ hohen Kosten bei der Beschaffung, die Notwendigkeit ihrer Wartung, ihr verhältnismäßig schweres Eigengewicht und dann auch die nicht normierbaren Gebindegrößen, von Stück zu Stück letztlich selbst in jeder einzelnen Küferei unterschiedlich gearbeitet,[12] begünstigten zunehmend die alternativen Verpackungsmittel. Die wachsende Ausdehnung des Welthandels führte schließlich zu spezifischen, den verschiedenen Waren angepaßten Verpackungen. In der 2. Hälfte des 19. Jahrhunderts vollzog sich durch die Mechanisierung der entstehenden Verpackungsindustrie und die Umstellung im Wertstoffverbrauch auf Papier, Karton, Pappe, Glas und Metall eine gravierende Umgestaltung der Verpackungsmittel und -formen.[13] Als universelles Verpackungsmittel hatte das Holzfaß nach der Mitte des 19. Jahrhunderts endgültig ausgedient.

Thomas Ostendorf

Literatur: Grundke 1976.

1 Rath 1988, S. 79.
2 Rabe 1913, S. 19.
3 Rath 1988, S. 85.
4 Vgl. Grundke 1976, S. 136.
5 Ostendorf 1982, S. 271.
6 Ostendorf 1982, S. 278–282.
7 Rath 1988, S. 86.
8 Rabe 1913, S. 15–16.
9 Ostendorf 1982, S. 286.
10 Vgl. Brennecke 1975, S. 26; Rath 1988, S. 87–88.
11 Vgl. Rath 1988, S. 86–87.
12 Ostendorf 1982, S. 276.
13 Grundke 1976, S. 142; Rath 1988, S. 79–86.

Augustin Braun: Blick in ein Kölner Handelshaus mit Waren in Fässern und Ballen, 1618, lavierte Federzeichnung, Köln, Kölnisches Stadtmuseum

Tax Zettul /

Wornach sich der Grafflicher Holsteinischer und Schaumburgischer Commißmeister / in verkauffung des Wildtprets / Fedder wildtpreth / Fisch und Fleisches hiernegst richten soll.
Grafschaft Holstein-Schaumburg
um 1604

Druck auf Papier
32 x 21 cm
Niedersächsisches Staatsarchiv Bückeburg, Sign. L 1, Nr. 7117

Der *„Tax Zettul"* dokumentiert das Bemühen des frühmodernen Staates, hier der Grafschaft Holstein-Schauenburg, Warenpreise seiner Kontrolle zu unterwerfen. Gemäß der Idee der „guten polizey" sollten die Preise gerecht sein – in moralischer wie auch in wirtschaftlicher Hinsicht. Diese festzusetzen meinte der Staat im Sinne einer Selbstregulierung seinen Bürgern allein nicht (mehr) überlassen zu können. Die Taxordnungen sollten durch die Einführung von Höchstpreisen die Inflation eindämmen.

Von Interesse sind vor allem die Fischarten, die der Taxzettel aufführt: Stör, Lachs, Forelle, Neunauge, Hecht, *„Bütte"* (Scholle?), *„Barsse"*, Aal, Schleie, Rotfeder, Barbe und Krebs, z. T. auch getrocknet. Den Stör ausgenommen, gilt für die aufgezählten Fischarten, daß sie lokalen Fanggründen, also der Weser und ihren Nebengewässern, entstammten. Der Taxzettel und auch andere Fischpreislisten beziehen sich stets auf Süßwasserfisch, nicht jedoch auf Seefisch, den der Weserraum reichlich aus Bremen importierte. Im Vergleich zu anderen Aufzählungen von Süßwasserfischen aus lokalen Fängen im Weserraum finden sich bei den aufgeführten Fischarten wenig Veränderungen. Eine Preistafel aus dem Jahr 1670,[1] die in Minden öffentlich ausgehangen hat, listet Hecht, Butte, Mailachs, Hakenlachs, Ruhle, Schmerle, Lamprete, Neunauge, Forelle, Karpfen, Karausche, Barsch, Grundling, Grimpe, Aal, Barbe, Rotauge, Nase, Brasse, Heßling und Blate auf. Barsch, Hecht, Heßling, Grimpe, Butte, Lachs, Ruhle und Barbe verzeichnet neben anderen Fischarten eine Mindener Preisliste aus der zweiten Hälfte des 15. Jahrhunderts.[2] Johannes Letzner nennt in seiner *Chronica* von 1604 (s. Kat. 1) Fischarten, die in den Gewässern der Reichsabtei Corvey, besonders in der Weser, gefischt wurden: *„Lachs, Lampeden, Neunaugen, Aal, Hecht, Barben, Grimpen, Grundlinge und andere dergleichen ..."*. Der auf dem Taxzettel verzeichnete Stör findet sich in anderen Listen nicht und stammt somit offensichtlich nicht aus der Weser. Deshalb gelangte er nur *„eingesaltzen"*, auf den Markt.

Der Fang aus der Weser und ihren Nebengewässern wurde auf städtischen Fischmärkten von den Fischern verkauft. Die Verkaufsstände der höxterschen Amtsfischer befanden sich im südlichen Bereich der Kiliankirche.[3] Der Mindener Fischmarkt lag in der Fischerstadt (s. Kat. 58). Die Fischpreisliste des 15. Jahrhunderts und die Preistafel von 1670 dokumentieren, daß die Mindener Obrigkeit kontinuierlich, spätestens seit dem Spätmittelalter, die Fischpreise reglementierte und überwachte. Die Willkür des höxterschen Fischeramtes von 1535[4] erwähnt eine Ratsordnung, die den Fischhandel auf dem höxterschen Markt regelte, und eine an den Rat zu entrichtende Abgabe.

Der Konsum heimischer Süßwasserfische wurde in der ersten Hälfte des 17. Jahrhunderts nachweislich durch Seefischimporte ergänzt, die von Bremen flußaufwärts in den Weserraum transportiert wurden. Das bestätigt die Auswertung der Funde in der Kloake des höxterschen Bürgers Joist Ziegenhirt (s. Kat. 55, 56), handelt es sich doch bei 14 Prozent der Fischabfälle aus Ziegenhirts Haushalt um Seefischreste. Auffällig ist, daß vornehmlich Karpfenfische, besonders Flußbarben, Grundlinge, Plötze und Elritze, verspeist wurden. Von marginaler Bedeutung waren Steinbeißer, Groppen und Wanderfische, wie Aale, Lachse und Forellen. Sie waren sehr klein[5] und deshalb nicht für den Verzehr[6], vielleicht aber für Fischsuppe geeignet.

Der geringe Anteil größerer Süßwasser- und Wanderfische legt die Vermutung nahe, daß die Fischerei wenig ergiebig war.[7] Dagegen sprechen allerdings die Existenz der Fischerzünfte in einigen Weserstädten und der Bau aufwendiger Fischwehre, die städtischen Fischmärkte und nicht zuletzt die Fischpreisverzeichnisse wie der vorliegende Taxzettel. Im 16. und 17. Jahrhundert war der Konsum bestimmter Lebensmittel, so etwa auch der des Lachses, überwiegend der Oberschicht vorbehalten.[8] Dies belegt auch die Fischereiregelung auf der hessischen Weser oberhalb von Höxter. Dort war die Fischerei von Münden bis Wahmbeck für Einheimische und Fremde grundsätzlich frei. Eine Ausnahme war der Lachs, für den an das Amt Münden eine Abgabe zu entrichten war.[9]

Georg Heil

Literatur: unpubliziert.

1 Nach Krieg 1952, S. 24, im KommA Minden.
2 KommA Minden, A I 431 (Urkunden).
3 Rabe 1998, S. 110.
4 StA Münster, Corvey, Nr. 1414.
5 Zu den Neunaugen kann keine Aussage getroffen werden, da sie kein Skelett besitzen und deshalb keine Reste hinterlassen haben.
6 Heinrich 1995, S. 393.
7 Ebd., S. 393.
8 Vgl. StA Bückeburg, L 10376 oder Grafschaft Schaumburg I, Nr. 16.
9 HStA Hannover, Hann 74, Münden, B 1503.

Tax Zettul / Wornach sich der Gräfflicher Holsteinischer vnd Schaumburgischer Commißmeister / in verkauffung des Wildtprets / Fedder wildtpreth / Fisch vnd Fleisches hiernegst richten soll.

Wildtpreth.	Thal.	Gro.	Pfen.
Schwein wildtpreth das Pfundt		2.	
Eingesaltzen schwein wildtpreth das pfundt.		2.	
Thut der Cent.	6.		
Ein gantz Rehe in Felle /	2.	4.	
Ein Rehekühle /		18.	
Ein Rehebuigh /		10.	
Ein Reherugk /		20.	
Der Kopff vnd Halß mit 3. Ribben /		9.	
Die Brust vnd Bletter zusamen /		12.	
Ein Hase /		9.	

Fedder wildtp.	Tha.	Gro.	Pfe.
Ein Berghan.	1.		
Ein Veldthuen.		6.	
Ein schock Krambsvogel vnd schnarren /	1.	12.	
Ein schock Drosseln vnd ander grob vogel /	1.	6.	
Ein schock Sperling vnd Rothkelen /		7.	
Ein schock Goldtdamer vnd Vincken /		10	
Ein schock Starren /		18.	
Ein grosse wilde Ente		4.	
Ein mittelmessige /		3.	
Ein wilde Taube /		2.	3.
Ein schock Kyewitz /		15.	
Ein zahme Taube /		2.	3.
Ein Calcunischer Hane /	1.	16.	
Ein Calcunisch Huen	1.	4.	

Fische Tax.	Tha.	Gro.	Pfe.
Eingesaltzen Stöer / das pfundt		9.	
Frische Lachs das lb.		10.	
Dröge Lachs das lb.		12.	
Frische vorellen dz lb.		8.	
Dröge vorellen dz lb.		12.	
Eingebraten vorellen das lb.		12.	
Ein schock eingebraten Neunaugen /	1.	12.	
Ein lb. Hecht /		2.	4.
Ein lb. gedröget Hecht		3.	6.
Dröge Bütte das lb.		2.	
Carpffen das lb.		2.	3.
Thut der Cent.	6.	27.	
Barsse das lb.		2.	4.
Ahell das lb.		2.	4.
Schleye das lb.		1.	4.
Rotfeddern das lb.		2.	
Ein schock Krebsse /		14.	
Barben das lb.		2.	

Fleisch Tax.	Thal.	Grof.	Pfen.
Ochssenfleisch das lb.		1.	6.
Thut Cent.	4.	18.	
Schweinfleisch dz lb.		2.	
Hamelfleisch das lb.		1.	9.
Kalbfleisch das lb.		1.	
Lambfleisch das lb.		2.	
Junge Ziegenhoiken / das lb.		1.	6.
Ein Ganß /		5.	
Ein Huen /		2.	
Butter das lb.		3.	
Eyer zehen für		1.	2.
Oustreen die Tonnen	1.		

Kat. 43

Gerechnet Rechenbüchlein: //
Auff Erffurdi= // schen Weit / Tranck / Cent= // ner / Stein vnd Pfundkauff /
Bene // ben einer sehr nützlichen Rechnung / ... / Auch eine sehr schöne Wech= // sel Rechnung /
auff die viererley Müntz / ... Beneben etlichen vberaus //
Künstlichen Retzeln vnd Schimpffrechnun= // gen / dergleichen an keinem Ort beysamen zu // finden. ...
Johann Weber, Rechenmeister
Erfurt: Esaias Mechler [Druck], 1583
Dedikationsexemplar mit Dedikationsblatt (Druck, rot)

Buchdruck
Stadtarchiv Erfurt, Sign. 40/54:12

164

Neben der Landschaft um Jülich war das Kerngebiet Thüringens um Erfurt eines der effektivsten und geschlossenen Anbaugebiete für Waid in Mitteleuropa. Günstige Anbaubedingungen, wie ein fruchtbarer warmer Boden und günstige klimatische Verhältnisse, führten zu einer Konzentration des arbeitsintensiven Waidanbaues und der Waidzubereitung. In 49 von 82 Dörfern des erfurtischen Landgebietes bestellten im Jahr 1579 1.774 Bauern 4.857 Äcker („Erfurter Acker"=2.642 Quadratmeter) mit Waid. Das waren sieben Prozent der gesamten Artlandfläche. Der Färberwaid, *Isatis tinctoria*, aus der Familie der Kreuzblütler ist eine gelbblühende zweijährige Kulturpflanze, die im zweiten Jahr mit ihren Blütenständen eine Höhe von eineinhalb Metern erreichen kann und Ende Mai bis Anfang Juni blüht. Im Jahr waren zwei bis drei Ernten möglich. Die abgestoßenen Blätter wurden getrocknet, gewaschen und durch die Mahlsteine der Waidmühle zerquetscht. Aus dem grünen Pflanzenbrei formten Frauen und Kinder faustgroße Waidbälle, die in der Größe dem Eichmaß des Waidringes entsprechen mußten. Die Waidbauern brachten den Ballenwaid als Halbfabrikat auf den Waidmarkt. Mit der Erhebung einer Abgabe, dem Waidpfennig, kontrollierte der städtische Rat zu Erfurt den Waidanbau und sicherte der Stadt mit der Einführung des Marktzwanges 1351 die Waidzubereitung zum Fertigprodukt. 1598 Schock und fünf Groschen an Waidpfennigen sind in der großen Ratsrechnung 1579 vermerkt. Der Rat ordnete in dem Zuchtbrief von 1351 an, daß Waid nur *„off dem markte"* verkauft werden dürfe, der Ort dafür war der *„gewöhnliche waydmarkt oder anger allhie"*. Vom Rat vereidigte Waidmeister und Waidknechte prüften die Qualität des angebotenen Ballenwaides und überwachten das Kaufgeschehen. Nun begann die eigentliche Waidzubereitung. In speziellen Waidspeichern und auf den hohen und spitzen Dachböden geräumiger Bürgerhäuser versetzte man den Waid in einen mehrwöchigen Gärungsprozeß. Dann war der Waid zur Anwendung bereit, insbesondere zum Färben von Tuchen aber auch zum Anstrich von Hausfassaden.

Die Waidzubereitung und der Export des Färberwaides in die europäischen Tuchzentren waren ein zeitaufwendiges und investitionsintensives Geschäft. Es lag in den Händen der vermögendsten Bürger, den Waidjunkern, die jährlich wenigstens 1.000 Gulden ver steuern mußten. Die Verrechten (Steuerbücher) der Ratskämmerei weisen für das Jahr 1569 49 Waidjunker aus, das sind 1,2 Prozent aller Steuerpflichtigen. Sie besaßen mit 464.659,5 Gulden über 26 Prozent des gesamten besteuerten Vermögens. Davon waren 58 Prozent als bewegliches Vermögen, als Handelskapital, deklariert. Handelsprofite von 20 bis 25 Prozent dürften durchschnittlich erreicht worden sein. Der Reichtum der Erfurter Waidjunker ist noch heute an erhaltenen prächtigen Bürgerhäusern der Gotik und Renaissance sichtbar.

Für den Export stampfte man das ascheförmige Farbpulver in Tannenholzfässer, versehen mit dem Zeichen des Waidhändlers und dem städtischen Wappen als Gütesiegel. Auf Grund der kapitalintensiven Handelsgeschäfte schlossen sich immer mehr Großkaufleute zu Handelsgesellschaften zusammen. Der überwiegende Teil des hier zubereiteten Waides gelangte auf die Frankfurter und die flandrischen Messen, nach Nürnberg und Nördlingen, nach Görlitz und Breslau und nach Prag. Ein gleichsam wichtiges Absatzgebiet für den Erfurter Waid stellte der Hanse-Raum mit den Städten Bremen, Hamburg und Lübeck dar. Handelskontakte lassen sich bis nach Südfrankreich und Südspanien verfolgen. Entsprechend des kursächsischen Geleitregisters von 1522 wurden in diesem Jahr 228 Wagen, 5 Karren, 53 Kübel, 50 Faß und 3 Zentner Waid geleitfrei ausgeführt. Die besondere Güte des Erfurter Waids, eine kapitalkräftige Schicht Erfurter Kaufleute, die geographische wie verkehrsgünstige Lage Erfurts und die zeitweilige Zugehörigkeit zur Hanse begünstigten die Sonderstellung der Messe-Stadt im Waidhandel.

Gerechnet Rechenbüchlein:

Auff Erffurdischen Weit / Tranck / Centner / Stein vnd Pfund kauff /

Beneben einer sehr nützlichen Rechnung / was nach dem Stück / als Elen / Maß / etc. kaufft oder verkaufft wird / Auch eine sehr schöne Wechsel Rechnung / auff die viererley Müntz / der Taler / Gülden / Gute Schock vnd Lawen Schock gericht. Beneben etlichen vberaus Künstlichen Retzeln vnd Schimpffrechnungen / dergleichen an keinem Ort beysamen zu finden. Vnd denn etzliche Wechsel Teffelein / auff mancherley Müntz / Maß vnd Gewicht / Vnd endlich / ein Resoluirung vnd Anzeigung etzlicher Müntz / vieler Namhaffter Sted vnd Lender / etc. Menniglich zu gutem zusamen bracht / vnd jtzt in Druck vorfertiget:

Durch

Johan Weber / Rechenmeister vnd Bürger zu Erffurd.

M. D. LXXXIII.

Kat. 44

Ein weit verzweigtes System von Handelsstraßen, vor allem im hansischen Raum, sicherten einen zügigen Warentransport. In den Weserraum gelangten die Erfurter Kaufleute und Waidhändler über zwei verschiedene Handelsstraßen, einerseits über Nordhausen – Northeim – Einbeck – Hameln – Minden bis Bremen, andererseits über Mühlhausen – (Göttingen oder Duderstadt) – Northeim – Einbeck – Hameln – Minden und Bremen. Auf dem Rückweg brachten die Erfurter Kaufleute insbesondere Fische, Talg, Honig und Wachs mit , wie die Zollregister der Hebestelle Großengottern belegen. Waidanbau und Waidhandel erfuhren in der zweiten Hälfte des 16. Jahrhunderts im Erfurter Landgebiet und in Erfurt ihren Höhepunkt. Für die umfangreichen Kaufgeschäfte und die Erhebung von Abgaben waren für den städtischen Rat und in der Ratskämmerei Rechenmeister tätig. Bereits 1518 ließ Adam Rieß in der Offizin von Mathes Maler im Haus „Zum Schwarzen Horn" in der Michaelisstraße sein erstes Rechenbüchlein *„Rechnung auff der linihen..."* drucken. In der berühmten Werkstatt von Mathes Maler erschien 1523 ein Rechenbuch *Eynn kurtz newe Rechenn // vnnd Visyr buechleynn* ... von dem aus Erfurt oder der Erfurter Umgebung stammenden Heinrich Schreyber. Den Bedürfnissen insbesondere der Waidjunker, Waidmeister und der städtischen Kämmerer nachkommend, gab der Rechenmeister, Notar und Bürger zu Erfurt, Johann Weber, ebenfalls ein Rechenbüchlein *„... // Auff Erffurdi // schen Weit, Tranck, Cent // ner, Stein vnd Pfundkauff ..."* bei Esaias Mechler im Haus „Zum Bunten Löwen" 1583 in Druck. Die durch Fallbeispiele erläuterten Tabellen und Rechenarten waren sowohl für die Verkäufer und Käufer als auch für die Ratskämmerer sehr hilfreich. Bereits einige Jahre zuvor hatte Johann Weber ein Rechenbüchlein verfaßt und drucken lassen. Dieses war – wie er in der vorangestellten Vorrede verlauten läßt – sehr schnell vergriffen, und auf die drängenden Bitten der Erfurter Waidhändler habe er dieses Rechenbuch herausgegeben. In der Vorrede benennt er als *„günstige Förderer"* namentlich einflußreiche Ratsherren und bekannte Waidjunker. Das vorliegende Rechenbüchlein ist dem herzoglich-sächsischem Geleitmann in Erfurt, Johann Hoffman, gewidmet, wie das dem Titelblatt vorangeheftete Dedikationsblatt mit der gedruckten handschriftlichen Zueignung des Autors erkennen läßt. Neun Jahre später, 1592, verfaßte Johann Weber im Auftrag des städtischen Rates ein handschriftliches Rechenbüchlein für die Bäcker Erfurts.

Walter Blaha

Literatur: Benneckenstein 1991; Bruns/Weczerka 1962/1967; Händel 1996; Straube 1996.

45

Schadensersatzverfahren um auf Werra und Weser transportierten Waid 15631-566

141 gezählte Blätter (Papier), drei Notariatsinstrumente (Pergament)
Niedersächsisches Staatsarchiv Stade, Sign. Rep. 5b F. 141 Nr. 33c

Die Akten dokumentieren einen Prozeß, den der Kaufmann Melchior Pleer aus Deventer (Niederlande) vor dem Rat der Stadt Bremen, in zweiter Instanz vor dem Hofgericht des Erzbischofs von Bremen gegen die Schiffer Christoffer Mattenberg und Hans Matheus aus (Hann.) Münden führte. Pleer hatte in Thüringen Waid aufgekauft. In Thüringen lag das Hauptanbaugebiet des Waids (vgl. Kat. 44), der wichtigsten europäischen Färberpflanze, aus der sich Indigo-Blau gewinnen läßt; von dort bestand ein lebhafter Export nach England und in die Niederlande, für den als Verkehrsweg nur die Weser in Betracht kam. In diesen Zusammenhang fügt sich der dokumentierte Fall: Der niederländische Kaufmann ließ seinen Waid in 150 Fässer packen und schloß mit den Mündenern, die die Fässer nach Bremen schaffen sollten, einen Vertrag ab. Er mußte sich mit Schiffern aus Münden arrangieren, denn die Stadt leitete aus ihrem Stapelrecht das Transportmonopol ihrer Bürger ab. Mattenberg und Matheus luden die Ware in Mila in vier Schiffe, von denen eines noch auf der Werra auf Grund lief; 24 Fässer gingen verloren, 15 weitere litten Schaden. An diesem Schiffsunglück entspann sich ein Rechtsstreit, den der Rat der Stadt Bremen 1565 gegen Pleer entschied, da den Schiffern Absicht oder Fahrlässigkeit nicht nachzuweisen war; das Urteil der zweiten Instanz ist nicht bekannt.

Die Beziehung der Parteien, des holländischen Kaufherrn und der weserländischen Schiffer, spiegelt die Ordnung, die sich vom wirtschaftlichen Zentrum der Zeit, von den Niederlanden, aus gesehen, im semiperipheren Raum gebildet hatte. Den Fernhandel bestimmte das niederländische Kapital, das den regionalen Zwischenhandel weithin ausschalten konnte, dabei aber einschränkende Rechte, die sich auf das Herkommen stützten, anerkennen mußte.

Brage Bei der Wieden

Literatur: Bei der Wieden, B. 1998, S. 4 f.

Jahreszahlenstein der Obernkirchener Steinhauerzunft
Obernkirchen
1597

Steinmetzarbeit, Einbau in einer Einfriedungsmauer sehr wahrscheinlich nicht ursprünglicher Standort
50 x 200 cm
Obernkirchen, Berg- und Stadtmuseum

168
DAS SCHIFF

Obernkirchener Sandstein gehört seit dem ausgehenden Mittelalter zu den häufig erwähnten Transportgütern auf der Weser. Die überlegene Qualität des Steines, die räumliche Nähe der Brüche zum Fluß und der hohe fachliche Standard der Obernkirchener Steinhauer begünstigten seine weite Verbreitung. Die Beliebtheit des Obernkirchener Sandsteines für Hochbauten erklärt sich aus seinen physikalischen Eigenschaften. Der feinkörnige quarzitische Stein ist enorm witterungsbeständig und besitzt eine hohe Druckfestigkeit, seine feine Struktur erlaubt filigranste Bearbeitungstechniken, die besonders gefragt waren beim detailreichen Fassadenschmuck der Renaissancebauten. Die fast hundertjährige Hochkonjunktur des Steines vom Bückeberg, von der Frührenaissance bis zum Dreißigjährigen Krieg, forcierte auch den steilen Aufstieg der Obernkirchener Steinhauer.[1] Bereits Mitte des 16. Jahrhunderts wird der Stein von Petershagen aus über Bremen bis nach Dänemark, Flandern und Holland exportiert, wo er als „Bremer Stein" bekannt war. Später benutzte man die Verladestellen in Kohlenstädt und Rinteln. In seinem Soge fanden sich Obernkirchener Steinhauer auf vielen Baustellen im ganzen Verbreitungsgebiet des Steines. Die dabei gewonnenen neuen Ideen und Techniken waren Grundlage für das hohe Ansehen der Obernkirchener Steinhauerwerkstätten, die für ihre dekorativen Talente und ihre Stilsicherheit bekannt waren. Von Obernkirchen aus fand ein reger Handelsverkehr mit vorgefertigten Bauplastiken und Schmuckelementen statt.[2] 1563 verbot Graf Otto IV. die auswärtige Arbeit für die Obernkirchener Maurer und Steinhauer, die er für eigene Bauvorhaben benötigte. Bis zur Säkularisierung des Stiftes Obernkirchen 1565 waren die Steinhauer, als dessen Eigenhörige, noch rechtlich unfrei und nicht zunftfähig. Die Verleihung der Fleckenrechte an den Ort Obernkirchen im gleichen Jahr machte sie zu freien Bürgen. Bereits 1566 wurden die gräflichen Steingruben auf dem Bückeberg gegen die jährliche Zahlung einer „Bergwahr" an die Obernkirchener Steinhauer verpachtet. Das sicherte den Einwohnern, die in der Mehrzahl von der Steinhauerei lebten, für lange Zeit ein tragfähiges wirtschaftliches Fundament. 1597 legten 26 Obernkirchener Steinhauermeister in einer freiwilligen Vereinbarung die bisher mündlich überlieferten Regeln und Gebräuche in 28 schriftlichen Artikeln fest und schlossen sich zu einer Zunft zusammen, die nebeneinander Steinmetzen und Bildhauer ausbildete. Zu den Gründungsmitgliedern zählten Hans Rotfeldt, dessen Söhne Albert und Hans als Altgesellen bei Lüder von Bentheim (Kat. 60) in Bremen arbeiteten, und Henny Rotfeldt, der bei Meister Everd in Hameln lernte.[3] Die Steinhauerfamilie Tribbe war gleich zweimal vertreten. Ihr entstammte der spätere Obernkirchener Bürgermeister und Bildhauer Jürgen Tribbe, der Meister des Herzog Georg Epitaphs in der Celler Stadtkirche.[4] Hans Wulff, Bildhauer des Fürsten Ernst, ließ sich nach seiner Festanstellung am Bückeburger Hof 1609 mit seiner Werkstatt in Obernkirchen nieder und wurde dort Zunftmeister und Bürgermeister.[5] In den Jahren nach 1597 erreichten die Obernkirchener Steinbruchbetreiber und Steinhauerwerkstätten den Zenit des wirtschaftlichen Erfolges und eine nie wieder erreichte Blüte handwerklichen und künstlerischen Schaffens. Nach dem Dreißigjährigen Krieg ist ein kontinuierlicher Niedergang zu verzeichnen. Die Stadt Bremen zog den Handel mit dem „Bremer Stein" komplett an sich, und in den Werkstätten wurden rein handwerkliche Arbeiten gefertigt. Bis zur Expansion des Steinkohlebergbaus und der Gründung der ersten Glashütten im frühen 19. Jahrhundert blieb die Steinhauerei jedoch der dominierende Erwerbszweig der Obernkirchener, und die Steinhauermeister stellten die städtische Elite. Der sauber ausgeführte und ausgewogen proportionierte Schmuckstein zeigt wie eine Werbetafel die 1597 aktuelle Angebotspalette und den Leistungsstand der Zunft. In den beiden äußeren Feldern sind Kerbschnittechniken zu sehen, wie das Sechsblatt und der in der Spätrenaissance so beliebte Sichelschnitt, gerahmt von Beschlagwerk. Im Mittelfeld befindet sich eine Kartusche mit dem Stadtwappen, Stiftskirche und Schaumburger Nesselblatt, von einem Kranz eingefaßt.

Rolf de Groot

Literatur: unpubliziert.

1 Brosius 1985, S. 93.
2 Kruse 1994, S. 33–39.
3 Neukirch 1950, S. 88.
4 Boehn 1934.
5 Siebert 1965, S. 52.

Kat. 46

Rathaus zu Antwerpen

aus: Niderlands Beschreibung In welcher aller darinn begriffnen Landschafften Fürstenthumben Graueshafften herrschafften Bishumben ... eigentlich erklärt wirt.
Durch ... Ludwig Guicciardin ... Ietzund aus dem Italiänischen Original verteutschet durch Danielem Federman von Memmingen, Basel: Sebastian Henricpetri, 1580
Melchisedek van Hoorn
vor 1565

Holzschnitt
Lippische Landesbibliothek Detmold, Sign. K 707.2°. Verz. 1665: u

Mit seiner 1567 gedruckten *Descrittione ... di tutti i paesi bassi* legte der seit 1541 in Antwerpen ansässige Florentiner Ludovico Guicciardini (1521–1589) eine Übersicht über die 17 Provinzen der Niederlande vor, die die Eigenständigkeit und Einheitlichkeit der seit 1566 widerständigen Provinzen betonte.[1] Das nicht zuletzt auch als Reiseführer verfaßte Buch konzentriert sich auf die Metropolen und folgt darin der antiken Tradition des Städtelobes.[2] Greifbar wird diese in Guicciardinis Beschreibung der Stadt Antwerpen, der er nahezu die Hälfte seiner Schrift widmet.[3]

Der *Descrittione* ist ein Kupferstich Melchisedek van Hoorns (tätig 1550/75) beigefügt, der das 1565 eingeweihte Rathaus, ein zentrales Bauwerk kommunaler Repräsentation, zeigt. Den auf dem Stich als DOMVS SENATORIA ANTVERPIEN(SIS) betitelten Bau lobt Guicciardini als *„überaus prächtig, geräumig und in würdigen Formen errichtet“*. Er entspreche der Größe und der Bedeutung der Stadt.[4]

Demographische und wirtschaftliche Prosperität, die frühmoderne Erweiterung des Behördenapparates und eine unter den grossen niederländischen Städten herrschende Baukonkurrenz führten Ende der 1530er Jahre zu der Forderung, das spätmittelalterliche Rathaus Antwerpens durch einen Neubau zu ersetzen. Die Errichtung eines von Domien de Waghemakere (1460–1542) geplanten Neubaus wurde jedoch 1540 fortifikatorischen Projekten hintangestellt. Erst 1560 griff der Magistrat das Vorhaben mit einem Architektenwettbewerb wieder auf und betraute – trotz inzwischen nachlassender Finanzkraft der Kommune[5] – den Antwerpener Kupferstecher, Bildhauer und Architekten Cornelis II. Floris (1513/14–1575) mit dieser Bauaufgabe.

Der von Floris möglicherweise unter Mithilfe weiterer Architekten[6] konzipierte Renaissancebau vereint Elemente italienischer Palazzi mit denen des nordischen Giebelhauses. Auf rechteckigem Grundriß lagert ein blockhaft geschlossener Kernbau hinter einem hoch aufragenden Mittelrisalit. Insgesamt 21 Fensterachsen öffnen sich zum Marktplatz hin. Der axialsymmetrisch konzipierte Baukörper ruht auf einem Rustikageschoß mit breiten Hausteinsockeln. Arkaturartige Torbögen erschließen dort untergebrachte Kaufläden oder führen zum zentralen Treppenhaus und in einen schmalen Innenhof. Schmale Rechteckfenster zwischen dorischen und ionischen Pilastern bestimmen die beiden durch Gurtgesimse voneinander getrennten Hauptgeschosse. Ihre dichte Drängung verleiht der Hauptfassade einen gleichmäßigen Rhythmus. Zwischen den Hauptgeschossen und dem weit ausschwingenden Satteldach vermittelt eine niedrige Loggia.

1 Zu Autor und Werk s. die Einzelbeiträge in Tagungsband/Symposium: Ludovico Guicciardini sowie Touwaide 1975.
2 Classen 1991; im größeren Kontext Kleinschmidt 1999.
3 Zum Vergleich: Auf Brüssel entfallen 5, auf Brügge allein 7 Seiten.
4 Guicciardini 1567, S. 81; hier übersetzt und zitiert nach Bevers 1985, S. 1, 115 Anm. 1.
5 Zur sozio-ökonomischen Situation beider Neubauprojekte: Marnef 1996, S. 3–13. Die Baukosten von mehr als 150.000 Karolus Gulden wurden von der hoch verschuldeten Kommune über Erb- und Leibrenten mit einer Verzinsung bis zu 10% finanziert: Prims 1930, S. 98–104; Bevers 1985, S. 9–12.
6 In der Forschungsliteratur besteht kein Konsens über den Einbindungsgrad zweier, in den Bauakten gleichfalls erwähnter Architekten: Prims 1930 und Corbet 1936 weisen Floris lediglich die Bauaufsicht zu, Duverger 1941 und Bevers 1985, S. 12–13 sprechen ihn hingegen auch als verantwortlichen Architekten an.

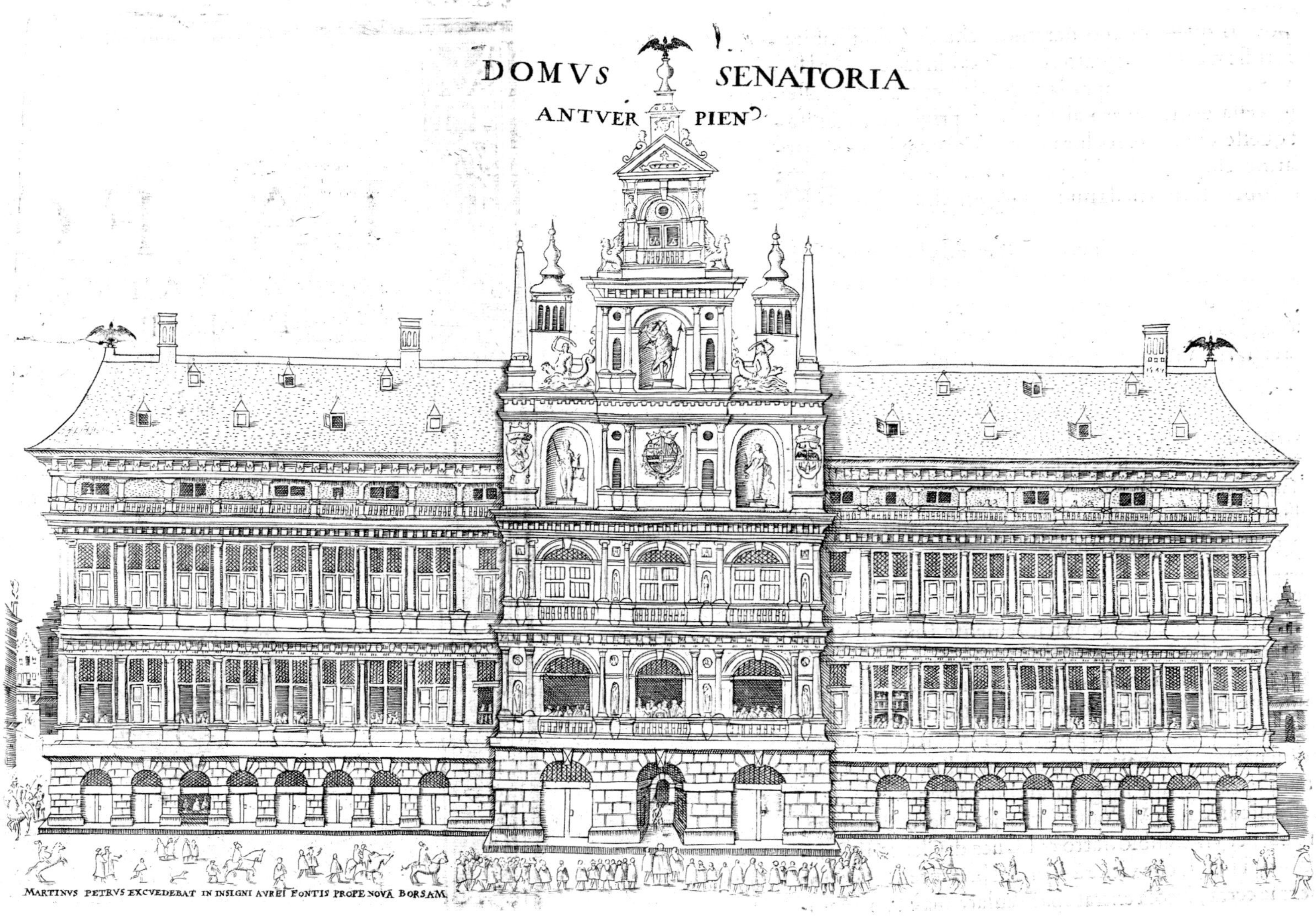
DOMVS SENATORIA
ANTVER PIEN
MARTINVS PETRVS EXCVDEBAT IN INSIGNI AVREI FONTIS PROPE NOVÃ BORSAM

Kat. 47

Den über drei Fensterachsen geführten Risalit gliedert eine Folge ineinander verschränkter Triumphbögen (rhythmische Travée). Sein in Höhe des Loggiageschosses ansetzender Staffelgiebel überragt die Firstlinie des Daches erheblich. Das sechste Geschoß schließt mit einer turmbekrönten Aedikula ab, die von einem Turm hinterfangen wird.[7] Die Wandfläche des Mittelrisaliten nutzte Floris zum geschoßweisen Wechsel der Wandvorlagen: gekuppelte Halbsäulen aus Rotmarmor sind hier in den Ordnungen Dorica, Ionica, Corinthia und Composita übereinander gestellt. Diese Superposition der Ordnungen folgt Sebastiano Serlios (1475–1553/54) Viertem Architekturbuch (*Regole generali di architettura*, Venedig 1537) und damit der Hierarchie der fünf Säulengenera, die nach Vitruvs Modus-Konzept der Angemessenheit (*decor*) von Bauaufgabe und Stil strukturiert ist. Abweichend von Serlio, der für die Mikrostruktur bauplastischer Details verbindlich blieb, kommen im abschließenden Aediculageschoß Karyatidhermen zum Einsatz. Die 1565 von Hans Vredeman de Vries (1527–1606) in das Säulensystem ursprünglich integrierten Hermen werden so zur sechsten Ordnung.

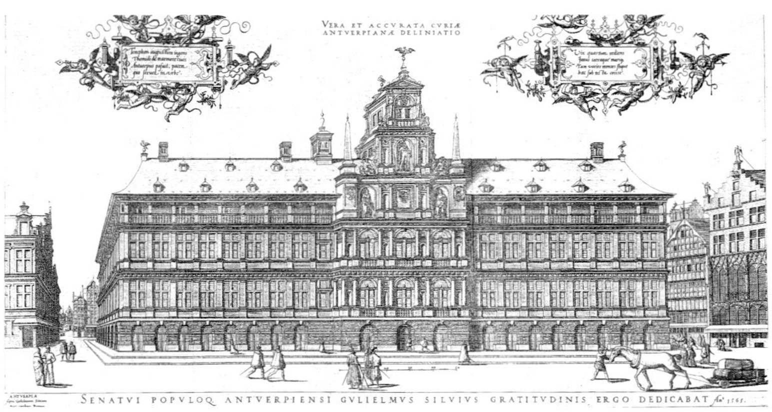

Hans Vredeman de Vries: Rathaus von Antwerpen, Kupferstich 1565

Der Figurenschmuck der Fassade bleibt auf den Mittelrisalit konzentriert: In den Archivoltenzwickeln des ersten Hauptgeschosses vereinigen sich Allegorien göttlicher Ordnung und weltlicher Verfügungsgewalt. Im zweiten sind an gleicher Stelle Viktorien untergebracht.[8] Das erste Giebelgeschoß stellt in Flachnischen die Kardinaltugenden Justitia und Prudentia zwischen den Wappen Brabants, Spaniens und Antwerpens dar. Darauf folgend flankieren Obelisken und kämpfende Seekentauren die zentrale, antikisierend gestaltete Statue des mythischen Stadtgründers Salvius Brabo.[9] Zwei Sphinxen vermitteln zum sechsten, adlerbekrönten Geschoß.[10]

Von Serlios Architekturbüchern und dem im Motiv der rhythmischen Travéen wirksamen Vorbild der Belvedere-Loggien Bramantes (1514/18) hatte Cornelius Floris wohl nicht nur durch Italienaufenthalte Kenntnis erlangt. Vielmehr waren die Schriften Vitruvs und Serlios dem niederländischen Kulturkreis schon 15 Jahre vor dem Rathausbau durch Übersetzungen des Antwerpener Verlegers Pieter Coecke van Alst (1502–1550) vermittelt worden. Bereits 1549 hatten dieser und Vredeman de Vries mit ihren Triumphpfortenentwürfen für die Herrscheinholung Karls V. (1500–1558) und des Infanten Philipp (1527–1598) solche Renaissanceformen in Antwerpen eingeführt.[11] Die Korrespondenz des Rathausgiebels mit der Festarchitektur dieser *blijde imkomst* deutete Holm Bevers programmatisch: So stellt der Mittelrisalit eine *„in Stein umgesetzte Triumphpforte"* dar, die in panegyrischer Absicht die Triumphalsymbolik der Fest-

7 Aufgrund der planimetrischen Anlage des Stiches hier nicht zu sehen.

8 Beide sind nicht in den Kupferstich aufgenommen.

9 Im Zuge der Rekatholisierung nach der spanischen Rückeroberung Antwerpens wurde die Brabo-Statue 1587 gegen eine Madonna auf der Mondsichel ausgetauscht. Zuvor war bereits der Triumpheinzug Alessandro Farneses (1545–1592) als Huldigung an Maria inszeniert worden: Göttler 1996, S. 140.

10 Seine Bedeutung als Reichsadler ist umstritten: Wells 1988, S. 156 mit Anm 2; Becker 1987, S. 201, schließt eine emblematische Lesart nicht aus.

architekturen (Obelisken, Viktorien) übernahm und in einem erwarteten Einzug König Philipps II. auch hätte einbezogen werden sollen.[12] Die traditionell am Schluß dieser Veranstaltung stehende Erneuerung städtischer Privilegien und der daran anschließende Treueschwur der Bürger bilden das Bezugsfeld, in dem sich die an die Architektur-, Bild- und Materialsprache des Rathauses gerichteten Ansprüche bewegen.

In seiner Konzentration auf die *blijde imkomsten* bildet das am Mittelrisalit untergebrachte Figurenprogramm einen Sondertypus innerhalb jener kommunalen Ikonographie, mittels derer frühneuzeitliche Rathäuser innen und außen das von ihnen repräsentierte politische Gemeinwesen allegorisch überhöhten oder heils- und weltgeschichtlich verorteten[13]. Im Sinne eines *„Ausgleichserzeugnisses"*[14], das den Einklang städtischer und landesherrlicher Interessen erreichen sollte, konzentrierte sich der skulpturale Schmuck einerseits auf die Person des Stadtherren und verpflichtete ihn als Fürstenspiegel zu Guter Regierung, andererseits war er auch als Ratsherrenspiegel zu lesen, der die Grundlagen obrigkeitlicher Herrschaftsbefähigung mahnend und legitimierend vorführte. Die Notwendigkeit eines beiderseitigen Kompromisses läßt das apotropäische Motiv der kämpfenden Seekentauren erkennen, das auf den freien Zugang der Schelde als Grundbedingung des Antwerpener Handels anspielt.

Daß das breite semantische Spektrum und die Bezugsvielfalt der im Mittelrisalit verdichteten Bedeutungsträger einen selbstbewußt-autonomen Überschuß freisetzten, hat Guy Wells anhand zeitgenössischer spanischer Reaktionen auf das S.P.Q.A.-Tetragramm (Senatus Populusque Antwerpiae) der beiden Obelisken gezeigt.[15] In Verbindung mit der modernen Architektursprache und dem als Herrschaftsformel fungierenden Turmmotiv machte dies den Antwerpener Rathausbau gerade für jene Kommunen interessant, die dezidiert republikanisch geprägt waren. So entstanden z. B. Nachfolgebauten in Vlissingen (1594–1610, 1809 zerstört) und in Emden (1574/76). Hamburg überführte das Antwerpener Vorbild in die Turmfassade der St. Katharinenkirche (1566–68; 1732–37 verändert).

Bezüge zum Weserraum lassen sich nicht nur durch die Vorbildfunktion Antwerpens beim Umbau des Bremer Rathauses herstellen (vgl. die Ponderation der Baukörper und das Tugendprogramm der Arkadenzwickel). Sie bestehen vor allem in der Verwendung Obernkirchener Sandsteins für beide Bauprojekte. Der in den Bückebergen gebrochene Sandstein wurde hierfür zunächst über den Fluß nach Bremen transponiert und gelangte von dort als „Bremer Stein" an seine Zielorte. Um die Transportkosten zu minimieren, bemühte sich der Antwerpener Magistrat bei der Generalstatthalterin der Niederlande, Margaretha von Parma (1522–1586), um Zollfreiheit u. a. auch für dieses Baumaterial.[16]

Thomas Packeiser

Literatur: Hedicke 1913, S. 87–109, 181–182; Prims 1929, S. 82–113; Corbet 1936; Duverger 1941; Bevers 1985; Becker 1987; Wells 1988, S. 155–156, 167–168; Kat. Antwerpen 1993, S. 170–171, Nr. 23 A-B, S. 243–245; Kat. 92–94; Kuyper 1994, S. 151–173, 354–359; Huysmans u. a. 1996, S. 117–118, 261 Kat. A 1; Filippi 1997.

11 Hierzu Boogert 1993, S. 220–233, 251 Kat.-Nr. 189; Kuyper 1994, S. 7–78, 329–336.

12 Bevers 1985, S. 33–34, 87–92. Ähnlich bereits von Roeder-Baumbach/Evers 1943, S. 60.

13 Roeck 1999 a, S. 137 ff.; zu den Bildprogrammen s. die Aufstellung von Tipton 1996, S. 87–188 mit anschließender Zsfsg. und Kat.; Meier 1996, S. 347 et passim, ordnet die Bildprogramme in die Themenkreise „Welt- und Stadtgericht", „Rat und Tat" und „Imperium Romanum". Ob das Antwerpener Rathaus auch in seinem Inneren diese Programme vollständig oder in Teilen aufrief, ist als Folge der Zerstörung von 1576 und Umbauten des 19. Jahrhunderts nicht verläßlich zu klären. Ohnehin spricht die schnelle Fertigstellung dafür, daß der Bau im Jahr der Einweihung innen noch unvollendet war.

14 So bezeichnet von Aby M. Warburg; vgl. Warnke 1992, S. 27 f.

15 Wells 1987, S. 156.

16 Poestges 1980, S. 40; Bevers 1985, S. 162 f. Dok. X.

Entwurf für die Fassade des Rathauses zu Leiden
1594

kolorierte Zeichnung
69 x 150 cm
Gemeentearchief Leiden, Sign. PV 16772

174
DAS SCHIFF

Das 1410 errichtete Rathaus zu Leiden ließ der Magistrat der Stadt in den Jahren 1595 bis 1597 umbauen. Ähnlich wie das Bremer Rathaus (s. Kat. 60) wurde das bis dato nur wenig veränderte mittelalterliche Gebäude mit einer neuen, den damaligen Vorstellungen von angemessener städtischer Repräsentation entsprechenden Fassade versehen.

Neben den überlieferten Verträgen mit Baumeistern, Bauarbeitern und Zeichnern dokumentieren zwei erhaltene Pläne den Planungsverlauf. Während der erste, ebenfalls im Leidener Gemeentearchief liegende Plan auf das Jahr 1593 zurückgeht, handelt es sich bei dem zweiten um die vorliegende auf 1594 datierte Zeichnung. Die separat gezeichneten, angehefteten Giebel sprechen bereits für die Diskursivität des Planungsprozesses.

Wie schon im ersten Plan, der von Meischke dem in den Quellen genannten Leidener Steinhauer Claes Cornelisz. (gest. 1611) zugeschrieben wird,[1] erhält das Gebäude einen aufwendigen zweiarmigen Treppenaufgang in der Mitte der dreizehn Fensterachsen. Er führt zum Hauptportal, das ein großer Zwerchgiebel bekrönt. Ein zweiter Zwerchgiebel wird nun über der zweiten Fensterachse von links und damit genau über dem linken Portal des Gebäudes plaziert. Wie im ersten Plan wird der mittelalterliche Zinnenkranz durch eine Balustrade ersetzt. Neu ist jedoch, daß dem Gebäude eine vollständige, die Front vereinheitlichende Steinfassade vorgeblendet wird; die Fenster erhalten Fensterkreuze, die Mitte der Fassade wird anders als in der ersten Zeichnung risalitartig durch die Applizierung von Gebäudeschmuck betont. So werden nun in Portal und Giebel neben figürlichem Schmuck die klassischen Säulenordnungen – dorisch, ionisch, korinthisch – eingesetzt.

Der zweite Plan weicht wiederum in vielen Details vom Bau der Fassade ab: Insgesamt gliedern vierzehn Fensterachsen die Renaissancefassade. Ein dritter Zwerchgiebel ist über dem rechten Portal plaziert. Die meisten Abweichungen finden sich jedoch in den an den Giebeln und an dem zentralen Treppenaufgang verwendeten Bauornamenten: Die einfache Trapezform des Treppenaufgangs wird durch eine Verdopplung der Pilaster an den Fronten der Podeste aufgebrochen, die Abfolge der Säulenordnungen zugunsten der Dominanz der ionischen aufgegeben, auch in den figürlichen Motiven finden sich Abwandlungen.

Für diese schließlich ausgeführte Version der Fassade müssen Pläne existiert haben. Aus den Quellen kann man hypothetisch herleiten, daß der Leidener Rat mit dem Entwurf der Fassade von 1594 unzufrieden war, verlangte er doch im selben Jahr von einem *„Haarlemer Steinhauer"*, dem Baumeister Lieven de Key (1560–1627), und *„einigen anderen"* neue Entwürfe. Es bleibt zugleich zu erwägen, ob der vorliegende Plan nicht sogar den geforderten neuen Entwürfen zuzurechnen ist, auf deren Grundlage dann die schließlich gebaute Fassade entwickelt wurde.

Die Autorschaft der Zeichnung von 1594 ist umstritten. Lange Zeit wurde sie Lieven de Key zugeschrieben. Zuletzt hielt Meischke diesen nach Auswertung der Quellen zwar für den Urheber der letzten vom Rat verlangten Änderungen, die ein Bauzeichner zu Papier gebracht habe. Als Autor der ausgestellten Zeichnung betrachtet er aber den Leidener Steinhauermeister Claes Cornelisz. Die These, der Bremer Steinhändler und Steinhauer Lüder von Bentheim sei Schöpfer der Zeichnung und Architekt der Fassade gewesen, konnte schon Ter Kuile zurückweisen.[2] Er relativierte auch die Vorstellung, bestimmte, an die „Weserrenaissance" erinnernde Motive der Fassade seien allein auf Lüder von Bentheim zurückzuführen.[3] In den Quellen erscheint Lüder von Bentheim ausschließlich als der Leiter jener Werkstatt, die die Fassade nach dem endgültigen Plan ausführte: 1595 hatte ihn der Leidener Rat – wahrscheinlich durch Vermittlung des Diplomaten Daniel van der Meulen (1549–1611; vgl. Kat. 79) – mit der Anfertigung und Lieferung der Fassade beauftragt, da in Holland Naturstein, wie der von Lüder von Bentheim verwendete Obernkirchener Sandstein, nicht zur Verfügung stand; 1597 waren die meisten Einzelteile in Leiden eingetroffen, und Lüder von Bentheim empfing dort die letzte Rate seines Honorars. Es ist nicht auszuschließen, daß der Steinhauer dabei Anregungen erhielt, die am Ende in die unter Beteiligung auch weiterer Stein- und Bildhauer vorgenommene Umgestaltung der Bremer Rauthausfassade einfließen konnten (vgl. Kat. 60).

In jedem Fall zeugt der Vorgang der Lieferung einer ganzen Fassade von Bremen nach Leiden von den intensiven, Regionen überschreitenden Geschäftsbeziehungen zu jener Zeit, die auch die Architektur umfaßten.

Elisabeth Hipp

Kat. 48

Literatur: Galland 1890, S. 429–432; Overvoorde 1908, S. 11; Weissmann 1912, S. 263, 293; Overvoorde 1916; Sahner 1948, S. 51; Stein 1962, S. 548–562; TerKuile 1964, S. 88–106; Meischke 1989, S. 55–83; Albrecht 1993; Kuyper 1994, Bd. I, S. 227–232; Albrecht 1997, S. 69-74.

1 Meischke 1989, S. 55–57; vgl. auch Albrecht 1997, S. 70.
2 Vgl. zur Zuschreibungsgeschichte der Zeichnung: Galland 1890, S. 430; Stein 1962, S. 548–550; TerKuile 1964, S. 97–98; Meischke, S. 55–83.
3 Vgl. TerKuile 1964, S. 97–98, 102. – Zu den „Weserrenaissance"-Motiven vgl. auch Sahner 1948, S. 51.

Schreiben des polnischen Königs Sigismund III. Wasa vom 8. November 1623 an den Rat der Stadt Bremen

8. November 1623

Tinte auf Papier, Siegel
Staatsarchiv Bremen, Sign. 2/W.9.c.1.

176
DAS SCHIFF

In dem Brief, der Bremen am 20. Februar 1624 erreichte, bittet König Sigismund III., König von Polen-Litauen und Schweden, den Rat der Stadt Bremen, 300 Ellen Quadersteine für ihn zu erwerben, die zur Fertigstellung einiger königlicher Bauten dienen sollten. Dabei wird er um Sandstein ersucht haben, vermutlich den weltweit geschätzten Obernkirchener Sandstein. Die Steinblöcke wurden bezeichnenderweise in Bremen und nicht im Fürstentum Schaumburg angefordert. Bremen war Umschlagplatz des gesamten Handels über die Weser. Dies ging so weit, daß der Bückeburger Sandstein als „Bremer Stein" bezeichnet wurde. Für welche Bauten die quadratisch zugeschnittenen Steine dienen sollten, geht aus dem Schreiben nicht hervor.

Sollten die Steine tatsächlich ausgeliefert worden sein – und nichts spricht dagegen –, dürften sie ihren Weg über die Weser und von Bremen aus über die Nord- und Ostsee genommen haben. Fraglich bleibt, ob sie in dieser Zeit nach Beginn des Dreißigjährigen Krieges, insbesondere während des polnisch-schwedischen Krieges 1601 bis 1629, ihr Ziel durch das Konfliktgebiet des Ostseeraumes erreichten. Dennoch ist dieser Brief das bisher einzige bekannte Dokument, das auf eine Sandsteinladung aus Obernkirchen nach Polen in der Frühen Neuzeit hinweist.

Hier der aus dem Lateinischen übersetzte Wortlaut des Briefes (Übersetzung: Staatsarchiv Bremen):

„Sigismund III., von Gottes Gnaden König von Polen, Großherzog von Litauen, Rußland, Preußen, Massovien, Samogitien und Livonien, auch der Schweden, Goten und Vandalen König.

Ehrwürdige und Uns liebe Freunde. Die gegenwärtige Lage erfordert es, daß Wir zur Fertigstellung einiger königlicher Gebäude eine Anzahl quadratisch geschnittener Steine zur Pflasterung derselben benötigen. Wie Wir erfahren haben, sind solche Steine in Eurem Territorium vorhanden. Wir bitten Euch, nach Erhalt dieses Briefes in Eurer Stadt oder in Eurem Territorium 300 Ellen Quadersteine zu kaufen und sie Uns ohne Umstände zu schicken. Sollten dieser Lieferung in Euren Landen z. Zt. Hindernisse entgegenstehen, so erachten Wir es für richtig, Uns die Steine später, wenn diese Schwierigkeiten nicht mehr bestehen, gemäß diesem Unseren Willen und Ersuchen auszuführen. Wir werden dies als ein Zeichen wohlwollender Gesinnung entgegennehmen und nicht säumen, Uns bei gleicher Gelegenheit Euch gegenüber in menschlicher Freundlichkeit dienstlich zu erzeigen. Das dem so sei, das wünschen Wir.

Gegeben zu Warschau am 8. Tag des Monats November, im Jahre Unseres Herrn 1623, im 36. Jahr Unserer königlichen Regierung in Polen, im 30. Jahr des Regiments in Schweden.

Sigismundes König

José Kastler

Literatur: unpubliziert.

Blick auf Batavia aus *Vingbooms Atlas*, um 1635 (Ausschnitt)

Fragment eines für die Waterpoort der Zitadelle von Batavia bestimmten Steinportals
vor 1629

unregelmäßige Form, größter Dm 12 cm
Obernkirchener Sandstein
Fremantle (Australien), Western Australian Maritime Museum, Batavia Gallery, BAT 1166 B

Von Baltimore bis Leningrad findet sich der gelblich-graue Sandstein aus Obernkirchen als Baumaterial zahlreicher repräsentativer Bauten vom Mittelalter bis zur Gegenwart. Das Rathaus in Antwerpen, Schloß Kronburg im dänischen Helsingör, die Kathedrale in Baltimore (USA) und das Nationaldenkmal in Belem de Para (Brasilien) sind nur einige Beispiele für seine vielfältige Verwendung und seinen Export in alle Welt.[1] Im 16. und 17. Jahrhundert transportierten Lastschiffe den Sandstein die Weser hinab zunächst zum Handelsplatz Bremen. Vorgefertigter Obernkirchener Sandstein schmückt noch heute die Häuserfassaden vieler Rat- und Bürgermeisterhäuser, die in der Spätrenaissance aufwendig neu gestaltet wurden. So erhielt die Fassade des Leidener Rathauses, nach dessen Vorbild auch das Bremer Rathaus umgestaltet wurde, Ende des 16. Jahrhunderts ein neues Gesicht (vgl. Kat. 60). Bei weitem noch nicht alle Wege des Obernkirchener Sandsteins sind bekannt. Erst vor kurzem konnte nachgewiesen werden, daß Obernkirchener Sandstein in der Frühen Neuzeit sogar bis in den Fernen Osten geliefert wurde.

Unter dem Kommando von Françisco Pelsaert segelte im Frühjahr 1629 die *Batavia* der V.O.C (Verenigde Oostindische Compagnie) nach Batavia, dem heutigen Djakarta. Der Kurs führte zunächst zum Kap der Guten Hoffnung, dann östlich zur Süd-West-Spitze Australiens und weiter nach Norden entlang der Westküste zu den Inselgruppen Ostindiens. Durch diesen Umweg konnte die gefährliche und lang dauernde Überquerung des Indischen Ozeans umgangen werden. Die Schiffe der V.O.C. waren keine reinen Frachtschiffe. Neben der Besatzung befanden sich Siedler mit Frauen und Kindern auf der Batavia, sowie Soldaten, die die Offiziere und Passagiere vor feindlichen Angriffen und Meutereien der eigenen Mannschaft schützen sollten.

Am zweiten Pfingsttag 1629 lief die *Batavia* auf ein Riff vor der westaustralischen Küste auf. Bis zum Sonnenuntergang konnten sich die 200 Überlebenden mit einem Boot auf zwei nahegelegene Inseln retten. Das Schiff begann zu sinken, und nur einige Fässer Brot und Wasser wurden noch an Land gebracht. Da die Inseln weder Wasser noch Nahrung boten, machte sich Kommandant Pelsaert mit einem Teil der Besatzung und einigen Passagieren auf den Weg nach Batavia, um für ein Ersatzschiff zu sorgen. Während seiner Abwesenheit gelang es dem Unterkaufmann Jeronymus Cornelisz, unter den Zurückgebliebenen eine Gewaltherrschaft zu errichten. Zwar schien zu Beginn alles einen positiven Verlauf zu nehmen. Es wurden Flöße gebaut, mit deren Hilfe Teile der Fracht geborgen und zu anderen nahegelegenen Inseln gelangt werden konnte, um Nahrung und Wasser zu beschaffen. Jeronymus verfolgte jedoch den Plan, die Schiffbrüchigen bis auf 40 Mann zu töten und sich dann des bald zu erwartenden, rettenden Schiffes zu bemächtigen. Zur Durchsetzung weihte er einige ausgewählte „Ratsherren" in sein Vorhaben ein und verpflichtete sie durch die Unterzeichnung eines Schriftstückes, ihm treu und gehorsam zu dienen. Sämtliche Fracht mußte von nun an Jeronymus ausgehändigt werden. Die Bewohner der Inseln wurden systematisch umgebracht. Täglich wurden Matrosen und Soldaten auf dem Weg zur Wasser- und Nahrungssuche ertränkt. Passagiere wurden auf eine kleine Insel gebracht und dort von den Anhängern des Jeronymus getötet. Folter und Mißhandlungen bestimmten das Leben der auf der wasserreichen Langhochinsel verbliebenen Menschen, die unter der Obhut von Weybbe Hayes stand, während Jeronymus, gemeinsam mit seiner 36 Mann starken Anhängerschaft, auf der anderen Insel, *Batavias Kerckhof* genannt, dem Luxus frönte. Mit der Zeit wuchs jedoch Angst und Mißtrauen zwischen Hays und Jeronymus, und der Disput eskalierte in einem Gefecht.

Erst nach etwa 100 Tagen kehrte Pelsaert mit dem Schiff *Sadam* zu den Inseln zurück. Bei den grausamen Ereignissen hatten 125 der das Schiffsunglück Überlebenden ihr Leben lassen müssen. Hays hatte Jeronymus zwar in seine Gefangenschaft bringen können, dessen Plan jedoch, das Schiff zu überwältigen, konnte erst nach Pelsaerts Rückkehr mit Hilfe einiger Soldaten zerschlagen werden. Die Rebellen wurden festgenommen und später auf dem Festland zum Tode verurteilt. Von der Fracht konnten Juwelen im Wert von 58.600 Gulden, zehn Kisten holländische Rijksdaaler, Kanonen und Eisenwaren, die Jeronymus bereits auf den Inseln hatte zusammentragen lassen, nach Batavia gebracht werden. Große Teile der Fracht blieben jedoch auf dem Wrack. Am Ende hatten das Unglück nur 116 Menschen überlebt. Die Geschichte vom Untergang der *Batavia* erregte großes Aufsehen und wurde, u. a. von Pelsaert, ausführlich beschrieben.[2]

In der Folgezeit geriet die Lage des Wracks in Vergessenheit. Die Hinweise im Journal Pelsaerts wurden jahrelang falsch gedeutet und das Wrack daher bei der nach Pelsaert benannten Inselgruppe vermutet. Eher durch Zufall stießen einige Fischer 1963 am südlichen Ende des Abrolhos-Riffes auf die Überreste des Schiffes. Zwischen 1972 bis 1976 konnte das australische *Department of Maritime Archaelogy* das Schiff mit seinem Gut bergen. Neben dem Heck – mit dem Heckpfosten – bis zum ersten Kanonendeck des Schiffes wurden Erzgußkanonen, Astrolabien, Keramik, Anker, Ballastbooten, Munition, irdene Pfeife, Weingläser, Flaschen, Rosenkränze, Scheren,

Leuchter, Tabaksdosen und Münzen gefunden. Außerdem entdeckte man auch vorgefertigte Steine, die für das Portal der Zitadelle in Batavia bestimmt waren (vgl. Kat. 51). Die Funde, darunter das zusammengesetzte Portal, sind heute in der Batavia Gallery des Western Australian Maritime Museum in Fremantle zu sehen.

Das hier gezeigte Fragment wurde dem Weserrenaissance-Museum vom Western Australian Maritime Museum 1998 zur Verfügung gestellt, da vermutet wurde, daß es sich um Obernkirchener Sandstein handeln könne. Das Weserrenaissance-Museum gab bei dem Geologen Prof. Dr. Zimmerle in Celle eine Analyse der Gesteinsprobe in Auftrag: Je nach Ablagerungsraum, z. B. Tiefsee, Strand oder Düne, sind die Art und Variabilität der physikalischen Eigenschaften eines Gesteines unterschiedlich. Die Untersuchung einzelner Gesteinsproben ist immer unter diesem Vorbehalt zu sehen. Anhand der mineralogisch-petrographischen Analyse der Korngröße und ihrer Verteilung, des Quarzanteils und der Anteile an exotischen Mineralien kann jedoch mit hoher Wahrscheinlichkeit eine Herkunft des Steins aus den Obernkirchener Brüchen angenommen werden.[3]

Helga Bergers

Literatur: Vgl. Kat. 51. Zum Portal in Fremantle:
Western Australian Maritime Museum, Fremantle:
www.mm.wa.gov.au/Museum/march/Department/batavia.html

1 Vgl. Poestges 1980; Harnack 1989.
2 Vgl. Fuhrmann-Plemp van Duiveland 1976.
3 Das Manuskript von Herrn Prof. Dr. Zimmerle liegt im Weserrenaissance-Museum Schloß Brake. Dem Verfasser sei für die gute Zusammenarbeit mit dem Museum und das Gutachten sehr gedankt.

Blick auf Batavia aus *Vingbooms Atlas*, um 1635 (Ausschnitt)

Portal für die „Waterpoort" der Zitadelle von Batavia (Djakarta)

(Rekonstruktionszeichnung im Maßstab 1 : 2)

Original: 6,70 x 5,40 m
Niederlande (Amsterdam?)September/Oktober 1628
Fremantle (Australien), Western Australian Maritime Museum

In der Auseinandersetzung mit den Portugiesen um das Monopol im Gewürzhandel brachte die niederländische *Verenigde Oostindische Compagnie* (VOC) zu Beginn des 17. Jahrhunderts größere Territorien unter ihre Herrschaft. Als Sammelplatz für niederländische Schiffe gründete sie 1619 an der Nordküste Javas eine Handelsniederlassung, bestehend aus einem Fort und einer befestigten Stadt – Batavia. Aufgrund ihrer günstigen Lage im Netz der asiatischen Seewege wurde die Stadt zum wichtigsten holländischen Umschlagplatz im Fernen Osten.

Der Bau der Ansiedlung ging jedoch nur langsam voran, weil qualifizierte Handwerker fehlten und das Umland von einheimischen Dynastien beherrscht wurde. Aus dieser isolierten Lage erwuchsen für die Versorgung der Stadt große Schwierigkeiten, was auch für die Beschaffung von Baumaterialien galt. Das Bauholz schaffte man von den Batavia vorgelagerten Inseln herbei, ebenso Korallenkalk als Hausteinersatz. Ein bedeutender Teil der Materialien wurde aus dem Mutterland importiert. Da der Handel mit Indien, China und Japan hauptsächlich durch Edelmetalle aufrechterhalten wurde, die auf den Schiffen nur wenig Raum beanspruchten, war genügend Tonnage vorhanden, um die Niederlassungen mit Werkzeug, Schiffsplanken und -masten, Waffen, Munition und Baumaterial zu versorgen. Jedes Jahr erhielt das Direktorium der VOC einen *„eysch"* der Hohen Regierung in Batavia, der aufführte, welche Güter für den Handel und den eigenen Bedarf und wieviel Geld für das nächste Geschäftsjahr benötigt wurden. Für einige Baumaterialien lagen sogar genaue Beschreibungen vor, sei es, weil komplizierter behauene Werkstücke gefragt oder weil bestimmte Materialien für einen genau umrissenen Zweck vor Ort weder zu beschaffen noch durch andere Baustoffe gleichwertig zu ersetzen waren. Der Verlust eines Schiffes auf dem Weg nach Batavia bedeutete daher nicht nur eine herbe finanzielle Einbuße, sondern konnte auch die Planungen in Batavia treffen und Bauarbeiten zusätzlich verzögern.

Als das größte und modernste Schiff der VOC, die erst wenige Monate zuvor in Dienst gestellte *Batavia*, am 4. Juni 1629 auf den Riffen der Houtman Abrolhos vor der Westküste Australiens sank, war das nicht nur eines der größten Dramen der Seefahrtsgeschichte, sondern es gingen auch eine Reihe von Gütern verloren, die auf Java dringend erwartet wurden. Die Bergung der Wertgegenstände glückte unmittelbar nach der Katastrophe nur zum Teil; die genaue Lage des Wracks geriet in Vergessenheit, bis es 1963 gelang, die Batavia wiederzufinden. Ihre Fracht wurde 1972 bis 1976 geborgen, restauriert und der Öfentlichkeit zugänglich gemacht.

Im Heckbereich des Schiffes fielen zahlreiche behauene, zum Teil ornamental verzierte Sandsteinquader auf. 137 Steine mit einem Gesamtgewicht von 31 Tonnen konnten geborgen und als Bausatz identifiziert werden: Mehrere Blöcke sind mit einem B und einer Zahl oder einem Zeichen gekennzeichnet, was ihre Zuordnung zu einem Ganzen gestattet – einem Portal in tuskischer Ordnung. Mit den Marken B2 bis B8 sind die einzelnen Lagen der das Tor flankierenden Halbsäulen bezeichnet. Diese setzen sich alternierend aus Halb- und Vierteltrommeln zusammen. Die Säulen sind jeweils einer sie an den Portalaußenseiten flankierenden Wandvorlage vorgestellt und mit ihnen verbunden, da außenstehende Vierteltrommeln und Quader jeweils aus einem Stück gearbeitet sind. Sockel und Giebel, Basen und Kapitelle sind nicht markiert. Elf trapezförmige, reich verzierte Blöcke formen einen Bogen zwischen den Säulen. Der Schlußstein im Scheitelpunkt des Bogens war wohl ehemals mit dem Kopf eines Löwen verziert, des Wappentiers der Niederlande wie der Stadt Batavia. Eine Reihe von Steinblöcken fand bei der Rekonstruktion des Tores keinen Platz. Vermutlich waren sie für andere Teile der Torwand, vor die das Portal gesetzt werden sollte, bestimmt.

Der Weg des Tores vor seinem Abtransport in die Kolonien läßt sich verfolgen: Am 13. August 1628 beauftragte die Kammer Amsterdam der VOC ihre Mitglieder Trip und Hasselaar, sich mit den örtlichen Steinmetzen in Verbindung zu setzen, um die Anfertigung eines Portals für die Stadt Batavia zu erörtern und einen Entwurf zu erbitten. Die Steinmetzen orderten Obernkirchener Sandstein aus einem Steinbruch in den Bückeburger Bergen. Dort werden die Blöcke entweder fertig zugehauen oder als Rohmaterial in Blöcken geliefert und dann weserabwärts transportiert worden sein. Da die Batavia schon am 28. Oktober 1628 von Texel aus in See stach, blieben den Amsterdamer Steinhauern gerade zehn Wochen für den Entwurf, die Bestellung des Materials und die Anfertigung des Bausatzes – erprobte Geschäftsbeziehungen und große Routine in der Durchführung solcher Aufträge werden daher vorauszusetzen sein.

Einen Hinweis auf die beabsichtigte Verwendung des Bausatzes liefert ein Kupferstich A. Mathams in Pieter van den Broeckes Reisebeschreibung *Korte Historiael en de Journael Aenteyckeninge van verscheyden voyagiens* (1634), der auf einer vor Dezember 1629 angefertigten Zeichnung beruht. Darauf sind das Kastell und die Stadt Batavia während der Belagerung durch den Fürsten von Mataram dargestellt, doch dort, wo sich auf späteren Abbildungen das Tor zur See, die Waterpoort der Zitadelle, befindet, weist der Wall noch Baugerüste auf. Trotz der Belagerung ist die Bresche in der Kurtine nicht geschlossen worden, offenbar weil man mit dem baldigen Eintreffen des Bausatzes für den Portikus rechnete. Auf wenig später entstandenen Darstellungen des Kastells, etwa einer 1632 gravierten Medaille des Generalgouverneurs Specx oder einer in den 1630er Jahren entstandenen Abbildung im Vingbooms-Atlas, ist die Waterpoort bereits eingezeichnet – und zwar in Formen, die denen des Bausatzes gleichen. Valentijn, der um 1720 Batavia sehr genau beschrieb, berichtet, daß die Waterpoort inschriftlich auf 1630 datiert gewesen sei, das Tor zur Stadt, die Landpoort des Kastells, hingegen auf 1631 – doch mag man eine so frühe Entstehungszeit kaum glauben. Die Nachricht vom Untergang der Batavia kann die Niederlande nicht vor dem Eintreffen der Retourflotte im Juni 1630 erreicht haben, ein neuer Bausatz nicht vor dem Sommer 1631 in Batavia angekommen sein. Gerechtfertigt scheint die Vermutung, daß zwei sehr ähnliche, wenn nicht baugleiche Portiken auf zwei verschiedenen Schiffen nach Java gesandt worden waren. Während ein Bausatz mit der Batavia unterging, erreichte der zweite seinen Bestimmungsort und wurde 1630 als Waterpoort eingebaut. Im Jahr darauf könnte die Direktion dann einen dritten Bausatz für die unvollendet gebliebene Landpoort geschickt haben. Diese Vermutung wird dadurch gestützt, daß die Blöcke mit „B" gekennzeichnet waren. Der erste Bausatz war demnach vermutlich mit „A" gekennzeichnet.

Von der Mitte des 17. Jahrhunderts bis zum Abbruch des Kastells zu Beginn des 19. Jahrhunderts war die Waterpoort Haupteingang in die Stadt. Das 1630 errichtete Portal wurde 1756 abgerissen und durch ein neues, breiteres und flach mit der Kurtine abschließendes Tor ersetzt.

Frank Pohle

Kat. 51

Literatur: Valentijn 1724–1726, S. 242; Chijs 1888–1931; Dam 1927–1954; Haan 1935; Breuning 1954; Coolhaas 1960; Edwards 1966; Bontekoe 1972, S. 104; Bruijn/Gaastra/Schöffer 1979–1987; Green 1981; Blussé 1986; Green 1989; Pelsaert/Molewijk 1989; Brommer 1988; Raben 1993; Kat. Amsterdam 1995; Parthesius/Roeper/Wagenaar 1995; Pohle 1999; Zimmerle 1999.

Turmbau zu Babel
Lucas van Valckenborch (1535–1597)
1595

dat. und monogr. i. d. Mitte unten, vom Rahmen verdeckt, nicht mehr lesbar: 15(9)5/L/W
Öl auf Eichenholz
43,4 x 64,5 cm
Mittelrhein Museum Koblenz, Inv. M 31

182

Das erste Buch Moses berichtet vom Versuch der Menschen, einen Turm bis in den Himmel zu bauen, sowie von der Strafe Gottes, der Zerstörung des Turmes und der Verwirrung der Sprachen. Die Menschen des 17. Jahrhunderts interessierte weniger der schmähliche Ausgang dieses Unternehmens. Sie waren fasziniert vom Gedanken der gigantischen Baustelle des größten Architekturprojektes der Menschheitsgeschichte. Auf den mehr als zweihundert nachweisbaren Darstellungen des Babelthemas des 16. und 17. Jahrhunderts wird fast immer eine unermeßliche, dennoch wohlorganisierte Großbaustelle präsentiert, deren Ausstattung sich am neuesten Stand der Technik orientiert.

Der flämische Maler Lucas van Valckenborch widmete sich mehrfach diesem Thema, wobei er dem Architekturtypus der Babelturmdarstellungen von Pieter Brueghel d. Ä. (1525–1569), heute im Kunsthistorischen Museum in Wien und im Boymans-van Beunigen Museum in Rotterdam, folgt. Das Koblenzer Gemälde entstand zwei Jahre vor Valckenborchs Tod in Frankfurt a. M. Dorthin war der Maler 1593 gezogen, nachdem er einige Zeit in Linz am Hofe des späteren Kaisers Matthias gewirkt hatte.

Am Ufer eines Gewässers steht der alles überragende Turm in Form eines Kegelstumpfes. Vierzehn Stockwerke sind bereits zu erkennen; etwa fünf weitere Stockwerke mögen noch fehlen, bis die Spitze erreicht ist. Offenbar ummantelt das Bauwerk einen Fels, dessen Transformation in Architektur mühevoll ist. So ist der dem Betrachter zugewandte Teil des Turmes weit hinter dem übrigen Bau zurückgeblieben, dessen klar gegliederte, schon weit gediehene Außenmauern auf der linken Seite des Gemäldes zeigen, wie der fertige Turm einmal aussehen wird. Im Vordergrund steht auf einer Anhöhe in Herrscherpose und mit seinem Gefolge der sagenhafte Bauherr des Turmes, König Nimrod. Vor ihm kniet ehrfurchtsvoll der Architekt.

Detailliert schildert Valckenborch die Bauorganisation. Einige Baumaterialien werden in unmittelbarer Nähe gewonnen. Im Vordergrund wird aus Steinbrüchen teils unterirdisch, teils oberirdisch der Haustein für den Bau geschlagen und über Leitern oder Kräne nach oben befördert. Jenseits des Grabens auf der rechten Seite erstreckt sich ein weites Gelände mit Lagerschuppen und Brennöfen für die Ziegelbrennerei. Andere Baumaterialien wie Holz werden auf dem Wasserweg, dem wichtigsten Transportweg der Zeit, herbeigeschafft. Links entladen Arbeiter im Hafen Holz und Säcke aus Dreimastern und Lastkähnen und bringen sie mit Kamelen, Karren oder Tragen zum Turm. Von der Plattform am Fuß des Turmes werden die Materialien mit verschiedenen Hebemechanismen nach oben befördert. Verschiedene Krantypen für die unterschiedlich schweren Baustoffe sind jeweils übereinander auf den einzelnen Stockwerken angeordnet. Große aus Holz gezimmerte Kräne mit Laufrädern bewegen die schwersten Lasten. Bei einem anderen Modell wird der Seilzug mit einer Haspel um den Zugbaum gewickelt, eine Reihe einfacher galgenförmiger Flaschenaufzüge hebt leichte Fracht wie Bauholz, das unten auf dem Vorplatz zurechtgeschnitten wird. Der noch nicht fertiggestellte Bauabschnitt in der Nähe des Felsens zeigt die Struktur des Turminneren, nämlich in konzentrischen Kreisen um das Zentrum aus Ziegelstein gemauerte Arkadengänge. Überall stehen Gerüste, die Stockwerke sind durch Laufschrägen und Leitern miteinander verbunden. Unzählige Arbeiter mauern, werkeln oder schleppen Material heran.

Valckenborchs Gemälde vermittelt das erfolgreiche Ineinandergreifen von Technik und menschlicher Arbeitskraft, das die Nutzbarmachung der Natur als Rohstoff scheinbar mühelos ermöglicht. Die vertikale Reihung der Hebewerkzeuge und die sich hochwindenden Gerüste und Aufgänge der Lastenträger markieren die Richtung des Materialflusses. Technische Hilfsmittel und menschliche Arbeit ergeben in ihrer Synthese die große umfassende Maschine, die das Rohe der Natur in das aufstrebende, wohlgeordnete Menschenwerk verwandelt. Die Konstruktion der Fundamente verdeutlicht die enorme technische Leistung. Ein tiefer Graben ist ausgehoben, und eine schier unermeßliche Anzahl von Arbeitern baut ameisengleich an den kolossalen Fundamenten. Bald wird der Kreis geschlossen und die Ummantelung des Felsens wenigstens in der untersten Region nahezu fertiggestellt sein. Es ist schwierig zu entscheiden, ob der Graben nur für die Fundamente ausgehoben wird oder ob hier eine zweite Herausforderung der Ingenieurkunst ins Werk gesetzt werden soll, denn fast scheint es, als solle der Fluß um den Turm herumgeführt und ein neues Flußbett gegraben werden, das in mehreren Stufen oder kleinen, künstlichen Wasserfällen bis zum vorderen Bildrand reicht. Möglicherweise spielt die Umbettung des Flusses auf die Schilderungen Herodots (I, 184) und Diodors (II, 9) von Sizilien an, die die Umleitung des Euphrat erwähnen. Leitmotivisch durchzieht der Gedanke der durch den Menschen nutzbar gemachten und beherrschten Natur das Gemälde. Auf der linken Seite ist das Werk bereits vollendet: Eine ebenmäßige helle Plattform umgibt den Turm und formt gleichzeitig den Anlegeplatz des künstlich geschaffenen Hafens, dahinter erstreckt sich in flacher lieblicher Landschaft eine Stadt. Auf der rechten Seite dagegen deuten schroffe, hohe

Kat. 52

Felsen auf die noch unkultivierte Natur, an deren Transformation und Beherrschung der Mensch arbeitet: der Felsen wird von Architektur umgeben, der Fluß umgeleitet und in ein neues Bett gebracht.

Bei Valckenborch deutet sich eine Tendenz an, die für die Produktion von Babelbildern in den Niederlanden Ende des 16. und Anfang des 17. Jahrhunderts bestimmend war. Ungeachtet des biblischen Superbia-Motivs, so scheint es, ist der Turmbau allein Anlaß zur Darstellung von Architekturphantasien und deren Inszenierung, eingebettet in das scheinbar Machbare einer Großbaustelle mit Versatzstücken des Baustellenalltags des 16. und 17. Jahrhunderts.

Ulrike Wegener

Literatur: Wied 1990; Minkowski 1991; Wegener 1995.

Eisengeschütze als Transportgut auf der Weser

Eisen, gegossen

Im Einzugsgebiet der Weser gab es im 16. und 17. Jahrhundert vor allem im östlichen Sauerland, das zum Erzbistum/Kurfürstentum Köln (Herzogtum Westfalen) gehörte, und in der Grafschaft Waldeck eine bedeutende Eisenproduktion und -verarbeitung. Die „Spezialität" dieser Gebiete, wie auch des Stiftes Paderborn (Altenbeken), waren aus einzelnen Gußplatten zusammengesetzte Eisenöfen, die in beachtlichen Mengen weserabwärts verschifft wurden.

Im 16. Jahrhundert verbreitete sich in Europa die Technik, Geschütze aus Eisen zu gießen. Diese gußeisernen Kanonen verdrängten endgültig die geschmiedeten, zum Teil leichteren und haltbareren, allerdings erheblich teureren Bronzegeschütze. In einer auf Gußwaren spezialisierten Region wie dem Oberweserraum mußte angesichts einer wachsenden Nachfrage schließlich auch die Geschützproduktion an Qualität und Umfang zunehmen, zumal dieser Wirtschaftszweig namentlich in Waldeck bereits Tradition hatte. Sind in den Quellen des 16. Jahrhunderts nur wenige Geschütz- und Kugellieferungen erwähnt, so hatten diese ab 1600/1615 Konjunktur.

Der Transport der Geschütze und Kugeln aus Waldeck und dem östlichen Sauerland dürfte fast ausschließlich über die Weser erfolgt sein. Aus diplomatischen Korrespondenzen – vor allem Gesuchen um die Befreiung vom Weserzoll – und anderen Quellen sind die Kunden bekannt: Neben einigen Lieferungen nach Dänemark und Hamburg ging der größte Teil der auf der Weser transportierten Waffen in die Niederlande, die sich bis 1609 und dann wieder seit 1621 im offenen Krieg mit Spanien befanden. Die Geschütze wurden dabei in erster Linie für den Seekrieg verwendet, und neben den Admiralitäten befand sich namentlich die *Vereinigte Ostindische Kompanie* unter den Bestellern. Um 1620 war der Weserraum ein wesentlicher, wenn nicht sogar der wichtigste Waffenlieferant der Niederlande und Bremen ein Waffenhandelsplatz von europäischer Bedeutung.

Bei Waffenkäufen wandten sich auch die „staatlichen" Kunden an private Waffenhändler, welche die (Vor-) Finanzierung und den Transport der Waffen übernahmen und dazu häufig offizielle Empfehlungsschreiben erhielten. Es scheint, als hätten Waffenhändler Bergwerke und Hütten erworben oder errichtet. Vielleicht leiteten sie auch einen „Technologietransfer" ein. Neben einigen Bremern sind vor allem niederländische Händler zu nennen, nicht zuletzt Elias Trip, der wohl größte Waffenhändler seiner Zeit in Europa und nach 1620 einer der Promotoren der schwedischen Geschützindustrie.

Die Waffenkonjunktur im Oberweserraum fand um 1625 ein jähes Ende. Hauptursache dafür waren einerseits die Auswirkungen des Dreißigjährigen Krieges, andererseits die in den 1620er Jahren qualitativ wie quantitativ gestiegenen schwedischen Waffenexporte, die die Nachfrage der Niederlande schließlich vollständig decken konnten. Nicht zuletzt diese Tatsache dürfte den Wiederaufschwung der Produktion in Waldeck und im östlichen Sauerland nach 1650 verhindert haben.

Dirk Korinth

Literatur: Korinth 2000.

Keramik aus dem Weserraum als internationales Handelsgut

a Weser- und Werraware in Bergen (Norwegen)

Bei Erdarbeiten in der Altstadt von Bergen tritt regelmäßig Weser- und Werraware zutage. Insbesondere die Weserware stellte einen erheblichen Anteil des keramischen Inventars in dieser nordischen Metropole in der Zeit von ca. 1580 bis 1630. Während viele andere Dinge des täglichen Lebens vergangen sind, hält sich Keramik im Boden sehr gut. Anhand der charakteristischen Malhornkeramik des Oberweserraumes lassen sich die Fernhandelsbeziehungen zwischen dem Wesergebiet und Westskandinavien nachvollziehen.

Der Vertrieb der schwergewichtigen und zerbrechlichen Ware Keramik erfolgte primär über die Weser. Bremen fungierte als Umschlagplatz vom Fluß- zum Seetransport. Die zahlreichen Funde der Weserware in Bergen spiegeln die gerade in der Zeit um 1600 besonders intensiven Handelskontakte zwischen Bremen und Bergen wider. Schriftlichen Quellen zufolge stammte zeitweise jedes zweite Schiff, das Bergen anlief, aus der Weserstadt. Die norwegische Küste lieferte vor allem Trockenfisch, der in Mitteleuropa in erheblichen Mengen verbraucht wurde. Bei Ausgrabungen in der Altstadt von Höxter konnten im Inhalt frühneuzeitlicher Kloaken die Überreste derartiger nordatlantischer Fische identifiziert werden (vgl. Kat. 56).

Weser- und Werrakeramik wurde selbstverständlich nicht nur nach Skandinavien ausgeführt. Mengenmäßig weit bedeutender war der Absatz beispielsweise in die zu dieser Zeit wirtschaftlich prosperierenden Niederlande, obgleich dort im Gegensatz zu Norwegen ein leistungsstarkes einheimisches Töpfereihandwerk konkurrierte. Die große Beliebtheit der Werraware führte dazu, daß von 1602 bis 1612 im holländischen Enkhuizen eine eigene „Werraware"-Produktion aufgenommen wurde. Schriftquellen deuten auch an, daß holländische Händler beim Vertrieb der Werraware ab den Produktionsorten eine wichtige Rolle spielten. Dennoch kann auch für diese aufwendig verzierte Keramik ein relativ günstiger Preis angenommen werden.

Außer in den Niederlanden und in Skandinavien sind Fragmente der Weser- und Werraware in englischen Küstenstädten geläufiges Fundgut. Einzelne Exemplare dieser Keramik fanden sich darüber hinaus im Baltikum und sogar in Nordamerika, wohin sie sicherlich im Gepäck europäischer Auswanderer gelangten.

Durch diese handwerklich hervorragend gefertigten Töpfereierzeugnisse werden die Verbindungen des Weserraumes mit weiten Teilen Europas faßbar. Dabei zeugen die reichverzierten Gefäße auch von einer offenbar in vielen Regionen ähnlichen Tafelkultur und der Freude der Menschen auch niederer Schichten an farbenfrohem Gebrauchsgerät.

Volker Demuth

Literatur: Demuth 1997.

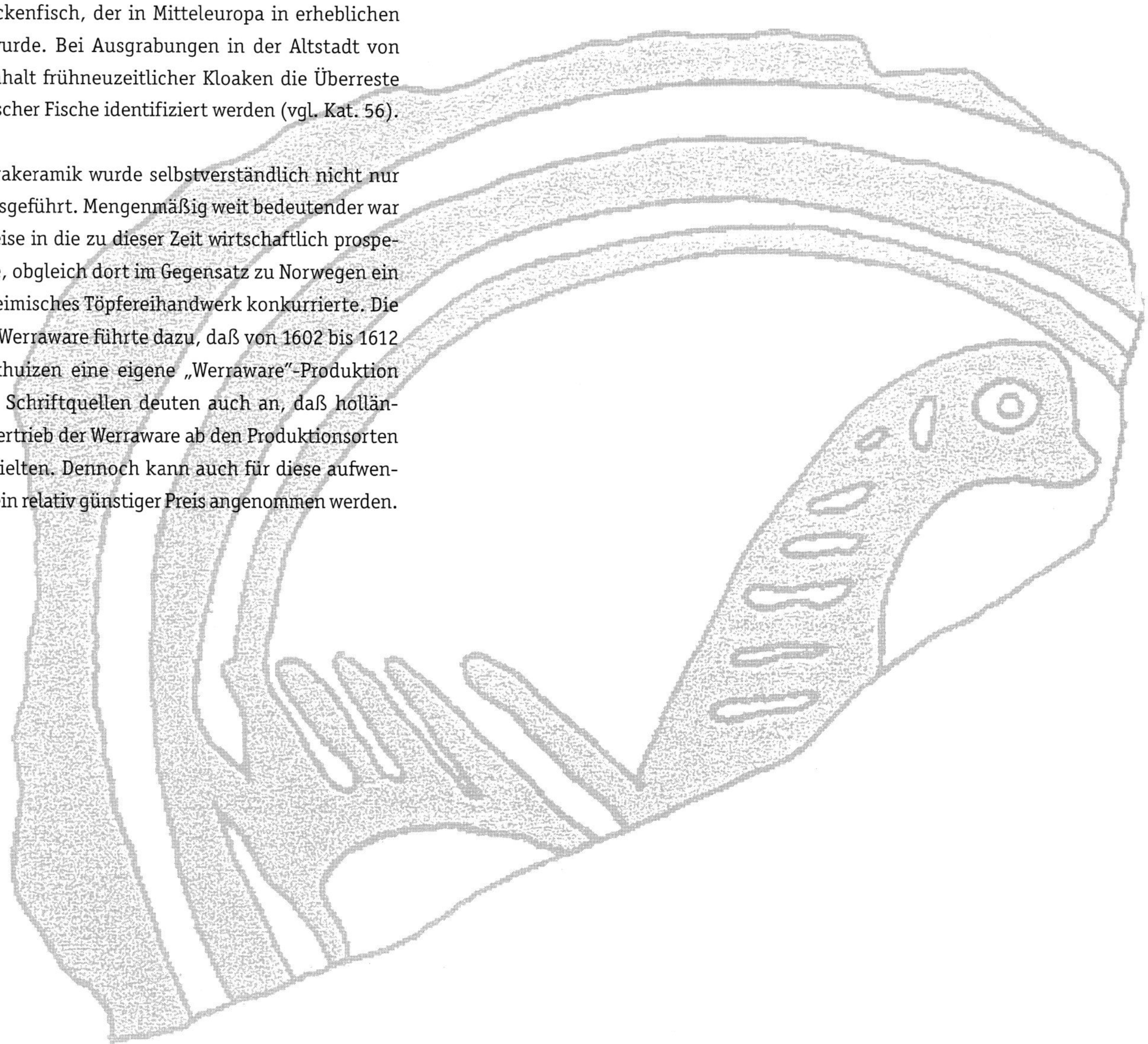

Kat. 54 b

b Nachahmung von Werrakeramik aus der Werkstatt von Dierck Claasz. Spiegel Enkhuizen 1605/1603

bemalte Irdenware (Werraware)
Dm der Schüssel 40 cm; Höhe des Topfes 18 cm

Die Schüssel mit Standbogen und der Doppelhenkeltopf zeigen zwar alle charakteristischen Merkmale der Werraware (vgl. Kat. 29); sie wurden aber in einer niederländischen Töpferei in Enkhuizen am Ijsselmeer gefertigt. Diese Werkstatt lag im nordwestlichen Teil der Altstadt von Enkhuizen und wurde 1979 bei Bauarbeiten entdeckt und zum Teil freigelegt. Die Fundstücke lagen in einer 2 x 3 Meter großen Grube mit einer Tiefe von 1,80 Metern, einem ehemaligen Brunnen. Auf dem Grundstück läßt sich 1602 Dierck Claasz. Spiegel, ein Topfhändler, der über *„lange Jahre Keramik aus Hessen und Braunschweig ... importiert"* hatte, nachweisen. Spiegel erhielt 1602 ein Patent für die Fertigung dieser Waren in Enkhuizen. Die beiden Keramikstücke mit den Buchstaben D[ierck] C[laasz] S[piegel] dürften demnach aus seiner Produktion stammen.

Die Schüssel zeigt die für die Werraware typische Bemalung des Randes mit abwechselnd schräg verlaufenden Strichgruppen und horizontalen Einzelstrichen. Unterhalb des Randes befindet sich eine Spirallinie mit neun Umläufen. Das Ornamentband auf der Fahne setzt sich aus zwei Motiven zusammen: Abwechselnd sind zwölf Spiralen mit mehreren Verdickungen, die jeweils im Zentrum eine Eichel im beschuppten Fruchtbecher umschließen, und radial angeordnete „Propeller" zu sehen, die vielleicht als Früchte des Feldahorns zu deuten sind. Eiche und Ahorn waren einerseits beliebte Heilpflanzen der Volksmedizin, andererseits als Futterbäume für das Vieh von Bedeutung. Die Details beider Motive sind durch die Sgraffitotechnik, die die Werraware auszeichnet, betont.

Das Ornamentband der Schüssel ist am Übergang von der Fahne zum Spiegel durch zwei Spirallinien gegen das Zentralmotiv abgegrenzt. Dieses zeigt ein Paar. Der dunkelhaarige Mann trägt die typische Kleidung der Renaissance mit Kragen, Wams und Hemd, knielanger Hose und einfachen Schuhen. In seiner linken Hand hält er einen Hut mit Federbusch. Mit seiner rechten Hand reicht er der Frau einen Becher. Die Frau trägt neben dem gefälteten Kragen ein geschnürtes Mieder mit kurzen Puffärmeln und darunter ein langärmeliges Hemd. Die beiden Röcke sind bodenlang und glockenförmig, wobei der obere vorne geöffnet ist. Über der Öffnung trägt die Frau eine gefältete Schürze. Sie nimmt mit der linken Hand den Becher entgegen, die rechte Hand hat sie leicht auf die Hüfte gestützt. Die Details dieser Darstellung sind wiederum in Sgraffitotechnik ausgeführt und zum Teil durch eine hell- bzw. dunkelgrüne Glasur verstärkt. Zwischen den beiden Figuren ist eine stilisierte Pflanze zu sehen. Das Paar ist bislang aufgrund der Beinhaltung des Mannes immer als „tanzendes" Paar charakterisiert worden. Dieser Deutung widersprechen die Übergabe des Bechers und der Hut in der Hand des Mannes. Sie lassen vielmehr auf eine Gruß- oder Demutsbewegung bei der Übergabe des Bechers vermuten. Über dem Paar befindet sich die Jahreszahl 1605 und die Buchstaben D C S. Neben den hell- und dunkelgrünen Glasurflecken zur Betonung der Binnenzeichnung zeichnet eine transparente Bleiglasur die Schüssel aus.

Der Topf hat zwei gegenständige Henkel. Die Außenseite des bauchigen Gefäßkörpers ist durch zwei Spirallinien untergliedert. Das zentrale Malfeld zeigt den attributiv mit einem Rost ausgestatteten heiligen Laurentius in knöchellangem Gewand, das auf der rechten Schulter mit einer Scheibenfibel zusammengehalten wird. Ferner ist auf dem zentralen Malfeld die stark stilisierte Darstellung von Disteln zu sehen, ein Motiv, das dreimal wiederholt ist. Auf der Rückseite ist in das Distelmotiv die Jahreszahl 1603 eingefügt. Diese und die Buchstaben D C S wurden auch im oberen Malfeld unterhalb des Randes aufgetragen.

Uta Halle

Literatur: Bruijn 1992.

Menschen am Fluß

Georg Heil

Das 16. Jahrhundert war eine Epoche des beschleunigten sozialen, wirtschaftlichen, politischen und kulturellen Wandels und einer lang anhaltenden Prosperität, die zunehmend mehr europäische Regionen erfaßte. Diese Entwicklung setzte bereits im 15. Jahrhundert ein und behielt ihre Dynamik tendenziell bis in die ersten Jahrzehnte des 17. Jahrhunderts bei, als sie in einer langen wirtschaftlichen Kontraktion endete. Daher wird die Epoche auch als das „lange 16. Jahrhundert" bezeichnet.[1]
Der Weserraum war eine der Regionen, die von Wandel, Prosperität und Verflechtung mit anderen Regionen erfaßt wurden. Der Begriff „Weserraum" sollte näher erklärt werden, denn er kann ja u.a. als Naturraum, als historischer, geographischer, kultureller Raum oder als Wirtschaftsraum verstanden werden. Wie der Titel dieses Beitrags besagt, gilt das Interesse den Menschen, die im „langen 16. Jahrhundert" an der Weser lebten. Folglich müssen ihre Tätigkeiten und die daraus resultierenden Beziehungen zueinander und die sich daraus ergebenden Ordnungen und Institutionen den hier gemeinten „Weserraum" konstituieren.[2] Die uns interessierenden Beziehungen zueinander gingen die Menschen über die Herstellung (Produktion), den Austausch (Handel) und den Transport (Verkehr) von Waren ein. Aus dieser Sicht ist der Weserraum ein geographischer Raum, der aus diesen Bereichen menschlicher Tätigkeiten konstituiert wird, wenn sie mit einer gewissen Intensität auf die Weser als verbindendes Element, etwa als Verkehrsweg oder Arbeitsplatz, ausgerichtet sind. Dabei handelt es sich natürlich nicht um ein statisches, sondern um ein dynamisches Gefüge, das einem ständigen Wandel unterlag.

Bauern und Bürger

Was geschah im Weserraum? Die Menschen in der Landwirtschaft, die das Gros der Bevölkerung bildeten, begannen im 16. Jahrhundert, einen Überschuß an Getreide zu produzieren, der auf der Weser zu Märkten außerhalb der Region gebracht wurde. Weitere ländliche Produkte wie Holz (Brennholz, Bretter, Balken, Stämme, Tonnenholz), Steine, Kalk, aber auch Wolle, Garn und Leinen wurden ebenfalls zunehmend Güter des Fernhandels. Nach dem Transport an das Weserufer verschiffte man sie in Richtung Bremen. Diese typischen Massengüter bzw. Rohstoffe und Halbfertigwaren dienten der Ernährung und der gewerblichen Produktion. Ein kleiner Teil der Waren wurde auf der Talfahrt in Städten entlang der Weser ausgeladen. Viele Schiffe kamen auf der Rückfahrt von Bremen beladen zurück, vor allem mit „Bremer Gut": Butter, verschiedene Sorten Käse, Seife, Salz, Öl, Teer, Honig, Wein, Rosinen, Gewürze, Tran u. v. m.

Die Zahl der Berg- und Talfahrten sowie die Menge und Zusammensetzung der transportierten Güter wuchs tendenziell im 16. Jahrhundert. Verstärkt gelangte in dieser Zeit auch Edelmetall in den Weserraum, das gegen das Hauptausfuhrprodukt Getreide eingetauscht wurde: *„Der Köder für den Getreideanbau war Bargeld"*.[3] Versuche, eine direkte Beziehung zwischen dem Export von Getreideüberschüssen und Weserrenaissancebauten aufzuzeigen, gestalten sich allerdings schwierig.[4]

Die Steigerung der Getreideproduktion hatte Einfluß auf das Verhältnis zwischen Grundherren und Bauern. Die Grundherren im Weserraum zwangen ihre Bauern nicht in eine neue Leibeigenschaft, wie im Baltikum und in Polen, den führenden Getreideproduktionsregionen jener Zeit. Sie hatten anscheinend andere Möglichkeiten, die Produktionskosten so zu beeinflussen, daß ihr Getreide im Fernhandel konkurrenzfähig war. Dies konnte zu Lasten der abhängigen Bauern gehen wie auch Landschaft und Siedlungsbild verändern. Im Norden der Grafschaft Lippe, in unmittelbarer Nähe zur Weser, führte beispielsweise der Ausbau der Eigenbewirtschaftung eines bedeutenden Grundherrn, verbunden mit der Zusammenlegung von Ackerflächen, zur Vertreibung von bäuerlichen Pächtern, zum Ausdünnen von Siedlungen, Verdorfungsprozessen und zu umfangreichen Rodungen.[5] Die Bildung landwirtschaftlicher Großbetriebe zum Zwecke der Getreideproduktion für den Fernhandel und die zunehmende Bemühung um Eigenbewirtschaftung durch die Grundherren läßt sich auch im südniedersächsischen Raum beobachten.[6]

1 Wallerstein 1986, S. 100–102
2 Bei der Wieden, B. 1998.
3 Zitat Fernand Braudel bei Wallerstein 1986, S. 126.
4 Vgl. Möller 1992, S. 139.
5 Heil 1986.
6 Maurer 1995, S. 242–246.

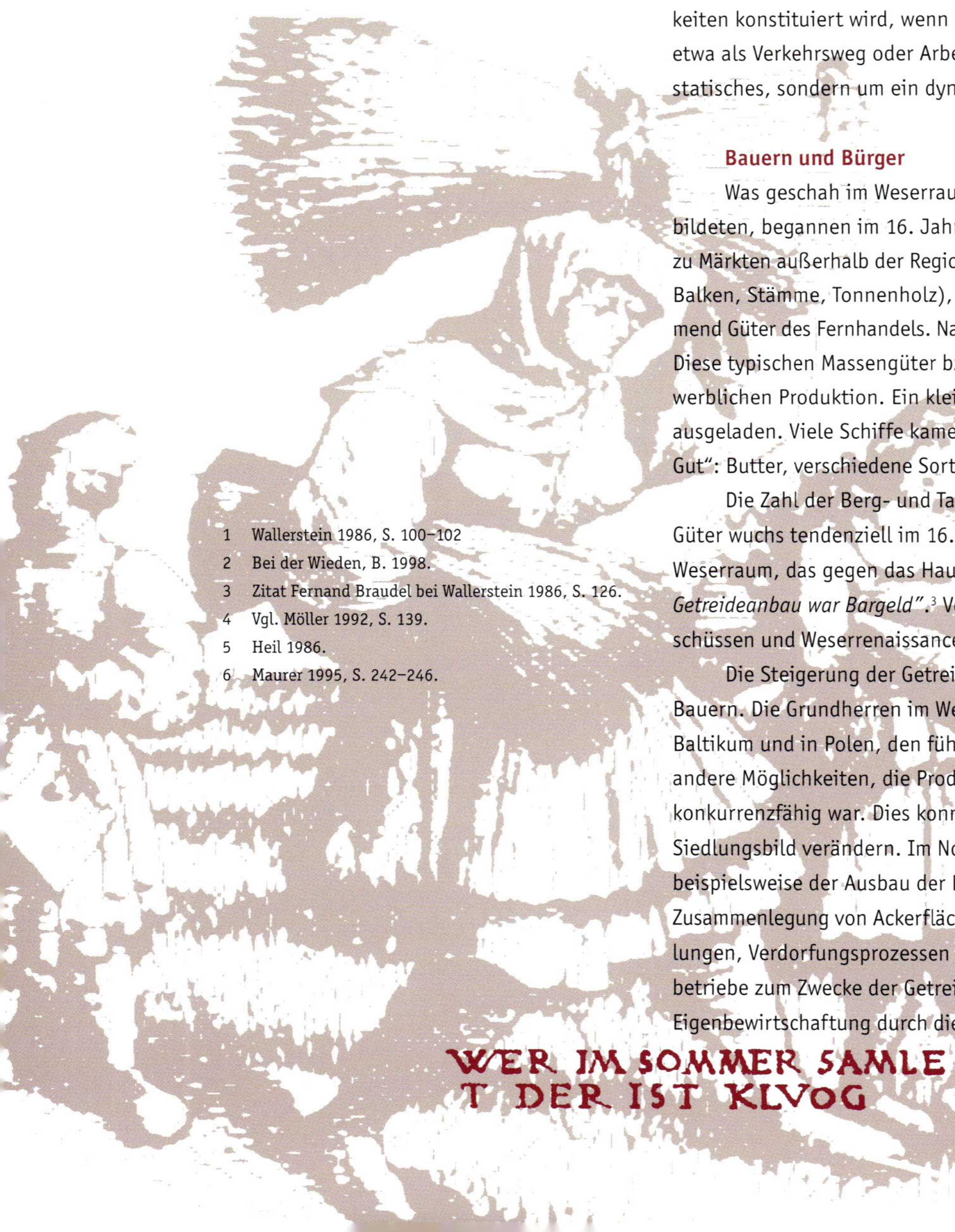

Auch das Verhältnis zwischen Stadt und Land wurde berührt. Die Städte dominierten zwar wie im Mittelalter weiterhin das Land, jedoch nicht mehr nur mit der Absicht, die Versorgung ihrer Bürger zu sichern. Der Fernhandel mit Getreide scheint zunächst vorwiegend vom Land ausgegangen zu sein. Die Städte bemühten sich aber, den Handel an sich zu ziehen, um weiterhin ihre Stellung als Handelszentren gegenüber dem Land behaupten zu können.[7] Dementsprechend sank die Beteiligung der aus den Dörfern an der Weser stammenden Gütertransporteure an den Getreidetransporten auf der Weser seit der Mitte des 16. Jahrhunderts drastisch zugunsten städtischer Transporteure. Ihr Anteil verringerte sich von 55,6 Prozent im Jahre 1554 auf 18,7 Prozent im Jahre 1616.[8] Einige Städte an der Weser entwickelten sich zu Getreidestapelplätzen, von wo aus das Getreide der Umgebung auf der Weser verschifft wurde. Folgerichtig nahm die dörfliche Beteiligung an der Weserschiffahrt erst wieder Mitte des 17. Jahrhunderts einen nennenswerten Aufschwung, verbunden mit der Abnahme der Getreideexporte zugunsten von Holz-, Stein- und Kalkexporten und der politischen Schwächung der Städte. Das in der Grafschaft Lippe gelegene Dorf Erder ist ein Beispiel für eine erfolgreiche Beteiligung an Weserhandel und Weserschiffahrt.[9]

Das Verhältnis der Weserstädte untereinander war in einem ständigen Wandel begriffen. Städte wie Hameln und Minden, die sich zu Getreidestapelplätzen entwickelten, oder – wiederum – Minden, Vlotho und Münden, die an der Schnittstelle zwischen dem Warenverkehr per Schiff und Achse lagen, stiegen in der Städtehierarchie auf, andere wurden bedeutungslos; Vorgänge, die spürbare Folgen für das Leben der jeweiligen Bürger hatten. Als Beispiel sei der höxtersche Bürger Joist Ziegenhirt genannt[10], dessen Vermögensentwicklung deutlich mit dem Abstieg seiner Heimatstadt nach 1620 korrespondierte.[11]

Das Ziel der meisten zu Tal fahrenden Weserschiffe war Bremen. Die Ladung der bergfahrenden Schiffe setzte sich fast ausnahmslos aus in Bremen geladenen Gütern zusammen. Unter Anwendung eines kaiserlichen Stapelprivilegs, einer u. U. äußerst scharfen Waffe im Konkurrenzkampf der Weserstädte, zog Bremen den Großteil des Getreides und der weiteren Exportwaren des Weserraumes an sich. Bereits seit dem Ende des 15. Jahrhunderts konnten die Bremer mit wachsendem Erfolg verhindern, daß Getreide und andere Güter aus dem Weserraum ohne ihr Einverständnis ihre Stadt auf der Weser passierten. Minden versuchte, ebenfalls mit Hilfe der „Waffe" Stapelrecht, mit Bremen zu konkurrieren. Zum Ärger der anderen Weserstädte verwehrte es den die Weser hinab fahrenden Getreide- und Holztransporten die freie Vorbeifahrt und versuchte mit Hilfe eines kaiserlichen Privilegs, den freien Zugang zur See an Bremen vorbei durchzusetzen. Dieser sogenannte Schiffahrtsstreit zwischen den Bürgern Bremens und Mindens zog sich vom Beginn des 16. Jahrhunderts bis 1823 hin.[12] Im Rahmen der Auseinandersetzungen unter den Weserstädten bauten Hamelns Bürger im Mittelalter eine Schlacht quer durch die Weser: das „Hamelner Loch", auch der „Wasserfall" genannt. Dadurch konnte kein Schiff ohne Halt an Hameln vorbeifahren. Die Schiffe waren zur Niederlegung ihrer Waren in der Stadt beim Überqueren des „Wasserfalls" gezwungen.[13] Erst 1734 verlor Hameln diese bequeme Verdienstquelle durch den Bau einer Kammerschleuse, den Kurbraunschweig vornahm. Münden hingegen verdankte seine Prosperität zum einen seiner günstigen Lage am Zusammenfluß von Werra und Fulda, zum anderen seinen Privilegien, die eine durchgehende Schiffahrt zwischen Weser, Werra und Fulda verhinderten und auf diese Weise die Niederlegung aller auf den drei Flüssen herangebrachten Waren in der Stadt erzwangen.

Auch das gesellschaftliche Gefüge in den Weserstädten wandelte sich, weil der Fernhandel ohne Beteiligung der etablierten städtischen Kaufleute und Gewerbetreibenden wuchs. Beide Personengruppen erscheinen seltsam unbeteiligt. Mit dem Fernhandel expandierte jedoch das städtische Transportgewerbe, insbesondere die Schiffahrt. Es war offenbar eine günstige Zeit für Wagemutige und Aufsteiger, für die nicht zunftgebundenen Händler und Gewerbetreibenden, die die neuen Möglichkeiten nutzten.[14] Ein frühes Beispiel ist der in Höxter lebende Fernhändler und Gütertransporteur Hinrich Wulff, dem zu Beginn des 16. Jahrhunderts *„ein geradezu atemberaubender Aufstieg"* gelang.[15] Ein späteres Exempel ist der bereits erwähnte Bäcker, Händler und Gütertransporteur Joist Ziegenhirt aus Höxter, dem um 1610 ebenfalls ein wirtschaftlicher Aufstieg gelang, der ihn bis an die fünfte Stelle der höxterschen Steuerhierarchie führte.[16]

Spuren dieses neuen, prosperierenden Fernhandels und der Menschen, die ihn ermöglichten, finden sich in vielen Quellen. So reiste der Lemgoer Bürger Cordt Gleseker 1545 in das niederländische Groningen und kaufte dort im Auftrag des Lemgoer Hökeramtes eine große Partie Käse ein, die er über Bremen die Weser hinauf nach Vlotho und von dort auf Wagen weiter nach Lemgo transportierte, wie es im Hökeramtsbuch der Stadt Lemgo zu lesen ist: *„It[em] Cordt Gleseker mede gedaen CC daler dar dem ampte vor kofft VI punt swars eyn vorrendell XLII punt Kese tho gronien und de kese staet frig gelt wente*

7 Vgl. Wallerstein 1986, S. 144–145.
8 Rothe/Rüthing 1989, S. 52.
9 Vgl. Heil 1983.
10 Vgl. Kat. Nr. 55, 56.
11 Vgl. Rabe 1998, S. 160–168.
12 Vgl. Behr 1987; Müller, J. 1928, S. 21–22.
13 Der Bau der Hamelner Schlacht war eventuell aber auch notwendig, um auf der Weser oberhalb Hamelns überhaupt eine Frachtschiffahrt zu ermöglichen. Der Rückstau der Hamelner Schlacht erleichterte u. a. das Überqueren des *Orscher Grandbrinkes*, der *Tünderschen Sandbank* und der *Latferder Klippe*.
14 Vgl. Rüthing 1986, S. 237–238; Rabe 1998, S. 171.
15 Rüthing 1986, S. 237–238.
16 Vgl. Kat. Nr. 55.

Keramikteller aus der Kloake des höxterschen Schiffers Joist Ziegenhirt (Ausschnitt), vgl. Kat. 55

tho flote ... von flotte tho Lemgo dat foer gelt alß nomptlich CI mark dren mennen etten und dryncken gegeven eynen itleken IIII ß vor Kost II stendeken berß for CVI ß."[17] Geographisch weitgestreut waren auch die Aktivitäten des Lemgoer Bürgers Johan Barntorff, der um 1620 *„Schweineborsten ... umbher zusahmen gebracht, damitt nacher Bremen gezogen, und dafür Höker Wahr getauscht, auch selbige Höckerwahren folgendes alhir ... auf dem Marcket ... verkauff(t)"*. Die *„Hökerwahr"* bestand aus grünem und weißen Käse.[18]

Im Rechnungsbuch eines Bremer Kaufmannes findet sich ein Eintrag über die Lieferung von Heringen nach Münden im Jahre 1592:

17 StadtA Lemgo, A 374.
18 StadtA Lemgo, A 3077.
19 StA Bremen 7, 2055. Abdruck bei Beutin 1933, S. 129.
20 Weidinger 1997, S. 371.
21 StA Bremen, 7, 2058.
22 Wallerstein 1986 u. 1998.

„Anno 1592 den 19. Januarij gekofft vor
mich unnd vor Johann Stenneckenn vonn Hinrich
Witzenn 36 tunn hering Schlicht packung ieder tunn
vor 6 Dal. 10 gr. Auff zukünfftige ostern zu zahlenn,
thutt zu gelde Summa: — *223 Tall. 17 gr.*
nach laut meiner gegebenen handtschrifft.
Diesen hering wo baven gemeldt hab ich geschepedt up mundenn in Schip, Hinrich Bredenn,
und ihn verschrewen tho Mündenn ann H. Christoffer Höltscher, umb da zu verkauffen, gott gewe
unss glücke und segenn darzu: Von diesen hering
zu ungeld gewen erstliche tho wippengeld — *5 gr.*
Denn eckenn schriver tho Bier — *11 sch.*
Accyse Summa — *2 Tall. 28 gr.*
Fracht bis Mundenn iede tunne 24 groschen thut — *4 Tall.*
Summa thut dis vorbewerte geldt tho Bremer gelde 238 Taller und 45 1/2 groten, is hirann verwunnen – godt besser es – 14 Daller 26 g."[19]

WER KORN INHELT DEM FLŸCHEN DIE LEIT
ABER SEGEN KOMPT VBER DEN SO ES VERKAFFT

Der Kornwucherer,
Kupferstich von Daniel Hopfer, um 1620

Ein anderer Bremer Kaufmann namens Harmen Dinkla war Mitglied der Bremer Bergenfahrer-Gesellschaft und verfügte über einen ständigen Geschäftsvertreter in der norwegischen Stadt. Seine Aktivitäten im Seehandel konzentrierten sich auf Bergen und den Ostseeraum. Der Binnenhandel, den er über die Weser abwickelte, hatte seinen Schwerpunkt im Westfälischen. Die „Bergenware", vor allem Seefisch, Bremens wichtigste Import- und Exportware[20], brachte er über See nach Bremen und ließ sie weiter nach Westfalen und in den Oberweserraum transportieren. Dort tauschte er den Fisch gegen Leinen und Getreide, die er von Bremen über das Meer nach Bergen verschiffte.[21]

Welche Kräfte trieben diese Menschen an, welche Ordnungen sind dahinter zu vermuten? Daß der Weserraum überhaupt Massengüter exportieren konnte, war nur möglich, weil die Weser als Transportweg zur Verfügung stand. Der Transport von Massengütern war in der frühen Neuzeit über größere Entfernungen nur mit Hilfe von Schiffen möglich und ökonomisch sinnvoll. Die geographische Situation bildete die natürliche Voraussetzung, erklärt aber nicht die Ursachen. An dieser Stelle erscheint es demnach sinnvoll, nach einer umfassenden Grundordnung oder Makrostruktur zu suchen, in die der Weserraum eingeordnet werden kann. Eine derartige Ordnung kann Immanuel Wallerstein mit seinem Modell des „europäischen Weltwirtschaftssystems" bieten.[22] Es ist gekennzeichnet durch ein wirtschaftlich führendes Zentrum, das durch ungleichen Tausch – Fertigwaren gegen Rohstoffe und Halbfertigwaren – von der Produktion in der von ihm wirtschaftlich abhängigen Peripherie (mit dem Zentrum passiv verflochtene Regionen) profitiert. Es ist unschwer zu erkennen, daß der Weserraum in einem solchen Modell der Peripherie angehören würde. Zum Zentrum der „europäischen Weltwirtschaft" entwickelten sich im „langen 16. Jahrhundert" die Niederlande, erst die südlichen mit Antwerpen, dann im Zuge des niederländischen Freiheitskampfes die nördlichen mit Amsterdam, das zum Getreidestapel- und Finanzplatz Europas wurde. Die Amsterdamer Getreidebörse war die Institution, die den Preis festsetzte, für den die Produzenten in der Peripherie Getreide liefern mußten, wenn sie am Handel teilhaben wollten. Die Niederländer produzierten auf ihren landwirtschaftlichen Flächen nicht das Allerweltsprodukt

Getreide, sondern hochwertigere Rohstoffe wie Waid und Flachs, die sie ihrer hochentwickelten gewerblichen Verarbeitung zuführten. Die Kosten für Arbeitskräfte in den wirtschaftlich prosperierenden Niederlanden waren sehr hoch und die Bodenflächen zu begrenzt, als daß der Getreideanbau profitabel hätte sein können. Zudem gab es einen Mangel an landwirtschaftlichen Arbeitskräften, da das Gros der Menschen dringend benötigt wurde, um mit den von der Peripherie herangebrachten Rohstoffen wie Holz und Leinen Schiffe zu bauen oder auf den Schiffen über das Meer von allen bekannten Küsten Waren heranzutransportieren und entlang der europäischen Küste zu verteilen. Getreide mußte also aus Profitgründen aus anderen Regionen bezogen werden, die über genügend fruchtbare Ackerflächen und preiswertere Arbeitskräfte verfügten und somit preiswerter als die Niederlande produzieren konnten. Infolge dieser Arbeitsteilung innerhalb der europäischen Landwirtschaft erhielt der Weserraum bei seiner Eingliederung in das „europäische Weltwirtschaftssystem" für das Zentrum Niederlande insbesondere die Funktion eines Getreide- (Rohstoff-)produzenten. Die Folgen für die Menschen der Peripherie „Weserraum" habe ich oben anzudeuten versucht. Das im Weserraum für die Niederlande produzierte Getreide war so das Schlüsselprodukt für die Einbeziehung des Weserraumes in die „europäische Weltwirtschaft" und seine Prosperität im 16. Jahrhundert. Dem Getreide folgten weitere Massengüter wie Holz und Steine. Im Tausch kamen hochwertige „Bremer Waren" zurück. Fisch wie Hering und Kabeljau, aber auch Tran lieferten die riesigen niederländischen Fischereiflotten, Butter und Käse produzierten die ländlichen nördlichen Niederlande. Teer, Honig, Pottasche, Holz, Leinsamen u. a. brachten Hunderte von niederländischen Schiffen aus der Ostsee, dem „Binnenmeer" der Niederländer, heran. Feine Tuche kamen aus England, Wein aus Frankreich und Spanien. Aus fernen, neu entdeckten Ländern kamen kostbare Gewürze, Seide und Zucker. Durch die Verflechtung des Weserraumes mit dem „europäischen Weltwirtschaftssystem" wurden den Menschen neue Bedingungen und Einschränkungen ihres sozialen und ökonomischen Handelns gesetzt, wobei sie in der passiven Position waren. Als Teil der Peripherie der neuen Ordnung war der Weserraum „Austragungsort" der Aktivitäten des Zentrums.[23] Die Menschen begannen Getreideüberschüsse zu produzieren, weil auf einem weit entfernten, höher entwickelten Markt eine Nachfrage bestand. Die Möglichkeit, die Überschüsse zu exportieren und gegen hochwertige Waren einzutauschen, bestand so lange, wie der Weserraum die Nachfrage zu dem Preis erfüllen konnte, den die Amsterdamer Getreidebörse festsetzte. Das Getreide des Weserraumes war lange preisgünstig, da das „lange 16. Jahrhundert" eine Getreidehochpreisphase war, die um 1620 endete. Die einsetzende Kontraktion der „europäischen Weltwirtschaft"[24] führte zu einem allgemeinen Preisverfall. Die unausbleibliche Folge war eine tendenzielle Abkoppelung des Weserraums vom europäischen Getreidehandel und Fernhandel, ein wichtiger Faktor am Ende der langen Prosperitätphase. Es rechnete sich nun auch wieder in den Zentren, infolge der fallenden Preise Getreide zu produzieren. Dieser Ablauf kann an einer seriellen Quelle wie den Weserzollregistern, die die auf der Weser transportierten Waren dokumentieren, deutlich abgelesen werden.

Als integrativer Bestandteil der „europäischen Weltwirtschaft" litten die Menschen des Weserraumes auch unter der sogenannten „Preisrevolution", welche die Expansionsphase des 16. Jahrhunderts begleitete. Steigende Getreidepreise und Getreidemangel erklärten sich die davon – häufig existentiell (Hunger) – betroffenen Menschen im Weserraum, die natürlich die Zusammenhänge nicht erkennen konnten, fälschlicherweise mit natürlichen Ursachen wie Mißwachs und als unerwünschte Folge der Getreideexporte.[25] Als wirtschaftspolitisches Gegenmittel griffen die Verantwortlichen zu häufig kontraproduktiven Getreideexportverboten.[26]

Ziel der Exporte zu Schiff aus dem Weserraum und Abschiffungsort der Importe des Weserraumes war Bremen, dessen Kaufleute Zwischenhandel oder Faktoreigeschäfte für die niederländischen Kaufleute betrieben. Bremens Kaufleute verflochten den Weserraum mit den fernen Märkten und Produktionszentren. Diese „Verflechtung" hatte einen bestimmten Ort: Die „Große Schlachte" und die „Kleine Schlachte" unterhalb und oberhalb der Bremer Weserbrücke. Sie bildeten ein „räumlich getrenntes, betrieblich aber eng aufeinander bezogenes und arbeitsteilig miteinander verbundenes Hafensystem".[27] Die „Kleine Schlachte" diente der Weserschiffahrt als Anlegestelle, die „Große Schlachte" dem Seeverkehr. Ein Heer von Hafenarbeitern, von städtischen Beamten beaufsichtigt und gelenkt, belud oder löschte See- und Binnenschiffe mit Hilfe von Hebemaschinen, wog und maß die Waren, begutachtete und verpackte sie und transportierte sie schließlich vom Hafen zur Stadt in die Warenspeicher der Kaufleute. Fanden sich für die Waren Kundschaft in Übersee oder im Binnenland, verließen sie die Speicher wieder Richtung Schlachte.[28]

23 Hopkins/Wallerstein 1979, S. 155.
24 Wallerstein 1986, S. 102.
25 Vgl. Möller 1992, S. 129 u. S. 131.
26 Vgl. Bei der Wieden, H. 1961, S. 145–150.
27 Weidinger 1991, S. 173.
28 Vgl. Weidinger 1997, S. 398–435.

Schiffer

Wenden wir uns nun den Menschen zu, die die Güter auf der Weser transportierten und damit den Weserraum mit der „Welt" verbanden. Die Verflechtung des Weserraumes mit der „europäischen Weltwirtschaft" dynamisierte und änderte auch das Transportgewerbe. Der Wandel war sowohl quantitativer Natur (Wachstum der Gütermengen, Erweiterung des Gütersortiments, Zunahme von Schiffen und Gütertransporteuren) wie qualitativer Natur (technische Fortschritte bei der Schiffskonstruktion, Bemühungen um rationelle Schiffahrtsorganisation, Professionalisierung der Gütertransporteure). Zu fragen ist, ob hinsichtlich der Gütertransporteure auf der Weser eine Entwicklung vom Bedarfsschiffer, der sporadisch und aus unterschiedlichsten ökonomischen Motivationen Güter auf der Weser transportierte, hin zum Berufsschiffer, der regelmäßig Berg- und Talfahrten unternahm und gegen Frachtgelder in fremden Eigentum befindliche Güter transportierte, zu beobachten ist. Offensichtlich gab es im 16. und 17. Jahrhundert, wie die Weserzollregister zeigen, ein breites Spektrum an Möglichkeiten, am Gütertransport auf der Weser teilzuhaben. Sie reichte vom ländlichen Produzenten von Agrarprodukten, der nahe und ferne Märkte an der Weser aufsuchte, über den Kaufmann und Zwischenhändler, der eigene und fremde Waren auf eigenen Schiffen transportierte und begleitete, den Kornschreiber, der für seinen Dienstherren Getreide transportierte, um es in Bremen gegen Lebensmittel einzutauschen, den Knecht, der im Auftrag seines Abtes Getreide transportierte, den Berufsschiffer, der im Nebengeschäft bei sich bietender Gelegenheit Eigenhandel trieb, den Eisenhüttenbetreiber, der seine Produkte auf den Markt transportierte, bis hin zum Fischer, der im Nebengeschäft mit seinem kleinen Fischerboot fremde und/oder eigene Handelsgüter transportierte. Es war offensichtlich nicht ungewöhnlich, daß sich vieles in einer Person bündelte, wie bei dem bereits erwähnten höxterschen Gütertransporteur Joist Ziegenhirt.[29] Er läßt sich anhand der Register des lippischen Weserzolles Varenholz zwischen 1597 und 1631 als Gütertransporteur auf der Weser nachweisen[30] und fuhr bis zu sechsmal im Jahr von Höxter nach Bremen. Dabei fuhr er ab und an auf der Talfahrt in Maskopey[31] mit Kollegen aus Höxter, aber auch aus anderen Weserstädten. Andere Quellen[32] weisen ihn nicht nur als Gütertransporteur auf der Weser aus, wobei er sein Schiff persönlich führte, sondern als Gütertransporteur, der im Bereich Höxters Waren auf der Achse transportierte; als Händler, der mit Getreide, Roheisen, Wein, Bremer Waren und Keramik handelte. Die Weserzollregister dokumentieren ergänzend, daß er u. a. auch mit Seife und Salz, die er aus Bremen mitbrachte, Handel trieb. Nur sehr selten unternahm er Talfahrten, auf denen er weder Getreide noch Roheisenprodukte an Bord hatte. Die Roheisenprodukte wurden aus dem Waldecker Land auf der Achse nach Höxter an die Weser gebracht. Auf der Bergfahrt hatte er in der Regel Bremer Waren geladen. Weiterhin war er als Bäcker tätig, braute Bier und Broyhan und betrieb, wohl zur Selbstversorgung, Vieh- und Ackerwirtschaft. Er war Mitglied der höxterschen Bäckergilde und des höxterschen Fischeramtes. Joist Ziegenhirt bietet ein facettenreiches und buntes Bild an wirtschaftlichem Handeln. Kann er als Berufsschiffer bezeichnet werden? Wie sind neben dem Transportgewerbe seine anderen Aktivitäten einzuordnen? Eine Untersuchung der höxterschen Gesellschaft um 1600 zeigt, daß es für einen höxterschen Bürger nicht ungewöhnlich, sondern zeittypisch war, sich in zahlreichen Erwerbszweigen zu betätigen.[33] Ein Blick auf die Mündener Schifferschaft, deren Mitglieder geradezu als Prototypen des Berufsschiffers des 16. Jahrhunderts angesehen werden, zeigt im 17. Jahrhundert ebenfalls zusätzliches *„wirtschaftliches Engagement auf anderen Gebieten als der Schiffahrt und ihr nahestehenden Gewerben, wie die Fischerei und Flößerei"*.[34] Genannt werden der Handel mit Holz, Töpferwaren, Getreide, Bremer Waren, Wein, Glas, Textilien und die Ausübung des Brauerei-, Metzger- und Bäckerhandwerkes. Sie betrieben nicht nur den Gütertransport auf der Weser, sondern organisierten ihn teilweise auch, so daß der Handel auf eigene Rechnung keine Seltenheit war. Eine *„Spezialisierung auf das bloße Transportgeschäft"* war *„bei den Mündener Schiffern des 17. Jahrhunderts nicht unbedingt die Regel"*. Albrinck und Rabe suchen den Grund für diese berufliche Diversifizierung mit dem Bemühen der Schiffer zu erklären, sich gegenüber der ständig drohenden kurzfristigen Konjunkturanfälligkeit des Weserhandels abzusichern. Die in Bezug auf die Mündener Gütertransporteure und Joist Ziegenhirt aus Höxter durch Quellen zu belegende Diversifikation wirtschaftlicher Aktivitäten läßt sich verallgemeinern. Wenn sich auch das Güteraufkommen, besonders des Getreides, während des 16. Jahrhunderts tendenziell erhöhte, waren die kurzfristigen Mengenschwankungen enorm.[35] Verringerten sich die Getreidetransporte zu Tal, nahmen zwangsläufig auch die Transporte der Bremer Waren zu Berg ab. Leere Talfahrten machten Frachtbergfahrten für den Gütertransporteur zu einem unrentablen Unterfangen. Ernte- und Dreschzeit, besonders aber die Höhe des Getreideüberschusses, also der kurz- und langfristige Rhythmus der Landwirtschaft,

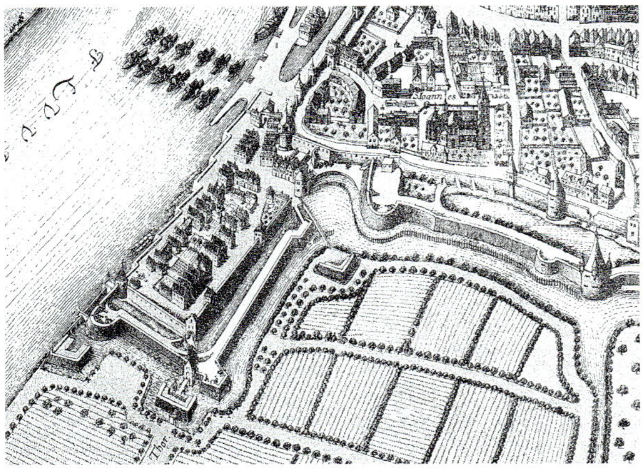

Fischerstadt in Minden, Detail aus dem Kupferstich von Wenzel Hollar, 1657

29 Vgl. Kat. Nr. 56.
30 StA Detmold, L 92 A Tit. 133 Nr. 34 a III.
31 Maskopey bezeichnete das Fahren im Verband mit anderen Gütertransporteuren.
32 Eine Übersicht findet sich bei Rabe 1998, S.160 –168.
33 Rabe 1998, S.162.
34 Albrinck 1990, S. 101–112.
35 Vgl. Möller 1992, S. 134 und Abb. 8.

Schiffswerft und Stapelplatz der *Verenigde Oostindische Compagnie* in Amsterdam, Stich von J. Mulder, um 1700

dominierten den Transportrhythmus auf der Weser, das Güteraufkommen auf Tal- und Bergfahrt und die Organisation der Schiffahrt.

In Bezug auf die verwendeten Frachtkähne läßt sich im 16. Jahrhundert eine zunehmende Funktionsdiversifikation vermuten. So findet sich im Varenholzer Weserzollregister zwischen 1596 und 1636 eine Vielfalt an Bezeichnungen: *„klein[es] Boem Schip; Schiff; Bock; kleine[r] Bock; Lichtebock; kleine[r] Lichtebock; kleine[s] Dehlenschiff, Fischer Schiff"*.[36] Spätestens gegen Ende des 16. Jahrhunderts hatte sich als gängiger Lastkahntyp der sogenannte Bock herausgebildet, ein langer, schmaler Kahn mit flachem Boden, der äußerst robust aus Eichenholz konstruiert war, um den Belastungen, denen er auf der im Naturzustand belassenen Weser – Strombaumaßnahmen wurden so gut wie nicht vorgenommen – ausgesetzt war, standzuhalten. Mehrere Kähne wurden aneinandergehängt und auf der Bergfahrt im Verband gefahren. Ein einfaches Segel konnte auf der Bergfahrt zur Unterstützung des Linienzuges am Mast gesetzt werden. Auf der Talfahrt ließen sich die Böcke einzeln von der Strömung fortbewegen. Kleinere Böcke – je nach ihrer Funktion Lichtebock, Hintehang, Bullen u. a. genannt – dienten speziellen Aufgaben, wie dem Leichtern festgefahrener Böcke oder dem Übersetzen von Linienziehern oder Pferden, wenn der Linienpfad die Uferseite wechselte. Zur Erleichterung des Linienzuges, der spätestens in der zweiten Hälfte des 16. Jahrhunderts andere Antriebstechniken auf der Bergfahrt ablöste, wurden allmählich entlang der Ufer Linienpfade angelegt, auf denen sich die Linienpferde oder Linienzieher bequem und schnell vorwärts bewegen konnten.

Ein Beispiel für die zunehmenden Bemühungen um eine rationellere Organisation der Gütertransporte auf der Weser bilden die Schifferzünfte. Die erste „Schifferzunft"[37] an der Weser oberhalb Bremens gründeten die Mündener Schiffer 1592. Die aus 33 Artikeln bestehende Gründungsurkunde[38] umfaßt neben nach innen wirkenden Regelungen wie der Monopolisierung des Waidtransports, der 1592 offensichtlich immer noch von einiger Bedeutung war, Verordnungen zur Maskopey, Eigentumsbegrenzungen an Schiffen, Verbot des Verkaufs von Schiffen an Fremde, karitative Bestimmungen wie die Totenfolge usw., auch nach außen wirkende, die Schiffahrt allgemein betreffende Bestimmungen. So findet sich eine Fracht-, Lade- und Dingeordnung (Art. XIII – XVI) und eine Schlachtordnung (Art. XVIIII), die den Betrieb an den Mündener Schlachten konfliktfreier und damit effizienter gestalten sollte. Die Niederschrift der Ordnungen sollte vermutlich mehr Rechtssicherheit bringen. Als Beispiel sei die Schlachtordnung zitiert: *„Item wan schiffe vor der fischporten, loporten oder Molporten an der schlacht undt felde legen so ausgeladen, dieselbigen sollen den anderen schiffleuten so güter inhaben, oder auß undt inladen willen, weichen, damit sie auch aus undt inladen konnen, so dar clage überkumptt, sol der übertreter ein pfundt wapß geben"*.[39]

36 StA Detmold, L 92 A, Tit. 133, Nr. 34 a.
37 Es bedarf noch genauerer Untersuchungen, was dieser Zusammenschluß der Mündener Schiffer eigentlich darstellte und ob er überhaupt erfolgte.
38 StadtA Hann. Münden, Mitt. Reg. IV 4-1. Es handelt sich dabei nicht um die Originalurkunde, sondern um ein Konzept!
39 Ähnliches findet sich z. B. in der „Ordnung zum Meß- undt Kornambt" der Stadt Minden. StA Münster, Mscr. VII. Nr. 2904 B, Bl. 38 r.

Die Zunft der Vlothoer Gütertransporteure gründete man 1665.[40] Sie hatte eine Vorgängerin, über die bisher allerdings nur wenig bekannt ist.[41] Die Vlothoer Weserschiffahrt erlebte von Mitte des 16. Jahrhunderts bis in den Dreißigjährigen Krieg hinein eine Expansionsphase, die sie nach Zurückdrängung auch der Mündener Schiffer im Laufe des 17. Jahrhunderts zur mit Abstand gewichtigsten auf der Weser werden ließ.[42] Der Aufstieg der Vlothoer Schiffer wurde von der seit der Mitte des 16. Jahrhunderts zunehmenden Bedeutung Vlothos als Güterumschlagplatz zwischen Achse und Schiff und Speditionsplatz gefördert.

Fischer

Eine weitere Gruppe von Menschen, denen die Weser ein Auskommen bot, waren die Fischer. Die Fischer betrieben ihr Gewerbe vom Ufer („Kleinfischerei") und von Fischerkähnen aus („Großfischerei"). Die „Großfischerei" bediente sich des Zugnetzes („Seisse"), das vom „legge schep" aus bedient wurde. Sowohl Klein- als auch Großfischerei nutzten die unterschiedlichsten „Hamen".[43] Weiter legten die Fischer „korve" („Reusen") aus.[44] War die Weser zugefroren, gingen sie zum „Eisfischen" über.[45] Rintelner Fischer berichteten 1592, daß sie *„by tage und nacht"* auf Fischzug gingen, oft zusammen mit *„kumpan(e) oder mith vischer"*.[46] An Fischzügen der Mindener Fischer mit Zugnetzen konnten bis zu sechs Fischerkähne mit Besatzungen beteiligt sein. Von der Weser fuhren die Fischer auch in kleinste Nebengewässer ein, um dort Körbe auszulegen, zu fischen oder kleine Fischwehre anzulegen.[47]

Das höxtersche Fischeramt ist zudem ein Beispiel dafür, wie sich die Obrigkeit der Zünfte bediente, um öffentliche Aufgaben ausführen zu lassen. So war es die Aufgabe der Fischerzunft, den hölzernen Mittelteil der höxterschen Weserbrücke bei Gefahr durch Eisgang oder militärische Bedrohung der Stadt abzubauen und nach Ende der Gefahr wieder aufzubauen.[48]

Die aufwendigste und auffälligste Fangtechnik bildete das Fischwehr. Konstruktion, Unterhalt und Betrieb erforderten einen derart umfangreichen, organisatorischen und finanziellen Aufwand, daß nur Landesherrn und vereinzelt auch Adelige Fischwehre unterhielten. Diese Bauten bildeten störende Schiffahrtshindernisse; nur spezielle Durchfahrten ermöglichten das Passieren der Schiffe.

Wie Handel und Gütertransport war die Fischerei auf der Weser im 16. Jahrhundert ebenfalls ein städtisch dominiertes Gewerbe. Die städtischen Fischer gründeten Zünfte und schrieben ihre alten Ordnungen nieder. Die älteste Fischerzunft an der Weser war vermutlich das Fischeramt der Rintelner Fischer. Ihr Zusammenschluß erfolgte bereits im 14. Jahrhundert.[49] Fischerzünfte lassen sich nachweisen in Bremen, Höxter, Minden, Rinteln und Hameln.

Die Flußabschnitte, auf die sich das den Fischerzünften verliehene Fischereiregal erstreckte, waren von unterschiedlicher Ausdehnung. Häufig kamen noch Nebengewässer hinzu. Die Gerechtigkeit des Bremer Fischeramtes erstreckte sich auf der Weser von Hoya abwärts an Bremen vorbei bis in die Nordsee. Sie war den Bremern so wichtig, daß sie diese 1541 von Karl V. bestätigen ließen.[50] Das Mindener Fischereiregal galt für den zum Stift Minden gehörenden Weseranteil, also vom Gut Dankersen bei Rinteln bis Schlüsselburg. Das höxtersche Fischeramt hatte das Recht, auf dem gesamten zur Fürstabtei Corvey gehörenden Weserabschnitt zu fischen. Es gab jedoch Sonderrechte und Ausnahmeregelungen. Die Bremer Bürger besaßen das „Küchenfischereirecht", das ihnen erlaubte, für den Eigenbedarf zu fischen.[51] Weiterhin existierten grundherrliche Fischereirechte. So hatte die adlige Familie von Zerßen bei Eisbergen das Recht, im Regalgewässer des Mindener Fischeramtes ein Fischwehr zu betreiben.[52] Im Regalgewässer der höxterschen Fischer durften auch Fischer aus Wehrden und Lüchtringen fischen.[53] Am hessischen Teil der Weser zwischen Höxter und Münden gründete sich keine Fischerzunft. Die Fischerei war hier auf dem *„freyen Strohm"* allen Anwohnern und auch Fremden (!) freigestellt. Lediglich für Lachse war eine Abgabe zu zahlen. Im Bereich der Stadt Münden gab es eine „Ambtsfischerei", die vom Amt Münden verpachtet wurde. Sie umfaßte ein „Gehege" und den „Werder" bei Münden.[54]

Der Fang gelangte auf die städtischen Fischmärkte,[55] wo der Fischhandel von der Obrigkeit überwacht wurde. In Höxter z. B. waren die Verkaufsstände der Amtsfischer im südlichen Bereich der Kilianskirche zu finden.[56] Die Mindener Bürger kauften Fisch auf dem Fischmarkt in der Fischerstadt.[57] In Rinteln erließ der Rat 1546 eine „Ordinantie des vischkopes", die den städtischen Handel mit Weserfischen regelte.[58] Sie setzte u. a. die Preise fest, zu denen der Fisch verkauft werden mußte. Eine Besonderheit an der Weser stellte die Mindener Fischerstadt dar, in der Fischer, Schiffer und die Müller der vor Minden in der Weser liegenden Schiffsmühlen lebten. Sie ist ein einmaliges Beispiel einer berufsorientierten, mit Sonderrechten ausgestatteten Wohnanlage an der Weser (vgl. Kat. 58).

In Höxter und Minden und wohl auch in Hameln war das Recht, die Weser mit Schiffen zu befahren, von der Mitgliedschaft im Fischeramt abhängig. Wie das Beispiel des Joist Ziegenhirt zeigt, mußte ein

oben: **Teller mit Darstellung von Schiffern auf der Werra (Ausschnitt), vgl. Kat. 29**

unten: **Schüssel aus der Kloake des Joist Ziegenhirt (Ausschnitt), vgl. Kat. 55**

Zunftmitglied das Fischereigewerbe nicht unbedingt auch ausüben. Genossen des Rintelner Fischeramtes übten dagegen ihr Gewerbe aus und transportierten zudem Güter. Von den Genossen des Rintelner Fischeramtes lassen sich für das Jahr 1592 zwanzig namentlich identifizieren[59]. Mehrere von ihnen passierten hin und wieder den Varenholzer Weserzoll, auf der Talfahrt vorwiegend mit Getreide, auf der Bergfahrt häufig mit Bremer Waren.[60] Es ist zu vermuten, daß die Rintelner Fischer neben den Gütertransporten auch als Händler den lokalen Rintelner Markt nicht nur mit Weserfisch, sondern auch mit Bremer Waren, insbesondere Seefisch aus Bremen, versorgten. Diese Beobachtung deckt sich mit denen, die in Bezug auf höxtersche Fischer vorliegen, die ebenfalls mehreren Gewerben nachgingen.[61]

Die Menschen und der Staat

Ein weiterer Akteur auf der Weser, der im 16. Jahrhundert an Bedeutung gewann, sei abschließend noch kurz erwähnt: der „Staat". Zum einen trat er als wirtschaftlicher Akteur auf, der u. a. am Getreide- und Eisenhandel teilnahm. Vor allem aber setzte er Handel und Transportgewerbe zunehmend rechtliche und institutionelle Rahmenbedingungen. Die Verwaltungen erkannten allmählich die Bedeutung der nationalen ökonomischen Ressourcen als Machtfaktor im Konkurrenzkampf der werdenden Territorialstaaten. Den wirtschaftlichen Aktivitäten wurde deshalb erhöhte Aufmerksamkeit zuteil, nicht zuletzt mit dem Ziel, bei den Untertanen ein Maximum an Mehrwert abzuschöpfen. Produktion und Handel bekamen auf diese Weise hohe politische Bedeutung. Die Einsicht wuchs, daß institutionelle und rechtliche Rahmenbedingungen wichtig für das Gedeihen wirtschaftlicher Aktivitäten waren. Sie galt es zu gestalten. Dazu gehörte die Transportinfrastruktur. Erst spät jedoch kam es zu Stromregulierungen zur Erleichterung der Schiffahrt auf der Weser. Im Umgang mit dem Fluß in Hinsicht auf Ufer- und Strombaumaßnahmen und Fischerei mittels Fischwehren überwog lokales und traditionelles Denken, das selten den Fluß in Gänze als einen grenzüberschreitenden Transportweg erkannte. Die oft zitierte Verabredung zwischen Hessen und Braunschweig, die *„freye Schiffahrt auff der Fulda, Werra und Weser betreffend"*, von 1509 (Kat. 2) blieb auf der Weser ohne konkrete Folgen. Man hatte verabredet, den *„ ... Weserstrohm von aller gewalthat zur Schiffarth Sicherheit und auffnahme mit gleichen Zuthun (zu) befreyen, daran gleiche anzahl Zölle in gleichen Quando (zu) haben, die Fuhrten daselbsten mit gleichen Kosten stehen und weilen der Weserstrohm ... zur Schiffahrt nach notdurfft nicht zugerichtet gewesen, solche den H. Reich und zur Beförderung gemeinen nutzens frey und Schiffreich machen [zu] woll[en]"*. Aber noch 1879 war es ein großes Ziel, zwischen Bremen und Münden durch Strombaumaßnahmen durchgehend ein Fahrwasser von einem Meter Tiefe zu erreichen.[62] Die Förderung der Transportinfrastruktur beschränkte sich auf die politische und rechtliche Unterstützung der jeweils eigenen Untertanen. Beispiele sind die Stapelrechte der Weserstädte Münden, Hameln, Minden und Bremen oder das Privileg des *„non arrestare"*. Dieses Privileg, das etwa Münden 1571[63] oder Minden 1589 und 1614[64] vom Kaiser erhielten, sollte die Untertanen davor schützen, daß ihnen und ihren Waren zu Wasser und zu Lande *„Kummer und Arrest"* geschähe. Denn es war gemeiner Brauch, daß die Obrigkeiten bei so gut wie allen denkbaren Streitigkeiten, aber auch Zollvergehen, die Gütertransporteure des Gegners anhielten und Schiff und Ladung in Arrest nahmen (Schiffsarretierung).[65]

Dem Gütertransporteur und dem Kaufmann trat der „Staat" im Alltag in erster Linie nicht als Förderer und Schutzmacht gegenüber, sondern in Gestalt seiner Zöllner. Deren Geschäft rationalisierte und verschriftlichte der Staat ebenfalls. Sie erhielten klare Anweisungen; die Zolltarife wurden gedruckt und veröffentlicht. Über die Pflichten des Rintelner Zöllners Johann Musing heißt es 1571:

„Der Zolner sol klerlich zu register schreiben die waer, und wie fiel der ist, und den namen des kauffmans, dar ehr Zollen nimbt, und wie fiel ehr empfeht, dar zu den tagh. Und jeder wär soll ehr in seine register an ein bescheiden orth setzen. Nemblich Weithe, Roggen, Garsten, Havern, Butter, Kese, Heringh, Rotscher und alles was daran kumft" (Kat. 18).

Die Zöllner stellten die Speerspitze des frühneuzeitlichen Staates bei der Abschöpfung des expandierenden Warenhandels auf der Weser dar. Dabei wird jeder der über 20 Zöllner, die die Schiffe zwischen Münden und Bremen zum Anlegen zwangen, um deren Ladungen zu taxieren, seine „Kundschaft" persönlich gekannt haben. Die Zahl der Gütertransporteure auf der Weser wird trotz aller wirtschaftlichen Expansion im 16. Jahrhundert für einen Einzelnen überschaubar gewesen sein, so daß jeder Zöllner, wenn er seine Aufgabe gewissenhaft erfüllte, jeden Zahler mit Namen begrüßen konnte. Auch über das Warensortiment blieb übersichtlich. Es war so bescheiden, daß die gedruckten Zolltarife, welche die Waren einzeln aufzählten, nur wenig Papier beanspruchten.

40 Heil 1985 und 1987.
41 StA Bremen, 2-R.9.aa.
42 Heil 1987, Tab. S. 97.
43 Hamen sind kleine, an einem oder zwei hölzernen Stielen befestigte Fischnetze.
44 Die Terminologie orientiert sich an der Satzung des Mindener Fischeramtes von 1535. StA Münster Msc. VII, Nr. 2904 B, Bl. 7 v–24 v. Ein Abdruck findet sich bei: Schroeder 1997, S. 123.
45 Willkür des höxterschen Fischeramtes von 1535. Die Willkür der höxterschen Fischer bietet ebenfalls wertvolle Hinweise auf Fangtechniken und Fischereigeräte. StA Münster Corvey Nr. 1414.
46 StA Bückeburg H 1 Nr. 1131.
47 Ebd.
48 Rabe 1998, S. 111. Weiter zur höxterschen Fischergilde: Rüthing 1986, S. 163–167.
49 Maack 1970, S. 55.
50 StA Bremen 1–Cb 1541 Juli 20.
51 Dannenbring 1961, 198–204.
52 StA Bückeburg, L 1 Nr. 5290.
53 StA Münster, Corvey Nr. 891.
54 StA Hannover, Hann 74 Münden E 1503.
55 Vgl. Kat. 43
56 Rabe 1998, S. 110.
57 Krieg 1952, S. 24.
58 Maack 1970, S. 82–84.
59 StA Bückeburg, H 1, Nr. 1131.
60 StA Detmold, L 92 A, Tit. 133, Nr. 34 a.
61 Rabe 1998, S. 112.
62 Grohs 1987, S. 239. Hier auch eine Übersicht über Projekte zur Verbesserung der Schiffbarkeit auf der Weser von 1556 bis in die Gegenwart.
63 StA Münster, Corvey Nr. 312.
64 KA Minden, Stadt Minden A I, Nr. 734 Urkunden bzw. A I, Nr. 805 Urkunden.
65 Ein interessantes Beispiel bietet eine Auseinandersetzung zwischen Jülich, Kleve, Berg und dem Stift Minden um ein Fischwehr in den Jahren 1596/97, während der beide Seiten Schiffe „kaperten" und arrestierten.
StA Detmold L 41, Nr. 11 und L 44, Nr. 18/12.

Funde aus der Kloake des Joist Ziegenhirt in Höxter
ca. 1600–1630

13 Objekte bzw. Fragmente
Glas, Keramik
Höxter, Stadtarchäologie

196

DAS SCHIFF

Ein bedeutendes Zeugnis für die Kulturgeschichte des Oberweserraumes in der Spätrenaissance stellen die Funde aus der Kloake des höxterschen Bürgers Joist Ziegenhirt (ca. 1580 bis 1632) dar. Sie wurden 1988 bei einer Notgrabung in einem Kloakenschacht entdeckt. Die geborgenen Fundstücke waren vor allem Haushaltsgegenstände und Geschirrfragmente[1]. Die Zuschreibung erfolgte aufgrund eines Namenszuges, der sich auf insgesamt sieben (zerbrochenen) Trinkgläsern fand: Auf sechs Bechern mit Emailbemalung ist JOST ZIEGENHERDT zu lesen, auf einem undatierten Kelchglas wurde JOST CIGENHIRT eingraviert. Die Familie Ziegenhirt bewohnte das Gebäude auf dem Grundstück zwischen 1604 und 1652 (vgl. auch Kat. 56). Ziegenhirts verhältnismäßig großer Wohlstand läßt sich an der Vielfalt und Reichhaltigkeit des Fundkomplexes ablesen, der weit über Gebrauchsgeschirr und den Bestand eines üblichen bürgerlichen Haushaltes hinausgeht.

Bei den Funden handelt es sich größtenteils um Fragmente keramischer und gläserner Objekte, vor allem um funktionsgebundene Gefäßformen wie Teller, Schüsseln, Pfannen, Töpfe und Flaschen aus Irdenware sowie Steinzeug. Außerdem wurden in der Kloake einige Eisenfunde und Gebrauchsgegenstände unterschiedlichster Art wie Schlüssel, Messer, eine dreizinkige Mistgabel, Nägel, Schuhabsatzbeschläge, Geschosse und die Bruchstücke von Fensterscheibenfassungen geborgen. Hauptsächlich liefern die Kloakenfunde ein beredtes Bild von renaissancezeitlicher Weser- und Werraware. Anhand der Verzierungstechnik läßt sich erkennen, daß die Fundstücke vor allem aus den Waldglashütten zwischen Oberweser und Leine stammen, von wo aus sie als Fernhandelsartikel über die Flüsse verschifft wurden. Zu den Erzeugnissen der Hütten im Oberweserraum gehörten Stangen- und Kelchgläser, Becher, Römer, Kannen und Flaschen. Da Joist Ziegenhirt hauptsächlich als Weserschiffer Handel trieb und häufig Talfahrten von Höxter in Richtung Bremen vornahm,[2] kam er mit den verschiedenen Handelsniederlassungen an der Oberweser häufig in Kontakt. Augenscheinlich stammen viele Produkte der Waldglashütten von diesen Handelsfahrten.

Unter den Fundstücken befinden sich 14 vollständige Exemplare und die Fragmente von mindestens vier weiteren qualitätvollen irdenen Erzeugnissen. Typisch für diese Weserware sind die stark stilisierten, geometrisch angeordneten Motive. Bemalungen und Verzierungen sind in leuchtenden Farben aufgetragen: abwechselnd grüne und braune Dekore auf gelbem Grund, bzw. grüne und gelbe Dekore auf braunem Grund (vgl. Kat. S. 54).

Ebenso finden sich Erzeugnisse aus den Töpfereizentren Nordhessens und Südniedersachsens, sogenannte Werraware. Diese Irdenware war auf der Schauseite reich mit stilisierten, geometrisch angeordneten und pflanzlichen Motiven sowie figürlichen Darstellungen allegorischen Inhalts verziert.

Neben den Gläsern aus Waldglashütten des Weserraumes, teilweise mit Emailbemalung bzw. Diamantverzierung, ist, die Keramik betreffend, besonders eine blaue, niederländische Fayence, Siegburger Steinzeug und nicht zuletzt ein polychrom bemaltes Schreibzeug mit Beerennuppenauflagen hervorzuheben.

Andreas König und Holger Rabe gehen in ihren Aufsätzen über die Kloakenfunde auch auf Ziegenhirts Charakterzüge ein: Er sei ein vermögender Bürger mit übergroßem Selbstbewußtsein gewesen und habe mit Stolz seinen Namen getragen. Zumindest letzteres kann man wohl mit Sicherheit behaupten, da es im nordwestdeutschen Raum der Spätrenaissance unüblich war, Gebrauchsgegenstände als persönlichen Besitz zu kennzeichnen. Auch das polychrome Schreibzeug mit Beerennuppenauflage legt Zeugnis von der wenn nicht politisch, so doch gesellschaftlich gehobenen Position der Familie Ziegenhirt ab.[3]

Sonja Dieckmann

Literatur: König/Rabe 1993, König/Rabe 1995 (hier die ältere Literatur).

1 Kloaken dienten im 17. Jahrhundert nicht nur als Toilettenanlagen, sondern auch zur Beseitigung von Haushaltsabfällen.
2 StA Bückeburg L1, IV, Da 130–170. Zwischen 1601 und 1630 erscheint der Name Ziegenhirt in den Listen der Schaumburger Zollstelle in Rinteln.
3 Das Schreibzeug ist in der Spätrenaissance als Nachweis der Schriftkundigkeit mindestens eines Familienmitgliedes (zumindest des Oberhauptes) zu sehen. Die Kenntnis des Schreibens und somit auch des Lesens stellt in der frühen Neuzeit noch einen enormen gesellschaftlichen Vorsprung dar.

Kat. 55

Kat. 55

Quellen zum Mündener Schiffer Joist Ziegenhirt

Höxter, Stadtarchiv, Sign.:
XX, 7 (1619–1622 und 1629 f.): Brauakziseregister, das Ziegenhirt als bedeutenden Bierproduzenten ausweist.
A, XX (1623/24, 1624/1625, 1627/1628): Nachweise über Handel mit Wein
A, XX, 1: (1623): Ausübung des Amtes als Pfannenschreiber
A, VIII, 4: (auf p. 41 v. Stiftung einer silbernen Oblatendose)
A, XIV, 1 (1615): Angeklagter vor dem städtischen Niedergericht wegen tätlicher Auseinandersetzungen
A XIX, 4 (1630): Angeklagter wegen widerrechtlichen Brauens mit dem Kessel

1988 wurde bei Notgrabungen in der Uferstr. 8 in der Altstadt Höxters ein Kloakenschacht entdeckt. Er läßt sich einem Haus zuordnen, das im 17. Jahrhundert der höxtersche Bürger Joist Ziegenhirt (gest. 1632) bewohnte. Durch schriftliche Quellen ist bekannt, daß Joist Ziegenhirt u. a. als Weserschiffer tätig war, und so stellen die aus der Kloake geborgenen Funde die einzigen, einem Weserschifferhaushalt des frühen 17. Jahrhunderts zuzuordnenden materiellen Hinterlassenschaften dar. Die Funde sind um so interessanter, als es sich um Überreste eines recht wohlhabenden Haushaltes handelte (vgl. Kat. 55), und sie auch die weitreichenden Handelsbeziehungen des Hausherren dokumentieren. Ziegenhirt hatte das Grundstück 1604 erworben. Wie höxtersche Steuerregister belegen, gelang ihm von diesem Jahr an bis 1622 ein bemerkenswerter wirtschaftlicher Aufstieg, der ihn schließlich an die fünfte Stelle der städtischen Steuerhierarchie brachte. Damit war sein Haushalt einer der wohlhabendsten bürgerlichen Haushalte in Höxter.

Joist Ziegenhirts Wohlstand beruhte – so läßt sich vermuten – im wesentlichen auf zwei Gewerben, dem Bäckerhandwerk und der Weserschiffahrt, die er zugleich ausübte. Als Weserschiffer war er sowohl Händler als auch Transporteur. Neben den materiellen Hinterlassenschaften aus dem Kloakenschacht erlauben die Quellen detaillierte Aussagen über das ökonomische Handeln und den sozialen Status des Joist Ziegenhirt. Die Archivalien und archäologischen Funde ermöglichen einen vielschichtigen und facettenreichen Einblick in Leben und Arbeit eines Weserschiffers in den ersten Jahrzehnten des 17. Jahrhunderts.

Ziegenhirt verfügte über einen gewissen Wohlstand, der von einem Bürger seines Standes nicht unbedingt zu erwarten ist. Trotzdem war er nicht ratsfähig und gehörte damit nicht der bürgerlichen Oberschicht Höxters an. Die gefundenen, repräsentativen Gegenstände dienten möglicherweise auch der Kompensation einer unbefriedigenden gesellschaftlichen Stellung. Die Quellen dokumentieren seinen Grundbesitz und die Entwicklung seines Vermögens, bezeichnen ihn als Dechant der höxterschen Bäckergilde und als Pfannenschreiber im höxterschen Wegetalviertel, belegen Geschäfte mit Backwaren, Korn, Eisen, Speck und Tran, Wein und Futtergetreide. Ferner präsentieren sie ihn als Gütertransporteur auf der Weser, Eigentümer von Fuhrwerken, überliefern ihn als Bierbrauer und als Ackerbürger. Konflikte mit der Obrigkeit dokumentieren Archivalien des städtischen Niedergerichts. In den Weserzollregistern der lippischen Weserzollerhebungsstätte Varenholz sind seine Frachtfahrten auf der Weser zwischen 1597 und 1631 vermerkt.

Holger Rabe[1] bewertet die Erwerbsquellen Joist Ziegenhirts als zeittypisch. Wie andere Bürger auch habe er sich in zahlreichen Erwerbszweigen betätigt. Dem Bäckerhandwerk habe er sich verstärkt gewidmet, als infolge des Kriegsverlaufes die höxtersche Schiffahrt gestört war. Die Produktion von Bier sei in Höxter eine typische Nebeneinkunft gewesen. Als seine Hauptprofession – als wirtschaftliche Basis – sei der Verkauf und Transport von Getreide und Eisen, die er als Zwischenhändler nach Bremen transportierte, anzusehen. Auf der Bergfahrt habe er Bremer Waren für den höxterschen Markt transportiert, habe aber auch mit Waren wie Wein und Keramik gehandelt. Daß er hier die wichtigsten Einkünfte erzielt habe, zeige die Stagnation seines bis dahin stetig gewachsenen Vermögens nach 1623, als er infolge der Kriegsereignisse seinen Handel und seine Fahrten auf der Weser weitestgehend einstellen mußte.

Georg Heil

Literatur: König/Rabe 1993; König/Rabe 1995; Rabe 1998, S. 160–168.

1 Rabe 1998, S. 162.

Abendmahlskelch
Ostwestfalen
1637

Meisterzeichen DH oder HC
Silber, getrieben, gegossen, graviert, teilweise vergoldet
H 20 cm, Dm Fuß 16 cm, Dm Kuppa 13 cm
Vlotho, Ev.-lutherische Kirchengemeinde St. Stephan

Der in spätgotischen Formen gehaltene Kelch wurde der Kirche St. Stephan wahrscheinlich im Jahre 1637 zusammen mit einem Oblatenteller gestiftet. Am Lippenrand des Kelches befindet sich eine gravierte, zweizeilige, deutsche Stifterinschrift, die mit den Einsetzungsworten des Abendmahls nach I Korinther 11, 25 in Latein beginnt, sowie die Jahreszahl 1637.

Die sechs Pässe des Kelchfußes sind mit gravierten Medaillons verziert. In einem der Pässe ist ein Schiff mit Mast und Segel zu erkennen, in den anderen Medaillons wurden die Namen der 22 Stifter eingraviert: *„Johan Holmann/ Henrich Schluter/ Arend Settemeyer/ Egidion Sander/ Johann Kromker/ Wilhelm Schwepe/ Henrich Brandt/ Henrich Fischer/ Johan Swarte/ Thonis Isern/ Bertram Sander/ Jürgen Noltinck/ Johan Klocke/ Lutter Schroder/ Arent Kroger/ Thonis Holman/ Bertram Isern/ Jeremias Hense/ Ludolff Sander/ Wilhelm Schröder/ Johan Brockmann/ Gerdt Voß"*.

Das Register der einige Kilometer flußaufwärts von Vlotho gelegenen Weserzollstelle Varenholz verzeichnet in den Vorjahren, zwischen Michaelis (29. September) 1635 und Michaelis 1636, zwanzig dieser Stifter als Schiffer, die Güter auf der Weser transportierten.[1] Wenngleich allein Wilhelm Schwepe im Varenholzer Zollregister keine Erwähnung findet, ist Hieronymus Hense wahrscheinlich mit dem genannten Jeremias Hense identisch. Neben den auf dem Kelch genannten Personen finden sich im Varenholzer Zollregister weitere elf Vlothoer Weserguttransporteure: Für vier von ihnen – Arenndt Voß, Wilhelm Schluter, Ludolph Sander und Johan Eisen (Isern) – darf man eine Verwandtschaft mit den Stiftern annehmen. Nach Ausweis der Zollregister beteiligten sich demnach lediglich sieben Vlothoer Schiffer – Wulff Schuckmann, Bartram Rudolphen, Engelcke Reitmeyer, Thonies Krudtwulff, Henrich Fueßknecht, Otto Krusebecker und Wilhelm Tebbe – nicht an der Stiftung des Kelches. Die meisten dieser Genannten passierten den Zoll relativ selten. Vielleicht verkehrten sie häufiger unterhalb Vlothos oder gingen neben der Schiffahrt noch weiteren Gewerben nach (vgl. Kat 56).

Was die Stifter miteinander verbindet, ist offensichtlich der Transport von Gütern auf der Weser. Ob es in dieser Zeit einen Zusammenschluß, Gilde oder Bruderschaft, gab, ist nicht bekannt. 1665 wurde in Vlotho eine Schiffergilde gegründet,[2] und zwar, wie aus einer bisher unbekannten Quelle[3] hervorgeht, bereits zum zweiten Mal. Diese nötigte ihre Mitglieder zur Anerkennung und Einhaltung von Regeln. 1637, als der Kelch gestiftet wurde, existierte vermutlich keine Gilde, weil das Gewerbe der Vlothoer Weserguttransporteure während des Dreißigjährigen Krieges stetig wuchs – die Zahl der Schiffer stieg ebenso wie die beförderten Gütermengen. In jener Phase fehlte wegen des wirtschaftlichen Wachstums offenbar die Konkurrenz untereinander, die eine Einführung von Regeln erfordert hätte.

Von besonderer Bedeutung für die Gründung der Gilde war die Notwendigkeit, die Konkurrenz aus Münden zurückzudrängen. Die dortigen Schiffer waren viel früher mit dem Problem der Konkurrenz untereinander sowie der Schiffer aus anderen Weserstädten konfrontiert worden. In der Blütezeit des Mündener Handels, gegen Ende des 16. Jahrhunderts, gründeten die Mündener *„Schiffmans Meister undt Schiffleute"* 1592 zunächst eine Bruderschaft[4], aus der dann in der Folgezeit die Mündener Schiffergilde hervorging.[5] 1640 verlieh Herzog Georg von Braunschweig-Lüneburg den Mündenern ein Landungsvorrecht in Münden, das es allen fremden Schiffern praktisch unmöglich machte, in Münden Ladung zu nehmen.[6] Die Gründung der Vlothoer Schiffergilde scheint u. a. durch diesen Versuch ausgelöst worden zu sein, die Konkurrenz aus den anderen Weserhäfen zurückzudrängen.

Die Vlothoer führten 1665 in der *Praefatio* ihrer Gründungsurkunde ausdrücklich an, die Urkunde diene u. a. der *„Erhaltung beständiger Einigkeit unter[einander]"*. Die nachdrückliche Betonung dieses Zweckes läßt vermuten, daß die Schiffer sich in Wirklichkeit nicht immer einig waren. Ferner war die Vlothoer (Wieder-) Gründung 1665 der Versuch, dem wirtschaftlichen Rückgang in der zweiten Hälfte des 17. Jahrhunderts und der damit zusätzlich wachsenden Konkurrenz um die zu transportierenden Güter entgegenzuwirken. Die Gründungsurkunde formuliert dies so: *„... damit ein jeder nahrung bey diesen schlechten Jahren haben könne."*

Die Stiftung des Abendmahlskelches ist Ausdruck des Wohlstandes seiner Stifter und deren Familien und zugleich Dank für diesen Wohlstand.

Georg Heil

Literatur: Grossmann 1971, S. 161; Kat. Unna 1983, Nr. u. Abb. 20; Heil 1985; Kat. Lemgo 1989, Bd. 1, Nr. u. Abb. 823.

1 StA Detmold, L 92, A Tit. 133, 34 a IV.
2 StA Münster, Grafschaft Ravensberg 312 a, Gründungsurkunde vom 28.02.1665.
3 StA Bremen 2, R. 9. aa.
4 StA Minden, Mitt. Reg. IV 4–1.
5 Albrink 1990.
6 HStA Hannover, Hann 74, Münden, K 523.

Kat. 57

Der Fischerstadt Gerechtigkeit Buch

Minden, 1647

Handschrift
30,8 x 22,5 cm (Einband)
Münster, Nordrhein-Westfälisches Staatsarchiv, Inv. Msc. VII 2904 B

202

DAS SCHIFF

In Minden lebten die Schiffer, Fischer und Schiffsmüller bis in die Neuzeit in einem eigenen Stadtteil, der sog. Fischerstadt, die unmittelbar an der Weser lag.

Ein Kupferstich Wenzel Hollars gibt die bauliche Situation der Fischerstadt um 1630 wieder. Diese ursprünglich außerhalb der mittelalterlichen Ringmauer gelegene Vorstadt wurde Ende des 14. Jahrhunderts in den Bau einer Befestigungsanlage einbezogen. Der Stadt zugehörig und ihrem Schutz unterstellt, behielt die Fischerstadt rechtlich eine Sonderstellung, war sie doch durch zwei „burmester" im Rat der Stadt Minden vertreten.

Die Rechte der Bewohner der Fischerstadt unterschieden sich von denen der Mindener Bürger, wie das Fischer Stadt Gerechtigkeit Buch dokumentiert. Es enthält eine Sammlung von Satzungen und Statuten sowie Aufzeichnungen allgemeiner Art.[1] Auf der Rückseite des Einbandes ist das Entstehungsjahr des Buches genannt: 1564. Das Original aus diesem Jahr ist jedoch nicht erhalten. Der prächtig gestaltete Titel leitet eine sorgfältige Abschrift des Textes ein, die im Jahre 1647 entstand, dem Wunsche zufolge, die *„älteren Aufzeichnungen in einem neuen, würdigen Gewande, in notariell beglaubigter Abschrift aufzunehmen"*[2]. Möglicherweise stützte sich auch die Ausgabe von 1564 auf eine ältere, wohl um 1535 entstandene Vorlage und geht damit auf das Jahr der Festsetzung der Statuten[3] für Fischerei, Schiffahrt und Schiffsmüllerei zurück.[4] Die Abschrift 1647 mag mit der Übernahme des Fürstbistums Minden durch den Kurfürsten von Brandenburg zusammenhängen, die durch den Westfälischen Frieden 1648 bestätigt wurde. Die aufgezeichneten, bisher vom bischöflichen Landesherrn verliehenen Rechte wurden möglicherweise dem Kurfürst als neuem Landesherren zur Bestätigung vorgelegt.

Das Buch ist in drei Teile gegliedert: Der erste Teil behandelt die Bestimmungen, die sich mit dem Verhältnis zwischen den Bewohnern der Fischerstadt und den übrigen Mindener Bürgern beschäftigen. Der zweite Teil ist den Statuten für das Fischergewerbe, die Schiffahrt und die Schiffsmühlen gewidmet. Regelungen, die die Selbstverwaltungsorgane der Fischerstadt betrafen, sind Gegenstand des dritten Teils.

Die Mindener Fischerstadt mit Bürgermeister, Rat, Rathaus und eigenem Siegel, wie sie das *Der Fischerstadt Gerechtigkeit Buch* dokumentiert, geht vermutlich erst auf die Zeit nach 1450 zurück. Hervorgegangen ist sie aus der einstigen Fischersiedlung. Seit alters her durch die Lage am Weserufer vereint, übten Fischer und Schiffer der Vorstadt ihre Aufgaben nach 1450 im Schutz der damals neuen Festungsanlage nicht mehr nebengewerblich, sondern im Hauptgewerbe aus. Diesem Wandel folgte der Zusammenschluß der Fischer in der Zunft ebenso wie die Ausprägung eines eigenen Fischerwohnviertels.

Das Recht auf Fischfang, das sog. Fischereiregal, das der Bischof und die Stadt Minden der Fischerstadt verliehen hatten, übte das Fischeramt aus, das wohl einer Zunft ähnlich war und vermutlich auf das Jahr 1535 zurückging. Die Statuten regelten die Voraussetzungen für die Berechtigung zur Ausübung der Fischergewerbes und die Bürgerpflichten. Sie bestimmten das Fischrevier, die Fischzeiten, die praktische Ausübung der Fischerei, legten die Voraussetzungen für die Berechtigung zur Ausübung der Schiffahrt fest und fixierten die Regeln für die praktische Ausübung der Schiffahrt. Darüber hinaus wird darauf verwiesen, daß jeder Fischer, Schiffer und Schiffsmüller sich einer Zunft anzuschließen habe.

Der Fischer Stadt Gerechtigkeit Buch dokumentiert die Privilegien einer eigenen Gerichtsbarkeit und Zunft. Die Gerichtsbarkeit beschränkte sich im wesentlichen auf die gewerblichen Angelegenheiten der Fischerei und der Schiffahrt. So wurden z. B. Übertretungen der Schiffahrts- und Fischereiordnungen mit Strafen belegt.

Der Fischer Stadt Gerechtigkeit Buch ist somit ein einzigartiges Zeugnis für ein Wohnviertel, das wenigen Berufsgruppen vorbehalten war und mit Privilegien ausgestattet als eigene kleine „Stadt" vor der Stadt gelten darf. Die Besonderheit des Buches liegt auch darin, daß Fischer und Schiffer in den meisten Städten einen untergeordneten Status hatte und ihre Tätigkeit nicht als zunftfähiges Gewerbe galt. Allein in Minden scheinen sie eine so wichtige Position gehabt zu haben. Es ist das einzige Beispiel entlang der Weser dafür, daß die Flußgewerbe einen so starken städtebaulichen Einfluß ausübten.

Georg Heil

Literatur: Löffler 1932; Krieg 1952; Schwarzwälder 1985; Hübert-Franke 1997; Nordsiek, M. 1997; von Schroeder 1997; Wähler 1997.

1 Eine detaillierte Beschreibung der Handschrift, Inhaltsangabe und Abdruck der wichtigsten Inhalte findet sich bei Schroeder 1997, S. 117–144.
2 Ebd., S. 117.
3 Schroeder 1997, S. 118.
4 Ebd., S. 18.

Der Fischer Stadt Gerechtigkeit Buch
Darinn alle dero selben PRIVILEGIA und Ge-
rechtigkeiten von ANNO 1564 an, bey Lebzeit
und Regierung Herrn Bürgermeisters Jo-
han Kinderding, und auff dessen verord-
nung auß den alten Schrifften und Brieff-
en, in dieses Buch eingeschrieben, geschehen im
Jahr 1647

Kat. 58, Titelblatt

Reisende auf der Weser

Herbert Schwarzwälder

Lastschiff, das bei Stolzenau durch Pferde getreidelt wird, Kupferstich (Ausschnitt) aus: M. Merian, *Topographia ... Braunschweig und Lüneburg*, Frankfurt 1654

Einführung

Die Weser ist seit eh und je ein wichtiger Verkehrsweg; darüber sind bereits zahlreiche Bücher erschienen, die unterschiedliche Schwerpunkte setzten: historische, wirtschaftliche, verkehrstechnische, kunstgeschichtliche und andere. Dabei wurde eine Fülle von Quellen berücksichtigt, darunter sind aber nur wenige, die Reisende auf der Weser verfaßten.[1] So wissen wir aus Baggerfunden, daß schon römische Händler die Weser befuhren. Die *Vita Willehadi*, die Lebensbeschreibung des ersten bremischen Bischofs, berichtet, daß dieser 789 weserabwärts nach Blexen reiste und dort starb; sein Leichnam wurde dann mit dem Schiff nach Bremen gebracht. Adam von Bremens Kirchengeschichte erzählt, daß Wikinger Anfang des 11. Jahrhunderts auf ihren Plünderzügen weseraufwärts fuhren und daß Erzbischof Libentius II. (1029–1032) den bremischen Kirchenschatz nach Bücken bei Hoya brachte. Chroniken und Urkunden berichten, daß die Bremer gegen die Stedinger Schiffe zur Verfügung stellten, als Erzbischof Gerhard II. (1219–1258) seinen Kreuzzug gegen das Bauernvolk unternahm. Im 14. Jahrhundert fuhr bremisches Kriegsvolk weseraufwärts, um Thedinghausen zu beschießen, und weserabwärts, um Soldaten und Kriegsgerät nach Butjadingen zu bringen. Hunderte von Urkunden, Zoll- und Akziseregistern zeigen, daß es lebhaften Warentransport auf der Weser gab. Auf den wichtigsten Straßen herrschte immer reger Verkehr: Fürsten besuchten mit großem und kleinem Gefolge ihre Verwandten und befreundete Standesgenossen; zudem unternahmen sie militärische und diplomatische Expeditionen; junge Adlige, Gelehrte und Studenten machten ihre Grand Tour durch Europa, um sich vielseitig zu bilden;[2] zahlreiche Soldaten wechselten ihre Obristen und zogen von einem Kriegsschauplatz zum anderen; Kaufleute waren mit und ohne Waren unterwegs. Handwerker befanden sich „auf der Walz"; Vaganten, Bettler und Spitzbuben suchten auf ihren Streifzügen „Gelegenheiten" aller Art.

Nur wenige Reisende verfaßten Berichte über ihre Erlebnisse und Beobachtungen; ein großer Teil von ihnen fiel aus, da sie des Schreibens nicht mächtig waren; zudem mußte ein Antrieb zum Schreiben gegeben sein. Mancher Reisende wollte sich eine Gedächtnisstütze für die Zukunft schaffen oder plante sogar eine Veröffentlichung. Oft hatten Väter ihre reisenden Söhne beauftragt, Tag für Tag ihre Beobachtungen aufzuschreiben. Diplomaten verfaßten eine Relation über den Verlauf ihrer Mission, Boten rechneten ihre Reisekosten bei ihrem Auftraggeber ab. Vielfach gingen auch Briefe mit einer Darstellung der Gedanken und Erlebnisse an Verwandte und Freunde. Jeder Text entstand also unter bestimmten Voraussetzungen, die man bedenken muß, wenn man den Quellenwert richtig einschätzen will. Nur die wenigsten Quellen über das Reisen entstanden mit der Absicht des Schreibers, der Nachwelt Material zur Geschichte, Kultur und Wirtschaft zu hinterlassen.

Es gab für Reisende immer verschiedene Arten sich fortzubewegen. Sie hingen in starkem Maße von ihren finanziellen Mitteln und körperlichen Fähigkeiten ab. Oft blieb überhaupt keine Wahl zwischen verschiedenen Möglichkeiten. Am billigsten war der Fußmarsch; man trug seinen Ranzen, übernachtete in Heuschobern oder in einfachen Gasthäusern, und man versorgte sich bei den Bauern mit Lebensmitteln. Der Ritt auf dem Pferd war die schnellste Art der Fortbewegung; doch ein Pferd und seine Versorgung mit Futter waren teuer. Teuer war es auch, einen eigenen Reisewagen zu unterhalten. Wer ihn nicht kaufen oder für die Reise mieten konnte, war auf die Gefährte, meist offene „Stuhlwagen", der ordentlichen Post oder von Mietkutschern angewiesen, die von einer Station zur anderen fuhren. Man überquerte die Flüsse auf Brücken, durch Furten oder mit Schiffen, auf denen die Wagen verstaut werden mußten.

1 Schwarzwälder 1987; Schwarzwälder 1999

2 Vgl. den Aufsatz von Anke Hufschmidt, S. 248–257.

Eine besondere Art der Fortbewegung bot nun aber die Schiffahrt. Im Hinblick auf die Weser stellt sich die Frage, warum jeweils der Wasser- oder der Landweg gewählt wurde. Für den Landweg sprach das schnellere Vorwärtskommen. Wer in einer eigenen Kutsche reiste, hatte oft Schwierigkeiten, diese auf Fährschiffen unterzubringen. Für Fürsten, die mit großem Gefolge und umfangreichem Troß reisten, auch für große Truppenabteilungen, kam der Wasserweg ohnehin nicht in Frage. Regelmäßige Schiffsverbindungen gab es bis ins 19. Jahrhundert nicht: Man konnte ein Schiff für eine Strecke mieten; das war, wie wir von den Truppentransporten des 18. Jahrhunderts wissen, recht teuer. Oft aber hatte man auf ein Schiff zu warten, das Güter transportierte; die Passagiere mußten sich dann zwischen Steinblöcke und Getreidesäcke hocken. Vorteilhaft war, daß die Schiffe ruhig dahinglitten, während die Passagiere in Reisewagen durchgeschüttelt wurden. Ganz allgemein hatte der Schiffsverkehr auf der Weser bis ins 19. Jahrhundert mit großen navigatorischen Schwierigkeiten zu kämpfen: Der Fluß hatte viele Windungen sowie Sandbänke und andere Hindernisse. So dauerte eine Schiffahrt von Münden bis Bremen mehrere Tage. Flußabwärts konnten sich die Schiffe treiben lassen, wobei sie mit Stangen und Rudern gesteuert werden mußten; flußaufwärts wurden die Schiffe gegen den Strom gestakt und gerudert; Segeln war nur stellenweise und bei günstigem Wind möglich; Treideln unter Einsatz von Menschen und Pferden konnte man wegen seichter Uferstrecken, Altwassern, Gräben und Nebenflüssen nur auf kurze Strecken.[3] Alle diese Schwierigkeiten machten die Schiffahrt auf der Weser mühsam und langwierig, so daß der eilige Reisende sich als Fußwanderer, Reiter oder im Wagen fortbewegte, selbst wenn ungepflasterte Straßen und schwierige Flußübergänge zu ertragen waren. Auch die Unterweser ab Bremen hatte ihre Probleme: Der Fluß besaß auch hier viele Windungen und Untiefen; doch das Auflaufen des Stromes zur Flut erleichterte die Schiffahrt flußaufwärts; zudem war die Weser hier breiter, so daß man sie mit größeren Schiffen befahren konnte und das Segeln erleichtert wurde. Im allgemeinen wechselten Passagiere und Waren in Bremen die Schiffe. Ungünstige Winde, starke Strömung, niedriger Wasserstand usw. konnten den Schiffsverkehr auf der Unterweser erschweren.

Lastschiff, das in der Allermündung bei Verden mit Menschenkraft getreidelt wird, Kupferstich (Ausschnitt) aus: M. Merian, *Topographia Saxoniae Inferioris*, Frankfurt 1653

Die meisten Reisenden auf Schiffen waren als Händler oder Transporteure von Massengütern unterwegs. Als Beispiel möge der Einkauf großer Mengen von Butter und Käse für Landgraf Philipp von Hessen 1534 dienen.[4] Einkäufer waren Claus Tasche aus Kassel und Conrad Hopf aus Melsungen. Sie gelangten zu Pferde nach Verden und Bremen, wo sie ihre Einkäufe tätigten. Die Waren wurden hier auf Schiffe verladen, wobei durch ihren Transport mit Karren zum Schiff, durch Pacht für die Schiffe, Trinkgeld für die Schiffsknechte, Zoll usw. erhebliche Kosten entstanden. Der Schiffstransport erfolgte von Bremen bzw. Verden nach Herstelle. In Hameln mußten die Waren beim Hamelner Loch umgeladen werden. Die Fahrt von Bremen nach Herstelle dauerte 17 Tage. Dabei mußten die Schiffe oft von Pferden getreidelt werden; ein Treideln durch Menschenkraft hätte die Fahrt erheblich verlängert. Alte Kupferstiche zeigen vereinzelt auch auf der Oberweser kleine Segelschiffe. Auf der Unterweser waren dagegen die meisten Lastschiffe (Eken, Weserkähne) mit Segeln ausgestattet. Oft hatte das Schiff an einer Kette ein kleines Beiboot. Die außerordentlich lange Fahrzeit, die zudem noch mit Schwierigkeiten belastet sein konnte (Gegenwind, starke Strömung und Untiefen, Umladen in Hameln usw.), erklärt auch, daß es kaum Personenreisen flußaufwärts gab. Berichte von Reisenden auf der Weser finden sich erst seit dem 16. Jahrhundert; diese Texte sind sehr verstreut und daher zum großen Teil schwer zu erfassen.

3 Zum Antrieb der Schiffe und Boote auf der Weser vgl. den Aufsatz von Georg Heil, S.100–105.

4 Darüber findet sich die Rechnungslegung in der Gesamthochschulbibliothek Kassel (4° Mss. Hass. 284 [84]).

Aus Reisebeschreibungen

Arnold van Buchel (Buchelius) (1565–1641)

Buchel war der uneheliche Sohn eines Klerikers in Utrecht und studierte Jura in Leiden sowie in Douai. 1587 reiste er mit einem holländischen Seeschiff in die Wesermündung (bis Vegesack), dann nach Bremen, Hessen und an den Rhein; das Hauptziel aber war Italien. Bei der zweiten Reise 1590/91 befand sich Buchel im Gefolge der Herren van Brederode und van Hoorne. Der Weg führte wieder über die Weser, dann weiter nach Hessen und ins Rheinland. Buchel war während der beiden Reisen noch ein junger Mann, aber bereits sehr belesen und wortgewandt; sein lateinisches Tagebuch[5] bietet viele sachliche Informationen, ist aber auch von Anekdoten und zugespitzten Formulierungen durchzogen. Übersetzung:

1587 *„Endlich fuhren wir in die Weser ein ... Wir übernachteten nicht weit von Blexen, einem oldenburgischen Dorfe, wo wir beinahe in Gefahr gerieten, da Räuber uns angriffen; aber da sie zu hastig herankamen, vergriffen sie sich am Admiralschiff und wurden gezwungen, das Schiff zu verlassen und sich aufs Land zurückzuziehen. Am folgenden Tage kamen wir, weil der Fluß allzu seicht war, nur bis in die Gegend von Vegesack und erreichten zu Fuß Bremen.“*

1591 *„Dann passierten wir gegen sechs Uhr das Dorf Blexen. Zur Rechten sah man trotz des bedeckten Himmels Geisenbruch* [Golzwarden?] *in der Grafschaft Oldenburg, zur Linken Bremer Gebiet* [das Kirchspiel Lehe], *in dem auch einige oldenburgische Dörfer lagen* [Landwürden].“ Es folgen einige Bemerkungen über Territorialstreitigkeiten zwischen der Stadt Bremen und der Grafschaft Oldenburg. *„Dann kamen wir nach dem Hafen Vegesack. Rechts hatte ich die Hunte gesehen, an der Oldenburg liegt. Weil die Weser hier seicht ist und die holländischen Schiffe kaum weiter hinauffuhren, stiegen wir aus und kamen* [nach Burg und dann nach Bremen].“

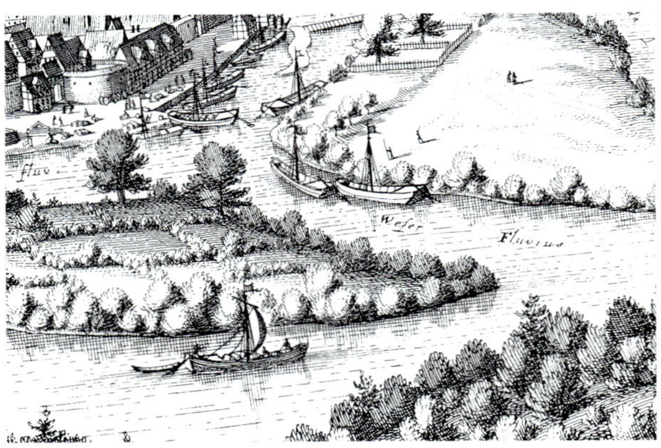

Schiffe im Zusammenfluß von Werra und Fulda in Hann. Münden, Kupferstich (Ausschnitt) aus: M. Merian, *Topographia ... Braunschweig und Lüneburg*, Frankfurt 1654

Graf Friedrich von (Württemberg-)Mömpelgard, später Herzog von Württemberg (1567–1608)

Friedrich von Mömpelgard (Montbéliard) reiste 1592 nach England, um den Hosenbandorden zu erlangen. Er wurde von einem Hofmeister, Rat, Kammerjunker, Medicus, Barbier, Schneider und weiterem Dienstpersonal begleitet. Das Gefolge umfaßte wohl etwa 20 Personen. In Hann. Münden mietete man ein Schiff, mit dem man auf der Weser bis Minden fuhr; dann benutzte man den Landweg über Bremen und Oldenburg nach Emden, von wo aus man ein Schiff nach England nahm. Auf dem Rückweg wurde eine andere Route gewählt.

Der Bericht wurde auf Geheiß des Grafen vom Kammerschreiber Jacob Rahtgeb verfaßt. Er hat eine anekdotische Note, enthält aber gute Beobachtungen und gehört zu den wertvollsten Reisebeschreibungen des 16. Jahrhunderts. Der Titel *Badenfahrt* bezieht sich auf die stürmische Seereise von Emden nach England, auf der man *„ein Bad nahm“*. Der Text wurde 1601 auf Veranlassung des Herzogs zum ersten Mal gedruckt.[6]

1592 Die Weserfahrt begann am 30. Juli 1592 in Hann. Münden. Es heißt dann: *„Proviande kaufft und in besteltem Schiff die Weser hinunder deß vorhabens, biß gen Bremen zu fahren. Zu beeden seiten an solchem Fluß*

5 Tagebücher in der Universiteitsbibliotheek Utrecht, Catalogus cod. manuscr. No. 798, vol. I, II, vgl. Campen 1940.

6 Jacob Rahtgeb: *Kurtze und Wahrhaffte Beschreibung der Badenfahrt, welche der Durchleuchtig Hochgeborn Fürst und Herr, Herr Fridrich, Hertzog zu Württemberg... von Mümpelgart auß in das weitberümbte Königreich Engellandt... biß widerumb gehn Mümpelgart verrichtet hat...* Tübingen 1601.

Herzog Friedrich von Württemberg-Mömpelgard Kupferstich (Ausschnitt) in Rahtgeb, *Badenfahrt*, Tübingen 1601

(der seinen lauff zwischen zimlich hochen, mit Wäldern uberzogenen Bergen in einem genugsam lustigen Thal biß in die hoche See oder Meer nimpt) biß gen Minden, ein zimblich schöne und nach Lands arth wol gebawte Statt, ligen nachbenannte Stätt, Flecken, Schlösser, Clöster und Dörffer".

Es folgt nun eine Liste der Orte mit einer Bezeichnung ihrer territorialen Zugehörigkeit. Nur bei einigen Orten werden Bemerkungen hinzugefügt. Bei Gieselwerth [Gieselwerder] ist vermerkt: *„Alda ein uberfahrt"*. Zu Womgen [Wahmbeck] heißt es: *„Alda an Landt gefahren und uber Nacht im Strom bliben, zwar nur Ihre Fürstliche Gnaden und Junckeren, aber wir andere im Schiff"*. Zu Enwenvort [Lauenförde] ist ergänzt: *„Alda fangen sich die Berge algemach zu verlieren an"*. Zu zwei Örtlichkeiten fügt Rahtgeb einige Bemerkungen an: Über die Teufelsmühle zwischen Polle und dem braunschweigischen Dorf Rühle sowie über das *„Stättlin"* Bodenwerder. *„Teufels Mühle: Alda fleußt ein starckes Wässerlein auß einem ungeheurem Felsen unnd treibt ein Mühlradt wunderbarlich unnd so streng, das es gehörten Namen daher bekommen."* Ausführlicher schreibt der Verfasser über den Aufenthalt in *„Bowede"* [Bodenwerder] und besonders über die Lebensweise der Bewohner, wobei das Urteil sicher von den süddeutschen Erfahrungen bestimmt wurde. Rahtgeb erzählt, daß bei der Stadt *„ein Bruck uber die Weser* [führe]. *Daselbsten an Landt gefahren unnd uber Nacht verharret. Da gilt ein Mäßlin Wein ein Gülden und leben die Leuth an diesem wie gleichwol andern mehr Orten selbiger gegne* [Gegend] *wie die Wilden in ihrem Haußhalten, auch Essen und Trincken, dan deß Haußherrn, der Mägde, Knecht, Säw, Küe unnd andern Viehes wohnungen ist ohne underscheidt durch einander; wann man in der Küchen, so ist man auch im Sew- und Kuhstall.* [Sie] *treschen zumal ihre Fruchten bey dem Fewr auß und haben nicht allwegen die notturfft zu täglicher underhaltung. ... Damaln hatten wir, die im Schiff gebliben, bald ein blinden Lermen von wegen ettlicher gueten Finder, die sich dem gestade heimlich Näherten, ohne zweyffel nicht der meinung, uns andern, die darinn waren, den Wein zu schencken (welcher vor sie zu thewer), sondern mit uns schlaffenden zu spilen, und da es ihnen angangen, ohne Gelt einzukauffen."*

„Morgens den Ersten Augusti [1592] *von Landt abgestossen, durch die Bruck hindurch; und lieff das Schiff in einem schnellen Ranck* [Biegung] *also strenge wider das Gestade, daß, wo es nicht also starck unnd von gutem Eychen Holtz gewesen, hetten wir gewißlich Baden müssen; die Erde aber war weich und gab dem Schiff platz."* Zu Grohnde ist vermerkt: *„... alda ein Bruck ubers Wasser"*. In Hameln wird das Abenteuer der *„Schifsrutsche"* angedeutet: *„... alda Ihre Fürstliche Gnaden außgestanden* [ausgestiegen] *und zu Mittag gegessen. Hernach hat man das Schiff bey einer Muhlin uber das wehr hinundergelassen, welches so streng geloffen, daß das hinderste Ruder davon gebrochen"*. In Hessisch Oldendorf wird wieder *„ein Bruck uber das Wasser"* gemeldet. Auch in Rinteln war *„ein Bruck ubers Wasser"*. Nahe Vlotho in Vössen *„uber nacht gelegen; daselbsten haben Ihre Fürstliche Gnaden ein solche stattliche Herberg unnd Beth gehabt, daß man umb doppelt Gelt kein Strow darauff zu ligen bekommen können. Morgens, als den 2. Augusti* [1592] *wider von Landt getruckt und allgemach fortgefahren"*.

Minden wird nicht im einzelnen beschrieben; hier war die Geduld des Grafen über das langsame Vorankommen mit dem Schiff am Ende: *„... und ist von* [Hannoversch] *Münden biß dahin* [bis Minden] *allein zu Landt 22 Teutsche Meyl* [etwa 163 km] *wegs saind zu Wasser angesehen der Krümmen mehr als 30* [etwa 220 Kilometer]". Das war nun der wesentliche Grund dafür, daß die Gesellschaft das Schiff verließ und zu Lande weiterfuhr. Rahtgeb schreibt: *„Weil nun die Schiffleuth ja langsam gefahren, der gestalt, daß sie nach drey oder vier Tagen, ihrer selbst anzeig nach, nicht wol zu Bremen ankommen mögen, haben Ihre Fürstliche Gnaden daß Wasser verlassen, zu Landt auff Wägen fortzuraysen"*.

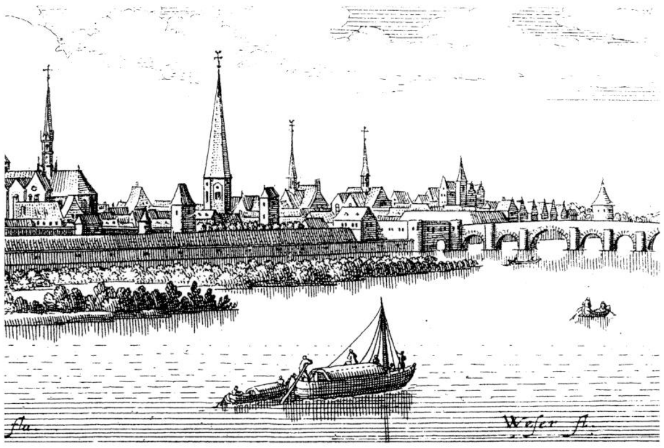

Gedecktes Lastschiff mit Beiboot bei Minden. Kupferstich (Ausschnitt) aus: M. Merian, *Topographia Westphaliae*, Frankfurt 1647

Otto, Erbprinz von Hessen Kassel (1594–1617)

Otto war der älteste Sohn des Landgrafen Moritz I. von Hessen-Kassel. Er studierte in Marburg und wurde Administrator des Stifts Hersfeld. 1611 wurde eine große Reise nach England geplant, auf der auch der Statthalter Moritz von Oranien besucht werden sollte. Zum Gefolge gehörten ein Geheimer Rat, ein Obrist, der Lehrmeister des Prinzen und einige Diener; man darf annehmen, daß die Gesellschaft etwa zehn Personen umfaßte. Die Reise begann am 14. Mai 1611 in Kassel; landgräfliche Kutschen brachten den Prinzen und seine Begleitung nach Gieselwerder an der Weser. Dann fuhr man auf einem gemieteten Schiff sowie mit Wagen, die von Städten und Höfen gestellt wurden, vielleicht auch gelegentlich mit Mietwagen. Der Prinz war ein junger, unbeherrschter und oberflächlich gebildeter Mann; er starb 1617 bei unvorsichtigem Hantieren mit einer Schußwaffe. Die Aufzeichnungen über die Reise stammen vermutlich nicht vom Prinzen, sondern von dem Obristen Caspar Widmarckter oder vom Hofmeister des Prinzen, Hermann Thalmüller. Vom Text gibt es vier Fassungen, ohne daß bekannt ist, wer die Korrekturen bzw. Ergänzungen vorgenommen hat.[7]

1611 Prinz Otto von Hessen-Kassel fuhr am 15. Mai 1611 mit seiner Begleitung in Kutschen des landgräflichen Hofes von Kassel nach Gieselwerder oberhalb des späteren Karlshafen, *„da wihr auff der Weser zu Schiff getretten"*. Das Schiff war für eine größere Strecke, wahrscheinlich bis Bremen, gemietet worden. Der Prinz verließ es mit seiner engeren Begleitung mehrmals, um unterwegs Städte und Residenzen zu besichtigen. Von Bremen aus ging die Reise dann weiter zu Lande über Oldenburg nach Holland. Auf der Rückreise wurde eine andere Route gewählt.

Der erste größere Ort war Höxter; *„die von Höxter haben Ihre fürstliche Gnaden Landgraff Otto mitt 16 mas* [32 Liter] *Wein und einer Kalten gantz* [Gans] *verehrth... Das Stättlein Holtzminden, und daselbst ein alt Schloß* [des Herzogs von Braunschweig-Wolfenbüttel] *und Thurn à dext. Ein hauß darinnen, so dem Ambtmann auffm Fürstenberge. Das Haus zum Forst, Braunschweigisch, so pfants weise* [als Pfand] *innen hatt Curth von Münchhausen ..."*

„Abents gar spatt zu Hammeln angelanget, so dem Hertzog zum Braunschweigk zustendigk. Im Wirtshaus zum weißen roß losiret. Den 16. Mai [1611] *in demselben wirtshaus die historiam Ihrer Kinder ausgangk in einem fenster abgemahlet gesehen, wie auch in der Kirchen zu S. Nicolao, da man sie also findet"*. Der Verfasser erzählt kurz die Rattenfängersage. *„Der vogth daselbsten* [in Hameln] *nimbt den Zoll ein, hath die untergerichte, da die civilia nuhr erörtert werden. Es seind daselbsten 12 Rathsherren, so in der sehlen* [dehlen = Dielen?] *sitzen ohne den umbstandt aus den Gilden, und seind 3 Burgermeister. Das Stüfft daselbsten ist S. Bonifacii, der Decanus wahr Anno 1611 D. Uslar. Der Abth von Fulda hath die Stath Hammeln ihre halsgerichte zu lehen. Fulda hath auch noch gefelle daselbsten und* [muß] *sie recognosciren* [prüfen], *so offt der Eltiste Bürgermeister oder Abt stirbet. Die Statt ist vor Zeithen halb Braunschweigisch und halb Hildesheimisch gewesen. Ein schön Rahthaus ist daselbst, darunter der Weinkeller, Cämmerey und oben Hochzeith Hauß etc."*

„Den 17. Maii zu Hammeln wieder in unser voriges Schiff getretten. Die statt Oldendorff, alda die Graffschafft Schaumburgk ahngehet, zur rechten hand. Item die Stath Rinteln ... Alda zu Ihrer fürstlichen Gnaden kommen des Grafen von Schaumburgs Cantzler, Doctor Eberhard v. Weye ... und Ihre fürstliche Gnaden naher Bückeburgk geladen ... Bey Rinteln ist Ihre fürstliche Gnaden ein fas Wein, ungefehr von ein pahr Ohm [1 Ohm = etwa 145 Liter] *verehret wordten."*

In Bückeburg besuchte man das Schloß und die im Bau befindliche Kirche; dann fuhr man mit den Kutschen des Grafen von Schaumburg nach Nienburg, wo man übernachtete. *„Bey dem Junghern Hacken* [Johann Hake, 1614–25 Bürgermeister, Bruder des Erich Hake, der 1581–89 Bürgermeister gewesen war]

7 *Des durchläuchtigen und hochgebornen Fürsten und Herrn Landgraff Ottonis Reiße in Engelandt*: Gesamthochschul-Bibliothek Kassel 8° Mss. Hass. 6. *Itinerarium der Reise* [des Landgrafen Otto von Hassel-Kassel] *von Cassel aus in Engelandt, Anno 1611, den 14. Mai angefangen und den 4. Octobris glücklich vollendet.* Gesamthochschul-Bibliothek Kassel 4° Mss. Hass. 66, 67, 68. – Im folgenden liegt vor allem 4° Mss. Hass. 66 zugrunde

Prinz Otto von Hessen-Kassel mit seinen beiden Frauen; Kupferstich nach einem Gemälde in *Monumentum Sepulcrale ... Dn. Mauritii*, Frankfurt 1638

logiret. Alda gesehen ein altt Schlos, die Drakenburgk, da vor Zeitten [1547] *hertzog Erich von Braunschweigk geschlagen. Wihr seindt von Bückeburgk bis auff Nienburgk zu wagen gefahren. Den 19. Maii* [1611] *zu Nienburgk wieder zu Schiff gewesen undt übernacht zur Hoya blieben, so dem Hertzogk von Lüneburg zustehet. Das Stammhaus der Grafen von der Hoya, so itzo ausgestorben; daselbsten ein altt Schloß, Stuttery* [Pferdezucht]*; damals 13 junge Pferde von 3 jahren. Alda wihr umb 12 Uhr des nachts wieder zu Schiff fortgezogen naher Bremen."*

„Den 20. [Mai 1611] *auffem Wege gesehen die Statt Ferden, Episcopatum, à dext., welches ein Hertzog von Lüneburgk, Philipp Sigismundus, neben dem Bischoffthumb Oßnaburgk innehatte. Auff der Osterbuch vor Bremen seindt wihr gehenselt; wihr haben den schiffleuthen eine verehrung gegeben; die Jungen aber seindt mitt einem ruder gepritscht worden. Heinrich Herlandt von Ultz ist unser schiffer gewesen. Undt also naher Bremen geschiffet, da dan die Herrn daselbsten uns ein schifflein unter augen geschickt, uns den wegk im waßer zu zeigen; wie wihr nahe herbey kommen, seindt 3 Kutschen ans uffer geschickt gewesen, darauff Ihre fürstliche Gnaden hinein gefahren."* Dann werden der Empfang und die Besichtigung der Stadt beschrieben. Die weitere Reise nach Holland erfolgte nicht auf dem Wasser-, sondern auf dem Landwege.

John Taylor, Holzstich von etwa 1850 nach einem alten Kupferstich

Der Bremer Syndikus Johann Wachmann, Kopie eines Ölgemäldes aus dem 17. Jahrhundert von Carl Langhans/München, um 1900

Hermann Wachmann (1579–1658)

Hermann Wachmann stammte zwar aus einer Familie bäuerlichen Ursprungs, aber schon sein Vater Johann Wachmann (1547–1616) wurde 1603 Mitglied des Bremer Rates. Sein Sohn Hermann besuchte wahrscheinlich in Bremen die Lateinschule, das spätere Gymnasium, wurde dann jedoch Kaufmann. Als solcher unternahm er zahlreiche Reisen nach Hamburg, Rostock, Danzig, Göttingen, Einbeck, Braunschweig usw. Gelegentlich benutzte er dabei den Wasserweg auf der Weser. Er führte ein Büchlein, in dem er in chronologischer Folge über Ereignisse berichtete, vor allem über Vorkommnisse in der Familie, aber auch über historische Begebenheiten und Reisen.[8] Die Art der Darstellung ist knapp und ohne anekdotisches Detail. Über besondere Erlebnisse auf den Schiffsreisen erfahren wir nichts. Hermann Wachmann wurde 1622 Eltermann des Kaufmanns und im gleichen Jahr Mitglied des Rates; seit 1632 war er Bürgermeister, 1654 legte er sein Amt nieder.

8 *„Memoriae meines seeligen Vatters, Herrn B[ürgermeister] H[ermann] Wachmann, continuiret von mir, Syndico u[nd] Secr[etario]Johanne Wachmann ...",* StA Bremen, Sign. 2–a P. 7. a. 2. a. No. 5 I.

1612 *„1612, den 10. Januarii, von Bremen gereist nha Minden, Oldendorp, Hamelen, Holtzminden, Beverungen, Adelefschen, Göttingen, Duderstadt, Nörten, Northeim, Osterode, Gandersheim, Hildensheim, Peine, Hannover, Nienstadt* [Neustadt a. Rbg.] *und Nienborch. 1. Februarii widerumb tho Bremen."*
Es ist möglich, aber nicht sicher, daß Wachmann von Bremen bis Beverungen oder Gieselwerder flußaufwärts fuhr, weserabwärts ab Nienburg.

„1612, den 5. Septembris [bin] *ich vom Bremen gereiset nha Minden, Oldendorp, Hamelen undt Hoien [Hajen]; von dar tho Schepe de Weßer dall gefaren undt den 5. Octobris tho Bremen gekamen."* Hier ist die Fahrt auf der Weser von Hajen (oberhalb Hameln) nach Bremen sicher.

1614 *„1614, den 1. Novembris, bin ick mit meinen schwager Vasmer Baken von Bremen nha Minden, Hameln, Polle undt Holtzminden gereiset undt den 2. Decembris Godtloff widerumb tho Bremen gekamen."* Die Fahrt flußaufwärts von Bremen bis Holzminden ist wahrscheinlich, aber nicht sicher.

1616 *„1616, den 15. Augusti, bin ick mit Eler Esich nha Hannover, Einbeck, Hardechsen, Göttingen, Obenhausen* [kleines Dorf bei Göttingen] *und Münden gefaren undt die Weßer widerumb herunder; den 28. dito Godtloff tho Bremen widerum angelanget."* Hier wurde offenbar die gesamte Strecke von Münden bis Bremen auf dem Fluß zurückgelegt.

John Taylor (1580–1653)

John Taylor war der Sohn einfacher englischer Eltern, besuchte zwar kurze Zeit eine Grammar School, mußte dann aber Themseschiffer und Mariner werden. Seit 1603 war er Zolleinnehmer und Gastwirt. Er betätigte sich neben diesem Beruf als Verfasser von Gelegenheitsdichtungen. 1616 unternahm er eine Reise nach Bückeburg, wo ein Bruder Musiker am Hof des Grafen Ernst von Schaumburg-Lippe war. Taylor ließ seine Reisebeschreibung drucken; er wollte mit ihr vor allem den Leser unterhalten, sie enthält aber neben vielem Anekdotischen manche wertvolle Sachinformation.[9] Übersetzung:

Am 5. September 1616 *„nahmen wir gegen Mittag* [in Minden] *ein Schiff, um flußabwärts zu fahren. Das Boot ist viel länger als jegliche Western barge* [ein englischer Schiffstyp], *aber nicht annähernd so breit. Es war halb beladen mit Kalk und Kreide, und wegen des starken Windes wurden wir fast erstickt durch die herumfliegende und -schwirrende Ladung. Überdies war das Wasser so seicht, daß wir drei- oder viermal auf Grund gerieten; und es dauerte eine Stunde, bisweilen auch weniger, bevor wir wieder flott wurden. Daher gingen ich und mein Führer bei einem Dorf Petershagen ans Ufer, wo wir einen Wagen nach Leese mieteten".* **1616**

Johann Wachmann (1611–1685)

Er war der Sohn des Hermann Wachmann[10] und wurde 1629 am Bremer Gymnasium immatrikuliert. Als Schüler reiste er im September 1629 in Begleitung des Ratssyndikus Johann Preiswerck nach Magdeburg, das vom kaiserlichen General Wallenstein bedroht wurde, und dann im Oktober desselben Jahres mit Preiswerck nach Holland, wo politische Verhandlungen stattfanden. 1632 fuhr er mit drei jungen Leuten nach Königsberg, wo sie ihr Studium aufnehmen wollten. Johann Wachmann studierte an mehreren Universitäten Jura und unternahm im Anschluß große Reisen nach Holland, England, Frankreich und in die Schweiz. 1638 war er wieder in Bremen, wurde Rechtsprofessor am Gymnasium und 1652 Syndikus, zunächst am Gericht, dann des Rats. Auf mehreren diplomatischen Missionen versuchte, er die Reichsunmittelbarkeit Bremens zu wahren. Johann Wachmann führte ein ähnliches Diarium wie sein Vater Hermann Wachmann.

„Eodem anno [1629], *den 23. Octobris, bin ich mitt obgedachtem Herrn Syndico D. Preiswerck, des Abgesandten dieser Statt, nach den Haagh gereiset. Wyr gingen alhie* [in Bremen] *zu Schiff und wolten nach Delffzyel fahren, mußten aber wegen Sturms unter wegens landen beym Achumer Syl* [Westeraccumer-siel] *gegen Langerog."* Von dort aus ging die Fahrt weiter nach Den Haag. **1629**

„A[nn]*o 1632, den 29. Aprilis, nebst Joachimo und Christiano Brand, gebrüdern, wie auch Peter Freuchen von Bremen zu Schiff nach Hamburgk gefahren, umb auff die academie zu Königsbergk in Preußen zu reisen, weilen es zu lande gar unsicher war."* Die Unsicherheit war durch die Kriegsverhältnisse gegeben. Das Schiff brauchte vier Tage von Bremen nach Hamburg; zu Lande hätte man den Weg im Wagen oder zu Pferde in zwei bis drei Tagen zurückgelegt. **1632**

Cosimo (III.) de' Medici, Erbprinz von Toskana (1642–1723, reg. seit 1670)

Es war vor allem familiärer Verdruß, der den Großherzog Ferdinand II. de' Medici von Toskana veranlaßte, seinen Sohn Cosimo (III.) für längere Zeit auf Reisen zu schicken. Seine Grand Tour führte ihn 1667–69 nach Deutschland, Holland, Spanien, Portugal, England und Frankreich. 1668 kam der Prinz von Holland aus durch Südoldenburg nach Wildeshausen. Zur Gesellschaft gehörten fünf Edelleute, ein Leibarzt, Privatsekretär und Kaplan, Hofbeamte, Diener usw. Im ganzen waren es etwa 60 Personen. Im Januar und Februar gab es an der Unterweser ein Hochwasser, das u. a. die Neustadt in Bremen überschwemmte. Die Gesellschaft des Prinzen dürfte am Varrelgraben in Huchting auf die Überschwemmungszone gestoßen sein, die mit den Kutschen nicht zu überqueren war; es war der 25. Februar 1668. Für die Gesellschaft ergaben sich nun große Schwierigkeiten. Man mußte die Kutschen verlassen und sich Kähne beschaffen um nach Bremen zu gelangen. Der Reisebericht dürfte vom Schatzmeister Cosimo Prie und vom Marchese Filippo Corsini verfaßt worden sein.[11]

9 John Taylor, *Three Weekes, three daies and three houres Observations and Travel from London to Hamburgh in Germanie …*, London 1617.

10 S. S. 210

11 *Miscellanea Medicea, Viaggi*, Fa 833, fol. 187–192; übersetzt von Geisenheimer 1912, S. 1 ff.

1632 *„Man nahm den Weg über sandige Straßen bei regnerischem Wetter – es begann gleich nach dem Aufbruch [in Wildeshausen] zu regnen – durch eine Gegend, in der sich Bestände mächtiger Eichen und etliche Sümpfe befanden, und man bekam den Weserfluß zu Gesicht, der an Bremen vorbeifließt. Er war aus seinem Bett getreten und hatte die ganze Umgebung von Bremen überflutet als wäre es ein Meer, so daß man die Wagen verlassen und Kähne beschaffen mußte, die sich aber als sehr klein erwiesen und den Insassen wenig Behagen boten. Mittels dieser Nachen fuhr man auf einem Kanal nach einer anderen Stelle, wo man abermals Kähne nahm, um nach Bremen zu kommen, welches wir bereits liegen sahen. Diese Nachen erweckten einige Befürchtungen, denn Wind und Wellen gingen stark in jener weiten Ebene, und besonders unser Nachen, der schlecht geführt war: Ein Junge stand vorn, dessen Kräfte nicht ausreichten, um mit dem Fährbaum gegen den heftigen Wind und das aufgewühlte Wasser die Richtung zu halten; ein zweiter, tüchtiger Bootsmann war freilich hinten.*

Der [Leibarzt] *Doktor Moniglia sah und erwog die Gefahr, und da er darüber von einiger Furcht ergriffen wurde, bestand er unbedingt darauf, man müsse bei einer Behausung (oder besser Hütte) landen, die man in der Nähe auf einer kleinen natürlichen Erhöhung* [wohl auf einer Wurt] *vom Wasser unberührt sah. Die Bootsleute gehorchten, machten dort fest, und wir stiegen alle aus. In der Hütte befand sich eine arme Alte und noch eine Frau, aber kein Mann, zudem ein Schwein und ein Hund. Man erkannte den ärmlichen Zustand der Leute und konnte sich nur schwer mit Zeichen statt durch Sprache verständlich machen. Nachdem wir einige Zeit verweilt hatten, entschlossen wir uns, wieder abzufahren, um zur Verfügung des Prinzen zu sein, der schon seit geraumer Zeit in der Stadt angelangt war, obwohl das Wetter immer ärger geworden war. So stiegen wir in denselben kleinen Nachen mit den nämlichen Bootsleuten; denn es bestand keine Aussicht, andere zu finden. Den Doktor aber zum Mitkommen zu überreden, war unmöglich; die Angst war größer denn je, und er sagte, solange der Sturm anhalte und mit diesen Bootsleuten sei er entschlossen, sein Leben nicht aufs Spiel zu setzen, mochte auch der hintere Bootsmann, der über solche Furcht lachte, mit offenkundigen Zeichen dartun, ... uns ohne jede Gefahr hinzubringen. Nach langem Bitten mußten wir den Doktor im Stich lassen, und man ließ ihm den Koch Lorenzo, damit er nicht allein bliebe ...*

Und so fuhren wir ab. Die Fahrt war wirklich beschwerlich, und so durchweg auch für die Kähne, die mit dem Gefolge und einem Teil der Bagage und Pferde den Rest des Tages über hereingeführt wurden. Man landete am Deich, einer mit Kieseln gepflasterten Straße [Warturmer Landstraße], die sich weit von der Stadt her erstreckt.“ Die Gesellschaft ging auf diesem Deich entlang und wurde dann von Wagen abgeholt. Der Aufenthalt in Bremen wird ausführlich beschrieben. Am 29. Februar 1668 ging es weiter über Hastedt und Zeven nach Buxtehude und Hamburg.

Über die Reise des Erbprinzen berichtete auch der Bürgermeister Henrich Meyer in seinem Diarium:[12] *„1668, 25. Februar, kam anhero der Prince de Toscana, Cosmo Secundo* [III.!], *Erbprinz des Grossfürsten von Florentz, mit einer Suitte von 60 Persohnen, 14 Pferde*[n] *und 5 Maulthiere*[n] *und viell bagage. Weil zwischen Varlegraben und dem Wahrthorn alles mit wasser überflossen, kam Ihre Durchlaucht zu schiff bis Wahrthorn, woselbst dieser à Deput. Senat. entfangen und einbegleittet* [wurde].“

12 Geisenheimer 1912, S. 5–7, Anm. 1

Cosimo III. dè Medici, Gemälde von Justus Sustermans in der Galleria Palatina, Florenz

Seeschiff mit drei Masten, hohem Achterkastell und kleinem Beiboot bei Bremen.
Kupferstich (Ausschnitt) aus M. Merian, *Topographia Saxoniae Inferioris*, Frankfurt 1653

Auslagenaufstellung des Umzugs von Pastor Urban Pierius
1599

Tinte auf Papier
Bremen, Staatsarchiv, Sign. 2 – T. 4. a. 2. b. 1. a

214

DAS SCHIFF

Im Jahre 1598 berief der Bremer Rat den in Amberg wirkenden Pastor Urban Pierius in die Stadt. Der Calvinist und Superintendent der Oberpfalz sollte Nachfolger von Christoph Pezelius an St. Ansgarii werden. Die Hansestadt Bremen stand in ihrer wirtschaftlichen Blüte, bot dem gelehrten Theologen 300 Reichstaler pro Jahr. Das bedeutete eine Verdienstverbesserung um ein Sechstel. Außerdem erklärte sich der Bremer Rat bereit, die Umzugskosten und *„was sonsten an Zerung unter wegens aufgehen wirt"* zu übernehmen. Pierius nahm das Angebot an. Die Auslagenaufstellungen, die der Pastor sowie sein Sohn Gottfried während der Reise sorgsam erstellt hatten und die sie schließlich dem Stadtrat vorlegten, ermöglichen die Rekonstruktion ihres Umzuges von Amberg in die Hansestadt. Sie verdeutlichen viele Aspekte des frühneuzeitlichen Reisens – nicht zuletzt des Reisens zu Schiff. Ein nicht unerheblicher Teil des Hausrattransports verlief nämlich über Werra und Weser.

Das Berufungsschreiben ist auf den 31. 10. 1598 datiert. Da das Reisen in der Frühen Neuzeit stark saisonabhängig war, konnte Pierius jedoch erst im Frühling des darauffolgenden Jahres mit dem Umzug beginnen. Der Hausrat wurde auf dem schnellsten Weg nach Bremen transportiert. Pierius selbst, seine dritte Ehefrau Catharina, die Töchter Anna (ca. 23 Jahre) und Elisabeth (ca. 3 Jahre) sowie der ungefähr zehnjährige Sohn Siegfried begleiteten diesen allerdings nicht. Sie fuhren mit der Reisekutsche und nicht auf direktem Wege in die Hansestadt. Der Pastor mußte noch die vom Bremer Rat ausgestellten Intercessiones übergeben. Dabei handelt es sich um Fürbittebriefe der berufenden Regierung an den Landesherren des Berufenen um Zustimmung zu dessen beabsichtigtem Ortswechsel. Ein Entlassungsgesuch richtete sich an Friedrich IV., Pfalzgraf bei Rhein. Pierius brachte das Schreiben noch 1598 nach Heidelberg. Die anderen beiden Intercessiones waren für den Herrenmeister des brandenburgischen Johanniterordens und den Kurfürsten von Brandenburg bestimmt. Diesen beiden verdankte der aus Schwedt an der Oder stammende und in einfachen Verhältnissen geborene Pierius vornehmlich seine theologische Karriere. Das machte einen Umweg über Frankfurt an der Oder unumgänglich. Am 31. März 1599 brach er auf und traf am 5. Mai in Bremen ein. Die Reise dauerte insgesamt 36 Tage, mit längeren Aufenthalten in Prag und Frankfurt/O. Die Straßen waren zu jener Zeit meist ungepflastert und ausgefahren. Oft stürzten Wagen um. Trotzdem legten Pierius und seine Familie in 24 Tagen Fahrt die 1.100 Kilometern lange Strecke unfallfrei zurück.

Das sind etwa 46 Kilometer am Tag. Im Durchschnitt reiste man auf längeren Strecken 40 bis 60 Kilometer am Tag. Die Geschwindigkeit der Kutsche betrug in der Regel drei bis sieben Stundenkilometer.

Die Überführung des Hausrats übernahm der erfahrene Nürnberger Spediteur Paul Piltz. Dieser lagerte in seinem Hof Stückgut verschiedener Kunden, um zu gegebener Zeit Fuhrwerkkonvois zusammenzustellen. Selten begleitete er die Lieferungen selbst, doch trug er, so geht aus den Dokumenten hervor, die alleinige Verantwortung für den Transport von Amberg nach Bremen mit dreimaligem Umladen in Nürnberg, Wanfried und Münden. Man kann daher davon ausgehen, daß er die für den Hausrat geeignetste und sicherste Strecke nach Bremen wählte. Wie aus den getrennten Auslagenabrechnungen hervorgeht, begleiteten Pierius' Söhne Gottfried und Ulrich den Hausrat als Selbstverpfleger und kostenlos. Das Verzeichnis über die Auslagen führte Gottfried als der ältere der beiden. Während der Fahrt standen die Brüder unter dem Schutz der Fuhrleute und Schiffer. Für Paul Piltz bedeutete die Familienbegleitung des Hausrats eine Risikoverminderung. Gottfried und Ulrich konnten darauf achten, daß nichts verloren ging oder beim Verladen zurückblieb. Wie bei jeder größeren Reise in der Frühen Neuzeit gingen auch dem Umzug umfangreiche Vorbereitungen voraus. So mußte z. B. das zu überführende Inventar sorgfältig gewogen werden, da sich daraus der Transportpreis berechnete. Das Amberger Umzugsgut brachte 46 $^1/_2$ Zentner auf die Waage, über zweieinhalb Wagen-Ladungen. Wäsche, Geschirr, Bücher u.s.w. wurden im allgemeinen in Fässern transportiert. Pierius setzte die Instandsetzung der „Umzugskartons" mit auf die Rechnung: *„[...] ferner für die Fäßer, so ich erkauft, das Geräthe drin fortzubringen, mit Refen und Boden zu verbeßern dem Binder geben: 1 Reichstaler, 7 Meißnische Groschen, 6 Pfennig."*

Am Tag nach der Abreise des Vaters, also am 1. April 1599, machten sich auch Siegfried und Ulrich auf den Weg nach Bremen. Die Brüder fuhren zunächst die über sechzig Kilometer von Amberg nach Nürnberg zum Spediteur Paul Piltz, wo sie am 2. April ankamen. Sie hielten sich dort bis zum 16. April auf. In der Zwischenzeit wurde weiteres Versandgut angeliefert. Der Spediteur stellte einen Konvoi zusammen. Pierius' Hausrat wurde zusammen mit gewöhnlichen Handelswaren auf mehrere Wagen verteilt. Am Morgen des 17. April

setzte sich ein Konvoi von mindestens fünf Karren in Bewegung nach Wanfried, 270 Kilometer nordwestlich von Nürnberg. Nach neuntägiger Fahrt und einer Tagesleistung von ungefähr 30 Kilometern erreichte er am 25. April das an der Werra gelegene Städtchen. Nachts stellte man während der ganzen Reise Wachen auf. Die Diebstahl- und Überfallgefahr war auf frühneuzeitlichen Reisen sehr groß. Für die Reisenden und Händler bedeutete das auch zusätzliche Kosten. Siegfried notierte diesbezüglich: *„[...] alle Nächte müßen ein Batzen Wachegeld geben für das Geräthe auf den 5 Karren.“*

Bevor der Hausrat in Wanfried auf ein Werra-Schiff geladen und weiter Richtung Bremen transportiert werden konnte, dauerte es jedoch noch einige Zeit. *„Item zu Wanefriede sind wir 8 Tage stille gelegen [...]“*. Grund für den Zwangsaufenthalt war, daß die Stadt das sogenannte Stapelrecht ausübte. Das Gesetz räumte manchen der an schiffbaren Strömen oder ordentlichen Landstraßen gelegenen Städten das Recht ein, Händler *„ ob zu Wasser oder zu Wagen“* einige Zeit im Ort zu halten, statt einfach durchreisen zu lassen. Diese mußten dann ihre Waren öffentlich feilbieten. Ansonsten durften sie den das Stapelrecht ausübenden Ort nicht passieren. Das Gesetz war ursprünglich zur Stärkung der Wirtschaftskraft der Städte und zur Sicherung der Existenzbedingungen der Bürger gedacht. Daß auch Siegfried und Ulrich davon betroffen waren, lag daran, daß der Hausrat auf den Karren zusammen mit Handelswaren transportiert wurde. Erst am 3. Mai konnte der Umzug fortgesetzt werden. Für die Weiterfahrt nach Bremen bevorzugte der Spediteur Paul Piltz den Wasserweg. Flußabwärts erreichten die Brüder zwei Tage später das 69 Stromkilometer entfernte Münden, wo sich Werra und Weser treffen. Das Umzugsgut allein unterlag nicht dem Mündener Stapelrecht, konnte somit ohne große Zeitverzögerung auf einen Weserkahn umgeladen werden. Darum kümmerten sich die Schiffer. Siegfried schrieb: *„Item den Schiffleuthen von Münden, welche aufwerts fahren müßen und das Geräthe von den Schiffleuthen von Wanefried eingenamnen, zu Drinckgelt verehret 5 Groschen, 3 Pfennig.“* Es war bei Reisen in der Frühen Neuzeit üblich, daß zu den Grundkosten auch immer wieder Trinkgelder hinzukamen. Pastor Pierius notierte auf seiner Kutschreise in sein Auslagenbüchlein: *„Von Zella biß gegen Bremen dem Kutzscher sambt freien Futter und Mahl hero und hin, zum Kutscherlohn entrichtet: 2 Reichsthaler. Item ihm zu Drinckgeld, weil er sönst nicht fahren wöllen: 12 Meißnische Groschen.“* Seine beiden Söhne verließen Münden schließlich am 7. Mai flußabwärts in Richtung Bremen. Der Hausrat konnte, anders als die Handelsware, die zahlreichen Zollstellen gebührenfrei passieren. Am Samstag, den 12. Mai, erreichten sie die Hansestadt. Insgesamt dauerte der Transport 42 Tage; davon elf Tage und 336 Kilometer mit Fuhrwerken und sieben Tage mit zurückgelegten 436 Kilometern auf dem Wasserweg. Das Umzugsgut wurde also 772 Kilometer ohne Verlust überführt. An dieser Aufstellung läßt sich ablesen, daß es mit viel Gepäck und flußabwärts über den Wasserweg beträchtlich schneller ging als im Konvoi über die Straßen. Insgesamt kostete der Umzug 322 Bremer Mark, ein halbes Jahresgehalt von Pierius, das er und seine beiden Söhne immerhin während der Fahrt für die Auslagen mit sich tragen mußten. Zum Vergleich sei der Verdienst eines Handwerkers angeführt, der Ende des 16. Jahrhunderts etwa zehn Grote pro Tag betrug. Ihn hätte der aufwendige Umzug somit knapp drei Jahreslöhne gekostet. Dem neuen Pastor an St. Ansgarii erstatte der Stadtrat wie vereinbart die Kosten. Gegen Zahlung der städtischen Gebühr wurde Pierius' Hausrat schließlich mit Hilfe der öffentlichen Kräne an der Bremer Schlachte gelöscht. In acht Fuhren zu je ungefähr sechs Zentnern brachte man das Umzugsgut in das Pfarrhaus. Urban Pierius wurde 1608 zum Superintendenten ernannt. Er verstarb 1616 im Alter von 70 Jahren.

Kai Lohsträter

Literatur: Müller-Benedict 1979; Behr 1987, S. 51; Schwarzwälder 1987, S. 56, 60, 62, 64–65, 68; Schwarzwälder 1996, S. 7, 38; Münch 1998, S. 423–424.

Die Kultur

Die Städte

Der Adel

Die Fürstenhöfe

Die Städte

Thomas Fusenig

„Nachleben der Antike" und städtische Gesellschaft

Europäische Einflüsse auf Bildung und bildende Künste haben in den Städten der Weserregion im 16. und frühen 17. Jahrhundert die Vorstellung von der Gesellschaft und der individuellen Persönlichkeit verändert und in ein neues Gewand gekleidet. Die Art und Weise, wie ästhetische und intellektuelle Neuerungen aufgenommen wurden, erlaubt Rückschlüsse auf die Beschaffenheit der jeweiligen städtischen Gesellschaft. Welchen Einfluß übten die künstlerischen und gelehrten Ideen der in Italien wurzelnden Renaissance aus? Auf welchen Wegen gelangten sie hierher und welche städtischen Einrichtungen waren an ihrer Übertragung beteiligt? Das „Nachleben der Antike" kann als eine Art Farbstoff verwendet werden, um die gesellschaftlichen Strömungen in den Städten sichtbar zu machen. Natürlich war die sogenannte Hochkultur nur ein Teil der städtischen Kultur,[1] neben z. B. dem religiösen Leben, der Alltagskultur oder der Wirtschaft. Der Wandel in den Künsten und der Bildung betraf zudem zunächst auch nur einen kleinen Teil der Stadtbevölkerung, denn Städte waren keine Gemeinschaften gleicher Bürger, sondern eher *„ein Mosaik kleiner Welten, die sich berühren, sich aber nicht durchdringen"*.[2] So gehörten die in den Städten wohnenden Adligen zur städtischen Oberschicht, von den bürgerlichen Familien trennte sie jedoch ihr ständisches Selbstverständnis.[3] An Bildung und Künsten hatte in dieser zersplitterten Gesellschaft nur der kleine Teil der Bevölkerung teil, der über die wirtschaftliche und politische Macht verfügte. Im Sinne einer Kulturfixierungstheorie kann man jedoch für das 17. Jahrhundert und die folgenden Jahrhunderte davon sprechen, daß sich viele der neuen Einflüsse im Weserraum zu einer städtischen kulturellen Identität verfestigten.

Die städtische Siedlungsstruktur des Weserraums fußt auf mittelalterlichen Grundlagen. Im 16. Jahrhundert nahm die Bevölkerung in den Städten allgemein zu, jedoch weniger stark als auf dem Land.[4] Unterscheidet man die Städte der Region im Hinblick auf ihre Bevölkerungszahlen in vier Gruppen von 2–5.000, 5–10.000, 10–20.000 und über 20.000 Einwohner, so zählte zu Beginn des 16. Jahrhunderts in der weiteren Region nur Braunschweig zur letzten Kategorie. Neben Bremen gehörten Hamburg, Lüneburg, Soest und Erfurt im weiteren Raum entlang der Weser in die dritte Gruppe, Herford, Lemgo, Kassel, Hannover, Hildesheim, Einbeck und Göttingen in die zweite. Es folgten in der ersten Gruppe Minden,[5] Hameln, Höxter, Warburg, Paderborn, Hann. Münden und eine größere Zahl weiterer Städte.[6] Diese Größenverhältnisse änderten sich im Laufe des 16. Jahrhunderts nur wenig. Die Landesherren bedrängten im 16. Jahrhundert ebenso wie den niederen Adel[7] auch die Städte, besonders die Landstädte, um sie ihren Territorien besser einzufügen. Durch diesen Druck wandelten sich nicht nur die äußeren Bedingungen der Städte. Auch die innerstädtischen Verhältnisse veränderten sich, weil die in den Städten herrschenden Schichten sich zunehmend gegenüber neuen Anwärtern aus der Bürgerschaft abschotteten. Die Stadtregierung wandelte sich von einer Vertretung der Bürgerschaft zu einer Obrigkeit, die in Gegensatz zu anderen Teilen der Bevölkerung stand.[8]

1 Allgemein Roeck 1991 (mit weiterer Literatur).

2 Park 1916; zitiert nach Burke 1988, S. 16–17. Zu einer erhellenden historischen Analyse der Gesellschaft in Höxter vgl. Rüthing 1986 und Rabe 1994.

3 Vgl. den Aufsatz von Anke Hufschmidt, S. 250–259. Zu den Oberschichten in den Städten Nordwest- und Westdeutschlands vgl. Schilling 1983.

4 Zur Entstehung der Städtelandschaft an der Oberweser vgl. Stoob 1966. Zur Stadtentwicklung Mindens vgl. Kat. 37, 58.

5 Ditt 1983, S. 193; Abb. 14 – Karte der Bevölkerungsgröße und Einzugsgebiete der Nachbarstädte Mindens.

6 Schilling 1993, S. 3, Karte 1.

7 Vgl. den Aufsatz von José Kastler, S. 266.

8 Zur Entwicklung der Städte im Heiligen Römischen Reich am Ende des 16. Jahrhunderts siehe Schilling 1985 und Schilling 1993. Zur Literatur zu den einzelnen Städten vgl. Ehbrecht 1986–1996.

9 Einen bauhistorischen Überblick liefert Meckseper 1994; zur Bildausstattung: Tipton 1996. Zur Herkunft der Fehldeutung von Rathäusern als Ausdruck einer „bürgerlichen Kunst" im 19. Jahrhundert vgl. Albrecht 1997 a, besonders S. 24–25.

10 Förster 1966 (mit nicht haltbarer Zuschreibung an den Kölner Maler Bartholomäus Bruyn d. Ä.); Albrecht 1993, S. 64, Abb. 24; Gramatzki 1994, S. 63–66, Abb. 78; Borggrefe 1999, S. 92, Abb. 7.

11 Vgl. dazu Kreft/Soenke 1986, S. 16–20; Borggrefe 1999.

12 links: Moses (Deuteronomium, 1, 16–17), David (Psalm 82, 1–4), Josaphat (2. Chronik, 19, 6–7); rechts: Cato (Sallust, *Bellum Catilinae*, 52, 19–21 und 8), Julius Caesar (Sallust, *Bellum Catilinae*, 51, 1–3), Marcus Tullius Cicero (*De officiis*, II, 11, 40).

Städtische Selbstdarstellung

Der natürliche Ort der Selbstdarstellung des Rates war seit dem Mittelalter das Rathaus, Sitz der städtischen Selbstverwaltung und der Gerichtsbarkeit.[9] Im Oberen Saal des Bremer Rathauses wurde 1532 von einem unbekannten Maler das „Urteil Salomos" mit modisch antikisierenden Einzelheiten dargestellt.[10] Das große Wandgemälde sollte die aus den Reihen des Rates gewählten Richter, die im Ratsgestühl unmittelbar unter dem Gemälde zu Gericht saßen, ermahnen, klug und gerecht zu urteilen. Die aufwendige Perspektivkonstruktion und die Architektur im Hintergrund des Gemäldes verweisen auf die Kunst der italienischen Renaissance. Der Schmuck der Pfeiler ist von norditalienischen Ornamenten beeinflußt, die in Stichen und Nachahmungen verbreitet wurden. Die Architektur im Hintergrund zeigt die ursprünglich aus dem Veneto stammenden Halbrundbögen, wie sie im Weserraum seit ungefähr 1525 an landesherrlichen Bauten verwendet wurden.[11] Das Bild wird von sechs Halbfiguren aus dem Alten Testament und der römischen Geschichte gerahmt, denen ausführliche lateinische Inschriften zugeordnet sind.[12] Auf diese Weise stellte sich der Rat als Nachfolger biblischer und antiker Vorbilder dar.

Salomos Urteil, Wandgemälde im Oberen Saal des Bremer Rathauses, 1532

Marcus Curtius, Kupferstich von Hendrick Goltzius

Marcus Curtius, Alabasterrelief nach Hendrick Goltzius, Oberer Saal des Bremer Rathauses, Portal zur Güldenkammer

HG. fecit.

Erker des Rathauses zu Hann. Münden, 1604

Nur wenige Schritte entfernt findet sich ein weiteres Bildthema, das die Bremer Ratsherren zu richtigem Verhalten anleiten sollte und das zugleich der Selbstdarstellung diente. Über der um 1610 entstanden Tür zur sogenannten Güldenkammer im selben Raum ist ein Alabasterrelief eingesetzt. Der römische Patriot Marcus Curtius stürzt sich im Moment höchster Gefahr für Rom in einen Erdspalt, um den Zorn der Götter abzuwenden (Livius, *De urbe condita*, VII, 1).[13] Er verkörpert damit die republikanischen Tugenden der Selbstlosigkeit und Opferbereitschaft. Das Relief folgt einem Stich des in Haarlem tätigen Hendrick Goltzius (1558–1617).[14] Der Bremer Rat staffierte zu Beginn des 17. Jahrhunderts also nicht mehr biblische Themen antikisch aus, um sein Selbstverständnis als selbstlose und gerechte Obrigkeit darzustellen, sondern benutzte von vornherein antike Motive.[15]

Nicht nur durch die imposante bauliche Erscheinung des Rathauses, sondern auch durch den Bildschmuck entwarf der Stadtrat ein Image. Dies zeigen neben dem Beispiel Bremens auch andere Rathäuser im Weserraum.[16] Der Ratssaal in Hann. Münden wurde im Jahre 1604 durch eine Auslucht vergrößert.[17] Im Chronogramm der linken Schriftkartusche beanspruchte die Stadtregierung für sich, die Gesetze Christi auf Erden zu verwirklichen. Sie behauptete damit ostentativ ihre Selbständigkeit gegenüber dem Landesherren und stellte sich andererseits ihren Bürgern als höchste Entscheidungsinstanz dar.[18] Selbst der bescheidene Erker am Rathaus in Höxter (1622/23) verzichtet nicht auf die allegorische Gestalt der Justitia (Gerechtigkeit), um auf die gerechte Rechtsprechung des Rates zu verweisen.[19]

Der Rat stand bei der Imagepflege mit anderen Gruppierungen in Wettbewerb. So strebten auch die Zünfte nach angemessener Selbstdarstellung. In Bremen ließ die Kaufmannschaft 1537–38 von einem Antwerpener Architekten ein aufwendiges Gebäude mit neunachsiger Marktfassade errichten, den Schütting.[20] 1565 wurde der Ostgiebel, 1594 Dachzier und Zwerchgiebel über der Marktfront ergänzt, so daß der Schütting lange Zeit höher und prächtiger als das mittelalterliche Rathaus über die Dächer der Stadt emporragte. Für den Schütting malten zwei Bremer Maler 1590 ein Gemälde mit dem Thema der siegreichen Schlacht der protestantischen Truppen über die katholischen Belagerer der Stadt im Jahr 1547, das dem wachsenden Interesse an lokalpatriotischer Geschichtsschreibung entsprach (Kat. 62).[21]

13 Der Raum wurde zu Beginn des 17. Jahrhunderts hinter dem Mittelrisalit der Fassade eingebaut; Albrecht 1993, S. 67–68, Abb. 27; Gramatzki 1994, S. 182–185, Abb. 417.

14 Strauss 1977, Bd. 1, Kat. 234, S. 392–393; Gramatzki 1994, Abb. 418. Das Alabasterrelief zeigt eine aus den Niederlanden stammende Spielart des nordeuropäischen Manierismus, die der in Bremen tätige niederländische Maler Hieronymus van der Elst auf die Spitze trieb (Kat. 66).

15 An der Saalseite der Güldenkammer wurden darüber hinaus elf Ölgemälde angebracht. Fünf der Bilder illustrieren antike Exempel guter Richter, die man dem wenige Jahre zuvor (1613) entstandenen humanistischen Bildprogramm des Nürnberger Ratssaales entnahm; Albrecht 1993, Abb. 28–40, S. 69–78.

16 Kreft/Soenke 1986, S. 12, nennt sechzehn Rathausneu- oder Ausbauten von 1573 bis 1618, die zumindest teilweise noch erhalten sind (Alfeld, Bad Salzuflen, Blomberg, Brakel, Bremen, Celle, Gandersheim, Hameln, Höxter, Lemgo, Hann. Münden, Nienburg, Paderborn, Rinteln, Stadthagen). Vgl. Kat. Lemgo 1989, S. 237–239. Wichtige Vergleichsbeispiele in Norddeutschland sind die bildlichen Ausstattungen der Rathäuser in Emden und Lüneburg.

17 Gerhardy 1993, S. 149–155, Abb. 31. Zur Interpretation des Fassadenschmucks des Rathauses in Bremen vgl. Albrecht 1993. Vgl. Kat. 60.

18 „IVstItIae fIgat Leges MVnDae IpsVs IesVs,/ faXIt, et Vt natos à IoVe IVra beent." (Jesus selbst möge die Gesetze der Gerechtigkeit Mündens festsetzen, er hat auch bewirkt, daß den Kindern Jupiters [den Menschen] die Rechte nützen.) Der Autor des Chronogramms scheint, den ligierten Buchstaben HSR nach zu urteilen, Heinrich König (HenricuS Regius) gewesen zu sein. Zum ähnlichen Anspruch des Lüneburger Rats, der in der Ausstattung der Großen Ratsstube zum Ausdruck kommt, vgl. Haupt 2000.

19 Großmann/König/Rabe 1994, S. 15–18, Farbtafel 2, 1.

20 Kreft/Soenke 1986, S. 267; Hahn 1988, S. 16–38.

21 Zum humanistischen Städtelob vgl. zu Minden Kat. 24.

Nicht nur in Rathäusern stellte sich die städtische Obrigkeit selbst dar. Auch andere öffentliche Räume dienten dazu, etwa Tanz- bzw. Hochzeitshäuser oder Kirchen, die der Rat bei festlichen Gelegenheiten besuchte. In Minden war dies die Hauptpfarrkirche St. Martin, deren Ausstattung aus dem 16. und 17. Jahrhundert gut erhalten ist.[22] Das Gemälde „Christus vor Pontius Pilatus und Kaiphas" von einem unbekannten Maler, das heute rechts vom Chor hängt, trägt auf dem Rahmen die Jahreszahl 1677. Es mahnt zur gerechten Rechtsprechung und richtete sich damit an den Rat der Stadt. Das Bild kopiert einen etwa hundert Jahre älteren Stich des in Antwerpen tätigen Malers und Entwerfers Marten de Vos (1532–1603)[23] und enthält die beiden wichtigsten malerischen Erfindungen der Renaissance, die Zentralperspektive und die Aktdarstellung.[24] Auch der apokryphe Pilatusbrief unter der Szene folgt der Stichvorlage.

Vom Stadtrat gefördert wurden darüber hinaus Apotheken, die im Weserraum im 16. Jahrhundert öffentlich-gewerblich betrieben wurden. Ein Mindener Apotheker schrieb in den 1640er Jahren *„daß negst bestellung kirchens und schulens eine wolbestallte Apotheke unter andern ein der vornehmsten kenund Merkzeichen sey einer guten policey [d. h. Regierung], davon ein Stadtregiment einen unsterblichen Ruhmb, Ehre und guten nahmen erlanget ...".*[25] Ihr Bauschmuck kann zumindest im Falle des 1611/12 errichteten Apothekenerkers am Lemgoer Rathaus als Selbstdarstellung der städtischen Obrigkeit gelten. Er zeigt zahlreiche berühmte Ärzte und Naturforscher nach dem Titelblatt von Oswald Crolls *Basilica chymica* von 1609.[26]

Städtischer Kulturtransfer

Wie gelangten die neuen Ideen, die zu solchen Darstellungen in „europäischem" Gewand führten, in die Städte des Weserraums? Eine besondere Rolle spielten die Schulen, die in den protestantisch gewordenen Städten und Territorien kurz nach der Reformation eingerichtet wurden.[27] In Bremen gründete der Rat 1528 eine Lateinschule. Die auf den Reformator Philipp Melanchthon (1497–1570) bezogene Tradition eines aristotelischen Humanismus bestand bis zum Rektorat von Johannes Molanus (1563–1583), der eine verdeckt calvinistische und ramistische Haltung einnahm. Der im 16. und beginnenden 17. Jahrhundert an deutschen Schulen und Universitäten einflußreiche Ramismus geht auf den französischen Philosophen Petrus Ramus (1515–1572) zurück, der für eine antiaristotelische Lehre mit rationaler und leicht erlernbarer Stoffeinteilung eintrat. Der Erfolg des Bremer Gymnasiums führte 1584 zur Gründung einer prima oder publica classis (ersten/öffentlichen Klasse), die Inhalte des Universitätsstudiums vermittelte.[28] Sowohl das Luthertum in der Prägung Melanchthons als auch der von Genf ausstrahlende Calvinismus verbreiteten neben ihren theologischen Anliegen die grundlegenden Ideen des europäischen Humanismus. Unbestritten war die herausragende Bedeutung der lateinischen und griechischen Klassiker und die Wichtigkeit der philologischen Textkritik. Dies schlug sich in gewisser Weise bereits 1532 im „Salomonischen Urteil" im Bremer Rathaus nieder. Indem die Wandfläche wie die Seite eines gedruckten Rechtstextes eingeteilt wurde, entsprach das Gemälde der Sehgewohnheit der juristisch gebildeten Ratsherren. Das Bild steht als „Text" in der Mitte und die Halbfiguren erscheinen wie „Kommentarglossen" an den Seiten.

Nach 1560 wurde das Lemgoer Gymnasium überregional bekannt.[29] Es gab einen – via Dortmund vermittelten – Einfluß der berühmten Straßburger Schule des Johannes Sturm (1507–1589). In den Jahren nach 1600 erreichte das Gymnasium in Lemgo den Höhepunkt seiner Wirkung. Einige Schüler kamen aus Rostock und Wittenberg. Die häufig wechselnden Rektoren standen ebenso wie in Bremen im Spannungsfeld von Ramismus und Aristotelismus. Vor dem Hintergrund dieser Bildung wundert es wenig, daß auf dem Erker der Lemgoer Apotheke die Bildnisse der größten Mediziner und Naturwissenschaftler nach dem Titelblatt von Crolls Schrift wiedergegeben wurden. Ein anderes Beispiel dafür, wie kunsthistorische Befunde durch Bildungsgeschichte erläutert werden, liefert die Serie der „Sieben Freien Künste" am Rathauserker in Lemgo. Die Reliefs aus dem Jahre 1589 folgen den Stichvorlagen des in Antwerpen tätigen Künstlers Frans Floris (1516–1570).[30] Wie nah Antwerpen den Ratsherren lag, zeigt die Überlegung im Jahre 1593, einen gewissen Martinus Georgius aus Antorf (d. h. Antwerpen) als neuen Schulrektor zu berufen.[31] Wie sehr Schulen humanistische Inhalte vermittelten, schlug sich an der Fassade der städtischen Lateinschule in Alfeld mit ihrem ungewöhnlich umfangreichen Programm an Schnitzereien nieder.[32]

Die wichtigsten Träger der neuen Ideen der Renaissance in Nordeuropa waren Bücher.[33] Buchhändler wurden abgesehen von Bremen in den Städten des Weserraums allerdings erst im 17. Jahrhundert ansässig.[34] Neue Bücher wurden zuvor bei wandernden Händlern auf Märkten oder direkt auf den großen

22 Der betreffende Band der Bau- und Kunstdenkmäler von Westfalen befindet sich im Druck. Zu einem anderen Gemälde in St. Martin s. Vgl.-Abb. Kat. 67
23 Das Gemälde ist erwähnt bei Picht 1925. Zum Stich vgl. Hollstein D/F, Bd. 44, S. 228, Nr. 1147, Bd. 46 (Plates 2), S. 111. Zwei Gemälde nach der gleichen Stichvorlage befinden sich in Manchester, St. Bede's College (Öl auf Leinwand, 175 x 256,5 cm; Grössinger 1992, Kat. 43, Abb. 149, Details 151) und im Musée des Beaux-Arts in Bordeaux (80,5 x 116 cm; Lambert Lombard zugeschrieben; Grössinger 1992, Abb. 150). Zur Wichtigkeit von Marten de Vos als künstlerischer Bezugspunkt für die Maler im Weserraum sei daran erinnert, daß De Vos die umfangreiche Gemäldeausstattung der Schloßkapelle in Celle lieferte; Zweite 1980, S. 85–146; vgl. José Kastler, S. 10–19.
24 Wie wenig selbstverständlich die Umsetzung dieser Ideen für manchen heimischen Maler war, zeigt das prachtvolle Epitaph des Johann Sobbe von 1610 in der gleichen Kirche; Tebbe 1996, S. 42, Abb. 16 (Zustand vor der Restaurierung).
25 Schnitzler 1992, S. 203.
26 Kreft/Soenke 1986, S. 295–296; Bau- und Kunstdenkmäler, Lemgo, S. 526–532, Abb. 597–606; Kat. Lemgo 1989, S. 212–214; Fuhrmann 1998, S. 107–111. Zum Apothekenwesen vgl. die späte Einrichtung in Minden 1581/82; Kohl, W. 1977.
27 Zur Einführung der Reformation in den Territorien der Mittelweser vgl. Stupperich 1966 (allerdings ohne Bremen, Kassel und Paderborn).
28 Elsmann 1993, besonders S. 107–108 (mit weiterer Literatur).
29 Schormann 1993. Zur Rolle Mindens vor 1560 vgl. Ditt 1983, S. 195.
30 Bau- und Kunstdenkmäler, Lemgo, S. 520–521, Abb. 585 und 591; Kreft/Soenke 1986, Abb. 193. Zu den Vorlagen: Kat. Lemgo 1989, S. 207–210.
31 Zum Brief des Lemgoer Rates: Schormann 1993, S. 16. Hinzu kommt, daß Lemgoer Fernhändler ihre Waren regelmäßig in Antwerpen erwarben. Im Lemgoer Stadtarchiv haben sich einige Handelsbücher von Kaufleuten erhalten (StadtA Lemgo: S 35–39). Hermann Brutlach reiste seit 1567 regelmäßig nach Antwerpen und Frankfurt a. M.; Hemann 1997, S. 38.
32 Als Überblick Berndt 1989; zum Vergleich mit anderen Programmen Albrecht 1993, S. 199–201.
33 Maclean 1991.
34 Schroeder 1966, S. 8–16, und Prinz 1968.

Lateinschule in Alfeld

Messen in Frankfurt, Leipzig, Braunschweig oder in Antwerpen erworben. Kaufleute aus dem Weserraum besuchten diese Städte regelmäßig.[35] Dort konnte man auch Kupferstichvorlagen kaufen, die bereits mehrfach als Träger der Innovation in den bildenden Künsten erwähnt wurden. Die Vielzahl der in der bildenden Kunst des Weserraums verwendeten Graphikvorlagen läßt sich nur durch den Umstand erklären, daß die Blätter aus ganz Europa auf den Messen in Antwerpen und Frankfurt a. M. zusammengeweht wurden.[36] Der Buchdruck selbst verbreitete sich im 16. Jahrhundert im Weserraum kaum. In Bremen waren nach einem kurzen Intermezzo von 1525 bis 1527 erst seit 1565 ständig Verleger tätig. In Lemgo betrieben 1559/60 und 1571 sowie seit 1578 dauernd Drucker ihr Handwerk.[37] In Hildesheim erschienen Bücher nach einem Zwischenspiel 1543 erst wieder seit 1600.[38] Die in der Region ansässigen Verlage druckten neben Gelegenheitsschriften zu Hochzeiten und Leichenpredigten, die einen großen Teil der Veröffentlichungen ausmachten, nur wenige anspruchsvolle Titel. Immerhin erschienen in der weiteren Region so verschiedene Bücher wie ein systematischer Vergleich der Logik von Ramus und Melanchthon,[39] ein lateinisches Wörterbuch zum Schulgebrauch,[40] ein Theaterstück über Abraham [41] und ein humanistischer Traktat über Haare von einem niederländischen Humanisten, der lange in England tätig gewesen war.[42]

Um die geistigen Strömungen in den Städten genauer zu bestimmen, müßten die Lehrpläne der Schulen und die als Schullektüre gelesenen Bücher zusammengestellt werden. Ein Teil der Bibliothek des Lemgoer Gymnasiums hat sich im Stadtarchiv Lemgo erhalten.[43] Darüber hinaus müßten Lebensläufe von Händlern, Kaufleuten, Handwerkern, Lehrern und Juristen in und aus den Städten des Weserraums gesammelt werden, und ebenso die der Gelehrten, die als Pfarrer, Stadt- oder Geschichtsschreiber tätig waren.[44] Johannes Gigas (1582–1637) aus Lügde (südlich von Hameln) sei willkürlich herausgegriffen. Er studierte von 1597 bis 1603 in Helmstedt, Wittenberg und Basel und unternahm von dort aus auch einen Abstecher nach Padua und Rom. Der in Medizin und Mathematik promovierte Gigas hielt sich 1604 wieder in Hameln auf, von wo er mit Graf Simon VI. nach Prag reisen sollte. 1607 wurde er Professor in Steinfurt und zog später als Leibarzt des Kölner Bischofs nach Münster. 1615 gab er das kartographische Handbuch *Enchiridon Sphaericum* ... (Handbuch der Weltkugeln) heraus, das er dem Gouverneur von Friesland, dem calvinistischen Grafen Wilhelm Ludwig von Nassau und den Ständen Groningen und Ommelanden widmete, weil er sich eine Professur an der neu gegründeten niederländischen Universität Groningen erhoffte.[45] Gigas stammte aus dem Weserraum, machte aber außerhalb Karriere. Die bürgerlichen Räte an den Höfen des Weserraums kamen dagegen häufig von außerhalb. Sie waren nicht nur für das geistige Klima am Hofe bedeutsam, sondern brachten auch neue Ideen in das städtische Umfeld. Der gräfliche Rat in Bückeburg, Melchior Goldast (1576–1635), der aus der Schweiz stammte und mehrere Jahre in Folge den Messekatalog in Frankfurt am Main redigierte, rettete seine umfangreiche Bibliothek vor den Zerstörungen des Dreißigjährigen Krieges, indem er sie der Stadt Bremen vererbte.[46]

Viel stärker auf die Kultur der Städte wirkten jedoch die Universitäten, die durch landesherrliche Initiativen gegründet wurden. Nach der frühen Stiftung der Universität Marburg durch Landgraf Philipp von Hessen im Jahre 1527 gründete Herzog Julius von Braunschweig-Wolfenbüttel 1576 in Helmstedt die zweite Universität, die zu einem Territorium des Weserraumes gehört.[47] Nach dem Wunsch des Gründers sollte sie vor allem der Ausbildung von Theologen und Juristen dienen, die in der Landeskirche und in der Verwaltung benötigt wurden. An der Universität lehrte bald eine Reihe bekannter Professoren, wodurch die Institution eine überregionale Bedeutung erlangte. Der italienische Philosoph Giordano

35 Vgl. Anm. 33. Zu den Buchkäufen des in Hessisch Oldendorf wohnenden Adeligen Ludolf von Münchhausen vgl. Kat. 70, 71.

36 Eine zusammenfassende Studie zum europäischen Graphikhandel im 16. Jahrhundert fehlt. Vgl. zu Kölner Graphikhändlern, die sich in Frankfurt a. M. mit Ware eindeckten, Schöller 1999.

37 Honselmann 1979.

38 Benzing 1982.

39 Othon Casmannus (Otto Casmann): *Logicae Rameae et Melanchthonianae Collatio et Exegesis, ab Othone Casmanno [...] recognita, [...] eodem autore ex Logicis praeceptis practicae Observationes, Consilia & Leges, [...]* Hannover 1599.

40 Nathan Chyträus: *Nomenclator Latinosaxonicvs [...] absolutissimus;* Lemgo, Hemann Vastelabus, 1601.

41 Georg Rollenhagen: *Abraham Des Erzvaters Abraham leben und Glauben / Der Jugend in Schulen und Gesellschaften zu unterrricht unnd zu nützlicher Christlicher ubung [...]*, Hildesheim 1603.

42 Hadrianus Junius: *De coma [dt.] Ein uberaus schönes und nützliches Philosophisch und Historisch Büchlein Von den Haaren / Und derselbigen zubehörung / rechtem und bösem gebrauch / wol und ubelstandt / etc. Alles mit sonderlichem fleiß / in unsere Teutsche muttersprache gebracht [...] Durch Johannem Eckstedt / Pfarrherrn zu Elbingerode am Hartz*; Goslar: Vogt, Johann 1608.

43 Freundlicher Hinweis von Regina Fritsch, Detmold.

44 Als biographische Quellen bieten sich die zahlreichen Leichenpredigten an, die zumeist einen biographischen Teil enthalten. Zu Spangenberg vgl. Kat. 22.

45 Oldemeier 1994, S. 28.

46 Kat. 65.

47 Späthumanismus und Landeserneuerung 1976.

Bruno (1550–1600) hielt sich auf seiner Reise durch Deutschland 1589–90 hier auf. In Kassel errichtete der wissenschaftsbegeisterte Landgraf Moritz von Hessen 1599 das *Collegium Mauritianum*, das neben der dem Adel vorbehaltenen schola aulica auch ein *„collegium publicum"* für den Unterricht der niederen Stände umfaßte.[48] Die Einrichtung der protestantischen Lehrinstitute rief die Gründung einer Universität mit gegenreformatorischer Absicht hervor. Fürstbischof Dietrich von Fürstenberg erlangte 1615 für Paderborn ein Universitätsprivileg für die beiden Fakultäten Philosophie und Theologie. Wenige Jahre zuvor hatte Graf Ernst von Holstein-Schaumburg in Stadthagen die Academia Ernstiana (1610) eröffnet, die 1620 das Universitätsprivileg erhielt und nach Rinteln verlegt wurde, wo sie 1621 ihre Tore öffnete. Die Verlegung nach Rinteln wurde ausdrücklich *„um mehrer Bequemlichkeit willen des Weserstroms"* vorgenommen.[49]

Ein gewisser Heinrich von Stange hielt 1606 in Marburg eine akademische Rede über die *perlustratione Germaniae* (das Durchwandern Deutschlands).[50] Sie behandelte die Gepflogenheit der Studenten, während des Studiums von Universität zu Universität zu reisen. Auf diese Weise wurde nicht nur deren Gelehrsamkeit, sondern auch Lebenserfahrung und Sprachkenntnis gefördert. Von Stange rühmte nun, daß die Aufenthalte an deutschen Universitäten am fruchtbringendsten wären. Seine Auffassung hat sich nicht durchgesetzt. Die Reisen der bürgerlichen und adligen Studenten lassen sich in den Freundschaftsbüchern (*Alba amicorum*) bzw. Stammbüchern verfolgen, die in großer Zahl erhalten sind. Ähnlich wie für noch heute gebräuchliche Poesiealben wurden akademische Lehrer, Bekannte und persönliche Freunde gebeten, in diese Bücher Sinnsprüche und Lebensweisheiten einzutragen.[51] Das *Album amicorum* Tilmann Wachmanns, der aus einem bekannten Bremer Ratsgeschlecht stammt, wurde von 1563 bis 1568 geführt. Es enthält Einträge aus Bologna, Heidelberg, Lyon, Orleans, Padua, Speyer und Venedig.[52] Nicht nur die reisenden Bewohner des Weserraums sind interessant, sondern auch Besucher von außerhalb. Der Utrechter Gelehrte Arend Buchelius etwa kam auf seinen Reisen mehrfach durch den Weserraum.[53] Der Jurist Heinrich Hartmann weilte zwischen 1601 und 1605 in Tours, Amboise, Verona, Goslar, Den Haag, Leuven, Mömpelgard, Montpellier, Siena, Mechelen, Wolfhagen, Cambridge, Rom, Bayonne, Saumur, Neapel, Genua, Hamburg, Toulouse, Bologna, Florenz, Dijon, Pesaro, Pisa, Gent, Venedig und eben auch in Bremen.[54] Wen besuchte ein auswärtiger Besucher, wenn er nach Bremen kam? Der schwedische Bischof Hans Poulsen Resen (1561–1638) bat während seines Bremen-Aufenthaltes im August des Jahres 1589 drei Personen um Einträge. Der aus Antwerpen stammende, gelehrte Kaufmann und Politiker Daniel van der Meulen (Daniel Molinaeus Antverp.) trug an den *„Iden des August"* einen griechischen Vers zum Gedächtnis ein.[55] Im gleichen Monat schrieb Christoph Pezel, bedeutender Verfechter des Calvinismus, ein lateinisches Gedicht nieder.[56] Resen ließ sich die Gelegenheit nicht entgehen, auch den englischen Philosophen und Hermetiker John Dee (1527–1608) am 16. August um einen Eintrag in sein Freundschaftsbuch zu bitten.[57] Dee, der auch als Spion für Königin Elisabeth I. von England tätig war, befand sich mit seiner Familie gerade auf der Rückreise von Prag via Kassel nach England.

Gehörte für Studenten das Reisen zur Ausbildung, so gilt dies auch für Künstler. Der aus Münden stammende Maler und Holzschneider Ludolf Büsinck begab sich in die Niederlande und nach Frankreich, um dort bei angesehenen Künstlern zu lernen.[58] Der für den Bückeburger Hof tätige Antonius Bote(n) war nach einem Aufenthalt in Augsburg auf eine Italienreise geschickt worden.[59]

Selbstdarstellung der Bürger

Bisher war vor allem von der Selbstdarstellung der städtischen Obrigkeit und ihren Quellen die Rede. Auch einzelne Angehörige der bürgerlichen Oberschicht entwarfen mit verschiedenen Mitteln ein neues Selbstbild. Die einfachste Form war die am Haus angebrachte Inschrift, die immer häufiger in lateinischer Sprache abgefaßt wurde.[60] Daneben wurden umfangreiche Schnitzereien oder Bildhauerarbeiten an den Hausfassaden angebracht, die Darstellungen der antiken Götter, der Artes liberales und anderer klassischer Bildungsinhalte zeigten.[61] Hinzu trat die Verwendung der Säulenordnungen und von Grotesken als Fassadenschmuck.[62] In Beischlagwangen mit protestantischen Darstellungen und Renaissance-Formen bekannten sich die Bürger, an deren Türen sich solche Reliefs befinden, zur Reformation.[63] Zur innerstädtischen Kommunikation dienten auch die Ausluchten, die in vielen Fällen besonders geschmückt waren. Bereits durch den Glasluxus ihrer großen Fensterflächen hoben sie die Stellung des Hausbesitzers im Gefüge der Stadtgesellschaft hervor. In den Ausluchten waren die Hausherren bzw. Hausherrinnen nicht nur symbolisch, sondern auch tatsächlich anwesend.[64] Um die Rolle des Individuums in der Gesellschaft zu verbildlichen, waren Grabmäler ein besonders wirkungsvolles Medium.

48 Kat. Lemgo 1997, S. 70.
49 Zitiert nach Feige 1966, S. 316.
50 Heinrich von Stange: *De Germaniae Perlustratione Omnibus Aliis Peregrinationibus anteferenda Oratio*, Marburg 1607.
51 Vgl. Anke Hufschmidt, Kat. 73.
52 Focke-Museum, Bremen, Inv. A 918; Klose 1988, S. 29.
53 Vgl. Herbert Schwarzwälders Beitrag S. 206.
54 Kassel, Gesamthochschul-Bibliothek, Landesbibliothek und Murhardsche Bibliothek, Ms. Philol. 8° 5. Ditfurth 1929/1930, Nr. 2, S. 113–122. Am 26. Oktober 1602 traf Hartmann übrigens den hessischen Landgraf Moritz in Paris.
55 Kongelige Bibliotek, Kopenhagen: Thott 572, 8, S. 136 r. Helk 1974, S. 20 und 42. Zur umfangreichen Bibliothek von Daniel van der Meulen, die er sicherlich nach Bremen mitgebracht hatte, vgl. Kat. 79.
56 S. 64 r.
57 S. 139 v.: *„Fortis Imaginatio, / mira rerum in / Dianaea Architectatur / exemplaria"*. Auf einer bereits ein Jahr zuvor, am 9. Juni 1588, von Magister Nicolaus Maius in Prag beschriebenen Seite findet sich eine Zeichnung von Dees *„Monas hieroglyphica"*, S. 158 v. Zu Dee vgl. Kat. Lemgo 1997, S. 347, Kat. 377.
58 Kat. 67.
59 Kat. 86.
60 Zur Veränderung von Schriftformen als Indiz für humanistische Bildung vgl. Fuhrmann 1998.
61 Püttmann 1989. Vgl. allgemein Albrecht 1993, S. 185–208, und Kohl, J. 1998 (mit weiterer Literatur).
62 Uppenkamp 1993, S. 49–50 et passim.
63 André 1955.
64 Zu Lemgo vgl. Kaspar 1985, S. 97–98.

Apothekenerker am Rathaus zu Lemgo, 1612

Titelblatt der *Basilica chymica* von Oswald Croll, 1609

Die angemessene Verwendung der antiken Säulenordnungen und des Ornaments an Epitaphien kann in der zweiten Hälfte des 16. Jahrhunderts als Bekenntnis zu einer geordneten Gesellschaft gedeutet werden.[65] Neben den nach außen gerichteten Bildfeldern finden sich ähnliche Themen in den Innenräumen der Bürgerhäuser. Bildträger waren Wandvertäfelungen, Deckenbemalungen, Öfen und Truhen.[66] Für die Inneneinrichtung waren vor allem Werke der angewandten Kunst bedeutsam. Von dem einen oder anderen Bildnis abgesehen, wie sie etwa der in Höxter ansässige Maler Adam Offinger malte,[67] finden sich in den Inventaren bis in das 17. Jahrhundert hinein im Weserraum kaum Werke der Malerei oder Plastik im bürgerlichen Besitz.[68]

Zusammenfassung

Humanistische Bildung und die Vorliebe für Schmuckformen der ursprünglich aus Italien stammenden Renaissance bei Ratsherren und Bürgern in Bremen und anderen Städten des Weserraumes waren selbstverständlich kein spezifisches Phänomen entlang der Weser. Im Verhältnis zu süddeutschen Städten, etwa Nürnberg oder Augsburg, stehen die Städte des Weserraumes zeitlich am Ende einer Entwicklung, die bereits das ganze Heilige Römische Reich ergriffen hatte. Sicherlich spielten die Städte im Weserraum bei der Vermittlung architektonischer Neuerungen keine Führungsrolle. Ebensowenig ist von ihnen eine humanistische Bewegung ausgegangen.[69] Interessant ist die Untersuchung der Städte der Weserregion jedoch, weil man anhand der stilistischen Entwicklung die Rolle der makroökonomischen Orientierung nachweisen kann. Erfolgten die stilistischen Übernahmen bis zur Mitte des 16. Jahrhunderts weitgehend aus Süd- und Mitteldeutschland, so schlägt sich später der Einfluß der Niederlande in West- und Nordwest-Deutschland nieder. Das entspricht der Verschiebung der europäischen Handelswege, die sich aufgrund der gewachsenen Rolle des Atlantik- und Nordsee-Verkehrs nach Norden verlagerten.

Einige Ideen der Renaissance haben sich auf vielfältige Weise in der Bildung, den Bauten und Bildern der städtischen Oberschicht des Weserraumes im 16. und im 17. Jahrhundert niedergeschlagen. Sie gelangten allerdings nicht auf direktem Weg hierher, sondern wurden durch Zwischenstationen im Heiligen Römischen Reich, in den Niederlanden und Frankreich vermittelt, wo sie bereits umgeformt worden waren. Die Institutionen, die an erster Stelle an dem Ideen-Transfer in die Städte im Weserraum beteiligt waren, waren Schulen und Universitäten, die dem Patriziat die Gelegenheit zum Bildungserwerb boten. Bedeutsam waren zudem Reisen, die Studium und Beruf mit sich brachten. Gelehrte und Gebildete zählten zu den „Sehenswürdigkeiten" der Städte, an denen ein Tourist nicht ohne Autogrammwunsch vorbeiging. Die Bildungsinhalte waren aber nicht nur Teil der Standeskultur, sondern auch Mittel der Selbstdefinition am Übergang von mittelalterlichen Stadtkommunen zu fürstenstaatlichen Bürgerstädten sowie Medium des innerstädtischen Herrschaftsanspruchs. In der Verbreitung der Ideen der Renaissance zeigt sich die starke Zersplitterung der städtischen Gesellschaft. In späterer Zeit bildete sich eine besondere Identifikation mit den Renaissance-Formen aus. Das führte am Anfang des 20. Jahrhunderts dazu, daß man irrtümlich von „Weserrenaissance" als einer eigenständigen Stilfindung zu sprechen begann.

Die Aufmerksamkeit in diesem kurzen Abriß galt den städtischen Einrichtungen und Bürgern, die neue kulturelle Inhalte für ihre Selbstdarstellung einsetzten oder vermittelten. Daß es vor allem um die Selbstdarstellung bestimmter gesellschaftlicher Gruppen bzw. um innerstädtische wie europäische Kommunikation ging, war kein Zufall, denn *„Wahrnehmung und Kommunikation stehen im Mittelpunkt jeder denkbaren Idee von Kultur, ob vage oder präzise, weit oder eng gefaßt, hoch oder niedrig angesetzt."* [70]

65 Tebbe 1996.
66 Vgl. allgemein Horbas 1994 (mit weiterer Literatur).
67 Zu Offinger in Höxter vgl. Rabe 1994, S. 181.
68 Bettina Marten: Bürgerlicher Kunstbesitz um 1600 im Weserraum – Inventare und Testamente als Quellen für bürgerlichen Kunstbesitz. Unveröffentlichtes Manuskript 1998 (Weserrenaissance-Museum Lemgo): *„Der Reichtum eines bürgerlichen Haushaltes drückte sich vorwiegend in der Anzahl an Zinn-, Messing- und Kupfergeschirr aus bzw. an Silbergeschirr, in der Kleidung ... und an Schmuckstücken ... aus."* Erst im zweiten Drittel des 17. Jahrhundert lassen sich in Bremen Gemälde in Privatbesitz in einer nennenswerten Zahl nachweisen.
69 Angermann 1970, S. 191, weist darauf hin, daß der Bau des Stadthäger Rathauses, das zunächst das Zeughaus war, dem stilistischen Vorbild des Schlosses folgt. Vgl. Maier 1966, S. 281: *„Die Vorbilder bei dieser Bautätigkeit waren vor allem – wie auch sonst in Modedingen – die Landesfürsten ...",* und allgemein Borggrefe 1999.
70 Burke 1988, S. 12.

Christus vor Pontius Pilatus und Kaiphas, nach Maerten de Vos, Öl auf Leinwand, St. Martin, Minden

Christus vor Pontius Pilatus und Kaiphas, Kupferstich von Adriaen Collaert nach Maerten de Vos

Südfront des Bremer Rathauses (errichtet 1608–1615)
19. Jahrhundert

unten rechts bez.: „Aufgenommen von Rippe und Beermann"
kolorierte Zeichnung
63 x 88 cm
Focke-Museum/Bremer Landesmuseum für Kunst- und Kulturgeschichte, Inv. B0159

228

DIE KULTUR

Die Renaissancefassade des 1405 bis 1412 errichteten Bremer Rathauses ist das Resultat der Umbaumaßnahmen aus den Jahren 1608 bis 1615. Nach kleineren baulichen Veränderungen im 16. Jahrhundert prägten den spätmittelalterlichen, querrechteckigen Bau an der Südseite zunächst eine Arkatur aus Spitzbögen mit kleiner Laube in der Mitte, ein den Baukörper nach oben hin abschließender Zinnenkranz sowie achteckige Türmchen auf den Gebäudeecken. Im 17. Jahrhundert erhielt die auf den Marktplatz ausgerichtete Südfassade nun neue Arkaden, einen Mittelrisalit sowie zwei seitlich daran anschließende Zwerchgiebel und eine neue Balustrade. Die Ecktürmchen verschwanden. Des weiteren kamen neue Fenster hinzu, neues Gebälk sowie eine Reihe von Ornamenten, die sich mit dem erhaltenen mittelalterlichen Figurenschmuck zu einem reichen Bildprogramm zusammenfügen.

Verschiedene Motive und Schmuckformen der Fassade werden auf niederländische Vorbilder zurückgeführt, insbesondere auf den flämischen Baumeister Lieven de Key. Sah man Motive aus dessen Werk in der älteren Literatur durch die dem Mittelrisalit vorgelegten ionischen Säulen, durch die Balustrade und die verkröpften Konsolen mit Löwenkopf rezipiert,[1] so ist nach Albrecht[2] lediglich die Verzierung des Mittelrisalits mit Bändern bildlicher Reliefquader in Haarlemer Werken Lieven de Keys vorgeprägt.

Eine solche Rezeption läßt sich mit den Geschäftsbeziehungen des Steinhauermeisters Lüder von Bentheim in die Niederlande in Verbindung bringen, der in größerem Umfang mit seiner Werkstatt am Umbau beteiligt war: Besonders spektakulär ist seine lieferfertig und in Obernkirchener Sandstein gearbeitete Fassade für das Leidener Rathaus, dessen mittelalterliche Substanz Jahre vor dem Umbau des Bremer Rathauses ebenfalls im Sinne der Renaissance erneuert wurde (vgl. Kat. 48). Bei seinem Besuch in Leiden 1597 begegnete Lüder von Bentheim Lieven de Key, der am Leidener Umbau beteiligt war, sicher persönlich.

Einzelne Motive, wie die schmückenden Masken an Mittelrisalit und Mittelgiebel, lassen sich aber auch direkt auf damals nördlich der Alpen ohnehin weit verbreitete Architekturtraktate und Vorlagenbücher zurückführen – so beispielsweise im Fall der Masken auf Hans Vredeman de Vries. Die Vermittlung durch Lieven de Key ist nicht notwendig vorauszusetzen.[3]

Einzigartig in seiner Komplexität ist das Bildprogramm der Fassade, auch wenn die einzelnen Motive der figürlichen Reliefs in weiten Teilen ebenfalls auf internationale Druckgraphik des 16. Jahrhunderts zurückgehen sowie auf weitere geläufige Quellen für Bildmotive. Hier ist auf die Graphik Frans Floris' oder Hendrick Goltzius' zu verweisen und auch auf die Sieben Freien Künste auf der Temperantia-Schale des François Briot (vgl. Kat. 61). Das Programm läßt sich in den Grundzügen seiner Gestaltung in europäische und regionale Entwicklungen einfügen: Es handelt sich dabei der Analyse Albrechts zufolge um die Verbindung von vier voneinander unabhängigen Bildzyklen, die jeweils einer bestimmten Tradition öffentlicher Repräsentation entstammen: das enzyklopädische Weltbild, Kaiser und Kurfürsten, Tugenden und Krieger und die Tugendkataloge. In ihrer additiven Zusammenstellung nehmen sie nach Albrecht ein zeitgenössisches Ordnungsprinzip auf.[4] Insgesamt mußte der zeitgenössische Betrachter das Bildprogramm als Ausdruck der Gelehrsamkeit, Stärke und Tugendhaftigkeit des Rates wahrnehmen. Insofern verdeutlicht es die Befähigung des Rates zur Regierung, ohne daß sich das Programm letztlich auf eine konkrete Bedeutung hin entschlüsseln läßt.

Nach dem Umbau zwischen 1608 bis 1615 ist die Fassade Kunst zufolge auch in Konfrontation zu dem ihr gegenüber gelegenen Schütting und seinem mit Neptun, Merkur, Artemis – den Personifikationen des Handels – geschmückten geschweiften Giebel zu betrachten, dem Sitz der Kaufmannschaft also, die sich in jener Zeit zunehmend um Unabhängigkeit vom Regiment des in starkem Maße von Juristen bestimmten Rates bemühte.[5] Ein Jurist und der Initiator der ersten Stadtchronik (s. Kat. 25), nämlich das Ratsmitglied Heinrich Kreffting, hat auch den Rathausumbau mitveranlaßt.

Elisabeth Hipp

Literatur: Ehmk/Schumacher 1866; Ortwein/Scheffers 1879–1881; Focke 1888; Pauli 1891; S. 83–106; Vermeulen 1931; Sahner 1948, S. 21, 35–37, 45; Stein 1962; Großmann 1989, S. 23, 128; Albrecht 1993; Gramatzki 1994; Kunst 1997.

1 Vermeulen 1931, S. 255; Sahner 1948, S. 45; Pauli 1890; vgl. außerdem Pauli 1891, S. 101.
2 Albrecht 1993, S. 105.
3 Albrecht 1993, S. 97; vgl. außerdem Pauli 1891, S. 101.
4 Albrecht 1993, S. 111–182, 232–235.
5 Kunst 1997, S. 218–219.

Kat. 60

Temperantia-Schale

François Briot (um 1550, letztmalig 1616 erwähnt)
Montbéliard, 1585

gem. „FB" und im Bildnismedaillon auf der Rückseite bez. „SCULPEBAT FRANCISCVS BRIOT"
Zinn, gegossen
Dm 45 cm
Staatliche Kunstsammlungen Dresden, Kunstgewerbemuseum, Inv. 30312

Die Gußformen für die Temperantia-Schale – etwa 30 Abgüsse aus Zinn sind bekannt – sowie für die dazugehörige Kanne schuf François Briot um 1585. Als Sohn hugenottischer Eltern um 1550 in Lothringen geboren, kam Briot 1579 in die damals zum Herzogtum Württemberg gehörende Grafschaft Mömpelgard (Montbéliard). 1585 wurde er Graveur am Hof Graf Friedrichs von Mömpelgard, des späteren Herzogs Friedrich I. von Württemberg-Mömpelgard. Er hatte in dieser Funktion vor allem Gußformen für Münzen und Medaillen zu schneiden, schuf aber auch Formen für Edelzinn. Die Temperantia-Schale gilt als sein bekanntestes und einflußreichstes Werk. Wie Edelzinn überhaupt diente sie aufgrund des hohen Bleianteils im Material wohl vor allem als dekoratives Schaustück.

Das runde Mittelfeld des Spiegels nimmt die namengebende Personifikation der Temperantia ein, der Tugend der Mäßigung. Um das Mittelfeld des Spiegels sind vier ovale Felder mit Personifikationen der Elemente Feuer, Wasser, Luft und Erde angeordnet; Grotesken füllen die Zwischenräume. Den Tellerrand zieren acht ovale Kartuschen mit einer Darstellung Minervas sowie Allegorien der sieben Freien Künste; die Zwischenräume füllen Schmuckornamente sowie vier Masken. Auf der Rückseite der Schale finden sich Signatur und Profilbildnis Briots. Der Fuß der zugehörigen Kanne fügt sich genau in das Mittelfeld des Spiegels. Auf dem Kannenkörper sind die Personifikationen der christlichen Tugenden Glaube, Hoffnung und Liebe dargestellt. Des weiteren schmücken die Kanne Groteskenornamente.

Temperantia-Schale und zugehörige Kanne

Briots Konzeptionen der Personifikationen der Sieben Freien Künste mit ihren Attributen finden sich am Mittelrisalit des Bremer Rathauses wieder, in der Frieszone zwischen erstem und zweitem Geschoß. Sie sind dort der Analyse Albrechts zufolge Teil des enzyklopädischen, das Wissen der Welt verkörpernden und damit die Gelehrtheit des Rates repräsentierenden Zyklusses, der sich mit weiteren Bildzyklen zum Bildprogramm der Fassade fügt (vgl. Kat. 60).[1] Es ist möglich, daß der Temperantia-Schale und den Reliefs am Bremer Rathaus eine gemeinsame Stichvorlage zugrunde liegt, lassen sich doch für andere Werke Briots Motiventlehnungen insbesondere aus der Druckgraphik Etienne Delaunes nachweisen. Auch wird dem Figurenschmuck immer wieder eine allgemeine Ähnlichkeit mit Figuren in Werken der Schule von Fontainebleau zugesprochen.[2] Es ist nicht auszuschließen, daß ein Exemplar der Temperantia-Schale selbst in Bremen als Vorbild diente: Sie fand sehr schnell weite Verbreitung, wie etwa die nur geringfügig von ihr abweichenden Kopien des Nürnbergers Caspar Enderlein aus den Jahren 1609/10 und 1611 zeigen.

Zur Frage, wie die Temperantia-Schale konkret nach Bremen gelangt sein könnte, lassen sich nur Vermutungen anstellen. Verweist Gramatzki[3] auf den bis 1590 währenden Aufenthalt des späteren Bremer Bürgermeisters Heinrich Kreffting in Heidelberg, so spricht auch der kurze Aufenthalt Friedrich von Mömpelgards in der Hansestadt im Zuge seiner Englandreise im Jahre 1592 für die Mobilität zwischen Mömpelgard und Bremen (vgl. S. 206 f.). Demiani[4] vermutet in dem Grafen auch den Auftraggeber für die Temperantia-Schale. Entspräche dies den Tatsachen, ließe sich in ihrer Rezeption am Bremer Rathaus ein Beispiel für den wechselseitigen Austausch von höfischer und städtischer Ikonographie aufzeigen.

Elisabeth Hipp

Literatur: Lessing 1889; Demiani 1897, S. 9–15; Berling 1920, S. 84–87; Haedeke 1963; Weber 1975, Textbd., S. 320; Hayward 1976, S. 60, 161, 328, 409; Wacha 1983, S. 24, 25; Schwarzwälder, 1987, S. 340; Albrecht 1993, S. 167–170; Gramatzki 1994, S. 102, 103.

1 Albrecht 1993, S. 167–170.
2 Demiani 1897, S. 15; Hayward 1976, S. 409.
3 Gramatzki 1994, S. 102.
4 Demiani 1997, S. 15.

Kat. 61

Die Schlacht bei Drakenburg am 23. Mai 1547
im Manuskript der Bremischen Chronik, Bd. 2
Johannes Renner (1525–1583/84)
nach 1580

aquarellierte Federzeichnung
Staats- und Universitätsbibliothek Bremen, Sign. Brem. a. 97, S. 276

232

DIE KULTUR

Die handschriftliche Chronik des Bremer Notars Johannes Renner ist eine wichtige Quelle zur Bremer Stadtgeschichte im 16. Jahrhundert.[1] Renner fertigte die Reinschrift Anfang der 1580er Jahre an. Eine der wenigen Illustrationen zeigt die Schlacht bei Drakenburg am 23. Mai 1547. An der Weser bei dem Dorf Drakenburg nahe Nienburg schlugen mit Bremen verbündete Truppen ein kaiserliches Heer, das zuvor Bremen belagert hatte. Der junge Herzog Erich II. von Braunschweig-Lüneburg (1528–1584), der die kaiserliche Streitmacht anführte, konnte sich nur retten, indem er die Weser durchschwamm.[2] Bremen stand im Schmalkaldischen Krieg, den Kaiser Karl V. 1546 bis 1547 gegen die protestantischen Reichsstände ausfocht, zusammen mit Hamburg, Braunschweig und anderen norddeutschen Hansestädten im protestantischen Lager des Schmalkaldischen Bundes. Trotz der Niederlage des Schmalkaldischen Bundes in der kriegsentscheidenden Schlacht bei Mühlberg am 24. April 1547 erreichten die norddeutschen Städte durch ihren militärischen Widerstand recht günstige Bedingungen für den späteren Frieden.[3]

Die Zeichnung in der Handschrift der Rennerschen Chronik ist die früheste bekannte Darstellung der Schlacht bei Drakenburg. Die Komposition stimmt weitgehend mit einem Stich in der zweiten Auflage von Wilhelm Dilichs Chronik *„Urbis Bremae ... Typus et Chronicon“* von 1603 (nach S. 230) überein.[4] Für diese Auflage hatte der in Bremen tätige Christianus von Apen Illustrationsvorlagen geliefert.[5] Von Apen war 1590 zusammen mit Cornelis Husrath bezahlt worden, um für das Haus der Kaufmannschaft in Bremen, den sogenannten Schütting, *„de slachtinge, so anno 1547 vor de Drakenborch geschen is“* zu malen.[6] Vermutlich kopierte Von Apen in der Vorlage für die Dilich-Chronik sein älteres Gemälde im Schütting. Zudem ist anzunehmen, daß er sich 1590 bei der Aufgabe, ein Gemälde für den Schütting zu malen, an der Schlachtendarstellung in der Rennerschen Chronik orientierte, so daß sich in der Zusammenschau der beiden graphischen Darstellungen auch eine Vorstellung von dem heute verlorenen Gemälde gewinnen läßt.

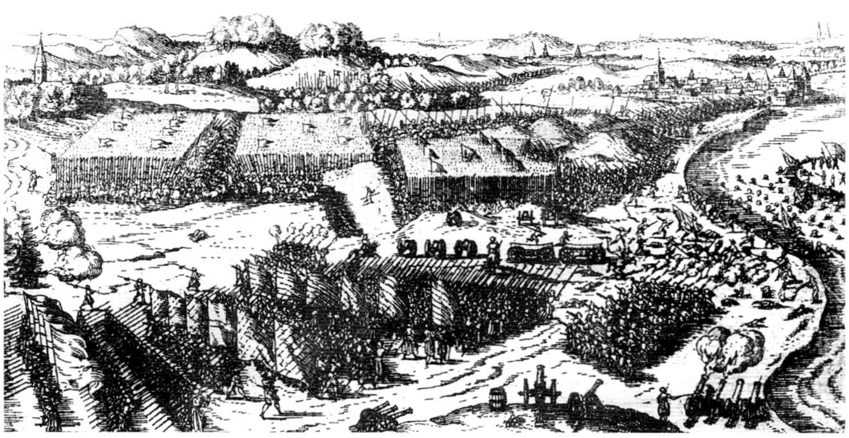

Schlacht bei Drakenburg, aus Wilhelm Dilichs *Bremer Chronik*, 1603

Kat. 62

Das auf Holz gemalte Gemälde befand sich als einziges Bild im oberen Saal, d. h. an einem besonders hervorgehobenen Ort, wo es ein Reisender im 18. Jahrhundert noch sah: *„eine alte schlechte Schilderey, darauf eine Schlacht, so Anno 1547, den 24. May bey der Drackenborg geschehen, vorgestellet wird; dabey die Namen der vornehmsten Personen mit Gold geschrieben sind, als: Graf Albrecht von Mannsfeld, und Hartich Erich (welches wohl Erich, ein Herzog von Braunschweig, seyn wird,) welcher durch das Wasser setzte, und entfliehet. Der Maler hat seinen Namen also darunter gesetzet: CVA."*[7] Mit dem Auftrag, ein Schlachtengemälde zu malen, stellte sich die bremische Kaufmannschaft 1590 selbstbewußt in eine Tradition der fürstlichen Selbstdarstellungen. Der bei Drakenburg unterlegene Herzog Erich II. etwa hatte in seinem Schloß in Hann. Münden einen ganzen Saal mit der Seeschlacht von Lepanto, in der die kaiserlichen Truppen 1571 einen glänzenden Sieg über die türkische Flotte errungen hatten, ausmalen lassen.[8]

Die vermutliche Komposition des Bremer Schlachtengemäldes bot im Vergleich mit Darstellungen aus dem 16. Jahrhunderts keinerlei künstlerische Neuerung.[9] Es ging allerdings auch nicht so sehr um einen künstlerischen Schmuck des Schütting. Die Darstellung des ruhmreichen Ereignisses von 1549 mußte um 1590 als Appell verstanden werden, sich gegen eine Invasion spanischer Truppen in Nordwestdeutschland zu wappnen, die im Zusammenhang mit den Kämpfen des spanischen Königs gegen die niederländischen Provinzen jederzeit drohte.[10] Die Wahl des Themas zeigt, daß die Kaufmannschaft in Bremen mit dem städtischen Rat in Fragen der Selbstdarstellung konkurrierte, indem dieses wichtige Ereignis der Stadtgeschichte vereinnahmt und instrumentalisiert wurde. Die Schlacht wurde von Bremen im späten 16. Jahrhundert als wichtige Etappe der konfessionellen Selbstbehauptung verstanden. Dies wird besonders für die reichen Händler, die nach dem Fall von Antwerpen 1585 aus den Niederlanden nach Bremen exilierten, von großer Bedeutung gewesen sein.[11]

Thomas Fusenig

Literatur: Hofmeister 1997.

1 Renner 1995.
2 Zu Herzog Erich II. vgl. Kat. Neustadt am Rübenberge 1993, besonders S. 58–60, und Kat. 74. Zur Schlacht vgl. True 1997 (mit weiterer Literatur)
3 Vgl. Schwarzwälder 1995, Bd. 1, S. 222–231.
4 Zu diesem Buch vgl. Kat. 25.
5 Hahn 1988, S. 48, mit Verweis auf Schuhmacher 1870, S. 206, Anm. 1.
6 Hahn 1988, S. 48, mit Verweis auf Focke 1890, S. 5. Die beiden Namen finden sich nicht in Th.-B. bzw. AKL.
7 Uffenbach 1753, S. 185, zitiert nach Hahn 1998, S. 47 f.
8 Kat. Neustadt am Rübenberge 1993, S. 169–171.
9 Die Tradition der Schlachtenmalerei war seit dem Anfang des 16. Jahrhunderts im Süden des Heiligen Römischen Reiches ebenso entwickelt wie in Italien. Vgl. Hale 1990, S. 137–199.
10 Schwarzwälder 1995, Bd. 1, S. 269–270 et passim.
11 Zur bedeutenden Antwerpener Kaufmannsfamilie Van der Meulen, die in diesen Jahren nach Bremen übersiedelte, vgl. Kat. 79 und 80.

63

Philipp Marnix van St. Adelgonde (1540–1598)

Jaques de Gheyn II (1565–1629)

1599

Kupferstich

Leiden, Academisch Historisch Museum

Philipp Marnix van St. Adelgonde zählt zu den interessantesten und einflußreichsten Persönlichkeiten des internationalen Calvinismus in der zweiten Hälfte des 16. Jahrhunderts. Nach einem Studium bei Jean Calvin in Genf schloß er sich 1565 dem niederländischen Adelsbund gegen das Konfessionsedikt des spanischen Königs Philipp II. an. 1571 wurde er zu einem der engsten Gefolgsleute von Wilhelm von Oranien. Mit Lucas de Heere, Jan Junius de Jonghe und anderen bestimmte er den ideologischen Kurs des niederländischen Calvinismus. Nach dem Abzug der spanischen Truppen aus der Antwerpener Zitadelle im August 1577 wurde Marnix Bürgermeister in Antwerpen. Im Sinne Wilhelm von Oraniens betrieb Marnix eine konsequent calvinistische Politik, welche zwei Ziele verfolgte: die Ernennung des Oraniers zum Burggrafen von Antwerpen und die Entsetzung des spanischen Königs Philipp II. als Landesherrn über die burgundischen Niederlande durch den Herzog von Anjou. Marnix hinterließ eine Reihe von Schriften. So verfaßte er die unter Calvinisten sehr verbreiteten Psalmenparaphrasen und schrieb 1569 im Exil in Emden *De byencorf der h. Roomsche kercke*, eine satirische Schrift gegen die katholische Kirche. Durch seine rastlose Reisetätigkeit zwischen den Niederlanden und den Exilorten südniederländischer Calvinisten trug Marnix wesentlich zum inneren Zusammenhalt der calvinistischen Bewegung und zu ihrer finanziellen Absicherung bei. Der Porträtstich des Jacques de Gheyn II zeigt am rechten oberen Rand die Devise „REPOS AILLEURS“ mit der Darstellung eines fahrenden Schiffes, vor dem ein Seeungeheuer schwimmt. Die hebräische Inschrift über dem Schiff lautet „Jehovah“. Dies entspricht dem Dekalog des Heidelberger Katechismus, der die Abbildung des christlichen Gottes untersagte. Die Devise besagt sinngemäß, daß der Porträtierte sich rastlos in den Dienst der politischen Gerechtigkeit und der calvinistischen Konfession stellt, wohingegen er das Ausruhen auf das himmlische Jenseits verschiebt. Die Fahrt des Schiffes stellt den Weg durch das Leben dar, wobei das Seeungeheuer auf den Katholizismus anspielt. Marnix dürfte mit seiner Devise zur Verbreitung dieser Sinnbildlichkeit in der Marinemalerei des *Gouden Eeuw* beigetragen habe.

Zu den Exilorten, an denen Marnix Kontakte unterhielt, zählte auch Bremen, wo der Bürgermeister Daniel von Büren 1562 den Einfluß der Lutheraner, die man dort als „Brotanbeter“ bezeichnete, zurückgedrängt hatte. In Folge dieser konfessionellen Verschiebung erhielt der Niederländer Johann van der Moelen die Rektorenstelle der städtischen Lateinschule. Er war Calvinist und Anhänger des bekannten und einflußreichen Pariser Philosophen Petrus Ramus, mit dem er korrespondierte. Zu van der Moelens Freunden zählte Philipp Marnix van St. Adelgonde, der ihn in Bremen besuchte und der versuchte, Bremen neben Emden als Ort des Calvinismus zu stärken. Im Gegensatz zu Hamburg, wo vornehmlich Exillutheraner aus den Niederlanden ansässig wurden, ließen sich in Bremen niederländische Calvinisten, wie zum Beispiel die reichen Gebrüder Van der Meulen, nieder. Entsprechend suchte Bremen Bündnisse bei den calvinistischen Fürstentümern wie Hessen-Kassel, Pfalz, Nassau und Lippe. Das Festhalten an politischen Gegensätzen des späten 16. Jahrhunderts führte im Laufe des 17. Jahrhunderts zu wirtschaftlichen Nachteilen, da Bremen im Gegensatz zu Hamburg keinen Handel mit Spanien betreiben wollte.

Heiner Borggrefe

Literatur: Schelven 1939; Biografisch Woordenboek der Nederlanden, Stichwort „Philipp Marnix“; Judson 1964, S. 144; Moltmann 1958, S. 29–33.

Civitas veri sive morum Bartholomei Delbene:

Aristotelis de moribus doctrinam carmine et picturis complexa
et ill. comm. Theodori Marcelli, Bartolomeo Delbene
Paris, 1609

Buchdruck
Staats- und Universitätsbibliothek Bremen (Bibliothek des Melchior Goldast von Haiminsfeld), Sign. BS 0078-1

Melchior Goldast von Haiminsfeld (1578–1635) war ein renommierter Historiker aus dem calvinistischen Genf. Im Jahre 1615 holte ihn Graf Ernst von Holstein-Schaumburg an seine Residenz nach Bückeburg, um ihn mit der Abfassung verschiedener legitimatorischer Schriften zu beauftragen, welche die Absicht der Erlangung des 1619 vom Kaiser verliehenen Fürstentitels erforderte. Nach dem Tod des Fürsten Ernst im Jahre 1622 blieb Goldast nur noch geringe Zeit in Bückeburg. Sorge bereitete ihm in dieser Zeit des beginnenden Dreißigjährigen Krieges der Gedanke, seine wertvolle, etwa viertausend Bände umfassende Bibliothek könne geplündert oder gar zerstört werden. Um dies zu verhindern, ließ er sie schließlich 1625 von Bückeburg in das befestigte Bremen bringen, um sie im dortigen calvinistischen Gymnasium illustre vertraulich zu deponieren. Hier wurden die Bücher 1646 entdeckt, worauf der Bremer Rat sie von den Schweizer Erben des inzwischen verstorbenen Besitzers erwarb. Der Rat ließ daraufhin die Bibliothek des Goldast mit der eigenen und jener des Gymnasium illustre vereinen und stellte sie im Kloster St. Katharinen, in dem auch das Gymnasium untergebracht war, zur öffentlichen Benutzung auf.

Stadttor des Gesichtssinnes,
Kupferstich von Thomas de Leu, aus Kat. 64

Eines der Bücher aus der Bibliothek des Goldast ist die 1609 in Paris gedruckte aristotelische Ethik des Florentiner Dichters Baccio Delbene mit dem Kommentar des Theodore Marcellus. Der Besitz dieses Buches ist bezeichnend für die Interessen des Goldast, insofern dieser dem Philosophen Aristoteles stark anhing. War Aristoteles die wichtigste Autorität der mittelalterlichen Universitäten, so schätzten ihn die Humanisten des frühen 16. Jahrhunderts wenig. Dies änderte sich in der zweiten Jahrhunderthälfte. Sowohl die Anhänger der katholischen Gegenreformation als auch das orthodoxe Luthertum vollzogen einen weltanschaulichen Historismus mit der Rückkehr zu Aristoteles als Quellenautorität. Dabei ging es weniger um die differenzierten Inhalte der aristotelischen Philosophie als um die Wiederbelebung einer traditionellen Geisteshaltung, mit der man sich vor allem gegen die in Zentraleuropa verbreitete Philosophie des Franzosen Petrus Ramus (1515–1572) aussprach. Ramus lehnte sowohl die mittelalterliche als auch die humanistische Schriftenexegese ab und forderte eine empirische Auseinandersetzung mit der Natur, was den Naturwissenschaften entgegenkam. Am fortschrittlichen Hof der hessischen Landgrafen Wilhelm IV. und Moritz übte die Philosophie des Petrus Ramus zum Beispiel einen großen Einfluß aus. Melchior Goldast hingegen beschimpfte den Ramismus als französische Krankheit, einer Umschreibung für die Syphilis. War der Ramismus stark methodisch ausgerichtet, indem er dialektisch nüchtern die Möglichkeiten des Wissenserwerbs darzustellen trachtete, so versuchte sich Goldast wie andere Zeitgenossen des späten 16. und frühen 17. Jahrhunderts an einer metaphysischen Interpretation im Gefolge des Italieners Ottaviano Ferrari. Mit der Schrift *De cryptica* (Vom Verborgenen) gab Goldast 1605 zwei 1575 in Venedig gedruckte aristotelische Kommentare Ferraris heraus. Neben dem Ramismus betrachtete Goldast auch die Souveränitätslehre des Jean Bodin als französische Krankheit. Da der lutherische Graf Ernst an der aristotelisch ausgerichteten *Accademia Julia* in Helmstedt bei Reiner Reineccius und anderen Gegnern Bodins studiert hatte, kann man annehmen, daß die Entscheidung des Bückeburger Grafen für Goldast eine verwandte Geisteshaltung voraussetzte. Zu den von Goldast erbittert bekämpften Zeitgenossen zählte auch der berühmte Leidener Philosoph Justus Lipsius, den er mit dem Druck einer gefälschten Rede boshaft zu ärgern versuchte.

Idealstadt der Sitten, Kupferstich von Thomas de Leu, aus: Kat. 64

Delbenes didaktische Paraphrase schildert ausgehend von der *Nichomachischen Ethik* des Aristoteles, in lateinischen Hexametern und durch zahlreiche Kupferstiche des Thomas de Leu illustriert, eine zentrische Idealstadt der Sitten (civitas morum). Fünf Triumphbögen als Sinnbilder der fünf Sinne bilden den Zugang zur Stadt. Auf dem Weg in das Zentrum, wo sich Tempel der Weisheit und Tugenden befinden, müssen zunächst zahlreiche Laster durch Tugenden überwunden werden. Anschaulich stellen das Gedicht und die Illustrationen in den fünf Triumphtoren der Sinne und den Wegen zu Tugend und Weisheit die antiplatonische Anschauung des Aristoteles dar, daß alles menschliche Denken und Handeln Erfahrung voraussetzt. Dabei betont der Autor die enge Verbindung zwischen Wort und Bild (picturae cum poesi coniugatio). Solche bildhaften Aristoteleskommentare hatten in Italien eine Tradition. Hier sei auf die heute in Wien befindliche prachtvolle Aristoteleshandschrift des Andrea Matteo III., Herzogs von Atri hingewiesen, die um 1500 entstand. Delbene verfaßte sein Gedicht nach 1570 im Auftrag der Herzogin Margarethe von Savoyen, einer Tochter des französischen Königs Franz I. und Gemahlin des Herzogs Emanuele-Filiberto von Savoyen. Emanuele-Filiberto spielte für den Weserraum wiederum in ganz anderem Zusammenhang eine wichtige Rolle. Vor dem Herzog von Alba war er der Hauptbefehlshaber der spanischen Streitkräfte in den Niederlanden. Unter seinem Befehl kämpften Fürsten wie Herzog Erich II. von Braunschweig-Calenberg und Graf Otto IV. von Holstein-Schaumburg, der Vater des Bückeburger Fürsten Ernst, 1557–58 als Obristen in den Schlachten von St. Quentin und Gravelingen gegen die französischen Armeen der Catherine de' Medici, die sich wiederum der militärischen Unterstützung durch den Landgrafen Wilhelm IV. von Hessen bediente. Solche personellen Verflechtungen sind für das 16. Jahrhundert typisch und kennzeichnen die internationalen Beziehungen und Abhängigkeiten der in erster Linie durch die Fürsten beförderten Renaissancekultur des Weseraumes.

Das didaktische Gedicht des Bartolomeo Delbene diente ursprünglich zur Erziehung des Erbprinzen Carlo-Emanuele von Savoyen am Turiner Hof. In diesem Zusammenhang gab es einen brisanten Konflikt. Während Emanuele-Filiberto zunächst der kryptomacchiavellistischen Politik des Habsburgers Philipp II. von Spanien nahestand, war die am französischen Königshof erzogene Margarete von Valois eine Anhängerin der irenischen Fürstenpädagogik des Erasmus von Rotterdam. War die Ehe ursprünglich mit dem Ziel geschlossen worden, das Herzogtum Savoyen mit seiner spannungsgeladenen geographischen Lage vor dem Zerreiben zwischen Frankreich und dem in Norditalien dominanten kaiserlichen Habsburg zu retten, so bestand der zentrale Gegensatz, der auch das habsburgisch-katholische vom protestantischen Europa trennte, in der herzoglichen Ehe fort. Derselbe Gegensatz zog sich im späteren 16. Jahrhundert auch durch den Weserraum, wo einige Fürsten aus Überzeugung für den spanischen König Philipp II. in den Niederlanden kämpften, während andere Anhänger einer protestantischen Friedenspolitik waren.

Heiner Borggrefe

Literatur: Knoll/Schmidt 1980; Baade 1987, besonders S. 41–47; Schecker 1931; Mulsow 1996; Jensen 1990; Merlin 1995, S. 197; Peyre 1902; Dizionario Biografico degli Italiani, Stichwort „Del Bene, Bartolomeo".

Prager Tagebuch

Melchior Goldast (1578–1635)
geführt 1612

Handschrift
Staats- und Universitätsbibliothek Bremen, Sign. Man. a. 117 Imperialia, 90-105

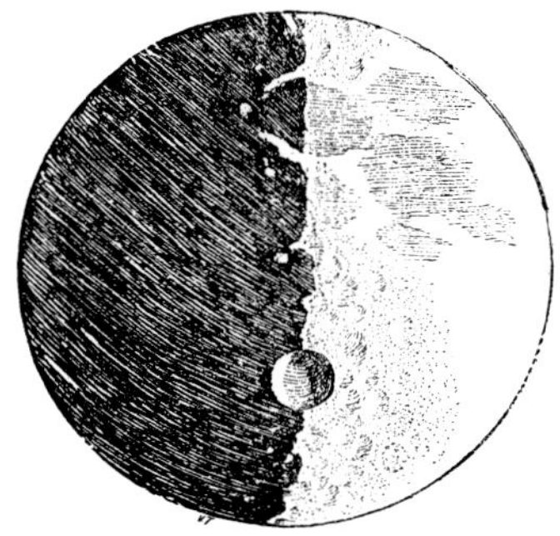

Im Jahre 1615 kam Melchior Goldast von Haiminsfeld aus Frankfurt am Main als gräflicher Rat nach Bückeburg, wo er bis 1624 blieb.[1] Der aus einem wenig wohlhabenden Schweizer Adelsgeschlecht stammende Goldast hatte sich nach seinem Studium in Altdorf bei Nürnberg mit Abstechern an die Universität in Ingolstadt (1593–1597) sehr bald den Ruf eines originellen Gelehrten und Juristen erworben. Vor allem seine Arbeiten zu reichsrechtlichen Fragen und zur mittelalterlichen deutschen Sprachgeschichte machten auf ihn aufmerksam.[2] Daneben war er in einige Aufsehen erregende Polemiken verwickelt, bei denen er sich als geschickter, schlagkräftiger und bisweilen skrupelloser Publizist erwies. Trotz seiner calvinistischen Konfession[3] war er ein herausragender Verfechter der kaiserlichen Stellung im Reich und hatte für verschiedene Reichsfürsten Gutachten in Rechtsfragen erstellt. Graf Ernst von Holstein-Schaumburg muß er als bestmögliche Person erschienen sein, die von ihm angestrebte Standeserhöhung und die Erteilung eines Universitätsprivilegs für das Stadthäger Gymnasium am Habsburger Kaiserhof zu erreichen. Goldast wurden die notwendigen historiographischen Vorarbeiten[4] und die praktischen Verhandlungen am Kaiserhof anvertraut, die er 1621 zu einem erfolgreichen Ende brachte.

Einen guten Eindruck von der Weltläufigkeit Goldasts, die ihm neben seinen juristischen Kenntnissen die gutdotierte Stelle in Bückeburg einbrachte, vermittelt das Tagebuch einer Reise nach Prag. Im Januar 1612 war er im Auftrag der Herzogin von Sachsen-Weimar nach dem Tod Kaiser Rudolfs II. nach Prag gereist. In seinem Tagebuch beschreibt er die Audienz bei König Matthias und seine Besuche und Begegnungen in den Wochen danach, während er auf eine Entscheidung in der Angelegenheit warten mußte. Er besuchte den Zoo, die Kunstsammlungen sowie die Bibliothek des verstorbenen Kaisers und hatte ein Gespräch mit dessen berühmtem Hofmathematiker Johannes Kepler (1571–1630): *„Kepplerus mathematicus rühmbt sich, er habe eine newe Welt in dem Mohn [Mond] gefunden, die solle viel größer seyn als orbis iste habitabilis [der hier bewohnbare Erdkreis] ... Er hat mir ein Instrument gewiesen, damit sollte ich den Mohn sehen. Es hat der Mohn eine Gestalt, als ob er an einem Orth höcher were, als an den andern. Das wolt er mich bereden, seyen Berge und Thal. Ich aber wolt es ihm lieber glauben, dann hinauff steigen und besichtigen."* [5]

In dem Tagebucheintrag zeigt sich Goldasts Humor, aber auch die bis weit ins 17. Jahrhundert hinein vertretene Vorstellung von einem festgefügten aristotelischen bzw. ptolemäischen Kosmos.[6] Die Entdeckungen, die Galileo Galilei (1564–1642) mit Hilfe des Fernrohrs gemacht und im Jahre 1610 im *Sidereus nuncius* (Sternenbote) veröffentlicht hatte, wurden zunächst ignoriert. Kepler hatte als Antwort auf die bahnbrechende Schrift von Galileo 1611 ein Buch (*Dioptrice*) verfaßt, in dem es ihm gelang, die optischen Gesetzte des Fernrohres zu erklären. Er verfaßte auch das einfallsreiche Werk *Somnium* (Traum), in dem er das Leben von Mondbewohnern schilderte und zum Beispiel auf die ungeheuren Temperaturunterschiede zwischen der beleuchteten und der unbeleuchteten Mondseite hinwies (s. Abb.). Goldast war an solchen naturwissenschaftlichen Fragen aber offenbar nicht interessiert.

Bevor Goldast nach Bückeburg kam, hatte er unter anderem in Frankfurt am Main gearbeitet, wo er 1612 eine Patriziertochter heiratete. In der internationalen Messestadt konnte er seiner Leidenschaft des Büchersammelns frönen, die zugleich Grundlage für seine Tätigkeit als Rechtsgutachter und Quelle seiner Gelehrtenarbeit war. Beim Umzug nach Bückeburg ließ er seine umfangreiche Bibliothek nach Kassel transportieren. Von dort wurde sie auf der Weser nach Rinteln verschifft. Das letzte Stück des Weges wurde sie zu Lande nach Bückeburg befördert.[7] Neben der Bibliothek Ludolfs von Münchhausens[8] war sie die bedeutendste im weiten Umkreis und diente wie diese dazu, die Lücken der Bücherbestände der neugegründeten Bibliothek in Rinteln zu füllen. Goldast erfüllte zugleich die Aufgabe eines der drei Rektoren der Universität, wobei er besonders für die Neubesetzung von Stellen verantwortlich gewesen zu sein scheint.

1624, nach Beginn des Dreißigjährigen Krieges, gelang es Goldast mit Hilfe des Kaisers, den größten Teil seiner Bibliothek in das sicherere Bremen zu bringen, wo sie nach dem Erwerb durch die Stadt 1646 zum Grundstock des städtischen Buchbesitzes wurde.[9]

Thomas Fusenig

Literatur: Schecker 1930; Hajny 1943.

1 Bei der Wieden, H. 1994.
2 Eine umfassende Biographie Goldasts fehlt. Vgl. Deutsches Biographisches Archiv, Fiche I 406, 31–41 und 954, 285, sowie Baade 1992, S. 31–44.
3 Zur religiös toleranten Haltung Goldasts vgl. Schormann 1982, S. 24.
4 Vgl. dazu Kat. 81.
5 Schecker 1930, S. 269.
6 Zum philosophischen Standpunkt Goldasts siehe Mulsow 1996.
7 Siebert 1985, S. 85. vgl. den Umzug auf der Weser Kat. 59.
8 Vgl. Kat. 72.
9 Zu den Beständen der Goldast-Bibliothek (ca. 1.200 Bände) in Bremen und der Geschichte ihres Erwerbs vgl. Knoll/Schmidt 1980.

Die Söhne, die auf den Leichnam des Vaters schießen

Hieronymus van der Elst (nachweisbar 1577–1612 Bremen)
um 1600

undeutlich sign.
Öl auf Leinwand
119x182 cm
Amsterdam, Instituut Collectie Nederland, Inv. NK 1912

Die figurenreiche Szene stellt eine Begebenheit dar, die in den *Gesta Romanorum* (Taten der Römer, 45) geschildert ist.[1] Das um 1300 entstandene Buch enthält erbauliche Geschichten und war im 16. Jahrhundert als Schulbuch für den Lateinunterricht beliebt. Die seltsame Erzählung berichtet über einen König, der kurz vor seinem Tod erfährt, daß nur einer seiner vier (in anderen Versionen drei) Söhne legitimer Geburt ist, allerdings weiß er nicht, um welchen es sich handelt. Nach seinem Tod wenden sich die Söhne an einen alten Ratgeber des Vaters, um sich dessen Rat in der Frage der Nachfolge zu beugen. Der Ratgeber schlägt vor, auf den Leichnam des toten Vaters zu schießen. Wessen Pfeil am tiefsten im Leib stecken bleibe, der sei der rechtmäßige Nachfolger. Nur ein Sohn weigert sich, die grausige Probe durchzuführen und gibt sich damit als der wahre Erbe zu erkennen. Dieses Exempel für die kindliche Pietas, d. h. den Respekt im Umgang mit den Eltern,[2] macht zugleich Bildungsanspruch und individuelles Pflichtbewußtsein deutlich. Beides ist für das Selbstverständnis vieler Patrizier der frühen Neuzeit charakteristisch.

Vom Maler des Bildes, Hieronymus van der Elst, sind zur Zeit außer diesem Gemälde nur drei Zeichnungen bekannt.[3] Van der Elst trat 1577 in Middelburg in eine Malerlehre ein. Für viele Flüchtlinge, die vor dem Kampf gegen die spanische königliche Autorität aus Brabant flüchteten, war Middelburg der erste Ort in den nördlichen Provinzen. 1583 wird ein Hieronymus, der wohl mit Van der Elst identisch ist, als Freimeister der Malergilde in Middelburg vermerkt. Sein Name taucht jedoch in den Unterlagen der St. Lukas-Gilde danach nicht mehr auf. Eine signierte und 1595 datierte Zeichnung Van der Elsts in Weimar (Staatliche Kunstsammlungen, Inv. KK 4529) vermerkt als Entstehungsort Bremen, so daß der Künstler sich spätestens in diesem Jahr in der Weserstadt aufhielt. Das Rechnungsbuch der Liebfrauenkirche in Bremen vermerkt 1611 die Bezahlung für die Beerdigung eines Kindes, und das Ausgabenbuch des Bremer Rats, das Rhederbuch, verzeichnet am 27. März 1612: *„Mynherr Heronimo van der Elste, vor etliche stucke, so he tho des rahthuszes gebuwete affgereten [„abgerissen“, d. h. abgezeichnet] hadde, uth befeel gegeven 2 dubbele ducaten: 11 mark 14 grote“*.[4] Es handelte sich um eine Zahlung für *„verschiedene Stücke“*, die er *„für den Bau des Rathauses abgezeichnet“* hatte, möglicherweise Zeichnungskopien nach Stichen für die Gestaltung von Fassadendetails oder Kopien von Bauentwürfen.[5]

Das Gemälde ist ein bedeutendes Beispiel dafür, wie um 1600 in Bremen gemalt wurde, auch wenn nicht sicher nachweisbar ist, ob das Bild in der Weserstadt entstand. Die dramatische Komposition ist ein Musterbeispiel des niederländischen Manierismus, wie ihn auch die in den 1580er Jahren in Haarlem arbeitenden Maler Carel van Mander, Hendrick Goltzius und Cornelis Cornelisz. unter dem Einfluß des aus Antwerpen stammenden Prager Hofkünstlers Bartholomäus Spranger (1546–1611) entwickelten. Prag erlangte durch das anspruchsvolle Patronat Kaiser Rudolfs II. eine besondere Rolle für die Verbreitung dieses Stils in Europa.[6] Aufschlußreich ist, daß Van der Elst in Middelburg Lehrling bei Cornelis van Daelen war. Der Maler ist wohl identisch mit dem einige Jahre früher in Antwerpen nachweisbaren Künstler Cornelis van Dale bzw. Dalem, bei dem 1563 bis 1564 Spranger in die Lehre gegangen war.[7] Ähnliche kompositorische Elemente wie im Bild Van der Elsts, etwa die stark angeschnittenen Figuren am unteren Bildrand, die starken Verdrehungen der Körper und der starke Tiefenzug finden sich auch bei Spranger oder Goltzius und Cornelisz. Allerdings mußte Van der Elst diese Eigenheiten nicht Werken seiner Kollegen entlehnen. Die stilistische Ähnlichkeit läßt sich auch aus der gemeinsamen künstlerischen Herkunft aus Antwerpen erklären, wo der italienische Manierismus Fuß zu fassen begann, bevor viele Künstler aufgrund der Unruhen in den südlichen Provinzen während der 1570er und 1580er Jahre in die nördlichen Niederlande, nach Deutschland und England auswanderten. Ein wichtiger Antwerpener Maler, der durch Vorbilder aus Florenz beeinflußt wurde, war etwa Jacques de Backer.[8]

Im Jahre 1605 entlohnte Fürst Ernst von Holstein-Schaumburg einen *„Meister Jeronimus“* mit seinen Gesellen für Anstreicher- und Vergolderarbeiten in seinem Schloß in Bückeburg. Möglicherweise handelte es sich um Hieronymus van der Elst.[9] Eine archivalische Quelle deutet darauf hin, daß Van der Elst auch anderswo im Weserraum tätig war.

Thomas Fusenig

Kat. 66

Literatur: Beek-Scheffer 1967;
Rijksdienst beeldende Kunst, 1996, Nr. 696.

1 *Gesta Romanorum*, S. 71–75. Zum Thema vgl. Stechow 1942 und Stechow 1955.
2 Zur kindlichen „Pietas" vgl. das Bild des Malers Weldige „Flucht aus Troja", Kat. 68. Die *Gesta Romanorum* fügen allerdings eine Moralisation an, welche die Geschichte in theologischer Hinsicht deutet.
3 Vgl. Kat. Stuttgart 1979/80, Bd. 2, S. 130.
4 Pauli 1890, S. 104; Beek-Scheffer 1967, 19.
5 Albrecht 1993, S. 81, Anm. 245, S. 99–100, bemerkt zurecht, daß es sich aufgrund der bescheidenen Entlohnung kaum um einen architektonischen Entwurf für die gerade begonnene Renaissancefassade des Rathauses gehandelt haben kann. Zur Rathausfassade vgl. Kat. 60.
6 Kaufmann 1988, zu Spranger besonders S. 249–279.
7 Beek-Scheffer 1967, S. 18–19, Anm. 1.
8 Müller Hofstede 1973, S. 227–260; AKL, Bd. 6 (1992), S. 171; Foucart 1994.
9 Habich 1969, S. 17, Kat. Stuttgart 1979/1980, Bd. 2, S. 130.

Ruhe auf der Flucht nach Ägypten

Ludolf Büsinck (1599/1602–1669)
nach einem Entwurf von Abraham Bloemaert (1566–1651)
um 1623

sign. unten rechts: „A: Bloem. Inv: L. büs. sc."
Chiaroscuro-Holzschnitt
24 x 17,5 cm
Kunsthalle Bremen/Kupferstichkabinett, Inv. 25503

Im Blatt des aus Hann. Münden stammenden Holzschneiders und Malers Ludolf Büsinck fließen zahlreiche europäische Voraussetzungen zusammen.[1] Der *Chiaroscuro*-Holzschnitt (italienisch: Hell/Dunkel) ist im 16. Jahrhundert, wie der Name andeutet, in Italien entwickelt worden. Das einzelne Blatt muß bei diesem Verfahren sehr genau mit unterschiedlich geschnittenen und eingefärbten Holzstöcken bedruckt werden. Der virtuose niederländische Graphiker Hendrick Goltzius fertigte in dieser Technik siebzehn Blätter an und machte sie damit in Nordeuropa populär. Büsinck orientierte sich beim vorliegenden Blatt technisch besonders an Goltzius. Vermutlich handelt es sich bei dem Blatt um Büsincks früheste Arbeit, die um 1623 entstand.[2]

Der Holzschnitt Büsincks folgt einer gleich großen Zeichnung des in Utrecht tätigen Malers Abraham Bloemaert, die sich heute in der Pierpont Morgan Library in New York befindet. Der katholische Bloemaert[3] hatte eine große und einflußreiche Werkstatt in der alten niederländischen Bischofstadt Utrecht, die auch nach der Durchsetzung des Calvinismus in den nördlichen Niederlanden viele Katholiken beherbergte. In der kompositorischen Ausgewogenheit der *Ruhe auf der Flucht nach Ägypten* hat Bloemaert die Harmonie der Heiligen Familie zum Ausdruck gebracht, die Glück ausstrahlt, obwohl sie von den Häschern des Herodes verfolgt wird. Der Kunsthistoriker Marcel Roethlisberger datiert die mit grünlicher Tusche ausgeführte und gehöhte Zeichnung in New York auf um 1620. Roethlisberger vermutet, daß der junge Büsinck den berühmten Utrechter Maler auf seiner Reise nach Paris kennenlernte und von ihm die Vorlage erhielt.[4] Büsinck fertigte seine übrigen Werke bis zum Jahre 1629 sämtlich nach Entwürfen von Georges Lallemant an. Der aus der Lorraine (Lothringen) stammende Lallemant dominierte in Paris mit seiner spätmanieristischen Malweise für zwanzig Jahre bis zu seinem Tod 1636 die Ausführung großer Altäre. Bei ihm hielt sich Büsinck wahrscheinlich von 1623 bis 1629 auf.

Die künstlerische Ausbildung des seit 1630 wieder in Münden ansässigen Künstlers schlägt sich in seiner großformatigen Kreuzigung (Öl auf Leinwand, ca. 3 x 4 Meter) im Chor der Göttinger Johanniskirche nieder.[5] Das Gemälde weist einen deutlichen Einfluß des lothringischen Manierismus bzw. von Lallemant auf.[6] Das ursprüngliche Altarbild Büsincks ist durch eine heute nicht mehr vorhandene Inschrift auf 1636 datiert. Zu vergleichen ist der außergewöhnliche Göttinger Altar mit einem auf den ersten Blick ähnlich befremdlichen Gemälde in der Kirche St. Martin in Minden. Der Hl. Martin wird um 1630 datiert und befand sich ursprünglich ebenfalls auf dem Hauptaltar der Kirche.[7] Das Mindener Bild weist ein vergleichbares Format auf (Öl auf Leinwand, ca. 5 x 3 Meter) und zeigt stilistische Eigenschaften, die eine versuchsweise Zuschreibung an Büsinck durchaus erlauben.[8]

Büsinck scheint den Unterhalt der wachsenden Familie als Maler nur schwierig verdient zu haben. 1639 wird er in die Kaufmannsgilde in Münden aufgenommen gegen die Zusage, ein Gemälde von der Einnahme der Stadt durch den kaiserlichen Feldherrn Tilly zu malen, das sich allerdings nicht erhalten hat. 1646 scheint er sich um eine Anstellung am hessischen Hof in Kassel bei Wilhelm V. bemüht zu haben. Aus diesem Jahr stammt sein letztes Werk, ein *Chiaroscuro*-Holzschnitt nach einem Entwurf des italienischen Künstlers Jacopo Ligozzi aus dem Jahre 1585.[9] Der Holzschnitt zeigt die Tugend, die von verschiedenen Lastern gefesselt wird. Vielleicht stellte Büsinck seine Enttäuschung über die ihm versagt gebliebene Anerkennung als Künstler dar, denn spätestens seit 1647 war er nurmehr als Zolleinnehmer tätig.

Thomas Fusenig

Literatur: Roethlisberger 1993, Bd. 1, S. 213–214, Bd. 2, Abb.405–406.

1 AKL, Bd. 15 (1997), S. 58.
2 Stechow 1938, S. 417–419. Vgl. auch Stechow 1939, S. 351, Nr. 4.
3 Zu Bloemaert vgl. Kat. 77.
4 Roethlisberger vermutet zudem, daß Büsinck für Bloemaert drei weitere Holzschnitte anfertigte.
5 Stechow 1933–34.
6 Vgl. die *Anbetung der Heiligen Drei Könige* im Musée des Beaux-Arts in Lille (Öl auf Leinwand, 189 x 315 cm; um 1630).
7 Erwähnt bei Picht 1925.
8 Man vgl. etwa den Bettler am Boden mit den Holzschnitten des stehenden Bettlers von Büsinck oder den sich prügelnden Bettlern nach Büsinck, Stechow 1938, Abb. S. 404 und 406.
9 Stechow 1967.

Kat. 67

Hl. Martin, Minden, St. Martin, um 1630

Die Entführung der Helena und Der Brand Trojas

Heinrich Weldige (nachweisbar um 1630 in Bad Salzuflen)
1621

sign. und dat. 1621
Öl auf Leinwand
jeweils 114,5 x 161 cm
Bad Salzuflen, Stadt- und Bädermuseum

244

DIE KULTUR

Die beiden dramatischen Nachtstücke stellen Anfang und Ende des Trojanischen Krieges dar. Paris, Sohn des trojanischen Königs Priamus, lernt in Sparta die schöne Helena, Tochter von Zeus und Leda, kennen, wo sie mit König Menelaos verheiratet ist. Die Liebesgöttin Aphrodite, die Paris die schönste Frau auf Erden als Gattin versprochen hat, macht Helena in Abwesenheit ihres Ehemannes in Paris verliebt. Paris entführt Helena nach Troja. Menelaos stellt daraufhin eine Flotte mit den Helden Griechenlands zusammen, um den Ehebrecher zu verfolgen. Der wegen Helena entbrannte Krieg, den Homer in der Ilias besingt, sollte zehn Jahre dauern, das Leben vieler griechischer und trojanischer Helden kosten und mit der Vernichtung der Stadt Troja durch einen großen Brand enden. Das Thema des trojanischen Krieges war nach dem Ausbruch des Krieges im Heiligen Römischen Reich, der als Dreißigjähriger Krieg in die Geschichte eingehen sollte, nicht mehr nur Gegenstand der Gelehrsamkeit.

Auf dem ersten Gemälde steht Helena im Bildmittelpunkt. Sie ist reich und prunkvoll gekleidet und trägt Perlenbänder im aufgesteckten Haar. Sie wendet sich dem neben ihr stehenden Paris zu, der sie verliebt umarmt und seine Hand an ihre Brust legt, die unter dem eng anliegenden Mieder deutlich zu erkennen ist. Paris ist in eine kostümhaft antikische Rüstung gekleidet und trägt einen auffälligen Turban mit Krone. Rechts neben den beiden Hauptfiguren steht ein Soldat mit Hellebarde, der am Mantel Helenas zerrt. Auf dem kannelierten Pfeiler ist zu lesen: *„Heinrich Weldige / Salis-Vffleniensis Pictor / et Inventor 1621"* (Heinrich Weldige, Salzuflener Maler und Erfinder [dieser Komposition] 1621), darunter: *„RAPTus Helenae"* (Raub der Helena). Die Szene spielt in einer phantastischen, palastartigen Umgebung. Links blickt man in einen hohen gotischen Gewölberaum mit Querhaus, im Chorbereich ist ein Altar mit einem Götterbildnis darauf zu sehen. Eine weitere Plastik, möglicherweise Venus mit Cupido, steht in einer Nische im Chorraum. Auf der rechten Bildseite führt ein hohes Portal ins Freie, wo die Trojaner reiche Schätze und Gefangene als Kriegsbeute davonschaffen. Ganz rechts am Bildrand steht ein betender Priester.

Das Gegenstück geht auf die Schilderung von Trojas Untergang in Vergils *Aeneis* (II,720–732) zurück. Die brennende Stadt erleuchtet mit ihrem Feuerbrand die Nacht. Rechts im Hintergrund ist das große hölzerne Pferd zu erkennen, das als Kriegslist des Odysseus von der absegelnden griechischen Flotte am Meeresufer zurückgelassen wurde. Die Trojaner zogen das Pferd als Siegeszeichen in die Stadt. Nachts entstiegen ihm die darin verborgenen Soldaten und öffneten der unbemerkt zurückgekehrten griechischen Streitmacht die Stadttore. Man kann im Hintergrund einige der Schiffe mit Masten und Takelage erkennen. Links wehrt sich, vom Schein einer Fackel beleuchtet, Hecuba, die Mutter des Paris, gegen einen Soldaten. Am Rande der erleuchteten Szene steht der gleiche Priester wie auf dem ersten Bild. Im Vordergrund liegt eine ermordete Frau, vermutlich Polyxena, die älteste Tochter des Priamus. Rechts im Vordergrund flüchtet im Schutze der Nacht Aeneas aus der Stadt. Er trägt seinen greisen Vater Anchises auf dem Rücken, an der Hand hält er seinen Sohn Askanius. Das Bild ist unten in der Mitte signiert und datiert: *„Heinrich Weldige / Salis-Vffleniensis Pictor / et Inventor 1621"*. Der Bildtitel ist nicht lesbar.

Kat. 68: Die Entführung der Helena

Für die beiden Bilder Weldiges wurde mehrfach der Einfluß niederländischer und flämischer Vorbilder benannt. Allgemeine Ähnlichkeiten finden sich etwa bei konservativen Antwerpener Malern wie Frans Francken d. Ä. (1542–1616)[1] oder Marten Pepijn (1575–1643) (*Durchzug durch das Rote Meer*, Koninklijk Museum, Antwerpen), die wenig von Peter Paul Rubens (1577–1640) beeinflußt wurden. Die Ähnlichkeiten sind jedoch nicht durch einen direkten Einfluß begründet, sondern erklären sich durch den gemeinsamen Rückgriff auf malerische Mittel, die aus dem letzten Drittel des 16. Jahrhunderts stammten (Tunnelperspektive, dekorative Farbigkeit, manierierte Figuren). Einen ähnlichen Bildtypus wie im *Brand Trojas* gibt es in Gemälden Jan Breughels d. Ä. (1568–1625) (Alte Pinakothek, München) oder dem in der kurpfälzischen Exilantenkolonie Frankenthal tätigen Maler Pieter Schoubroeck (um 1570-1607),[2] der ein Spezialist für das Thema des nächtlich brennenden Trojas war. Die Bilder Weldiges unterscheiden sich von den Produkten der Kleinfigurenmaler durch die Betonung der Figuren, die den Künstler als versierten Historienmaler ausweisen. Die Aeneas-Gruppe im Brand Trojas ist mit ihrer kraftvollen Bewegung und der Zuspitzung des Gesichtsausdruckes eine eindrucksvolle Bildfindung. Die Malweise Weldiges, von dem bisher keine weiteren Bilder nachgewiesen sind, erinnert in der Typisierung der Figuren und der Raumausleuchtung an Gillis van Valckenborch (1570–1622), der in Frankfurt a. M. starb. Zum Vergleich wurde mit einiger Berechtigung auch der eine Generation ältere Joos van Winghe (1544–1603) angeführt, der im Exil ebenfalls in der Mainmetropole starb.

Im Zusammenhang mit der Bedeutung Frankfurts a. M. als wichtiges Zentrum für die exilniederländische Malerei um 1600 erweist sich ein Vergleich mit einem Gemälde von Adam Elsheimer (1578–1610) in der Alten Pinakothek in München als aufschlußreich: der *Brand Trojas* mit Aeneas und seinem Vater.[3] Abgesehen vom neuen, ganz unmanieristischen Einsatz des Lichtes bei Elsheimer findet sich eine ähnliche Hervorhebung der körperhaft dargestellten Gruppe vor dem Hintergrund einer kleinteilig dargestellten und punktuell beleuchteten Eroberungsszenerie. Elsheimer stammte aus Frankfurt. Statt niederländische Vorbilder unmittelbar zu übernehmen, scheint sich Weldige auf die Frankfurter Malerei des frühen 17. Jahrhunderts zu beziehen, in der sich verschiedene internationale Stile mischten.

Die Bilder Weldiges kaufte die Stadt Bad Salzuflen 1940. Der Düsseldorfer Gemälderestaurator Paul Gerhardt hatte in einem Brief vom 13. April 1939 den Bürgermeister von Bad Salzuflen auf die beiden Gemälde aufmerksam gemacht und versuchte in der Folgezeit, einen Verkauf an die Stadt zu vermitteln.[4] Gerhardt zufolge waren die Bilder „Alter Besitz" und unverkäuflich. Wenig später konnte er anscheinend den Besitzer überreden, die Stücke mit seiner Hilfe zu veräußern. Eine Expertise von Karl Koetschau, dem ehemaligen Direktor des Kunstmuseums Düsseldorf, wurde eingeholt. Die Herkunft der beiden Weldige-Bilder, für die 10.000 Mark bezahlt wurden, ist nicht geklärt, denn das Geld wurde an Gerhardt überwiesen. In einem Zeitungsartikel im Lippischen Allgemeinen Anzeiger vom 9. November 1940 wird ohne Angabe der Quelle erwähnt, daß sich die Bilder vorher auf einem *„schönen alten Rittersitze in Westfalen"* befunden hatten. Weldige war bis zum Ankauf der Bilder vollkommen unbekannt, nennt sich aber in der Signatur der Bilder ausdrücklich als aus Salzuflen stammend. Die Quellenlage zur Bestimmung weiterer Angaben zum Leben des Künstlers in Salzuflen ist schwierig, weil durch einen großen Brand 1762 die Kirchenbücher und andere Akten verlorengingen.

Salzuflen gehörte im 16. und 17. Jahrhundert zu den bedeutenden Städten der Grafschaft Lippe. Graf Simon VI. hatte sich darum bemüht, seine Einnahmen aus der Salzgewinnung zu steigern. Auch wenn die Bilder Weldiges möglicherweise im Auftrag eines Adeligen oder sogar der lippischen Grafen entstanden, so spielte die Anwesenheit eines Künstlers, in dessen Stil sich eine Vielzahl von überregionalen Einflüssen bündelte, eine wichtige Rolle für die städtische Kultur.

Birgitta Falk/Thomas Fusenig

Literatur: Thieme-Becker, Bd. 35, S. 353; Händel 1962; Kat. Corvey 1966, Bd. 2, S. 421–422, Nr. 116; Lemgo 1989, S. 412, Nr. 710. v

1 Härting 1983, S. 61–72 et passim.
2 Vgl. Frankenthal 1995, S. 97–102, S. 225, Farbtafel VIII–XI.
3 Rapp 1989.
4 Franz Meyer (Bad Salzuflen) stellte freundlicherweise die Akte, die den Ankauf der Gemälde behandelt, zur Einsicht zur Verfügung (StA Bad Salzuflen C, Nr. 739).

Kat. 68: Der Brand Trojas

Der Adel

Anke Hufschmidt

Der niedere Adel des Weserraumes ist auf vielfältige Weise mit der Kultur der europäischen Renaissance verknüpft. Diese Verbindung ist aus einem Prozeß der Aufnahme und Aneignung kultureller Einflüsse erwachsen, der einerseits durch Reisen und Aufenthalte Adliger außerhalb ihrer Heimat bestimmt war, andererseits durch auswärtige Künstler und Handwerker, die auf Veranlassung adliger Familien in der Region tätig waren. Darüber hinaus spielte die Rezeption der zeitgenössischen Literatur eine bedeutende Rolle. Der sich rasch ausweitende Buchhandel schuf die Voraussetzung dafür, daß städtische Adelshöfe und ländliche Wohnsitze der Region an der geistigen und kulturellen Entwicklung Europas teilhatten. Handelsbeziehungen trugen dazu bei, den niederen Adel in die kulturellen und wirtschaftlichen Verflechtungen Europas einzubinden. In diesem Sinn soll in einem ersten Schritt die Stellung des niederen Adels in der frühneuzeitlichen Gesellschaft der Region skizziert werden, in einem zweiten Schritt wird den wichtigsten Gesichtspunkten dieser Rezeptionsprozesse im Hinblick auf die adlige Kultur nachgegangen.

Der niedere Adel in der Frühen Neuzeit

Der niedere Adel war in der Frühen Neuzeit relativ wohlhabend. Einnahmen aus Kriegsdiensten, Einkünfte aus der Grundherrschaft, aus eigenen landwirtschaftlichen Aktivitäten und aus Geldgeschäften ermöglichten die Entfaltung einer repräsentativen Lebensführung. Im 16. Jahrhundert begann der niedere Adel, sein Selbstverständnis neu zu definieren. Vor allem die Kombination des in der Tradition gründenden Ahnenstolzes mit der Wertschätzung der ‚modernen', ganz Europa durchdringenden humanistischen Überzeugungen kennzeichnet diesen Mentalitätswandel, der als Reaktion auf die tiefgreifenden sozialen Veränderungen jener Zeit zu verstehen ist. Die Landesherren versuchten, die Adligen in den frühmodernen Staat einzubinden und damit die Rechte einzuschränken, die ihnen bis dahin vorbehalten waren. Gleichzeitig konkurrierten die reichen Bürger der Städte mit dem niederen Adel.[1] Das führte zu einer Legitimationskrise. Traditionell berief sich der niedere Adel auf seine Herkunft und auf die Verdienste seiner Vorfahren, um seine politische und gesellschaftliche Stellung zu rechtfertigen. Die Bedeutung der Zugehörigkeit zu einem Adelsgeschlecht, in dem Rechte durch Vererbung weitergegeben wurden, bedingte eine hohe Wertschätzung familiärer und verwandtschaftlicher Beziehungen. Diese basierten auf Eheschließungen zwischen Angehörigen aus Familien eines regional begrenzten Raumes. Sie garantieren ein sehr enges und dichtes Netz verwandtschaftlicher Beziehungen. Darin und in ihrer Homogenität lag die Stärke dieser sozialen Gruppe.

Zugleich setzte der niedere Adel alles daran, durch den Erwerb einer ebenso humanistisch wie christlich geprägten Bildung seine Position innerhalb der frühneuzeitlichen Gesellschaft gerade in Abgrenzung zu bürgerlichen Gelehrten zu sichern, denn diese übernahmen in den landesherrlichen Verwaltungen zunehmend Aufgaben, die bisher Adligen vorbehalten waren. Zudem zog die Kritik der Humanisten am Adel im 16. Jahrhundert, die dem „Adel der Geburt" vorwarf, ohne Tugend zu sein, das Bemühen des Standes um Legitimation und Selbstbehauptung nach sich.[2]

Das skizzierte Verhältnis einer Gesellschaft, in der jeder Stand sein Selbstverständnis und seinen Anspruch auf einen bestimmten Status innerhalb der Gesellschaft demonstrierte, förderte die Entwicklung und Blüte der Weserrenaissance.[3] Die vielfältigen Kontakte des niederen Adels über den Weserraum hinaus sind in diesen Zusammenhang einzuordnen. Kriegsdienste, Studienaufenthalte und Reisen in europäische Länder ermöglichten den Adligen eine Erweiterung des eigenen Horizontes nach der Devise „mobiliora, nobiliora" (Je beweglicher, desto edler).[4]

1 Zum niederen Adel im Weserraum allgemein und zu seiner wirtschaftlichen Situation in der Frühen Neuzeit s. neben Bei der Wieden, B. 1993 vor allem Neukirch 1914/1939, Teil 2; Angermann 1970; Angermann 1989 und Kat. Lemgo 1996; Bei der Wieden, B. 1996.

2 Bei der Wieden, B. 1993, S. 177–180; Borggrefe 1996.

3 Bei der Wieden, B. 1998, S. 27.

4 Münch 1998, S. 72.

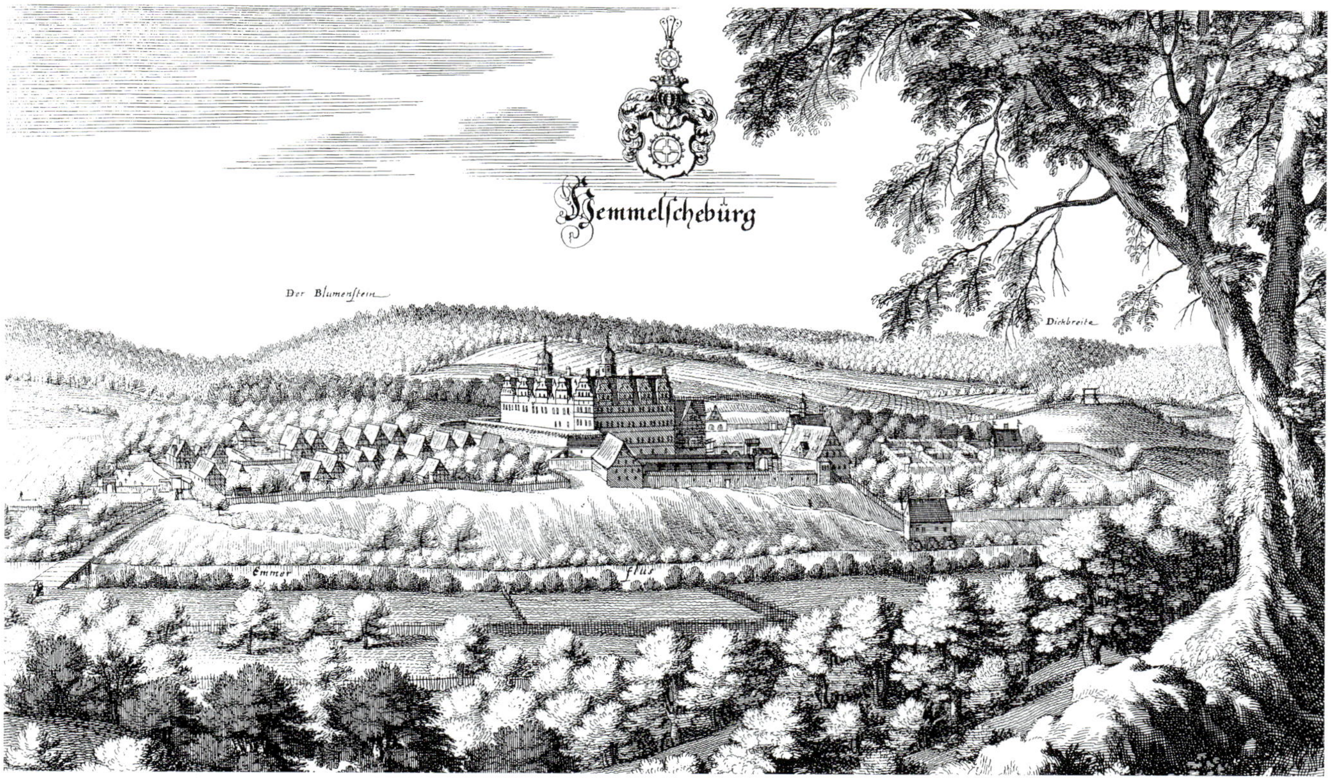

Die Hämelschenburg bei Hameln

Kriegsdienste

Die meisten der adligen Familien im Weserraum entstammten ehemaligen Ministerialengeschlechtern, die im Spätmittelalter zum niederen Adel aufgestiegen waren. Zu den traditionellen Aufgaben der Ministerialengeschlechter zählten Ritterdienste auf landesherrlichen Burgen und Befestigungsanlagen. Durch das Aufkommen der Feuerwaffen und den Fortfall der Ritterheere entwickelten sich im Spätmittelalter neue militärische Formationen, in denen Adlige Aufgaben fanden, die sich von den herkömmlichen Ritterdiensten unterschieden. Christoph von Wrisberg (1510/11–1580), Georg von Holle (1517–1576) und Hilmar von Münchhausen (1512–1573) wurden zu äußerst erfolgreichen Söldnerführern, die mit den von ihnen zusammengestellten Söldnertruppen unter verschiedenen Kriegsherren in ganz Europa kämpften.[5] In der zweiten Hälfte des 16. Jahrhunderts kam es im Zuge der Neuorganisation der Heere durch die Landesherren zu einer grundsätzlich veränderten Einbindung des Adels in das Heerwesen. So mußten sich Adlige wie andere Soldaten in die neue hierarchisch-institutionelle Struktur des neuzeitlichen Militärwesens einfügen.[6]

Besonders häufig waren Angehörige des Adels aus dem Weserraum an kriegerischen Auseinandersetzungen in den Niederlanden beteiligt, so beispielsweise Georg Klencke (1551–1609), der Bauherr der in der Nähe von Hameln gelegenen Hämelschenburg.[7] Die Einkünfte aus diesen Diensten waren wichtige wirtschaftliche Grundlage für die Entfaltung adliger Kultur, zogen sie doch weitere wirtschaftliche Verbindungen nach sich, wie beispielsweise Geldgeschäfte mit der Stadt Antwerpen. Franz von Kerssenbrock (um 1530–1576) hatte im Jahr 1568 14.235 Goldgulden an die Stadt Antwerpen verliehen.[8] Börries von Münchhausen (1515–1583) legte dort insgesamt 52.840 Gulden an.[9] Da die Kriegshandlungen immer wieder für längere Zeit unterbrochen waren, boten solche Aufenthalte zudem die Gelegenheit, fremde Länder und deren Kultur kennenzulernen.[10]

5 Hartlieb von Wallthor 1966, S. 274–276; Angermann 1966; Angermann 1989.
6 Wohlfeil 1965, S. 315 und 323.
7 Hartlieb von Wallthor 1966, S. 274–276; Angermann 1989, S. 29; Bei der Wieden, B. 1993, S. 35; Albrecht 1995, S. 28 f.
8 Kerßenbrock-Krosigk 1996, S. 140.
9 Neukirch 1914/1939, Teil 2, S. 101, Anm. 8; Angermann 1989, S. 10.
10 Angermann 1970, S. 186 und 190; Angermann 1989, S. 20, 32 und 34.

Liborius von Wrisberg (1593–1654) unternahm verschiedentlich Reisen in die Niederlande. Kupferstich von Carl Buno aus der Leichenpredigt auf den Adligen.

Universitätsaufenthalte

Vermutlich weitaus bedeutsamer als die Kriegsdienste waren für die Einbindung des Adels aus dem Weserraum in die kulturellen Beziehungen Europas Universitätsaufenthalte und Bildungsreisen. Sie zählten seit der zweiten Hälfte des 16. Jahrhunderts zu den prägenden Erfahrungen vieler männlicher Angehöriger des niederen Adels. Die adligen Familien reagierten auf die Konkurrenz bürgerlicher Gelehrter, indem sie der Bildung ihrer Nachkommen einen höheren Stellenwert einräumten. Ähnlich der zeitgenössischen Fürstenerziehung fanden humanistische Bildungsideale in die Erziehung Eingang.[11] Der häusliche Unterricht der Kinder durch einen Präzeptor, einen Hauslehrer, der Besuch einer höheren Schule der Region sowie zumindest einer deutschen Universität wurde für junge Adlige obligatorisch. Angehörige des Weseradels besuchten nach einem Studium an einer oder mehreren protestantischen Universitäten im Deutschen Reich vielfach Hochschulen in Frankreich, Italien und den Niederlanden. Die Rechtswissenschaften bildeten dabei das bevorzugte Studienfach.[12] Sehr früh ist dieser Bildungsgang in der lippischen Familie von Donop zu beobachten. Christoph von Donop (1539–1609) wechselte nach dem Besuch von Gymnasien in Lemgo und Hannover im Jahr 1554 nach Wittenberg. Nach kurzen Aufenthalten in Köln und Leuven ging er 1558 für zwei Jahre nach Frankreich, um in Paris und Orléans zu studieren und seine Kenntnisse der französischen Sprache zu vertiefen.[13] Bezeichnend für den Charakter adliger Studien war der Umstand, daß in der Regel kein akademischer Abschluß erworben wurde. Wichtiger als eine Graduierung war der Aufenthalt in gelehrter Atmosphäre und die Teilnahme an adligen „Exercitien", etwa an Reit- und Fechtübungen.[14] Diese Erfahrungen qualifizierten zusammen mit der adligen Geburt für höchste Dienste an fürstlichen Höfen. Dort konnte der Adel seine Stellung im 17. Jahrhundert schließlich sichern und ausbauen.

Während Universitäten tendenziell einen standesübergreifenden Gedankenaustausch zwischen den Studenten ermöglichten, boten die in- und ausländischen Ritterakademien, die um 1600 gegründet wurden, eine ständisch abgeschlossene Erziehung, denn sie waren Angehörigen des Adels vorbehalten.[15] Einige Adlige des Weserraumes besuchten etwa die dänische Ritterakademie in Sorö.[16] Im Zuge einer fortschreitenden gesellschaftlichen Abgrenzung des Adels nahm der Besuch von Universitäten im 17. Jahrhundert ab. Dagegen gewann die standesspezifische Erziehung an den Ritterakademien an Bedeutung.

11 Hammerstein 1984.
12 Neukirch 1914/1939, Teil 2, S. 154 f.; Bei der Wieden, B. 1993, bes. S. 21–33; König 1996.
13 König 1996, S. 73 und 75 f.
14 Schmidt, G. 1993, S. 273 f.; König 1996, S. 74.
15 Neukirch 1914/1939 Teil 2, S. 283; Conrads 1982, S. 17.
16 Es handelte sich vor allem um Mitglieder der Familie von Oeynhausen, die Kontakte zum dänischen Hof hatte. Oeynhausen 1889, Bd. 3, S. 115.
17 Angermann 1989, S. 33; Bei der Wieden, B. 1993, S. 33–44; König 1996, S. 90–94.
18 Leichenpredigt von Joachim Friedrich. Celle 1626; Neukirch 1914/1939, Teil 2, S. 248 und 266 f.; vgl. dagegen die Orientierung des sächsischen Adels am Ende des 16. Jahrhunderts: Neben Italien und Frankreich waren Polen, Prag, das Rheinland und Ungarn als Reiseziele von Bedeutung. Keller 1997, S. 264.
19 Neukirch 1914/1939, Teil 2, S. 37.
20 Zu Reiserouten s. Stagl 1983, S. 18 f.
21 Das Schreiben sandte von der Wense aus seinem Studienort Tübingen; Neukirch 1914/1939, Teil 2, S. 283 f.
22 Albrecht 1995, S. 31. Johann Hilmar von Steinberg (1585–1648) hatte während seiner Zeit in Frankreich, England, den Niederlanden und Italien insbesondere Orte besucht, die für die katholische Religion von großer Bedeutung waren. Später vollzog er gegen den Widerstand seiner Familie den Übertritt zum katholischen Glauben. Leichenpredigt von Adam Eckbrecht. Halberstadt 1652. Zur Gefahr der Konversion protestantischer Adliger während ihrer Auslandsreisen s. Conrads 1982, S. 177 f.
23 Neukirch 1914/1939, Teil 2, S. 284 und 289; vgl. Hahn 1989, S. 483.
24 König 1996, S. 76.
25 Zum Reisen in der Frühen Neuzeit s. Stagl 1983, S. 15–34.
26 Leichenpredigt von Achaz Mylius. Braunschweig 1654.

Bildungsreisen

Bei wohlhabenden Familien folgte seit der Mitte des 16. Jahrhunderts auf die Beendigung des Studiums häufig eine Bildungsreise, die sich über mehrere Jahre erstrecken konnte.[17] Sie ist sowohl Ausdruck humanistischen Denkens als auch zunehmend Bestandteil eines Pflichtprogramms adliger Bildung. Die bevorzugten Reiseländer waren Frankreich, Italien und England, einzelne Adlige reisten aber auch bis in den Orient. Zu diesen zählte Wilhelm von der Wense (1559–1626), der u. a. Konstantinopel, Jerusalem, Alexandria und Kairo besuchte und später zeitweise in Diensten des dänischen Königs stand, für den er Missionen nach Spanien und Schottland übernahm.[18]

Bildungsreisen erfolgten auf Anregung oder in der Begleitung von Angehörigen der landesherrlichen Familien, häufig reisten die Adligen aber in Begleitung von Brüdern und Vettern.[19] In das Stammbuch des Leonard Faber trugen sich beispielsweise 1602 zwei Brüder und zehn Jahre später zwei Vettern aus der Familie von Münchhausen während eines Aufenthaltes in London ein. Die Verwandten waren jeweils für längere Zeit gemeinsam auf Reisen gegangen.

Beliebte Reiseziele adliger Besucher zeigt der Reiseplan aus dem Jahr 1613, den Wilhelm von der Wense (gest. 1641) seinem Vetter Börries von Münchhausen (1587–1646) vorschlug: Zunächst sollten die Niederlande mit einem Schiff über den Rhein erreicht, dabei die kurfürstlichen Höfe am Rhein und das Hoflager des niederländischen Prinzen Moritz sowie Festungen, aber auch Universitäten und Reichsstädte besichtigt werden. Später wollte der Adlige nach England übersetzen, einige Zeit in London verbringen, schließlich nach Frankreich reisen und dort Paris besuchen.[20] Daran sollte sich die Überfahrt von Marseille nach Genua anschließen, um von dort nach Venedig zu reisen. Bemerkenswert sind die Vorbehalte des protestantischen Adligen hinsichtlich der Städte Rom und Neapel. Er befürchtete, seine Mutter würde ihm nicht erlauben, dorthin zu reisen, legte aber selbst auch nicht viel Wert darauf, diese Orte zu besuchen, da er dort persönliche Gefahren aufgrund seiner Konfession sah.[21] Diese Bedenken kamen nicht von ungefähr: Ludolf Klencke (1588–1664) war während seiner im Jahr 1610 begonnenen Reise nach Italien in Rom von der Inquisition über ein Jahr gefangengehalten worden. Jahre nach seiner Rückkehr konvertierte er nach einem aufsehenerregenden Religionsgespräch 1625 zum katholischen Glauben.[22] Die Reiseaufzeichnungen des Ludolf von Münchhausen (1570–1640) geben konkreten Aufschluß über Reiserouten und Interessengebiete der Reisenden (Kat. 72).

Die stark vereinfachte Karte Frankreichs, die Johannes Honter in seinen *Rudimentorum Cosmographicorum libri 3* erstmals im Jahr 1564 veröffentlichte, berücksichtigt nur die wichtigsten Flüsse, Gebirgszüge und Namen. Sie konnte damit lediglich einer groben Orientierung bei der Vorbereitung einer Reise dienen.

Neben diesen Bildungsaufenthalten waren Reisen eine gern genutzte Möglichkeit zur Teilnahme an Feierlichkeiten an den Höfen Europas. Auf diese Weise ließen sich Kontakte knüpfen und standesgemäße Umgangsformen erlernen: So schrieb ein Zeitgenosse über Börries von Münchhausen, der einige Jahre in Frankreich gewesen war, dieser habe sich dort eine *„stattliche kortesische Art“* angeeignet, also ein Verhalten, wie es für den Aufenthalt bei Hof notwendig war. Entsprechende Verhaltensweisen spielten auch in der einheimischen Ritterschaft zunehmend eine Rolle.[23] Kehrten die Adligen nach einigen Jahren zurück, übernahmen sie in der Regel die Verwaltung des Familiensitzes. Reisen in andere Regionen erfolgten in späteren Lebensjahren in der Regel nur noch im Dienst der Landesherren. Der erwähnte Christoph von Donop etwa begleitete später als Präzeptor den damals vierzehnjährigen Grafen Simon VI. zur Lippe nach Straßburg.[24]

Kriegsdienste, Studienaufenthalte, Bildungsreisen und längere Aufenthalte an herrschaftlichen Höfen boten den jungen Adligen die Möglichkeit, über die engere Region hinaus Lebenserfahrungen zu sammeln.[25] Diese Aufenthalte gaben ihnen neue Impulse, denn sie wurden entweder durch ein humanistisches Interesse an Welterkenntnis gelenkt oder sie reisten – wie über Liborius von Wrisberg (1593–1654) berichtet wird – *„aus tragender Begierde was mehres auch zu sehen/und fremder Völcker Arth und Sitten zu lernen“*.[26] Neben den Aufenthalten von Angehörigen des niederen Adels außerhalb ihrer Heimatregion kommt auch jenen Formen der kulturellen Vermittlung Bedeutung zu, die von außen in den Weserraum hineingetragen wurden. Hier ist insbesondere an den Buchdruck zu denken. Er stand in enger Verbindung mit der vom Geist des Humanismus, aber auch durch den Protestantismus geprägten Bildung. Diese kam in erster Linie jungen männlichen Adligen zugute, während ihre Schwestern im Hinblick auf ihre späteren Aufgaben als Ehefrauen und Verwalterinnen eines großen Haushaltes weit weniger umfassend unterrichtet wurden.

Johann von der Borch (1567–1641) reiste im Dienst von Landgraf Moritz von Hessen in verschiedene europäische Länder. Kupferstich von Hendrik Hondius d. Ä., um 1609.

Rab Arnd von Oeynhausen (1533–1605) stand als Landdrost in Diensten Graf Simons VI. zur Lippe. Links oben ist das Wappen der Familie mit der Leiter zu erkennen.

27 Engelbert 1971, S. 97–99; Kat. Lemgo 1997, Kat. 58.

28 Moritz von Oeynhausen (1568–1624), Rab Arnd (1578–1626), Moritz Hermann (1599–1632) und Bernd Simon (1602–163 2) studierten in Padua und Siena. Oeynhausen 1889, Bd. 3, S. 107 f., 368 und 399.

29 Die Sage selbst ist mit den Namen anderer Familien bereits aus dem 15. Jahrhundert aus Köln überliefert. Oeynhausen 1889, Bd. 3, S. 15–17 und 19.

30 Bei der Wieden, B. 1993, S. 211–213; Schmidt 1993, S. 267; Hufschmidt 1996 a, S. 35.

31 König 1996, S. 82–85 mit Kat. 59–62; Zum standesübergreifenden Bildungshumanismus s. Schmidt 1993, S. 264.

32 Neukirch 1914/1939, Teil 2, S. 229 f.

33 Albrecht 1995, S. 29. Caselius stand auch mit anderen Adligen in regem Austausch. Neukirch 1914/1939, Teil 2, S. 265 f. und 274; Hinweise gibt es auch auf Briefwechsel zwischen Hilmar d. J. von Münchhausen (1558–1617) mit bekannten lutherischen Theologen der Zeit. Leichenpredigt von Johann Kehr. Stadthagen 1617, S. 34 f.

34 Leichenpredigt von Joachim Friedrich. Celle 1626. Über Rab Arnd von Oeynhausen (1601–1634), der in der Leibgarde des französischen Königs gedient hatte, hieß es, er habe Französisch ebenso gut wie Deutsch gesprochen. Oeynhausen 1889, Bd. 3, S. 392.

35 Steinacker 1941/1942, S. 103.

36 Arnold 1994, S. 7 f.; vgl. Hahn 1989, S. 484.

37 Bei der Wieden, B. 1993, S. 68 f.

38 Bei der Wieden, B. 1993, S. 54 f.

39 König 1989, S. 85.

40 Behringer 1993, S. 303.

41 Inventar 1620. HStA Hannover, Archiv Wrisbergholzen, Handschriften Nr. 44.

42 Soenke 1957, S. 128; Angermann 1966, S. 250 f.; Angermann 1989, S. 35; Uppenkamp 1993, S. 41–43, 86; vgl. Jürgens 1989, S. 76 und 84; vgl. Kat. 73.

43 Kat. Lemgo 1989, Kat. 833; Jürgens 1989, S. 74–81; Uppenkamp 1993, S. 86–96; Albrecht 1995, S. 300.

44 Mit Hinweisen auf die ältere Literatur: Schelp 1996.

Adlige Kultur im Weserraum

Was aber bedeuteten die Erfahrungen und Kontakte anläßlich von Kriegszügen, Studienaufenthalten und Reisen für das Leben und die Kultur des niederen Adels im Weserraum? Wie partizipierte er an den kulturellen und wirtschaftlichen Phänomenen, die entlang der Weser zu beobachten sind?

Die Aufenthalte der Adligen in fremden Regionen zogen nur äußerst selten familiäre Verbindungen nach sich. Zu den wenigen Ausnahmen zählt die Eheschließung des Johann von der Borch (1567–1641) mit Maria de Girad des Bergeries (gest. 1624) im Jahr 1600 in Genf. Die Ehefrau entstammte einem Adelsgeschlecht aus Savoyen, Mitglieder ihrer Familie waren als Religionsflüchtlinge nach Genf gekommen. Der zunächst in hessischen, später in brandenburgischen und lippischen Diensten stehende Adlige hatte seine spätere Ehefrau vermutlich anläßlich der Reisen im Auftrag des Landgrafen Moritz von Hessen kennengelernt.[27]

Aufschlußreich für das Selbstverständnis des Adels ist ein durch Reisen nach Italien angeregter Versuch, die Geschichte der eigenen Familie mit dem Erbe der Antike zu verbinden. Seit der zweiten Hälfte des 16. Jahrhunderts studierten etwa Angehörige der Familie von Oeynhausen in Italien.[28]
In Verona werden sie das Wappen der dort ansässigen Familie Scaligeri gesehen haben, das ebenso wie das Wappen der Familie von Oeynhausen eine Leiter mit vier Sprossen zeigt. Heinrich Hermann von Oeynhausen (1615–1671) schloß aus der Ähnlichkeit der beiden Wappen, daß die Familien gemeinsamen Ursprungs seien. Er verband seine Beobachtung mit der Sage von den fünfzehn Geschlechtern, die einer mittelalterlichen Überlieferung nach bereits mit Trajan über die Alpen gekommen waren und später den Kern der Paderborner Ritterschaft bildeten. Von Oeynhausen sah darin die Bestätigung, daß seine Familie auf diesem Weg in den Weserraum gekommen sei.[29] Viele adlige Familien bemühten sich in jener Zeit um den Nachweis, daß die Wurzeln ihres Geschlechtes möglichst weit zurückreichten, denn die Berechtigung zur Herrschaftsausübung gründete sich maßgeblich auf das Alter und das Ansehen der Vorfahren. In der Frühen Neuzeit galt es als sehr vornehm, wenn man nachweisen konnte, daß der Ursprung des eigenen Geschlechtes in Italien lag.[30] Vor dem Hintergrund dieser Wertschätzung Italiens und seiner Verbindungen zur Antike erklärt sich Hermann von Oeynhausens Rückgriff auf die Sage.

Über die an den Studienorten und auf Reisen geknüpften Verbindungen geben Stammbücher Auskunft. Sie belegen die zeitweilige Einbindung des niederen Adels in die Akademikerschaft, die einem ständeübergreifenden Bildungshumanismus verpflichtet war.[31] Unter den Adligen der Region galt Adrian von Wrisberg (1554–1620) als Gelehrter.[32] Manche Adlige hielten diese Beziehungen nach ihrer Rückkehr aufrecht. Bekannt sind Kontakte zu bürgerlichen Humanisten, wie sie Georg Klencke zu Johannes Caselius pflegte, der später Professor an der Universität Helmstedt wurde. Klencke hatte Caselius in Verden am Hof des dortigen Bischofs kennengelernt.[33] Widmungen von Druckwerken dokumentieren darüber hinaus Beziehungen zwischen Angehörigen des niederen Adels zu Autoren und Schriftstellern, die möglicherweise mit einer finanziellen Unterstützung seitens der Adligen einhergingen.

Sprachkenntnisse

Studien und Reisen trugen wesentlich zur Verbreitung und Vertiefung von Kenntnissen der lebenden Sprachen bei und förderten dadurch die Rezeption der zeitgenössischen Literatur. Italienisch und Französisch gewannen an Bedeutung. Diese Sprachen beherrschte etwa Wilhelm von der Wense (1559–1626) nach seinen Studien, die er u. a. in Straßburg und Genf absolviert hatte.[34] Gleichermaßen verbreitete sich die Kenntnis des Lateinischen. Der Adlige Barthold von Gadenstedt konnte eine Übersetzung der lateinischen Schulkomödie *Tobias* des Haarlemer Cornelis Schonäus anfertigen und ließ diese im Jahr 1605 veröffentlichen.[35]

Bibliotheken

Bücher hatten als Kommunikationsmittel für die Einbindung in die geistige Kultur der Zeit eine kaum zu überschätzende Bedeutung. Gerade die auf Reisen erworbenen Bücher waren häufig wichtiger Grundstock für die heimische Buchsammlung. Die ältesten Druckwerke der ehemals auf Schloß Hehlen an der Weser bewahrten Bibliothek der Familie von der Schulenburg wurden auf Reisen erworben.[36]
Der Ankauf von Büchern war im Weserraum seit der Ausweitung des Buchhandels möglich geworden. Die Buchbestände dokumentieren das Interesse der Adligen am politischen und geistigen Geschehen in Europa. Die Bedeutung der Bücher lag auch darin, daß sie mitunter von Angehörigen anderer Schichten genutzt wurden und somit zu Schnittstellen des Wissenstransfers wurden. Mitglieder der Universität Rinteln etwa besuchten die weithin berühmte und sehr umfangreiche Bibliothek des schaumburgischen Adligen Ludolf von Münchhausen in Oldendorf und liehen dort Bücher aus.[37] Andere Adelsbibliotheken hatten einen weitaus bescheideneren Zuschnitt.[38] Doch finden sich gelegentlich auch in weiteren Familien beachtliche Buchbestände. Adrian von Wrisberg, der 1572 in Jena sein Studium begonnen und später die Universitäten von Straßburg und Padua besucht hatte,[39] hinterließ bei seinem Tod 1620 über 200 lateinische, deutsche und französische Werke. Es handelte sich u. a. um Reiseberichte aus den Ländern der damals bekannten Welt, Traktate zu aktuellen politischen Ereignissen in Europa sowie Abhandlungen über historische Fragen. Gleich dreimal besaß der Adlige das Reisehandbuch *Theatrum urbium* des Marburger Schriftstellers Abraham Saur, das im Jahr 1581 erstmals erschienen war. Es vermittelte Kenntnisse über die Städte der damals bekannten Welt[40]. Eine italienische Grammatik mit Dialogen, *„draus die welsche sprache zur notturfft kan gelernet werden"* belegt das Interesse an aktivem Spracherwerb. Der Besitz des *Cortegiano* von Baldassare Castiglione in deutscher und italienischer Sprache legt die Vertrautheit mit dem Leitbild des höfischen Edelmanns nahe, wie es für den Dienst an fürstlichen Höfen von Bedeutung war.[41]

Der Obrist Hilmar von Münchhausen ließ seit 1570 Schloß Schwöbber errichten. Unter seinem Sohn Hilmar d. J. wurde die Dreiflügelanlage im Jahr 1606 vollendet.

Kunst

Als der bedeutendste Ausdruck europäischer Beziehungen zum Weserraum gilt die Architektur der Region. Angehörige des niederen Adels ließen zwischen 1570 und 1630 eine große Zahl von Schlössern, Gutshöfen und städtischen Wohnsitzen errichten. Deutlich zeigen sich dabei beispielsweise seit etwa 1570 Einflüsse der niederländischen Architektur, deren Kenntnis sowohl durch eigene Anschauung, über Handelsverbindungen sowie den Zuzug niederländischer Künstler und Handwerker vermittelt wurde. Nachweislich kamen einige Künstler und Handwerker mit Adligen in den Weserraum. Verbindungen zwischen dem flämischen Meister J. R. und den Obristen Georg von Holle und Hilmar von Münchhausen sind bereits aufgezeigt worden.[42]

Daneben kam vor allem Vorlagewerken eine wichtige Bedeutung für den Kulturtransfer zu. Sie stammten von niederländischen Künstlern wie Hans Vredeman de Vries (um 1527–1606) oder kamen aus Süddeutschland.[43] Exemplarisch für ihre Verwendung sei Schloß Schwöbber bei Aerzen angeführt, das der Söldnerführer Hilmar von Münchhausen durch den Hamelner Baumeister Cord Tönnis seit 1570 erbauen ließ und das unter Münchhausens Sohn Hilmar d. J. (1558–1617) als Dreiflügelanlage vollendet wurde.[44]

Venedig zählte zu einer der wichtigsten Stationen auf den Italienreisen junger Adliger. Das *Theatrum urbium* von Abraham Saur bot als Reisehandbuch eine Ansicht, einen kurzen Abriß der Stadtgeschichte sowie Hinweise auf die wichtigsten Sehenswürdigkeiten.

Die Giebelformen des Schlosses lassen sich teilweise auf die Stiche des Hans Vredeman de Vries zurückzuführen.[45] Allerdings könnte dieser Rezeptionsprozeß auch über das Vorbild landesherr-licher Schlösser, hier vor allem der Bauten Herzog Erichs d. J. von Braunschweig-Calenberg, erfolgt sein, die gleichsam ein Anschauungsbeispiel für die Region darstellten.[46]

Sicher erwarben Adlige Kenntnisse über zeitgenössische Kunstwerke, wenn sie, wie der Sternberger Drost Johann von Offen, den lippischen Grafen Simon VI. nach Prag begleiteten oder als Gesandte dorthin geschickt wurden. Durch den Aufenthalt an den fürstlichen Residenzen knüpften sie darüber hinaus im Weserraum selbst Kontakt zu Künstlern von europäischem Rang. Da frühneuzeitliche Verzeichnisse des Kunstbesitzes von Adligen diesbezüglich keine Hinweise geben, bleibt offen, ob überregional tätige Künstler im Auftrag des niederen Adels arbeiteten. Die bisherigen Forschungen sowie überlieferte Kunstwerke begründen allerdings die Annahme, daß für diese Gruppe Maler von europäischem Rang nicht tätig waren. Charakteristischerweise erwähnt Liborius von Wrisberg in seinen Notizen etwa Heinrich Schlaberg, einen Maler aus Hildesheim, der bei Johann Hopffe (um 1565–1616) in Bückeburg arbeitete.[47] Von Adam Offinger (erw. 1575/98)[48] und aus der Münsteraner Malerfamilie tom Ring[49] stammen die wenigen überlieferten Porträts von Adligen aus dem Weserraum. Mit den Namen dieser und anderer in der Region tätiger Künstler und Künstlerfamilien, wie der Brüder Wolff und Johann Hopffe, sind zahlreiche Kunstwerke wie Epitaphien verbunden, die im Auftrag des niederen Adels entstanden.[50] Diese Künstler arbeiteten zum Teil ebenso für die regierenden Fürsten und orientierten sich an den überregional bedeutsamen Kunstströmungen ihrer Zeit. Auch in diesem Zusammenhang kam dem Handel mit Vorlagewerken als Verbreitungsmedium eine entscheidende Bedeutung zu. So dienten Stiche aus den Niederlanden, u. a. von Hendrik Goltzius (1558–1617), als Vorlagen für einen um 1610 von Magdalene von Münchhausen (1574–1629) in Auftrag gegebenen Gemäldezyklus, der sich an der Empore in der St. Nicolaikirche in Rinteln befindet.[51]

45 Uppenkamp 1993, S. 50–52, dort auch Hinweise auf weitere Bauten des niederen Adels, S. 52–59.
46 Uppenkamp 1993, S. 86.
47 Hartmann 1968, S. 39.
48 Jürgens 1989, S. 88 f.
49 Pieper 1985; Lorenz 1996, S. 101 f. sowie Kat. Münster 1996 Bd. 2, Kat. Nr. 114, 115, 118 und 122.
50 Kat. Lemgo 1989, Kat. 711; Jürgens 1989, S. 81–83. Nicolaus Bouman aus Magdeburg, der ursprünglich möglicherweise aus den Niederlanden stammte, schuf nicht nur im Jahr 1614 den Kupferstich mit der Apotheose Graf Simons VI. zur Lippe, sondern erhielt auch einen Auftrag aus der niederadligen Familie von Kerssenbrock für die Gestaltung eines Epitaphs. Kat. Lemgo 1989, Kat. 715 a.
51 Jürgens 1989, S. 86; Hufschmidt 1996 a, S. 142.

Christliche Themen erfreuten sich besonderer Beliebtheit beim Adel: Auf dem Rittergut Helbra in der Grafschaft Ransfeld, das der lippischen Familie von Kerssenbrock gehörte, gab es 1607 ein Gemälde mit der Darstellung der *„historia von Danieln in der Lewengruben"*[52] auf Leinen. Ein längliches Täfelchen zeigte mit Ölfarben gemalt *„wie Judith den Holfernus entheubtt"*.[53] Georg von der Schulenburg (1535–1619) bewahrte in seinem Braunschweiger Wohnsitz neben zahlreichen Porträts und einem Doppelporträt von Martin Luther und Philipp Melanchthon Darstellungen der Bekehrung des Paulus, „Christus als Erlöser" und „die Heilige Dreifaltigkeit" auf.[54] Diese Hinweise bestätigen anscheinend die Feststellung, gerade die Bauherren aus dem niederen Adel hätten religiöse Darstellungen bevorzugt, während Themen aus dem Bereich humanistischer Bildung fast ausschließlich an Bürgerhäusern sowie in der höfischen Kunst zu finden gewesen seien.[55] Zwei Gemälde des aus Salzuflen stammenden Künstlers Heinrich Weldige (gest. um 1640), die auf einem westfälischen Adelssitz gefunden wurden, zeigen, daß auch der niedere Adel durchaus an nicht-religiösen Themen interessiert war. Der *Raub der Helena* und der *Brand Trojas* (Kat. 68) aus dem Jahre 1621 sind vermutlich in Antwerpen unter Einflüssen der Antwerpener Schule entstanden und könnten zu einem Troja-Zyklus gehört haben.[56] Doch blieben Gemäldegalerien ein fürstlicher Luxus, den sich die Familien des niederen Adels nicht leisteten.[57] Letztere legten allenfalls Sammlungen von Ahnenbildern in größerem Umfang an.[58] Überliefert ist darüber hinaus der Besitz von Kupferstichen. Ludolf von Münchhausen bezog solche Kunstwerke ebenso aus Italien und Prag wie über ortsansässige Buchhändler.[59]

Handelsbeziehungen

Der Handel galt als nicht standesgemäße Betätigung für den Adel, weshalb er nur schwer greifbar ist und Handelsgeschäfte häufig über Zwischenhändler am Ort abgewickelt wurden.[60] Die Beteiligung des niederen Adels an dem überregional bedeutsamen Getreidehandel ist dennoch anhand von Zollisten der Weserschiffahrt gelegentlich zu erschließen.[61] Abzulesen ist das Engagement Adliger im Getreidehandel ferner an dem Erwerb von Gütern und Ämtern, welche die Voraussetzungen dafür boten, größere Getreideerträge zu erzielen. So erwarb Georg von Holle im Jahr 1566 das Amt Forst mit dem dortigen Amtshaus, das direkt an der Weser liegt[62] (vgl. Kat. 40). Franz Kanne (1520–1590) besaß in der Stadt Höxter umfangreiche Wirtschaftsgebäude, die vermutlich als Zwischenstation für den Absatz der auf seinen Besitzungen erzeugten landwirtschaftlichen Produkte dienten.[63]

Über überregionale Marktbeziehungen berichtet Liborius von Wrisberg, der für das Jahr 1628 Angaben über den Verkauf von Ochsenhaut in Hamburg sowie Einkaufspreise von Büchern in Lüneburg notiert.[64] Für den Handel bedeutsam war die Nachfrage nach Alltags- und Luxuswaren seitens der Adligen. Neben dem Bezug über lokal und regional tätige Kaufleute lassen sich Direktbestellungen bei Händlern entfernterer Orte nachweisen,[65] die man anläßlich von Festlichkeiten aufgab. So war Hamburg zentraler Handelsplatz für erlesene Früchte, Gewürze und Blumen, die mit Hagelzucker überzogen waren. Für die Hochzeit Claus von Münchhausens mit Ursula von Quitzow bezog man im Jahr 1587 aus der Elbstadt neben Gewürzen und Konfekt Süßholz und Datteln.[66] Ludolf von Münchhausen erhielt aus Bremen größere Posten an Fisch, Butter und Seife.[67] Englisches Tuch konnte ebenfalls von dort bezogen werden.[68] Der Transport dieser Güter erfolgte sicher über die Weser. Das gilt vermutlich auch für Post, die etwa aus Amsterdam kommend über Bremen in den Weserraum gesandt wurde.[69]

Zusammenfassung

Auf ganz unterschiedliche Weise war der niedere Adel demnach an der Entfaltung der Renaissance im Weserraum beteiligt. Überregionale Kontakte zu Standesgenossen, Aufenthalte in fremden Regionen sowie Reisen in ferne Länder und Kulturen ließen die Adligen mit den Phänomenen der europäischen Kulturen vertraut werden. Durch den Erwerb von Büchern und erlesenen Fernhandelswaren sowie der Beschäftigung überregional tätiger Handwerker holte man „Europa" in die eigene Region. Dabei war die Kultur des hohen Adels internationaler geprägt als die des niederen Adels, der seine Identität vornehmlich aus dem Bewußtsein ableitete, einer regional angesehenen Familie von Rang und Namen anzugehören. Und doch trug dieser seit der zweiten Hälfte des 16. Jahrhunderts wesentlich dazu bei, den Weserraum in europäische Beziehungen einzubinden.

52 *Daniel in der Löwengrube.*
53 *Judith enthauptet Holofernes.* Inventar, 1607. StA Detmold, L 114 Kerßenbrock, Nr. 1471.
54 Inventar, 1620. HStA Hannover, Dep. 82 Abt. II, Nr. 102.
55 Jürgens 1989, S. 73.
56 Kat. Lemgo 1989, Kat. 710, dort auch ältere Literatur; Jürgens 1989, S. 86.
57 Schönberg 1997, S. 37 f., 58 und 72. Bei der Wieden, B. 1993, S. 49.
58 Vgl. Kat. Lemgo 1989, Kat. 725. Zu Porträts von Adligen s. Borggrefe 1996, S. 18–22.
59 Bei der Wieden, B. 1993, S. 50.
60 Zum Handelsverbot für den Adel s. Stollberg-Rilinger 1988.
61 Richarz 1971, S. 96; Möller 1992, S. 121–123, 128 f. und 13 f.
62 Bau- und Kunstdenkmäler Holzminden 1907, S. 44; Angermann 1966, S. 226 und 229 f.
63 Rabe 1996, S. 267 f.
64 HStA Hannover, Archiv Wrisbergholzen, Handschriften Nr. 49 a; Hartmann 1968, S. 39 f.
65 Richarz 1971, S. 127–136; Fritsch 1989, S. 104–106.
66 StA Bückeburg, Dep. 3 GA, Nr. 22, Nr. 2. Vgl. die Abrechnungen zur Hochzeit zwischen Ernst von Alten und Anna Margarethe von Stöckheim im Jahr 1619. Pomeranzen, Zitronen und drei Pfund blaue Rosinen kamen direkt aus Hamburg. HStA Hannover, Archiv Wrisbergholzen, Handschriften Nr. 42 a.
67 Richarz 1971, S. 134 f.
68 Schreiben des Hilmar von Münchhausen (1603–1625) an seine Mutter Anna von Bismarck, 20.08.1621. Abschriftensammlung von Briefen aus der Familie von Münchhausen in Privatbesitz.
69 Schreiben des Ludolf von Münchhausen (1602–1628) an seine Mutter Anna von Bismarck, 10.04.1622. Wie Anm. 68.

69

Kat. 69 a

a **Porträtmedaille des Georg von Holle**
Hans Bolsterer (tätig in Nürnberg seit etwa 1540–1573)
Frankfurt, 1547

Silber
21,05 Gramm, Dm 4,9 cm
Kunsthistorisches Museum Wien, Münzkabinett, Inv. 13.970 bß

b **Zweiseitige Porträtmedaille des Georg von Holle**
vermutlich 1576
Gold

39,58 Gramm, Dm 3,95 cm
Kiel, Schleswig-Holsteinische Landesbibliothek, Inv. L 1039

Den Wirkungskreis jenes Mannes, den die Medaille ehrt, kann man durch zwei Achsen kennzeichnen: eine zwischen Sachsen und der flandrischen Küste, die andere zwischen Neuburg an der Donau und Dänemark bzw. dem von Dänen und Schweden umkämpften Schonen. Nur wenig nördlich vom Schnittpunkt beider Achsen liegt das Gebiet, in dem Georg von Holle (1514–1576) zu Hause war. Sein Vater war Drost der Mindener Bischöfe mit Amtssitz in Haus Berge oberhalb der Porta Westfalica. Seine Mutter stammte aus der weit verzweigten Familie von Münchhausen.

In seinem Leben überschnitt sich manches: Ihm war es wichtig, bei der Krönung Kaiser Maximilians II. 1562 zum Ritter geschlagen zu werden, wenngleich sein Beruf der eines Obersten an der Spitze großer Söldnertruppen war. Holle diente dem Kaiser und damit der katholischen Seite, zugleich aber auch evangelischen Fürsten. Er selbst war überzeugter Protestant.

Wie sehr er Wegbereiter und Exponent des niederen Adels in Norddeutschland war, läßt sich u. a. an drei Medaillen mit seinem Bildnis ablesen. Es war ein Novum, daß für eine Person seines Standes eine Porträtmedaille angefertigt wurde. Erstmals wurden Medaillen mit dem Bildnis Holles 1547 geprägt, und zwar in unterschiedlichen Größen. Erhalten sind eine größere (Kat. 69 a) und eine kleinere Medaille (in den Kunstsammlungen der Veste Coburg), die sich durch kleine Abweichungen in der Umschrift voneinander unterscheiden: „JVRGEN VAN HOL KAISERLICHER MAJESTÄT OBERSTER IN SEIM OLDER 33. Ao 1547" (Kat. 69 a); „JVRIG VAN HOL K M OBESTER IN SEIM OLDER 33 Ao 1547" (Veste Coburg). Beiden gemeinsam sind Silber als Material, die einseitige Prägung und das Porträt Holles, dazu H. B. als Anfangsbuchstaben des Medailleurs Hans Bolsterer, der in Nürnberg und in Frankfurt am Main tätig war.

Wie ein Bürger ist Holle mit flachem Barett, fein gefälteltem Hemd mit hochgestelltem Kragen, Kette und Schulterkragen dargestellt. Der sorgfältig ausgearbeitete Kopf mit großem Bart ist im Profil wiedergegeben. In Frankfurt war der 33jährige Holle als kaiserlicher Oberbefehlshaber einige Monate tätig. Seine Vorgänger waren die Grafen Reinhard Solms und Maximilian Egmont Büren, deren Bildnismedaillen ebenfalls überliefert sind. De facto blieben die Standesunterschiede zwischen Holle und seinen Vorgängern bestehen; aber in Bezug auf Aufgaben und Repräsentation waren sie aufgehoben. Die Entwicklung ging dahin, daß bei Holle selbst und den Männern, die Holles Beispiel folgten, eine Annäherung an die Lebensweise des Hochadels stattfand, die anhand der erhaltenen Bauten noch nachvollziehbar ist. Dieselben Künstler und Handwerker, die für den Adel tätig waren, arbeiteten auch für das Bürgertum.

Eine weitere Medaille – aus Gold und beidseitig geprägt – zeigt Holle nach Ausweis der Inschrift zu beiden Seiten des Porträts „AN(NO) AET(ATIS) 63", also im Alter von 63 Jahren (Kat. 69 b). Holle ist allerdings kurz vor Eintritt in sein 63. Lebensjahr, am 3. März 1576, gestorben. Es handelt sich eindeutig um eine Gedenkmedaille an den Verstorbenen, die als Anhänger gedacht war.

Die Umschrift auf der Porträtseite lautet: „GEORG VAN HOLLE RITER VND OBERISTE". Holle ist in Dreiviertelansicht dargestellt. Der ausdrucksvolle Kopf dürfte große Ähnlichkeit mit dem Dargestellten besitzen. Auch bei der Wiedergabe der Rüstung ist auf Detailgenauigkeit geachtet. Der Künstler ist leider unbekannt. Holle wird hier als Kriegsmann vorgestellt. Seine Verdienste als Privatmann – seine erfolgreiche Tätigkeit als Gutsgründer, Gutsherr und Bauherr, seine politische Mitwirkung namentlich im Fürstbistum Minden und als *Rat von Haus aus* der Herzöge von Sachsen und Braunschweig – bleiben dabei unberücksichtigt.

Die Rückseite der Medaille wird vom Holleschen Familienwappen ausgefüllt. Die Buchstaben AIGGW links sind als „Alles in Gottes Gewalt" aufzulösen. Sie sind wohl als Holles Devise zu verstehen, wobei es keine Rolle spielt, ob ihre Ergänzung „Alles steht ..." oder „Alles soll ... stehen" lautet, faßt sie doch die Grundüberzeugung Holles zusammen und konnte bei seinem Tod der Familie und anderen Nahestehenden Trost sein.

An dieser Stelle ist darauf hinzuweisen, daß sich die Aussagen der Medaillen in zwei weiteren, nach Holles Tod entstandenen Porträts wiederholen: einem Gemälde und einem Epitaph. Auf dem Gemälde (um 1580, Haus Marck bei Tecklenburg), das Holles Vetter, Bischof Eberhard von Holle, in Auftrag gab, ist Holle überlebensgroß als Ritter dargestellt, dazu die Wappen seiner 16 Ahnen. Das große Steinepitaph in der Mindener Marienkirche zeigt Holle zusammen mit Frau und Kindern, umgeben von 32 Ahnenwappen. Die Familie kniet unter dem Kruzifixus, der die Mitte bildet.

Faßt man alle Aspekte, die anhand der Medaillen zur Sprache gekommen sind, zusammen, so erkennt man dies: Von der Basis des nach wie vor festen Familien- und Standesverbandes löst sich der Einzelne beruflich und in seiner Selbst- und Fremdeinschätzung aus vorgegebenen Bindungen. Holle war nicht nur ein Haudegen, sondern wirkte an Entscheidungen von großer politischer Tragweite gestaltend mit und war insofern und auch als Auftraggeber von künstlerisch ausgestalteten Bauten Vorreiter für seine Standesgenossen.

Bei aller Übereinstimmung mit der europäischen, von Italien ausgehenden Entwicklung in geistiger und formaler Hinsicht blieb als Eigenes die dezidiert religiöse Haltung protestantisch-lutherischer Prägung.

Im Hinblick auf Holles Porträtdarstellungen ist besonders hervorzuheben: Sie sind wichtig und charakteristisch als Schritte auf dem Weg vom italienischen Renaissanceporträt, das ohne das antike nicht zu verstehen ist, zu den nordeuropäischen Bildnissen, bei denen Individuum und Individualität als solche für darstellungswürdig befunden wurden. Bei dieser Entwicklung handelt es sich nicht nur um eine geographische Ausweitung, sondern sie erreichte schon im 16. Jahrhundert das Bürgertum und sogar die Landbevölkerung. Erstmalig begegnen an Häusern und Möbeln Köpfe von Männern und Frauen in Medaillons, im Profil und en face, in Stein und Holz, vereinzelt sogar vollplastisch.

Gertrud Angermann

Literatur: Habich, 1931; Angermann 1965; Angermann 1995.

Kat. 69 b

Reyßbuch deß hey= // ligen Lands ///

Das ist Ein // grundtliche beschreibung // aller vnd jeder Meer vnd Bilgerfahrten zum heyligen Lande / ... von vielen ... Geistlichs und Weltlichs Standts Herren / zu Wasser und Land vorgenommen / ins Werck gericht / und durch wunderbarlich Abentheuwr / auch unglaublich grosse Gefahr / Leibs und Guts vollbracht ... Durch ... Herrn Nicolaum Christophorus Radzivili / ... Johann Schwallarten ... Salomon Schweyggern ...
Frankfurt a. M.: Johann Saur [Druck], Nicolaus Roth [Verleger]
Sigmund Feyerabend [Herausgeber], 1609

Buchdruck
Hannover, Niedersächsische Landesbibliothek, Sign. Gp-A 10010

Das *Reyßbuch* erschien zuerst, herausgegeben und verlegt von Sigmund Feyerabend, als Druck Johann Feyerabends 1584 in Frankfurt. Es handelt sich um eine Sammlung von 18 Reisebeschreibungen, von denen die meisten schon bekannt waren, einige wenige aber hier zum ersten Mal oder zum ersten Mal auf Deutsch veröffentlicht wurden. Der Buchhändler Nicolaus Roth, der Feyerabends Bücher zum Teil aufgekauft hatte, verlegte 1609 eine zweite Ausgabe. Roth widmete diesen Nachdruck dem schaumburgischen Edelmann Ludolf von Münchhausen, der Güter in (Hess.) Oldendorf an der Weser und in Remeringhausen (Stadt Stadthagen) besaß. Vor die Widmung ist das Münchhausensche Wappen mit Ludolfs persönlicher Devise F[iat] V[oluntas] D[ei] gesetzt.

Widmungen dieser Art waren die Regel; Autoren und Verleger erhofften sich dadurch eine Gratifikation, unter Umständen auch Protektion. Daß der Frankfurter Buchhändler einen Edelmann aus dem Weserland zum Adressaten wählte, hat allerdings spezifische Gründe. Münchhausen hatte eine der größten Bibliotheken seiner Zeit, am Ende seines Lebens (1640) mag die Anzahl ihrer Bände bei 13–14.000 gelegen haben. Er bezog regelmäßig den Frankfurter Messkatalog und ließ sich von Nicolaus Roth, den er wahrscheinlich persönlich kannte, fässerweise beliefern. Ein zusätzlicher Anknüpfungspunkt ergab sich daraus, daß Roth ihm gerade eine Sammlung von Reisebeschreibungen widmete. Münchhausen war weitgereist. Bevor er sich niederließ und sich der Ökonomie zuwandte, dehnte er die in seinen Kreisen gewöhnliche späthumanistische Bildungsreise bis nach Irland, Norwegen, Ungarn und Polen aus. Dazu trieb ihn nicht zuletzt das für die Epoche typische Bedürfnis, die Welt in den eigenen Erfahrungsbereich zu ziehen.

Roth wußte darum. Er rühmt in der Widmung in konventioneller Weise den Nutzen der Geschichte für das Leben, den Wert der Exempla, meint dann aber, der Nutzen werde noch gesteigert, wenn man sich des Ortes und der Zeit der Exempla versichere. Dazu helfen vor allem die Berichte derer, die historische Plätze mit eigenen Augen gesehen haben. Roth übereignet die Bände daher Münchhausen als einem besonderen Liebhaber der Historie, der Peregrination und der Antiquitäten. Und er hatte recht: Münchhausen hatte seinen Blick weit über das enge Wesertal hinaus geweitet.

Brage Bei der Wieden

Literatur: Bei der Wieden, B. 1993, S. 57; Simon 1998, S. 120–133.

Historia Ecclesiastica Romana. //

Newe Baepst Chronica: Oder // Roemische // Kirchenhistoria ... auff das jetzt= //
lauffend 1614. Jahr continuirt, vnd in Druck verfertiget. //
Durch Gregorium Wintermonat, [Johann Frenzel], Leipzig: Henning Groß, 1614
[ohne Angabe des Druckers]

Buchdruck
Hannover, Niedersächsische Landesbibliothek, Sign. G-A 7705

Johann Frenzel (Frenzelius), der 1582 in Leipzig eine *Papist Inquisition und güldenes Vließ der Römischen Kirche* hatte erscheinen lassen, verfaßte später eine *Römische KirchenHistorie*, die im Jahre 1600 in Eisleben gedruckt wurde. Seine Lebensumstände sind nicht bekannt. Gregor Wintermonat gab die *KirchenHistorie* – ohne Frenzel zu nennen – 1614 neu heraus, wobei er sie durch seine Fortführung bis ins Jahr 1614 stark erweiterte. Den Verlag übernahm Henning Groß, der *„Führer und Vormann"* der Leipziger Buchhändler. Er widmete den Druck dem Schaumburger Bibliophilen Ludolf von Münchhausen, mit dem ihn alte Geschäftsbeziehungen verbanden.

Die Historia berichtet in herkömmlicher Weise, auf das Exempel orientiert, vom Leben der Päpste. Die Erzählung bestimmen Sachinformationen, nicht konfessioneller Eifer; für die ältere Zeit schöpft sie vor allem aus Platinas häufig aufgelegtem Werk *De vitis ac gestis summorum pontificium*, das seinerseits den *Liber pontificalis* ausschreibt. Wintermonat fügte vor allem Edikte, Verlautbarungen und Flugschriften an. Die Widmung deckt sich inhaltlich fast völlig mit der im *Reyßbuch des heiligen Lands* (Kat. 70). Münchhausen hatte 1598 Bologna, Florenz und Venedig (nicht aber Rom) bereist und war als Geschichtsfreund und Sammler bekannt. Daß populäre Geschichtsschreibung dieser Art im Weserraum jedoch nicht nur in ihm einen Leser fand, beweist das Exemplar der Landesbibliothek in Hannover, auf dem das Supralibros von Ludolfs Schwager Hilmar von Münchhausen auf Schwöbber (Kreis Hameln-Pyrmont) prangt.

Brage Bei der Wieden

Literatur: Bei der Wieden, B. 1993, S. 57.

Reisetagebuch Otto und Ludolf von Münchhausens
gefführt von 1581 bis 1600

Handschrift
Oktav, 15,6 x 10 (9-10,2) cm, Pergamenteinband
Privatbesitz

Europakarte von Rumold Mercator, kolorierter Kupferstich 1595

Die Handschrift enthält (der Foliierung folgend, die zum Zwecke der Sicherheitsverfilmung im Staatsarchiv Bückeburg vorgenommen worden ist):
f. 1–74: Reise Otto von Münchhausens durch Frankreich und die Niederlande nach England (1581),
f. 75–79: *„EXTRACT AVSS ARNDT VON KERSSEBROCK REYSEBUCH"* (Vorlage ca. 1585–1588),
f. 80–83: *„REISE SO LIBORIUS PRANGE, auss der Buckeburg in der Grafschaft Schomburg burtig, ein Balbirergeselle, von Weyn in Osterreich auf Constantinopell gethan ...„* (Vorlage 1588),
f. 84–231: *„Vorzeichnus und Beschriebung meiner, Otten von Munchhaussen, italienischen Reise anno 1586"*,
ab f. 232: *„Etliche VORZEICHNVSSE VON MEINEM LEBENDE VND FURNEMLIG REYSENDE"* Ludolf von Münchhausens (1570–1600).

Diese Bestandteile, die ganz verschiedene Aspekte der Mobilität beleuchten, hat Ludolf von Münchhausen (1570–1640) zu einem Band vereint. Er war, wie Otto, sein Bruder (1561–1601), in Apelern in der Grafschaft Schaumburg geboren; mit der brüderlichen Erbteilung 1594 fiel ihm der Burgmannssitz in (Hess.) Oldendorf an der Weser zu. Otto hatte damals seine Bildungsreisen schon abgeschlossen; im Anschluß an das Studium in Tübinmgen hatte er die Niederlande, England und Frankreich bereist und darüber Buch geführt. Nach dem Tod des Vaters, also sicher aus eigenem Antrieb, besah er sich die klassischen Städten Italiens. Bei seiner wie den Reisen seines Bruders handelte es sich um späthumanistische Bildungsreisen, nicht um späthumanistische Bildungsreisen, nicht um Kavalierstouren, wie sie bald nachher aufkamen und, einem neuen Ideal verpflichtet, an die Fürstenhöfe führten oder zum Karneval nach Venedig.

Die Fahrten des lippischen Edelmannes Arnd von Kerssenbrock, aus dessen Aufzeichnungen Ludolf von Münchhausen vor allem das Itinerar mitteilt, erinnern an eine ältere Tradition adligen Reisens: den Kriegszug. Nach dem Studium in Wittenberg ließ Kerssenbrock sich in Metz anwerben und kämpfte drei Jahre lang im achten Hugenottenkrieg. Danach wanderte er zu Fuß – warum wird nicht klar – von Paris nach Lissabon. Arnd von Kerssenbrock begleitete wenig später als Hofmeister den zukünftigen Landesherrn der Brüder Münchhausen, den Grafen Ernst zu Holstein-Schaumburg, auf dessen Italienreise. Dieser Graf Ernst machte nach seinem Regierungsantritt, 1601, Bückeburg zu einem Zentrum des internationalen Manierismus und förderte die Italienreisen seines Adels mit

Stipendien; auch einen Baumeister ließ er jenseits der Alpen ausbilden. Unstreitig gab Italien, nicht Frankreich, das Vorbild in Kunst und Kultur.

An der Reise des Bückeburger Barbiergesellen Liborius Prange, der seinem Herrn, einem sonst unbekannten Dr. Baetz, nach Konstantinopel folgte, interessierte Ludolf von Münchhausen die Reiseroute. Er selbst unternahm die weitesten Reisen seiner Familie. Der Drang nach empirischer Erkenntnis trieb ihn: Er wollte die Welt in seinen Erfahrungsbereich ziehen. Die Möglichkeit, diesem Streben nachzugeben, bot ihm das väterliche Erbe. Dazu kam seine Abkömmlichkeit: Ihm fehlten, solange seine älteren Brüder die Güter verwalteten, Aufgaben, die ihn banden. Er artikulierte das auch, z. B. 1592, als er seinen Brüdern schrieb, er sei zu Hause so wenig nutze wie das fünfte Rad am Wagen.

Die Reisebeschreibung Ludolf von Münchhausens macht nicht nur dem Umfang nach den bedeutendsten Teil der Sammlung aus. Nach dem Studium in Basel 1586, in Genf 1588, zog er 1589 nach Frankreich, noch wenig ernsthaft zunächst, dann weiter nach Straßburg, nach Speyer, wo das Reichskammergericht seinen Sitz hatte, endlich nach Marburg. Es dominierte also die akademische Fortbildung. Anders auf der großen Reise 1590/91. Sie führte zuerst in die Niederlande, wo Münchhausen in Antwerpen einen Familienprozeß zum Ende brachte und sich darauf, *„das ich das Kreigswesen bey ihm sehen mugte"*, dem Grafen Peter Ernst von Mansfeld, dem Statthalter von Luxemburg, als Hofjunker verpflichtete. Ein Reflex also auf das militärisch geprägte Selbstverständnis des Adels, für den Kriegserfahrungen wenigstens als Bildungsziel unverzichtbar waren. Ludolfs ältester Bruder Klaus z. B. kämpfte gleichzeitig mit Arnd von Kerssenbrock in Frankreich; daneben bot der ungarische Kriegsschauplatz dem niedersächsisch-westfälischen Adel Gelegenheiten genug, sich die Sporen zu verdienen.

Ludolf von Münchhausen aber ließ es bei einem kurzen Praktikum bewenden; 1591 schiffte er sich nach England ein, erkundete Irland und Schottland und reiste über Norwegen und Lübeck zurück. Das war ungewöhnlich: In die Niederlande, das ökonomische Zentrum ihrer Welt, reisten die meisten jungen Edelleute aus dem Weserraum, nach England immerhin einige. Dort konnte man vorbildliche Sitten und Einrichtungen kennenlernen, anerkannte Hochschulen besuchen. Aber die Länder der Peripherie – Irland, Schottland, Norwegen, Schweden – besichtigte kaum jemand, der nicht einen besonderen Zweck damit verband. In Irland ging es Ludolf darum, sich von der Nichtigkeit irisch-katholischen Aberglaubens zu überzeugen. Er wollte privatim beweisen, daß falsch sei, was Abraham Ortelius in seinem Weltatlas behauptete: daß auf der Wallfahrtsinsel Monaincha kein männliches Wesen sterbe, dagegen kein Wesen weiblichen Geschlechts existieren könne. Was ihm auch gelang.

1592 fuhr er wieder fort: nach Frankfurt am Main, Speyer, Heidelberg, Mainz, Worms und Wien; von dort reiste er 1593 durch Ungarn, Mähren, Polen, Böhmen und Sachsen. 1594 verständigte er sich mit seinen Brüdern über die Erbteilung, disponierte entsprechend und begab sich 1598 auf die letzte große Fahrt. Sie war bewußt als Abschluß und Höhepunkt dieses Lebensabschnittes geplant und hatte Italien zum Ziel. Einen Nachklang nur gab im folgenden Jahr die Visite Dresdens und Prags. Danach ließ Münchhausen sich in der Heimat nieder, gründete das Gut Remeringhausen, heiratete und zeugte Kinder. Erst später fand er Zeit, seine Reisenotizen zu ordnen und in der hier vorliegenden Form niederzuschreiben.

Die Reisebeschreibung Ludolf von Münchhausens unterscheidet sich nicht nur durch die zusätzlichen Stationen von der seines Bruders Otto. Der Zugriff ist origineller. Während Otto konventionell notiert, was sich an den Reiseführern orientiert, entdeckt Ludolf immer neue Zusammenhänge, die festzuhalten, über die nachzudenken sich lohnt. Dennoch: Hier wie dort bildet das Itinerar die Struktur, wird ein wesentlicher Nutzen der Aufzeichnungen darin gesehen, anderen genaue Angaben über den Weg machen zu können.

Das Reisetagebuch als Ganzes ist ein eindrucksvolles Zeugnis der Weltorientierung des weserländischen Adels. Herbert und Inge Schwarzwälder haben daraus Ludolfs Beschreibung einer Reise durch Nordwestdeutschland veröffentlicht; die Edition seiner Aufzeichnungen über Österreich bereitet Georg Wacha für die Wiener Geschichtsblätter vor. Die irischen Erlebnisse kursieren in englischer Übersetzung. Wie Wachas Edition stützt sie sich auf die Abschrift, die der Unterzeichnete von der Reproduktion im Staatsarchiv Bückeburg (GH A 526) genommen und elektronisch verfügbar gemacht hat.

Brage Bei der Wieden

Stammbuch des Leonard Faber
geführt 1562 bis 1612

Handschrift
204 Bll., Einband (19,8 x 15,3 cm) braunes Leder mit Streicheisenlinien und Goldpressung,
vorne und hinten Kartuschen und Initialen „L 1608 F", restauriert, Rücken neu, dreiseitiger Goldschnitt
19,3 x 14,3 cm
Stadtbibliothek Nürnberg, Sign. Nor. H. 1271

Eberhard Otto von Münchhausen (gest. 1630) trug sich gemeinsam mit seinem Bruder Hilmar Ernst (gest. 1671) im April 1602 in London in das Stammbuch des Leonard Faber ein. Die Brüder entstammten einer in der Grafschaft Schaumburg ansässigen, weit verzweigten und angesehenen Familie. Es handelt sich um zwei Söhne des Statius von Münchhausen (1555–1633), einem berühmten Bauherrn der Weserrenaissance. Nach London waren die Adligen im Zuge einer Bildungsreise durch Europa gekommen, wie sie im Anschluß an den Universitätsbesuch für den niederen Adel zwischen 1550 und 1630 üblich war. London bildete als Weltstadt des Handels mit einem beeindruckenden Hafen und einer Vielzahl von Theatern um 1600 einen Anziehungspunkt für Reisende aus ganz Europa. Ein Onkel der beiden Adligen, Ludolf von Münchhausen (1570–1640), hatte die Stadt bereits 1590 besucht und seine Eindrücke schriftlich festgehalten.[1] Zehn Jahre später hielten sich ihre Vettern Börries von Münchhausen (1588–1646) und Adolf Ludwig von Münchhausen (1591–1657) in der Themsemetropole auf. Sie trugen sich ebenfalls in das vorliegende Stammbuch ein. Adolf Ludwig hatte zuvor die Universität Gießen besucht und daran anschließend in den Jahren 1611 bis 1614 neben England auch Frankreich und Holland bereist.[2] Als Teil eines umfassenden Bildungsprogrammes zählten Bildungsreisen für den niederen Adel zu den Voraussetzungen für die Übernahme verantwortungsvoller Positionen in staatlichen und kirchlichen Diensten: Hilmar Ernst wurde Landkomtur des Johanniterordens in Wietersheim, sein Bruder Domherr in Magdeburg, Börries und Adolf Ludwig übernahmen als Droste später die Leitung von Amtsbezirken im Auftrag ihrer Landesherren.

Sowohl Hilmar Ernst als auch Börries von Münchhausen wählten für ihren Eintrag die französische Devise *„Plus penser que dire"* (Mehr denken als sagen) und damit einen sehr beliebten Sinnspruch, der häufig auch von Angehörigen des Hochadels verwendet wurde.[3] Eberhard Otto von Münchhausen entschied sich für einen französischen Vers, der Bezug nimmt auf das Thema Liebe. *„Nul mal plus grand que la mort / Mais si plus grand peut estre / c'est aimer et point ne l'estre."* (Es gibt kein größeres Übel als den Tod, aber wenn es etwas Schlimmeres geben könnte, dann ist es zu lieben und es nicht zu sein.)

Adolf Ludwig von Münchhausen trug mit *„Fide sed cui vide"* die lateinische Übersetzung eines in der Frühen Neuzeit weit verbreiteten Sprichwortes in das Stammbuch ein: Die deutsche Fassung *„Trau, schau wem"* ist als *„Traw, sihe wem"* etwa bei Sebastian Franck überliefert.[4] Die lateinische Form ist verschiedentlich in Stammbüchern zu finden.[5]

Solche kurzen Denksprüche mit lebenspraktischen Erkenntnissen und dem Anspruch auf Allgemeingültigkeit sind neben Sentenzen mit religiösen und philosophischen Bezügen typisch für Einträge in Stammbücher. Wie in diesen Beispielen gliedern sich die Einträge in einen inhaltlichen Teil, dem eine Widmung und der Name des Eintragenden hinzugefügt wird. So ergänzten die Adligen die Sinnsprüche mit dem Hinweis, sie hätten diese *„zu guter vndt freundtlicher gedechtnus"* geschrieben und verwiesen damit auf die charakteristische Funktion der Stammbücher, die der Erinnerung an Menschen dienen sollten, denen man begegnet war.[6] Charakteristisch für Adlige allgemein ist, daß sie – wie hier die Brüder Eberhard Otto und Hilmar Ernst – den Einträgen das Wappen ihrer Familie durch einen Kartenmaler beifügen und damit ihre Standeszugehörigkeit dokumentieren ließen.

Stammbücher entstanden ursprünglich aus dem Interesse an genealogischen Stammfolgen, die mit Wappen, Schrift und Bild dargestellt wurden. Zunächst als *alba amicorum* bezeichnet, fanden sie in den 1540er und 1550er Jahren vor allem unter Studenten eine rasche Verbreitung. Das kleine Oktavformat ermöglichte einen leichten Transport, eine wichtige Voraussetzung dafür, daß das Buch auf Reisen mitgeführt werden konnte. Der Besitz von Stammbüchern war in allen Ländern Europas verbreitet. Es existierten zwei Formen dieser Bücher: Während das vorliegende Werk aus leeren zusammengebundenen Blättern bestand, in welche die Einträge gemacht wurden, enthielten andere bereits vorgedruckte Sentenzen, denen die Eintragenden ihren Namen und weitere Ergänzungen hinzufügten. Häufig waren diese Alben mit unbeschriebenen weißen Seiten interfoliert. Bevorzugt wurden emblematische Werke und andere illustrierte Versbücher zu diesem Zweck genutzt.[7]

In den Stammbüchern spiegeln sich Interessen und Beziehungen ihrer Besitzer. Zunächst galt die Aufmerksamkeit vor allem Autographen berühmter Zeitgenossen sowie Hochschullehrern, es trugen sich aber auch Freunde und Studienkollegen ein. Die Einträge dienten der Erinnerung an Personen, an die man sich ein Andenken erhalten wollte.

Plus penser que dire.

Zu freundtlicher gedechtnuß habe
ich diß geschrieben in Lunden.
den 7. 7bris Ao 1612

Borries von Münchausen
[illegible] & Rost.

Fide sed cui vide,

Zu freundtlicher gedechtnuß
schreib dieses zu Londen den
7 Septemb. Ao 1612

Rudolff Ludwig von Münchausen

Doch hatten solche Sammlungen keinen ausschließlich „privaten" Charakter. Stammbücher waren Vorzeigeobjekte und erhielten einen expliziten Empfehlungscharakter, wenn sie Begegnungen mit bedeutenden Persönlichkeiten dokumentierten.

Über Leonard Faber, den Besitzer des vorliegenden Stammbuches, ist wenig bekannt. Er stammte vielleicht aus Hessen oder aus dem Hochstift Münster und könnte Angestellter der Niederlassung der Hanse in London gewesen sein. Als solcher war er möglicherweise gesellschaftlicher Anziehungspunkt in der Stadt an der Themse, denn viele der 327 Einträge seines Stammbuches entstanden in den Jahren 1562, 1583 und 1597 bis 1612 in London. Ferner sind Einträge aus Paris (1580) und Graneferd (?) (1600) nachzuweisen. Die Tatsache, daß Faber in verschiedenen Einträgen als *„ehrbar"*, *„ehrenhaft und kunstreich"* und *„Magister"* erwähnt ist, läßt vermuten, daß er über eine gewisse Bildung verfügte. Viele Eintragende stammen, wie die Brüder von Münchhausen, aus adligen Familien, davon fügten 45 ihrem Eintrag das Wappen ihrer Familie bei. Daneben trugen sich viele Handelsleute ein. Stammbücher belegen die Einbindung des niederen Adels in eine standesübergreifende Kultur der Gelehrsamkeit und humanistisch geprägter freundschaftlicher Kontakte. Viele Adlige besaßen selbst Stammbücher,[8] die im Gegensatz zu solchen aus bürgerlichem Besitz einen höheren Anteil an Einträgen in deutscher Sprache aufwiesen.[9]

Anke Hufschmidt

Literatur: Goldmann 1981, Nr. 481, S. 91;
Schnabel 1995, Kat. 7, S. 8–23, Einleitung, S. XIII–XLII.

1 Bei der Wieden, B. 1993, S. 38 f.
2 Schnabel 1995, Kat. 7, Einträge 308 und 309. Zum Lebenslauf der Adligen s. von Lenthe/Mahrenholtz 1972/1976, Nr. 217, 288, 297, 353 und 354.
3 Vgl. Löbe, M. 1883, S. 17, 29, 94, 245 und 253.
4 Deutsches Wörterbuch, Bd. 11 a, 1, Sp. 1341 f.
5 Hildebrandt 1874, S. 70, 117 und 283.
6 Henning 1989, S. 43 f.
7 Klose 1989 a, S. 14–17.
8 Stammbuch des David von Mandelsloh, geführt zwischen 1605 und 1623.
König 1996, S. 84 und Kat. 60. Hildebrandt 1874.
9 Henning 1989, S. 43.

Plus penser que dire.

140 83

Zu guter undt freundtlicher gedechtnis schrieb dis in London den .. April: Anno 602.
Hilmar Ernst von Münchausen

Nul mal plus grand que la mort.
Mais si plus grand peut estre
c'est aimer et point ne l'estre.

66

Zu freundtlicher undt guter gedechtnis schrieb dis in London den 26 April.
Anno 602.
Eberhardt Otto von Munchausen. S. S.

Kat.73

Die Fürstenhöfe

José Kastler

Die landesherrlichen Residenzen der Territorien an der Weser waren politische und kulturelle Mittelpunkte. In ihren Schlössern repräsentierten die Landesherren mit hohem Aufwand Macht und Herrschaftsansprüche sowie Bildung und Kunstverständnis. Auch die Herren kleinerer Territorien leisteten sich im Ringen um ihre politische Eigenständigkeit häufig eine reiche und repräsentative Hofhaltung. Sämtliche Künste sollten im Dienst fürstlicher Herrschaftslegitimation stehen. Sie funktionierten, eingebunden in ein System aufeinander bezogener Formen, vergleichbar einem Gesamtkunstwerk. Von den zwölf Territorien, die um 1580 an die Weser grenzten, wird in diesem Überblick auf die einflußreicheren Fürstenhöfe in Wolfenbüttel (Herzog Julius von Braunschweig-Wolfenbüttel und Herzog Heinrich Julius von Braunschweig-Lüneburg), Kassel (Landgrafen Wilhelm IV. und Moritz von Hessen) und Bückeburg (Fürst Ernst von Holstein-Schaumburg) eingegangen. Ebenfalls eine große Bedeutung hatten Graf Simon VI. zur Lippe auf Schloß Brake und Herzog Erich II. von Braunschweig-Lüneburg, der Schlösser in Hann. Münden, Uslar und Neustadt am Rübenberge zu bauen begann.

Politische und wirtschaftliche Grundlagen

Auch im Weserraum ist die Entwicklung von der mittelalterlichen Ständegesellschaft zum zentralistischen Flächenstaat der Frühen Neuzeit durch eine Beschneidung der Rechte der Stände und des nichtfürstlichen Adels gekennzeichnet. Der niedere Adel versuchte sich anfangs dem drohenden Statusverlust durch die Maßnahmen der Landesherren zu widersetzen. Der Konflikt wurde durch die wirtschaftliche Macht des Adels verschärft. Die Spannungen führten zu langjährigen blutigen Auseinandersetzungen, wie der „Hildesheimer Stiftsfehde", die von 1519 bis 1523 in den Territorien östlich der Weser herrschte. Erst in der zweiten Hälfte des 16. Jahrhunderts begann allmählich ein Integrationsprozeß des niederen Adels in die höfische Kultur. Die staatlichen Machtverhältnisse verschoben sich nun zugunsten der Fürsten, verbunden mit einem wachsenden Anteil am Sozialprodukt. Diese Entwicklung war durch eine effizienter und umfangreicher werdende Verwaltung der Territorien gekennzeichnet.

Einige Landesherren versuchten sich nun als „fürstliche Unternehmer"[1], so Herzog Julius von Braunschweig-Wolfenbüttel. Er intensivierte mit Gewinn in seinem Land den Bergbau, das Hüttenwesen und darüber hinaus die Metallverarbeitung.[2] Ein Beispiel merkantilistischer Grundsätze ist die Wirtschaftsförderung Fürst Ernsts von Holstein-Schaumburg. Er schützte die Bauern vor den Aneignungsversuchen des landsässigen Adels, ließ Verkehrswege ausbauen und regelte den Abbau und Absatz bzw. den Export von Kohle und Sandstein aus den Bückebergen. In Bank- und Wechselgeschäften, auch mit benachbarten Territorialherren, bewies er großes Geschick. Er lieh seinem Schwager Graf Simon VI. zur Lippe im Jahr 1603 zunächst 30.000 Reichstaler, 1607 noch einmal 20.000 und später wiederum 10.000. Auch Landgraf Moritz von Hessen-Kassel und Herzog Friedrich-Ulrich zu Braunschweig-Lüneburg gewährte er Kredite in beträchtlicher Höhe.[3]

1 Redlich 1958, S. 98–112.
2 Vgl. Kraschewski 1978.
3 Bei der Wieden, H. 1961, S. 177–180.

Kaiser Rudolf II., Kupferstich von Dominicus Custos

Die Vorbilder

Welche europäischen Souveräne setzten im Europa des 16. Jahrhundert die Maßstäbe internationaler Hofkultur, an der die großen und kleinen Fürsten im Heiligen Römischen Reich teilhaben wollten? In erster Linie waren es die Königshöfe Spaniens und Frankreichs sowie der Hof der Medici in Florenz. Im Heiligen Römischen Reich hatten der herzoglich-bayerische Hof in München, der pfälzische Hof in Heidelberg und der kursächsische Hof in Dresden besondere Strahlkraft. Dynastische Verflechtungen verstärkten diese Einflüsse auf die Höfe im Weserraum.

Die wichtigste Rolle kam dem kosmopolitischen kaiserlichen Hof in Wien und später auf dem Hradschin in Prag zu, der während der Regierungszeit Rudolfs II. von Habsburg (Reg. 1576–1612) eines der herausragenden kulturellen und wissenschaftlichen Zentren Europas wurde. Die Epoche der Konfessionsbildung nach der Reformation war geprägt durch eine zunehmende Einflußnahme der Landesherren auf Kirche und Staat. Religiöse Toleranz bestimmte in dieser Zeit die Kultur am kaiserlichen Hof. In künstlerischer und wissenschaftlicher Hinsicht herrschte ein weltoffenes Klima. In Prag wirkten deutsche Künstler wie Bartholomäus Spranger, der niederländische Architekturtheoretiker Hans Vredeman de Vries, der italienische Maler Giuseppe Arcimboldo, der ungarische Humanist Johannes Sambucus und der dänische Astronom Tycho Brahe sowie dessen deutscher Nachfolger am Prager Hof, Johannes Kepler. Aegidius Sadeler verbreitete als Vertreter der Antwerpener Kupferstichtradition erfolgreich die Neuerungen der kaiserlichen Hofkunst. Besonders die Graphik war das Medium, das den Prager Hofstil an den anderen Höfen im Reich bekanntmachte. Diese *maniera* wurde um 1600 nicht nur nachgeahmt, sondern abgewandelt und auf die eigene Herrschaftslegitimation bezogen.[4] So orientierten sich die meisten Künstler des Wolfenbütteler Hofes an der Prager Hofkultur. Der Maler Philipp Rudolf Hübner, der zwischen 1619 und 1625 am Wolfenbütteler Hof tätig war, hatte sich 1618 am Kaiserhof aufgehalten. Sein Kollege Sebastian Schütz – 1619 in Schöningen, 1619/20 in Wolfenbüttel und 1630/31 in Braunschweig – hatte sich 1618/19 in Prag weitergebildet. Auch der wichtigste Wolfenbütteler Hofkünstler, Christoph Gertner aus Arnstadt, erfuhr maßgeblich Anregungen in diesem Zentrum der Kunst und Kultur. In einigen der Gemälde und Kupferstiche für Herzog Heinrich Julius sind Themen aufgegriffen, welche die Wolfenbütteler Hofkünstler zuvor für Rudolf II. geschaffen hatten. Auch die landesherrliche Architektur des fürstlichen Baudirektors Paul Francke in Wolfenbüttel entwickelte sich an Mustern, die in Prag etabliert waren.[5]

Die Apotheose des lippischen Grafen Simon VI., die Nicolaus Bouman kurz nach Simons Tod im Januar 1614 gestochen hat, weist den gleichen Aufbau und eine ähnliche Bildrhetorik auf wie die von Jacob Matham gestochene und von Johann Matthäus Wacker von Wackenfels mit lateinischen Distichen versehene Allegorie auf den Tod Kaiser Rudolfs II. Grundelemente der habsburgischen Selbstverherrlichung wurden hier ins Lippische transponiert: Anstelle des habsburgischen Doppeladlers und des ungarischen Löwen ziehen zwei Schwalenberger Schwalben den Wagen des Herrschers in die Wolken. Allerdings erwarten den lippischen Landesherrn nicht Herkules und der Götterhimmel, sondern Jupiter und die Musen.

Auf Herkules als mythologische Identifikationsfigur der Habsburger bezog sich vermutlich eine Darstellung in dem nicht mehr existierenden Residenzschloß Gröningen des Herzogs Heinrich Julius von Braunschweig-Lüneburg. An die Decke des „Großen Saals" im Obergeschoß waren in neun Feldern mit lebensgroßen Figuren die Taten des Herkules gemalt.[6] Auch in Schloß Brake bei Lemgo könnte sich in einem der heute nicht mehr erhaltenen Säle im Nordflügel ein ähnliches, auf Herkules bezogenes Bildprogramm befunden haben. Einen Hinweis darauf geben zwei Täfelungsbretter aus der Zeit um 1600, deren Inschriften drei Taten des Herkules kommentieren.[7]

Die Höfe waren meist die Initiatoren künstlerischer Innovationen. Am Beispiel der landesherrlichen Architektur wird deutlich, daß der halbkreisförmige „Welsche Giebel", herzuleiten aus der venezianischen Sakralarchitektur, zunächst an den fürstlichen Schlössern Celle, Gifhorn, Schloß Neuhaus und Kassel auftaucht und dann in das Architektur-Vokabular im weiteren Wesergebiet Eingang fand. Es entsprach dem *„Willen des Auftraggebers, sich im öffentlichen Raum mit neuartigen architektonischen Würdeformen darzustellen"*.[8] Auch bei den Bauwerken des vermutlich aus Tübingen stammenden Baumeisters Jörg Unkair – er schuf neuartige Schloßarchitektur westlich der Weser – handelt es sich bis auf die Schelenburg nur um Bauten fürstlicher Auftraggeber.[9] Das heißt allerdings nicht, daß der durch Kriegsgewinne auf europäischen Schauplätzen reich gewordene, landsässige Weseradel nicht ebenso zur Renaissancekultur beitrug.[10]

Förderung von Künstlern und Wissenschaftlern

In den Territorien an der Weser arbeiteten Künstler ebenso für städtische Auftraggeber wie für die Höfe der Landesherren. Es gab im bürgerlichen Bereich keine Kunst-Patronage, wie dies zur gleichen Zeit in den nördlichen Niederlanden der Fall war. Förderung im Sinne von Weiterbildung mit europäischem Horizont erfuhren lediglich die bestallten Künstler und Baumeister, Musiker und andere Bedienstete an den Fürstenhöfen. Fürst Ernst von Holstein-Schaumburg ermöglichte seinem Hofkünstler Antonius Boten von 1610 bis 1612 die Weiterbildung bei dem bekannten Augsburger Maler Johannes Rottenhammer,[11] um venezianische Vorbilder für die Kunstproduktion am eigenen Hofe nutzbar zu machen (Kat. 81).

4 Kaufmann 1998, S. 9–19; Kastler 1989, S. 93–112.
5 Vgl. Kaufmann 1998, S. 10 f.
6 Luckhardt 1998, S. 21.
7 Kat. Lemgo 1989, Bd. 1, Kat. 700.
8 Borggrefe 1999, S. 94.
9 Angermann 1989, S. 11.
10 Angermann 1989, S. 13.
11 Peltzer 1916, S. 364.

Rondell der Burg der Kasseler Landgrafen, um 1542

Der lippische Graf Simon VI. sandte von 1607 bis 1610 den jungen Musiker Johann Grabbe nach Venedig zu dem hoch angesehenen Komponisten Giovanni Gabrieli, um ihn dort weiterbilden zu lassen. In Venedig arbeitete Grabbe zeitweise mit Heinrich Schütz zusammen, der auf Veranlassung des Landgrafen Moritz von Hessen-Kassel von 1609 bis 1612 ebenfalls Schüler von Gabrieli war. Auch Johann Clodius, Sohn des Hofgärtners Peter Clodius, wurde durch Fürst Ernst begünstigt. Er erhielt ein Stipendium an der Helmstedter Universität. Darauf folgte eine mehrjährige Ausbildung in deutschen, niederländischen, französischen, englischen, spanischen und vor allem – nämlich 14 Jahre lang – in italienischen Gärten.[12]

Der fürstliche Bildungsanspruch

Eine Voraussetzung für die kulturelle Förderung leitete sich aus dem Anspruch her, den die vielseitige humanistische Bildung der Landesherren vorgab. Kavaliers- und Gesandtschaftsreisen sowie Studienaufenthalte an ausländischen Universitäten förderten Wissen und Erfahrungen der Fürsten und vermittelten zahlreiche kulturelle Anregungen. Moritz von Hessen-Kassel, der auch „der Gelehrte" genannt wurde, und Heinrich Julius von Braunschweig-Lüneburg galten im deutschen Sprachraum als die gebildetsten Fürsten ihrer Zeit. Diese beiden, und auch der weitgereiste Ernst von Holstein-Schaumburg, machen exemplarisch deutlich, daß eine tiefgreifende und umfassende Bildung zum fürstlichen Selbstverständnis gehörte. Graf Simon VI. zur Lippe besaß in Schloß Brake eine Bibliothek von annähernd 3.000 Bänden, die u. a. die theologische Diskussion der Zeit widerspiegelte. Humanistisch gebildete Gelehrte waren aus fürstlichen und gräflichen Diensten nicht wegzudenken. Sie fungierten als fürstliche Lehrer, berieten in politischen und theologischen Fragen und übernahmen diplomatische Missionen. So stand z. B. in den Diensten Simons VI. der Drost Christoph von Donop (1539–1609), der seine Studien in Deutschland und Frankreich absolviert hatte.

Auch kriegerische Auseinandersetzungen förderten „Weltläufigkeit", wie die Biographie Erichs II. von Braunschweig-Lüneburg zeigt. Der Herzog, der 1546 im Alter von 18 Jahren die Regierung in seinem protestantischen Territorium angetreten hatte, trat auf dem Reichstag in Worms zur kaiserlich-katholischen Partei über. Nachdem er als Heerführer der kaiserlichen Truppen im Schmalkaldischen Krieg in der Schlacht bei Drakenburg (Kat. 62) vernichtend geschlagen worden war, hielt er sich überwiegend im katholischen Spanien auf. An der Seite des spanischen Königs Philipp II. kämpfte Erich in der Schlacht von St. Quentin 1557 und wurde schwer verwundet.[13] Zwei hochrangige Gefangene übergab er Philipp II. gegen ein hohes Lösegeld.[14] Als Pfand erhielt Erich die Stadt und Herrlichkeit Woerden in den Niederlanden. Im beginnenden Unabhängigkeitskrieg der Niederlande (1586–1648) gegen Philipp II. stellte Erich diesem bis 1578 wieder seine Reiter zur Verfügung. Für Kriegsdienste im Namen der französischen Krone überließ Königin Katharina von Medici Erich 1569 die zu ihrer Apanage gehörende Grafschaft Clermont mit der Herrlichkeit und dem Schloß Creil als Pfandbesitz. 1564 hatte er in der Provinz Holland das Gut Liesfeld erworben sowie in Den Haag in unmittelbarer Nähe des Hofes das „Brunswijk Huis". Der spanische König nahm den Herzog 1573 in den Orden zum Golden Vlies auf; diese Ehre war zuvor auch Heinrich d. J. von Braunschweig-Wolfenbüttel widerfahren. Träger dieses Ordens gehörten dem kleinen Personenkreis an, der zum König von Spanien in einem besonderen Treueverhältnis stand und damit höchstes Ansehen genoß. Für seinen Sohn Wilhelm kaufte Erich 1584 von den Gonzaga die Markgrafschaft Occimiano in Norditalien und erreichte damit für ihn den Aufstieg in die nächste Stufe der Adelshierarchie. Erich II. starb in Pavia und wurde dort, wie auch sein Sohn Wilhelm, in der Kirche Santa Maria di Canepanova bestattet.[15]

Es galt als standesgemäß, daß Herrscher sich selbst musisch betätigten. Auch hier lassen sich europäische Einflüsse nachweisen. Die folgenden Beispiele mögen das Spektrum der künstlerischen Ausdrucksformen andeuten. Herzog Heinrich Julius von Braunschweig-Lüneburg und Landgraf Moritz von Hessen gelten als die bedeutendsten Anreger und Förderer des deutschen Theaters in dieser Zeit. Heinrich Julius und Moritz, die auch italienische und englische Einflüsse mit einbezogen,[16] schrieben selbst Theaterstücke. Heinrich Julius verfaßte insgesamt fünf Komödien, vier Tragödien und drei Tragikomödien, die, 1593 und 1594 gedruckt, von einer englischen Theatergruppe in Wolfenbüttel aufgeführt wurden.[17] Wie sein Sohn Christian d. J. von Braunschweig malte auch Heinrich Julius.

12 Michael Paarmann: Die Familie Clodius-Gärtner in Bückeburg und Gottorf und die Beziehungen in die Niederlande und nach Italien, nicht zur Publikation vorgesehener Vortrag, gehalten auf dem Symposion „Weser. EinFluss in Europa", X. Symposion des Weserrenaissance-Museums Schloß Brake Lemgo, am 16.01.1999.

13 In der Schlacht von St. Quentin, in der die Spanier am 10. August 1557 die Franzosen unter Montmorency besiegten und St. Quentin erobern konnten, kämpften auf spanischer Seite neben Erich II. weitere Adelige aus dem Weserraum: Graf Otto IV. von Schaumburg, Günter von Schwarzburg sowie Philipp von Spiegelberg und Pyrmont, der dort fiel. Auch Hilmar von Münchhausen nahm an der Belagerung und der am 28. August erfolgten Eroberung der Stadt teil. Großmann 1989, S. 13.

14 Erich II. konnte den Rheingrafen Johann Philipp von Salm, den Befehlshaber der deutschen Söldner auf französischer Seite, und den französischen Marschall St. André gefangennehmen.

15 Kat. Neustadt a. Rübenberge 1993, S. 194. Schon das Leben Erichs I. von Braunschweig-Calenberg, Vater Erichs II., war geprägt durch Kriegszüge in die Niederlande, die Schweiz, Bayern und Italien, an denen er im Auftrag Kaiser Maximilians I. beteiligt war. Vgl. Neukirch 1914/1939, Teil 2, S. 6 ff.

16 Wolf, F. 1997, S. 309–314.

17 Kastler 1989, S. 102 f.

Herzog Erich II. von Braunschweig- Lüneburg, Bayerische Staatsgemäldesammlungen München

Herzog Heinrich Julius von Braunschweig-Lüneburg: Lot und seine Töchter, Schloßmuseum Gotha

Von der Hand Heinrich Julius' hat sich nicht nur ein niederländisch geprägtes Landschaftsbild erhalten, sondern auch das Gemälde „Lot und seine Töchter" im Schloßmuseum zu Gotha nach einem Kupferstich Raphael Sadelers.[18] Simon VI. zur Lippe malte nachweislich drei Gemälde. Für *Der Tanz der Salome vor Herodes* verwendete der Graf als Vorlage einen Kupferstich von Jan Saenredam nach Carel van Mander, für das zweite Bild *Diana und Aktäon* einen Stich von Jacob Matham nach Paul Moreelse. Möglicherweise waren es diese beiden Bilder, die der Graf dem kaiserlichen Hofmaler Hans von Aachen, zu dem er guten Kontakt unterhielt, zwecks Beurteilung zusandte. Nach dem Tod Rudolfs II. fertigte er ein Bildnis von Kaiser Maximilian III.

Neben den Herkules-Taten, alttestamentarischen Geschichten, den Helden der römischen Antike und dem mythologischen Thema *Danae und der goldene Regen*, waren in der höfischen Kunst Topoi aus Ovids Metamorphosen, insbesondere *Diana und Aktäon* beliebt.[19] Humanistische Ideale, in gemalte Allegorien verwandelt, sollten dem Lob der Herrschertugenden und des geordneten Staatswesens dienen, wie ein Bildprogramm belegt, welches Moritz von Hessen wahrscheinlich selbst entwarf. Der Kasseler Hofmaler Christoph Jobst setzte dieses Figurenprogramm in Leinwandbilder um, die in die Decke der Gemächer und Säle des Schlosses Eschwege eingesetzt wurden.[20]

18 Den Hinweis auf dieses Gemälde verdanke ich Thomas Fusenig, Lemgo.

19 Zu den Vorbildern der graphischen Vorlagen des Diana und Aktäon-Motivs siehe Kastler 1991, S. 17 f.

20 Das gemalte Bildprogramm ist nur in Resten erhalten; es geht auf graphische Vorlagen der niederländischen Manieristen Marten van Heemskerk, Marten de Vos und auf die Ornamente Wendel Dietterlins zurück. Ein beschreibender Text von Hermann Fabronius aus dem Jahr 1625 hat sich erhalten, er ist die vollständigste zeitgenössische Interpretation eines fürstlichen Bildprogramms in Nord- und Westdeutschland. Eine kommentierte Edition erscheint in Kürze in der Reihe „Materialien zur Kunst- und Kulturgeschichte in Nord- und Westdeutschland".

Graf Simon VI. zu Lippe: Diana und Aktäon, Öl auf Leinwand, 1612,Detmold, Lippisches Landesmuseum, Detmold

Diana und Aktäon, Kupferstich von Jacob Matham nach Paulus Moreelse, um 1600

Vom bestallten Künstler wurde erwartet, daß er im Sinne der akademischen Nachahmungstheorie durch die Schulung an antiken Vorbildern und an Vorbildern der italienischen Renaissance seine *maniera* entwickelte.[21] Den Bezug auf die Antike, auf Michelangelo Buonarroti und auf die zeitgenössische Kunst, die größtenteils über Reproduktionsgraphik verfügbar war, mag das Mausoleum des Fürsten Ernst in Stadthagen verdeutlichen. Es ist als Nachbildung der Heilig-Grab-Kirche – ähnlich wie die Capella dei Principi in San Lorenzo in Florenz – als Grablege an den Chorscheitel der Hauptkirche St. Martini gebaut.[22] Die Säulenstellung der gemalten Blendnischen im Inneren des Mausoleums geht hingegen auf Michelangelos Vierung in St. Peter in Rom zurück, ebenso der Grundriß des Sockelaufbaus der bronzenen Auferstehungsgruppe.

Internationaler Kunsttransfer

Der internationale Kunsttransfer in der Zeit um 1600 fand auf zwei Ebenen statt: Einerseits ließen sich Künstler von Rang an die Höfe des Weseradels berufen, andererseits blühte der Handel mit Kunstwerken aus den Zentren europäischer Produktion. Künstler waren auch als Kunsthändler tätig, wie beispielsweise Johann Hopffe zeigt. Dieser Hildesheimer Maler vermittelte den Kauf eines Gemäldes von oder nach Bartholomäus Spranger und Werke, die wohl auf Paolo Veronese zurückgehen, an Fürst Ernst in Bückeburg,[23] bot aber auch Graf Simon VI. im September 1591 ein in Florenz gemaltes Ölbild an. Falls Simon dieses nicht zu kaufen wünschte, wollte er es *„Hertzogen Hinrichen Julij oder wer es sonst denn begeren werdt“* anbieten.[24]

21 Vgl. Kaufmann 1982, S. 119–148.
22 Suermann 1983, S. 73 u. 86; Meine-Schawe 1992.
23 Vgl. Bruck 1917, S. 51 f.; Habich 1969, S. 16, Anm. 35 u. S. 17.
24 Brief Johann Hopffes an Graf Simon VI. zur Lippe vom 26. September 1591, StA Detmold, L 16 B 3, siehe auch Lemgo 1989, Bd. 1, Kat. 835 (dort weitere Literatur).

Krone Kaiser Rudolfs II., über dem Bügelscheitel der von Herzog Heinrich Julius von Braunschweig-Lüneburg geschenkte Saphir, Wien, Kunsthistorisches Museum, Schatzkammer

Bevor der Kaiserhof in Prag in den 1580er Jahren den Weserraum kulturell zu beeinflussen begann, ging der Import von Kunstwerken und Architekturideen und -theorien zunächst vereinzelt von Süddeutschland aus.[25] Später gewannen die Niederlande und Flandern erheblich an Bedeutung. Die Landgrafen Philipp und Wilhelm IV. von Hessen-Kassel waren wohl die ersten deutschen Fürsten, die in der Zeit von 1557 bis 1559 niederländische Bildhauer beauftragten. So schufen Elias Godefroy aus Cambrai und seine Werkstatt (30 Künstler u. a. aus Antwerpen, Brüssel und Mechelen) für das Kasseler Stadtschloß die Reliefs der Alabasterkammer im zweiten Geschoß.[26] Am Kasseler Hof unter Wilhelm IV. und dem nicht an Prag orientierten Moritz versammelte sich später ein bemerkenswert großer Kreis niederländischer Maler und Bildhauer, z. B. Wilhelm Vernuken als Leiter der Bildhauerwerkstatt.[27] Es ist seit langem bekannt, daß für den Bau der Schlösser Freudenthal bei Uslar und in Münden von 1562 an niederländische Baumeister hinzugezogen wurden. Schließlich schuf der niederländische Steinbildhauer Arend Robin Kaminreliefs für das Stadthagener Schloß,[28] und die in Gesamtheit erhaltene Ausstattung der Schloßkapelle in Celle entstand in Zusammenarbeit mit Marten de Vos und seiner Werkstatt in Antwerpen (1569–1572).[29] Nachgewiesen sind siebzig niederländische Bildhauer und Architekten, die im späten 16. Jahrhundert in Norddeutschland und Skandinavien wirkten.[30] Zu erwähnen bleibt, daß auch italienische Architekten schon früh im Weserraum benannt werden. Dazu gehören Francesco Chiaramella (um 1556–1559 in Wolfenbüttel), der Bologneser Festungsbaumeister Alessandro Pasqualini (1556–1559 in Bielefeld) und Andreas Spezza (1616–1623 in Oldenburg).[31]

Um 1600 zeigt sich verstärkt die Ausstrahlung der rudolfinischen Hofkultur auf die Residenzen im Weserraum. Herzog Heinrich Julius pflegte engen Kontakt zu Prager Künstlern, und er zahlte dem kaiserlichen Kammermaler Hans von Aachen, der 1602 als politischer Vermittler zwischen Prag und Wolfenbüttel unterwegs war, eine feste Besoldung.[32] Auch Fürst Ernst wertete mit politischem Kalkül seine Residenzen in Bückeburg und Stadthagen durch Ankäufe von Prager Hofkunst auf. Nach dem Tode Rudolfs II. 1612

25 Das Kalkstein-Epitaph des Herzogs Erich I. von Braunschweig-Lüneburg von Loy Hering aus Eichstätt (um 1526/28) befindet sich in der St. Blasius-Kirche in Münden. Künstler und Auftraggeber ermöglichten einen Epitaphtypus, dessen perspektivisch-kassettierter Rahmen, dessen Triumphbogen-Motiv und Maßstabwechsel der Darstellung von Stifter und gekreuzigtem Christus neu waren, Kat. Lemgo 1997.
26 Vgl. ebd. Kat. 284, S. 251, und Jolly 1999, S. 123 f.
27 Kümmel 1996, S. 69 ff.
28 Soenke 1964, S. 47–50.
29 Zweite 1980, S. 85–146.
30 Jolly 1999.
31 Deuter 1988, S. 41 f.
32 Zur Malerei Hans von Aachens für Herzog Heinrich Julius siehe zuletzt Kat. Braunschweig 1998, Kat. 6 a–b, 51 a–c.

wurde er einer der größten Auftraggeber für den kaiserlichen Hofbildhauer Adriaen de Vries, den bedeutendsten Schüler des Bildhauers Giovanni da Bologna (Kat. 82). Schon zu Lebzeiten hatte der Wolfenbütteler Herzog Julius einen dynastischen Memorialbau u. a. nach dem Vorbild des Stadthagener Mausoleums des Fürsten Ernst geplant, vermutlich verhinderte allerdings der überraschende Tod des Herzogs die Erteilung des Auftrags.[33]

Für die Verpflichtung ausländischer Künstler an den eigenen Hof finden sich auch in der Musik aufschlußreiche Exempel. Moritz der Gelehrte versuchte, wenn auch erfolglos, den Organisten von San Marco in Venedig, Giovanni Gabrieli, für Kassel zu gewinnen. Im Fall seines Hoflautenisten Victor de Montbuysson und dessen gefeiertem englischen Kollegen John Dowland gelang dem Landgrafen immerhin ein befristetes Engagement. Am Bückeburger Hof lassen sich mit William Brade und Thomas Simpson bekannte englische Musiker nachweisen.[34]

Wissenschaftsförderung

Kunstwerke und Kleinodien, wissenschaftliche Instrumente oder Bücher konnten, als Geschenke an den Kaiser geschickt, im Interesse der eigenen territorialen Bestrebungen wirksam werden. Auf diese Weise stärkte Simon VI., Mitglied des Reichshofrates, seinen politischen Einfluß, indem er die guten Kontakte zu den calvinistischen Niederlanden für Kunstankäufe einsetzte. Er kam dem Sammeleifer des Kaisers entgegen (Kat. 80). Das wußte auch Herzog Heinrich Julius zu nutzen, der als Direktor des Geheimen Rates in Prag die rudolfinische Politik erheblich beeinflußte. Er betrieb seine Diplomatie mit einem hohen Aufwand an Geschenken. Während seines zweiten Pragaufenthaltes im Sommer 1602 übergab er dem Kaiser bei einer Audienz als Geschenk einen außergewöhnlich großen Saphir, der später auf der Spitze der Kaiserkrone glänzte.[35]

Kunst- und Wunderkammern waren als Abbilder der Welt konzipiert mit dem kosmologischen Anspruch, alle Wissenschaften in ihrer Vielfalt zu umfassen. Während sich eine Kunstkammer für das Wolfenbütteler Schloß nur archivalisch nachweisen ließ,[36] ist über die bedeutende Kunst- und Wissenschaftskammer des Kasseler Landgrafenschlosses mit ihren wissenschaftlichen Instrumenten und naturwissenschaftlichen Objekten mehr bekannt.[37] Die Fürstentugend, *arma et litterae*, d. h. die Verbindung des Kriegsgottes Mars mit den Musen, war hier anschaulich versinnbildlicht, befand sich die Kunstkammer doch direkt über dem Marstall.

Kassel, ehemaliges Stadtschloß

Der bedeutende Schweizer Uhrmacher, Mathematiker und Astronom Jost Bürgi arbeitete seit 1579 am Hof des wissenschaftsbegeisterten Landgrafen Wilhelm IV. und fertigte dort mechanisch betriebene Himmelsgloben sowie astronomische und mathematische Instrumente an. Auch der dänische Astronom und Mathematiker Tycho Brahe war seit 1575 in landgräflich-hessischen Diensten tätig, bevor er 1599 eine Anstellung am Prager Hof erhielt. Beide korrespondierten auch mit Graf Simon VI. zur Lippe, der ebenfalls in enger Verbindung mit dem hessischen Hof stand. Im Kasseler Stadtschloß befand sich zudem die erste fest eingerichtete neuzeitliche Sternwarte Europas (1560) auf zwei offenen Beobachtungsaltanen.

Das naturwissenschaftliche Verständnis der Frühen Neuzeit äußerte sich im botanischen Bereich, beispielsweise am Sammeln, Erfassen und Beschreiben fremdländischer Flora. Botanische Raritäten waren im Lustgarten des Wolfenbütteler Schlosses ebenso zu finden[38] wie im Kasseler Garten auf der Fuldainsel unterhalb des Stadtschlosses. Landgraf Wilhelm IV. ließ u. a. Pomeranzen-, Zitronen- und Limonenbäume (1579) pflanzen. Feigen, Kakteen, Oliven, Myrthen und Tulpen (1586) waren ebenso zu finden wie die ersten in Deutschland angebauten Kartoffeln, die über Italien eingeführt worden waren.[39] Erfolge in der Aufzucht und Haltung exotischer Gewächse hatte auch der schon genannte Hofgärtner Peter Clodius als Gestalter des großen Gartens in der Residenz Bückeburg.

Humanistisches Wissen wurde in vielerlei Hinsicht gefördert. So lehrte der berühmte und umstrittene italienische Philosoph Giordano Bruno 1589 und 1590 an der von Herzog Julius gegründeten Helmstedter Universität Academia Julia. Giordano Bruno widmete 1591 dem Erbprinzen Heinrich Julius, der als Elfjähriger schon Rektor der Universität war, drei lateinische Lehrgedichte.

Die in dieser Übersicht genannten Beispiele mögen verdeutlichen, daß es zunächst die Fürstenhöfe waren, die in der Frühen Neuzeit Innovationen in Kunst, Kultur und Wissenschaften auf europäischer Ebene aufgriffen, weiterentwickelten und verbreiteten. Das war schon deshalb möglich, weil die Finanzkraft der Potentaten eine Durchsetzung leichter machte.

33 Lietzmann 1993, S. 25 f.
34 Vgl. Schmidt, M. 1997; Strate 1989.
35 Lietzmann 1993, S. 27 ff., 47, 124.
36 Luckhardt 1998, S. 24, und Luckhardt 1998 a, S. 84.
37 Kümmel 1996, S. 161 ff.; Kümmel 1997; Mackensen 1997.
38 Scheliga 1996; Uppenkamp 1998.
39 Hanschke 1991; Hanschke 1995.

Höfische Feste

Ein glanzvolles Zusammenwirken aller am Hofe betriebenen Künste kamen in einem wenige Tage dauernden Ereignis zum Tragen: dem höfischen Fest. Wichtige Anlässe waren Krönung, Taufe, Vermählung und ähnliches. Die veranstaltende Hofgesellschaft war meist auch der Adressat eines Festes. Als wichtige Voraussetzung der Festkultur ist das Anwachsen des Hofstaates und der Verwaltung an den Residenzen zu sehen. Nicht allein das Erleben eines lustvollen Spektakels stand im Vordergrund, sondern es galt, Ansehen und humanistischen Bildungsanspruch des Gastgebers zur Schau zu stellen. Die Festordnungen lesen sich wie das Heraufbeschwören traditionell ritterlicher Tugenden. Sie zeigten lebende Bilder in Trionfo-Form, die die antike Götter- und Heroenwelt zitierten, die Elemente, Jahreszeiten und Erdteile vorbeiziehen ließen und oft mit Anspielungen auf dynastische Besonderheiten aktuelle Bezüge herstellten. Der immense Aufwand für die offiziellen Tauffeierlichkeiten der zweiten Tochter des hessischen Landgrafen Moritz im Jahre 1596 am Kasseler Hof zeigt deutlich, daß hier nicht die kleine Prinzessin der eigentliche Grund für das Fest war. Die Liste der internationalen Gäste wurde angeführt von der englischen Gesandtschaft des Herzogs von Lincoln, der die englische Königin Elisabeth als Taufpatin vertrat. In den dabei geführten Verhandlungen ging es um eine Allianz der protestantischen Länder Europas, in der sich Frankreich, England, die Niederlande, Dänemark und wichtige deutsche Territorien gegen die habsburgisch-katholische Politik vor allem Philipps II. zu verbünden gedachten.[40]

Ritterspiele aus Wilhelm Dilich, Historische Beschreibung

Fortschritt und Tradition

Neben dem fortschrittlichen Denken stand jedoch die Traditionspflege zur Legitimation und Sicherung der Dynastie. Ausdruck hierfür waren beispielsweise Schloßtürme als Herrschaftszeichen. Obwohl der Bergfried einer Burg in der Frühen Neuzeit keine fortifikatorische Funktion mehr hatte, bezog man ihn oft in den Neubau einer Schloßanlage mit ein, so z. B. in Detmold, Würzburg und Aschaffenburg. Ein solcher Vorgängerbau, wie auch der an alter Stelle neu errichtete Turm des Schlosses Brake, machten die traditionelle Gültigkeit und die Beständigkeit fürstlicher Herrschaft augenfällig. Diese Bedeutung des Turms leitet sich besonders vom französischen Schloßbau her. In den Schlössern Vincennes und Chambords symbolisierte der Donjon die Macht des Königs.

Ein anderes Beispiel wird im protestantischen Sakralbau des frühen 17. Jahrhunderts unter landesherrlichem Auftrag deutlich. In der Wolfenbütteler Marienkirche sowie in der Bückeburger Stadtkirche und darauffolgend in der Kirche in Petershagen findet ein bewußter Rückgriff auf mittelalterliche Formen statt. In Konstruktion, Kreuzrippengewölbe und Maßwerkfenstern, manieristischen und klassisch-antiken Elementen ist eine Synthese zwischen traditionellen und neuen Formen angestrebt. So spiegelt sich in manchen Schloß- und Sakralbauten die Spannung zwischen Traditionspflege und innovativem Denken wider.

Noch vor dem Ausbruch des Dreißigjährigen Krieges ging die langanhaltende Prosperitätsphase zu Ende. Hinzu kamen erhebliche Diskrepanzen im Münzwesen: Während auf der Reichsebene mit der Talerprägung einheitliche Münzverhältnisse angestrebt wurden, prägten auch im Wesergebiet etliche Münzherren unterwertige Lokalmünzen mit vermindertem Edelmetallgehalt. Das nützte zunächst der eigenen Kasse, führte allerdings schließlich zur Inflation (1618–1622).[41]

Augenfällig ist, daß der Glanz vieler Fürstenhäuser das frühe 17. Jahrhundert nicht überdauerte. Herzog Heinrich Julius, der absolutistische Ansprüche auch formell durchzusetzen gedachte, scheiterte nach seinem Regierungsantritt 1601 an der Stadt Braunschweig. Der Calvinist Simon VI. hatte innenpolitische Probleme mit der Hansestadt Lemgo, die nicht zum Aufgeben des lutherischen Bekenntnisses zu bewegen war. Der erfolgreich und mit hohem Anspruch begonnene politische Weg Moritz' des Gelehrten endete mit seiner Abdankung. Es gelang ihm nur in Ansätzen, sich vorübergehend einen Platz in der europäischen Politik zu sichern. Das Bestreben, die Theorie des neuen weltlichen Machtstaates durch aktives „persönliches Regiment" der Herrscher[42] in allen außen- und innenpolitischen sowie kulturellen Angelegenheiten durchzusetzen, konnte zunächst nur ansatzweise verwirklicht werden.

40 Nieder 1999, S. 81–90.
41 Berghaus 1966, S. 214–221;
Bei der Wieden, H. 1961, S. 150–162.
42 Schulze 1987.

Triumphzug, aus Wilhelm Dilich: *Historische Beschreibung der Fürstlichen Kindtauff Fräwlein Elisabethen zu Hessen ... Welche im August deß 1596. Jahrs zu Cassel gehalten worden ...* Kassel 1598

Die Ausmalung des Römergemachs im Schloß zu Hann. Münden

a ***Beroemde en beruchte rijkaards*** und ***Het Gevaar dat geld meebrengt***
aus der Serie Divitium miseria
Philips Galle (1537–1612) nach Maarten van Heemskerck (1498–1574)
1563

Kupferstiche
je 17,1 x 23 cm
Rijksmuseum Amsterdam, Inv. RP-P-1982-8 und 9

276

b ***Magis necessarium ... Epictetus*** und ***Nihil honestius ... Cicero***
Inschriftenkartuschen aus *Variarum Protractionum ...*
Gerhard de Jode (1509/17–1591) nach Hans Vredeman de Vries (1527–ca. 1606)
1555

Kupferstiche
13,2 x 18 cm, 13,8 x 18,5 cm
Rijksmuseum Amsterdam, Inv. RP-P-1888-A 12644 und 40

Nachdem sein Schloß in Münden im Jahre 1560 zum größten Teil niedergebrannt war, ließ Herzog Erich II. von Braunschweig-Lüneburg (1528–1584) das Gebäude am Zusammenfluß von Werra und Fulda von deutschen und niederländischen Bauleuten wiedererrichten.[1] Hier findet sich der früheste erhaltene Schweifgiebel in der nordeuropäischen Architektur, eine Schmuckform, die den damals modernen Entwicklungen in den Niederlanden entsprach.[2] Nach 1562, vermutlich aber erst Anfang der 1570er Jahre, wurden das „Gemach zum Weißen Roß" und das „Römergemach" des Schlosses ausgemalt.[3] Das Römergemach liegt in der Ecke des obersten Geschosses mit Blick auf die Werra. Der Kamin trägt die Jahreszahl 1574. Vor eine Scheinarchitektur sind an allen Wänden lebensgroße Figuren aus der Antike und eine allegorische Gestalt gemalt, die jeweils mit einer Inschrift bezeichnet sind. Lange Zeit wurde übersehen, daß zwei Kupferstiche des Maarten van Heemskerck die Vorlagen für diese Figuren lieferten. Erst durch die Kenntnis dieser Vorlagen wird die Ausmalung verständlich.

Das Römergemach im Schloß zu Hann. Münden

Die Figuren gehören zu der sechsteiligen Kupferstichserie *Divitium miseria ...* (Elend der Reichen).[4] Der in Haarlem tätige, bereits zu Lebzeiten berühmte Kupferstecher und Maler Maarten van Heemskerck hatte 1560 die Zeichnungen für diese Stiche angefertigt. 1563 erschienen sie im Verlag von Philips Galle in Antwerpen. Von der Stichserie sind Fassungen mit Unterschriften in verschiedenen Sprachen bekannt, was auf die weite Verbreitung der Stiche schließen läßt. Die Serie behandelt, ausgehend von dem Bibelspruch, daß eher ein Kamel durch ein Nadelöhr als ein Reicher in den Himmel gelange (Mt. 19, 23–24), das „Elend der Reichen". In der allegorischen Form eines Triumphzuges des Geldes werden die verschiedenen, zum Teil unmoralischen Mittel zur Erlangung von Reichtum, der Mißbrauch des Reichtums und das unausweichliche Ende – im Tode verlieren auch die Reichen ihren weltlichen Besitz – gezeigt. Die Figuren der reichen Männer der Antike in der Wandmalerei sind dem dritten Stich der Serie entnommen, während die allegorische Figur der *Pandemia* (Allbeherrscherin) als einzige Figur des Raumes dem vierten Stich entlehnt wurde, der den Triumphwagen der *Regina Pecunia* (Königin Geld) zeigt. Die *Pandemia* ist im Römergemach unmittelbar neben die Eingangstür gemalt, so daß sie den Eintretenden mit einer Krone bekrönt, die sie in Abwandlung der Vorlage in der Hand hält. Der Maler hat die *Pandemia* durch die Hinzufügung einer Geldtruhe in die „Königin Geld" verwandelt. Die gelehrte und anspielungsreiche Bildsprache der Kupferstiche geht auf das zeitgenössische niederländische Theater, die sogenannten *Rederijkerspiele*, und andere literarische Texte zurück. Bei niederländischen Humanisten, besonders Erasmus von Rotterdam und Dirck Volckertsz. Coornhert (1522–1590), lassen sich die meisten der verbildlichten Gedanken wiederfinden. Mit Coornhert war Van Heemskerck persönlich bekannt.[5]

Pithyus
Lucullus
Crassus
Sylla
Croesus
Midas
MLeem: Inuen.
3
LVCVLLI EFFVSVS LVXVS, PYTHY AVREA VITIS,
SANGVINE CIVILI SYLLÆ EBRIIA DEXTERA, FINI
ATTESTANTVR OPVM, ET LYDI PATRIMONIA CRŒSI,
AVRICVLÆ QVE MIDÆ PHRYGII, ET SITIS ARIDA CRASSI,

Regina Pecunia
Stultitia
Inuidia
Periculum
Pauor
Latrocinium
Pandemia
Furtum
4
ML. In
TE BIIVGI INVECTAM CVRRV, EXITIALE PERICLVM,
SOLLICITVSQVE PAVOR, REGINA PECVNIA DVCVNT.
AT QVIA STVLTITIAM, FVRTVM, CÆDESQVE CRVENTAS
VELAS, CVNCTORVM HINC IN TE SPES FIRMA RECVMBIT.

Kat. 74 a

Die Wandgemälde zeigen reiche Männer des Altertums, die Personifikation des „Alles beherrschenden Geldes" krönt den eintretenden Besucher. Auf den ersten Blick scheint das Thema der finanziellen Situation des Herzogs, der ständig verschuldet war und in seinen Territorien entlang der Weser zerrüttete Staatsfinanzen hinterließ, hohnzusprechen.[6] Um die Bildausstattung richtig zu verstehen, muß man dem fürstlichen Selbstverständnis des Auftraggebers gerecht werden. Als herausragende Herrschertugend galt den Zeitgenossen Herzog Erichs die *Liberalitas*, die fürstliche Freigiebigkeit. Sie und nicht etwa die Verschwendungssucht wird in den Wandbildern gefeiert. Zwei Inschriftenkartuschen im Erker des Raumes bekräftigen dies. Sie sind ebenfalls einer niederländischen Kupferstichvorlage entnommen, den *Variarum Protractionum* ... von Hans Vredeman de Vries, die 1555 in Brüssel erschienen waren.[7] Die eine Kartusche zitiert eine Spruchweisheit des antiken Philosophen Epiktet: *„Magis necessarium est mederi animae, quam corpori. Mori enim melius est quam male vivere – Epictet"* (Notwendiger ist es, die Seele zu pflegen als den Körper, zu sterben nämlich ist besser als schlecht zu leben). Die andere Kartusche enthält eine Stelle des berühmten antiken Redners Marcus Tullius Cicero: *„Nihil honestius, magnificentiusque, quam pecuniam contemnere, si non habeas: si habeas ad beneficentiam, liberalitatemque conferre – M. T. Cicero"* (Nichts ist ehrenhafter und großherziger, als das Geld zu verachten, wenn du es nicht hast. Wenn du es hast, sollst du Wohltaten und Freigiebigkeit austeilen). Daß sich die Aussagen auf die Repräsentation des Fürsten beziehen, zeigt die Anbringung der Imprese, eines Bildsymbols mit dem persönlichen Motto von Herzog Erich. In der Rollwerkkartusche zwischen den beiden südlichen Fenstern ist ein Fels dargestellt, auf dem Blumen wachsen. Dabei handelt es sich um die Imprese *Ex duris gloria* (Aus dem Harten [erwächst] Ruhm). Die Imprese wurde bereits auf dem großartigen Glasgemälde dargestellt, das Herzog Erich II. 1566 für die St. Janskirche in Gouda stiftete.[8]

Im „Römergemach" zu Hann. Münden finden sich alle Elemente, die zur bildlichen Ausstattung eines Fürsten-Gemachs gehören. Eine ähnliche bildliche Ausstattung mit einer allegorischen Darstellung der *Liberalitas*, persönlicher Imprese und Texten als Kommentar ließ Landgraf Moritz der Gelehrte um 1600 in seinem Gemach in Schloß Eschwege einige Kilometer die Werra hinauf anbringen.[9]

Herzog Erich II. stattete sein persönliches Gemach mit einem Bildschmuck aus, der in allen Motiven den gerade modernen niederländischen Vorbildern entsprach.[10] Sogar die antiken Texte sind bereits Bestandteil der niederländischen Graphikvorlagen. Diese Aufgeschlossenheit gegenüber den zeitgenössischen künstlerischen Entwicklungen entsprang Herzog Erichs bewegtem Wanderleben, das ihn vor allem im Dienst des spanischen Königs Philipp II. in die Niederlande, nach Spanien, Frankreich und Italien führte. Er besaß in den Niederlanden, Frankreich und Italien Besitz und bemühte sich, die unehelichen Kinder aus seiner Beziehung mit einer Niederländerin als seine Erben einzusetzen. Als katholischer Fürst von seinen Nachbarn und den protestantischen Untertanen feindlich beäugt und selbst von den eigenen Verwandten scharf kritisiert, hat Herzog Erich II. politisch kaum Spuren in seinen Territorien entlang der Weser hinterlassen.[11] Ihm kann jedoch das Verdienst zugeschrieben werden, dem niederländischen Einfluß in den Künsten im Weserraum einen Entwicklungsschub gegeben zu haben.

Thomas Fusenig

Literatur: Großmann/Kastler 1990, S. 152–153;
Dülberg 1991, S.138–142.

1 Zur Baugeschichte und Rekonstruktion der Raumfolgen vgl. Streetz 1996.
2 Hitchcock 1978, S. 52.
3 Zur Restaurierungsgeschichte der Wandgemälde vgl. Lausmann 1989.
4 Kat. Haarlem 1986, S. 29–32, Kat. 4.3 und 4.4, Abb. 9–10.
5 Kat. Haarlem 1986 (mit weiterer Literatur).
6 Albrink 1992.
7 Hollstein, D/F, Bd. 47, Part I, 1555–1571, S. 39 ff.
8 Kat. Neustadt am Rübenberge 1993, Abb. S. 129–130. Zum Fensterzyklus vgl. Eck/Coebergh-Surie 1997.
9 Zur Rekonstruktion der Austattung von Schloß Eschwege vgl. Borggrefe/Doerr/Fusenig 2000.
10 Dülberg 1991, S. 138, Abb. 103–106, konnte zwei weitere Stichvorlagen für Kartuschen im Römergemach identifizieren. Es handelt sich um Entlehnungen aus Stichen von Cornelis Floris, die 1564 erschienen waren.
11 Zu einem ausgewogenen Bild des Herzogs vgl. Kat. Neustadt am Rübenberge 1993.

NIHIL HONESTIVS, MAGNIFI-
CENTIVSQVE, QVAM PECVNIAM
CONTEMNERE, SI NON HABEAS:
SI HABEAS, AD BENEFICEN-
TIAM, LIBERALITATEMQVE
CONFERRE. M.T.Cicero.

MAGIS NECESSARIVM
EST MEDERI ANIMÆ, QVAM
CORPORI. MORI ENIM ME-
LIVS EST QVAM MALE
VIVERE. Epictetus.

Kat. 74 b

Das Gleichnis vom reichen Mann und dem armen Lazarus

Hans Vredeman de Vries (1527–ca. 1606)

1572

bez.: HV (legiert) VRIESE · 1572
Öl auf Holz
52 x 72,5 cm
Lemgo, Weserrenaissance-Museum Schloß Brake, Dauerleihgabe der Staff Stiftung, Lemgo

Stark fliehende Tiefenlinien, die auf einen zentralen Fluchtpunkt ausgerichtet sind, dominieren die künstliche, den Bildraum beherrschende Architektur. Durch eine dreiseitige Treppe ist ein Bühnenraum aus der Architektur ausgegliedert, der den Rahmen für das Gleichnis vom reichen Mann und dem armen Lazarus[1] bildet. Auf den Stufen am Eingang des Palastes, wo Speisen angeliefert werden, sitzt Lazarus mit bittend erhobenen Händen, damit man ihm gebe, was vom Tisch des Reichen abfällt. In Purpur gekleidet und ausgezeichnet durch das Bogenmotiv, steht der Reiche inmitten seiner Besitztümer. Anstatt der Bitte des Armen nachzukommen, schickt er seinen Diener, der Lazarus mit dem Stock droht, während Hunde herbeispringen, den Unerwünschten zu vertreiben. Der Maler hat geschickt die Figuren auf unterschiedliche Niveaus der Treppe plaziert, so daß die gesellschaftliche Hierarchie von Bettler, Diener und Edelmann sinnfällig wird.

Wie beiläufig eingeflochten in das Ensemble der Palastarchitektur mit Arkaden und Gartenanlage, ist die Lazarusszene als moralische Unterweisung des Betrachters zu verstehen. Darauf deutet der an die Kette gelegte Affe: Als Anspielung auf den schamlosen und lasterhaften Menschen weist er zeichenhaft auf die Folgen, die dem Geizigen drohen, der seinen Reichtum nicht teilen will. Er ist es, der nach seinem Tode Höllenqualen leiden muß, während der Arme sich seiner Erlösung sicher sein darf.

Typisch für Vredeman de Vries ist es, als Ort für diese moralisierende biblische Szene eine höfische Architektur[2] auszuwählen. Bestimmt wird sie durch ein rechtwinkliges Liniennetz, das das Auge des Betrachters in die Tiefe führt. Eine kulissenartige, frontalperspektivisch angelegte Architektur im Vordergrund, deren Gebälk mit der oberen Bildkante abschließt, betont die linke Bildseite. Auf der rechten Bildseite stellt ihr der Maler in die Tiefe führende Fluchten von Säulen, Wegen, Balustraden und einem Laubengang gegenüber.

Der Architekturspezialist, der sich rühmte, als erster Niederländer eine Anleitung zur perspektivischen Konstruktion gegeben zu haben,[3] wählte die moralisierende biblische Historie nur als Vordergrundmotiv für eine Architekturdarstellung. Sein perspektivischer Entwurf, der sich theoretisch auch realisieren ließe, bleibt dennoch ein künstlicher Architekturraum, spielt de Vries doch mit Formen, die in der vorliegenden Kombination eher in Graphik und Malerei als in der Architektur selbst gebräuchlich waren. Dies zeigen die Palastarchitektur und die Gartenanlage, die Idealentwürfen zeitgenössischer Gebäude nach neuesten niederländischen Strömungen entsprechen, ebenso wie der asiatisch anmutende Palast am rechten Bildrand. Somit mag man das Gemälde als Gedankenspiel und Station auf dem Weg zum autonomen Architekturcapriccio verstehen.[4]

Das signierte und datierte Gemälde des Hans Vredeman de Vries entstand 1572 und damit vor seinem Aufenthalt am Hof Herzog Julius von Braunschweig und Lüneburg in den Jahren 1587 bis 1590.[5] De Vries entwarf für den Herzog mehrere Gebäude. Auch zur Einrichtung eines Lustgartens am Hof trug er maßgeblich bei.[6] Wohl für die Witwe des Herzogs fertigte de Vries in jener Zeit auch ein Triptychon, eine *Allegorie auf Sünde und Erlösung*, auf dessen Flügeln Julius und seine Familie dargestellt sind.[7]

Herzog Julius, der seit 1570 den Ausbau Wolfenbüttels zur Residenzstadt betrieb, war mit bedeutenden architekturtheoretischen Traktaten wie jenen eines Vitruv oder eines Serlio ebenso vertraut wie mit den Entwürfen des in seinen Diensten stehenden de Vries.[8] De Vries Scenographien führten die prachtvollen Bauten und Straßenzüge vor Augen, die der Herzog sich für seine entstehende Residenzstadt vorstellte.[9]

Bedeutender als das Werk Hans Vredeman de Vries' war sein Einfluß auf die Architektur, die Gartengestaltung und die Ornamentik seiner Zeit.[10] Vermittelt durch die Graphik, finden sich die Vredemanschen Entwürfe auch im Weserraum (vgl. Kat. 74). Beispielhaft sei hier auf die Verzierungen der zahlreichen Masken der Postamente am Mittelrisalit des Bremer Rathauses verwiesen, die auf Stichvorlagen Hans Vredeman de Vries zurückgehen.[11] Auch das Säulenkapitell und das Gebälk des Epitaphs für Graf Otto IV. von Schaumburg-Holstein greifen in leicht modifizierter Form den die *Composita* vorstellenden Kupferstich Vredemans aus dem Jahre 1565 auf.[12] Darauf rekurrieren auch Säule und Gebälk des Epitaphes für Graf Otto IV. von Schaumburg in der Stadthagener Martinikirche.[13]

Ursula Demand

Kat.75

Literatur: Jantzen 1910, S. 19–24; Ehrmann 1962; Schneede 1967, S. 151, Abb. 21 und Kat. 4; Tebbe 1992; Albrecht 1993; Tebbe 1996; Kat. Aranjuez 1998, Kat. 239; Uppenkamp 1998.

1 Schneede 1967, S. 126. Basierend auf S. Serlios *Architectura*, von P. Coecke van Aelst 1553 in Antwerpen herausgegben, legte de Vries 1560 mit den *Scenographiae sive perspectivae ut Aedificia,* … und 1604 mit der Perspective zwei Werke von weitreichender Wirkung zur Perspektive-Konstruktion vor.

2 Das freie architektonische Capriccio gab es noch nicht, es bedurfte der biblisch moralischen Legitimation. Zum Capriccio s. Kat. Köln 1996–1997, Tagungsband/Symposium: Capriccio.

3 Zum Aufenthalt in Wolfenbüttel: Ehrmann 1962, S. 249, 250 und Thöne 1960, Thöne 1962, Kiesler 1996, S. 48, Uppenkamp 1998, S. 111.

4 Scheliga 1996, bes. S. 9–24; Uppenkamp 1998.

5 Ehrmann 1962, Schneede 1967, Kat. 9, Abb. 24, 25; Kiesler, S. 84, Uppenkamp 1998, S. 116.

6 Uppenkamp 1998, S. 111.

7 Schneede 1967, S. 125 u. S. 126.

8 Albrecht 1993, S. 97.

9 Hollstein, D/F, Bd. 47, Teil: 1555–1571; „…uns und unseren Nachkommen …“, S. 32–35.

10 Tebbe 1996, Abb. S. 41.

Porträt Kaiser Rudolfs II.
nach 1603

Öl auf Holz
30,6 x 22,1 cm
Schloß Detmold

282
DIE KULTUR

Das repräsentative Bruststück kleinen Formats zeigt Rudolf II. (1576–1612), König von Ungarn und Böhmen. Dargestellt im Dreiviertelprofil mit charakteristisch breitem Unterkiefer, den Blick auf den Betrachter fixiert, erscheint der Sohn Kaiser Maximilians II. in prunkvollem Brustharnisch vor dunklem Hintergrund, durch den teilweise die rötliche Untermalung durchscheint. Eine weiße, einlagige Halskrause aus einer weit gelegten Tollfalte, die die Konturen seines dichten, kurzgeschnittenen Vollbartes nachzeichnet, akzentuiert sein Haupt. Es wird von einem Lorbeerkranz bekrönt, der mehrere Interpretationsmöglichkeiten zuläßt. Ursprünglich als Zeichen des Sonnengottes Apoll ein Attribut der Musen, der Seher und Dichter – und daher Auszeichnung des *poeta laureatus* –, ist der Lorbeer zugleich Siegessymbol des Göttervaters Zeus sowie der Dioskuren. In beiden Funktionen macht der Kranz seinen Träger gottgleich. Ganz im Sinne höfischer Herrscherapotheose wird der gelehrte Kaiser zum neuen siegreichen Zeus oder Apoll, dem Vorsteher der um ihn versammelten Musen. Sein Hof, an dem sich die bedeutendsten Maler, Bildhauer, Mathematiker und Astronomen seiner Zeit versammelt hatten, wird zum neuen Parnaß, zum Ort universeller Gelehrsamkeit. Denkbar ist auch eine politisch-historische Deutung des Lorbeers, wie sie das Bildprogramm einer von Hans von Aachen (1552–1615) zwischen 1602 und 1604 beidseitig bemalten Alabastertafel nahelegt (Germanischen Nationalmuseum, Nürnberg). Die Vorderseite zeigt Rudolf II. mit Lorbeerkranz. Die Rückseite stellt den Herrscher mit Bezugnahme auf die berühmte *Gemma Augustea* als Triumphator über die Heiden dar. Die Gemme gelangte zu Beginn des 17. Jahrhunderts in rudolfinischen Besitz. Während Kaiser Augustus darauf als Friedensbringer identifiziert ist, wird Rudolf zugleich zum *Miles Christianus*.

Jedenfalls ist der Lorbeerkranz hier Garant der Überhöhung Rudolfs II. In dieser Funktion unterstreicht er die memorative Aufgabe der Malerei im allgemeinen wie die des Porträts im besonderen. Als immergrüne Pflanze Symbol der Unsterblichkeit, ist der Lorbeer so unvergänglich wie die Präsenz des Porträtierten im Medium der Malerei. Entwickelt hat diese verherrlichende Porträtform Rudolfs II. der Hofmaler Hans von Aachen. Es lassen sich mehrere Bilder des bedeutenden Prager Hofmalers benennen, die mit der Detmolder Tafel des geharnischten Imperators deutliche Übereinstimmungen aufweisen: etwa die bereits zitierte Alabastertafel und vor allem ein ungefähr gleichzeitig entstandenes Porträt Rudolfs in spanischer Hoftracht im Kunsthistorischen Museum in Wien sowie ein Porträt in der Fürstlich Fürstenbergschen Sammlung in Donaueschingen. Mit diesen Herrscherbildnissen etablierte Hans von Aachen im Medium der Malerei einen neuen Porträttypus Rudolfs II., der als „ikonographischer Grundbaustein" insbesondere in dem zu einer komplexen Allegorie ausgebauten Porträtstich Aegidius Sadelers (1570–1629) von 1603 zu einem wirkungsvollen Mittel kaiserlicher Selbstdarstellung wurde. Der Typus findet sich auch in Stichen von Crispijn de Passe I. (1564–1637), Crispijn van de Queborn (1604–1652), Jacob van der Heyden (1573–1645) und Abraham Hogenberg (vor 1608–nach 1653) und auf Münzen und Medaillen wieder.

Die Frage, ob der Maler die Gemälde Hans von Aachens kannte, muß offen bleiben. In jedem Fall war er vertraut mit den auf diese zurückgehenden Porträtstichen. Da sich das Bild vermutlich bereits in der Gemäldesammlung Graf Simons VI. zur Lippe (1554–1613) befand, von dessen Hand ein *Tanz Salomes vor Herodes* nach Jan Saenredam (1565–1607), eine Darstellung *Dianas und Aktäons* nach einem Stich von Jacob Matham (1571–1631) nach Paulus Moreelse (1571–1638) und ein *Porträt von Kaiser Matthias* (Lippisches Landesmuseum Detmold) überliefert sind, steht zu vermuten, daß auch das Detmolder Porträt ein Produkt fürstlichen Kunstschaffens ist. Daß Simon VI. als Calvinist mit ausgezeichneten Kontakten in die Niederlande in seiner Doppelfunktion als Diplomat und Kunstagent Rudolfs II. mit der rudolfinischen Kunst, ihren Repräsentanten, Neuerungen und gattungsspezifischen Innovationen bestens vertraut war, ist nicht zu bezweifeln.

Andreas Gormans

Literatur: Zimmermann 1905; Peltzer 1928; Dohrn 1962; Chadraba 1970; Fucíková 1970; Heiden 1970, bes. S. 171, Kat. A 24 (Abb. 132), A 26 (Abb. 136), A 25 (Abb. 133); Fucíková 1971; Heiden 1974; Evans 1980; Schleier, E. 1980; Fucíková 1988; Kaufmann 1988; Haupt, H. 1988 a; Haupt, H. 1988 a; Horsky 1988; Larsson 1988; Limouze 1988; Schneider 1992; Trunz 1992; Kanz 1993; Roethlisberger 1993, Bd. 1, S. 62–63; Hollstein, G, Bd. 1, 1996, S. 196–205 (Hans von Aachen); Oberleitner 1996; Larsson 1997; Schönberg 1997.

Kat. 76

77

Das Göttermahl

Abraham Bloemaert (1566–1651)
vermutlich 1590/91 (1588–91/95)

Öl auf Leinwand
101 x 146,5 cm
München, Bayerische Staatsgemäldesammlungen, Inv. 6526

1733 schrieb der Historiograph Bernard Picard[1], daß sich ein Götterbankett Bloemaerts im Detmolder Schloß befinde.[2] Der Maler und Künstlerbiograph Carel van Mander erwähnte 1604 hingegen zwei Götterbankette von der Hand Abraham Bloemaerts. Van Mander erläutert, daß sich das früher entstandene und kleinere der beiden Gemälde *„im Besitze des Grafen Lippe"* [3] und damit Simons VI. befand. Eines dieser beiden Gemälde blieb unbekannt.[4] Das andere, in der Ausstellung präsentierte, gelangte über die fürstbischöfliche kurmainzische Aschaffenburger Sammlung nach München. Die Provenienz des Münchner Bildes läßt sich bis in das Jahr 1820 zurückverfolgen.[5] In jenem Jahr taucht es erstmals im Aschaffenburger Inventar auf, wurde allerdings noch Bartholomäus Spranger zugeschrieben. Graf Simon VI. kaufte das Gemälde wohl als repräsentativen Schmuck seiner neuen Residenz, dem zwischen 1584 und 1592 wiedererrichteten Schloß Brake.[6] Abgesehen von Van Manders Erwähnung wird Bloemaert in Zusammenhang mit dem Hof Simons VI. nicht genannt.

Das Gemälde greift die Sage der Liebe von Peleus und der Nereide Thetis auf, der schönen Tochter des Meeresgottes Neptun. Thetis sollte einer Prophezeiung zufolge einen Sohn gebären, der mächtiger als Jupiter sein und diesen vom Thron der Götter stürzen würde. Aufgrund dieser Vorhersage bestimmte Jupiter, nicht uneigennützig, daß Thetis einen menschlichen Gatten ehelichen sollte, weil man glaubte, daß ein Mensch keinen unsterblichen Sohn zeugen könne. Der auserwählte Bräutigam war Peleus, König von Phthia in Thessalien. Peleus mußte gegen die mit besonderen Kräften ausgestattete Thetis kämpfen, überwältigte sie jedoch und erwarb ihre Gunst. Die Hochzeit wurde in Gegenwart aller olympischen Götter auf dem Berg Pelion gefeiert.

Für das Gemälde wählte Bloemaert eine sehr komplexe, durch Hell-Dunkel-Kontraste betonte Komposition. Ein bogenförmiges Wolkenband in der rechten Bildhälfte trennt Vorder- und Hintergrund, die durch zahlreiche, variantenreich bewegte, diagonal angeordnete Figurengruppen miteinander verbunden sind. Ein roter Baldachin überspannt das Göttermahl im Hintergrund. Wenngleich sich nicht alle dargestellten olympischen Götter identifizieren lassen, so erkennt man links im Vordergrund Ceres und Bacchus, den bärtigen Neptun sowie den in starker Verkürzung dargestellten Herkules mit der Keule zu seiner Linken. Rechts im Vordergrund beugt sich Ganymed zu einem Weinkühler hinab. Rechts von ihm ist Iris zu sehen. Bei dem Paar am rechten Bildrand handelt es sich um den hier ungeflügelten Amor und Psyche. Oben links sitzen Fama und Flora in den Wolken. In Leserichtung schließen sich Putti, eine Muse mit Laute und der violaspielende Apoll an. Der Götterbote Merkur fliegt von rechts herbei. Vor der Tafel im Bildmittelgrund umarmt der Kriegsgott Mars die Göttin der Schönheit Venus. Daneben sitzt als Rückenfigur Saturn, der Gott der Zeit, mit einer Sense. Unter dem Baldachin ganz im Hintergrund hält sich das Brautpaar an den Händen. Rechts davon sitzen Minerva, Jupiter und Juno.

Bloemaerts Gemälde zielt auf die Harmonie unter den olympischen Göttern und damit auf den Triumph der Sinne ab. Zugleich ist das Bild als Warnung zu deuten, da auch Eris, die Göttin der Zwietracht, dargestellt ist. Sie eilt mit goldenem Apfel durch die Wolkenkulisse heran. Der Apfel, für die Schönste auf dem Fest bestimmt, sollte zum Streit zwischen den Göttinnen Juno, Venus und Minerva (griech. Hera, Aphrodite und Pallas Athene) führen und zum Urteil des Paris, der zwischen den Dreien wählen mußte. Ganz den Sinnenfreuden hingegeben, bleibt ihr Kommen von den Göttern ebenso unbeachtet wie das mit ihr herannahende Unheil, wird doch die Rache der von Paris verschmähten Göttin Athene später zum Untergang Trojas führen.

Kat. 77

Das Thema bietet verschiedene Anknüpfungspunkte für eine Deutung, so den Verweis auf die Eintracht der Herrscher oder den Überfluß. Im übertragenen Sinn ist es ferner als Warnung zu verstehen, sich nicht den Sinnenfreuden hinzugeben, sondern als tugendhafter Herrscher nahendes Unheil im Auge zu behalten, um drohende Gefahren zu erkennen.

Bloemaert gilt als Begründer der Utrechter Malerschule. Seine vielseitige Malerei war bereits zu seinen Lebzeiten sehr begehrt und wurde häufig kopiert. Während der frühen Utrechter Jahre (1585/1590) malte er auch das Münchner Bild. Es läßt deutlich die Einflüsse des Rudolfinischen Hofmalers Bartholomäus Spranger erkennen, als dessen Werk es bis 1910 galt. Das Gemälde entstand als Gegenstück zu einem thematisch vergleichbaren rundformatigen Bild Bloemaerts, der *Hochzeit von Cupido und Psyche* (1590).[7] Es ist angelehnt an einen vielfigurigen Kupferstich von Hendrick Goltzius nach Bartholomäus Spranger, betitelt *Hochzeit von Cupido und Psyche* (1587), das seinerseits an einem Deckenfresko Raffaels in der Villa Farnesina in Rom orientiert ist. Obschon Bloemaerts Götterbankett im Gegensatz zu Sprangers Komposition auf der Erde stattfindet, übernahm Bloemaert die gliedernden Wolkenbänder der Vorlage in seine Komposition.

Das Thema „Peleus und Thetis" griff Abraham Bloemaert im Jahre 1638 für eine großformatige Tafel ein zweites Mal auf.[8]

José Kastler

Literatur: Mander/Floerke 1604/1991; Lexikon der antiken Mythologie; Roscher 1993, Bd. III, 2, Sp. 1834–1839 und Bd. V, Sp. 785–787; Roethlisberger 1993, Bd. 1, S. 20, 62–65, Bd. 2, Farbtafel I, Abb. 26.

1 Vgl. dazu Roethlisberger 1993, S. 64.
2 Vgl. dazu Roethlisberger 1993, S. 64.
3 Mander/Floerke 1604/1991, S. 390.
4 Vgl. Roethlisberger 1993, Kat. 13.
5 Im Inventar der Aschaffenburger Sammlung ist das Bild 1820 unter der Inventarnummer 287 erwähnt.
6 Vgl. dazu Roethlisberger 1993, S. 64. Roethlisberger vermutet, daß das Gemälde vielleicht 1746 nach dem Amtsantritt von Fürst Simon August verkauft wurde, oder es im Zusammenhang mit der Auktion des gesamten Inventars von Schloß Brake 1805 seinen Besitzer wechselte.
7 *Hochzeit von Cupido und Psyche* (1590, Royal Collection, St. James' Palace, London. Rundformatige Tafel, 61,6 cm Durchmesser. Vgl. Roethlisberger 1993, Kat. 11, S. 62–65.
8 *Hochzeit von Peleus und Thetis* (1638), Den Haag, Koninklijk Kabinet van Schilderijen Mauritshuis (193,7 x 164,5 cm). Vgl. Roethlisberger 1993, Kat. 548, S. 341 f., Abb. 734.

Die Hochzeit von Cupido und Psyche, Kupferstich von Hendrick Goltzius nach Bartholomäus Spranger

Stilleben mit Christus im Hause von Martha und Maria

Joachim Beuckelaer (ca. 1533–ca. 1574)

Antwerpen 1569

bez. „Joachim Beuckelaer" und „1569"
Öl auf Leinwand
81 x 104 cm
Lemgo, Weserrenaissance-Museum Schloß Brake, Dauerleihgabe der Staff-Stiftung, Lemgo

288

DIE KULTUR

Graf Simon VI. zur Lippe (1554–1613) war seit den 1580er Jahren Gesandter und Hofrat Kaiser Rudolfs II. und in diesen Funktionen in Prag, Norddeutschland und den Niederlanden tätig. Selbst an Gemälden italienischer und niederländischer Maler interessiert, war er auch an der Beschaffung von Gemälden für die kaiserliche Sammlung beteiligt. Der niederländische Künstlerbiograph Carel van Mander erwähnt in diesem Zusammenhang an mehreren Stellen seines 1604 gedruckten Malerbuches Bilder von Pieter Aertsen und Joachim Beuckelaer, die durch Simon VI. in die im Dreißigjährigen Krieg zerstreute Sammlung des Kaisers gelangten. Der Antwerpener Maler Joachim Beuckelaer zählt zusammen mit seinem Schwager Pieter Aertsen zu den Inventoren der um 1550 auftretenden niederländischen Stillebenmalerei. Das biblische Thema von *Christus im Hause von Martha und Maria* wurde durch Aertsen und Beuckelaer zu einem der wichtigsten Motive der flämischen Malerei um 1560. Im Vordergrund dieser Bilder steht jedoch nicht die biblische Historie, sondern der aus zahlreichen Viktualien und toten Tieren bestehende Inhalt einer Küche. Diese Besonderheit der Darstellung ließ sich thematisch aus der biblischen Geschichte ableiten. Anlaß ist der Besuch Christi im Hause der beiden Schwestern Martha und Maria. Während Martha die Arbeit in der Küche aufnimmt, um den Gast zu bewirten, zeigt Maria keinerlei Anstrengung, ihr behilflich zu sein. Vielmehr lauscht sie den Worten des erzählenden Christus. Martha empört sich über ihre Zurücksetzung, erhält jedoch von Christus den Hinweis, die Ungleichheit sei gerecht, da sie von Gott gewollt sei. In der italienischen Renaissance war das biblische Thema zum Sinnbild des tätigen und des betrachtenden Lebens (*vita activa* und *vita contemplativa*) geworden. Christophero Landino gebraucht es in den Disputationes Camaldulenses. Danach war Maria ein Sinnbild des betrachtenden, Martha hingegen des tätigen Lebens. Indem er dem Betrachter vor allem den Inhalt der Küche und weniger das biblische Thema vor Augen führt, thematisiert Beuckelaer das tätige Leben in seinen niedersten sozialen Bereichen. Küche und Küchenpersonal verkörperten, ebenso wie Marktleute seit der Antike, die Sinnlichkeit der unteren sozialen Schichten. In antiken und neuzeitlichen Komödien traten Köche und Hausbedienstete als von niederen Trieben beherrscht zur Belustigung der Zuschauer auf.

Durch Pieter Coecke van Aelst verbreiteten sich die Motive der antiken Architektur in den Niederlanden. In den Bildern Aertsens und Beuckelaers finden sich frühe Entlehnungen von Serliomotiven in der flämischen Malerei. Im Lemgoer Bild ist es der Kamin, der dem vierten Buch des Serlio entlehnt ist. Erkennbar sind auch Bemühungen um die Zentralperspektive, die in der niederländischen Malerei lange vor Hans Vredeman de Vries auf Interesse stieß, wobei sie meistens nicht konstruiert, sondern nach italienischen Vorbildern imitiert wurde.

Heiner Borggrefe

Literatur: Vgl. Moxey 1976; Emmens 1973; Kavalier 1986; Irmscher 1986; Lunsingh Scheurleer 1947.

Kat. 78

Andries van der Meulen (1549–1611)

Daniël van den Queecborne (1550/1560–vor 1618)
dat. 1583

Öl auf Holz
61 x 51,3 cm
Centraalmuseum Utrecht, Inv. 8884

Andries van der Meulen (1549–1611) war Sproß einer bedeutenden Antwerpener Kaufmannsfamilie, die mit dem Textilhandel reich geworden war.[1] Antwerpen erlebte seit dem zweiten Drittel des 16. Jahrhunderts einen steilen Aufstieg zu einer beherrschenden Handelsmetropole Nordeuropas.[2] Viele der Fernhandelskaufleute aus Westfalen und Norddeutschland deckten sich außer auf den großen Messen in Frankfurt am Main, Leipzig oder Braunschweig in Antwerpen mit Waren ein.[3] Die Auseinandersetzung zwischen den niederländischen Provinzen und dem spanischen König Philipp II. (1527–1598) behinderte die Wirtschaft Antwerpens seit 1566, besonders aber nach 1585. Der Krieg und die Verfolgung der Protestanten trieb viele Niederländer im letzten Drittel des 16. Jahrhunderts ins Exil in die nördlichen Provinzen der Niederlande, nach England oder Deutschland.[4]

Die calvinistische Familie Van der Meulen spielte in Antwerpen eine nicht unerhebliche Rolle im Widerstand gegen die spanischen Interessen. Andries gehörte von 1579 bis 1581 einer Kommission für den Ausgleich der konfessionellen Spannungen in der Stadt an und war seit 1580 Mitglied des Stadtrats und später Rat des Herzogs von Anjou, der auf Betreiben Wilhelms von Oranien als rechtmäßiges Oberhaupt der niederländischen Provinzen anerkannt worden war. Andries' jüngerer Bruder Daniel wurde 1584 Vertreter der Scheldestadt bei den Generalstaaten in Den Haag. Dort bemühte er sich vergebens, die nördlichen Verbündeten zu bewegen, dem bedrängten Antwerpen zu helfen.[5] Nachdem sich die Stadt 1585 dem spanischen Statthalter Alessandro Farnese (1545–1592) ergeben hatte, gingen Andries und Daniel van der Meulen zusammen mit ihrem Schwager Nicolaes de Malapaert[6] und ihren Familien ins Exil nach Bremen, um von dort ihre Handelsfirma weiter zu betreiben.

Die freundliche Aufnahme der wohlhabenden, flämischen Emigranten in Bremen erklärt sich unter anderem durch die Beziehungen zum Bremer Patrizier und Ratsherrn Heinrich Zobel, der von 1567 bis 1577 in Antwerpen gelebt hatte. 1588 hielt der spätere Bremer Bürgermeister ein Kind aus der Familie der verbindungsreichen Neubürger über die Taufe.[7] Die Unternehmungen von Andries und Daniel van der Meulen spannten sich in den 1590er Jahren bis ins Mittelmeer nach Italien, wo sie vor allem mit Neapel Handel trieben.[8] Notariatsakten aus Venedig zeigen, daß die Van der Meulens und ihr Schwager Malapaert dort einen Bevollmächtigten unterhielten.[9] Zu den Handelswaren zählte auch Getreide, so daß denkbar ist, daß Getreide aus dem Weserraum bis nach Süditalien verschifft wurde.[10]

Im Jahre 1596 wandte sich der lippische Graf Simon VI. an Andries van der Meulen, um ihn mit der Suche nach niederländischen Gemälden zu beauftragen, die der Graf dem kunstversessenen Kaiser Rudolf II. zu überreichen wünschte. Außerdem versuchte der Graf, sich des Kaufmannes wohl auch als Quelle für politisch bedeutsame Nachrichten zu bedienen. Andries van der Meulen erfüllte in den verschiedenen Handelskompagnien, die er im Laufe der Jahre zusammen mit seinen Bruder betrieb, die Funktion des Informationsbeschaffers und Entscheiders, der den Partnern die jeweiligen Kauf- und Verkaufsanweisungen erteilte. Bremen war für ihn sehr geeignet, um die notwendigen Informationen zu sammeln. Seine Korrespondenz enthält auch Angaben zu politischen und diplomatisch wichtigen Angelegenheiten. Graf Simon wollte diese Verbindungen nutzen und versuchte, Van der Meulen dazu zu bewegen, mit ihm regelmäßig zu korrespondieren.[11]

1 Jongbloet-Van Houtte 1986, S. XVIII–XIX et passim.
2 Wee/Materné 1993 (mit weiterer Literatur).
3 Hemann 1997, S. 38.
4 Vgl. allgemein Roosbroeck 1968.
5 Jongbloet-Van Houtte 1986, XXVI–XXVII et passim.
6 Kat. Antwerpen 1993, S. 288, Kat. 144.
7 Vgl. Schwarzwälder 1997, S. 85–87 und Roosbroeck 1972.
8 Jongbloet-Van Houtte 1986, LIII-LV (zur „Nieuwe Napelsche Compagnie").
9 Brulez 1965, S. 263, Nr. 788 (10. Oktober 1597), S. 276, Nr. 825 (28. April 1598).
10 Vgl. Jongbloet-Van Houtte 1986, S. XXXIX et passim, und Sneller 1935. Die Sichtung der „Collectie Van der Meulen" im Gemeentearcief Leiden, die über 11.000 Briefe enthält, die an Daniel van der Meulen enthält, unter dem Gesichtspunkt des Handels im Weserraum steht noch aus.
11 Andries schreibt an seinen inzwischen in die Niederlanden nach Leiden verzogenen Bruder Daniel am 4. Juni 1596: *„Mon Sieure den Grave Simon vander Lippe heeft mij tot verscheiden reysen ontboden … ende verhoopt … op dat de korreßpondentie tussehen ons geroutineert werden mocgte…"*; Gemeentearchief Leiden, Inv. 593, 5 Brief 44.

Kat. 79

Die südniederländischen Neubürger[12] nahmen in Bremen wohl nicht nur wirtschaftlich, sondern auch kulturell Einfluß. Der Vorsteher des Bremer Steinhaueramtes, Lüder von Bentheim, lieferte durch die Vermittlung Daniel van der Meulens, der 1591 von Bremen nach Leiden gezogen war, die Fassade des Leidener Rathauses. Sie wurde nach niederländischen Entwürfen als Fertigbau aus Obernkirchener Sandstein angefertigt.[13] Bei der neuen Rathausfassade in Bremen aus dem Beginn des 17. Jahrhunderts ist die Kenntnis der Vorlage erkennbar.[14] Daniel scheint der künstlerisch und kulturell interessiertere der Brüder gewesen zu sein.[15] Der durchreisende Niederländer Arnold Buchelius spricht von ihm als einem *„sehr höflichen und gebildeten Mann"* und vermerkt anläßlich eines Besuches in dessen Haus in Bremen über ein italienisches Aktgemälde: *„In seinem Hause sah ich ein Gemälde von der Künstlerhand eines italienischen Malers, das eine sehr schöne, halbentkleidete Frau darstellte. Ihre Augen und die Gesichtszüge hatten einen so lebensvollen Ausdruck, daß ich mich nicht darüber wundere, wenn ein Pygmalion sich in das von Praxiteles hergestellte Standbild verliebte"*.[16]

Es wird wohl auch kein Zufall sein, daß 1590, wenige Jahre nachdem sich mehrere reiche, südniederländische Kaufleute in Bremen niedergelassen hatten, in der oberen Halle des Schütting, dem Haus der Bremer Kaufmannschaft, ein Bild der symbolträchtigen Schlacht bei Drakenburg von 1547 angebracht wurde, in der die Protestanten einen Sieg über die katholischen Truppen des Habsburger Kaisers Karl V., dem Vater des spanischen Königs Philipp II., errungen hatten.[17]

Vermutlich war Andries van der Meulen auch beteiligt, als Graf Simon VI. zur Lippe aus dem Nachlaß des 1600 in Leiden verstorbenen Daniel van der Meulen Bücher für seine Bibliothek in Schloß Brake erwarb. Daniel hatte eine für damalige bürgerliche Verhältnisse ganz außergewöhnlich große Bibliothek, die etwa 1.200 Bände umfaßte. Die Bücher, die der lippische Graf durch Vermittlung von Christoph Pezelius im Jahre 1601 erwarb,[18] wurden nach dem Kauf von Bremen nach Varenholz, der einzigen lippischen Zollstelle an der Weser, gesandt, d. h. sie wurden auf Schiffen den Fluß hinauf transportiert.[19] Da sich ein gedruckter Katalog der Bibliothek in den Papieren seines Bruders Andries im Archief Utrecht erhalten hat,[20] können die aus der Sammlung Daniels stammenden Bände der Bibliothek Simons VI. heute in der Landesbibliothek Detmold identifiziert werden.[21]

Allerdings bleibt der Aufenthalt in Bremen für die Van der Meulens, wie für viele andere Emigranten aus den Niederlanden, nur eine Episode in der Familiengeschichte. 1605 zog Andries mit seiner Familie nach Utrecht, wo sie in den folgenden Jahrhunderten zum Patriziat gehörte.[22]

Thomas Fusenig

Literatur: Briels 1987, S. 36, Abb. 21; Kat. Antwerpen 1993, S. 286–287, Kat. 142.

12 Mit der Familie Van der Meulen und Malapaert kam auch Claude Herlin aus Antwerpen nach Bremen; Prange1963, S. 235.
13 Vgl. Kat. 48.
14 Vgl. Kat. 60.
15 Daniel van der Meulen trug 1589 einen griechischen Vers in das Stammbuch des durchreisenden Theologen Hans Poulsen Resen ein (siehe Kat. 80).
16 Deutsche Übersetzung nach Keussen 1908, S. 44.
Zu Buchelius vgl. oben S. 206. Daß es sich bei dem bei Buchelius irrtümlich genannten *„Johannes Molinaeus"* um Daniel van der Meulen (latinisiert: Molinaeus) handelt, erweist sich durch den Inventarvermerk von Daniels späteren Haus an der Rapenburg-Gracht in Leiden; Lusingh Scheurleer, Willemijn Fock, Dissel 1986, Bd. 1, S. 281 und S. 322:
„schoon heerlic stuc van een Italiaensche Vrouwe zeer constich gemaect van een onbekend meester"
(Boedelinventaris van Daniel van der Meulen, 1600–1601; Gemeentearchief Leiden, Archief Van der Meulen, nr. 68).
Seit den 1580er Jahren unterhielt der Kaufmann direkte Kontakte mit Italien; Jongbloet-Van Houtte 1986, S. XLIII.
17 Vgl. Kat. 62.
18 Altenhöner 1992, S. 29. Vgl. Hellfaier 1986, S. 11. Zur Auktion der Bibliothek in Leiden vgl. Kernkamp 1940 und Jongbloet-Van Houtte 1986, S. LXXI–LXXIII. Allerdings hatte Daniel van der Meulen bereits 1591 bei seinem Umzug nach Leiden Pezel Bücher hinterlassen (S. LXXX, Anm. 366).
19 Vgl. StA Detmold, L 16 OP, Nr. 1: Briefe vom 14. 7. 1601 (mit Nachtrag vom 19. 7.) und 22. 8. 1601.
20 Inventaris 57 *„familie van der muelen"*, Nr. 38: Catalogus Librorum Bibliothecam Domni Doctissimique viri, piae memoriae D. Danielis Van der Meulen [...], Leiden 1600.
21 Ein Stichprobenvergleich auf S. A 2 r. lieferte sechs mögliche Entsprechungen, auf S. B r. fünf mögliche Entsprechungen.
22 Vgl. Coumans/Hokke 1984. Freundlicher Hinweis von Renger de Bruin (Utrecht).

80

Brief des Andries van der Meulen an Graf Simon VI. zur Lippe
18. Februar 1598

dat. 18. Februar 1598
Tinte auf Papier
Nordrhein-Westfälisches Staatsarchiv Detmold, Inv. L 44, 3/2 (Konvolut 1598)

Seit 1595 erwarb Graf Simon VI. zur Lippe in den Niederlanden regelmäßig Gemälde für Kaiser Rudolf II. (1576–1612), der die Bedeutung der höfischen Kunstsammlung in Zentraleuropa auf eine neue Stufe hob. Die Kunstkäufe belegen sinnfällig die Rolle des Weserraums als kulturelles Bindeglied des Heiligen Römischen Reiches an die calvinistisch geprägten nördlichen Niederlande. Sie zeigen zudem, welche praktischen Schwierigkeiten zu überwinden waren, um den exklusiven höfischen Kunstgeschmack zu befriedigen. Neben lückenhaften Dokumenten zu verschiedenen Kunstkäufen Simons VI. im Staatsarchiv Detmold sind die Schreiben des in Bremen ansässigen Kaufmanns Andries van der Meulen an seinen Bruder Daniel in Leiden besonders interessant, um die Erwerbungen des Grafen zu rekonstruieren. Sie haben sich in Daniels Briefnachlaß im Gemeentearchief Leiden erhalten.[1] Graf Simon VI. beauftragte Andries van der Meulen mit der Suche nach Gemälden. Darüber hinaus wird die Tätigkeit des lippischen Grafen als Kunstagent des Kaisers in Carel van Manders Buch über niederländische Künstlerbiographien mehrfach erwähnt, das 1604 in Amsterdam erschien.[2]

Das erste Mal befaßte sich Graf Simon VI. zur Lippe mit Kunstkäufen für Rudolf II. im August 1595. Zuvor hatte er an einer kaiserlichen Gesandtschaft in die Niederlande teilgenommen. Im März 1595 war ihm das Amt des Kreisobristen für den Niederrheinisch-Westfälischen Reichskreis angetragen worden, das er im November übernahm.[3] Der kaiserliche Sekretär Barvitius aus Prag teilte dem lippischen Grafen mit, daß der Kaiser an der Beschaffung von *„schöne[n] und khunstliche[n] Gemähl"* in Amsterdam und Utrecht Interesse habe.[4] Der in niederländischen Diensten stehende General Graf Philipp von Hohenlohe (1550–1606)[5] sollte Simon VI. bei der Beschaffung der Bilder helfen. Am 22. Februar 1596 meldete Simon VI. seinen Erfolg brieflich nach Prag, von wo sich der Kaiser für den Erhalt zweier Gemälde am 20. Mai 1596 bedankte.[6] Die ersten Gemäldeerwerbungen fallen also in eine Zeit, in der sich der krypto-calvinistische Graf dafür entschied, reichspolitisch mit dem katholischen Kaiser aus dem Hause Habsburg zusammenzuarbeiten.

Bereits am 26. Mai 1596 schrieb Graf Simon seinen ersten Brief an *„N. [sic] van der Mölen zu Bremen"*. Damit ist der aus Antwerpen stammende, in Bremen ansässige Kaufmann Andries van der Meulen gemeint (vgl. Kat. 80). Simon VI. beauftragte ihn mit der Suche nach niederländischen Gemälden: *„Und weil die Röm[isch] Kay[serliche] May[estät] unser allergnedigster her dieser tag uns zu erkennen geben das etliche stueck mahler in hollandt als nemblich under ander hieronymus Bosch, Lange Pitr, Antonius Blocklandt, und Lucas von holland etlich malweck und sonderlich Kunststueck zue geschengt haben sollen ... So begehrn wir gonstiglich, wollen mit vleis euch erkundigen, ob ir nicht derselbige kunststueck zu wege zu bringen vermöchte ..."*.[7]

1 Erstmals ausgewertet bei Roosbroeck 1970, der mit mehreren seiner Arbeiten das Thema gestreift hat; Roosbroeck 1968, S. 216–217; Roosbroeck 1972, S. 110. Vgl. nun auch den ersten Band der geplanten vollständigen Edition der Briefe Jongbloet-Van Houtte 1986.

2 Vgl. Kat. 70. Zur detaillierten Rekonstruktion der Erwerbungen ist ein Artikel des Verfassers in Vorbereitung.

3 Arndt 1998, S. 116–119.

4 Brief vom 10. 8. 1595; StA Detmold, L 44, Nr. 3/2 Konvolut 1595 (Barvitius an Simon VI.). Die Sichtung der Prager Korrespondenz und Transkription der Briefe im Staatsarchiv Detmold hat Stefan Ehrenpreis (Berlin) vorgenommen. Seine Suche nach einer Gegenüberlieferung im Geheimen Staatsarchiv in Wien war ergebnislos.

5 Von Hohenlohe hatte ihn 1591 in Schloß Brake besucht; Arndt 1998, S. 118.

6 L 44 3/2 Konvolut 1596 (Simon VI. an Barvitius, 22. Februar 1596, Rudolf II. an Simon VI., 20. Mai 1596).

7 L 44 3/2 Konvolut 1596 (Simon VI. an Van der Meulen, Konzept, 26. Mai 1596, Kopie).

Genannt werden die vier niederländischen Maler Hieronymus Bosch (um 1450–1516), Pieter Aertsen (genannt Langer Pieter, 1508–1575), Anthonie van Montfoort Blocklandt (1532–1583) und Lucas van Leyden (genannt Lucas von Holland, 1494–1533). Der Kaufmann schrieb daraufhin am 4. Juni 1596 aus Bremen an seinen Bruder Daniel nach Leiden, wie zuvorkommend sich der Graf um ihn bemüht habe, und nannte ihm auch die Künstler, nach deren Gemälde der Graf in kaiserlichem Auftrage suchte.[8] Er bat Daniel, sich in Leiden und Amsterdam umzuhören und ihn die Ergebnisse wissen zu lassen. Andries erwähnt im nächsten Brief vom 7. Juni, daß er auch Johan LeBlon in Antwerpen, Hans Schott in Middelburg und Baptista Oijens in Amsterdam gebeten habe, Ausschau zu halten.[9] Auch der südniederländische Schwager François Pierens, der seit 1592 in Bremen wohnte, sollte in dieser Sache eingeschaltet werden.[10] Mit diesen Geschäftspartnern, Agenten und Familienangehörigen stand der Kaufmann in ständigem Briefkontakt. Andries van der Meulen fungierte in seiner Handelskompagnie als Sammler von Waren- und Preisinformationen aus ganz Europa und leitete sie mit entsprechenden Empfehlungen an seine Geschäftspartner weiter. Ebenso verfuhr er beim Auftrag des lippischen Grafen.

Die Resultate der Nachforschungen wurden im September 1596 von Graf Simon VI. nach Prag weitergegeben. In einem Bericht des lippischen Agenten Dr. Knaust aus Prag heißt es am 24. September 1596, daß der lippische Höfling Dietrich von Exter ein Verzeichnis von Bildern überreicht habe.[11] In Prag scheint noch ein neuer Name auf die kaiserliche Wunschliste gekommen zu sein: Cornelis Vroom (1566–1640), ein berühmter Spezialist für Seestücke, der in Haarlem wohnte.[12] Andries van der Meulen veranlaßte im Auftrag des lippischen Grafen im November die Bestellung bzw. den Kauf dreier Bilder Vrooms, von denen zwei bereits vor dem 1. Dezember verschifft wurden, jedoch am 16. Dezember 1596 noch nicht in Bremen eingetroffen waren.[13] Im weiteren Verlauf der Korrespondenz zwischen den Van der Meulen-Brüdern ist von Bildern Joachim Dosmerts (gemeint ist wohl Joachim Beuckelaer, um 1533–1574) und Pieter Aertsens die Rede.[14] Im Jahr 1597 wird von einem kleinen Bild von Hieronymus Bosch und einer Kreuzigung von Jan Gossaert, genannt Mabuse (um 1472–um 1533), gesprochen. Der Graf scheint zufrieden gewesen zu sein, denn er ließ dem Kaufmann am 2. Oktober 1597 ein Stück Wildpret und einen lobenden Begleitbrief übergeben.[15]

Am 2. Dezember 1597 schrieb Andries van der Meulen an den Grafen, daß er einen Hl. Sebastian und eine kleine Geburt Christi übersenden wollte, aber *„ist darentwyschen der frost eingefallen, das die Schiff nicht vahrnn kundt, ich also vorhindert bin worden, dieselbe vortzuschiken."*[16] Die Bilder sollten also von Bremen die Weser hinauf verschifft werden, konnten aber wegen des winterlichen Eisgangs nicht transportiert werden.

8 Gemeentearchief Leiden, Inv. 593,5 Brief 44 (4. Juni 1596): *„Is hij [Graf Simon VI.] op mij begeerende dat Ich soude by eenighen mijne vriende wullen vernemen wat voor stucken datten te becomen syn tße van hieronymus bosch Langhen Pier Antoni blocklant, Lucas van hollant, oft andere besondere Meester, tot war pryse, wat groote dat se hebben, wat historien of Lantschappen datrh of syn, oftse op doeck oft op pineel gemaecke syn, ende dierghelycke onderichtingen"*.

9 Zu diesen Personen vgl. Jongbloet-Van Houtte 1986, S. LXIX et passim.

10 Gemeentearchief Leiden, Inv. 593,5 Brief 45 (7. Juni 1596); Roosbroeck 1970, Sp. 36 (Zusammenziehung der beiden Briefe unter dem Datum des 7. Juni). Vgl. zu Pierens in Köln, der die Schwester Anna von Andries van der Meulen geheiratet hat, Jongbloet-Van Houtte 1986, S. XXIX et passim.

11 L 44 3/2 Konvolut 1596 (Dr. Knaust an Simon VI. am 24.9.1596).

12 Gemeentearchief Leiden, Inv. 593,5 Brief 77 (19. Oktober 1596): Der Graf wollte von Andries, *„dat Ick hem vor deerste 5 stucke schildern soude coopen laten. namelyck 1 van hieronimus bosch 1. von alten verlangst verstor(v)ende Langen Pier [...] 1 stuck van M(eeste)r Antonius block landen 1 kunst stuck van M(eeste)r Lucas van hollant, ende 2 kunststucken van vroom, de tot haerlem woont, ende vande water ende schepen affreissinge groot meester is ..."*.

13 Roosbroeck 1970, Sp. 39–40; Jongbloet-Van Houtte 1986, S. LXXV–LXXVI.

14 Roosbroeck 1970, Sp. 40 und Sp. 41–42, Anm. 20.

15 L 44 3/2 Konvolut 1597 (Simon VI. an Van der Meulen, 2. Oktober 1597). Am 19. Oktober 1596 schreibt Andries an seinen Bruder Daniel van der Meulen nach Leiden: *„Der Grave Vander Lippe thoont mij grote vrientschap"*. Er habe ihm vor einigen Wochen mit dem eigenen Wagen einen jungen *„peerden"* (Hirsch ?) übersandt, der 200 Pfund gewogen habe, und ihm auch sonst viele Höflichkeiten erwiesen; Gemeentearchief Leiden, Inv. 593, 5 Brief 77 (19. Oktober 1596); Roosbroeck 1970, Sp. 37–38.

16 L 44 32 Konvolut 1597 (Van der Meulen an Simon VI. am 2. Dezember 1597).

Pieter Brueghel: Dulle Griet,

Antwerpen, Museum Mayer van den Bergh

Der in der Ausstellung gezeigte Brief von Andries van der Meulen an Simon VI. stammt vom 18. Februar 1598. Van der Meulen berichtete, daß er in Bremen eine Geschichte Nabals (1 Sam. 25, 23–38) für 175 Reichstaler erworben habe. Falls dem Grafen damit gedient sei, könne er sie kaufen, andernfalls wolle der Kaufmann sie selber behalten. Zudem habe er eine Kaufoption für ein zweites Bild in Bremen, das die Anbetung der hl. drei Könige zeigt. Mit Mühe habe er erreicht, daß der Kaufmann Lempereur[17] ihm das Bild für vierhundert brabantische Gulden zusammen mit *„ein klein Stucklein dabey von zwey personen eines Bauers, und Bauerinnen gar kunstreich gemacht"* zugesagt habe. Bestehe Interesse, so müsse man sich allerdings in Bälde entscheiden, da Lempereur seinen Umzug nach Holland vorbereite und bereits begonnen habe, seine Möbel zu verschicken.[18] Lempereur sei sowieso eher geneigt, das Bild zu behalten, als es für den vereinbarten Preis zu verkaufen. Am Schluß des Schreibens kommt Van der Meulen noch auf den Transport des Gemäldes mit der Darstellung eines Hl. Sebastian und der kleinen Geburt Christi zu sprechen, die er im Sommer zuvor in den Niederlanden erworben hatte: *„Gestriges Tags aber hab ich es einem Schiffman Cordt Eiser, ingegeben undt an eure Gnaden Amptman Zu Varnholtz Friedrich zu der Stroidt Verschrieben ..."*. Danach listet er Transport-, Versicherungs- und Verpackungskosten für die Versendung aus den Niederlanden auf, die sich insgesamt auf etwas mehr als 135 Gulden beliefen.

1598 ist im Briefwechsel des Grafen mit dem Bremer Kaufmann unter anderem wieder von Bildern von Hieronymus Bosch und Aertsen die Rede. Ungewöhnlich genaue Angaben macht Van der Meulen zu einer Gemeinschaftsarbeit von Gillis (?) Mostaert (um 1534–1598) und dem Figurenmaler Marten van Cleve (1527–1581 oder um 1560–nach 1604): *„Da war noch ein sehr schon stück vorhanden von der Historie von Nabal, und landschaft ist gmacht durch Mustard und die Person von Marten van Cleve"*. Das Bild sei ungefähr fünf Fuß breit und vier Fuß hoch (Verhandlungsbasis 550 Gulden, Gebot 400). Was aus den Optionen geworden ist, ist den Briefen nicht zu entnehmen. Es kam jedoch sicher zu weiteren Käufen, denn am 23. Dezember 1598 und 20. März 1599 bedankt sich Barvitius im Namen des Kaisers bei Graf Simon VI. für Gemälde.

Die verschiedenen Dokumente sind nicht nur wegen ihrer Angaben zu Künstlern aufschlußreich, sondern auch, weil sie Informationen zu den konkreten Transportwegen, zu Preisen und zu den Kriterien liefern, nach denen Bilder beurteilt wurden. Selbst die erfolglosen Kaufversuche des Grafen sind interessant. In einem Brief Simons VI. an den Kaiser vom 23. Juni 1600, in dem er ihm die Übersendung von Magneten ankündigte, vermerkte der Graf, daß er sich um ein Bild *„der tollen greisin"* bemüht habe, das er aber nicht erwerben konnte, weil es die Kaufleute in Emden bereits erstanden hätten. Sie würden es dem Kaiser in Bälde übersenden.[19] Es handelt sich wohl um das berühmte Bild von Pieter Brueghel (um 1525/30–1569) *„Dulle Griet"* (*„Verrückte Grete"* im Mayer van den Bergh-Museum in Antwerpen).[20] Die Provenienz des Bildes aus der Sammlung Rudolfs II. war bisher nicht unumstritten, kann aber aufgrund der Erwähnung in dem Brief von Simon VI. als gesichert gelten. Die Kaufleute in Emden hatten übrigens gute Gründe, den Kaiser durch ein solches Geschenk gnädig zu stimmen, denn die Stadt Emden lag mit den ostfriesischen Landesherren in dauerndem Streit. Simon VI. war der kaiserliche Gesandte, der diesen Konflikt schlichten sollte.

17 Zu diesem bedeutenden Kaufmann vgl. Jongbloet-Van Houtte 1986, passim.

18 Jongbloet-Van Houtte 1986, S. LXI datiert den Umzug von Lempereur nach Utrecht auf Juni 1598; vgl. S. XCIX.

19 L 44 3/2 Konvolut 1600 (Simon VI. an Kaiser Rudolf II., 23. Juni 1600).

20 Vgl. Falkmann 1887, S. 139. Zum Gemälde vgl. Coo 1978, S. 32–40.

21 L 44 3/3, Bd. 2, Briefe vom 15. Mai 1602 (Simon VI. an Barvitius), 15. Mai 1602 (Simon VI. an den kaiserlichen Kammerdiener Markofski), 18. Mai 1602 (Hans von Aachen an Simon VI.); L 44 3/3, Bd. 3, 12. Juni 1602 (Hans von Aachen an Simon VI.); Falkmann 1902, S. 150; Hermesdorf u. a. 1979, S. 327, S. 402, Anm. 65, und S. 411–413, Dokumente 3–7.

22 Falkmann 1902, S. 150–151; vgl. besonders Hermersdorf u. a. 1979, S. 413, Dokument 7.

23 Falkmann 1902, S. 150–151; vgl. Bok 1996, S. 147–148, S. 162 et passim.

Nach 1598 scheint Simon VI. seine Kunstkäufe in den Niederlanden ohne Andries van der Meulen weiter betrieben zu haben. 1602 war der lippische Graf an dem Versuch beteiligt, das Hauptwerk des Lucas van Leyden, das *„Jüngste Gericht"*, das sich zu diesem Zeitpunkt im Rathaus von Leiden befand, für den Kaiser zu erwerben.[21] Trotz aufsehenerregender Einschaltung aller politischen Verbindungen scheiterte das Vorhaben an einigen niederländischen Künstlern, besonders dem berühmten Kupferstecher Hendrik Goltzius (1558–1617) aus Amsterdam und dem Maler Carel van Mander (1548–1606).[22] Goltzius war dem Grafen – wie sich 1603 herausstellte – bereits beim Kauf eines anderen Bildes von Lucas van Leyden zuvorgekommen. Durch Johan van Rijswijk, einen niederländischen Militäringenieur, der für Simon VI. in Lippe tätig war, erfuhr Simon VI. im gleichen Jahr auch von der umfangreichen Sammlung des Münzmeisters Melchior Wijntgis in Middelburg.[23]

Lucas van Leyden, Das Jüngste Gericht, Stedelijk Museum De Lakenhal Leiden

Antwerpen, Museum Mayer van den Bergh

Möglicherweise ist die Bestallung des Malers Johannes Tilmann (gestorben 1617) am Lippischen Hof im Jahre 1599 ein zusätzlicher Grund dafür, daß Graf Simon sich für weitere Kunstkäufe nicht mehr auf die Vermittlung von Andries van der Meulen stützte.[24] Graf Simon VI. schickte Tilmann vermutlich bereits 1602 in die Niederlande, um zum Verkauf stehende Gemälde ausfindig zu machen. 1603 war Tilmann wieder in den Niederlanden. In einem Brief vom 7. Juni 1603 aus Amsterdam[25] erwähnte er, daß er zwei bestimmte Gemälde *„so Ihro Kaiserliche Mayestet durch Hans von Aachens Schreiben allergnedigst begerendt sein"*, zu erhandeln versucht habe. Simon VI. wurde demnach auf genaue Anweisungen aus Prag hin tätig. Dabei spielte der kaiserliche Maler Hans von Aachen (1552–1615)[26] eine besondere Rolle. Eines der Gemälde von Lucas van Leyden könne er, so berichtet Tilman weiter, bei Hendrick Goltzius kaufen. Es sei jedoch schlecht erhalten und sehr teuer (1.000 kaiserliche Gulden), weshalb er vom Kauf abrate. Das zweite in Amsterdam befindliche Gemälde sei besser erhalten, wenn es auch *„nicht so gar ohne Schaden [ist], dan es alt und was gelblicht anzosehen"* sei (1.500 kaiserliche Gulden). Auch dies schien Tilmann keine gute Wahl zu sein, er stellte aber Simon VI. die Entscheidung anheim. Aus Bemerkungen im Schilder-Boek von Carel van Mander (1604) läßt sich erschließen, um welche Bilder es sich handelt: *Die Blindenheilung* (Eremitage, St. Petersburg) und *Die Anbetung des Goldenen Lammes* (Rijksmuseum Amsterdam).[27] Auf Anweisung des Kaisers sollte auch ein *„Singow [Signor?] Knotter"* angesprochen werden, *„ob er etwas ahn Ihro Mayesteit uber zo senden hette"*. Es handelt sich wohl um den bei Van Mander erwähnten Jan Adriansz. Knotter (um 1571–1623), der im Besitz eines weiteren Bildes von Lucas van Leyden, *Rebekka und der Knecht Abrahams*, war.[28]

24 Thieme-Becker, Bd. 23, S. 168. Die einzig gesicherten Gemälde sind zwei monogrammierte Gemälde in Schloß Detmold von Graf Simon VI. und seiner Frau Elisabeth, geb. Holstein-Schaumburg; Lemgo 1967, S. 95, beschnittene Abb. S. 175 und 177. Die Herkunft des Malers (aus den Niederlanden?) ist nicht bekannt. Tilmann hatte 1596 das Bremer Bürgerrecht erworben, obwohl er als Beiwohner in Lemgo wohnhaft war. Er war spätestens 1595 mit Anneke, der Tochter von Bonaventura Borchgreving, verheiratet (Hoppe 1981, S. 53, S. 81, Nr. 2853, S. 82, Nr. 2869, besonders S. 84, Nr. 2920). Borchgreving war seit 1588/89 Hofmusiker in Brake. Der 1601 in Lemgo geborene Sohn, Simon Peter Til(e)man (1601–1668/1670), arbeitete später für einige Jahre in den Niederlanden sowie Italien und war anschließend lange Jahre in Bremen ansässig; Beutin 1950.

25 L 44 3/3, Bd. 4, 07.06.1603 (nur im Findbuch vermerkt); Falkmann 1902, S. 151; Kiewning 1903, S. 142–144 (vollständige Transkription); Nichols 1991–92, S. 95 (unvollständige Wiedergabe).

26 Vgl. dazu Peltzer 1912.

27 Mander/Floerke 1604/1991, S. 74–77.

28 Mander/Floerke 1604/1991, S. 77. Zu Knotter vgl. Bok 1996, S. 156.

Tilmann bespricht in dem Brief vom Juni 1603 auch die Schwierigkeit, ein Gemälde von der Hand des Hendrick Goltzius zu erwerben, der erst vor kurzem zu malen angefangen habe. Es gäbe ein Bild, das im Moment von dem Stiefsohn des Goltzius, Jacob Matham (1571–1631), gestochen werde. Wenn dieser Stich vollendet sei, könne er das Bild kaufen. Allerdings sei der Preis sehr hoch und es werde noch einige Wochen dauern, bis er das Gemälde mit nach Brake bringen könne. Es handelt sich um das Gemälde Christus als Schmerzensmann zwischen zwei Engeln (Museum of Art, Rhode Island School of Design, Providence).[29] Der Stich von Matham war die früheste Reproduktion nach einem Gemälde von Goltzius.[30] Tilmann hat das Bild erwerben können, denn Van Mander vermerkt in seiner Lebensbeschreibung des Goltzius, daßsich das Bild im Besitz des Grafen zur Lippe befinde oder bei Kaiser Rudolf II.[31] Vielleicht brachte er auch eines der Bilder von Lucas van Leiden mit.

Die treibende Kraft hinter Graf Simons Kunstkäufen in den Niederlanden war der Wunsch, Kaiser Rudolf II. nicht nur politisch, sondern auch in persönlichen Interessen zu Diensten zu sein. Dies wurde dann letztendlich mit bedeutenden Ämtern am Prager Hof, der Ernennung zum Reichshofrat und zum kaiserlichen Kammerherrn, belohnt. Die Kunstkäufe blieben für den Weserraum aber auch kulturell nicht ohne Wirkung. Simon VI. erwarb für seine eigene Sammlung ein bedeutendes Bild von Abraham Bloemaert (Kat. 77) und zeigte in den Gemälden von eigener Hand, daß er mit der aktuellen niederländischen Kunst, die am Prager Hof geschätzt wurde, vertraut war (Kat. 76). Es ist wohl kein Zufall, wenn sein Gemälde *Aktäon wird in einen Hirsch verwandelt* einem Stich von Jacob Matham folgt,[32] dem das Goltzius-Bild abgekauft worden war. Seine *Herodias tanzt vor Herodes* wurde nach einem Entwurf von Carel van Mander gemalt.[33] Der Weserraum ist um 1600 aus höfischer Sicht beinahe eine künstlerische Provinz der nördlichen Niederlande.

Der soeben genannte Carel van Mander weiß 1604 von einem außerordentlich wichtigen Ankauf des lippischen Grafen zu berichten, der sich in den archivalischen Quellen nicht nachweisen läßt. Die Stelle bei Van Mander läßt erahnen, wie lückenhaft die Überlieferung in den Archiven ist: *„Das oben erwähnte Ecce homo-Bild [von Joachim Beuckelaer] dürfte sich im Besitze des Kaisers befinden. Es wurde von Jacob Rauwert [aus Amsterdam], wenn ich mich nicht irre, an den Grafen Lippe verkauft, zusammen mit einem Fruchtmarkt von Beuckelaer, den „Vier letzten Dingen" von Heemskerck [heute in der Royal Collection, Hampton Court], einer Sintflut, ebenfalls von Heemskerck ... und endlich die Darstellung der Szene aus dem Perseusmythus, da das Volk in Stein verwandelt wird, von Dierick Barentsz., – alles zusammen für die Summe von ungefähr 1000 Pfund Vlämisch, was für so hervorragende Werke eher zu wenig als zu viel war."*[34]

Thomas Fusenig

Literatur: Falkmann 1887, S. 137; Falkmann 1902, S. 149–151; Roosbroeck 1970; Jongbloet-Van Houtte 1986, S. LXXV–LXXVI; Bok 1996, S. 156–157 et passim.

29 Miedema 1991–92, S. 60-61, Abb. 27.
30 Widerkehr 1991–92, S. 244, Abb. 157.
31 Mander/Floerke 1604/1991, S. 342.
32 Illustrated Bartsch, Bd. 4 (früher 3, 2), S. 169 (nach Paulus Moreelse). Vgl. S. 271 in diesem Kat.
33 Illustrated Bartsch, Bd. 4 (früher 3,2), S. 428 (gestochen von Jan Saenredam).
34 Mander/Floerke 1604/1991, S. 172–174; zu Rauwert vgl. Bok 1996, S. 148, S. 159 et passim.

Der Schmerzensmann (Christus auf dem kalten Stein),
Kupferstich von Jacob Matham nach Hendrick Goltzius

Graf Ernst und Gräfin Hedwig zu Holstein-Schaumburg

Hans Rottenhammer (1564–1625) und Werkstatt
1612

Öl auf Leinwand
je 129 x 125 cm
Schloß Bückeburg, Fürstliche Hofkammer

Graf Ernst wurde am 24. September 1564 als fünfter und jüngster Sohn des Grafen Otto IV. von Holstein-Schaumburg (1517–1576) geboren, der als Obrist mehrfach im Dienst des spanischen Königs Philipp II. gestanden hatte.[1] Nach einem kurzen Studium an der protestantischen Universität Helmstedt im Gefolge eines Braunschweiger Prinzen[2] ermöglichte sein Schwager und Vormund Graf Simon VI. zur Lippe dem damals mittellosen Waisen 1590 bis 1591 eine Kavaliersreise durch Deutschland und nahm ihn in den Jahren 1591 bis 1592 auf eine kaiserliche Gesandtschaftsreise nach Brüssel mit.[3] 1593/1594 führte den jungen Grafen eine Reise nach Italien bis nach Malta. Mit Hilfe Simons VI. rang Erich seinem regierenden Stiefbruder Adolf XIV. einen kleinen Teil des Territoriums als Herrschaft ab, so daß er 1597 Hedwig von Hessen, eine Schwester des hessischen Landgrafen Moritz, heiraten konnte.[4] Nachdem Adolf XIV. und dessen Sohn im Jahre 1601 überraschend starben, übernahm Ernst die Regierung von Holstein-Schaumburg. Er reformierte Verwaltung und Wirtschaft und baute Bückeburg zu einer glanzvollen Residenz aus. 1610 richtete er in Stadthagen ein Gymnasium illustre ein, das 1620/21 nach Rinteln verlegt und in den Stand einer Universität erhoben wurde. 1615 nahm er den angesehenen Gelehrten und Staatsrechtler Melchior von Goldast als Rat in seine Dienste.[5] In den Jahren 1615 bis 1616 unternahm er eine weitere Italienreise. 1619 erreichte er durch Kaiser Ferdinand II. die Erhebung in den Fürstenstand. Er starb am 17. Januar 1622 ohne leibliche Nachkommen.

Fürst Ernsts Gattin Hedwig stammte aus dem angesehenen Hause Hessen-Kassel und war die Tochter des hochgebildeten Landgrafen Wilhelm IV., der den Beinamen „der Weise" trug. Wilhelm IV. pflegte an seinem Hof vor allem die Astronomie und Botanik. Er legte auf die gründliche Ausbildung seiner Kinder großen Wert. Seinem Sohn und Nachfolger Moritz wurde der Beiname „der Gelehrte" beigegeben.[6] Fürstin Hedwig teilte offenbar die ästhetischen Vorlieben ihres Mannes und ließ das gemeinsame Mausoleum in Stadthagen vollenden.

Der Maler Hans Rottenhammer stammte aus München, war allerdings seit Mitte der 1580er Jahre in Rom und anschließend in Venedig tätig. 1606 zog er von Venedig nach Augsburg um. Bereits ein Jahr zuvor hatte er von Graf Ernst Zahlungen für Gemälde erhalten, die in eine Decke eingesetzt werden sollten.[7] Rottenhammer verbrachte den Sommer 1609 in Bückeburg und wurde mit weiteren Deckenbildern für die Residenz betraut.[8] Von diesen Arbeiten haben sich die *Vier Elemente* im Goldenen Saal des Bückeburger Schlosses erhalten.[9] Der Maler war auch schon in Italien als Kunstagent für Kaiser Rudolph II. tätig gewesen und stellte für Graf Ernst Kontakte mit Künstlern von europäischem Rang her. Durch seine Vermittlung erteilte Graf Ernst unter anderem dem Bildhauer Adriaen de Vries (1556–1626), der auch für den Prager Kaiserhof arbeitete, Aufträge.[10]

1612 hielt sich Rottenhammer zum zweiten Mal in Bückeburg auf. Das Ausgabenbuch von Graf Ernst vermerkt bei dieser Gelegenheit: *„Rodtenhammer ankommen den 9 Septembris Anno 1612. [...] Vorehrung 200 fl. = 234 Thaler für zweyn Conterfey Jedes zu 100 fl. = 234 Thaler."*[11] Rottenhammer hatte also zwei Bildnisse mitgebracht und erhielt jeweils 100 Gulden als *„Verehrung"*. Der Eintrag läßt sich auf zwei Bildnisse von Graf Ernst und seiner Gattin Hedwig beziehen, die sich noch heute in Bückeburg befinden.[12] Es handelt sich um die einzigen bekannten Bildnisse aus Rottenhammers Werkstatt. Auch bei dieser ungewohnten Aufgabe griff Rottenhammer auf jene venezianischen Vorbilder zurück, die sein Werk prägen: Jacopo Tintoretto (1519–1594) und Paolo Veronese (1528–1588).[13] Der Fensterausblick im Hintergrund und der aufwendig drapierte Vorhang entsprechen Versatzstücken, die sich wiederholt in Bildnissen Tintorettos finden.[14] Die Farbigkeit mit aufgehellten und klaren Tönen folgt dagegen eher Veronese. Als weiterer Bestandteil seiner Malweise, der sich in den Bildnissen niederschlägt, sei auf die feinmalerische Tradition verwiesen, die Rottenhammer seiner Begegnung mit Jan Brueghel dem Älteren in Rom verdankt. Der Anspruch des Grafen auf angemessene Repräsentation zeigt sich in der selbstbewußten Haltung, den sorgfältig wiedergegebenen kostbaren Stoffen und Stickereien[15] und dem demonstrativ gezeigten Fürstenhut unterm Arm, der zeigt, daß er bereits zu diesem Zeitpunkt Anspruch auf diesen Titel erhob.[16]

Kat. 81: Graf Ernst von Holstein-Schaumburg

Kat. 81: Gräfin Hedwig von Holstein-Schaumburg, geborene Landgräfin zu Hessen

Graf Ernst besaß nicht nur auf dem Gebiet der Malerei italienisch beeinflußte Vorlieben, sondern auch in musikalischer Hinsicht und im Hinblick auf die Anlage von Gärten.[17] 1621 kamen in Hamburg acht Marmorsäulen und sechs Kisten mit Bildern aus Venedig an. Graf Ernst schrieb an seinen Amtmann in Pinneberg, daß diese Sachen nicht, wie ursprünglich geplant, per Schiff nach Bremen transportiert werden sollten (*„die weiter auf der See zutragen bedenknuß"*). Dort wären sie zweifellos auf Weserschiffe verladen worden, um den Fluß hinauf gebracht zu werden. Nach sorgfältiger Verpackung und Verstauung sollten die Säulen stattdessen via Lüneburg nach Stadthagen, die Bilder nach Bückeburg gebracht werden.[18] Ein bezeichnendes Detail für das Interesse des Grafen an Italien ist die Rede, die Aemilius Portus (1550–1614/15) im November 1612 am Stadthagener *Gymnasium illustre* hielt. Der gerade als Lehrer für Französich, Italienisch und Griechisch berufene Portus hielt eine *„Oratiuncula De variarum Linguarum necessaria cognitione"* (Kurze Rede über die notwendige Beherrschung verschiedener Sprachen). Die lateinische Ausgabe der in Stadthagen 1613 gedruckten Schrift war dem Buchliebhaber Ludolf von Münchhausen gewidmet.[19] Die im gleichen Jahr erschienene italienische Übersetzung enthält hingegen die Widmung *„IL SIGNOR ERNESTO Conte d'Holsatia, di Schaumburg, e Sternberg..."*.[20]

Thomas Fusenig

Literatur: (zu Fürst Ernst zu Holstein-Schaumburg)
Bei der Wieden, H. 1994;
(zu Rottenhammer) Schlichtenmaier 1988.

1 Zu Otto IV. vgl. Neukirch 1914/1939, Teil 2, S. 11, und Angermann 1989, S. 12.
2 Henze 1991, S. 55–94.
3 Zu Graf Simon VI. vgl. Kat. 80.
4 Zu Landgraf Moritz von Hessen vgl. Kat. Lemgo 1997.
5 Vgl. Kat. 65.
6 Vgl. allgemein Kat. Lemgo/Kassel 1997–98, besonders S. 35.
7 Habich 1969, S. 22–23, Anm. 52.
8 Habich 1969, S. 24, S. 152.
9 Peltzer 1916, S. 304; Habich 1969, S. 152.
10 Vgl. Kat. 82.
11 StA Bückeburg, Des. L 1, V Cr Nr. 30 F [alte Sigle], fol. 339; zit. nach Habich 1969, S. 22–23, Anm. 52; zur Quelle S. 13–14.
12 Erstmals vorgeschlagen von Habich 1969, S. 24, Anm. 54; Bruck 1917, S. 20 (Anton Boten zugeschrieben), Abb. 12 und 13.
13 Zur Kombination der künstlerischen Vorbilder vgl. Ewing 1986, S. 66-80. Rottenhammer kann um 1600 als das bedeutendste künstlerisches Bindeglied zwischen Venedig und Deutschland gelten; Martin 1999, S. 614–621, besonders S. 617–618 (mit weiterer Literatur).
14 Kat. Venedig 1994, S. 120–121, Kat. 21 (Bildnis des Vincenzo Zeno, Florenz, Galleria Palatina di Palazzo Pitti), S. 154–155, Kat. 36 (Bildnis des Battista Morosini, Venedig, Galleria dell'Accademia).
15 Vgl. zu solchen Accesoirs die Schuldforderung eines Perlenstickers aus Minden 1602–04, StA Bückeburg, L 1, Nr. 2866.
16 Diese Haltung entspricht etwa dem Bildnis von *Johann Adolf von Schleswig-Holstein-Gottorp (1575–1616)* in Schloß Frederiksborg (Öl auf Leinwand, 109 x 99 cm, Inv. A 4074); Kat. Kopenhagen 1988, S. 43, Kat. 102; Ellehöj 1988, S. 51, Abb. 15.
17 Graf Ernst schickte den Sohn seines Hofgärtners, Johannes Clodius (1584–1660), nach einem Studium in Helmstedt und einer Rundreise in Europa zur Ausbildung nach Italien, wo dieser insgesamt 14 Jahre blieb, bevor er die Nachfolge seines Vaters in Bückeburg antrat.
18 StA Bückeburg, L 1, Nr. 10808 (Postskript 1 und 2); Hinweis von Dirk Korinth, unveröffentlichtes Manuskript „Quellen zur Weserschiffahrt" (1998). Die Quelle ist undatiert, läßt sich aber mit dem bei Bruck 1917, S. 25, erwähnten Vertrag mit Wilhelm Badocchio in Mailand aus dem Jahre 1619 in Verbindung bringen. Badocchio sollte bis spätestens Ostern 1621 die Marmorsäulen für das Mausoleum in Stadthagen liefern.
19 Vgl. Kat. 72.
20 Beide Drucke in der Wolfenbüttel, Herzog August-Bibliothek, Sign.: 264.47.1 Quod (2).

Der Farnesische Stier (Strafgericht der Dirke)

Adriaen de Vries (wahrscheinlich 1556–1626)

1614

sign. und dat. an der Rückseite der Plinthe: ADRIAENVS FRIES HAGIENSIS BATAVVS FE. 1614
vollplastischer Bronzeguß, Reste goldgelber Patina
H 103,5 cm, B 67 cm, T 71 cm
Schloßmuseum Gotha, Inv. P 50

304

DIE KULTUR

Die unter dem Namen *Farnesischer Stier* bekannt gewordene Plastik hat den Mythos der thebanischen Königin Dirke und ihrer Sklavin, der Königstochter Antiope, zum Thema. Nach langen Jahren der Gefangenschaft konnte Antiope fliehen und gelangte ins Kithairongebirge. Ohne daß sie es wußte, lebten dort ihre mit dem Göttervater Zeus gezeugten Zwillingssöhne. Die in ihrer Kindheit ausgesetzten Knaben waren von einem Hirten gefunden und aufgezogen worden. Mittlerweile zu jungen Männern herangewachsen, war der eine – Zethos – Viehzüchter geworden, sein musisch begabter Bruder Amphion spielte die Kithara. Als Antiope die beiden Jünglinge im Wald traf, erkannten Mutter und Söhne einander nicht. Zur selben Zeit war Königin Dirke im Begriff, ganz in der Nähe dem Gott Dionysos durch die Opferung eines Stieres zu huldigen. Als sie ihre entlaufene Sklavin entdeckte, befahl sie Zethos und Amphion, ihre Mutter Antiope an den Stier zu fesseln, damit er sie zu Tode schleife. In diesem Augenblick höchster Gefahr griff Zeus ein, um zu verhindern, daß seine Söhne ihre Mutter töteten. Vom Geist des Göttervaters gelenkt, erschien der alte Hirte und eröffnete seinen Ziehsöhnen, daß Antiope sie zur Welt gebracht habe. Daraufhin lösten die Brüder die Fesseln ihrer Mutter und warfen Königin Dirke unter die Hufe des Stieres, der sie zu Tode trat. Der Gott Dionysos verfügte, daß die Asche der toten Dirke in eine heilige Quelle bei Theben gestreut wurde, die fortan den Namen der Königin führen sollte. Zethos und Amphion ergriffen später in Theben die Macht.

In der Bronzegruppe des Adriaen de Vries ist der entscheidende Moment des Mythos erfaßt: Entschlossen versuchen die Brüder, den Stier zum Zertreten der niedergesunkenen Dirke zu zwingen. Zethos reißt mit der ausgestreckten Rechten an einem Seil, das um die Hörner des Stiers geschlungen ist. Amphion, der seine Leier an einem Baumstumpf abgelegt hat, versucht mit den Händen, den Kopf des Tieres zur Seite zu lenken. Dirke umklammert seinen rechten Unterschenkel. Die Szene beobachtend, steht Antiope links neben dem Stier; der Hund des Zethos und ein klein dargestellter Ortsgott des Kithairongebirges, mit Panflöte an einen Felsen gelehnt, befinden sich neben ihr. Der Bronzesockel zeigt umlaufend ein friesartiges Landschaftsrelief mit verschiedenen Pflanzen und Tieren, u. a. einen Bär, der einen Stier, und einen Löwen, der einen Hengst anfällt. Reste einer goldgelben Oberflächenbehandlung der Plastik sind heute noch sichtbar.

Die freistehende Figurengruppe erschließt sich dem Betrachter beim Umschreiten, wobei der Eindruck entsteht, als bewegten sich die Figuren. Vielansichtigkeit, Spannung und Aktion lassen sich besonders überzeugend in Bronzetechnik realisieren, da sie besonders geeignet ist, ausgreifende und bewegte Figuren sowie mehrfigurige Kompositionen zu schaffen. Adriaen de Vries gilt als bedeutendster Bronzeplastiker des ausgehenden 16. Jahrhunderts nördlich der Alpen. Bekannt geworden durch die Figuren des Merkurbrunnens und des Herkulesbrunnens in Augsburg (1596–1602), erwies er sich als Meister der vielfigurigen Monumentalplastik, deren kompositorische wie technische Probleme er in seiner Zeit unübertroffen zu lösen wußte. Der Künstler stammte aus Den Haag. In den 80er Jahren des 16. Jahrhunderts bei Giovanni da Bologna und für Pompeo Leoni in Mailand tätig, hatte er 1588 eine Stelle am Turiner Hof inne. Seit 1592 am Prager Hof tätig, wurde er 1604 zum Kammerbildhauer Kaiser Rudolfs II. ernannt. Hier zeigte er sich als bedeutendster Schüler seines berühmten italienischen Lehrers Giovanni da Bologna. Mit der Dirke-Gruppe schuf er eine der frühesten Nachbildungen einer antiken Figurengruppe, zudem eine der größten dieser Zeit.

Kat. 82

Ohne Zweifel kannte Adriaen de Vries das monumentale Vorbild für seine Bronzegruppe, eine hochberühmte, antike Marmorgruppe, aus eigener Anschauung. 1545 unter Papst Paul III. Farnese in den Caracalla-Thermen in Rom ausgegraben, stand die größte aus der Antike überlieferte und als *La montagna di marmo* (Berg aus Marmor) bezeichnete Figurengruppe nahezu 250 Jahre lang im römischen Palazzo Farnese, dessen Besitzerfamilie ihr auch den Namen gab. Sie befindet sich heute im Museo Nazionale in Neapel.[1] Adriaen de Vries hielt sich nachweislich 1595 in Rom auf. Seine Komposition entstand allerdings erst 1614 nach Zeichnungen und Modellen, die er damals in Rom angefertigt hatte, also rund 20 Jahre später. Gegossen wurde das Werk wohl in der Prager Gießhütte.

Bereits 1613 hatte Antonio Susini, ein Zeitgenosse de Vries', eine Kopie der antiken Dirke-Gruppe geschaffen, und zwar als Kleinbronze. Nach Lars Olof Larsson war Susinis Kopie möglicherweise Anlaß für de Vries, dessen Werk mit einer größeren Version aus Bronze zu übertreffen; stilistisch anregen ließ er sich von Susinis Arbeit allerdings nicht. Anders beim antiken Vorbild der großen Marmorgruppe: De Vries blieb mit seiner Bronzeplastik kompositorisch nahe am Vorbild; es ist jedoch offensichtlich, daß er versuchte, künstlerisch mit dem *Toro Farnese* in Wettstreit zu treten. Die Bronze ist nicht als Imitation oder Kopie zu verstehen, sondern als die gesteigerte Interpretation des Vorbildes, denn neben den Gemeinsamkeiten der römischen Marmorgruppe und der Bronze des frühen 17. Jahrhunderts gibt es auch Unterschiede. Die Bronzegruppe ruht auf annähernd quadratischer Plinthe, steiler, gedrängter und konzentrierter als das Vorbild. Die Figuren wirken insgesamt lebhafter. Der sich aufbäumende Stier steht diagonal auf dem Sockel, und die Figuren sind enger miteinander verbunden. Dadurch ist die in der Marmorgruppe isoliert wirkende Antiope bei de Vries stärker in das Geschehen einbezogen. Der freistehende Hund ist in der Bronzefassung zwischen den beiden Brüdern und der Antiope eingefügt. De Vries stellte auch die Zwillingsbrüder anders dar. Den musisch veranlagten Amphion zeigte er als bärtigen, kräftigen Mann.[2] Zethos, der Viehzüchter, ist eher als Heranwachsender geschildert, gebeugter und damit spannungsreicher als das antike Vorbild.

Die antike Marmorgruppe war zur Zeit Adriaen de Vries' bereits durch Ergänzungen verändert worden, vorgenommen 1579 durch einen Schüler Michelangelos, Guiglielmo della Porta und dessen Mailänder Mitarbeiter Giovan Battista Bianchi. Diese „Restaurierungen" beeinträchtigten die Szene insbesondere dadurch, daß Zethos mit seiner linken Hand nicht mehr in die Haare der Königin greift, um sie vor die Hufe des Stieres zu reißen, sondern das Seil, mit dem der Stier gehalten wird, aufnimmt.

Sein eigenes Werk beurteilend, schrieb Adriaen de Vries 1620 an Fürst Ernst von Holstein-Schaumburg, daß er jahrelang an der Gruppe gearbeitet habe und fügte selbstbewußt an: *„Der Toro sey aber geschetzet vff 3000 Rthlr spezie vnd daß er eben so vihl wert sey alß der Zu Roma von Marmor stehe, ...".*[3]

José Kastler

Literatur: Bruck 1917, S. 51-53, 81, Abb. 62; Strohmer 1947/1948, S. 108, Nr. 24; Stichwort „Dirke", in: RDK, Bd. 4, S. 78 f.; Kat. Duisburg 1987, Kat. 76; Haskell/Penny 1994, Kat. 15; Krahn 1995, S. 32–33; Kat. Berlin 1995, Kat. 157; Sénéchal 1995, S. 121–129; Andreae 1996, Kat. Amsterdam 1998/1999, Kat. 33; Larsson 1998, Larsson 1998 a, S. 27–28, 72–73; Kat. Augsburg 2000, Kat. 26.

1 Die Marmorgruppe ist den achtziger Jahren durchgreifend restauriert worden. Vgl. Toro Farnese 1991.

2 Die Figur des Amphion orientiert sich am Kain von Adriaen de Vries' Kain und Abel-Gruppe (1612, Edinburgh, The University of Edinburgh, Torrie-Collection). Anleihen machte der Künstler auch bei Giovanni da Bologna (Raub der Sabinerinnen 1581/82).

3 Vgl. Bruck 1917, S. 81. Der Brief erreichte Schloß Bückeburg am 15. Mai 1620 (StA Bückeburg, F 3 Nr. 430, o. Pag.

Kat. 82

Acta Allodia

in specie das Inventarium über die auf dem Schloße zu Bückeburg befindliche Pretiosa, Meubles, Caenons, Gewehr, Pferde, die der Landesherrschaft in der Stad Bückeburg gehörige Gebäude und die im Amte Bückeburg belegene Grund-Stücke Zehnten und Mühlen betr. Verfertiget vom 14. bis 31. Dec. 1635

Niedersächsisches Staatsarchiv Bückeburg, Sign. K 1 A Nr. 39

Adriaen de Vries beabsichtigte um 1620, seinen *Farnesischen Stiers* nach dem Vorbild der antiken Bronzegruppe dem Bückeburger Hof zu verkaufen. Belegt ist dies durch zwei erhaltene Schreiben von seiner Hand: In einem am 15. Mai 1620 in Bückeburg eingegangenen Brief weist der Künstler die Kritik zurück, die Graf Ernst von Holstein-Schaumburg an der Gußqualität des angebotenen Stieres geübt hatte. In einem weiteren Brief an den Grafen vom 11. März 1621 kündigt der Künstler verschiedene Bronzen an, u. a. auch den *„Stier von Rom, der sich im Palazzo Farnese befindet, aus Bronze gefertigt, mit fünf Figuren und Tieren"*.[1]

Darüber hinaus läßt das Inventar des Schlosses Bückeburg, das nach dem Ableben des Grafen Jobst Hermann von Holstein-Schaumburg am 5. November 1635 zwischen dem 15. und dem 30. Dezember 1635 von einem Notar erstellt wurde, den Schluß zu, daß sich die Bronzegruppe von Adrian de Vries tatsächlich einst im Bückeburger Schloß befand. In diesem Inventar wird der Bestand nach Räumen aufgelistet. Auf Seite 10 v. ist über die Stube des Fürsten zu lesen:

„In Furst Ernsts S: Stube
1 ofen von Eysen, so vorgüldet
1 Indianischer Tisch.
1 Marmelsteinen tisch, woruf der gegoßene ochße steht.
1 Marmelsteinern tisch welcher klein, Zum Instrument.
3 Stule mit Schwartzem Sammet uberzogen.
6 Lenbencke mit Schwartzem Sammet uberzogen".

Über den weiteren Verbleib des *Farnesischen Stieres* in Bückeburg ist nichts bekannt. H. E. van Gelder machte 1937 auf die Verbindung zwischen dem erwähnten Stier im Brief vom Mai 1620 und dem einzigen bekannten Bronzeguß des Farnesischen Stiers in Gotha aufmerksam.[2] Lars Olaf Larsson zog die Möglichkeit zweier Exemplare in Betracht, während es Allmuth Schuttwolf 1995 für denkbar hielt, daß der Schaumburger Graf die zur Ansicht gelieferte Plastik dem Künstler nach Prag zurücksandte. Die Rücksendung wäre dann noch vor der Schlacht am Weißen Berg (1620) geschehen, da sie dieser Vermutung zufolge als Kriegsbeute an Maximilian von Bayern fiel und so nach München gelangte. Durch Bernhard von Weimar, Feldherrn im Gefolge König Gustav II. Adolf von Schweden, sei die Plastik dann 1632 als Beutestück aus der Münchner Kunstkammer nach Weimar gekommen. 1639 erbte Bernhards Bruder, Ernst I. von Sachsen-Gotha, u. a. auch dieses Kunstwerk und brachte es in seine neu gegründete Residenz nach Gotha, wo es seit 1721 nachweisbar ist.[3]

Der ursprüngliche Auftraggeber des *Farnesischen Stiers* von Adrian de Vries ist nicht bekannt. Die Plastik blieb zunächst im Besitz des Künstlers. Die Gothaer Bronzegruppe ist 1614 datiert und müßte, wenn sie mit dem Exemplar aus Bückeburg identisch ist, noch sechs Jahre später im Besitz des Künstlers gewesen sein, denn erst 1620 sandte dieser das Stück zusammen mit anderen Bronzen ins Bückeburger Schloß.

Den beabsichtigten Kauf der Plastik brachte Lars Olaf Larsson mit einem Projekt für einen Springbrunnen in Verbindung. Für die Brunnenanlage im neu gestalteten äußeren Bereich des Schloßhofes erbat Graf Ernst in einem Schreiben vom 29. November 1615 *„ein model oder 2 von frembden thieren oder bildern"*[4] vom Künstler. Der Brunnen wurde nicht verwirklicht. Für zwei lebensgroße Bronzegruppen, *Adonis und Venus* und *Der Raub der Proserpina* (beide 1621 nach Bückeburg gesandt), die nach ihrer Fertigstellung am Haupteingang zum Schloß rechts und links vom *Löwentor* aufgestellt wurden, vermutete Larsson eine Verbindung zum Brunnenprojekt.[5] Auch sah er einen Zusammenhang mit dem im selben Jahr erworbenen *Farnesischen Stier*. Da diese Gruppe als Brunnenschmuck nicht groß genug gewesen sei, müsse sie als Modell an den Grafen gesandt worden sein.[6]

Tatsächlich jedoch schlug Adrian de Vries in seinem Brief vom 15. Mai 1620 vor, daß die von ihm angebotene Plastik in einem geschlossenen Raum aufzustellen sei: *„Sey gemachet in einen Saal oder stanza zusetzen worinnen keine Tapezzeria ist, vff einem postament, worauf die cornisa kan vmbgedrehet werden"*.[7] Der Hinweis auf die Plazierung der Bronze in einem geschlossenen Raum ohne Tapisserien deutet auf Adrian de Vries' hohe Einschätzung seines eigenen Werkes hin. In italienischen Sammlungen war diese Art der Aufstellung vorrangig den Meisterwerken der Antike vorbehalten. Auch der Vorschlag des Künstlers für einen drehbaren Sockel läßt diese Wertschätzung erkennen. Ob die Bronzegruppe jemals im Bückeburger Schloß derart aufgestellt wurde, daß sie von allen Seiten ohne Beeinträchtigung bewundert werden konnte, ist nicht belegt.

In Furst Ernsts f: Stube.

Oben den Tisch so vergüldet.

Indianischer Tisch.

Marmelsteinen tisch, worauf der gegoßene Ochse steht.

Marmelsteinen tisch, worauf der gegossene Ochse steht.

Marmelsteinen tisch welcher unter dem Instrument

Stule mit schwarzem Sammet überzogen.

Taburette mit schwarzem Sammet überzogen.

Im newen gemach, woran das bildwerck an der thür vergüldet.

Schillereyen oben in der höhe und in fenster laden welches alles dazu ist.

Marmelsteinen tisch.

Kleinen Indianischen tisch.

Großen Eysern ofen, so theils vergüldet.

In der newen Cammer.

Marmelsteinen Taffel.

Eysern vergüldete Bettstand mit schwarz seidenen bildern, mit zugehörigen bettes Bette, Pfühle und Küssen

83 Acta Allodia

Graf Ernst von Holstein-Schaumburg, seit 1602 Landesherr in Schaumburg und Reichsfürst seit 1619, ließ sein Residenzschloß in Bückeburg von 1603 bis 1607 ausbauen. Larsson vermutet, daß der Graf auf einer Italienreise vom Spätsommer 1589 bis zum August 1591 den antiken *Farnesischen Stier* in der Villa Farnese in Rom gesehen hat.[8] Die Präsentation bedeutender Antikensammlungen könnte ihm zumindest bekannt gewesen sein. Vielleicht schwebte dem Grafen Vergleichbares auch für das Bückeburger Schloß vor, zumal sich am 1614 datierten *Farnesischen Stier* weniger jene *„weiche, skizzenhafte Modellierung"*[9] zeigt, die das Spätwerk des Adrian de Vries charakterisiert.

In den Inventaren des Bückeburger Schlosses können mindestens sechs Marmortische nachgewiesen werden.[10] Allein zwei befanden sich in der Stube des Grafen, und auf einem von ihnen stand der *Farnesischen Stier*. Der Raum lag neben dem Schloßturm und besaß einen Erker über der Durchfahrt zum inneren Schloßhof.

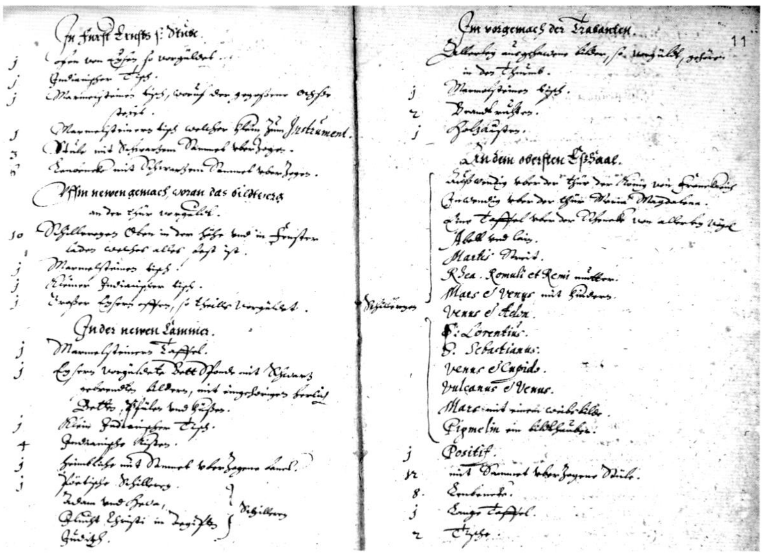

Kat. 83

Nach dem Inventar vom Dezember 1635 und dem Baubuch des Fürsten Ernst[11] war er reich ausgestattet mit Fensterbänken aus italienischem Marmor,[12] einem von Ebbert Wulff d. J. und seinem Vater mit Schnitzereien versehenen Türrahmen[13] und einer Kassettendecke,[14] die möglicherweise derjenigen im „Weißen Gemach" (heute „Goldener Saal") ähnlich war. Tapisserien und zwei vergoldete Ledertapeten schmückten die Wände. Die letzteren zeigten – wohl als Allegorien – Sommer- und Wintermotive.[15] Die Inventarliste erwähnt neben drei Stühlen und sechs Bänken auch einen „indianischen", d. h. ostasiatischen Tisch.[16] Vervollständigt wurde die Einrichtung durch *„ein Persianisch Fuß Teppich"*[17] im Erker. Der Empfehlung von Adrian de Vries, seine Bronzegruppe in ihrer räumlichen Wirkung nicht durch aufwendige Ausstattung oder Wandteppiche beeinträchtigen zu lassen, wurde damit nicht entsprochen.

In den elf Jahren seiner Tätigkeit als kaiserlicher Statuarius für Kaiser Rudolf II. in Prag erhielt Adrian de Vries keinen Auftrag für größere Figuren-Ensembles. Als der Kaiser 1612 starb, suchte und fand der Künstler neue Auftraggeber – den kaiserlichen Oberhofmeister Karl von Lichtenstein, den dänischen König Christian IV., Fürst Albrecht von Wallenstein und Graf Ernst von Holstein-Schaumburg.

Der erste nachweisbare Kontakt zwischen dem Künstler und dem Schaumburger Auftraggeber datiert von 1613. Er betraf den Auftrag für ein bronzenes Taufbecken für die Bückeburger Stadtkirche (1615) und wurde durch den Augsburger Maler Johannes Rottenhammer vermittelt. Bereits 1608 war der Name des kaiserlichen Hofbildhauers dem Grafen genannt worden: im Zusammenhang mit den ersten Ideen für ein freistehendes Grabmal in einem Mausoleum am Chorscheitel der St. Martini-Kirche in Stadthagen, das 1619/1620 begonnen und erst 1627 nach dem Tode Ernsts vollendet wurde. Adrian de Vries selbst war nie in Bückeburg. Es ist nicht bekannt, ob sich Künstler und Auftraggeber eventuell in Prag getroffen haben.

Trotz aller Anerkennung für die Arbeit des Bildhauers erweist sich Graf Ernst als kritischer Auftraggeber. In seinem Schreiben vom 16. April 1615 bemängelte er die Ausführung des Gusses für den Deckel der Taufe. Jahrelang wurde dieser Deckel vom Grafen mahnend erwähnt, wenn es darum ging, die Gußqualität für weitere Aufträge einzufordern.[18] In einem Schreiben vom 15. Mai 1620 nahm der kaiserliche Statuarius zu einem weiteren Vorwurf des Grafen Stellung: Angeblich seien zwei Wächterfiguren des Stadthagener Grabmals nicht rein gegossen. Der Rückschluß läßt zu, daß Ernst offenbar auch mit dem Zustand des Gusses des Stieres nicht zufrieden war, denn de Vries führt dagegen an, daß er *„Gilles Sadeler vnd andre virtuosi zuvor hab besehen laßen, die alle gesagt, sie wehren so polit vnnd rein gemachet, alß wen sie von Golte wehren."*[19] Im selben Brief schreibt der Künstler, der Wert des Toro sei auf 3.000 Reichstaler geschätzt worden. Wenn er aber mit 1.600 Reichstalern spezie bezahlt würde, hätte er noch nicht einmal 300 Taler Gewinn daran gehabt. In welcher Höhe Adrian de Vries eine Bezahlung erhalten hat, ist nicht bekannt, versuchte der Graf doch, trotz rasch voranschreitender Inflation, immer wieder den Preis für seine kostspieligen Auftragswerke zu drücken.

José Kastler

Literatur: vgl. Kat. 82

1 Die Liste der Werke vom 11. März 1621 beginnt: *„Il toro di Roma che sta in pallazzo Farneze di bronzo finito con cinque figure et animali il suo precio è per il mancho 1600 Taleri in specie tutta la machina è tre piedi e mezo."* Vgl. Bruck 1917, S. 81 f.

2 Gelder 1937, S. 29 ff.

3 Vgl. Schuttwolf 1995, S. 10 f. und Schuttwolf 1995, S. 450, Nr. 157.

4 Bruck 1917, S. 78.

5 Vgl. Strohmer 1947/1948, S. 110, und Habich 1969, S. 27 f. Die Aufstellung der beiden Figurengruppen vor dem Bückeburger *Löwentor* zeigt ein Porträt der Fürstenfamilie von A. E. Gumbrecht (1733, Schloß Bückeburg) im Hintergrund.

6 Larsson 1998, S. 27 f.

7 Bruck 1917, S. 81 (StA Bückeburg, F3 Nr. 430, o. Pag.)

8 Vgl. Larsson 1999, S. 53.

9 Vgl. Larsson 1967, S. 100.

10 Sehr wahrscheinlich wurden die meisten Marmortische im Bückeburger Schloß aus Sachsen geliefert, wo der kursächsische Architekt Giovanni Maria Nosseni (1544–1620) ein Monopol auf den Abbau von Marmor hatte (vgl. Habich 1969, S. 27). Zwei dieser Marmortische haben sich erhalten. Sie stehen heute im „Goldenen Saal" des Schlosses.

11 Bauregister des Grafen Ernst, begonnen 1603 (StA Bückeburg, F 3 429/3, vgl. auch Habich 1969, S. 13–28.

12 Vgl. Bauregister des Grafen Ernst, S. 10.

13 Vgl. Bauregister des Grafen Ernst, S. 93.

14 Vgl. Bauregister des Grafen Ernst, S. 123, Eintragungen ab 27.11.1603.

15 Wandteppiche und Ledertapeten aus Italien besorgte 1605 der Handelsagent Alexander della Rocca. Er wohnte in Hamburg, stammte aber aus Florenz (vgl. Bei der Wieden, H. 1961, S. 142–145).

16 Die von Ernst von Holstein-Schaumburg bestellten ostasiatischen Möbel und Stoffe dürften zu den frühesten im Europa der Frühen Neuzeit gehören.

17 Inventar von 1635, S. 5 v.

18 Vgl. Bruck 1917, S. 77–81, Schreiben des Grafen Ernst vom 26. 04. 1615 (Entwurf)

19 Bruck, 1917, S. 81 (StA Bückeburg, F3 Nr. 430, o. Pag.)

Orgelpositiv

Norddeutschland (?)
nach 1650

Holz, Metall
H 131, B 97, T 50 cm
Lippisches Landesmuseum Detmold, Inv. Obj.: 684/6

312

DIE KULTUR

Das schlichte Instrument, dessen Geschichte nur bis etwa 1946 zurückverfolgt werden kann, gibt hinsichtlich seiner Herkunft und Bauweise Rätsel auf: Einerseits deutet das gekrönte Monogramm (A/S oder A/F/S) auf der Vorderseite des Balggehäuses auf einen adligen Besitzer hin, andererseits bekundet das Fehlen geschnitzter Verzierungen, wie sie an Positiven aus der zweiten Hälfte des 17. Jahrhunderts sonst durchweg zu finden sind, äußerste Sparsamkeit des Auftraggebers. Bei der Disposition mit vier geteilten Registern wurde auf teure Prospektpfeifen bzw. lange Prinzipalpfeifen verzichtet, so daß das Werk in einem außergewöhnlich niedrigen Pfeifenkasten untergebracht werden konnte:

Links (C bis c', kurze Oktave)		*Rechts (cis' bis c''')*	
1. Gedackt	*4' (Eiche)*	*1. Gedackt*	*8'*
2. Gedackt	*2' (Eiche)*	*2. Prinzipal*	*2'*
3. Quinte	*1 1/3'*	*3. Rauschpfeife*	*1 1/3 und 1'*
4. Ranckett	*4'*	*4. Metallgedackt*	*4'*

(nach Steinmann [1984])

Die bei Kleinorgeln seltene Rechtsständigkeit der Tastatur ermöglicht es dem Spieler, auf relativ bequeme Art mit dem Fußtritt den siebenfaltigen Balg zu bedienen. Eine eigenartige Schleifladen-Konstruktion, die winzigen Abmessungen der gesamten Windanlage und der archaisch einfache Verschluß des Pfeifenkastens durch ein solides Brett (üblich wären ein durchbrochenes, verziertes Schleierbrett vor dem Pfeifenwerk und Klappflügel zum Schließen) legen zusammen mit den übrigen ungewöhnlichen Details die Vermutung nahe, daß das Positiv nicht von einem professionellen Kirchenorgelbauer, sondern möglicherweise von einem sonst anderweitig tätigen Instrumentenbauer angefertigt wurde. Da die Teilung aller Register das Spiel polyphoner Werke (z. B. Orgelbearbeitungen von Motetten) sehr erschwert, dürfte das Positiv vor allem für Tanz- und Tafelmusik mit ausgeprägter Baß-Oberstimmen-Trennung verwendet worden sein.

Das Instrument blieb in seiner Substanz fast völlig unberührt und gilt als die älteste im Ganzen erhaltene Orgel auf lippischem Gebiet. Offenbar befand es sich schon vor dem Zweiten Weltkrieg im Besitz des Landesmuseums, wurde aber nach dem Krieg für ca. 25 Jahre der Lippischen Landesbibliothek in Detmold übergeben. Die Restaurierung durch die Firma Gustav Steinmann Orgelbau, Vlotho, in den Jahren 1984/85 führte zur Freilegung der originalen Blattornamente und zur Wiederherstellung der Spielbarkeit .

Dorothea Schröder

Literatur: Reuter 1965; Steinmann [1984].

Kat. 84

Salome mit dem Haupt Johannes des Täufers

Frans Francken d. J. (1581–1642) und Paul Vredeman de Vries (1567–1630)
zwischen 1610 und 1615

Öl auf Holz
61,5 x 90 cm
Lemgo, Weserrenaissance-Museum Schloß Brake, Dauerleihgabe der Staff Stiftung, Lemgo

Farbenprächtig und erzählfreudig ist die biblische Geschichte der Salome (Mt 6, 17; 14, 6–11; Mk 6, 21–29) in ein Gastmahl eingebettet, das von den Klängen aufspielender Musikanten begleitet wird. Dem Neuen Testament zufolge hatte Johannes der Täufer König Herodes vorgeworfen, unerlaubterweise mit der Frau seines Bruders zusammenzuleben. Darüber erzürnt, wollte die Frau des Herodes, Herodias, Johannes töten lassen. Der König hingegen ließ Johannes zum Schutz vor Herodias verhaften. Diese sah ihre Chance am Tag des Geburtstags ihres Gatten, der die ranghohen Beamten zu Tisch geladen hatte. Als ihre Tochter Salome vor der Gesellschaft tanzte und dafür bei Herodes einen Wunsch frei hatte, forderte sie auf Anraten ihrer Mutter das Haupt des Johannes.

Das komplexe Gemälde ist eine Gemeinschaftsarbeit der Maler Frans Francken d. J. und Paul Vredeman de Vries. In einem kastenartigen Bühnenraum, der links durch eine Bogenöffnung die angrenzenden Räume erahnen läßt, sitzen prächtig gekleidet Herodes und seine Gäste an einem Tisch, auf dem eng aneinandergerückt zahlreiche Speisen stehen. Von rechts nähert sich Salome der Tafel. Den Blick des Herodes suchend, präsentiert sie den Tafelnden und dem Betrachter das Haupt des Johannes auf einem Tablett. Gestik und Mimik des Herodes zeigen seine Empörung. Gesichtsausdruck und Handzeichen seiner beiden Tischnachbarn lassen einerseits die an Herodes und den Betrachter gerichtete Mahnung erkennen, daß der König besser daran getan hätte, auf die Worte des Heiligen zu hören, andererseits muß er Salome gegenüber zu seinem Wort stehen, das er ihr vor Zeugen gab. Somit impliziert der Weisegestus den erhobenen Zeigefinger als Mahnung an den Betrachter, auf den Pfad der Tugend zurückzukehren, bevor es zu spät ist.

Diese Aufforderung wird durch das kompositionelle Schema aufgegriffen, ist doch zwischen den beiden Hauptakteuren im Schnittpunkt der Bilddiagonalen ein Mann frontal in die Komposition eingefügt, der in Gestik, Gebärde und Blick als zentrale Schaltfigur zwischen Herodes, Salome und dem Betrachter fungiert. An prominenter Stelle ins Bild gesetzt, taucht die Figur geringfügig variiert in zwei nur wenig später entstandenen Tafeln gleichen Themas in Sevilla (Kathedrale, um 1615 bis 1620) und in Kopenhagen auf (Kopenhagen, Statens Museum for Kunst, Inv. 4457).[1] Francken d. J., der häufig gesellschaftliche Vergnügungen darstellte, fand für seine galant-repräsentativen Figuren, die versatzstückartig in verschiedene Gemälde integriert werden konnten, im Lemgoer Gemälde noch nicht jene korrekte perspektivische Verkürzung, die seine späteren Werke auszeichnet.

Francken arbeitete als Staffagemaler mit verschiedenen Architekturmalern zusammen.[2] Einer der Spezialisten der perspektivischen Raumdarstellung seiner Zeit war Paul Vredeman de Vries, der zwischen 1586 und 1591 zusammen mit seinem Vater Hans Vredeman de Vries (1572 bis um 1606, vgl. Kat. 75) am Wolfenbütteler Hof in Diensten stand.[3] Paul Vredeman de Vries schuf das Interieur des Lemgoer Gemäldes. Der Bildraum ist nahezu identisch mit jenem im Ball am Hof der Erzherzöge Albert und Isabella (Den Haag, Mauritshuis, Inv. 244), dem wohl bekanntesten in Zusammenarbeit Frans Franckens d. J. und Paul Vredeman de Vries' entstandenen Werk.[4] Die übereinstimmende Ausstattung der Räume verdeutlicht, daß Paul Vredeman de Vries die biblische Festszene im Kontext des Hofzeremoniells des ausgehenden 16. Jahrhunderts präsentierte.[5] Steinfliesen und Kassettendecken lassen sich auch für Schlösser an der Weser, beispielsweise für Neustadt am Rügenberge und Hann. Münden, nachweisen. Wie die Fürsten der Entstehungszeit des Gemäldes ist König Herodes durch einen Baldachin ausgezeichnet. Auf dem traditionell gegenüber der Tafel aufgestellten Buffet ließ der Hausherr kostbares Tafelgeschirr zur Schau stellen. Fester Bestandteil einer repräsentativen Tafel bei Hofe waren auch die aufspielenden Musikanten auf der Empore.

Von seinem Vater und Lehrer übernahm Paul Vredeman de Vries den Raumtypus. Die für Hans Vredeman charakteristischen, stark fliehenden Tiefenlinien und die Ausrichtung auf einen zentralen Fluchtpunkt versuchte Paul Vredeman durch Elemente zu relativieren, die die Raumbreite betonen, wie die Kassettendecke, den Steinfußboden und die typische Raumöffnung am linken Bildrand. Der streng konzipierten Verjüngung rechteckig zu denkender Flächen stellte Paul einen Wechsel plastischer und flächiger Ausstattungsstücke sowie heller und dunkler Lichtakzente gegenüber. Tiefenräumlichkeit suggerierte er zudem durch Überschneidungen. Ferner versuchte sich Paul von der kastenartigen Konzeption seines Vaters zu lösen, indem er den Betrachter durch die Verkürzung der Decke in die Komposition einbezog. Dennoch handelt es sich bei den Raumdispositionen Paul Vredemans nicht um reale Räume, sondern um Konstruktionen von hoher Wahrscheinlichkeit. Ausgestattet mit entsprechendem Mobiliar, werden sie zu repräsentativen Räumen, die, über die Ansprüche eines bloßen perspektivischen Capriccios hinaus, Rahmen für repräsentative Gesellschaften sind.[6] Ordnung und Chaos, der perspektivisch klar dispositionierte Raum und die moralischen Verfehlungen der Figuren in ihm, werden als antithetisches Begriffspaar einander gegenübergestellt.

Ursula Demand

Kat. 85

Literatur: Glück 1907, S. 39–41; Härting 1983, A 54; Härting 1989, S. 259, Kat. 98; Kat. Den Haag 1992, S. 9, Abb. 12.

1 Vgl. Härting 1983, A*53, Abb. 58 und A 53 a, Härting 1989, Kat. 97. Die Kompositionen sind nahezu identisch, die Szene der Kopenhagener Tafel ist aber in einen Innenhof verlegt.

2 So mit B. van Bassen (1590-1662), P. Neefs d. Ä. (1578 bis um 1660) und H van Steenwijk d. Ä. (um 1550-1603). Zur Zusammenarbeit allg. Schneede 1967, S. 139, 141, speziell mit Frans Francken II. Mander/Floerke 1604/1991; S. 264; Schneede 1965, S. 148 f., 235 ff.; Schneede 1967, S. 139-142; Härting 1989, S. 165 f.

3 Dazu grundlegendend Schneede 1965, S. 126-150.

4 Härting 1989, Kat. 431, Abb. 82; Kat. Den Haag 1992. Dort konnte anhand von X-Radiographien und Infrarotreflektogrammen nachgewiesen werden, daß eine ursprünglich einfachere Raumdisposition nach 1610 aus Gründen einer repräsentativeren Darstellung von de Vries, übermalt wurde.

5 Zum höfischen Fest s. Scheicher 1987; zu historisch-authentischen Tafelszenen des 16. und 17. Jahrhunderts im Weserraum vgl. Ottomeyer 1997, bes. S. 164, Abb. 2.

6 Zum Terminus des „repräsentativen Gesellschaftsbildes" vgl. Schneede 1967, S. 141.

Auferweckung des Lazarus

Anton Boten (um 1590–nach 1636 zuletzt in Celle tätig)
1626

sign. und dat. „ANTONIUS BOTEN. F. / ANNO MDCXXVI"
Öl auf Leinwand
134 x 230 cm (Innenmaße)
aus dem Mausoleum in Stadthagen
Schloß Bückeburg, Fürstliche Hofkammer

Anton Bote[n]s Geburtsort und -jahr sind unbekannt.[1] Erstmals wird er 1608 als Geselle des Hildesheimer Malers Johannes Hopffe (gest. 1614/15) bei Arbeiten im Bückeburger Schloß erwähnt.[2] Graf Ernst zu Holstein-Schaumburg schickte Boten 1609 drei Jahre lang nach Augsburg zum international renommierten Maler Hans Rottenhammer (1564–1625). Von dort sollte er jedes Jahr ein Bild senden, um seine Fortschritte nachzuweisen.[3] Daß einem begabten Jüngling die Weiterbildung bei einem bedeutenden Künstler ermöglicht wurde, war eine an Höfen übliche Form der Förderung. Die Künstler verpflichteten sich ihrerseits, später in den Dienst des Mäzens zu treten. Der Schwager von Graf Ernst, Landgraf Moritz von Hessen, schickte etwa seinen Höfling Heinrich Schütz für einige Jahre zur musikalischen Ausbildung nach Venedig.[4]

Boten oblag seit 1619 die Bauaufsicht für das Mausoleum des Grafen in Stadthagen, das 1627 fertiggestellt wurde.[5] 1626 und 1627 malte er zwei große Gemälde, die *Auferweckung des Lazarus* und die *Vision des Ezechiel*, für die er 1629 bezahlt wurde.[6] In der Kuppel führte er ein illusionistisches Fresko mit musizierenden Engeln aus. Der italianisierende Stil der Stadthagener Bilder entspricht der Architektur des Mausoleums, zu dem 1606 der in Dresden tätige, aus Lugano stammende Bildhauer und Architekt Giovanni Maria Nosseni (1544–1620) ein erstes Modell geliefert hatte. Allerdings stammt der ausgeführte Entwurf wahrscheinlich von Boten.[7] Der „italienische" Eindruck der Gemälde Botens läßt sich vor dem Hintergrund seiner Ausbildung und durch die italienischen Vorlieben seines Förderers Graf Ernst erklären. Rottenhammer war nach mehrjährigem Aufenthalt in Rom seit Mitte der 1590er Jahre in Venedig tätig gewesen, bevor er 1606 nach Augsburg zog. Er eiferte venezianischen Vorbildern nach, besonders Jacopo Tintoretto (1519–1594) und Paolo Veronese (1528–1588), denen er bisweilen einzelne Motive entlehnte. Die „Nachempfindung" anerkannter Meister („imitatio" oder „aemulatio") war im späten 16. Jahrhundert ein von Kunstkritikern immer wieder gefordertes Ideal.[8] So verwundert es nicht, daß sich auch in Botens *Auferweckung des Lazarus* nicht nur die hellen, ungebrochenen Farben und die Figurentypen Veroneses zeigen. Boten entlehnt dem Repertoire des aus Verona stammenden Malers sogar eine Figur. Die im Vordergrund kniende Maria, Schwester des Lazarus (Johannes, 11, 1–45), entspricht spiegelverkehrt der Maria Magdalena aus einer großen, breitformatigen *Kreuzigung* von Veronese, die sich damals in einer Kirche in Venedig befand.[9] Die Vorliebe für Veronese, die auf den ersten Blick überraschend erscheinen mag, teilten übrigens auch andere Maler des beginnenden 17. Jahrhunderts an nordeuropäischen Höfen.[10]

1 Bei der Wieden, H. 1994, S. 67, weist darauf hin, daß der Name des Malers in den Quellen nur als Bote oder Bothe auftaucht. Der Maler fügte das N allerdings selbst in der latinisierten Signatur im Stadthagener Mausoleum hinzu.

2 Habich, 1969, S. 18. Zu Botens Biografie vgl. Kat. Stuttgart 1979/1980, Bd. 2, S. 134; AKL, Bd. 13, S. 237 (G. U. Großmann); Bei der Wieden, H. 1994, S. 67–70. Zu Hopffe vgl. Kat. Lemgo 1989, S. 514–528 (J. Kastler).

3 Peltzer 1916, S. 306.

4 Zur Vergabe von Stipendien für Reisen vgl. Warnke 1996, S. 137–140.

5 Habich 1969, S. 14. Meine-Schawe 1992, S. 69–132 (mit weiterer Literatur).

6 Öl auf Leinwand, 143 x 238 cm (Innenmaße), signiert und datiert: „ANTONIUS BOTEN IDEM ILLE QUI/ MONUMENTUM HOC ARCHITECTA/ TUS EST, PINXIT ANNO MDCXXVII" (Anton Boten, der gleiche, von dem dieses Monument erbaut wurde, hat [dieses Bild] gemalt im Jahr 1627). Bruck 1917, S. 25, Abb. 7.

7 Bei der Wieden, H. 1994, S. 69–70.

8 Pigmann III 1980, S. 1–32.

9 Öl auf Leinwand, 287 x 447 cm, Galleria dell'Accademia; Pignatti/Pedroco 1995, Bd. 2, Kat. 306, S. 413–417, Abb. S. 416. Es handelt sich um eine typische Veronese-Geste, die ähnlich auch in Darstellungen von Märtyrern oder beim auferstehenden Christus vorkommt (Kat. 153, 375, 397, A 8). Der Turbanträger hinter Maria variiert die Haltung des Aristoteles aus Raffaels *Schule von Athen* in der Stanza della Segnatura im Vatikanpalast.

10 So lehnt sich etwa Isaac Isaacsz. (1599–1665) in einem „Bankett" (signiert und datiert 1622, Statens Museum, Kopenhagen), das für den dänischen König Christian IV. bestimmt war, an Veronese-Vorlagen an; Kat. Kopenhagen 1988, Kat. 219, S. 81–82 (vgl. zu einer Tintoretto-Kopie von Frans Cleyn, die für eine Deckenbemalung in Schloß Rosenborg in Kopenhagen bestimmt war, Kat. 208, S. 78).

Kat. 86

Da eine graphische Wiedergabe der *Kreuzigung* von Veronese nicht bekannt ist, stellt sich die Frage, wie Boten das Motiv kennenlernen konnte. Cesare Ridolfi vermerkt in seinen „Meraviglie dell'arte" von 1648, daß Botens Lehrer Rottenhammer *„in gioventù à Venetia ... si pose à disegnare le pitture celebri ..."* (sich in seiner Jugend in Venedig damit beschäftigte, die gefeierten Bilder zu zeichnen).[11] Möglicherweise waren Boten solche Zeichnungen in Augsburg vor Augen gekommen. Wahrscheinlicher ist allerdings die direkte Bekanntschaft mit dem Veronese-Bild. Rottenhammer wird seinem Schüler während der Augsburger Jahre sicherlich dringend zu einem Besuch in Venedig geraten haben. Boten begleitete Graf Ernst auf dessen dritter Reise nach Italien in den Jahren 1615–1616. In Rom zeichnete er am 15. Dezember 1616 in das Stammbuch eines Braunschweiger Seidenstickers.[12] Die Gelegenheit zu einem Aufenthalt in Venedig wird sich Boten nicht entgehen lassen haben. Als Indiz für einen Venedig-Aufenthalt Botens kann auch sein großes *Jüngstes Gericht* gelten, daß sich heute im Treppenhaus des Bückeburger Schlosses befindet.[13] Das extreme Breitformat ist deutlich angelehnt an das riesige *Jüngste Gericht* Tintorettos im Dogenpalast in Venedig.

Thomas Fusenig

Literatur: Kat. Stuttgart 1979/1980; AKL 13, S. 237; Bei der Wieden, H. 1994, S. 67–70.

11 Ridolfi/Hadeln 1924, Bd. 2, S. 84.
12 Thöne 1967, S. 193, Abb. 172.
13 Unpubliziert, Foto im Bildarchiv des Weserrenaissance-Museums, Lemgo. Die Zuschreibung des unsignierten Bildes stammt von Geissler, vgl. Kat. Stuttgart 1979/1980, S. 134.

Anton Boten: Vision des Ezechiel, Mausoleum Stadthagen

Archivsiglen

HStA:	Hauptstaatsarchiv
KommA:	Kommunalarchiv
StA:	Staatsarchiv
StadtA:	Stadtarchiv

Abel 1978. Wilhelm Abel: Agrarkrisen und Agrarkonjunktur. Eine Geschichte der Land- und Ernährungswirtschaft Mitteleuropas seit dem hohen Mittelalter. Hamburg, Berlin ³1978.
AKL. Allgemeines Künstler-Lexikon. Die Bildenden Künstler aller Zeiten und Völker. München, Leipzig 1992 ff.
Alberti/Orlandi 1966. Leon Battista Alberti: L' Architettura (De re aedificatoria). Testo latino e traduzione a cura di Giovanni Orlandi. Introduzione e note di Paolo Portughesi. 2 Bde. Mailand 1966.
Alberti/Theuer 1912. Leon Battista Alberti: Zehn Bücher über die Baukunst. Ins Deutsche übertragen und mit Anmerkungen und Zeichnungen versehen von Max Theuer. Wien, Leipzig 1912.
Albrecht 1993. Stephan Albrecht: Das Bremer Rathaus im Zeichen städtischer Selbstdarstellung vor dem 30jährigen Krieg (Materialien zur Kunst- und Kulturgeschichte in Nord- und Westdeutschland 7). Marburg a. d. L. 1993.
Albrecht 1995. Thorsten Albrecht: Die Hämelschenburg. Ein Beispiel adliger Schloßbaukunst des späten 16. und frühen 17. Jahrhunderts im Weserraum (Materialien zur Kunst- und Kulturgeschichte in Nord- und Westdeutschland 13). Marburg a. d. L. 1995.
Albrecht 1997. Stephan Albrecht: „Eine Fassade geht auf Reisen..." Über die Geschäfte eines Bremer Steinmetzbetriebes mit dem Rat der Stadt Leiden. In: Bremen und die Niederlande. Jahrbuch 1995/1996 der Wittheit zu Bremen 1997, S. 69–74.
Albrecht 1997 a. Stephan Albrecht: Das Rathaus – ein bürgerliches Kunstwerk? In: *Tagungsband/Symposium*: Rathäuser, S. 23–32.
Albrecht/Kirchhoff 1987. Jürgen Albrecht, Norbert Kirchhoff: Ökologie der Weser. Der Fluß als Lebensraum im Wandel der Zeit. In: *Bachmann/Hartmann 1987*, S. 295–326.
Albrecht 1999. Thorsten Albrecht: „Alles glänzt vergoldet, wohin man auch schaut". Die Raumausstattung des Bückeburger Schlosses zwischen 1604 und 1635. Unveröffentl. Manuskript vom März 1999, Exemplar Weserrenaissance-Museum.
Albrink 1990. Veronica Albrink: Das Mündener Schiffergewerbe im 17. und 18. Jahrhundert. Unveröffentl. Magisterarbeit. Göttingen 1990.
Albrink 1992. Veronica Albrink: „Große Pracht führen über Vermögen ...". Die Bauten und die Finanzen Erichs d. J. von Braunschweig-Calenberg (1546–1584). In: *Bulst u. a. 1992*, S. 143–174.
Altenhöner 1992. Reinhard Altenhöner: Die Bibliothek des Grafen Simon VI. zur Lippe (1554–1613). Zur Rekonstruktion einer Renaissancebibliothek. Masch. Diplomarbeit. Köln 1992.
André 1955. Gustav André: Beischlagwangen aus der ersten Hälfte des 16. Jahrhunderts an der Weser. In: Westfalen 33.1955, S. 151–163.
Andreae 1996. Bernard Andreae: Der Farnesische Stier. Schicksale eines Meisterwerkes der pergamenischen Bildhauer Apollonios und Tauriskos von Tralleis (Rombach-Quellen zur Kunst 1). Freiburg i. Br. 1996.
Angermann 1965. Gertrud Angermann: Drei Porträtmedaillen des Georg von Holle (1514–1576). In: Mitteilungen des Mindener Geschichts- und Museumsvereins 37.1965, S. 81–84.
Angermann 1966. Gertrud Angermann: Der Oberst Georg von Holle 1514–1576. Ein Beitrag zur Geschichte des 16. Jahrhunderts (Mindener Beiträge 12). Minden 1966.
Angermann 1970. Gertrud Angermann: Die Anfänge der Weserrenaissance in ihrer Verflechtung mit sozialen, wirtschaftlichen, politischen, religiösen und allgemeingeistigen Wandlungen des 16. Jahrhunderts. In: *Stoob 1970*, S. 178–224.
Angermann 1989. Gertrud Angermann: Weserrenaissance und Kriegshandwerk. In: *Kat. Lemgo 1989*, Bd. 2, S. 7–43.
Angermann 1995. Gertrud Angermann: Volksleben im Nordosten Westfalens zu Beginn der Neuzeit. Eine wachsende Bevölkerung im Kräftefeld von Reformation und Renaissance, Obrigkeit und Wirtschaft (Minden – Herford – Ravensberg – Lippe) (Beiträge zur Volkskultur in Nordwestdeutschland 89). Münster, New York 1995.
Arndt 1998. Johannes Arndt: Das Heilige Römische Reich und die Niederlande 1566 bis 1648. Politisch-konfessionelle Verflechtungen und Publizistik im Achtzigjährigen Krieg. Köln, Weimar, Wien 1998.
Arnold 1994. Werner Arnold: Die Bibliothek der Grafen von der Schulenburg. Hrsg. von der KulturStiftung der Länder in Verbindung mit der Herzog August Bibliothek Wolfenbüttel. Berlin 1994.
Atlas Westfalen. Geschichtlicher Handatlas von Westfalen. Hrsg. vom Provinzialinstitut für Westfälische Landes- und Volksforschung des Landschaftsverbandes Westfalen-Lippe. 2 Bde. Münster 1975 (Bd. 1) und 1982 (Bd. 2).
Aubin u. a. 1958. Hermann Aubin u.a.: Der Raum Westfalen. 5 Bde. Münster 1958.
Aumüller 1997/1998. Gerhard Aumüller: Die Karten des hessischen Landmessers Joist Moers zum Grenzstreit zwischen dem Kloster Corvey und dem Amt Polle (1586/88). In: Jahrbuch für den Landkreis Holzminden 15/16.1997/1998, S. 11-20.
Baade 1987. Anne A. Baade: Melchior Goldast von Haiminsfeld. Collector, Commentator and Editor. Frankfurt a. M. u. a. 1987.
Baasch 1932. Ernst Baasch: Der Verkehr mit Kriegsmaterialien aus und nach den Hansestädten vom Ende des 16. bis Mitte des 17. Jahrhunderts. In: Jahrbücher für Nationalökonomie und Statistik 137 (3. Folge 82). 1932, S. 538 ff.
Bachmann 1939. Friedrich Bachmann: Die alten Städtebilder. Ein Verzeichnis der graphischen Ortsansichten von Schedel bis Merian. Leipzig 1939.
Bachmann 1965. Friedrich Bachmann: Die alten Städtebilder. Ein Verzeichnis der graphischen Ortsansichten von Schedel bis Merian. Stuttgart ²1965.
Bachmann 1987. Jutta Bachmann: „Eine Hafen-Anlage ist hier so nothwendig wie wir das Brod bedürfen." Die Mindener Häfen in ihrer historischen Entwicklung. In: Bachmann/Hartmann 1987, S. 355–375.
Bachmann/Hartmann 1987. Jutta Bachmann, Helmut Hartmann: Schiffahrt – Handel – Häfen. Beiträge zur Geschichte der Schiffahrt auf Weser und Mittellandkanal. Minden 1987.
Bagrow 1951. Leo Bagrow: Die Geschichte der Kartographie. Berlin 1951.
Bang 1922. Nina Ellinger Bang: Tabeller over Skibsfart og Varetransport gennem Öresund 1497–1660. Bd. 2: Tabeller over Varetransport A. Kopenhagen 1922.
Baudekoration als Bildungsanspruch 1993. Baudekoration als Bildungsanspruch. (Materialien zur Kunst- und Kulturgeschichte in Nord- und Westdeutschland 5). Marburg a. d. L. 1993.
Bau- und Kunstdenkmäler Holzminden. Die Bau- und Kunstdenkmäler des Kreises Holzminden. Bearb. von Karl Steinacker (Die Bau- und Kunstdenkmäler des Herzogtums Braunschweig 4). Wolfenbüttel 1907.
Bau- und Kunstdenkmäler Westfalen, Lemgo. Bau- und Kunstdenkmäler von Westfalen. Bd. 49, Teil 1 (Stadt Lemgo), begonnen von Otto Gaul, fortgesetzt von Ulf-Dietrich Korn. Münster 1983.
Becker 1987. Jochen Becker: Bookreview 'Bevers 1985'. In: Simiolus 17.1987, S. 199–203.
Beek-Scheffer 1967. A. H. Van der Beek-Scheffer: Hieronimus van der Elst. Schilder van Middelburg en Bremen. In: Oud Holland 82.1967, S. 18–31.
Behr 1983. Hans-Joachim Behr: Die Streitigkeiten der Stadt Minden mit der Landesherrschaft um die Schiffsmühlen auf der Weser. In: *Nordsiek, H. 1983*, S. 143–152.
Behr 1987. Hans-Joachim Behr: Freiheit der Schiffahrt und Stapelzwang. Die Ausbildung des Stapelrechts an der Weser. In: *Bachmann/Hartmann 1987*, S. 51–73.
Behringer 1990. Wolfgang Behringer: Thurn und Taxis. Die Geschichte ihrer Post und ihrer Unternehmen. München, Zürich 1990.
Behringer 1993. Wolfgang Behringer: Wege und Holzwege. Aspekte einer Geschichte der Kommunikation in der Frühen Neuzeit. In: Siedlungsforschung. Archäologie – Geschichte – Geographie 11.1993, S. 292–311.
Behringer/Roeck 1999. Wolfgang Behringer, Bernhard Roeck (Hrsg.): Das Bild der Stadt in der Neuzeit 1400–1800. München 1999.
Bei der Wieden, B. 1993. Brage Bei der Wieden: Außenwelt und Anschauungen Ludolf von Münchhausens (1570–1640) (Veröffentlichungen der Historischen Kommission für Niedersachsen und Bremen 32; Niedersächsische Biographien 5). Hannover 1993.
Bei der Wieden, B. 1996. Brage Bei der Wieden: Die Idee der Burg. Zu den Voraus-setzungen des Schloßbaus in der Weserrenaissance. In: *Lüpkes/Borggrefe/Johanek 1996*, S. 59–74.
Bei der Wieden, B. 1998. Brage Bei der Wieden: Historische Beziehungen und ihre Ordnungen im Weserraum. In: Niedersächsisches Jahrbuch für Landesgeschichte 70.1998, S. 1–33.
Bei der Wieden, H. 1961. Helge Bei der Wieden: Fürst Ernst Graf von Holstein-Schaumburg und seine Wirtschaftspolitik (Schaumburg-Lippische Mitteilungen 15). Bückeburg 1961.
Bei der Wieden, H. 1994. Helge Bei der Wieden: Ein norddeutscher Renaissancefürst: Ernst zu Holstein-Schaumburg 1569–1622. Bielefeld 1994.
Benneckenstein 1991. Horst Benneckenstein: Waidstadt Erfurt. Kleiner Erfurt-Almanach. Erfurt 1991.
Benzing 1982. Josef Benzing: Die Buchdrucker des 16. und 17. Jahrhunderts im deutschen Sprachgebiet. (Beiträge zum Buch- und Bibliothekswesen 12), 2. verb. und erg. Aufl., Wiesbaden 1982.
Berg 1988. H. M. van den Berg (Hrsg.): De stenen droom. Opstellen over bouwkunst en monumentenzorg opgedragen aan Coenraad Liebrecht Temminck Groll. Zutphen 1988, S. 86–93.
Berghaus 1966. Peter Berghaus: Das Münzwesen. In: *Kat. Corvey 1966*, Bd. 1, S. 214–222.
Berghaus 1983. Peter Berghaus: Abriß der westfälischen Münzgeschichte. In: *Kohl 1983*, Bd. 1, S. 805–823.
Berling 1920. Karl Berling: Altes Zinn. Ein Handbuch für Sammler und Liebhaber (Bibliothek für Kunst- und Antiquitätensammler 16). Berlin 1920.
Berndt 1989. Horst Berndt: Lateinschule Alfeld (Leine). (Kleine Kunstführer des Weserrenaissance-Museums Schloß Brake 3). München 1989.
Beuermann 1951. Arnold Beuermann: Hann. Münden. Das Lebensbild einer Stadt (Göttinger geographische Abhandlungen 9). Göttingen 1951.
Beutin 1933. Ludwig Beutin: Alte bremische Handlungsbücher. In: Bremisches Jahrbuch 34.1933, S. 118–130.
Beutin 1950. Ludwig Beutin: Simon Peter Tilmann, 1601–1668. Ein bremisch-niederländischer Maler (Schriften der Wittheit zu Bremen, Reihe H, Bremische Weihnachtsblätter, Heft 11). Bremen 1950.
Bevers 1985. Holm Bevers: Das Rathaus von Antwerpen (1561–1565). Architektur und Figurenprogramm (Studien zur Kunstgeschichte 28). Hildesheim, Zürich, New York 1985.
Beyer 1992. Andreas Beyer (Hrsg.): Die Lesbarkeit der Kunst. Zur Geistes-Gegenwart der Ikonologie (Kleine Kulturwissenschaftliche Bibliothek 37). Berlin 1992.
Beyrer 1987. Klaus Beyrer: Etappen der Personenbeförderung im deutschen Postreiseverkehr. In: Archiv für deutsche Postgeschichte 1.1987, S. 30–60.
Bialostocki 1976. Jan Bialostocki: The Art of the Renaissance in Eastern Europe. Ithaca/New York, Oxford 1976.
Biographisch Woordenboek der Nederlanden. Abraham Jacob van der Aa 1852: Biographisch Woordenboek der Nederlanden: bevattende levensbeschrijvingen van zoodanige personen, die zich op eenigerlei wijze inons vaderland hebben vermaard gemaakt. Haarlem 1852 ff.

Biskup/Zernack 1983. M. Biskup, K. Zernack (Hrsg.): Schichtung und Entwicklung der Gesellschaft in Polen und Deutschland im 16. und 17. Jahrhundert. Wiesbaden 1983.
Blussé 1986. Leonard Blussé: Strange Company. Chinese settlers, mestizo women and the Dutch in VOC Batavia (Verhandelingen van het Koninklijk Instituut voor Taal-, Land- en Volkenkunde 122). Dordrecht 1986.
Bocerus/Nordsiek, H. 1998. Johannes Bocerus: De origine, antiquitate et celebritate urbis Mindae, ad ripam Visurgis in veteri Saxonia sitae, brevis declaratio. Hrsg. von Hans Nordsiek (Mindener Beiträge 26). Minden 1998. Reprint des Originals Rostock 1563.
Boehn 1934. Otto von Boehn: Jürgen Tribbe, der Meister des Herzog Georgs-Epitaphs in der Stadtkirche zu Celle. In: Der Sachsenspiegel 4.1934.
Boetticher 1998. Manfred von Boetticher: Niedersachsen im 16. Jahrhundert (1500–1618). In: *Heuvel/Boetticher 1998*, S. 21–118.
Bok 1996. Marten Jan Bok: Art-lovers and their paintings. Van Mander's Schilder-boeck as a source for the history of the art market in the Northern Netherlands. In: *Kat. Amsterdam 1996*, S. 136–166.
Bontekoe 1972. Bontekoe van Hoorn: Journal oder denkwürdige Beschreibung der Ost-Indischen Reise von Willem Ysbrandtsz. In: M. R. C. Fuhrmann-Plemp van Duiveland (Hrsg.): Der Untergang der Batavia und andere Schiffsjournale und Originalberichte aus der großen Zeit der niederländischen Seefahrt im 17. und 18. Jahrhundert. Tübingen, Basel 1972, S. 33–188.
Boogert 1993. Bon van den Boogert: De triomfen van de keizer. De verheerlijking van Karel V en de toepassing van antieke motieven in de Nederlandse kunst In: *Kat. Utrecht 1993*, S. 220–268.
Borger-Keweloh/Keweloh 1991. Nicola Borger-Keweloh, Hans-Walter Keweloh: Flößerei im Weserraum. Leben und Arbeiten in einem alten Gewerbe. Bremen 1991.
Borggrefe 1996. Heiner Borggrefe: „Die vom Adel". Der Adel in der frühneuzeitlichen Gesellschaft. In: *Kat. Lemgo 1996*, S. 1–22.
Borggrefe 1999. Heiner Borggrefe: Die Entstehung und Entwicklung der Renaissancearchitektur im Weserraum und ihr historisches Umfeld. In: *Tagungsband/Symposium: Pasqualini*, S. 81–96.
Borggrefe/Doerr/Fusenig 2000. Heiner Borggrefe, Cornelia Doerr, Thomas Fusenig: Ut Pictura Politeia oder der gemalte Fürstenstaat. Moritz der Gelehrte und das Bildprogramm in Eschwege (Materialien zur Kunst- und Kulturgeschichte in Nord- und Westdeutschland 27). Marburg a. d. L. 2000.
Bork u. a. 1998. Hans-Rudolf Bork, Helga Bork, Claus Dalchow, Berno Faust, Hans-Peter Piorr, Thomas Schatz: Landschaftsentwicklung in Mitteleuropa. Wirkungen des Menschen auf Landschaften. Gotha, Stuttgart 1998.
Braat 1981. Jan M. Braat: Weserware in Amsterdam. In: *Stephan 1981*, S. 138–139.
Braudel 1986. Fernand Braudel: Sozialgeschichte des 15.–18. Jahrhunderts. 3 Bde. München 1986.
Braudel 1990/1998. Fernand Braudel: Das Mittelmeer und die mediterrane Welt in der Epoche Philipps II. 3 Bde. Frankfurt a. M. 1990/1998.
Braun/Hogenberg 1590. Georg Braun, Franz Hogenberg: Beschreibung und Contrafactur der vornehmbster Stät der Welt, Bd. 4. Köln 1590
Bremer 1959. Hanna Bremer: Flußerosion an der oberen Weser. Ein Beitrag zu den Problemen des Erosionsvorgangs, der Mäander und der Gefällkurve (Göttinger Geographische Abhandlungen 22). Göttingen 1959.
Brethauer 1974. Karl Brethauer: Johannes Krabbe Mundensis. Goldschmied, Instrumentenbauer, Landmesser, Katenzeichner, Büchsenmacher, Feuerwerker, Kupferschmied, Leib- und Kammerdiener der Herzöge Julius, Heinrich Julius, Friedrich Ulrich am Hof zu Wolfenbüttel. In: Braunschweigisches Jahrbuch 55.1974, S. 72–89.
Breuning 1954. H. A. Breuning: Het voormalige Batavia. Een Hollandse stedestichting in de tropen Anno 1619 (Heemschutserie 74). Amsterdam 1954.
Briels 1987. Jan Briels: Peintres flamands en Hollande au début du Siècle d'Or 1585-1630. Antwerpen 1987.
Brommer 1988. Bea Brommer: Oud Batavia gecarteerd. De eerste grote stadtsplattegronden in de 17de eeuw. In: *Berg 1988*, S. 86–93.
Brosius 1985. Dieter Brosius: Historisch-Landeskundliche Exkursionskarte von Niedersachsen. Hildesheim 1985.
Bruck 1917. Robert Bruck: Ernst zu Schaumburg. Ein kunstfördernder Fürst des 17. Jahrhunderts. Berlin 1917.
Bruhn/Oehme 1964. W. Bruhn, R. Oehme (Hrsg.): Alte deutsche Städtebilder (nach Braun/Hogenberg). Hamburg 1964.
Bruijn 1992. Anton Bruijn: Spiegelbeelden. Werra-Keramiek uit Enkhuizen 1605. Zwolle 1992.
Bruijn/Gaastra/Schöffer 19791987. J. R. Bruijn, F. S. Gaastra, I. Schöffer: Dutch-Asiatic Shipping in the 17th and 18th Centuries. 3 Bde (Rijks Geschiedkundige Publicatien, grote serie 165–167). Den Haag 1979–1987.
Brulez 1965. Wilfrid Brulez: Marchands flamands à Venise. 2 Bde, Bd. 1: 1568–1605. Brüssel, Rom 1965.
Brunner 1891. Hugo Brunner: Beiträge zur Geschichte der Schiffahrt in Hessen, besonders auf der Fulda. In: Zeitschrift des Vereins für Hessische Geschichte und Landeskunde N. F. 16.1891, S. 202–243.
Brunner 1949. Otto Brunner: Adeliges Landleben und europäischer Geist. Leben und Werk Wolf Helmhards von Hohberg 1612–1688. Salzburg 1949.
Bruns/Weczerka 1962/1967. Friedrich Bruns, Hugo Weczerka: Hansische Handelsstraßen. Textband. Atlas (Quellen und Darstellungen zur Hansischen Geschichte N. F. 13, 2; 13, 1). Köln, Graz 1962 (Atlas), Weimar 1967 (Textband).
Buck 1984. August Buck (Hrsg.): Renaissance, Reformation. Gegensätze und Gemeinsamkeiten (Wolfenbütteler Abhandlungen zur Renaissanceforschung 5). Wiesbaden 1984.
Bulst u. a. 1992. Neithard Bulst, G. Ulrich Großmann, Petra Krutisch und Heinrich Rüthing (Hrsg.): Der Weserraum zwischen 1500 und 1650. Gesellschaft, Wirtschaft und Kultur in der Frühen Neuzeit (Materialien zur Kunst- und Kulturgeschichte in Nord- und Westdeutschland 4). Marburg a. d. L. 1992.
Burke 1988. Peter Burke: Städtische Kultur in Italien zwischen Hochrenaissance und Barock. Berlin 1988.
Burke 1990. Peter Burke: The Spread of Italian Humanism. In: *Goodman/Mackey 1990*, S. 1–22.
Burke 1992. Peter Burke: The Use of Italy. In: Roy Porter, Mikulás Teich (Hrsg.): The Renaissance in National Context. Cambridge 1992.
Burke 1998. Peter Burke: Die europäische Renaissance. Zentren und Peripherien. München 1998.
Busch 1997. Werner Busch (Hrsg.): Landschaftsmalerei (Geschichte der klassischen Bildgattungen in Quellentexten und Kommentaren 3). Berlin 1997.
Butterweck 1926. Wilhelm Butterweck: Die Geschichte der Lippischen Landeskirche. Schötmar 1926, S. 329–330.
Caesar 1877. Julius Caesar: Über Wilhelm Dilichs Leben und Schriften. In: Zeitschrift für hessische Geschichte und Landeskunde 16.1877, S. 313–325.

Campen 1940. C. van Campen (Hrsg.): Arnout van Buchel, Notae Quotidianae (Werken, 3. Serie, Nr. 70). Utrecht 1940.
Chadraba 1970. Rudolf Chadraba: Die Gemma Augustea und die Rudolfinische Allegorie. In: Uméni 18.1970, S. 289–297.
Chijs 1888–1931. Jacobus A. Van der Chijs (Hrsg.): Daghregister gehouden int Casteel Batavia vant passerende daer te plaetse als over geheel Nederlandts-India. 31 Teile. Batavia/'s-Gravenhage 1888–1931.
Clark 1985. Peter Clark: The European crisis of the 1590s – Essays in comparative history. Hrsg. von Peter Clark. London, Boston, Sydney 1985.
Classen 1991. Carl Joachim Classen: Lodovico Guicciardini's „Descrittione" and the Tradition of the Laudes and Descriptiones Urbium. In: *Tagungsband/Symposium: Lodovico Guicciardini*, S. 99–117.
Conrads 1982. Norbert Conrads: Ritterakademien der Frühen Neuzeit. Bildung als Standesprivileg im 16. und 17. Jahrhundert (Schriftenreihe der Historischen Kommission bei der Bayerischen Akademie der Wissenschaften 21). Göttingen 1982.
Coo 1978. Jozef de Coo: Museum Mayer van den Bergh. Catalogus 1: Schilderijen, verluchte handschriften, tekeningen. Antwerpen 1978.
Coolhaas 1960. Willem Ph. Coolhaas (Hrsg.): Generale Missiven van Gouverneurs-generaal en Raden aan Heren XVII der Verenigde Oostindische Compagnie. Bd. 1 (Rijks Geschiedkundige Publicatien, grote serie 04). Den Haag 1960.
Corbet 1936. August Corbet: Cornelis Floris en de bouw van het stadhuis van Antwerpen. In: Revue belge d'archéologie et d'histoire de l'art 6.1936, S. 223–264.
Coumans/Hokke 1984. Gemma Coumans, Judith Hokke: Geld en Geluk. Twee regentenfamilies in gezinshistorisch perspectief 1600-1800. Doctoralscriptie Utrecht 1984.
Dam 1927–1954. Pieter van Dam: Beschryvinge van de Oostindische Compagnie. Uitgegeven door F. W. Stapel. 4 Bde. (Rijks Geschiedkundige Publicatien, grote serie 63, 68, 74, 76, 83, 87, 96). 's-Gravenhage 1927–1954.
Dammeyer 1957. Wilfried Dammeyer: Der Grundbesitz des Mindener Domkapitels. Ein Beitrag zur Güter- und Wirtschaftsgeschichte der deutschen Domkapitel. Mindener Jahrbuch N. F. 6.1957.
Dannenbring 1961. Fredo E. Dannenbring: Geschichte des bremischen Fischereirechts. In: Bremisches Jahrbuch 47.1961, S. 143–226.
Delfs 1952. Jürgen Delfs: Die Flößerei im Stromgebiet der Weser. Bremen 1952.
Demandt 1972. Karl E. Demandt: Geschichte des Landes Hessen. Kassel, Basel 21972.
Demiani 1897. Hans Demiani: François Briot, Caspar Enderlein und das Edelzinn. Leipzig 1897.
Demuth 1997. Weser- und Werraware in Bergen/Norwegen, bemalte Irdenware der Frühen Neuzeit aus dem Deutschen Binnenland als Indikator für weitreichende Wirtschafts- und Kulturbeziehungen im ehemaligen hansischen Handelsraum. Archäologische Materialien und kulturgeschichtliche Diskussion. Unveröffentl. Magisterarbeit Univ. Göttingen 1997.
Deuter 1988. Jörg Deuter: Oldenburg. Ein norddeutsches Stadtbild. Oldenburg 1988.
Deutsches Wörterbuch. Deutsches Wörterbuch. Begr. von Jacob und Wilhelm Grimm. 16 Bde. Leipzig 1854–1954.
Dietz 1957. Walter Dietz: Die Wuppertaler Garnnahrung. Geschichte der Industrie und des Handels von Elberfeld und Barmen 1400 bis 1800 (Bergische Forschungen. Quellen und Forschungen zur bergischen Geschichte, Kunst und Literatur 4). Neustadt a. d. Aisch 1957.
Dingelstedt 1838. Franz Dingelstedt: Das Wesertal von Münden bis Minden. Kassel, Leipzig 1838.
Ditfurth 1929. Hans Kurth von Ditfurth: Die Stammbücher der Kasseler Landesbibliothek. In: Nachrichten der Gesellschaft für Familienkunde in Kurhessen und Waldeck 4.1929, S. 113–136
Ditt 1983. Hildegard Ditt: Stadteinzugsbereich von Minden und Kulturraumgrenzen des Wesergebiets in der Frühen Neuzeit. In: *Ehbrecht/Schilling 1983*, S. 180–218.
Dizionario Biografico degli Italiani. Mario Caravale, Istituto della Enciclopedia Italiana (Hrsg.): Dizionario Biografico degli Italiani. Rom 1960 ff.
Dobbertin 1970. Hans Dobbertin: Quellensammlung zur Hamelner Rattenfängersage (Schriften zur niederdeutschen Volkskunde 3). Göttingen 1970.
Dohrn 1962. T. Dohrn: Der vatikanische „Ennius" und der poeta laureatus. In: Mitteilungen des Deutschen Archäologischen Instituts in Rom 69.1962, S. 76–95.
Dollinger 1989. Philippe Dollinger: Die Hanse. Stuttgart 1989.
Dotzauer 1989. Winfried Dotzauer: Die deutschen Reichskreise in der Verfassung des Alten Reiches und ihr Eigenleben. Darmstadt 1989.

Dreißigjähriger Krieg 1998. Der Dreißigjährige Krieg und der Alltag in Westfalen: Quellen aus dem Staatsarchiv Münster, bearb. im Staatsarchiv Münster (Veröffentlichungen der Staatlichen Archive des Landes Nordrhein-Westfalen, Reihe C: Quellen und Forschungen 43). Münster 1998.
Dreves 1881. August Dreves: Geschichte der Kirchen, Pfarren, geistlichen Stiftungen und Geistlichen des Lippischen Landes. Lemgo 1881, S. 250.
Dülberg 1991. Angelica Dülberg: Zur Ikonographie der profanen Wand- und Deckenmalerei vom 15. bis zum 19. Jahrhundert – ein erster Überblick. In: *Raumkunst in Niedersachsen 1991*, S. 133–156.
Duverger 1941. Jozef Duverger: Cornelis Floris II en het Stadhuis te Antwerpen. In: Gentsche Bijdragen tot de Kunstgeschiedenis 7.1941, S. 37–72.
Eck/Coebergh-Surie 1997. Xander van Eck, Christiane Coebergh-Surie: „Behold, a greater than Jonas is here": the iconographic program of the stained-glass windows of Gouda 1552–1572. In: Simiolus 25.1997, S. 5–44.
Eckhardt 1931. Karl August Eckhardt (Hrsg.): Die mittelalterlichen Rechtsquellen der Stadt Bremen (Veröffentlichungen aus dem Staatsarchiv der Freien Hansestadt Bremen 5). Bremen 1931.
Eckhardt 1985. A. Eckhardt: Der Deichatlas des J. C. Musculus 1625/26. Oldenburg 1985.
Eckoldt 1998. Martin Eckoldt (Hrsg.): Flüsse und Kanäle. Die Geschichte der deutschen Wasserstraßen. Text- und Kartenband. Hamburg 1998.
Edwards 1966. Hugh Edwards: Islands of Angry Ghosts. London 1966.
Ehbrecht 1986/1996. Wilfried Ehbrecht u. a. (Hrsg.): Bibliographie zur deutschen historischen Städteforschung. 2. Bde. Köln u. a. 1986/1996.
Ehbrecht/Schilling 1983. Wilfried Ehbrecht, Heinz Schilling (Hrsg.): Niederlande und Nordwestdeutschland. Studien zur Regional- und Stadtgeschichte Nordwestkontinentaleuropas im Mittelalter und in der Neuzeit. Franz Petri zum 80ten Geburtstag (Städteforschung, A, 15). Wien, Köln 1983.
Ehmk/Schumacher 1866. D. R. Ehmk, H. A. Schumacher: Das Rathaus zu Bremen. In: Bremisches Jahrbuch 2.1866, S. 259–443.
Ehrmann 1962. Jean Ehrmann: Hans Vredeman de Vries (Leeuwarden 1527 – Anvers 1606). In: Gazette des Beaux-Arts 94.1962, S. 13–26.
Eichler 1966. Hans Eichler: Einführung. In: *Kat. Corvey 1966*, Bd. 2, S. 323-327.
Ellehöj 1988. Svend Ellehöj (Hrsg.): Christian IVs Verden. Kopenhagen 1988.
Ellmers 1979. Detlev Ellmers: Ein Teller mit Schiffsdarstellung von 1612 aus Witzenhausen. In: Zeitschrift für Archäologie des Mittelalters 7.1979, S. 185–187.
Ellmers 1985. Detlev Ellmers: Wege und Transport: Wasser. In: *Kat. Braunschweig 1985*, Bd. 3, S. 243–256.
Ellmers 1996. Detlev Ellmers: Das Schiff als Zeichen in Mittelalter und früher Neuzeit. Bürgerliche Selbstdarstellung im Flußgebiet der Weser. In: Deutsches Schiffahrtsarchiv 19.1996, S. 221–252.
Elsmann 1993. Thomas Elsmann: Danziger akademisches Schrifttum im Umfeld des Bremer Gymnasium Illustre. In: Hospitum Ecclesiae 19.1993, S. 101–116.
Emmens 1973. J. A. Emmens 'Eins aber ist nötig' – Zu Inhalt und Bedeutung von Markt- und Küchenstücken des 16. Jahrhunderts. In: *Festschrift van Gelder 1973*, S. 93–101.
Engelbert 1971. Walter Engelbert: Aus der Lebensgeschichte des Detmolder Adelsgeschlechtes von der Borch (etwa 1300–1766). In: Lippische Mitteilungen 40.1971, S. 77–114.
Ewing 1986. Dan Ewing: The 'baptism of Christ' by Hans Rottenhammer. In: Muse. Annual of the Museum of Art and Archaeology, University of Missouri-Columbia 20.1986, S. 66–80.
Evans 1980. R. J. W. Evans: Rudolf II. Ohnmacht und Einsamkeit. Graz, Wien, Köln 1980.
Falkmann 1874. A[ugust] Falkmann: Beiträge zur Geschichte des Fürstenthums Lippe aus archivalischen Quellen 1.1847, S. 3–5.
Falkmann 1887. August Falkmann: Graf Simon VI. zur Lippe und seine Zeit. Zweite Periode (Beiträge zur Geschichte des Fürstentums Lippe aus archivalischen Quellen 5). Detmold 1887.
Falkmann 1902. August Falkmann: Graf Simon VI. zur Lippe und seine Zeit. 3 Bde. Detmold 1902.
Fauth 1994. Heinz-Erich Fauth: Steinbergen und das Amt Arensburg. Rinteln 1994.
Fechner 1981. Jörg-Ulrich Fechner (Hrsg.): Stammbücher als kulturhistorische Quellen (Wolfenbütteler Forschungen 11). München 1981.
Fechner 1981 a. Jörg-Ulrich Fechner: Stammbücher als kulturhistorische Quellen. Einführung und Umriß der Aufgaben. In: *Fechner 1981*, S. 7–21.
Feicke 1995. Bernd Feicke: Cyriacus Spangenberg – der Autor des „Chronikon der Grafen zu HolsteinSchaumburg". In: Schaumburg-Lippische Mitteilungen 31.1995, S. 21–40.
Feige 1966. Rudolf Feige: Die schaumburgische Universität Rinteln 1610–1665. In: *Kat. Corvey 1966*, Bd. 1, S. 314–322.
Festschrift Lehmann 1964. Lucy Freeman Sandler (Hrsg.): Essays in memory of Karl Lehmann (Marsyas Supplement 1). New York 1964.
Festschrift van Gelder 1973. Album Amicorum. Festschrift für J. G. van Gelder. Den Haag 1973.
Festschrift Pickl 1987. Festschrift für Othmar Pickl zum 60. Geburtstag. Graz, Wien 1987.
Festschrift Schreiner 1996. Andrea Löther, Ulrich Meier, Norbert Schnitzler, Gerd Schwerhoff (Hrsg.): Mundus in imagine. Bildersprache und Lebenswelten im Mittelalter. Festgabe für Klaus Schreiner. München 1996.
Festschrift Wittkower 1967. Douglas Fraser, Howard Hibbard, Milton J. Lewine (Hrsg.): Essays in the history of art presented to Rudolf Wittkower. London 1967.
Fiedler 1983. Hans Fiedler: Münden im Bild der Jahrhunderte. Beschreibendes Verzeichnis der Darstellungen der Stadt und der heute zu ihr gehörenden Orte in der Graphik des 16. bis 19. Jahrhunderts (Sydekum-Schriften zur Geschichte der Stadt Münden 8). Hann. Münden 1983.
Filippi 1997. Elena Filippi: Czy dzielo modelowe moze byc wieloznaczne? Rozwazania na przykladzie ratusza w Antwerpii. In: *Ratusz w miastach 1997*, S. 217–231.
Fischer 1936. Fritz Fischer: Stapelrecht und Schiffahrt der Stadt Münden bis zum Beginn des 18. Jahrhunderts. Hann. Münden 1936.
Fleitmann 1971. Wilhelm Fleitmann: Zwei Pläne aus den Jahren 1621 und 1629 zur Einbeziehung von Stadt und Stift Osnabrück in das Netz der taxisschen Reichspost. In: Osnabrücker Mitteilungen 78.1971, S. 144–148.
Focke 1888. J. Focke: Bremische Werkmeister aus älterer Zeit. Bremen 1888.
Förster 1966. Otto H. Förster: Das Salomons-Urteil des Bartholomäus Bruyn. Wallraf-Richartz-Jahrbuch 28.1966, S. 15–30.
Forssman 1990. Erik Forssman: Die Bedeutung Vitruvs und der Architekturtheorie für die Baukunst der Weserrenaissance. In: *Großmann 1990*, S. 9–29.
Focke 1888. J. Focke: Die Werkmeister des Rathausumbaus. In: Bremisches Jahrbuch 14.1888, S. 129–171.
Foucart 1994. Jacques Foucart: 'Les sept pêches capitaux' de l'anversois Jacques de Backer'. In: *Rosenberg/Scailliérez/Thiébaut 1994*, S. 447–455.
Frederici 1961. Robert Frederici: Kassel und das Stapelrecht der Stadt Münden. Marburg a. d. L., Witzenhausen 1961.
Friedl u. a.1992. Hans Friedl, Wolfgang Günther, Hilke Günther-Arndt, Heinrich Schmidt (Hrsg.): Biographisches Handbuch zur Geschichte des Landes Oldenburg. Oldenburg 1992.
Fritsch 1996. Regina Fritsch: „ ... vor eine tunnen voll herinck". Ein Ausgabenverzeichnis des Detmolder Hofrichters Simon Schwartz von 1610/11 als Quelle zum adligen Alltagsleben in der Frühen Neuzeit. In: *Lüpkes/Borggrefe/Johanek 1996*, S. 101–120.
Fucíková 1970. Eliska Fucíková. Über die Tätigkeit Hans von Aachens in Bayern. In: Münchner Jahrbuch der Bildenden Kunst 21.1970, S. 129–142.
Fucíková 1971. Eliska Fucíková: „Quae praestat iuvenis vix potuere viri": Hans von Aachens Selbstbildnis in Köln. In: Wallraf-Richartz-Jahrbuch 33.1971, S. 115–124.
Fucíková 1988. Eliska Fucíková: Die Malerei am Hofe Rudolfs II. In: *Kat. Essen 1988*, S. 177–192.
Fucíková u. a 1997. Eliska Fucíková u. a (Hrsg.): Rudolf II and Prague. The Court and the City. London 1997, S. 122–129.
Fuhrmann 1998. Manfred Fuhrmann: Die humanistische Minuskel in den Lemgoer Inschriften. In: AKK – Architektur, Kunst und Kulturgeschichte in Nord- und Westdeutschland 8.1998, S. 102–116.
Gadol 1969. Joan Gadol: Leon Battista Alberti. Universal Man of the Early Renaissance. Chicago, London 1969.
Galland 1890. Georg Galland: Geschichte der Holländischen Baukunst und Bildnerei im Zeitalter der Renaissance, der nationalen Blüte und des Klassizismus. Frankfurt a. M. 1890.
Geisenheimer 1912. H. Geisenheimer: Der Bremer und Hamburger Aufenthalt des toskanischen Erbprinzen im Jahre 1668. In: Zeitschrift des Vereins für Hamburgische Geschichte 17.1912, S. 1 ff.
Gelder 1937. H. E. van Gelder: „Enkele nieuwe gegevens omtrent Adriaen de Vries". Mededeelingen Dienst voor Kunsten en Wetenschappen 4.1937, S. 23–31.
Gerhardy 1993. Rosemarie Gerhardy: Rathaus Hann. Münden (1603–1618). Das Mündener Rathaus als Forschungsgegenstand. In: *Baudekoration als Bildungsanspruch 1993*, S. 121–195.
Gerlach 1957. Ernst Gerlach: Von der Schiffahrt auf der Fulda. In: Mein Heimatland 17.1957, S. 41.
Gerteis 1989. Klaus Gerteis: Das „Postkutschenzeitalter". Bedingungen der Kommunikation im 18. Jahrhundert. In: Aufklärung 4,1.1989, S. 55–78.
Gesta Romanorum. Gesta Romanorum. Lateinisch/Deutsch. Hrsg. und übersetzt von Rainer Nickel. Stuttgart 1991.
Gibson 1989. Walter S. Gibson: „Mirror of the Earth". The World Landscape in Sixteenth-Century Flemish Paiting. Princeton 1989.
Gittel 1996. Udo Gittel: Die Aktivitäten des Niedersächsischen Reichskreises in den Sektoren „Friedenssicherung" und „Policey" (1555–1682). (Veröffentlichungen der Historischen Kommission für Niedersachsen und Bremen 35, Quellen und Untersuchungen zur allgemeinen Geschichte Niedersachsens in der Neuzeit). Hannover 1996.
Glaser/Werner 1990. Hermann Glaser, Thomas Werner: Die Post in ihrer Zeit. Eine Kulturgeschichte menschlicher Kommunikation. Heidelberg 1990.
Glück 1907. Gustav Glück: Die Sammlung Tritsch. Wien 1907.
Göttler 1996. Christine Göttler: Die Kunst des Fegefeuers nach der Reformation. Kirchliche Schenkungen, Ablaß und Almosen in Antwerpen und Bologna um 1600 (Berliner Schriften zur Kunst 7). Berlin 1996.
Goldmann 1981. Karlheinz Goldmann: Nürnberger und Altdorfer Stammbücher aus vier Jahrhunderten. Ein Katalog (Beiträge zur Geschichte und Kultur der Stadt Nürnberg 22). Nürnberg 1981.
Goodman/Mackey 1990. Anthony Goodman und Angus Mackay (Hrsg.): The Impact of Humanism of Western Europe. London, New York 1990.
Goudie 1995. Andrew Goudie: Physische Geographie. Eine Einführung. Heidelberg, Berlin, Oxford 1995.
Graefe 1978. Hans Graefe: Das Stapelrecht der Stadt Münden von 1247. Entstehung und frühe Auswirkung. In: Hansische Geschichtsblätter 96.1978, S. 39-147.
Gramatzki 1994. Rolf Gramatzki: Das Rathaus in Bremen. Versuch zu seiner Ikonologie. Bremen 1994.
Grayson 1960. Cecil Grayson: The Composition of L. B. Alberti's „Decim Libri de re aedificatoria". In: Münchner Jahrbuch der Bildenden Kunst 3.1960, S. 152–161.
Green 1981. Jeremy N. Green: De poort van Batavia. In: Spiegel Historiael 16.1981, S. 163–171.
Green 1989. Jeremy N. Green: The loss of the Verenigde Oostindische Compagnie retourschip BATAVIA, Western Australia 1629. An excavation report and catalogue of artefacts (BAR International Series 489). Oxford 1989.

Grössinger 1992. Christia Grössinger: North-European panel paintings. A catalogue of Netherlandish and German paintings before 1600 in English churches and colleges. New York, London 1992.
Grohs 1987. Wolfram Grohs: Projekte zur Verbesserung der Schiffbarkeit auf der Oberweser und ihren Zuflüssen. In: *Bachmann/Hartmann 1987*, S. 233–255.
Großmann 1989. G. Ulrich Großmann: Renaissance entlang der Weser. Kunst und Kultur in Nordwestdeutschland zwischen Reformation und Dreißigjährigem Krieg. Köln 1989.
Großmann 1990. G. Ulrich Großmann (Hrsg.): Renaissance in Nord-Mitteleuropa 1 (Schriften des Weserrenaissance-Museums Schloß Brake 4). München, Berlin 1990.
Großmann/Kastler 1990. G. Ulrich Großmann: Renaissance entlang der Weser. Kunst und Kultur in Norddeutschland zwischen Reformation und Dreißigjährigem Krieg. Mit einem Beitrag von José Kastler. Köln 1990.
Großmann/König/Rabe 1994. G. Ulrich Großmann, Andreas König, Holger Rabe (Hrsg.): Das Rathaus in Höxter. (Schriften des Weserrenaissance-Museums Schloß Brake 7). München, Berlin 1994.
Grossmann 1947. Karl Grossmann: Die Schiffergilde in Vlotho. In: Ravensberger Blätter 43.1947, S. 37–39.
Grossmann 1971. Karl Grossmann: Geschichte der Stadt Vlotho. Vlotho 1971.
Grundke 1976. Günther Grundke: Warenpflege, Verpackung. Leipzig 1976.
Grupen 1768. Christian Ulrich Grupen: Origines Germaniae oder das älteste Teutschland unter den Römern, Franken und Sachsen. 3 Bde. Lemgo 1764–1768.
Guicciardini 1593. Ludovico Guicciardini: Description of the low countreys. London 1593. Reprint Amsterdam, Norwood, New Jersey 1976.
Haan 1935. F. de Haan: Oud-Batavia. 2 Bde. Bandung [2]1935.
Habich 1931. Georg Habich: Die deutschen Schaumünzen des XVI. Jahrhunderts, Bd. 1, 2. Hälfte. München 1931.
Habich 1969. Georg Habich: Die künstlerische Gestaltung der Residenz Bückeburg durch Fürst Ernst (1601–1622). Bückeburg 1969.
Habicht 1930. Victor Curt Habicht: Der Niedersächsische Kunstkreis. Wirtschaftswissenschaftliche Gesellschaft zum Studium Niedersachsens. Hannover 1930.
Haedeke 1963. Hans Ulrich Haedecke: Zinn (Bibliothek für Kunst- und Antiquitätenfreunde 16). Braunschweig 1963.
Händel 1996. Astrid Händel: Der Erfurter Waid und die sächsischen Städte. In: *Kat. Magdeburg 1996*, S. 406–416.
Händel 1962. Walter Händel: Heinrich Weldiges Nachlaß. In: Unsere lippische Heimat 23.1962, S. 4.
Härting 1983. Ursula Alice Härting: Studien zur Kabinettbildmalerei des Frans Francken II., 1582–1642. Ein repräsentativer Werkkatalog. Hildesheim, Zürich, New York 1983
Härting 1989. Ursula Alice Härting: Frans Francken d. J. (1581–1642). Die Gemälde mit kritischem Oeuvrekatalog (Flämische Maler im Umkreis der großen Meister 2). Freren 1989.
Hagedorn 1914. Bernhard Hagedorn: Die Entwicklung der wichtigsten Schiffstypen bis ins 19. Jahrhundert (Veröffentlichungen des Vereins für Hamburgische Geschichte 1). Berlin, Hamburg 1914.
Hahn 1988. Peter Hahn: 450 Jahre Haus Schütting. Sitz der Handelskammer Bremen. Die Baugeschichte. Bremen 1988.
Hahn 1989. Peter-Michael Hahn: Fürstliche Territorialhoheit und lokale Adelsgewalt. Die herrschaftliche Durchdringung des ländlichen Raumes zwischen Elbe und Aller (1300–1700) (Veröffentlichungen der Historischen Kommission zu Berlin 72). Berlin, New York 1989.
Hajny 1943. Herta Hajny: Melchior Goldast und sein Prager Tagebuch. In: Prager Jahrbuch 3.1943, S. 88–92.
Halbertsma 1985. Marlite Halbertsma: Wilhelm Pinder en de Duitse kunstgeschiedenis. Groningen 1985.
Hale 1990. J. R. Hale: Artists and warfare in the Renaissance. New Haven, London 1990.
Halenbeck 1874/1976. Luder Halenbeck: Zur Geschichte der Stadt Vegesack. Ein Beitrag zur Heimatkunde. Bremen 1976. Reprint der Ausgabe Vegesack 1874.
Hammerstein 1984. Notker Hammerstein: „Großer fürtrefflicher Leute Kinder". Fürstenerziehung zwischen Humanismus und Reformation. In: *Buck 1984*, S. 265–285.
Handbuch histor. Stätten. Handbuch der historischen Stätten Deutschlands. 30 Bde. Stuttgart 1958–1996.
Bd. 3: Nordrhein-Westfalen (Kröners Taschenausgabe 273). Stuttgart 21966 ff.
Bd. 4: Hessen (Kröners Taschenausgabe 274). Stuttgart 1958 ff.
Hanschke 1991. Ulrike Hanschke: Die Gartenanlagen der Landgrafen Wilhelm IV. und Moritz in Kassel im Spiegel handschriftlicher Quellen. In: Die Gartenkunst N. F. 3, 2.1991, S. 175-188.
Hanschke 1995. „Welsche Beumlein" – Landgraf Wilhelm IV. und der Lustgarten in Kassel. In: AKK – Architektur, Kunst und Kulturgeschichte in Nord- und Westdeutschland 4.1995, S. 115–131.
Harnack 1989. Ina Harnack: Der Bremer Stein macht Geschichte. Begleitheft zur Sonderausstellung vom 05.02.–02.04.1989 im Übersee-Museum Bremen. Bremen 1989.
Hartlieb von Wallthor 1966. Alfred Hartlieb von Wallthor: Bauherren und Förderer von Kunst und Bildung im Weserraum in der Frühen Neuzeit. In: *Kat. Corvey 1966*, Bd. 1, S. 272–279.
Hartmann 1968. Wilhelm Hartmann: Börries von Wrisberg. Erbsaß auf Wrisbergholzen. In: Alt-Hildesheim. Jahrbuch für die Stadt Hildesheim 39.1968, S. 35–42.
Hartung 1975. Wolfgang Hartung: Die Oldenburgische Schiffergesellschaft von 1574. Oldenburg 1975.
Haskell/Penny 1994. Francis Haskell, Nicholas Penny: Taste and the Antique. The Lure of Classical Sculpture 1500–1900. New Haven, London [4]1994.
Haupt, H. 1988. Herbert Haupt: Kaiser Rudolf II. in Prag: Persönlichkeit und imperialer Anspruch. In: *Kat. Essen 1988*, S. 45–55.
Haupt, H. 1988 a. Herbert Haupt: Der Türkenkrieg Kaiser Rudolfs II. 1593–1606. In: *Kat. Essen 1988*, S. 97–98.
Haupt, M. 1999. Maike Haupt: Die Große Ratsstube im Lüneburger Rathaus. Selbstdarstellung einer protestantischen Obrigkeit. (Materialien zur Kunst- und Kulturgeschichte in Nord- und Westdeutschland 28). Marburg a. d. L. 1999.
Hauptmeyer 2000. Carl-Hans Hauptmeyer: Stadt – Land – Weser. Zur wirtschafts- und sozialhistorischen West-Ost-Differenzierung Niedersachsens im 15. und 16. Jahrhundert. In: *Tagungsband/Symposium: Weser – EinFluß in Europa.*
Hayward 1976. J. F. Hayward: Virtuous Goldsmiths and the Triumph of Mannerism 1540–1620. London 1976.
Hedicke 1913. Robert Hedicke: Cornelis Floris und die Florisdekoration. Studien zur niederländischen und deutschen Kunst im XVI. Jahrhundert. 2 Bde. Berlin 1913.
Heiden 1970. Rüdiger an der Heiden: Die Porträtmalerei des Hans von Aachen. In: Jahrbuch der Kunsthistorischen Sammlungen Wien 66.1970, S. 135–226.
Heiden 1974. Rüdiger an der Heiden: Zu neuaufgefundenen Gemälden Hans von Aachens. In: Pantheon 32.1974, S. 249–254.
Heil 1983. Georg Heil: Der lippische Weserhafen Erder und die lippische Weserschiffahrt. Hrsg. vom Lippischen Heimatbund. Detmold 1983.
Heil 1985. Georg Heil: Schiffer und Kaufleute. Die Vlothoer Weserflotte und der Weserhafen Vlotho. In: *Sundermann 1985*, S. 24–58.
Heil 1986. Georg Heil: Die Wüstung Ihmsen. Ein Beitrag zur nordlippischen Siedlungsgeschichte. In: Kalletaler Zeitung 13/15.1986.
Heil 1987. Georg Heil: Gegen den Strom. Über den Menschen- und Pferdelinienzug. In: *Bachmann/Hartmann 1987*, S. 143–170.
Heimann 1987. Hans Heimann: Die Mittelweser. Maßnahmen an der Schiffahrtsstraße. In: *Bachmann/Hartmann 1987*, S. 277–292.
Heinrich 1995. Dirk Heinrich: Untersuchungen an Fischresten aus Kloaken des 17. Jahrhunderts in Höxter sowie Bemerkungen zu den dort geborgenen Knochen von Froschlurchen. In: Ausgrabungen und Funde in Westfalen-Lippe 9/B.1995, S. 381–398.
Helk 1974. Vello Helk: Stambøger fra det 16. Århundrede i det Kongelige Bibliotek. In: Fund og Forskning 21.1974, S. 7–46.
Hellfaier 1986. Detlev Hellfaier: Geistiges und kulturelles Leben am Hofe Simons VI. zur Lippe. Detmold 1986.
Hemann 1997. Friedrich-Wilhelm Hemann: Handlungsbücher westfälischer Kaufleute aus dem 16. und 17. Jahrhundert. In: Kaufleute in Europa. Handelshäuser und ihre Überlieferung in vor- und frühindustrieller Zeit. Hrsg. von Jochen Hook und Wilfried Reininghausen. Dortmund 1997, S. 35 ff.
Henning 1989. Zu Entstehung und Inhalt der Stammbücher des 16. Jahrhunderts. In: *Klose 1989*, S. 33–50.
Henze 1991. Ingrid Henze: Ernst von Schaumburg (1569–1622) und die Universität Helmstedt. In: Braunschweigisches Jahrbuch 72.1991, S. 55–94.
Hepp 1993. Frieder Hepp: Religion und Herrschaft in der Kurpfalz. Heidelberg 199
Hermesdorf u. a. 1979. P. F. J. M. Hermesdorf, M. L. Wurfbain, K. Groen, J. R. J. van Asperen de Boer, J. P. Filedt Kok: The examination of „The last judgement" by Lucas van Leyden. In: Nederlands Kunsthistorisch Jaarboek 29.1979, S. 311–313.
Heuvel 1998. Gerd van den Heuvel: Niedersachsen im 17. Jahrhundert (1618–1714). In: *Heuvel/Boetticher 1998*, S. 119–218.
Heuvel/Boetticher 1998. Christine van den Heuvel, Manfred von Boetticher (Hrsg.): Geschichte Niedersachsens, 3 Bde. Bd. 1: Politik, Wirtschaft und Gesellschaft von der Reformation bis zum Beginn des 19. Jahrhunderts (Veröffentlichungen der Historischen Kommission für Niedersachsen und Bremen 36). Hannover 1998.
Hildebrandt 1874. Adolf M. Hildebrandt (Hrsg.): Stammbuch-Blätter des Norddeutschen Adels. Ein Beitrag zur Adels- und Culturgeschichte. Berlin 1874.
Hitchcock 1978. Henry-Russell Hitchcock: Netherlandish scrolled gables of the sixteenth and early seventeenth centuries. New York 1978.
Hömberg 1968. Albert K. Hömberg: Wirtschaftsgeschichte Westfalens. Münster 1968.
Höver 1934. Otto Höver: Von der Galiot zum Fünfmaster. Unsere Segelschiffe in der Weltschiffahrt 1780–1930. Bremen 1934.
Hofmeister 1997. Adolf Hofmeister: Johannes Renners Illustration der Schlacht bei Drakenburg. In: Bremisches Jahrbuch 76.1997, S. 11–15.
Holländer 1985. Hans Holländer: Weltentwürfe neuzeitlicher Landschaftsmalerei. In: *Zimmermann, J. 1982*, S. 183–224.
Hollstein D/F. F. W. H. Hollstein: Dutch and Flemish Etchings, Engravings and Woodcuts ca. 1450–1700. Amsterdam 1949 ff.
Hollstein G. The New Hollstein. German engravings, etchings and woodcuts 1400–1700. Completed by Joachim Jacoby. Amsterdam 1954 ff.
Honselmann 1979. Klemens Honselmann: Zwei frühe Drucke aus Lemgo. Der Drucker Vastelabus und der Autor Konrad Hoier. Ein Beitrag zu lippischer Gelehrsamkeit und Poesie. In: Lippische Mitteilungen aus Geschichte und Landeskunde 48.1979, S. 55–68.
Hopkins/Wallerstein 1979. Terence K. Hopkins, Immanuel Wallerstein: Grundzüge der Entwicklung des modernen Weltsystems. Entwurf eines Forschungsvorhabens. In: *Senghaas 1979*, S. 151–200.
Hoppe 1981. Hans Hoppe: Bürgerbuch der Stadt Lemgo von 1506 bis 1886. Hrsg. von Herbert Ströwer. Detmold 1981.
Horbas 1994. Claudia Horbas: Möbel der Renaissance im Weserraum (Materialien zur Kunst- und Kulturgeschichte in Nord- und Westdeutschland 15). Marburg a. d. L. 1994.
Horsky 1988. Zdenek Horsky. Die Wissenschaft am Hofe Rudolfs II. in Prag. In: *Kat. Essen 1988*, S. 69–74.
Hübert-Franke 1997. Lore Maria Hübert-Franke: Die Mindener Fischerstadt. Untersuchungen zur Verfassung einer spätmittelalterlichen Sondergemeinde von Fischern, Schiffern und Schiffsmüllern. Unveröffentl. Staatsarbeit. Univ. Bielefeld 1997.

Hufschmidt 1996. Anke Hufschmidt: „Von uraltem Adel". Aspekte adligen Selbstverständnisses. In: *Kat. Lemgo 1996*, S. 25–39.
Hufschmidt 1996 a. Anke Hufschmidt: „Dar eine vom Adel erlich inne wonnen mug". Bewohnerinnen von Adelshöfen im Weserraum. In: *Lüpkes/Borggrefe/Johanek 1996*, S. 139–154.
Hurst 1981. John G. Hurst: Weser Slipware from Britain & North America. In: *Stephan 1981*, S. 142–145.
Huysmans u. a. 1996. Antoinette Huysmans, Jan Van Damme, Carl Van de Velde, Christine Van Mulders: Cornelis Floris 1514–1575. Beeldhouwer – Architect – Ontwerper. Brüssel 1996.
Irmscher 1986. Günther Irmscher: Stoicizing ethics in market and kitchen scenes of Pieter Aertsen and Joachim Beuckelaer. In: Simiolus 16.1986, S. 219–232.
Israel 1982. Jonathan I. Israel: The Dutch Republic and the Hispanic World 1606–1661. Oxford 1982.
Jäger 1983. Eckhard Jäger (Hrsg.): Lüneburger Beiträge zur Vedutenforschung. Lüneburg 1983.
Jantzen 1910. Hans Jantzen: Das niederländische Architekturbild. Leipzig 1910.
Jeannin 1964. Pierre Jeannin: Les comptes du Sud comme source pour la construction d'indices généraux de l'activité économique en Europe (XVe–XVIIIe siècle). In: Revue Historique 231.1964, S. 55–102 u. 307–340.
Jensen 1990. Ch. Jensen: Protestant Rivalry. Metaphysics and Rhetorics in Germany c. 1590–1620. In: Journal of Ecclesiastical History 41.1990, S. 24–43.
Joecher 1751. Christian Gottlieb Joecher: Allgemeines Gelehrten-Lexicon. 4 Bde. Leipzig 1751.
Jolly 1999. Anna Jolly: Netherlandish sculptors in sixteenth-century northern Germany and their patrons. In: Simiolus 27.1999, S. 119–144.
Jongbloet-Van Houtte 1986. Gisela Jongbloet-Van Houtte: Brieven en andere bescheiden betreffende Daniel van der Meulen 1584–1600. (Rijks Geschiedkundige Publicatien, Grote Serie 196). Den Haag 1986.
Judson 1964. J. R. Judson: Marine symbols of salvation in the 16th century. In: *Festschrift Lehmann 1964*, S. 136–152.
Jürgens 1989. Renate Jürgens: Malerei und Plastik im Bereich der „Weserrenaissance" – ein Überblick. In: *Kat. Lemgo 1989*, Bd. 2, S. 71–92.
Kanz 1993. Roland Kanz: Dichter und Denker im Porträt. Spurengänge zur deutschen Porträtkultur des 18. Jahrhunderts (Kunstwissenschaftliche Studien 59). München 1993, S. 40–43.
Kaspar 1985. Fred Kaspar: Bauen und Wohnen in einer alten Hansestadt. (Denkmalpflege und Forschung in Westfalen 9). Bonn 1985.
Kastler 1989. José Kastler: Hofkunst im Weserraum um 1600 – ein Überblick. In: *Kat. Lemgo 1989*, Bd. 2, S. 93–112.
Kastler 1991. José Kastler: Zum „Diana und Aktaeon"-Motiv bei Christoph Gertner und Giordano Bruno. In: AKK – Architektur, Kunst und Kulturgeschichte in Nord- und Westdeutschland 2.1995. S. 15–20.
Kat. Amsterdam 1995. W. J. van Stormbroek (Red.): Catalogus bij de tentoonstelling De Batavia te Water [Ausstellung Amsterdam 1995]. Amsterdam 1995.
Kat. Amsterdam 1996. Dawn of the Golden Age. Northern Netherlandish art 1580–1620 [Ausstellung Amsterdam 1996]. Amsterdam 1996.
Kat. Amsterdam 1998. Adriaen de Vries 1556–1626. Imperial sculptor [Ausstellung Amsterdam 1998-1999; Ausstellung Stockholm 1999; Ausstellung Los Angeles 2000]. Amsterdam, Stockholm, Los Angeles 1998.
Kat. Antwerpen 1993. Jan van der Stock (Hrsg.): Antwerp, story of a metropolis. 16th-17th century [Ausstellung Antwerpen 1993]. Gent 1993.
Kat. Aranjuez 1998. Felipe II. El rey intimo. Jardín y Naturaleza en el siglo XVI [Ausstellung Aranjuez 1998]. Aranjuez 1998.
Kat. Augsburg 2000. Adriaen de Vries 1556–1626. Augsburgs Glanz – Europas Ruhm. Hrsg von Björn Kommer [Ausstellung Augsburg]. Heidelberg 2000.
Kat. Berlin 1980. Bilder vom Menschen in der Kunst des Abendlandes. Jubiläumsausstellung der Preußischen Museen Berlin 1830–1980 [Ausstellung Berlin 1980]. Berlin 1980.
Kat. Berlin 1995. „Von allen Seiten schön". Bronzen der Renaissance und des Barock. Wilhelm von Bode zum 150. Geburtstag. Hrsg. von Volker Krahn [Ausstellung Berlin 1995–1996]. Berlin 1995.
Kat. Braunschweig 1985. Stadt im Wandel. Kunst und Kultur des Bürgertums in Norddeutschland 1150–1650. Hrsg. von Cord Meckseper [Ausstellung Braunschweig 1985]. 4 Bde. Stuttgart, Bad Cannstatt 1985.
Kat. Braunschweig 1986. Späthumanismus und Landeserneuerung. Die Gründungsepoche der Universität Helmstedt 1576–1613. Sonderausstellung des Braunschweigischen Landesmuseums für Geschichte und Volkstum [Ausstellung Braunschweig 1976] (Veröffentlichungen des Braunschweigischen Landesmuseums 9). Braunschweig 1976.
Kat. Braunschweig 1998. Hofkunst der Spätrenaissance. Braunschweig-Wolfenbüttel und das kaiserliche Prag um 1600 [Ausstellung Braunschweig 1998, Ausstellung Prag 1998]. Braunschweig 1998.
Kat. Brüssel 1995. Fiamminghi a Roma 1508–1608. Kunstenaars uit de Nederlanden en het Prinsbisdom Luik te Rome tijdens de Renaissance. [Ausstellung Brüssel 1995; Ausstellung Rom 1995]. Brüssel 1995.
Kat. Bückeburg 1965. Die von Münchhausen. Eine niedersächsische Adelsfamilie in Bildern und schriftlichen Zeugnissen. Eine Ausstellung des Niedersächsischen Staatsarchivs in Bückeburg [Ausstellung Bückeburg 1965]. Göttingen 1965.
Kat. Bückeburg 1969. Fürst Ernst Graf von Holstein-Schaumburg 1569–1622. Archivalienausstellung des Niedersächsischen Staatsarchivs in Bückeburg [Ausstellung Bückeburg 1969] (Veröffentlichungen der Niedersächsischen Archivverwaltung, Beiheft 10). Göttingen 1969.
Kat. Corvey 1966. Kunst und Kultur im Weserraum 800–1600. Ausstellung des Landes Nordrhein-Westfalen. [Ausstellung Corvey 1966]. 2 Bde. Münster 1966.
Kat. Den Haag 1992. Een dansfestijn doorgrond. Technisch en kunsthistorisch onderzoek naar een Vlaams schilderij. Floor de Graaf, Jørgen Wadum. [Ausstellung Den Haag 1992–1993]. Den Haag 1992.
Kat. Duisburg 1987. Von der Kunstkammer zum Museum. Plastik aus dem Schloßmuseum Gotha/DDR [Ausstellung der Museen der Stadt Gotha in Duisburg 1987]. (11. Duisburger Akzente: Einblicke: Kultur und Kunst aus der Deutschen Demokratischen Republik. Erbe und Gegenwart). Duisburg 1987.
Kat. Essen 1988. Prag um 1600. Kunst und Kultur am Hofe Rudolfs II. [Ausstellung Essen 1988]. Freren 1988.
Kat. Frankenthal 1995. Kunst, Kommerz, Glaubenskampf. Frankenthal um 1600. Hrsg. von Edgar J. Hürkey [Ausstellung Frankenthal]. Worms 1995.
Kat. Gent 1986. Joachim Beuckelaer. Het markt- en keukenstuk in de Nederlanden 1550-1650 [Ausstellung Gent 1986]. Gent 1986.
Kat. Haarlem 1986. Ilja Veldmann: Leerrijke reeksen van Maarten van Heemskerck [Ausstellung Haarlem 1986]. Haarlem 1986.
Kat. Hamburg 1989. Jörgen Bracker (Hrsg.): Die Hanse. Lebenswirklichkeit und Mythos [Ausstellung Hamburg 1989]. 2 Bde. Hamburg 1989.
Kat. Hameln 1965. Kultur und Geschichte an der Oberweser, IX.–XIX. Jahrhundert. Ausstellung der Stadt Hameln [Ausstellung Hameln 1965]. Hameln 1965.
Kat. Heidelberg 1991. Heidelberg im konfessionellen Zeitalter [Ausstellung Heidelberg 1991]. Heidelberg 1991.
Kat. Köln 1996–1997. Das Capriccio als Kunstprinzip. Zur Vorgeschichte der Moderne von Arcimboldo und Callot bis Tiepolo und Goya. Malerei – Graphik – Zeichnung. Hrsg. v. Ekkehard Mai [Ausstellung Köln 1996–1997, Zürich 1997, Wien 1997]. Mailand 1996.
Kat. Kopenhagen 1988. Christian IV and Europe. The 19th art exhibition of the Council of Europe Denmark [Ausstellung Kopenhagen u. a. 1988]. [Kopenhagen] 1988.
Kat. Lemgo 1967. Schloß Brake und die Weserrenaissance im Landkreis Lemgo [Ausstellung Lemgo 1967]. Lemgo 1967.
Kat. Lemgo 1989. Renaissance im Weserraum. Hrsg. von G. Ulrich Großmann [Ausstellung Lemgo 1989]. 2 Bde (Schriften des Weserrenaissance-Museums Schloß Brake 1 und 2). München, Berlin 1989.
Kat. Lemgo 1996. Adel im Weserraum um 1600. Hrsg. von Vera Lüpkes und Heiner Borggrefe [Ausstellung Lemgo 1996] (Schriften des Weserrenaissance-Museums Schloß Brake 9). München, Berlin 1996.
Kat. Lemgo 1997. Moritz der Gelehrte. Ein Renaissancefürst in Europa. Hrsg. von Heiner Borggrefe, Vera Lüpkes und Hans Ottomeyer [Ausstellung Lemgo 1997–1998, Ausstellung Kassel 1998]. Eurasburg 1997.
Kat. Magdeburg 1996. Hanse. Städte. Bünde. Die sächsischen Städte zwischen Elbe und Weser um 1500. Hrsg. von Matthias Puhle [Ausstellung Magdeburg 1996, Braunschweig 1996]. 2 Bde (Magdeburger Museumsschriften 4). Magdeburg 1996.
Kat. Mantua 1994. Leon Battista Alberti. Hrsg. von Joseph Rykwert und Anne Angel [Ausstellung Mantua 1994]. Mantua 1994.
Kat. München 1995. Der Glanz der Farnese. Kunst und Sammelleidenschaft in der Renaissance [Ausstellung Parma 1995, Ausstellung München 1995, Ausstellung Neapel 1995]. München 1995.
Kat. Münster 1980. Köln – Westfalen 1180–1980. Landesgeschichte zwischen Rhein und Weser [Ausstellung Münster 1980]. Münster 1980.
Kat. Münster 1996. Angelika Lorenz (Hrsg.): Die Maler tomRing [Ausstellung Münster 1996]. 2 Bde. Münster 1996.
Kat. Neustadt am Rübenberge 1993. Wolfgang Kunze: Leben und Bauten. Herzog Erichs II. von Braunschweig-Lüneburg. Katalog zur historischen Ausstellung im Schloß Landestrost [Ausstellung Neustadt am Rübenberge 1993]. Hannover 1993.
Kat. Oldenburg 1983. Anton Günther. Graf von Oldenburg 1583–1667 [Kat. Oldenburg 1983]. Oldenburg 1983.
Kat. Oldenburg 1995. Albrecht Eckhardt, Udo Elerd, Ewald Gäßler: Das Bild der Stadt Oldenburg in Ansichten 1307–1900 [Ausstellung Oldenburg 1995]. Oldenburg 1995.
Kat. Stuttgart 1979/1980. Zeichnung in Deutschland. Deutsche Zeichner 1540–1640 [Ausstellung Stuttgart 1979–1980]. 2 Bde. Bearb. von Heinrich Geissler. Stuttgart 1979 (Bd. 1), 1980 (Bd. 2).
Kat. Unna 1983. In beiderley Gestalt: evangelisches Altargerät von der Reformation bis zur Gegenwart. Hrsg. vom Kreis Unna [Ausstellung Unna 1983, Rheydt 1983]. Unna 1983.
Kat. Utrecht 1993. Maria van Hongarije. Koningin tussen keizers en kunstenaars [Ausstellung Utrecht1993, 's-Hertogenbosch 1993]. Utrecht 1993.
Kat. Venedig 1994. Jacopo Tintoretto – Portraits [Ausstellung Venedig 1994, Wien 1994]. Mailand 1994.
Kat. Venedig 1999. Il rinascimento a Venezia e la pittura del Nord ai tempi di Bellini, Dürer, Tiziano [Ausstellung Venedig 1999]. Hrsg. von Bernard Aikema und Beverly Louise Brown. Venedig 1999.
Kat. Wien 1987. Zauber der Medusa. Europäische Manierismen. Hrsg. von Werner Hofmann [Ausstellung Wien 1987]. Wien 1987.
Kat. Wolfenbüttel 1989. Staatsklugheit und Frömmigkeit. Herzog Julius von Braunschweig-Lüneburg – ein norddeutscher Landesherr des 16. Jahrhunderts [Ausstellung 1989] (Ausstellungskataloge der Herzog August Bibliothek, Wolfenbüttel 61). Weinheim 1989.
Kaufmann 1982. Thomas DaCosta Kaufmann: The eloquent artist – towards an understanding of the stylistic of painting at the court of Rudolph II. In: Leids Kunsthistorisch Jaarboek 1.1982, S. 119–148.
Kaufmann 1988. Thomas DaCosta Kaufmann: The School of Prague. Painting at the Court of Rudolf II. Chicago, London 1988.
Kaufmann 1998. Thomas DaCosta Kaufmann: Höfe, Klöster und Städte. Kunst und Kultur in Mitteleuropa 1450–1800. Köln 1998.

Kaufmann 1998 a. Thomas DaCosta Kaufmann: Planeten im kaiserlichen Universum. Prag und die Kunst Rudolfs II. In: *Kat. Braunschweig 1998*, S. 9–19.
Kavalier 1986. Ethan Matt Kavalier: Erotische Elementen in de Markttafelen van Beuckelaer, Aertsen en hun Tijdgenoten. In: *Kat. Gent 1986*, S. 18–26.
Kellenbenz 1969. Hermann Kellenbenz: Der Bremer Kaufmann. In: Bremisches Jahrbuch 51.1969, S. 19–49.
Kellenbenz 1987. Hermann Kellenbenz: Die Entstehung des Postwesens in Mitteleuropa (Gutachten für das Bundespostministerium zum 500jährigen Jubiläum der Post). In: *Festschrift Pickl 1987*, S. 285–291.
Keller 1997. Katrin Keller: Der sächsische Adel auf Reisen. Die Kavalierstour als Institution adliger Standesbildung im 17. und 18. Jahrhundert. In: *Keller/Matzerath 1997*, S. 257–274.
Keller/Matzerath 1997. Katrin Keller, Josef Matzerath (Hrsg.): Geschichte des sächsischen Adels. Köln, Weimar, Wien 1997.
Kerckering zur Borg/Klapheck 1912. Engelbert Freiherr von Kerckerinck zur Borg, Richard Klapheck: Alt-Westfalen. Stuttgart 1912.
Kernkamp 1940. J. H. Kernkamp: De bibliotheek van den koopman Daniel van der Meulen onder den hamer. In: Opstellen bij zijn afscheid van de bibliothek der Rijksuniversiteit te Utrecht op 31 Mei 1940 aangeboden aan G. A. Evers. Utrecht 1940, S. 187–203.
Kerschbaumer 1992. Dagmar Kerschbaumer: Wiederbesiedlung im braunschweigisch-wolfenbüttelschen „Weserdistrikt" im 16. Jahrhundert. In: *Bulst u. a. 1992*. S. 61–92.
Kerßenbrock-Krosigk 1996. Dedo von Kerßenbrock-Krosigk: Die Höfe des Franz von Kerßenbrock und der Anna von Canstein in Lemgo und Barntrup. In: *Lüpkes/Borggrefe/Johanek 1996*, S. 169–178.
Keussen 1908. Hermann Keussen (Hrsg.): Die drei Reisen des Utrechter Arnoldus Buchelius nach Deutschland, insbesondere sein Kölner Aufenthalt. In: Teil 2: Annalen des historischen Vereins für den Niederrhein 85.1908, S. 42–114.
Keweloh 1985. Hans-Walter Keweloh: Flößerei in Deutschland. Stuttgart 1985.
Kiesler 1996. Claudia-Ros Kiesler: Schloß Hessen – Raumstruktur, Ausstattung und Nutzung nach den Inventaren des 16. und 17. Jahrhunderts. In: *„... zur Zierde ..." 1996*, S. 53–108.
Kiewning 1903. Kiewning: Maler Johann Tilmann. In: Mitteilungen aus der lippischen Geschichte und Landeskunde 1.1903, S. 139–145.
Kittel 1957. Erich Kittel: Geschichte des Landes Lippe. Heimatchronik der Kreise Detmold und Lemgo. Köln 1957.
Kittel 1978. Erich Kittel: Heimatchronik des Kreises Lippe. Köln ^{2}1978.
Kleinn 1965. Hans Kleinn: Nordwestdeutschland in der exakten Kartographie. In: Westfälische Forschungen 17.1964, S. 28–82.
Kleinschmidt 1999. Erich Kleinschmidt: Textstädte - Stadtbeschreibung im frühneuzeitlichen Deutschland. In: *Behringer/Roeck 1999*, S. 73–80 u. S. 434–436.
Klinge 1952. Hans Klinge: Johannes Letzner. Ein niedersächsischer Chronist des 16. Jahrhunderts. In: Niedersächsisches Jahrbuch für Landesgeschichte 24.1952, S. 36–96.
Klose 1988. Klose, Wolfgang: Corpus alborum. Beschreibendes Verzeichnis der Stammbücher des 16. Jahrhunderts. Stuttgart 1988.
Klose 1989. Wolfgang Klose (Hrsg.): Stammbücher des 16. Jahrhunderts (Wolfenbütteler Forschungen 42). Wiesbaden 1989.
Klose 1989 a. Wolfgang Klose: Stammbucheintragungen im 16. Jahrhundert im Spiegel kultureller Strömungen. In: *Klose 1989*, S. 13–31.
Kluge 1973. Friedrich Kluge: Seemannssprache. Kassel 1973.
Knoch 1768. Ludwig Knoch: Von der Glaubwürdigkeit Johan Piderits Lippischen Chronik. In: Lippische Intelligenzblätter 1768, Stück 29 vom 16.7., Sp. 457–464.
Knoll/Schmidt 1980. G. Knoll, K. P. Schmidt: Die Erschließung der Bibliothek des Humanisten Melchior Goldast von Haiminsfeld (1576–1635) in Bremen. In: Wolfenbütteler Notizen zur Buchgeschichte 5.1980, S. 203–223.
Kocks 1979. Dirk Kocks: Sine Cerere et Libero friget Venus. Zu einem manieristischen Bildthema. In: Jahrbuch der Hamburger Kunstsammlungen 24.1979, S. 113–132.

Kochendörffer 1885. Karl Kochendörffer: Wilhelm Dilichs Hessische Chronik. In: Centralblatt für Bibliothekswesen 2.1885, S. 485–499.
Köbler 1990. Gerhard Köbler: Deutsche Rechtsgeschichte. München 1990.
Köbler 1999. Gerhard Köbler: Historisches Lexikon der deutschen Länder. München ^{6}1999.
König 1996. Angelika König: „... zu Wittenberg und Frankreich seine studia wol angelegt". Bildungswege junger Adliger. In: *Kat. Lemgo 1996*, S. 73–94.
König/Rabe 1993. Andreas König, Holger Rabe: Jost Ziegenhirt: ein höxterscher Bürger der Spätrenaissance im Spiegel archäologischer und archivalischer Quellen. In: Jahrbuch Kreis Höxter 1994. Höxter (1993), S. 207–230.
König/Rabe 1995. Andreas König, Holger Rabe: Einleitende Bemerkungen zu drei renaissancezeitlichen Kloakenfunden aus Höxter an der Weser. In: Ausgrabungen und Funde in Westfalen-Lippe 9/B.1995, S. 319–325.
Koenigsberger 1988. Helmut G. Koenigsberger (Hrsg.): Republiken und Republikanismus im Europa der Frühen Neuzeit (Schriften des Historischen Kollegs, Kolloquien 11). München 1988.
Kohl, D. 1905. Dietrich Kohl: Der oldenburgisch-isländische Handel im 16. Jahrhundert. In: Oldenburger Jahrbuch 13.1905, S. 34–53.
Kohl, J. 1998. Jeanette Kohl: Bilderlust am Bürgerhaus – Selbstverständnis und Selbstdarstellung des Stadtbürgertums im Wesergebiet zur Zeit der Renaissance. In: AKK – Architektur, Kunst und Kulturgeschichte in Nord- und Westdeutschland 8.1998, S. 15–56.
Kohl, W. 1977. Wilhelm Kohl: Die Apotheken der Stadt Minden in der ältesten Zeit. In: Zwischen Dom und Rathaus. Hrsg. von Hans Nordsiek. Minden 1977, S. 215–232.
Kohl, W. 1983. Wilhelm Kohl (Hrsg.): Westfälische Geschichte. 3 Bde, Bild- und Dokumentarbd. und. Register. Düsseldorf 1983.
Kohl, W. 1983 a. Wilhelm Kohl: Das Zeitalter der Glaubenskämpfe (1517–1618). In: *Kohl, W. 1983*, Bd. 1: Von den Anfängen bis zum Ende des Alten Reiches, S. 469–536.
Korinth 2000. Dirk Korinth: Waffen- und Truppentransporte auf der Weser in der ersten Hälfte des 17. Jahrhunderts. In: *Tagungsband/Symposium: Weser – EinFluß in Europa.*
Krahn 1995. Volker Krahn: „Von allen Seiten schön". In: *Kat. Berlin 1995*, S. 10–33.
Kraschewski 1978. Hans-Joachim Kraschewski: Wirtschaftspolitik im deutschen Territorialstaat des 16. Jahrhunderts. Herzog Julius von Braunschweig-Wolfenbüttel (1528–1589) (Neue Wirtschaftsgeschichte 15). Köln, Wien 1978.
Kreft/Soenke 1986. Herbert Kreft, Jürgen Soenke: Die Weserrenaissance. Hameln 61986.
Krieg 1935. Martin Krieg: Der Schiffahrtsstreit zwischen Bremen und Minden. In: Hansische Geschichtsblätter 60.1935, S. 66–88.
Krieg 1952. Martin Krieg: Die alte Fischerstadt von Minden. In: Mindener Heimatblätter. 24.1952.
Krüger 1931. Herbert Krüger: Höxter und Corvey. Ein Beitrag zur Stadtgeographie. In: Westfälische Zeitschrift für vaterländische Geschichte und Altertumskunde 88, 2.1931, S. 1–93.
Kruse 1994. Horst Kruse: Maßarbeit aus Obernkirchener Steinhauerwerkstätten ... auch für die Harburg. In: Burgen und Schlösser 1.1994, S. 33–39.
Kümmel 1996. Birgit Kümmel: Der Ikonoklast als Kunstliebhaber. Studien zu Landgraf Moritz von Hessen-Kassel (1592-1627) (Materialien zur Kunst- und Kulturgeschichte in Nord- und Westdeutschland 23). Marburg a. d. L. 1996.
Kümmel 1997. Birgit Kümmel: Die Kunst- und Wunderkammer Moritz des Gelehrten. In: *Kat. Lemgo 1997*, S. 197–201.
Küster 1999. Bernd Küster (Hrsg.): Die Weser 1800–1900. Bremen 1999.
Kunst 1997. Hans-Joachim Kunst: [Rezension:] Albrecht, Stephan: Das Bremer Rathaus im Zeichen städtischer Selbstdarstellung vor dem 30jährigen Krieg. Marburg a. d. L. 1993/Gramatzki, Rolf: Das Rathaus in Bremen – Versuch zu seiner Ikonologie. Bremen 1994. In: Bremisches Jahrbuch 76.1997, S. 215–219.
Kunstdenkmale Holzminden. Die Kunstdenkmale des Kreises Holzminden. Bearb. von K. Steinacker. (Kunstdenkmälerinventare Niedersachsens 11). Neudruck des gesamten Werkes [unter neuem Titel; Orig. Titel: Die Bau- und Kunstdenkmäler des Kreises Holzminden. Bearb. von Karl Steinacker] (Die Bau- und Kunstdenkmäler des Herzogtums Braunschweig 4). Wolfenbüttel 1907]. Osnabrück 1889–1976.
Kunsthistorisches Museum Wien. Kunsthistorisches Museum Wien. Führer durch die Sammlungen 36. Wien ^{5}1996.
Kurz 1993. Heidrun Kurz: Barocke Prunk- und Lustschiffe am kurfürstlichen Hof zu München. Diss. München 1993.
Kuyper 1994. Wouter Kuyper: The Triumphant Entry of Renaissance Architecture into the Netherlands. The Joyeuse Entrée of Philip of Spain into Antwerp in 1549. Renaissance and Mannerist Architecture in the Low Countries from 1530 to 1630. 2 Bde. Leiden 1994.
Lademacher 1993. Horst Lademacher: Die Niederlande: Politische Kultur zwischen Individualität und Anpassung. Berlin 1993.
Lademacher 1997. Horst Lademacher: Kultur - Nation - Region. Bemerkungen zu den Aufgaben und Verknüpfungen von Wissenschaft und Politik im Zuge der Europäisierung Europas. Bremen und die Niederlande. Jahrbuch 1995/96 der Wittheit zu Bremen. 1997.
Lamb 1982. Hubert H. Lamb: Climate, history and the modern world. London, New York 1982.
Landau 1865. Georg Landau: Die Geschichte der Fischerei in beiden Hessen. Kassel 1865.
Larsson 1967. Lars Olof Larsson: Adriaen de Vries. Adrianus Fries Hagiensis Batavus 1545–1626. Wien 1967.
Larsson 1988. Lars Olof Larsson: Bildnisse Kaiser Rudolfs II. In: *Kat. Essen 1988*, S. 161–170.
Larsson 1997. Lars Olof Larsson: Portraits of Emperor Rudolf II. In: *Fuèíková u. a.* 1997, S. 122–129.
Larsson 1998. Lars Olof Larsson: Imitatio and aemulatio. Adriaen de Vries and classical sculpture. In: *Kat. Amsterdam 1998*, S. 52–58.
Larsson 1998 a. Lars Olof Larsson: Adriaen de Vries in Schaumburg. Die Werke für Ernst zu Holstein Schaumburg 1613–1621. Ostfildern-Ruit 1998.
Lausmann 1989. Manfred Lausmann: Die Restaurierung der Renaissancemalereien im Mündener Schloß. In: *Restaurierung von Kulturdenkmalen*, S. 219–224.
Leerhoff 1985. Heiko Leerhoff: Niedersachsen in alten Karten. Eine Auswahl von Karten des 16. bis 18. Jahrhunderts aus den niedersächsischen Staatsarchiven. Neumünster 1985.
Lenthe/Mahrenholtz 1971/1976. Gebhard von Lenthe, Hans Mahrenholtz: Stammtafeln der Familie von Münchhausen. 2 Teile. (Schaumburger Studien 28, 1971 und 36, 1976). Rinteln 1971 und 1976.
Lessing 1889. Julius Lessing: François Briot und Caspar Enderlein. In: Jahrbuch der Königlich Preußischen Kunstsammlungen 10.1889, S. 171–180.
Lexikon der antiken Mythologie. Edward Tripp: Reclams Lexikon der antiken Mythologie. Stuttgart ^{3}1981.
Lietzmann 1993. Hilda Lietzmann: Herzog Heinrich Julius zu Braunschweig und Lüneburg (1564–1613). Persönlichkeit und Wirken für Kaiser und Reich (Quellen und Forschungen zur Braunschweigischen Geschichte 30). Braunschweig 199
Limann 1958. Georg Limann: Der Stau in Oldenburg. Entwicklung des See- und Binnenhafens dieser alten nordwestdeutschen Residenzstadt. In: Oldenburger Jahrbuch 57.1958, S. 1–37.
Limouze 1988. Dorothy Limouze: Aegidius Sadeler (1570–1629): Drawings, Prints, and the Development of an Art Theoretical Attitude. In: *Kat. Essen 1988*, S. 183–192.
Löbe, K. 1969. Karl Löbe: Das Weserbuch. Roman eines Flusses. Hameln ^{2}1969.
Löbe, M. 1883. Max Löbe: Wahlsprüche, Devisen und Sinnsprüche deutscher Fürstengeschlechter des XVI. und XVII. Jahrhunderts. Leipzig 1883. Reprint Berlin 1984.

Löffler 1932. Klemens Löffler (Hrsg.): Des Domherren Heinrich Tribbe Beschreibung von Stadt und Stift Minden (um 1460). Münster 1932.
Lohr 1988. Charles Lohr: Renaissance Latin Aristotle Commentaries. Florenz 1988.
Lorenz 1996. Angelika Lorenz: Die Porträts – Inszenierungen zwischen Abbild und Bild. In: *Kat. Münster 1996*, Bd. 1, S. 89–107.
Luckhardt 1983. Jochen Luckhardt: Zum Wandel der Realitätsauffassungen in topographischen Darstellungen Westfalens vor 1900. In: *Jäger 1983*, S. 75–84.
Luckhardt 1998. Kunst am Wolfenbütteler Hof um 1600. In: *Kat. Braunschweig 1998*, S. 20–31.
Luckhardt 1998 a. Kunst im Dienste des Reiches. Herzog Heinrich Julius von Braunschweig-Lüneburg und Prag. In: *Tagungsband/Symposium: Rudolf II.*, S. 81–88.
Lüpkes/Borggrefe/Johanek 1996. Vera Lüpkes, Heiner Borggrefe, Peter Johanek (Hrsg.): Der Adel in der Stadt des Mittelalters und der Frühen Neuzeit. (Materialien zur Kunst- und Kulturgeschichte in Nord- und Westdeutschland 25). Marburg a. d. L. 1996.
Lührs 1973. Wilhelm Lührs: Die Anfänge der Bremer Neustadt. In: Jahrbuch der Wittheit zu Bremen 17.1973, S. 7–50.
Lunsingh Scheurleer 1947. Th. H. Lunsingh Scheurleer: Pieter Aertsen en Joachim Beuckelaer en hun ontleeningen an Serlio's architectuurprenten. In: Oud Holland 62.1947, S. 123–134.
Lunsingh Scheurleer/Willemijn Fock/Dissel 1986. Th. H. Lunsingh Scheurleer, C. Willemijn Fock, A. J. van Dissel: Het Rapenburg. Geschiedenis van een Leidse gracht, Bd. 1 (Groenhazenburch). Leiden 1986.
Maack 1970. Walter Maack: Die Rintelner Statuten des 14. bis 16. Jahrhunderts und die Gnaden der Gilden und Bruderschaften. Rinteln 1970.
Mackensen 1997. Ludolf von Mackensen: Die Kasseler Wissenschaftskammer oder die Vermessung des Himmels, der Erde und der Zeit. In: *Kat. Lemgo 1997*, S. 385–390.
Maclean 1991. Ian Maclean: The market for scholary books and conceptions of genre in Northern Europe, 1570–1630. In: Renaissance im Blick der Nationen, S. 17–31.
Mägdefrau 1979. Werner Mägdefrau (Hrsg.): Europäische Stadtgeschichte in Mittelalter und früher Neuzeit. Weimar 1979.
März 2000. Olaf März: Warenverkehr im Oberwesergebiet und seine Anbindung an den europäischen Seehandel am Ausgang des 16. Jahrhunderts. In: Tagungsband/ Symposium: Weser – EinFluß in Europa.
Maier 1966. Konrad Maier: Die Wende in der Baukunst des 16. Jahrhunderts im Weserraum. In: *Kat. Corvey 1966*, Bd. 1, S. 280–295.
Majer 1979. V. E. Majer: Soziale und ökonomische Wandlungen im Bereich der Waidproduktion und des Waidhandels in Deutschland während des 14. bis 17. Jahrhunderts. In: *Mägdefrau 1979*, S. 227–236.
Mammen 1998. Timo Mammen: Schiffahrt auf der Weser in der 2. Hälfte des 17. Jahrhunderts. In: Niedersächsisches Jahrbuch für Landesgeschichte 70.1998, S. 73–92.
Mander/Floerke 1604/1991. Carel van Mander: Das Leben der niederländischen und deutschen Künstler (von 1400 bis ca. 1615). Übersetzung nach der Ausgabe von 1617 und Anmerkungen von Hanns Floerke. Worms 1991. (Neuausg. der 1. Aufl. München, Leipzig 1906).
Marnef 1996. Guido Marnef: Antwerp in the Age of Reformation. Underground Protestantism in a Commercial Metropolis. (The John Hopkins University Studies in Historical and Political Science 114,1). Baltimore/Maryland, London 1996.
Martin 1999. Andrew John Martin: Convergenze di fine secolo: Augusta, Praga, Venezia. In: *Kat. Venedig 1999*, S. 614–621.
Matthey 1922. Max Matthey: Führer durch die Sammlungen des Heimat-Museums Minden i. W. Minden 1922.
Maurer 1995. Gudrun Maurer: Zum Getreideabsatz südniedersächsischer Amtsgüter an Hafenplätzen an der Weser und an den fürstlichen Harzbergbau im 17. und 18. Jahrhundert. In: Niedersächsisches Jahrbuch für Landesgeschichte 67.1995, S. 237–267.
Meckseper 1994. Cord Meckseper: Mittelalterliche und frühneuzeitliche Rathäuser in Niederdeutschland. Bemerkungen zu ihrer Gestalt und deren Bedeutung. In: *Großmann/König/Rabe 1994*, S. 127–149.
Meinardus 1887/1977. Otto Meinardus (Hrsg.): Urkundenbuch des Stiftes und der Stadt Hameln 1 (Quellen und Darstellungen zur Geschichte Niedersachsens 2). Osnabrück 1977. Reprint Hannover 1887.
Meine-Schawe1992. Monika Meine-Schawe: Neue Forschungen zum Mausoleum in Stadthagen. In: *„... uns und unseren Nachkommen ..."* 1992, S. 69–132.
Meischke 1989. R. Meischke: Een nieuwe gevel voor het Leidse stadhuis (1593–1598). In: *Leids Jaarboekje 1989*, S. 55–83.
Menk 1981. Gerhard Menk: Die hohe Schule in Herborn in der Frühzeit (1586–1660). Wiesbaden 1981.
M. Merian: Topographia Westphaliae ... 1647. Matthäus Merian: Topographia Westphaliae. Beschreibung der Vornembsten und bekantisten Stätte, und Plätz im Hochlöbl: Westphälischen Craiße (1647). Frankfurt a. M. 1647. Neudruck Kassel, Basel 1961.
M. Merian: Topographia ... Braunschweig vnd Lüneburg 1654. Matthäus Merian: Topographia vnd Eigentliche Beschreibung der Vornehmbsten Stäte, Schlösser auch anderer Plätze vnd Örter in denen Herzogthümr[n] Braunschweig vnd Lüneburg, vnd denen dazu gehörende[n] Grafschafften Herrschafften vnd Landen. Frankfurt a. M. 1654.
Merlin 1995. Pierpaolo Merlin: Emanuele Filiberto. Un principe tra il Piemonte e l' Europa. Turin 1995.
Meier 1996. Ulrich Meier: Vom Mythos der Republik. Formen und Funktionen spätmittelalterlicher Rathausikonographie in Deutschland und Italien. In: *Festschrift Schreiner 1996*, S. 345–387.
Meyer 1965. Hans-Rudolf Meyer: Die bremische Grönlandfahrt und ihr Einfluß auf die bremische Wirtschaft. In: Bremisches Jahrbuch 50.1965, S. 221–286.
Meyer 1990. Gerhard Meyer: Holzminden und sein Umland auf alten Ansichten und Karten (Holzmindener Schriften 1). Holzminden 1990.
Miedema 1991–1992. Hessel Miedema: Karel van Mander. Het leven van Hendrick Goltzius (1558–1617) met parafrase en commentar. In: Nederlands Kunsthistorisch Jaarboek 42–43.1991-1992, S. 13–76.
Mielke 1979. Hans Mielke: Radierer um Bruegel. In: *Tagungsband/Symposium: Pieter Bruegel und seine Welt*, S. 63–71.
Minden 1979. Stadt Minden (Hrsg.): Minden: Zeugen und Zeugnisse seiner städtebaulichen Entwicklung. Minden 1979.
Minkowski 1991. Helmut Minkowski. Turm zu Babel. Freren 1991.
Möller 1992. Petra Möller: Beobachtungen zum Getreidehandel im Weserraum. In: *Bulst u. a. 1992*, S. 115–141.
Moltmann 1958. Jürgen Moltmann: Christoph Pezel (1539–1604) und der Calvinismus in Bremen. Bremen 1958.
Moxey 1976. Keith P. F. Moxey: The 'Humanist Market Scenes' of Joachim Beuckelaer, Moralizing Exempla or 'Slices of Life'? In: Jaarboek van het Koninklijk Museum voor Schone Kunsten Antwerpen. Antwerpen 1976, S. 109–187.
Müller 1928. Johanna Müller: Handel und Verkehr Bremens im Mittelalter, II. Teil. In: Bremisches Jahrbuch 31.1928, S. 1–107.
Müller 1968. Theodor Müller: Schiffahrt und Flößerei im Flußgebiet der Oker (Braunschweiger Werkstücke A, 2; Braunschweiger Werkstücke 39). Braunschweig 1968.
Müller 1982. Hartmut Müller: Bremen und Oldenburg. Fremd-nachbarliche Konfliktfelder in der Neuzeit, 1648-1949. In: Oldenburger Jahrbuch 82.1982, S.1–32.
Müller-Benedict 1979. Otto Müller-Benedict: Die Reise des Urban Pierius von Birnfeld von Amberg nach Bremen im Jahre 1599. In: Bremisches Jahrbuch 57.1979, S. 271–288.
Müller Hofstede 1973. Justus Müller Hofstede: Jacques de Backer. Ein Vertreter der florentinisch-römischen Maniera in Antwerpen. In: Wallraf-Richartz-Jahrbuch 35.1973, S. 227–260.
Müller Hofstede 1979. Justus Müller Hofstede: Zur Interpretation von Pieter Bruegels Landschaft. Ästhetischer Landschaftsbegriff und Stoische Weltbetrachtung. In: *Tagungsband/Symposium: Pieter Bruegel und seine Welt*, S. 73–142.
Münch 1998. Paul Münch: Lebensformen in der frühen Neuzeit: 1500 bis 1800. Berlin 1998.
Mulsow 1996. Martin Mulsow: Die wahre peripatetische Philosophie in Deutschland. Melchior Goldast, Philipp Scherb und die akroamatische Tradition der Alten. In: *Schmidt-Glintzer 1996*, S. 49–77.
Nattermann 1937. Ernst Nattermann: Zur Ortsgeschichte von Hameln. Oldenburg 1937.
Nauk 1821. Nauk: Über die Beschaffenheit des Weserstroms und den Betrieb der Schiffahrt auf demselben. Hannover 1821.
Neukirch 1914/1939. Albert Neukirch: Renaissanceschlösser Niedersachsens. 2 Teile. Teil 1: Tafelband (Veröffentlichungen der Historischen Kommission für die Provinz Hannover, das Großherzogtum Oldenburg, das Herzogtum Braunschweig, das Fürstentum Schaumburg-Lippe und die Freie Hansestadt Bremen). Hannover 1914. Teil 2: Textband.: 2 Hälften: 1. Hälfte: Anordnung und Einrichtung der Bauten. 2. Hälfte: Niedersächsische Adelskultur der Renaissance (Veröffentlichungen der Historischen Kommission für Hannover, Oldenburg, Braunschweig, Schaumburg-Lippe und Bremen 1). Hannover 1939.
Neukirch 1950. Albert Neukirch: Hamelner Renaissance. Vom Schicksal einer niedersächsischen Stadtkultur. Hameln 1950.
Neumann 1966. Heinz Neumann: 350 Jahre Post an der Porta Westfalica. Weshalb es in Minden keine Taxissche Reichspost gab. In: Mitteilungen des Mindener Geschichts- und Museumsvereins 38.1966, S, 85–103.
Nichols 1991–1992. Lawrence W. Nichols: Hendrick Goltzius - Documents and printed literature concerning his life. In: Nederlands Kunsthistorisch Jaarboek 42–43.1991–1992, S. 77–120.
Nieder 1999. Horst Nieder: Ritterspiele, Trionfi, Feuerwerkspantomime. Die Kasseler Tauffeierlichkeiten von 1598. Fest und Politik am Hofe des Landgrafen Moritz von Hessen-Kassel (Materialien zur Kunst- und Kulturgeschichte in Nord- und Westdeutschland 24). Marburg a. d. L. 1999. (Zugl. Diss. Marburg 1995.)
Niemeyer 1961. Wilhelm Niemeyer (Hrsg.): Wilhelm Dilich. Hessische Chronica. Kassel 1961. Reprint.
Nordsiek, H. 1979. Hans Nordsiek: Minden. Zeugen und Zeugnisse seiner städtebaulichen Entwicklung. Minden 1979.
Nordsiek, H. 1983. Hans Nordsiek (Hrsg.): An Weser und Wiehen. Beiträge zur Geschichte und Kultur einer Landschaft (Mindener Beiträge für Geschichte, Landes- und Volkskunde des ehemaligen Fürstentums Minden 20). Minden 1983.
Nordsiek, H. 1998. Hans Nordsiek: Reichsacht und Kaiserprivileg. Minden und die deutschen Herrscher 977–1648. Minden 1998.
Nordsiek, M. 1997. Marianne Nordsiek: Brühl und die Fischerstadt. Untersuchungen zur mittelalterlichen Siedlungsgeschichte der Stadt Minden. Mitteilungen des Mindener Geschichtsvereins 69.1997, S. 149–184.
Oberleitner 1996. Wolfgang Oberleitner: Gemma Augustea. In: *Kunsthistorisches Museum Wien 1996*, S. 89.
Oeynhausen 1889. Julius Graf von Oeynhausen: Geschichte des Geschlechts von Oeynhausen. 3 Bde. Paderborn, Frankfurt 1889.
Oldemeier 1994. Reinhard Oldemeier: Geographische Positionen von Johannes Gigas im Vergleich mit namhaften Autoren. In: Lippische Mitteilungen 63.1994, S. 27–67.
Ortwein/Scheffers 1879–1881. August Ortwein, August Scheffers: Deutsche Renaissance. Eine Sammlung von Gegenständen der Architektur. (Decoration und Kunstgewerbe in Original-Aufnahmen 4). Leipzig 1879–1881, o. Pag.
Ostendorf 1982. Thomas Ostendorf: Küfer. In: *Siuts 1982*, S. 271–292.
Ottomeyer 1997. Hans Ottomeyer: Das Buffet Moritz des Gelehrten. In: *Kat. Lemgo 1997*, S. 163–169.
Overvoorde 1908. J. C. Overoorde: De verbouwing van het Leidsche raadhuis in 1595–1597. In: Bulletin Koninklijke Nederlandse Oudheidkundige Bond, 2. Serie, 1908, S. 11.

Overvoorde 1916. J. C. Overoorde: Uit de Geschiedenis van Het Raadhuis te Leiden. Leyden 1916.
de Panizza Lorch 1980. Maristella de Panizza Lorch: Il teatro italiano del Rinascimento. Mailand 1980.
Pape 1995. Fritz Pape: Der Weinbau im ehemaligen Land Braunschweig. Ein Beitrag zur Heimatgeschichte. Sonderveröffentlichung des Braunschweigischen Geschichtsvereins. Wolfenbüttel 1995.
Park 1916. R. E. Park: The City [1916]. In: R. E. Park: Human communities. Glencoe 1952, S. 13–51.
Parthesius/Roeper/Wagenaar 1995. Robert Parthesius, Vibeke Roeper, Lodewijk Wagenaar: De Batavia te water. Amsterdam 1995.
Patje 1796. Patje: Kurzer Abriß des Fabriken=, Gewerbe=, und Handlungszustandes in den Churbraunschweig=Lüneburgischen Landen. Göttingen 1796.
Pauli 1890. Gustav Pauli: Die Renaissancebauten Bremens. Bremen 1890.
Pauli 1891. Gustav Pauli: Die Renaissancebauten Bremens im Zusammenhang mit der Renaissance in Nordwestdeutschland. Diss. Leipzig 1891, S. 83–106.
Pelsaert/Molewijk 1989. François Pelsaert, G. C. Molewijk: Pelsaerts journaal van de ongelukkige reis van het ship Batavia. Weesp 1989.
Peltzer 1911–1912. Rudolph Arthur Peltzer: Der Hofmaler Hans von Aachen, seine Schule und seine Zeit. In: Jahrbuch der Kunsthistorischen Sammlungen des Allerhöchsten Kaiserhauses 30.1911–1912, S. 106–172.
Peltzer 1916. Rudolf Arthur Peltzer: Hans Rottenhammer. In: Jahrbuch der Kunsthistorischen Sammlungen des Allerhöchsten Kaiserhauses 33.1916, S. 293–365.
Peltzer 1928. Rudolf Arthur Peltzer: Hans von Aachen. Eine Nachlese. In: Wallraf-Richartz-Jahrbuch 5.1928, S. 75–84.
Perrig 1980. Alexander Perrig: Leonardo: Die Anatomie der Erde. In: Jahrbuch der Hamburger Kunstsammlungen 25.1980, S. 51–80.
Peyre 1902. R. Peyre: Une princesse de la Renaissance, Marguerite de France. Paris 1902.
Pezold 1998. Johann Dietrich von Pezold: Das Stapelrecht der Stadt Münden 1247–1824. Ein erster Überblick. In: Niedersächsisches Jahrbuch für Landesgeschichte 70.1998, S. 53–71.
Picard 1740. Catalogue des pièces qui Composent e' oeuvre de B. Picard, dessinateur et graveur. ca. 1740.
Picht 1925. H. Picht: Über die Renaissance-Malerei in Minden. In: Mindener Heimatblätter 3.1925, Heft 7, S. 4.
Pieper 1985. Paul Pieper: Ludger tom Ring d. J. als Porträtist des Adels und des Bürgertums. In: Kat. Braunschweig 1985, Bd. 3, S. 687–708.
Pieper-Lippe 1980. Margarete Pieper-Lippe: Zinn im nördlichen Westfalen. Münsterisches Zinn bis 1700. Minden-Ravensberger Zinn. Dülmener Zinn (Westfalen 21.1980, Sonderheft).
Pigmann III 1980. G. W. Pigmann III: Versions of imitation in the Renaissance. In: Renaissance Quarterly 33.1980, S. 1–32.
Pignatti/Pedroco 1995. Terisio Pignatti, Filippo Pedroco: Veronese. L'opera completa. 3 Bde. Mailand 1995.
Pischke 1987. Gudrun Pischke: Die Landesteilungen der Welfen im Mittelalter (Veröffentlichungen des Instituts für Historische Landesforschung der Universität Göttingen 24). Hildesheim 1987.
Pischke 1989. Gudrun Pischke (Bearb.): Geschichtlicher Handatlas von Niedersachsen. Hrsg. vom Institut für Historische Landesforschung der Universität Göttingen. Neumünster 1989.
Pitz 1984. Ernst Pitz: Steigende und fallende Tendenzen in Politik und Wirtschaftsleben der Hanse im 16. Jh. In: Hansische Geschichtsblätter 102.1984, S. 39.
Plet 1837. Luigi Plet: Il Bucintoro di Venezia. Venedig 1837.
Poestges 1980. Poestges: Die Obernkirchener Sandsteinbrüche als Ausgangspunkt internationalen Handels In: Schaumburger Heimatblätter 11.1980, S. 38–47.
Pohle 1999. Frank Pohle: Jülich und Batavia. Ein Fallbeispiel für Theorieexporte im europäischen Kolonialismus. In: *Tagungsband/Symposium: Pasqualini*, S. 227–247.
Prange 1963. Ruth Prange: Die bremische Kaufmannschaft des 16. und 17. Jahrhunderts in sozialgeschichtlicher Betrachtung (Veröffentlichungen aus dem Staatsarchiv der Freien Hansestadt Bremen 31). Bremen 1963.
Prinz 1959. Josef Prinz: Johann Gigas (Riese). In: Westfälische Lebensbilder 8 (Veröffentlichung der Historischen Kommission für Westfalen, XVII, A). Münster 1959, S. 17–36.
Prinz 1968. Josef Prinz (Hrsg.): Ex officina litteraria. Beiträge zur Geschichte des westfälischen Buchwesens. Münster 1968.
Prinz 1980. Josef Prinz: Westfalen und Köln vor 1180. In: *Kat. Münster 1980*, S. 31–41.
Preuß/Falkmann 1860. O[tto] Preuß, A[ugust] Falkmann: Lippische Regesten. Aus gedruckten und ungedruckten Quellen bearb. 4 Bde. Lemgo, Detmold 1860.
Prims 1930. Floris Prims: Losse Bijdragen tot de Antwerpsche Geschiedenis. (Antwerpiensia 3.1929). Antwerpen 1930.
Püttmann 1989. Klaus G. Püttmann: Das Motiv des Bauherren. Anmerkungen zur bürgerlichen Selbstdarstellung in der Architektur des 16. Jahrhunderts. In: *Kat. Lemgo 1989*, Bd. 2, S. 210–235.
Rabe 1913. Johs. E. Rabe: Von alten hamburgischen Speichern und ihren Leuten. Hamburg 1913.
Rabe 1994. Holger Rabe: O tempora, O mores: Studien zur Geschichte der Stadt Höxter am Vorabend und während des Dreißigjährigen Krieges. Diss. Göttingen 1994.
Rabe 1996. Holger Rabe: „So haben auch etzliche vom Adel, die daherumb in der Nachbarschafft wohnen, in dieser Stadt ihr Handelung ...". Adliger Immobilienerwerb und seine Motivation am Beispiel der ostwestfälischen Kleinstadt Höxter – Ein Beitrag zum Thema „Adelshof". In: *Lüpkes/Borggrefe/Johanek* 1996, S. 261–277.
Rabe 1998. Holger Rabe: O´Tempora O´Mores – Eine Stadt in Krieg und Frieden – Höxter in den Jahrzehnten vor und während des 30jährigen Krieges. Holzminden 1998.
Raben 1993. Remco Raben: Klein Holland in Azie. Ideologie en pragmatisme in de Nederlandse koloniale stedebouw, 1600–1800. In: Leidschrift 9.1993, S. 45–63.
Rapp 1989. Jürgen Rapp: Adam Elsheimer „Aeneas rettet Anchises aus dem brennenden Troja". Ein Stammbuchblatt in Deckfarbenmalerei. Pantheon 47.1989, S. 112–132.
Rath 1988. Jürgen Rath: Arbeit im Hamburger Hafen. Hamburg 1988.
Ratusz w miastach 1997. Stanislaw Latour (Red.): Ratusz w miastach polnocnej Europy. Danzig 1997, S. 217–231 (engl. Zsfg.).
Raumkunst in Niedersachsen 1991. Raumkunst in Niedersachsen. Die Farbigkeit historischer Innenräume, Kulturgeschichte und Wohnkultur. Hrsg. von Rolf-Jürgen Grote und Peter Königfeld. München 1991.
RDK. Reallexikon zur Deutschen Kunstgeschichte. Hrsg. von Otto Schmitt, Bd. 1 ff. Stuttgart, München 1937 ff.
Redlich 1958. Fritz Redlich: Der deutsche fürstliche Unternehmer, eine typische Erscheinung des 16. Jahrhunderts. 4. Teil. In: *Tradition 1958*, S. 98–112.
Redlich 1964. Fritz Redlich: The German Military Enterpriser and his Work Force. A Study of European Economic and Social History. Volume I. (Vierteljahresheft für Sozial- und Wirtschaftsgeschichte. Beihefte 47.1964).
Reeken 1996. Dietmar von Reeken: Wissenschaft, Raum und Volkstum. Historische und gegenwartsbezogene Forschung in und über „Niedersachsen" 1910–1945. Ein Beitrag zur regionalen Wissenschaftsgeschichte. In: Niedersächsisches Jahrbuch für Landesgeschichte 68.1996, S. 43–90.
Reekers 1965. Stefanie Reekers: Beiträge zur statistischen Darstellung der gewerblichen Wirtschaft Westfalens um 1800, Teil 2: Minden-Ravensberg. In. Westfälische Forschungen 18.1965. S. 75–130.
Reitzenstein 1861/1979. Carl Frhr. Reitzenstein (Hrsg.): Sprenger's Geschichte der Stadt Hameln. Hameln 21861. Reprint Hannover-Döhren 1979.
Renaissance im Blick der Nationen. Die Renaissance im Blick der Nationen Europas. Hrsg. von Georg Kaufmann (Wolfenbütteler Behandlungen zur Renaissanceforschung 9). Wiesbaden 1991.
Renner 1995. Johann Renner: Chronica der Stadt Bremen. Hrsg. von Lieselotte Klink, 2 Bde. Bremen 1995
Restaurierung von Kulturdenkmalen. Restaurierung von Kulturdenkmalen. Beispiele aus der niedersächsischen Denkmalpflege (Berichte zur Denkmalpflege in Niedersachsen, Beiheft 2). Hannover 1989.
Reuter 1965. Rudolf Reuter: Orgeln in Westfalen. Inventar historischer Orgeln in Westfalen und Lippe. Kassel, Basel u. a. 1965.
Rhein 1993. Stefan Rhein (Hrsg.): Die Kraichgauer Ritterschaft in der Frühen Neuzeit (Melanchthon-Schriften der Stadt Bretten 3). Sigmaringen 1993, S. 257–287.
Richarz 1971. Irmintraut Richarz: Herrschaftliche Haushalte in vorindustrieller Zeit im Weserraum (Beiträge zur Ökonomie von Haushalt und Verbrauch 6). Berlin 1971.
Richter 1967. Manfred Richter: Die Anfänge des Elsflether Weserzolls. Beiträge zur Geschichte von Schiffahrt und Wirtschaft der Unterweser im 17. Jahrhundert (Oldenburger Forschungen 17). Oldenburg 1967.
Richter/Krollmann 1907. Paul Emil Richter, Christian Krollmann: Wilhelm Dilichs Federzeichnungen kursächsischer und meissnischer Ortschaften aus den Jahren 1626–1629. Dresden 1907.
Ridolfi/Hadeln 1924. Ridolfi, D. F. von Hadeln (Hrsg.): Le meraviglie dell'arte. Venedig 1648. 2 Bde. Berlin 1924.
Rijksdienst beeldende Kunst 1996. Rijksdienst beeldende Kunst. The Netherlands Office of Fine Arts The Hague. Old Master paintings. An illustrated catalogue. Den Haag 1996.
Ringbeck 1989. Birgitta Ringbeck: Heimatschutzbewegung und Weserrenaissance-Forschung. Zu den Anfängen der Baupflege in Westfalen. In: Heimatpflege in Westfalen. Rundschreiben des Westfälischen Heimatbundes 2.1989, S. 4.
Rodekamp 1987. Volker Rodekamp: Minden und die Weser. Anmerkungen zu Bildquellen seiner Geschichte. In: *Bachmann/Hartmann 1987*, S. 349–354.
Rodenwaldt 1968. Ernst Rodenwaldt: Leon Battista Alberti – ein Hygieniker der Renaissance. (Sitzungsberichte der Heidelberger Akademie der Wissenschaften, Mathematisch-naturwissenschaftliche Klasse). Heidelberg 1968.
Roeck 1991. Bernd Roeck: Lebenswelt und Kultur des Bürgertums in der Frühen Neuzeit (Enzyklopädie deutscher Geschichte 9). München 1991.
Roeck 1999. Bernd Roeck: Kunstpatronage in der Frühen Neuzeit. Studien zu Kunstmarkt, Künstlern und ihren Auftraggebern in Italien und im Heiligen Römischen Reich (15.–17. Jahrhundert). Göttingen 1999 (Sammlung Vandenhoeck).
Roeck 1999 a. Bernd Roeck: Rathaus und Reichsstadt [1995]. In: *Roeck 1999*, S. 120–146 und 196–200.
Roeder-Baumbach/Evers 1943. Irmengard von Roeder-Baumbach, Hans Georg Evers: Versieringen bij blijde inkomsten gebruikt in de zuidelijke Nederlanden gedurende de 16e en 17e eeuw (Maerlantbibliotheek 13). Antwerpen 1943.
Roethlisberger 1993. Marcel G. Roethlisberger: Abraham Bloemaert and his Sons. Paintings and prints. 2 Bde. Doornspijk 1993.
Rogge 1992. Jörg Rogge: Miteinander und gegeneinander. Die Städte Rinteln, Hameln, Minden und ihre Landesherren von der Reformation bis zum Dreißigjährigen Krieg. In: *Bulst u. a. 1992*, S. 15–40.
Rook 1987. Günter Rook: Geologische, geographische und hydrographische Grundlagen des Wesertals im Mindener Raum. In: *Bachmann/Hartmann 1987*, S. 327–345.
Roosbroeck 1965. Robert van Roosbroeck: Niederländische Patrizier im Exil (1585–1600). In: Helmuth Rössler (Hrsg.): Deutsches Patriziat 1430–1740. Büdinger Vorträge 1965. (Schriften zur Problematik der deutschen Führungsschichten in der frühen Neuzeit 3). Darmstadt 1965, S. 209–230.
Roosbroeck 1968. Robert van Roosbroeck: Emigranten. Nederlandse Vluchtelingen in Duitsland (1550–1600). Leuven 1968.
Roosbroeck 1970. Robert van Roosbroeck: De koopman en de muze! In: Wetenschappelijke Tijdingen 29.1970, S. 31–44.

Roosbroeck 1972. Robert van Roosbroeck: Niederländische Glaubensflüchtlinge in Bremen (1585–1600) und ihr Briefwechsel. In: Bremisches Jahrbuch 52.1972, S. 85–112.
Rosenberg/Scailliérez/Thiébaut 1994. P. Rosenberg, C. Scailliérez, D. Thiébaut (Hrsg.): Hommage à Michel Laclotte. Études sur la peinture du Moyen Age et de la Renaissance. Mailand 1994.
Roscher. W. H. Roscher: Ausführliches Lexikon der griechischen und römischen Mythologie. 5 Bde. Hildesheim, Zürich, New York 1993.
Rotenburger Chronik. Rotenburger Chronik. (Hessische Forschungen zur Geschichtlichen Landes- und Volkskunde). Kassel 1996.
Rotermund 1819. Heinrich Wilhelm Rotermund: Fortsetzung und Ergänzungen zu Jöchers allgemeinem Gelehrten-Lexicon. 7 Bde. Bremen 1819.
Rothe 1992. Jörg-Michael Rothe: Zoll bezahlen wie seit tausend Jahren. Einige allgemeine Überlegungen zur Geschichte des Zolls anhand von Beobachtungen zum Landzollwesen im frühneuzeitlichen Weserraum. In: *Bulst u. a. 1992*, S. 175–202.
Rothe/Rüthing 1989. Jörg Michael Rothe, Heinrich Rüthing: Der „edle Strohm". Daten, Beobachtungen und Überlegungen zur wirtschaftlichen Entwicklung des Weserraumes von der Mitte des 16. Jahrhunderts bis zum Dreißigjährigen Krieg. In: *Kat. Lemgo 1989*, Bd. 2, S. 44–67.
Rothert 1950. Hermann Rothert: Westfälische Geschichte. 3 Bde. Gütersloh 1950.
Rüthing 1986. Heinrich Rüthing: Höxter um 1500. Analyse einer Stadtgesellschaft (Studien und Quellen zur westfälischen Geschichte 22). Paderborn 1986.
Rüthing 1987. Heinrich Rüthing: Beobachtungen zur Weserschiffahrt im 16. Jahrhundert. In: *Bachmann/Hartmann 1987*, S. 75–92.
Saalfeld 1998. Diederich Saalfeld: Ländliche Wirtschafts- und Sozialgeschichte vom Beginn des 16. bis zur Mitte des 17. Jahrhunderts. In: *Heuvel/Boetticher 1998*, S. 119–218.
Sahner 1948. Wilhelm Sahner: Deutsch-holländische Wechselbeziehungen in der Baukunst der Spätrenaissance und des Frühbarock ca. 1580–1630. Gelsenkirchen, Gladbeck 1948.
Saur 1658. Abraham Saur: Stätte-Buch, verfaßt und fortgesetzt durch Hermann Adolph Authes. Frankfurt a. M. 1658.
Schäfer 1977. Karl Schäfer: Geschichte der Eisenindustrie in der ehemaligen Grafschaft Waldeck im 16. und 17. Jahrhundert. Korbach 1977.
Schecker 1931. Heinz Schecker: Das Prager Tagebuch des Melchior Goldast in der Bremer Staatsbibliothek. In: Abhandlungen und Vorträge der Bremer wissenschaftlichen Gesellschaft 5.1931, S. 217–282.
Scheicher 1987. Elisabeth Scheicher: Höfische Feste. In: *Kat. Wien 1987*, S. 81–90.
Scheliga 1996. Thomas Scheliga: Renaissancegärten der Herzöge von Braunschweig-Lüneburg in Wolfenbüttel. In: *„... zur Zierde..."* 1996, S. 9–52.
Schelp 1996. Bernhard Schelp: Die baulichen Veränderungen an Schloß Schwöbber. In: *„... zur Zierde..."* 1996, S. 109–138.
Schelven 1939. A. A. van Schelven: Marnix van Sint Adelgonde. Utrecht 1939.
Scheper 1971. Burchard Scheper: Die Niederlande und der Unterweserraum (Nachbarn 14). Bonn 1971.
Schiller/Lübben. Karl Schiller, August Lübben: Mittelniederdeutsches Wörterbuch. 5 Bde. Bremen 1880 (undatierter Nachdruck Münster).
Schilling 1983. Heinz Schilling: Wandlungs- und Differenzierungsprozesse innerhalb der bürgerlichen Oberschichten West- und Nordwestdeutschlands. In: *Biskup/Zernack 1983*, S. 121–173.
Schilling 1985. Heinz Schilling: The European crisis of the 1590s: the situation in German towns. In: *Clark 1985*, S. 135–156.
Schilling 1993. Heinz Schilling: Die Stadt in der Frühen Neuzeit (Enzyklopädie deutscher Geschichte 24). München 1993.
Schleier, B. 1994. Bettina Schleier. Wilhelm Dilichs Bremer Chronik. In: Bremisches Jahrbuch 73.1995, S. 12–47.
Schleier, E. 1980. Erich Schleier: Herrscherbild und Staatsporträt. In: *Kat. Berlin 1980*, S 199–237.
Schlichtenmaier 1988. Harry Schlichtenmaier: Studien zum Werk Hans Rottenhammers des Älteren (1565–1625). Maler und Zeichner, mit Werkkatalog. Tübingen 1988.
Schlichthaber 1749. Anton Gottfried Schlichthaber: Mindener Kirchengeschichte. 5 Teile. Minden 1749–1755. Reprint Osnabrück 1979.
Schlick 1963. Johann Schlick: Wasserfeste und Teichtheater des Barock. Diss. Kiel 1963.
Schmidt, G. 1993. Georg Schmidt: Adeliges Selbstverständnis und späthumanistische Geschichtsschreibung: der Stammbaum des Reinhard von Gemmingen. In: *Rhein 1993*, S. 257–287.
Schmidt, M. 1997. Michael W. Schmidt: „... die ganze Compagnie der fürstlichen Music ....". In: *Kat. Lemgo 1997*, S. 287–290.
Schmidt, H. 1997. Heinrich Schmidt: Oldenburg in Mittelalter und früher Neuzeit. Handel und Verkehr. In: Geschichte der Stadt Oldenburg. Hrsg. von der Stadt Oldenburg, 2 Bde. Oldenburg 1997, S. 195–212.
Schmidt-Glinzer 1996. Herwig Schmidt-Glintzer (Hrsg.): Fördern und Bewahren. Studien zur europäischen Kulturgeschichte der Frühen Neuzeit. Wiesbaden 1996.
Schmitt/Luckardt 1982. Michael Schmitt, Jochen Luckardt: Realität und Abbild in Darstellungen des 16. bis 19. Jahrhunderts. Untersuchungen am Beispiel Lippstadt (Beiträge zur Volkskultur in Norddeutschland 31). Münster 1982.
Schnabel 1995. Die Handschriften der Stadtbibliothek Nürnberg. Sonderband: Die Stammbücher und Stammbuchfragmente. Teil 1: Die Stammbücher des 16. und 17. Jahrhunderts. Bearb. von Werner Wilhelm Schnabel. Wiesbaden 1995.
Schneede 1965. Uwe M. Schneede: Das repräsentative Gesellschaftsbild in der niederländischen Malerei des 17. Jahrhunderts und seine Grundlagen bei Hans Vredeman de Vries. Diss. Kiel 1965.
Schneede 1967. Uwe M. Schneede: Interieurs von Hans und Paul Vredeman. In: Nederlands Kunsthistorisch Jaarboek 18.1967, S. 125–166.
Schneider 1998. Konrad Schneider: Münz- und Geldwesen. In: *Heuvel/Boetticher 1998*, S. 575–632.
Schneider 1992. Norbert Schneider: Porträtmalerei. Hauptwerke europäischer Bildniskunst 1420–1670. Köln 1992, S. 124–137.
Schnitzler 1992. Norbert Schnitzler: 'ein goldt und silber gruben?' Apotheken und Apotheker im Weserraum 1550–1650. In: *Bulst u. a. 1992*, S. 203–234.
Schöller 1999. Bernadette Schöller: Der Kölner Graphikmarkt um 1600 – Der Warenkorb des Arnoldus Buchelius. In: Der Riß im Himmel. Clemens August und seine Epoche, 8 Bde, 1999–2000. Band 1: 'Coellen eyn Croyn' – Renaissance und Barock in Köln. Hrsg. Von Werner Schäfke. Köln 1999, S. 379–391.
Schönberg 1997. Elisabeth von Schönberg: Graf Simon VI. zur Lippe und seine Beziehungen zum Kaiserhof in Prag. Unveröffentl. Magisterarbeit. Hamburg 1997.
Schoenebeck 1992. Kai von Schoenebeck: Zwischen Besatzungsmächten und Landesherren. Die Auswirkungen des Dreißigjährigen Krieges auf die politische Selbständigkeit der Städte Hameln, Minden und Rinteln. In: *Bulst u. a. 1992*, S. 41–60.
Schormann 1982. Gerhard Schormann: Academia Ernestina. Die schaumburgische Universität zu Rinteln an der Weser (1610/21–1810). Marburg 1982.
Schormann 1993. Gerhard Schormann: Das Lemgoer Gymnasium zwischen Luthertum und zweiter Reformation. In: Lippische Mitteilungen aus Geschichte und Landeskunde 49.1980, S. 7–31.
Schroeder 1965. Johann Karl von Schroeder: Ein Aquarell von 1539. Die älteste Ansicht der Stadt Minden. In: Mitteilungen des Mindener Geschichts-und Museumsvereins 37.1965. S, 156–161.
Schroeder 1965 a. Johann Karl von Schroeder: Hermann Huddaeus. Persönlichkeit und Bildnis. Die Stadtansicht von 1568. In: Mitteilungen des Mindener Geschichts- und Museumsvereins 37.1965, S. 161–167.
Schroeder 1966. Johann Karl von Schroeder: Mindener Buchgewerbe. Buchdrucker, Buchbinder und Verleger in Minden seit dem 16. Jahrhundert. Ein Beitrag zur Geistes- und Wirtschaftsgeschichte Westfalens. In: Mitteilungen des Mindener Geschichtsvereins 38.1966, S. 3–80.
Schroeder 1971. Johann Karl von Schroeder: Minden und das Mindener Land in alten Ansichten. Minden, Münster 1971.
Schroeder 1997. Johann Karl von Schroeder: Mindener Stadtrecht. 12. Jahrhundert bis 1540. Münster 1997.
Schulze 1965. Heinz-Joachim Schulze: Oldenburgs Wirtschaft einst und jetzt. Oldenburg [1965].
Schulze 1987. Schulze, Winfried: deutsche Geschichte im 16. Jahrhundert. 1500–1618 (Moderne Deutsche Geschichte 1). Frankfurt a. M. 1987.
Schuttwolf 1995. Allmuth Schuttwolf: Sammlung der Plastik. Schloßmuseum Gotha. Gotha 1995.
Schwarzwälder 1975–1985. Herbert Schwarzwälder: Geschichte der Freien Hansestadt Bremen. 4 Bde. Bremen 1975–1985.
Schwarzwälder 1985. Herbert Schwarzwälder: Blick auf Bremen. Ansichten, Vogelschauen, Stadtpläne vom 16.–19. Jahrhundert. Bremen 1985
Schwarzwälder 1987. Herbert u. Inge Schwarzwälder: Reisen und Reisende in Nordwestdeutschland. Beschreibungen, Tagebücher und Briefe, Itinerare und Kostenrechnungen (Veröffentlichungen der Historischen Kommission für Niedersachsen und Bremen 35: Quellen und Untersuchungen zur allgemeinen Geschichte Niedersachsens in der Neuzeit 7). Bd. 1: bis 1620. Hildesheim 1987.
Schwarzwälder 1989. Herbert Schwarzwälder: Geschichte der Freien Hansestadt Bremen. 4 Bde. Bremen^2 1989.
Schwarzwälder 1995. Herbert Schwarzwälder: Geschichte der Freien Hansestadt Bremen. 5 Bde. Erw. und verb. Aufl., Bremen 1995.
Schwarzwälder 1996. Herbert Schwarzwälder: Bremen im 17. Jahrhundert. Glanz und Elend einer Hansestadt. Bremen 1996.
Schwarzwälder 1997. Herbert Schwarzwälder: Niederländer in Bremen im 16./17. Jahrhundert. In: *Bremisches Jahrbuch 1997*, S. 85–95.
Schwarzwälder 1999. Schiffsreisen auf der Weser von 1776 bis 1900. In: *Küster 1999*, S. 8–29.
Seeliger 1987/1988. Matthias Seeliger: Wesersandstein, Sollingplatten, Höxterstein: Die Weser als Handelsweg. In: Jahrbuch für den Landkreis Holzminden 5/6.1987/1988, S. 71–77.
Sello 1928. Georg Sello: Östringen und Rüstringen. Studien zur Geschichte von Land und Volk. Oldenburg 1928.
Senghaas 1979. Dieter Senghaas (Hrsg.): Kapitalistische Weltökonomie. Kontroversen über ihren Ursprung und ihre Entwicklungsdynamik. Frankfurt a. M. 1979.
Sénéchal 1995. Philippe Sénéchal: Die antiken Marmorstatuen der Sammlung Farnese. In: *Kat. München 1995*, S. 121–129.
Sicken 1994. B. Sicken (Hrsg.): Herrschaft und Verfassungsstrukturen im Nordwesten des Reiches. Beiträge zum Zeitalter Karls V; Franz Petri zum Gedächnis (1903–1993) (Städteforschung, A, Darstellungen; 35). Köln u. a. 1994.
Siebert 1965. Walter Siebert: 350 Jahre Bückeburger Stadtkirche. In: Schaumburg-Lippische Heimatblätter 16.1965, S. 52.
Siebert 1985. Walter Siebert: Der Weg zum Manierismus im Mittelweserraum. Bückeburg 1985.
Simon 1998. Anne Simon: Sigmund Feyerabend's Das Reyßbuch des heyligen Lands. A Study in Printing and Literary History (Wissensliteratur im Mittelalter 32). Wiesbaden 1998.
Simonsfeld 1890. Henry Simonsfeld: Der Bucintoro auf dem Starnberger See. In: Jahrbuch für Münchner Geschichte 4.1890, S. 175–214.
Siuts 1982. Hinrich Siuts (Hrsg): Bäuerliche und handwerkliche Arbeitsgeräte in Westfalen. Münster 1982.

Sneller 1935. Z. W. Sneller: De drie cargasoenen rogge van Daniel van der Meulen anno 1592 en hun verzekering. In: Jaarboek van het Genootschap Amstelodamum 32.1935, S. 89–118.
Soenke 1957. Jürgen Soenke: Johann Robyn – der Meister J. R. Beziehungen zwischen der flämischen und der Weser-Renaissance. In: Mindener Heimatblätter 29.1957, S. 121–129.
Soenke 1964. Jürgen Soenke: Triumph des Manierismus in Stadthagen. Niederländische Bildhauer im Dienste der Grafen von Schaumburg. In: Schaumburger Studien 6.1964, S. 35–80.
Sonnen 1918. Max Sonnen: Weserrenaissance. Münster i. W. 1918.
Spanuth/Feige 1963. Heinrich Spanuth, Rudolf Feige (Hrsg.): Geschichte der Stadt Hameln. 2 Teile (in einem Bd.). Hameln 1963.
Spies 1992. Gerd Spies: Technik der Steingewinnung und der Flußschiffahrt im Harzvorland in früher Neuzeit (Braunschweiger Werkstücke 83; Braunschweiger Werkstücke Reihe B, 14). Braunschweig 1992.
Stagl 1983. Justin Stagl: Das Reisen als Kunst und als Wissenschaft (16.–18. Jahrhundert). In: Zeitschrift für Ethnologie 108.1983, S. 15–34.
Stechow 1933–1934. Wolfgang Stechow: Ludolph Büsinck, Maler von Münden und sein Hochaltar für die Göttinger Johanniskirche. In: Neues Göttinger Jahrbuch 4.1933–34, S. 5–12.
Stechow 1938. Wolfgang Stechow: Ludolf Buesinck. A German chiarocsuro master of the seventeenth century. In: The print collector 1938, S. 392–419.
Stechow 1939. Wolfgang Stechow: Catalogue of the woodcuts by Ludolph Buesinck. In: The print collector 1939, S. 348–359.
Stechow 1942. Wolfgang Stechow: Shooting at the father's corpse. In: The Art bulletin. 24.1942, S. 213–225.
Stechow 1955. Wolfgang Stechow: Shooting at the father's corpse. A note on the hazards of faulty iconography. In: The Art bulletin 37.1955, S. 155–156.
Stechow 1967. Wolfgang Stechow: On Büsinck, Ligozzi and an ambiguous allegory. In: *Festschrift Wittkower 1967*, S. 193–196.
Stein 1962. Rudolf Stein: Romanische, gotische und Renaissance-Baukunst in Bremen (Forschungen zur Geschichte der Bau- und Kunstdenkmäler in Bremen 2). Bremen 1962.
Steinacker 1941/42. Karl Steinacker: Italienische Studienfahrt eines Ostfalen und ihre Auswertung zur Zeit der beginnenden Barockgesinnung. In: Braunschweigisches Jahrbuch. Folge 3, 3.1941/42, S. 3–120.
Steingräber 1985. Erich Steingräber: Zweitausend Jahre Europäische Landschaftsmalerei. München 1985.
Steinmann 1984. Gustav Steinmann: Kurzbericht über die Restaurierung des Orgel-Positivs im Lippischen Landesmuseum zu Detmold (Unveröffentl. Manuskript im Lippischen Landesmuseum, Detmold). Vlotho [1984].
Stephan 1979. Hans-Georg Stephan: Eine Kunsttöpferei der Renaissance in Witzenhausen an der Werra. In: Zeitschrift für Archäologie des Mittelalters 7.1979, S. 167–184.
Stephan 1981. Hans-Georg Stephan: Coppengrave. Studien zur Töpferei des 13.–19. Jahrhunderts in Nordwestdeutschland. Hildesheim 1981.
Stöcklein 1969. Ansgar Stöcklein: Leitbilder der Technik. München 1969.
Stoob 1966. Heinz Stoob: Vom Städtewesen im oberen Weserlande. In: *Kat. Corvey 1966*, Bd. 1, S. 203–213.
Stoob 1970. Heinz Stoob (Hrsg.): Ostwestfälisch-weserländische Forschungen zur geschichtlichen Landeskunde. Forschungsbd. 3: Kunst und Kultur im Weserraum 800-1600 (Veröffentlichungen des Provinzialinstituts für westfälische Landes- und Volkskunde, Reihe 1,15). Münster 1970.
Stollberg-Rilinger 1988. Barbara Stollberg-Rilinger: Handelsgeist und Adelsethos. Zur Diskussion um das Handelsverbot für den deutschen Adel vom 16. und 18. Jahrhundert. In: Zeitschrift für historische Forschung 15.1988, S. 273–309.
Strate 1989. Jürgen Strate: Musiker und deren Werke im Gebiet der „Weserrenaissance". In: *Kat. Lemgo 1989*, Bd. 2, S. 258–314.
Straube 1996. Manfred Straube: Der hansische Binnenhandel – die wirtschaftlichen Beziehungen zwischen Thüringen und den Seestädten zu Beginn der frühen Neuzeit. In: *Kat. Magdeburg 1996*, S. 396–405.
Strauss 1977. Walter L. Strauss (Hrsg.): Hendrik Goltzius 1558–1617. The Complete Engravings and Woodcuts. New York 1977.
Streetz 1996. Michael Streetz: „... dasselbe mit allen gemächern in augenschein zu nehmen..." Das Renaissanceschloß Hannoversch Münden in den Inventaren des 16., 17. und 18. Jahrhunderts. Eine Fallstudie zur Auswertung schriftlicher Quellen und ihrer Verbindung mit Ergebnissen der Bauforschung. Diss. Göttingen 1996.
Strohmer 1947/1948. Erich V. Strohmer: 'Bemerkungen zu den Werken des Adriaen de Vries'. In: Nationalmusei arsbok 1947/1948, S. 93–138.
Stünkel 1952. Hermann Stünkel: Rinteln im 30jährigen Kriege. Eine Chronik (Beiträge zur Geschichte der Stadt Rinteln 2). Rinteln 1952.
Stupperich 1966. Robert Stupperich: Die Reformation im Weserraum. In: *Kat. Corvey 1966*, Bd. 1, S. 257–271.
Suermann 1983. Marie Theres Suermann: Zur Baugeschichte und Ikonographie des Stadthagener Mausoleums. In: Niederdeutsche Beiträge zur Kunstgeschichte 22.1983, S. 67–90.
Sundermann 1985. Peter Sundermann (Hrsg.): 800 Jahre Vlotho. Stadtgeschichte(n). Vlotho 1985.
Szabó 1983. Thomas Szabó: Stichwort „Botenwesen". In: Lexikon des Mittelalters, Bd. 2. München, Zürich, Sp. 484–487.
Tagungsband/Symposium: Capriccio. Ekkehard Mai, Joachim Rees (Hrsg.): Kunstform Capriccio. Von der Groteske zur Spieltheorie der Moderne [Vorträge, gehalten anläßlich der Ausstellung „Das Capriccio als Kunstprinzip. Zur Vorgeschichte der Moderne von Arcimboldo und Callot bis Tiepolo und Goya"] (Kunstwissenschaftliche Bibliothek 6). Köln, Zürich, Wien 1997/1998.
Tagungsband/Symposium: Lodovico Guicciardini. Pierre Jodogne (Hrsg.): Lodovico Guicciardini (1521-1589). Actes du Colloque international des 28, 29 et 30 mars 1990 (Université Libre des Bruxelles. Travaux de l'Institut Interuniversitaire pour l'étude de la Renaissance et de l'Humanisme X). Louvain 1991.
Tagungshandbuch/Symposium: Pasqualini. Günter Bers, Conrad Doose (Hrsg.): 'Italienische' Renaissancebaukunst an Schelde, Maas und Niederrhein. Stadtanlagen – Zivilbauten – Wehranlagen. 2. Jülicher Pasqualini-Symposium vom 18. bis 21. Juni 1998 in Jülich. Tagungshandbuch. Jülich 1999.
Tagungsband/Symposium: Pieter Bruegel und seine Welt. Pieter Bruegel und seine Welt. Colloquium veranstaltet vom Kunsthistorischen Institut der FU Berlin und dem Kupferstichkabinett der Staatlichen Museen Stiftung Preussischer Kulturbesitz am 13. und 14. November 1975. Hrsg. v. Otto von Simson u. Matthias Winner. Berlin 1979.
Tagungsband/Symposium: Rathäuser. Rathäuser im Spätmittelalter und in der Frühen Neuzeit. 6. Symposion des Weserrenaissance-Museums Schloß Brake in Zusammenarbeit mit der Stadt Höxter vom 17. bis zum 20. November 1994 in Höxter (Materialien zur Kunst- und Kulturgeschichte in Nord- und Westdeutschland 21). Marburg a. d. L. 1997.
Tagungsband/Symposium: Rudolf II. Rudolf II, Prague and the World. Papers from the International Conference [Tagung Prag 2.–4. September 1997]. Hrsg. von Lubomir Konecny. Prag 1998.
Tagungsband/Symposium: Weser – EinFluß in Europa. Weser – EinFluß in Europa [Tagung Lemgo 15./16. Januar 1999]. Hrsg. von Neithard Bulst, Thomas Fusenig, José Kastler und Heinrich Rüthing. Marburg a. d. L. 2000 (in Vorbereitung).
Tebbe 1992. Karin Tebbe: Epitaphien aus dem Weserraum um 1600. In: *„... uns und unseren Nachkommen" 1992*, S. 9–68.
Tebbe 1996. Karin Tebbe: Epitaphien in der Grafschaft Schaumburg. Die Visualisierung der politischen Ordnung im Kirchenraum (Materialien zur Kunst- und Kulturgeschichte in Nord- und Westdeutschland 18). Marburg a. d. L. 1996.
TerKuile 1964. E. H. TerKuile: Het Ontwerp van de Leidse Stadhuisgevel van 1597. In: Bulletin & Nieuws-Bulletin Koninklijke Nederlandse Oudheidkundige Bond, 6. Serie, 17.1964, S. 88–106.
Thieme/Becker. Ulrich Thieme, Felix Becker (Hrsg.): Allgemeines Lexikon der Bildenden Künstler von der Antike bis zur Gegenwart. Bd. 1–37. Leipzig 1907–1950.
Thierse 1991. Irmtraud Thierse: Schloß Leitzkau (Kleine Führer des Weserrenaissance-Museums Schloß Brake 5) (Schnell Kunstführer 1899). München 1991.
Tielhof 1995. Milja van Tielhof: De Hollandse graanhandel, 1470–1570: koren op de Amsterdamse molen (Hollandse historische reeks 23). Den Haag [1995].
Tipton 1996. Susan Tipton: Res publica bene ordinata. Regentenspiegel und Bilder vom guten Regiment. Rathausdekorationen in der Frühen Neuzeit (Studien zur Kunstgeschichte 104). Hildesheim, Zürich, New York 1996.
Thöne 1960. Friedrich Thöne: Hans Vredeman de Vries in Wolfenbüttel. In: Braunschweigisches Jahrbuch 41.1960, S. 47–68.
Thöne 1962. Friedrich Thöne: Werke des Hans Vredeman de Vries in Wolfenbüttel. In: *Pantheon 1962*, S. 248–255.
Thöne 1963. Friedrich Thöne: Wolfenbüttel. Geist und Glanz einer alten Residenz. München 1963.
Thöne 1967. Friedrich Thöne: Bemerkungen zu Zeichnungen in der Herzog August-Bibliothek zu Wolfenbüttel. In: Niederdeutsche Beiträge zur Kunstgeschichte 6.1967, S. 167–206.
Toro Farnese 1991. Soprintendenza Archeologica per le province di Napoli e Caserta: Il Toro Farnese. La „montagna di marmo" tra Roma e Napoli. Neapel 1991.
Touwaide 1975. R. H. Touwaide: Messire Lodovico Guicciardini. Gentilhomme Florentin (Bibliotheca Humanistica & Reformatorica 14). Nieuwkoop 1975.
Treuer 1740. Gottlieb Samuel Treuer: Gründliche Geschlechts-Historie Des Hochadlichen Hauses Der Herren von Münchhausen worinnen die Abstammung aller Vorfahren von dem XII. Jahrhundert an mit vielen aus verschiedenen Archiven und Registraturen gezogenen Urkunden, gedruckten Schrifften und andern Zeugnissen mit einem Anhang häuffiger Diplomatum und Urkunden, so zur Erläuterung vieler Fürstl. Gräfl. Adlichen Geschlechter dienen ingleichen mit nöthigen Kupffern und Stamm-Tafeln versehen. Göttingen [1740].
True 1997. Ehler True: Die Schlacht bei Drakenburg am 23. Mai 1547 nach den vergeblichen Belagerungen der Hansestadt Bremen in der Zeit der Auseinandersetzungen zwischen dem Kaiserreich und dem Schmalkaldischen Bund (Geschichte des Fleckens Drakenburg 1). Drakenburg 1997.
Trunz 1992. Erich Trunz: Wissenschaft und Kunst im Kreise Kaiser Rudolfs II. 1576–1612 (Kieler Studien zur Deutschen Literaturgeschichte 18). Neumünster 1992.
Uffenbach 1753. Konrad von Uffenbach: Merkwürdige Reisen durch Niedersachsen, Holland und England, 2. Teil. Ulm 1753.
Unger 1980. Richard W. Unger: Dutch Herring, Technology and International Trade in the Seventeenth Century. In: Journal of Economic History 40.1980, S. 253–279.
„... uns und unseren Nachkommen" 1992. „... uns und unseren Nachkommen zu Ruhm und Ehre...". Kunstwerke im Weserraum und ihre Auftraggeber (Materialien zur Kunst- und Kulturgeschichte in Nord- und Westdeutschland 6). Marburg a. d. L. 1992.
Uppenkamp 1993. Barbara Uppenkamp: Roll- und Beschlagwerk in der „Weserrenaissance". In: *Baudekoration als Bildungsanspruch 1993*, S. 9–119.
Uppenkamp 1998. Barbara Uppenkamp: Die Scenographien und Gartenentwürfe des Hans Vredeman de Vries und seine Tätigkeit in Wolfenbüttel im Lichte neuer Quellen. In: *Tagungsband/Symposium: Rudolf II.*, S. 111–119.
Urban 1980. L. Padoan Urban: Le feste sull'acqua a Venezia nel secolo XVI e il potere politico. In: *de Panizza Lorch 1980*, S. 483–505.
Uytven 1994. Raymond van Uytven: Antwerpen: Steuerungszentrum des europäischen Handels und Metropole der Niederlande im 16. Jh. In: *Sicken 1994*, S. 7.
Valentijn 1724–1726/1862. François Valentijn: Oud en Nieuw Oost-Indien. 8 Bde. Dordrecht, Amsterdam 1724–1726. Reprint Amsterdam 1862.

Verdenhalven 1968. Fritz Verdenhalven: Alte Maße, Münzen und Gewichte aus dem deutschen Sprachgebiet. Neustadt an der Aisch 1968.
Verkehr und Transport 1987. Verkehr und Transport. Ausstellung des Nordrhein-Westfälischen Staatsarchivs Detmold (Veröffentlichungen der staatlichen Archive des Landes Nordrhein-Westfalen. Reihe D: Ausstellungskataloge staatlicher Archive Heft 21). Detmold 1987.
Vermeulen 1931. A. J. Vermeulen: Handboek tot de Geschiedenis der Nederlandsche Bouwkunst. 2 Bde. 's-Gravenhage 1931, S. 236, 255.
Vitruvius/Forssman 1973. Marcus Vitruvius Pollio: Zehn Bücher von der Architectur und künstlichem Bauen. Erstmals verteutscht durch Gualther Hermenius Rivius. Mit einleitenden Bemerkungen zum Nachdruck von Erik Forssman. Hildesheim, New York 1973. Reprint des Originals Nürnberg 1548.
Vogel 1995. Marion Vogel: Der Oldenburger Hafen. Hrsg. von der Stadt Oldenburg. Oldenburg 1995.
Wacha 1983. Georg Wacha: Zinn und Zinngießer in den Ländern Mitteleuropas. München 1983.
Wähler 1997. Bernd Wähler: Der Fischerstadt Gerechtigkeit Buch. Untersuchungen zu einer frühneuzeitlichen Quelle der Fischerstadt Minden. Unveröffentl. Staatsarbeit, Univ. Bielefeld 1997.
Wallerstein 1986. Immanuel Wallerstein: Das moderne Weltsystem – Die Anfänge kapitalistischer Landwirtschaft und die europäische Weltökonomie im 16. Jahrhundert. Frankfurt a. M. 1986.
Wallerstein 1998. Immanuel Wallerstein: Das moderne Weltsystem II – Der Merkantilismus: Europa zwischen 1600 und 1750. Wien 1998.
Warnke 1992. Martin Warnke: Politische Ikonographie. In: *Beyer 1992*, S. 23–28.
Warnke 1996. Martin Warnke: Hofkünstler – Zur Vorgeschichte des modernen Künstlers. Köln 21996.
Weber 1975. Ingrid Weber: Deutsche, niederländische und französische Renaissanceplaketten 1500–1650. Modelle für Reliefs an Kult-, Prunk- und Gebrauchsgegenständen. 2. Bde. München 1975.
Weddigen 1787. Peter Florenz Weddigen: Westphälisches Magazin zur Geographie, Historie und Statistik. Dritter Bd., Heft 9. Bückeburg 1787.
Wee/Materné 1993. Hermann van der Wee, Jan Materné: Antwerp as a world Market in the sixteenth and seventeenth centuries. In: *Kat. Antwerpen 1993*, S. 19–31.
Wegener 1995. Ulrike B. Wegener: Die Faszination des Maßlosen. Der Turmbau zu Babel von Pieter Bruegel bis Athanasius Kircher. Hildesheim, Zürich, New York 1995.
Wegner 1913. Paul Wegner: Die mittelalterliche Flußschiffahrt im Flußgebiet der Weser. In: Hansische Geschichtsblätter 19.1913, S. 93–161.
Wehking 1997. Sabine Wehking: Die Inschriften der Stadt Minden (Die Deutschen Inschriften 46). Wiesbaden 1997.
Weidinger 1991. Ulrich Weidinger: Geschichte des Bremer Hafens in Mittelalter und Früher Neuzeit (Fernuniversität Hagen, Kurs 4159). Hagen 1991.
Weidinger 1997. Ulrich Weidinger: Mit Koggen zum Marktplatz. Bremens Hafenstrukturen vom frühen Mittelalter bis zum Beginn der Industrialisierung. Bremen 1997.
Weidinger 1998. Ulrich Weidinger: Strukturprobleme und Zäsuren in der Hafenentwicklung Bremens im Spätmittelalter und in der frühen Neuzeit. In: Niedersächsisches Jahrbuch für Landesgeschichte 70.1998, S. 35–52.
Weise 1900. Oskar Weise: Die Deutschen Volksstämme und Landschaften. Leipzig 1900.
Weissmann 1912. A. W. Weissmann: Geschiedenis der Nederlandsche Bouwkunst. Amsterdam 1912.
Wells 1988. Guy Wells: Emergence and Evanescence: Republicanism and the Res Publica at Antwerp before the Revolt of the Netherlands. In: *Koenigsberger 1988*, S. 155–168.
Werner 1990. Thomas Werner: Die Post – Ein Netzwerk. Systeme der Vermittlung. In: *Glaser/Werner 1990*, S. 9–75.
Westfalia Picta 5. Westfälisches Landesmuseum für Kunst- und Kulturgeschichte (Hrsg.): Westfalia Picta. Erfassung westfälischer Ortsansichten vor 1900. Bd. 5: Kreis Höxter, Kreis Paderborn. Bearb. v. Jochen Luckhardt. Bielefeld 1995.
Widerkehr 1991–1992. Léna Widerkehr: Jakob Matham Goltzii Privignus. Jacob Matham graveur et ses rapports avec Hendrick Goltzius. In: Nederlands Kunsthistorisch Jaarboek 42–43.1991–1992, S. 219–260.
Wied 1990. Alexander Wied: Lucas und Marten van Valckenborch (1535–1597 und 1534–1612). Freren 1990.
Willigerod 1817. J. H. Z. Willigerod: Mündensches Stadt=Recht. In vorzüglicher Hinsicht auf Handlung und Schiffahrt. Münden 1817.
Wittkop 1975. Friedrich Wittkop: Der Weserlauf zwischen Höxter und Polle. In: Die Weser. Monatsschrift des Weserbundes 49.1975, S. 80–82.
Witzendorff 1955. Hans Jürgen von Witzendorff: Bremens Handel im 16. und 17. Jahrhundert. In: Bremisches Jahrbuch 44.1955, S. 128–174.
Wohlfeil 1965. Rainer Wohlfeil: Adel und Heerwesen. In: Helmuth Rössler (Hrsg.): Deutsches Patriziat 1430-1740. Büdinger Vorträge 1965. (Schriften zur Problematik der deutschen Führungsschichten in der frühen Neuzeit 3). Darmstadt 1965, 315–343.
Wolf, F. 1997. Fritz Wolf: Theater am Hofe des Landgrafen Moritz. In: *Kat. Lemgo 1997*, S. 309–314.
Wolf, M. 1983. Manfred Wolf: Das 17. Jahrhundert. In: *Kohl 1983*, Bd. 1, S. 469–604.
Wüthrich 1966–1996. Lucas Wüthrich: Das druckgraphische Werk von Matthäus Merian d. Ä. 4 Bde. Kassel 1966 (Bd. 1), 1972 (Bd. 2), 1993 (Bd. 3), 1996 (Bd. 4).
Wüthrich 1996. Lucas Wüthrich: Stichwort „Matthäus Merian (J.)". In: Jane Turner (Hrsg). Dictionary of Art. New York 1966.
Zedler 1741 ff.. Johann Heinrich Zedler: Großes vollständiges Universallexicon. 64 Bde. und Supplement. Leipzig, Halle 1741.
Zimmerle 1999. Winfried Zimmerle: Der Sandstein von der 'Batavia', sein Mineralbestand und seine Herkunft. Typoskript im Besitz des Weserrenaissance-Museums Lemgo. Lemgo 1999.
Zimmermann, H. 1905. Heinrich Zimmermann (Hrsg.): Das Inventar der Prager Schatz- und Kunstkammer vom 6. Dezember 1621. In: Jahrbuch der kunsthistorischen Sammlung des allerhöchsten Kaiserhauses in Wien XXV/2.1905, S. XLII.
Zimmermann, J. 1982. Jörg Zimmermann (Hrsg.): Das Naturbild des Menschen. München 1982.
Zimmermann, L. 1933. Ludwig Zimmermann: Der hessische Territorialstaat im Jahrhundert der Reformation. (Veröffentlichungen der Historischen Kommission für Hessen und Waldeck 17, 1 (Quellen zur Verwaltungsgeschichte hessischer Territorien: Der ökonomische Staat Landgraf Wilhelms IV., 1). Marburg 1933.
„… zur Zierde …" 1996. „… zur Zierde und schmuck angelegt …". Beiträge zur frühneuzeitlichen Garten- und Schloßbaukunst (Materialien zur Kunst- und Kulturgeschichte in Nord- und Westdeutschland 22). Marburg a. d. L. 1996.
Zweite 1980. Armin Zweite: Marten de Vos als Maler. Ein Beitrag zur Geschichte der Antwerpener Malerei in der zweiten Hälfte des 16. Jahrhunderts. Berlin 1980.

Die Zahlen beziehen sich auf die Seitenzahlen des Buches.
Amsterdam, Instituut Collectie Nederland: 241
Rijksmuseum Amsterdam: 17, 111, 120, 277, 279
Antwerpen, Koninklijk Museum vor Schone Kunsten: 14
Foto Jörg P. Anders, Berlin: 220 (große Abb.)
Staatsbibliothek Berlin – Preußischer Kulturbesitz: 75
Michael Weinmann, Bevern: 154
Focke-Museum/Bremer Landesmuseum für Kunst- und Kulturgeschichte: 64, 127, 147, 229
Bremen, Kunsthalle, Kupferstichkabinett: 243 li.
Bremen, Landesbildstelle: 219
Herbert Schwarzwälder, Bremen (Repros): 26, 96, 204-215
Staats- und Universitätsbibliothek Bremen: 91, 93, 232, 233, 236, 237
Ulrich Weidinger, Bremen: 115
Deutsches Schiffahrtsmuseum Bremerhaven: 23
Niedersächsisches Staatsarchiv Bückeburg: 77, 81, 104 re., 150, 151, 163, 313
Hessische Landes- und Hochschulbibliothek Darmstadt: 108
Algemeen Rijksarchief Den Haag: 177–180
Thomas Fusenig, Detmold: 154
Lippische Landesbibliothek Detmold: 251, 254
Lippisches Landesmuseum Detmold: 271 li. (Foto Jürgen Ihle), 313
Nordrhein-Westfälisches Staatsarchiv Detmold: 99
Staatliche Kunstsammlungen Dresden, Kunstgewerbemuseum: 230, 231
Stadtarchiv Erfurt: 165
Fremantle, Western Australian Maritime Museum: 181
Schloßmuseum Gotha: Umschlagabbildung, 270, 305, 307
Foto Dirk Nothoff, Gütersloh: 223
Niedersächsisches Hauptstaatsarchiv Hannover: 29, 67, 96/97
Niedersächsisches Landesamt für Denkmalpflege Hannover: 25
Olaf Teßmer, Hannover: 100 li., 102, 104 li., 107, 131, 135, 139, 153, 157, 169, 189, 194 unten, 197, 198, 199
Gesamthochschule Kassel, Landesbibliothek und Murhardsche Bibliothek der Stadt Kassel: 33
Staatliche Museen Kassel: 113, 194 oben
Gesamthochschul-Bibliothek Kassel, Landesbibliothek und Murhardsche Bibliothek der Stadt Kassel (Matthias Säck): 274, 275
Kiel, Schleswig-Holsteinische Landesbibliothek: 257
Koblenz, Mittelrhein-Museum: 183
Rheinisches Bildarchiv Köln: 161
Leiden, Academisch Historisch Museum: 235
Gemeentearchief Leiden: 175
Eckehard Deichsel, Lemgo: 100 re., 101
Dirk Sondermann, Lemgo: 12 (Repro), 19, 49 (Repro), 51, 55, 122, 123, 124 (Repro), 137, 186 (Repro), 188, 190, 193 (Repro), 245, 247, 271 re., 281, 283, 299 (Repro), 301, 302, 317, 319
Weserrenaissance-Museum Schloß Brake, Lemgo,
- Bildarchiv: Umschlag, Schmutztitel, 31, 56, 57, 60, 65, 116, 129, 145, 220 (kleine Abb.), 221, 225, 226, 249, 250, 252 li., 252 re., 253, 259/60, 266, 267, 276, 289, 315
- (Zeichnung: Helmut Nikolay), 59 li., 117, 157
- Wilfried Brand (Repro): 15, 89, 119, 133, 152, 185, 227 (Kupferstich), 239, 295, 297
- Matthias Säck: 109
Landesarchiv Magdeburg, Landeshauptarchiv: 38, 41
Marburg, Hessisches Staatsarchiv: 37
Mindener Museum für Geschichte, Landes- und Volkskunde: 104 re., 192
Bayerische Staatsgemäldesammlungen, München: Impressum, 269, 285
Westfälisches Amt für Denkmalpflege, Münster: 227 (Gemälde)
Nordrhein-Westfälisches Staatsarchiv Münster: 42-44, 47, 114, 131, 142, 203
Stadtbibliothek Nürnberg: 263, 265
Niedersächsisches Staatsarchiv Oldenburg: 11, 69, 71, 73
Oldenburg, Stadtmuseum: 149
Schloßmuseum Sondershausen: 87
Württembergische Landesbibliothek Stuttgart: 171, 172
Regensburg, Fürst Thurn und Taxis Zentralarchiv: 52
Centraalmuseum Utrecht: 291
Kunsthistorisches Museum Wien, Münzkabinett: 256, 272
Niedersächsisches Staatsarchiv Wolfenbüttel: 35
Herzog-August-Bibliothek Wolfenbüttel: 59 re.
Repros von Postkarten: 106, 243 re.

Amsterdam, Archeologie
Rijksmuseum Amsterdam
Amsterdam, Instituut Collectie Nederland
Bad Salzuflen, Stadt- und Bädermuseum
Bergen, Universität
Museum Bodenwerder
Staatsbibliothek zu Berlin – Preußischer Kulturbesitz
Kunsthalle Bremen, Kupferstichkabinett
Fockemuseum/Bremer Landesmuseum für Kunst- und Kulturgeschichte
Bremen, Staats- und Universitätsbibliothek
Staatsarchiv Bremen
Niedersächsisches Staatsarchiv Bückeburg
Schloß Bückeburg, Fürstliche Hofkammer
Westfälisches Freilichtmuseum Detmold, Landesmuseum für Volkskunde
Nordrhein-Westfälisches Staatsarchiv Detmold
Schloß Detmold
Lippische Landesbibliothek Detmold
Lippisches Landesmuseum Detmold
Staatliche Kunstsammlungen Dresden, Kunstgewerbemuseum
Erfurt, Stadtarchiv
Fremantle, Western Australian Maritime Museum
Niedersächsische Staats- und Universitätsbibliothek Göttingen
Schloßmuseum Gotha
Universität Erfurt, Forschungsbibliothek Gotha
Museum Hameln
Niedersächsisches Hauptstaatsarchiv Hannover
Universitätsbibliothek Hannover und Technische Informationsbibliothek
Hannover, Niedersächsische Landesbibliothek
Höxter, Stadtarchiv
Höxter, Stadtarchäologie
Stadtmuseum Holzminden
Gesamthochschulbibliothek, Landesbibliothek und Murhardsche Bibliothek der Stadt Kassel
Staatliche Museen Kassel, Hessisches Landesmuseum
Kiel, Schleswig-Holsteinische Landesbibliothek
Mittelrhein-Museum Koblenz
Leiden, Academisch Historisch Museum
Gemeentearchief Leiden
Landesarchiv Magdeburg und Landeshauptarchiv
Hessisches Staatsarchiv Marburg
Mindener Museum für Geschichte, Landes- und Volkskunde
Minden, Wasser- und Schiffahrtsamt
Kommunalarchiv Minden
München, Bayerische Staatsgemäldesammlungen
Nordrhein-Westfälisches Staatsarchiv Münster
Stadtbibliothek Nürnberg
Stadt Obernkirchen, Berg- und Stadtmuseum
Stadtmuseum Oldenburg
Niedersächsisches Staatsarchiv Oldenburg
Regensburg, Fürst Thurn und Taxis Zentralarchiv
Museum Rinteln
Schloßmuseum Sondershausen
Niedersächsisches Staatsarchiv in Stade
Centraalmuseum Utrecht
Universiteitsbibliotheek Utrecht
Vlotho, Ev.-Luth. Kirchengemeinde St. Stephan
Kunsthistorisches Museum Wien, Münzkabinett
Niedersächsisches Staatsarchiv in Wolfenbüttel,

sowie Leihgeber, die nicht genannt werden möchten.

Ein Projekt der:

EXPO INITIATIVE

OSTWESTFALENLIPPE

Förderer:

Ministerium für **Arbeit, Soziales** und **Stadtentwicklung, Kultur** und **Sport** des Landes Nordrhein-Westfalen

NRW.

Sponsoren:

Lenze

ZUMTOBEL STAFF
DAS LICHT ®

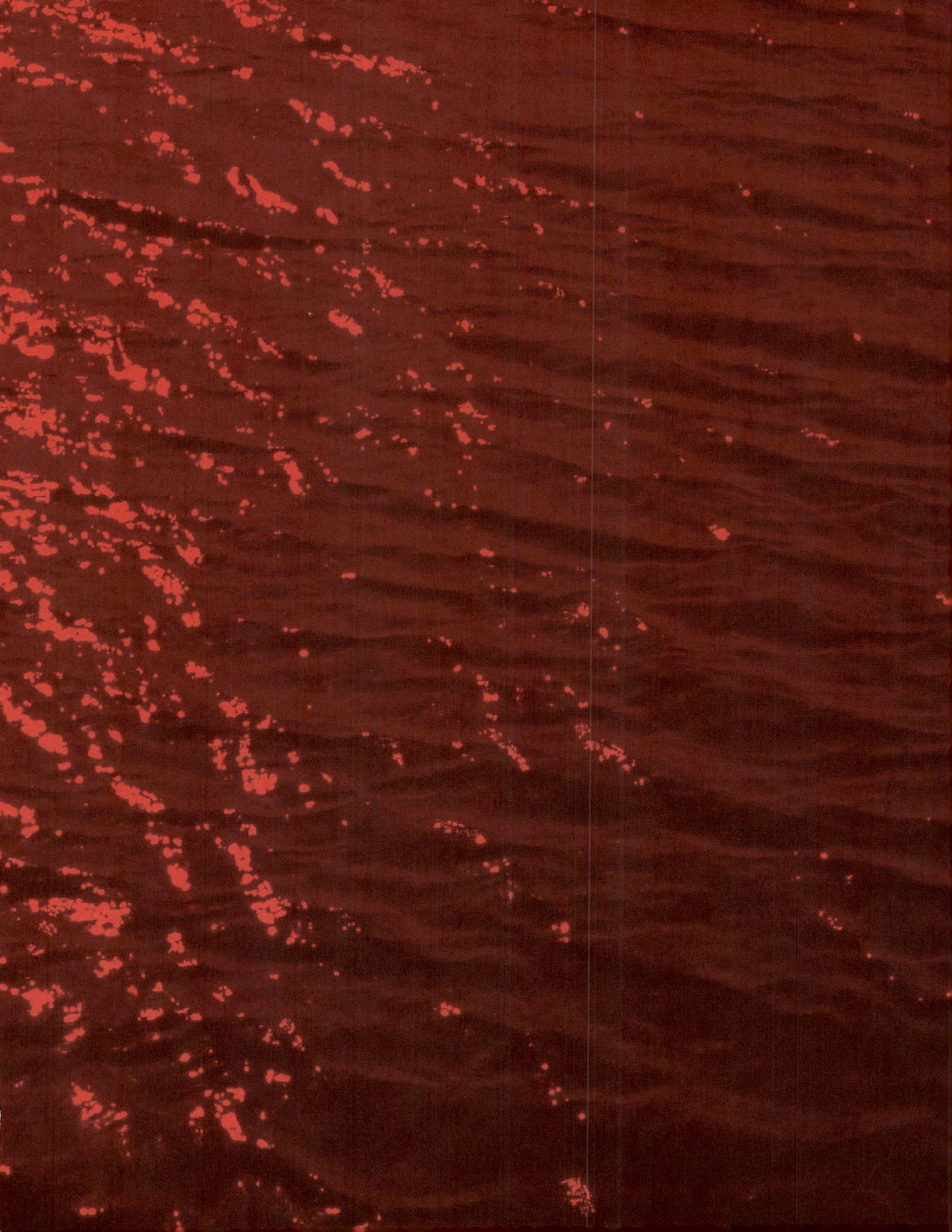